Alles auf DEUTSCH

das verständliche Computerlexikon

Alles auf DEUTSCH

das verständliche Computerlexikon

Dieses Buch entstand in Zusammenarbeit zwischen WEKA Media Publishing GmbH, Haar b. München und Reader's Digest Deutschland, Schweiz, Österreich – Verlag Das Beste GmbH

Autoren: Lars Kugler, Yasmin Lorenz

WEKA MEDIA PUBLISHING GmbH
Grafik: Maximillian Russo
Projektleitung: Anja Deininger, Katja Thanhofer
Leitung Corporate Publishing: Anja Deininger
Geschäftsführer: Kurt Skupin, Werner Mützel, Wolfgang Materna

Reader's Digest
Redaktion: Joachim Zeller
Grafik: Peter Waitschies (auch Titelgestaltung)
Prepress: Frank Bodenheimer

Chefredakteurin Ressort Buch: Dr. Renate Mangold
Art Director: Susanne Hauser

Produktion
arvato distribution: Thomas Kurz

Druck und Bindung
Neografia, Martin

Aktualisierte Sonderausgabe von
Alles auf Deutsch – das verständliche Computerlexikon

Redaktionsschluss: 1. Oktober 2015

GR 2124/L

ISBN 978-3-95619-202-9

Printed in Slovakia

Vorwort

Was verbirgt sich im Innern eines Computers? Wozu braucht man eigentlich eine Firewall? Und was bedeutet das Wort „twittern“? Auf diese und noch viel mehr Fragen erhalten Sie in diesem Nachschlagewerk garantiert klare Antworten. Einfache und verständliche Erklärungen helfen PC- und Internetnutzern dabei, die Computerwelt besser zu verstehen und sicherer im Umgang mit dem PC zu werden. Denn dafür muss niemand ein Technikspezialist sein, daher wird in diesem Lexikon auch darauf verzichtet, die letzten Spezialbegriffe und Abkürzungen aufzulisten.

Die Lexikoneinträge werden durch Internetlinks, Praxis- und Sicherheitstipps sowie Verweise zu thematisch verwandten Begriffen ergänzt. Damit lassen sich Zusammenhänge besser verstehen. Anhand erklärender Bilder, Grafiken und Bildschirmfotos können Sie jederzeit die Schritte selbst nachvollziehen.

Gleich auf den folgenden Seiten werden Sie mit prägnanten Überblicksartikeln in verschiedene Themenbereiche eingeführt. Und ganz am Ende des Lexikons finden Sie eine Übersicht zu Steckern und Buchsen dieser Welt.

Die Redaktion, Stuttgart im Oktober 2015.

Bunte Windows-Welt

Windows ist das bekannteste Betriebssystem für private PCs. Von der ersten Version bis heute hat es in puncto Funktionsumfang stark zugenommen.

Jeder Computer läuft unter einem Betriebssystem. Dessen grafische Oberfläche dient zur Kommunikation zwischen Benutzer und Rechner. Windows bietet dazu den Desktop, der den Zugriff auf die einzelnen Funktionen und Programme ermöglicht. Zentrales Element von Windows ist der Windows Explorer, der – ähnlich einem Inhaltsverzeichnis – alles anzeigt, was auf dem Computer vorhanden und installiert ist. Dazu zählen nicht nur Dateien und Ordner, sondern auch die Programme selbst. Jedes Element ist mit einem kleinen Symbol gekennzeichnet. So werden beispielsweise Ordner als kleine gelbe Register gekennzeichnet. Mit dem Windows Explorer kann der Benutzer also für Ordnung auf dem Computer sorgen. Hier lassen sich auch die Laufwerke wie die Festplatte oder ein angeschlossener USB-Stick erkennen. Ein wichtiges Windows-Element ist außerdem die Systemsteuerung, ganz gleich, ob man Programme installieren oder deinstallieren oder wichtige Windows-Bordmittel aufrufen will. Hier lassen sich ebenfalls Sicherheitseinstellungen vornehmen, was gerade beim Surfen im Internet sehr hilfreich ist.

Alles über Windows

- Systemprogramme S. 220
- Systemsteuerung S. 221
- Windows Live Essentials S. 269
- Windows Media Center S. 272
- Windows Media Player S. 273
- Windows Update S. 275
- Windows-Versionen S. 262

Das Medium Internet

Das Internet ist aus dem Alltag nicht mehr wegzudenken. Vor allem die schnelle Informationsverbreitung hat die Sicht der Dinge im Laufe der Zeit grundlegend verändert.

Themen recherchieren, Einkaufen, Reisen buchen oder sich mit anderen Nutzern unterhalten: Es gibt fast nichts, was so vielseitig ist wie das Internet. Fast jeder Haushalt in Deutschland ist mittlerweile „online" und sehr viele Leute nutzen das Internet tagtäglich: zur Unterhaltung, zur Kommunikation, zur Informationssuche. Man braucht lediglich einen Webbrowser, der die Inhalte grafisch darstellt. Sobald man hier eine Internetadresse eingibt, öffnet sich die gewünschte Webseite, die man dann erforschen kann. Wer Infos zu einem bestimmten Thema sucht, kann außerdem Suchmaschinen nutzen – die Themenvielfalt ist riesig. Mittlerweile sind fast alle Firmen im Internet vertreten, darunter auch Banken, die Onlinebanking anbieten. Damit ist man nicht mehr an die Öffnungszeiten gebunden und kann seine Bankgeschäfte rund um die Uhr erledigen. Das Gleiche gilt auch für Onlineshops, bei denen man so ziemlich alles zu jeder Uhrzeit kaufen kann. Gleichgültig, ob man also Informationen sucht oder etwas kaufen möchte: Das Internet bringt Flexibilität, spart Zeit und eröffnet dem Benutzer unzählige Möglichkeiten.

Die Vielfalt des WWW

- Browser S. 34
- eBay S. 56
- Homepage S. 88
- Onlinebanking S. 149
- Onlinefotoalbum S. 150
- Router S. 183
- Suchmaschinen S. 215

In Kontakt bleiben

E-Mail, Chat und Foren: Hinsichtlich der Kommunikation ist das Internet unschlagbar. So kann man auch über weite Entfernungen hinweg Kontakte pflegen.

Der gute alte Postbrief gerät immer mehr ins Abseits. Grund ist die stetig zunehmende Verbreitung des Internets, das mittlerweile in fast jedem Haushalt verfügbar ist. Es bietet unzählige Kommunikationsmittel, mit denen man Kontakt zu Freunden oder der Familie halten, Verabredungen treffen und neue Bekannte finden kann. Das beliebteste Medium ist die E-Mail, über die sich neben Text auch Anhänge wie Bilder verschicken lassen können. Eine E-Mail kann von überall aus versandt und empfangen werden, auch im Urlaub. Aber auch der Chat über einen Messenger wird immer beliebter. Im Gegensatz zur E-Mail kann man bei einem Chat Gespräche so führen, als stünde man sich gegenüber. Man tippt einen Satz und schon kann der Gesprächspartner darauf antworten. Mit speziellen Programmen (z.B. Skype) kann man sich dabei sogar sehen. Eine oft genutzte Kommunikationsform ist außerdem der Blog, eine Art virtuelles Tagebuch. Dort schreibt man all seine Erlebnisse auf und teilt diese mit anderen Nutzern im Internet. Was man auch immer nutzt, die Kommunikation kennt keine Grenzen und funktioniert rund um die Uhr.

Kommunikation

- Blog S. 32
- Chat S. 36
- E-Mail S. 58
- Forum S. 74
- Netiquette S. 137
- Newsletter S. 142
- Voice over IP S. 254

Unterhaltung am PC

Die Zeiten, in denen der PC eine „bessere" Schreibmaschine war, sind endgültig vorbei. Denn dank neuer Funktionen wird der Computer multimedial.

Immer häufiger wird der Computer zur Verwaltung der eigenen Musik- oder Videosammlung genutzt. Die Gründe liegen auf der Hand: Man kann alle Daten an zentraler Stelle – der Festplatte – sammeln und verwalten und diese auf Knopfdruck wiedergeben. Und auch der tragbare MP3-Player oder iPod ist im Handumdrehen mit den Lieblingssongs bestückt. Die aktuellen Windows-Versionen unterstützen den Nutzer bei diesem multimedialen Erlebnis. So ist bereits standardmäßig der Windows Media Player integriert, der nicht nur Musik und Videos abspielt, sondern auch Inhalte aus dem Internet wie beispielsweise Live-Übertragungen auf den Monitor streamt. Alle Dateien sind in einer Art Bibliothek abgelegt, damit man sie nach bestimmten Kriterien sortieren und schneller finden kann. Wer davon noch nicht genug hat und die Inhalte auch auf seinem Fernseher betrachten will, kann sogar TV via Web-TV sehen. Zahlreiche Apps bieten die Möglichkeit, Bilder zu bearbeiten, Multimedia-Anwendungen abzuspielen und eigene Dateien zu verwalten. Der Fantasie sind keine Grenzen gesetzt.

Multimedia

- Apps S. 16
- Audio S. 18
- iPhone & iPad S. 98
- Medienbibliothek S. 128
- MP3 S. 133
- Streaming S. 215
- Video S. 252

Spaß mit Digitalfotos

Der Siegeszug der Digitalkameras ist nicht mehr aufzuhalten. Am Computer lassen sich die digitalen Bilder perfekt verwalten, bearbeiten und präsentieren.

Fotografieren gehört zu den beliebtesten Hobbys. Vor allem die Digitalfotografie konnte in den letzten Jahren enormen Zuwachs verzeichnen. Kein Wunder, denn mittlerweile gibt es für jeden Geldbeutel die passende Kamera. Auch die Speicherkarten kosten längst kein Vermögen mehr und können enorme Datenmengen aufnehmen. Aber vor allem bringt die Digitalfotografie Komfort für den Nutzer, denn man sieht das Bild sofort, um es zu beurteilen und bei Bedarf einfach nochmals zu machen. Auch die Weiterverarbeitung der Bilder ist einfacher als mit analogen Kameras: Die Digitalbilder lassen sich wahlweise auf dem Computer speichern, per E-Mail verschicken oder ins Internet hochladen und in einer Fotogalerie anderen Nutzern präsentieren. Zahlreiche Portale bieten dazu einen kostenlosen Speicherplatz an. Zudem kann auch der Laie ein solches Bild am Computer schnell bearbeiten und eventuelle Fehler wie Rote Augen, Schatten oder den Kontrast korrigieren. Mit kostenlosen Programmen wie der Windows Live Fotogalerie, die Microsoft zum Download bereitstellt, geht das ganz einfach von der Hand.

Bildverwaltung am PC

- Bildbearbeitung S. 27
- Bildinformationen S. 28
- Bildschirmfoto S. 29
- Foto anzeigen S. 75
- Fotogalerie S. 75
- JPG-Format S. 102
- Rote Augen S. 183

Auf Nummer sicher

Bei der Arbeit am PC lauern immer wieder Gefahren – sei es durch Festplattendefekte oder durch Schädlinge aus dem Internet. Vorsicht ist deshalb oberstes Gebot.

Vertraue niemandem, außer dir selbst. Diese alte Einsicht trifft auch auf die „neue“ Erfindung Computer zu. Denn nichts geht so schnell verloren wie die eigenen Daten. Deshalb sollte man diese und auch das Computersystem selbst von Zeit zu Zeit sichern. Dann kann man sie im Notfall auch wiederherstellen und nichts ist auf Dauer verloren. Mit dem integrierten Backup-Programm von Windows geht das ganz einfach und schnell. Aber auch beim Surfen im Internet hat die Sicherheit Vorrang. Überall lauern Viren, Trojaner und andere Schädlinge, die in den Computer eindringen und persönliche Daten zerstören oder ausspionieren wollen. Deshalb sollte man nicht nur mit spezieller Antivirensoftware und einer Firewall vorsorgen, sondern auch E-Mails unbekannter Absender erst gar nicht öffnen. Ein besonderes Augenmerk verdienen auch die gewählten Passwörter, die den Zugang in ein Internetportal ermöglichen. Da viele Haushalte zudem per WLAN ins Internet gehen, muss auch die drahtlose Verbindung abgesichert werden. Denn nur so kann man sichergehen, dass sich kein Fremder unerlaubten Zugang verschafft.

Computersicherheit

- Backup S. 22
- Datensicherung S. 45
- Firewall S. 71
- Passwort S. 159
- Spam S. 205
- Sicherheitscenter S. 197
- Virus S. 253

Systemausrüstung

Ein Computersystem besteht aus zahlreichen Komponenten, die miteinander arbeiten. Alle Teile, die man sehen und anfassen kann, werden als Hardware bezeichnet.

Desktop-PC, Notebook oder Tablet: Computer können verschiedene Bauarten besitzen. Doch die jeweiligen Komponenten gehören zum Standard und unterscheiden sich nur geringfügig. Denn jeder Computer besteht aus Hard- und Software, die zusammen das Computersystem bilden. Fest integriert innerhalb des Gehäuses sind u.a. Prozessor, Motherboard, Arbeitsspeicher, Festplatte und Grafikkarte. Diese sorgen dafür, dass Programme ihren Dienst tun, Informationen verarbeitet, Bilder dargestellt oder Daten gespeichert werden. Meist verfügen Computer auch über bereits eingebaute DVD-/CD-Laufwerke, die ebenso wie die anderen Komponenten zur internen Hardware zählen. Auch die externe Hardware – alles, was an den PC angeschlossen wird – spielt eine wichtige Rolle, denn diese Geräte dienen zur Ausgabe des Bildes oder zur Bedienung des Systems. Dazu zählen alle Peripheriegeräte, wie Monitor, Maus, Tastatur, Drucker oder Scanner. Die Software wie das Betriebssystem stellt dem Benutzer die grafische Oberfläche zur Verfügung und ist sozusagen die Schnittstelle zwischen Benutzer und Computer.

PC-Hardware

- Bildschirm S. 29
- Festplatte S. 70
- Maus S. 125
- Mainboard S. 123
- Prozessor S. 173
- Tastatur S. 228
- USB S. 245

Word, Excel & Co.

Der Computer (mit allen Geräten und Programmen) ersetzt vielfach ein Büro: Wir schreiben, drucken, verschicken Briefe und Nachrichten, zahlen Rechnungen und führen ein Haushaltsbuch.

Die Textverarbeitung ist die meistgenutzte Anwendung auf dem Computer. Denn damit lassen sich nicht nur Briefe schreiben und Rechnungen erstellen, sondern auch kreative Aufgaben wie das Gestalten von Einladungen oder Geburtstagskarten erledigen. Windows bietet dafür bereits standardmäßig das Programm WordPad, das zahlreiche Formatierungsfunktionen bereithält und die gängigsten Funktionen bietet wie das Verändern von Schriftart und -größe oder das Einfügen von Absätzen und Bildern und anderen Elementen. Wer noch mehr will, greift zum Office-Paket von Microsoft oder den kostenlosen Alternativen OpenOffice oder LibreOffice. Die Programme unterscheiden sich hinsichtlich der Bedienung und des Funktionsumfangs nur unwesentlich voneinander. Neben der Textverarbeitung ist auch die Tabellenkalkulation ein nützliches und oft eingesetztes Programm – ganz gleichgültig, ob man damit seine jährliche Steuererklärung oder den Haushaltsplan erstellen will. Es erleichtert das Rechnen und ist obendrein in der Lage, grafische Auswertungen anzuzeigen. So behält man jederzeit den Überblick.

Bürosoftware

- Datenschutz S. 44
- Editor S. 58
- Office S. 146
- OpenOffice S. 152
- Schriftart S. 192
- Tabellenkalkulation S. 223
- Textverarbeitung S. 231

A

AAC-Format

Wie MP3 und WMA ist auch AAC (**A**dvanced **A**udio **C**oding) ein Format zum Speichern von Musik. Bei AAC handelt es sich um ein verlustbehaftetes Audiodatenkompressionsverfahren, d.h. bei der Umwandlung von Musik in dieses Format gehen weniger relevante Datenteile unwiederbringlich verloren. Das ist jedoch für den Hörer nicht wahrnehmbar. Das AAC-Format wurde von der MPEG-Arbeitsgruppe (**Mo**ving **P**icture **E**xperts **G**roup) entwickelt. Mitglieder der Arbeitsgruppe sind u.a. das Fraunhofer Institut, Sony und Nokia. Ziel war es ursprünglich, mit AAC das MP3-Format abzulösen, jedoch ohne Erfolg. AAC wird heute nur noch von Apple eingesetzt. AAC ist im MPEG2-Standard enthalten.

Abbrechen

Bei Aktionen in Windows zeigt das System oft sogenannte Dialogfenster an. Dabei handelt es sich um kleine Fenster, die über mehrere Schaltflächen verfügen, über die Sie Einstellungen vornehmen können. Die Schaltfläche „Abbrechen" oder „Abbruch" schließt ein Dialogfeld, ohne irgendwelche Änderungen vorgenommen zu haben. In englischsprachigen Programmen wird „Abbrechen" mit „Cancel" bezeichnet. Tipp: Die Taste [Esc] auf der Tastatur hat in der Regel die gleiche Funktion wie „Abbrechen".

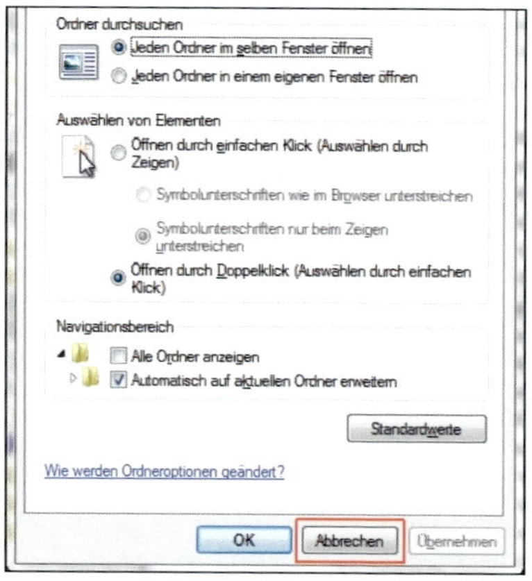

Die Schaltfläche „Abbrechen" besitzt jedes Windows-Dialogfenster.

Abmelden

Bei den meisten Internetportalen wie GMX, Facebook oder auch bei Online-Versandhändlern müssen Sie sich mit Ihrem Benutzernamen und Passwort anmelden, um Ihr persönliches Profil aufzurufen. Wenn Sie das Portal verlassen, sollten Sie sich auch wieder abmelden. Denn nur durch das Abmelden wird sichergestellt, dass kein anderer Nutzer Ihr Profil nutzen kann und unter Ihrem Namen beispielsweise E-Mails liest oder Bankgeschäfte tätigt. Die meisten Webseiten bieten einen direkten Link zur Abmeldung, der oft mit „Logout" bezeichnet ist. Eine Funktion „Abmelden" gibt es auch in Windows. Diese wird genutzt, um den Benutzer zu wechseln und die aktuelle Sitzung zu beenden. Sie finden die Funktion im Startmenü unter der Option „Herunterfahren". Möchten Sie den Computer herunterfahren, brauchen Sie sich vorher nicht abzumelden. Denn dies erledigt Windows automatisch.

SICHERHEITS-TIPP

Wenn Sie unterwegs sind und beispielsweise im Hotel mit einem öffentlichen Computer ins Internet gehen, melden Sie sich auf allen besuchten Internetseiten auch wieder ab. Denn nur so wird sichergestellt, dass Ihre Anmeldedaten nicht von Fremden missbraucht werden.

Absturz

Von einem Absturz des Rechners spricht man dann, wenn ein Programm plötzlich automatisch beendet wird oder wenn es nicht mehr auf Eingaben des Benutzers reagiert. Kommt es zum Stillstand des kompletten Systems, d.h. der Computer reagiert gar nicht mehr auf Mausaktionen oder Tastenanschläge, handelt es sich um einen Systemabsturz. Ursache für Abstürze können unter anderem Hardwarefehler, erschöpfte Systemressourcen oder auch Programmierfehler sein.

Access Point

Ein Access Point (oder auch Zugangspunkt) ist ein elektronisches Gerät, das als Schnittstelle zum Internet fungiert. Ein Notebook, Smartphone oder sonstiges Gerät stellt per Wireless-Adapter (siehe Seite 276) eine Funkverbindung zum Access Point her, der die Anfrage dann wiederum an einen Router weiterleitet. Der Router stellt dann die Verbindung ins Internet her. Access Points sind vor allem in großen Bürogebäuden oder auch am Flughafen zu finden.

Account

Mit Account, zu Deutsch Benutzerkonto, wird ein Zugang zu einem Dienst bezeichnet. Er besteht in der Regel aus Benutzername und Passwort (oft auch als Login bezeichnet). Dienste, die einen Account verlangen, sind zum Beispiel E-Mail-Anbieter, Online-Banking, soziale Netzwerke, Foren etc. Mit den eigenen Zugangsdaten wird sichergestellt, dass kein Fremder auf persönliche Daten zugreifen kann.

ACPI

ACPI ist die Abkürzung für Advanced Configuration and Power Interface und bezeichnet eine Stromspar-Spezifikation. ACPI ermöglicht dem Betriebssystem, verschiedenen Komponenten eine bestimmte Menge an Strom zuzuteilen. So lässt sich beispielsweise ein CD-ROM-Laufwerk in den Stromsparmodus versetzen, wenn es nicht gebraucht wird. ACPI ist außerdem die Voraussetzung für den Stand-by-Modus oder das Ein- und Ausschalten eines Computers über die Tastatur.

Active Desktop

Active Desktop ist eine Funktion von Windows, aktive Inhalte aus dem Internet auf dem Desktop (siehe Seite 47) anzuzeigen. Das können zum Beispiel Börsen- und Nachrichten-Ticker, die Intranet-Webseite oder eine Suchmaschine sein. Alle Inhalte können in regelmäßigen Abständen synchronisiert werden, um sie so auf den aktuellen Stand zu bringen. Die betreffende Webseite muss dazu nicht im Browser aufgerufen werden. Die Minianwendungen von Windows Vista, 7, 8 und 10 sind moderne und weiterentwickelte Nachfolger des Active Desktop.

PRAXIS-TIPP

Möchten Sie eine aktive Hintergrundseite auf Ihrem Desktop platzieren, gehen Sie folgendermaßen vor: Wählen Sie aus dem „Kontextmenü" des Desktops den Befehl „Eigenschaften". Wechseln Sie in das Register „Desktop" und klicken Sie auf „Desktop anpassen" und anschließend auf „Web". Unter „Neu" können Sie eine beliebige Seite der Liste hinzufügen. Aktivieren Sie die Kontrollkästchen der Webseiten, die Sie auf dem Desktop sehen wollen, und bestätigen Sie mit „Ok".

ActiveX

ActiveX ist eine von Microsoft entwickelte Technik für interaktive Anwendungen auf Webseiten, die Zugriff auf den eigenen Computer haben. Das können beispielsweise multimediale Effekte oder ausführbare Programme sein, die über das Internet geladen werden. ActiveX wird teilweise auch für Onlinebanking oder für Online-Virenscanner eingesetzt. Die Technik funktioniert nur zusammen mit dem Internet Explorer.

PRAXIS-TIPP

Da mit der ActiveX-Technik ein Zugriff auf den kompletten Computer möglich wird, sollten Sie genau hinsehen, wenn ein ActiveX-Objekt ausgeführt wird. Im aktuellen Windows Internet Explorer erscheint eine Meldung im unteren Fensterteil. Sie können ActiveX auch deaktivieren. Die nötigen Einstellungen finden Sie im Internet Explorer unter dem Menü „Extras/Internetoptionen/Sicherheit". Mit Klick auf „Stufe anpassen" können Sie die Einstellungen individuell regeln.

Adapter

Ein Adapter dient zur Verbindung zweier Geräte, falls Stecker und Buchse nicht zueinanderpassen. Adapter findet man nicht nur im privaten Bereich (Reisestecker), sondern auch bei einem Computer. Hat z.B. eine Maus einen flachen USB-Stecker, der Rechner aber eine runde PS/2-Buche (siehe Seite 174), so benötigen Sie zur Verbindung einen entsprechenden Adapter.

Add-on-Galerie

Eine Add-on-Galerie bietet zahlreiche Erweiterungen für den Browser und vergrößert damit seinen Funktionsumfang. Sie ist gegliedert in verschiedene Kategorien (Suchmaschinen, Schnellinfos, Preisvergleich etc.), aus der Sie sich das gewünschte Add-on auswählen und installieren können. Add-ons gibt es für fast alle Browsertypen. Die umfangreichsten Add-ons sind für den Internet Explorer und Mozilla Firefox zu haben und können einfach aus dem Internet heruntergeladen werden.

- Internet Explorer Add-ons: www.iegallery.com/de
- Mozilla Add-ons: https://addons.mozilla.org/de/firefox

Ad-hoc-Netzwerk

Als Ad-hoc-Netzwerk bezeichnet man ein lokales Netzwerk zwischen mehreren Computern, das ohne Hub (siehe Seite 91) oder Router (siehe Seite 183) auskommt. Windows 7, 8 und 10 unterstützen drahtlose Ad-hoc-Netzwerke. Allerdings hat ein solches Netzwerk eine deutlich geringere Reichweite als WLAN. Die zu vernetzenden Computer sollten deshalb alle in einem Raum stehen.

PRAXIS-TIPP

Um ein drahtloses Ad-hoc-Netzwerk mit Windows 7, 8 oder 10 einzurichten, gehen Sie in das „Netzwerk- und Freigabecenter" in der „Systemsteuerung". Klicken Sie auf „Neue Verbindung oder neues Netzwerk einrichten" und dann auf „Ein drahtloses Ad-hoc-Netzwerk einrichten". Geben Sie dem neuen Netzwerk einen Namen und legen Sie einen Schlüssel fest, der auf anderen Computern zur Verbindung eingegeben werden muss. Nachdem das Netzwerk erfolgreich eingerichtet ist, taucht es bei anderen Computern in der Liste der drahtlosen Netzwerke auf.

Administrator

Auf einem Windows-PC können mehrere Benutzer eingerichtet werden. Jeder Benutzer hat dabei seine eigene Oberfläche. Ein Administrator hingegen verwaltet den PC. Er

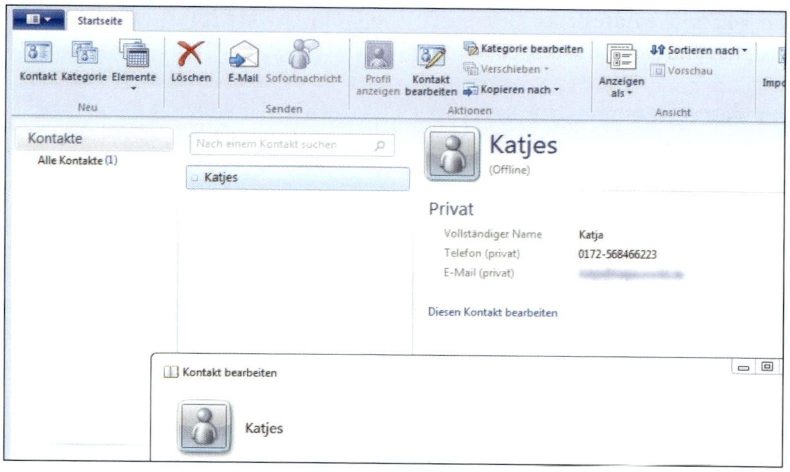

Das Adressbuch in Windows Live Mail bietet auf einen Klick Zugriff auf alle Informationen wie Name, E-Mail, Telefon etc.

hat erweiterte Rechte und kann Programme für alle oder bestimmte Benutzer installieren, Benutzer neu einrichten oder auch wieder löschen. Für die Anmeldung als Administrator müssen Sie auf dem Computer über ein Benutzerkonto vom Typ Administrator verfügen. Um ein solches Konto zu erstellen, gehen Sie in den Windows-Versionen Ultimate und Professional in die „Systemsteuerung" und wählen „System und Sicherheit/Verwaltung/Computerverwaltung". Klicken Sie auf „Lokale Benutzer und Gruppen/Benutzer" und anschließend mit der rechten Maustaste auf „Administrator/Eigenschaften". Im neuen Fenster entfernen Sie das Häkchen bei „Konto ist deaktiviert". Bestätigen Sie die Einstellungen mit „Ok". Jetzt müssen Sie nur noch ein Kennwort/Passwort vergeben, mit dem Sie sich künftig bei Windows anmelden.

Adressbuch

Jedes E-Mail-Programm enthält ein eigenes Adressbuch, in dem Sie E-Mail-Adressen und Telefonnummern von Freunden speichern können. Ab Version 7 enthält Windows zusätzlich ein eigenes Adressbuch „Kontakte", das aber vergleichsweise wenige Funktionen bietet und nicht synchronisiert werden kann.

Adresse

Eine Adresse hat im IT-Bereich verschiedene Bedeutungen:

- Sie bezeichnet den Namen einer Webseite, z.B. www.adac.de und wird auch Internetadresse genannt.
- Schreiben Sie eine E-Mail an eine andere Person, benötigen Sie deren E-Mail-Adresse zur eindeutigen Identifizierung.
- Durch seine IP-Adresse (siehe Seite 98) wird jeder Computer im Internet deutlich identifiziert.

Adresszeile

Die Adresszeile ist ein zentraler Bestandteil jedes Browsers. Denn dort geben Sie den Namen der Internetadresse ein, die Sie besuchen möchten. Die Adresszeile finden Sie stets ganz oben im Browser. Sobald Sie mit der Maus in die Adresszeile klicken, wird der dort befindliche Text markiert und kann ersetzt werden. Dies funktioniert ebenso mit der [F6]-Taste. Im Internet Explorer ab Version 9 kann die Adresszeile gleichzeitig als Suchfeld genutzt werden.

Aero

Aero heißt die grafische Benutzeroberfläche von Windows, die mit Windows Vista eingeführt und in Windows 7 weiter verbessert wurde. Windows Aero ist standardmäßig aktiviert und bietet halbdurchsichtige Fensterrahmen sowie kleine Animationen, beispielsweise beim Verkleinern- oder Vergrößern der Fenster. Die Anwendungsfenster sind frei skalierbar und besitzen einen Schattenwurf. Mithilfe von „Windows Flip 3D", einem Element von Aero, lassen sich geöffnete Fenster in einem dreidimensionalen Stapel anordnen. So können Sie schnell durch die Fenster blättern, ohne erst auf die Taskleiste klicken zu müssen.

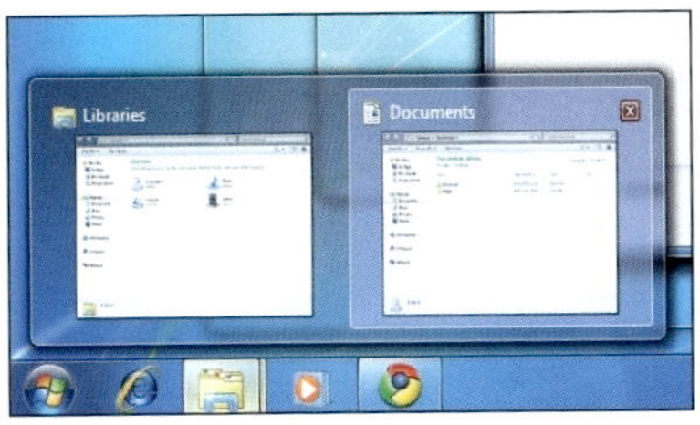

Das Aero-Design von Windows 7 bietet halbdurchsichtige Fensterrahmen.

Um Farben und Transparenz der Aero-Fenster auszuwählen, klicken Sie mit der rechten Maustaste auf den Desktop und wählen im Kontextmenü den Befehl „Anpassen". Wenn Sie die Aero-Oberfläche verwenden, zeigt der Konfigurationsdialog „Ändern Sie die Farbe der Fensterrahmen, des Startmenüs und der Taskleiste" verschiedene Farbschemata zur Auswahl an. Klicken Sie dazu auf eine der farbigen Schaltflächen. Mit dem „Farbmixer" lassen sich die Farben in Bezug auf Farbton, Sättigung und Helligkeit noch feiner einstellen. Ist das Kontrollkästchen „Transparenz aktivieren" eingeschaltet, erscheinen die Titelleiste und die Ränder jedes Fensters

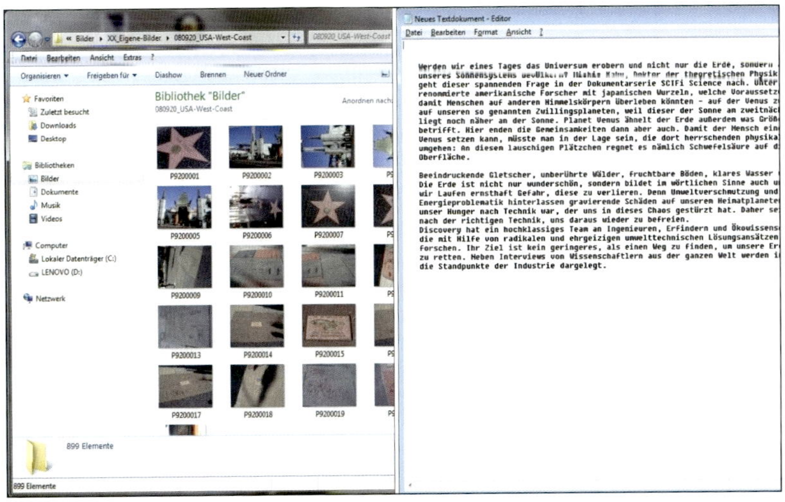

Mithilfe von Aero Snap können Fenster nebeneinander angeordnet werden, was besonders beim Vergleichen von Dokumenten hilfreich ist.

transparent, sodass man das darunterliegende Fenster oder den Desktop leicht verschwommen erkennen kann. Der Rand des aktiven Fensters wird automatisch weniger transparent dargestellt als die Ränder der inaktiven Fenster. Mit dem Schieberegler „Farbintensität" lässt sich die Transparenz verstärken oder zurücknehmen.

- Informationen zu Aero
www.windows.microsoft.com

Aero Peek

Aero Peek ist eine Funktion der Aero-Oberfläche und dient dazu, schnell und einfach einen Blick auf den Desktop zu erhalten, wenn zahlreiche Programmfenster geöffnet sind. Aero Peek erleichtert aber auch das Finden von Fenstern bestimmter

Aero Peek lässt einen Blick auf den Desktop zu, die Fenster sind transparent.

Anwendungen. Realisiert wird dies mit dem sogenannten Ausblender. Damit ist der kleine, schmale Balken rechts außen in der Taskleiste (siehe Seite 226) gemeint. Der Ausblender macht lediglich den Inhalt, nicht aber den von Aero dargestellten Rahmen, unsichtbar.

Aero Shake

Aero Shake ist eine Funktion in Windows 7. Sobald Sie die Titelleiste eines aktiven Fensters mit der Maus greifen und das Fenster etwas hin- und herbewegen, werden alle anderen Fenster automatisch minimiert, sodass nur noch dieses eine Fenster zu sehen ist. Die Tastenkombination [Win] + [Pos1] erzielt den gleichen Effekt.

Aero Snap

Aero Snap ist ein Effekt der Aero-Oberfläche in Windows 7. Wenn Sie ein Fenster an den linken oder rechten Bildschirmrand schieben, wird es automatisch so vergrößert oder verkleinert, dass es genau eine Bildschirmhälfte ausfüllt. Damit lassen sich komfortabel zwei Fenster nebeneinander darstellen. Mithilfe von Aero Snap können Sie auch Fenster so vergrößern, dass Sie perfekt damit arbeiten können. Ziehen Sie einfach die Titelleiste des Fensters zum oberen Bildschirmrand. Der Fensterumriss wird erweitert und füllt nun den gesamten Bildschirm aus. Um Aero Snap auszuschalten, wählen Sie in der „Systemsteuerung" die Option „Erleichterte Bedienung/Center für erleichterte Bedienung" und anschließend „Verwenden der Maus erleichtern". Aktivieren Sie nun „Verhindern, dass Fenster automatisch angeordnet werden, wenn sie an den Rand des Bildschirms verschoben werden".

AGP

AGP bezeichnet ein Stecksystem im PC-Gehäuse für Grafikkarten. Neben AGP gibt es noch das Stecksystem PCI-Express (siehe Seite 162).

Akku

Ein Akkumulator, kurz Akku genannt, ist ein wiederaufladbarer elektrischer Speicher. Es gibt verschiedene Akku-Arten: In der Computertechnik werden vor allem in drahtlosen Mäusen Nickel-Metall-Hydrid-Akkus (AA- oder AAA-Zellen) eingesetzt. Die leichten und sehr leistungsfähigen Lithium-Ionen-Akkus findet man insbesondere in Notebooks, Handys und Smartphones. Zum Aufladen des Akkus wird in der Regel ein separates Ladegerät benötigt.

Aktivierung

Viele Programme erfordern eine Aktivierung, so auch Windows. Nur mit dieser kann die Software auch genutzt werden. Die Aktivierung hat deshalb nichts mit einer freiwilligen Registrierung zu tun. Microsoft informiert über die Windows-Aktivierung unter:

- http://windows.microsoft.com/de-de/windows/install-upgrade-activate-help#install-upgrade-activate-help=windows-8&v2h=win7tab1&v3h=winvistatab1

Aktivitätsbericht

Mithilfe von Aktivitätsberichten können Sie die Onlineaktivitäten Ihrer Kinder und anderer Benutzer kontrollieren, ebenso wie verwendete Programme und verbrachte Zeit am Computer. Dazu wird Protokoll geführt. Die Funktion ist in Windows Live Family Safety (siehe Seite 66) integriert. Die Software wird installiert und auf die gewünschten Einstellungen hin konfiguriert.

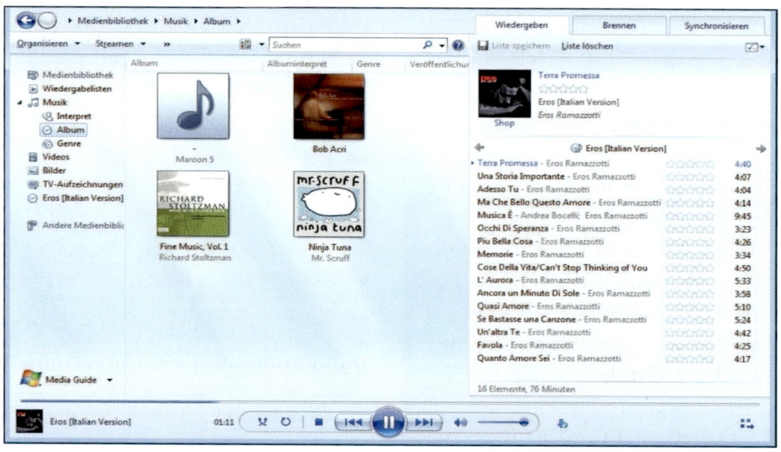

Mit dem Windows Media Player lassen sich automatisch die Titelliste und das Albumcover von einer Audio-CD anzeigen.

Aktuelle Wiedergabe

Aktuelle Wiedergabe ist ein Modus im Windows Media Player in Windows, der beim Musik hören Platz auf dem Bildschirm spart. Wenn Sie in der Medienbibliothek auf das Symbol rechts unten klicken, schalten Sie die Ansicht auf ein kleines Fenster um. In diesem werden der aktuelle Titel und die Bedienelemente des Windows Media Player angezeigt.

Albumcover

Sobald Sie eine Audio-CD einlegen, baut der Windows Media Player automatisch eine Internetverbindung auf. Er übermittelt die Kennung der CD und lädt die Titelliste sowie das Albumcover herunter, das Titelbild der CD. Sollte das Bild einmal nicht gefunden werden, klicken Sie mit der rechten Maustaste auf das freie Bild im Windows Media Player und wählen im Kontextmenü „Albuminformationen suchen". Die Datenbank wird nach passenden Alben durchsucht. Wählen Sie das passende Album aus und klicken Sie auf „Weiter". Jetzt wird eine Titelliste des gewählten Albums angezeigt, und Sie müssen noch einmal bestätigen, dass es das Richtige ist. Die Albuminforma-

SICHERHEITS-TIPP

Wenn Sie nicht wollen, dass der Windows Media Player automatisch beim Einlegen einer Audio-CD deren Daten an den Microsoft-Server sendet, schalten Sie die Suche nach Albumcover und Titelliste am besten aus. Wählen Sie aus dem Menü „Optionen" die Registerkarte „Datenschutz" und deaktivieren Sie „Medieninformationen aus dem Internet anzeigen".

tionen werden in der Medienbibliothek gespeichert.

Alphanumerische Sortierung

Die alphanumerische Sortierung ist eine Methode, Daten zu sortieren und zwar nach dem Alphabet, also a, b, c etc. Möglich ist auch eine umgekehrte Sortierung: z, y, x etc. Im Computer können verschiedene Elemente sortiert werden: Stichwörter, Wochentage, Bilder, Dateien etc. Bei der Sortierung gilt folgende Sortierfolge: Bei gleichem Wortbeginn wird so lange von links nach rechts verglichen, bis ein Unterschied festgestellt wird: Bootsnummer kommt vor Bootssteg. Kleinbuchstaben kommen vor Großbuchstaben. Umlaute kommen nach Vokalen, a kommt vor ä etc. Der Buchstabe ß kommt nach dem Buchstaben s. Ziffern kommen immer vor Buchstaben.

Alpha-Version

Als Alpha-Version bezeichnet man bei der Softwareentwicklung eine sehr frühe Vorabversion, die meist nur einem sehr kleinen Kreis von Testern zugänglich gemacht wird. Nach der Alpha-Version folgen normalerweise mehrere Beta-Versionen (siehe Seite 26), die bereits weiterentwickelt sind.

Altersfreigabe

Die Altersfreigabe ist die vom Gesetzgeber festgelegte Freigabe von Filmen, Computerspielen und Musik für Kinder und Jugendliche. In Deutschland regelt die FSK (Freiwillige Selbstkontrolle der Filmwirtschaft) die Altersfreigabe für Filme, die USK (Unterhaltungssoftware Selbstkontrolle) ist wiederum für Computerspiele zuständig. Informationen zu den Altersfreigaben erhalten Sie auf den Webseiten der Anbieter.

- FSK und USK im Internet

www.fsk.de
www.usk.de

[Alt Gr]-Taste

Die [Alt Gr]-Taste befindet sich auf der Tastatur unmittelbar rechts neben der [Leertaste]. Sie ermöglicht es, bestimmte Sonderzeichen zu erfassen. Dazu wird die [Alt Gr]-Taste festgehalten und gleichzeitig eine zweite Taste gedrückt. Die Sonderzeichen sind auf den Tasten meistens klein im unteren Teil dargestellt. Die nachfolgende Tabelle zeigt Ihnen die Möglichkeiten.

Tasten	Ergebnis	Erläuterung
[Alt Gr]+[2]	²	Hochgestellte 2
[Alt Gr]+[3]	³	Hochgestellte 3
[Alt Gr]+[7]	{	Geschweifte Klammer auf
[Alt Gr]+[8]	[	Eckige Klammer auf
[Alt Gr]+[9]	]	Eckige Klammer zu
[Alt Gr]+[0]	}	Geschweifte Klammer zu
[Alt Gr]+[ß]	\	Backslash
[Alt Gr]+[+]	~	Tilde
[Alt Gr]+[Q]	@	At-Zeichen für Mailadressen
[Alt Gr]+[E]	€	Euro-Zeichen
[Alt Gr]+[M]	µ	Griechisches My (µ)

Andocken

Der Begriff (englisch: to dock) bedeutet so viel wie ankoppeln, verbinden. Möchten Sie ein mobiles Gerät wie einen MP3-Payer, ein Handy oder eine Digitalkamera mit Geräten wie Computer oder Musikanlagen verbinden, benötigen Sie eine sogenannte Dockingstation. Diese verbindet Geräte untereinander. Auch in Windows wird der Begriff Andocken verwendet und zwar dann, wenn eine frei bewegliche Symbolleiste (siehe Seite 218) in einem Programmfenster an den Rand geschoben wird und dort fest hängen bleibt. Windows 7 kann mit der [Win]-Taste in Kombination mit den Pfeiltasten nach links oder rechts das aktive Fenster am linken oder rechten Bildschirmrand andocken. Dieser Effekt wird auch als Aero Snap bezeichnet.

Android

Android ist ein Betriebssystem für Handys und Smartphones, das von Google entwickelt wurde. Mittlerweile ist Android die am stärksten wachsende mobile Plattform. Zahlreiche namhafte Handyhersteller wie HTC, Samsung, Motorola und Sony Ericsson bauen Handys auf Android-Basis. Google bietet im Internet zahlreiche Apps für Android-Handys an (siehe auch App).

Das Samsung Galaxy S6 Mini ist ein aktuelles Android-Smartphone.

Animation

Eine Animation ist eine computergenerierte Bewegung, beispielsweise ein 3D-Objekt oder eine Grafik, die ihr Aussehen verändert wie beispielsweise blinkende Werbebanner. Ähnlich wie bei einem Zeichentrickfilm wird nach und nach das Bild aufgebaut und dann auf dem Bildschirm präsentiert. Bei jedem Bild wird nur ein Detail verändert. Das menschliche Auge nimmt die schnelle Bildabfolge als kontinuierliche Bewegung wahr.

PRAXIS-TIPP

Windows 7 verwendet in der Aero-Oberfläche einige Animationen, wie zum Beispiel für das Minimieren von Fenstern. Bei langsamen Grafikkarten können Sie diese Effekte in der Systemsteuerung unter „Systemeigenschaften/ Erweitert/Visuelle Effekte" bei Bedarf abschalten.

Anklicken

Wird der Mauszeiger auf ein Objekt wie ein Bild oder einen Internetlink bewegt und dann die linke Maustaste gedrückt, bezeichnet man das als Anklicken.

ANSI

ANSI ist die Abkürzung für American National Standards Institute, einer amerikanischen Gesellschaft, die sich um die Definition und Spezifizierung von Normen und Richtlinien kümmert. Bekannteste Spezifikation ist der ASCII-Zeichensatz, der auf jeder Tastatur zu finden ist. Auch digitale Projektoren sind genormt, sie bemessen ihren Lichtstrom in der Einheit ANSI-Lumen.

- ANSI-Gesellschaft im Internet
www.ansi.org

Ansichtseinstellungen

In der Regel lässt sich das Aussehen von Ordnern in Windows individuell anpassen. Doch manchmal kann es passieren, dass die Einstellungen nicht gespeichert und wieder zurückgesetzt werden. Um alle Ordner und Fenster gleichermaßen wie gewünscht aussehen zu lassen, können Sie die Ansichtseinstellungen ändern. Richten Sie zuerst das Aussehen der Ordner nach Ihren Vorstellungen ein. Klicken Sie dann auf die Schaltfläche „Organisieren" links oben im Explorer-Fenster und wählen Sie im Menü den Eintrag „Ordner- und Suchoptionen". Im Dialogfeld „Ordneroptionen" öffnen Sie die Registerkarte „Ansicht". Hier klicken Sie auf die Schaltfläche „Für Ordner übernehmen". Jetzt haben alle Ordner dasselbe Aussehen.

Antivirenprogramm

Siehe Virenscanner.

AOL

AOL war ein Internetprovider und betreibt ein eigenes Internetportal mit E-Mail-Dienst. Das Unternehmen entwickelte mit dem AOL Instant Messenger (AIM) einen bekannten Messenger (siehe Seite 130), der auch über andere Internetzugänge genutzt werden kann. AOL ist im Internet zu finden unter:

- AOL im Internet
www.aol.de

App

App (Application) ist die Bezeichnung für Anwendungsprogramme jeglicher Art. Der Begriff kommt vor allem im Zusammenhang mit mobilen Geräten wie Smartphones vor, die durch eine App mit zusätzlicher Funktionalität ausgestattet werden. Mittlerweile nennen sich auch Programme für Windows Apps. Apps können aus dem Internet heruntergeladen und installiert werden. Viele Apps sind kostenpflichtig, es gibt aber auch ein großes Angebot kostenloser Apps. Die bekanntesten Shops sind der Apple App Store und der Android Market.

- Apple App Store
http://itunes.apple.com
- Android Market
http://market.android.com

PRAXIS-TIPP

Apps laufen immer nur auf einer bestimmten Handyplattform. Mittlerweile gibt es Apps für iPhone, Android, Windows Phone, Symbian (Nokia), BlackBerry, Bada (Samsung) und WebOS (Palm/HP). Achten Sie bei der Auswahl auf Ihr jeweiliges Handybetriebssystem. Installieren Sie Apps nur aus vertrauenswürdigen Quellen und klicken Sie nicht wahllos auf Download-Links in E-Mails oder SMS.

Apple

Apple ist der Hersteller des Macintosh-Computers (kurz Mac) und des Betriebssystems Mac OS. Auch das iPhone, der iPod, das iPad und der Safari-Browser stammen von Apple. Mit iTunes betreibt Apple auch einen der größten Onlineshops für digitale Musik. Das Markenzeichen von Apple ist der angebissene Apfel.

Arbeitsgruppe

Eine Arbeitsgruppe, Englisch auch „Workgroup" genannt, wird bei Netzwerken verwendet. Sobald Sie ein Netzwerk einrichten, erstellt Windows automatisch eine Arbeitsgruppe und weist ihr einen Namen zu. Um die Einstellungen für die Arbeitsgruppe zu ändern, gehen Sie zunächst in die „Systemsteuerung". Unter „System und Sicherheit/System" wird die bestehende Arbeitsgruppe angezeigt. Klicken Sie auf den Link „Einstellungen ändern" rechts neben „Computername". Im nächsten Dialogfeld wählen Sie „Ändern" und können dann einen neuen Arbeitsgruppennamen eingeben.

Arbeitsplatz

Als Arbeitsplatz wird in Windows XP und früheren Versionen die Ansicht im Windows Explorer bezeichnet, in der man alle am Computer angeschlossenen Laufwerke sieht. Windows 7, 8 und 10 (in der klassischen Darstellungsform) zeigen diese Ansicht mit einem Klick auf „Computer" in der rechten Spalte des Startmenüs.

Arbeitsspeicher

Der Arbeitsspeicher, auch RAM (**R**andom **A**ccess **M**emory) genannt, ist ein Teil des Computers und besteht aus einer Vielzahl von Speicherchips. Jedes installierte Programm (einschließlich des Betriebssystems) benötigt eine Mindestspeicherzuweisung, um arbeiten zu können. Die Größe des Arbeitsspeichers wird in MByte angegeben. Je größer der Arbeitsspeicher ist, desto schneller können Programme ausgeführt bzw. desto mehr Programme können ausgeführt werden. So lässt sich etwa ein Dokument drucken, während ein anderes bearbeitet wird. Ein Textverarbeitungsprogramm benötigt oft nur 4 MByte RAM. Im Gegensatz zu einer Festplatte ist der Arbeitsspeicher ein sogenannter flüchtiger Speicher. Nach dem Ausschalten des PCs verliert er alle darin gespeicherten Daten.

Archiv-Attribut

Ein Archiv-Attribut wird vorwiegend bei Backup-Programmen (siehe Seite 22) zur Datensicherung verwendet. Dateien, die verändert oder neu angelegt werden, erhalten eine Kennzeichnung durch das Archiv-Attribut, dass diese bei der nächsten Datensicherung archiviert werden müssen. Nachdem die Datei archiviert wurde, wird das Archiv-Attribut automatisch wieder gelöscht und erst beim Anlegen oder Ändern eines Dokumentes erneut gesetzt.

Archivieren

Der Begriff Archivieren wird in verschiedenen Bedeutungen verwendet:

- Daten, die Sie nicht mehr regelmäßig benötigen, können Sie auf einen CD-Rohling oder eine DVD archivieren.
- Auch E-Mails lassen sich archivieren. Einige E-Mail-Anbieter wie Google Mail bieten diese Funktion. Auf die E-Mails haben Sie weiterhin Zugriff, aber sie tauchen nicht mehr im Posteingang auf.
- Auch gepackte Dateien (zip-Datei, rar-Datei etc.) werden als Archive bezeichnet.

ASCII

Der ASCII-Code (**A**merican **S**tandard **C**ode for **I**nformation **I**nterchange) wurde 1963 veröffentlicht und 1968 zum letzten Male aktualisiert. Mit 7 Bit (siehe Seite 31) werden 128 Zeichen dargestellt. Das sind die Groß- und Kleinbuchstaben des lateinischen Alphabets, die arabischen Ziffern und einige Satz- und Steuerzeichen. Dazu kommen noch 33 nicht druckbare Sonderzeichen. Basis für die Entwicklung des ASCII-Codes war die englische Schreibmaschinentastatur. Mit der wachsenden Bedeutung der Datenverarbeitung wurde dieser Zeichenvorrat sehr schnell zu klein. Die nationalen Besonderheiten wie beispielsweise die deutschen Umlaute oder die französischen Akzente konnten nicht dargestellt werden. Deshalb wurde der ASCII-Code durch den ANSI-Code (**A**merican **N**ational **S**tandards **I**nstitute, siehe Seite 16) mit 256 Zeichen erweitert. Heute verwendet man den Unicode (siehe Seite 241), der den kompletten Zeichensatz fast aller Sprachen der Welt enthält. Ein Beispiel: Wenn Sie kein

```
 !"#$%&'()*+,-./0123456789:;<=>?
@ABCDEFGHIJKLMNOPQRSTUVWXYZ[\]^_
`abcdefghijklmnopqrstuvwxyz{|}~
```

Die druckbaren Zeichen des ASCII-Codes umfassen u.a. das lateinische Alphabet.

Euro-Zeichen auf Ihrer Tastatur haben, können Sie es ganz einfach darstellen, indem Sie die [Alt]-Taste gedrückt halten und dann den ASCII-Wert für das Zeichen angeben. In diesem Fall ist das die vierstellige Zahl 0128.

Assistent

Ein Assistent ist in Windows eine Folge von Dialogfeldern, in denen der Benutzer bestimmte Einstellungen vornehmen muss. Es wird dadurch eine Hilfestellung wie beim Ausfüllen von Formularen gegeben. Die bekanntesten Assistenten erscheinen bei der Programminstallation, bei der nacheinander verschiedene Installationsparameter festgelegt, ein Programmverzeichnis gewählt und Menüpunkte im Startmenü angelegt werden. Oft wird ein Assistent auch als Wizard bezeichnet.

Athlon-Prozessor

Siehe Prozesssor.

Atom-Prozessor

Siehe Prozesssor.

Attachment

Attachment ist der englische Begriff für Dateianhang und bezeichnet alle Formen von Dateien, die an eine E-Mail angefügt werden können, wie Bilder, Textdokumente etc. Wie groß ein Attachment sein darf, hängt ab, wie groß der E-Mail-Speicherplatz des Empfängers ist. Im Zweifelsfalle sollten Sie die Dateigrößen deshalb so gering wie möglich halten.

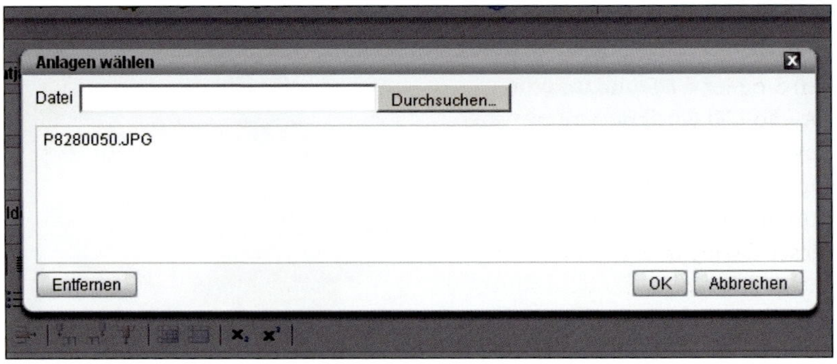

Ein Attachement, wie ein Bild, lässt sich zusammen mit einer E-Mail an Freunde und Bekannte verschicken. Die Datei sollte allerdings nicht zu groß sein.

SICHERHEITS-TIPP

In vielen E-Mail-Attachments befinden sich auch gefährliche Viren oder Trojaner (siehe Seite 237). Sie sollten deshalb E-Mails unbekannter Herkunft vor dem Öffnen sorgfältig mit einer Antiviren-Software prüfen oder gleich löschen.

At-Taste

Die At-Taste kommt durch die Tastenkombination [Alt Gr]+[Q] zustande und erzeugt das Zeichen @. Das @ ist zentraler Bestandteil einer E-Mail-Adresse und wird im Internet auch oft als Klammeraffe bezeichnet.

Attribut

Angaben zu einer Computerdatei, die nicht direkt zum eigentlichen Inhalt gehören, bezeichnet man als Attribut. Das sind die vier Dateieigenschaften Schreibgeschützt, Versteckt, System und Archiv.

ATX

ATX (Advanced Technology Extended) ist eine Norm für Computergehäuse, Mainboards (siehe Seite 123) und weitere Hardware-Komponenten eines Computers. Der ATX-Standard gibt die Form des Motherboards sowie die Lage der Anschlüsse und Befestigungspunkte im Gehäuse vor, sodass Motherboards, Gehäuse und Netzteile unterschiedlicher Hersteller (fast) beliebig austauschbar sind.

Audio

Der Begriff Audio wird im Zusammenhang mit Musik und Ton auf dem Computer verwendet. Eine Audiodatei enthält Musik oder gesprochene Sprache, aber kein Bild. Die bekanntesten Dateiformate für Audiodateien sind MP3 und WMA.

Audio-CD

Audio-CDs sind Musik-CDs, die sich in einem normalen CD-Player abspielen lassen – im Gegensatz zu Daten-CDs (CD-ROMs), die nur im Computer genutzt werden können. Zum Abspielen von Musik liefert Windows den Windows Media Player mit. Sobald Sie eine Audio-CD in das Laufwerk einlegen, startet der Windows Media Player automatisch im Modus „Aktuelle Wiedergabe“. Ist keine Standardaktion

PRAXIS-TIPP

Bei sogenannten „Enhanced-Audio-CDs“ handelt es sich um Audio-CDs, die ein Programm zum Abspielen von Musik auf dem Computer enthalten. Auch Bilder oder Videos können mit dieser Software angesehen werden. Die Software lässt sich beim Einlegen der CD anstelle des Windows Media Players automatisch starten.

definiert, erscheint ein Dialogfeld zur Auswahl einer Aktion. Bestätigen Sie hier die Standardaktion „Audio-CD wiedergeben mit Windows Media Player“. Wenn Sie die Option „Immer für Audio-CDs durchführen“ aktivieren, erscheint dieser Dialog in Zukunft nicht mehr. Die Audio-CD wird sofort abgespielt. Die Einstellung zum automatischen Abspielen von Audio-CDs können Sie in der „Systemsteuerung“ unter „Hardware und Sound/Automatische Wiedergabe“ jederzeit auch ändern.

Audioqualität

Wenn Sie eine Audio-CD kopieren und in ein anderes Format wie MP3 oder WMA (siehe Seite 277) umwandeln möchten, können Sie die Audioqualität einstellen. Je höher die Qualität ist, desto größer wird die Datei. Die Audioqualität wird in kbit/s angegeben. Sie finden diese Einstellung in den Optionen des Windows Media Player auf der Registerkarte „Musik kopieren“. Um den „Optionen“-Dialog anzuzeigen, klicken Sie mit der rechten Maustaste in die Titelzeile des Windows Media Player und wählen anschließend im Kontextmenü „Extras/Optionen“.

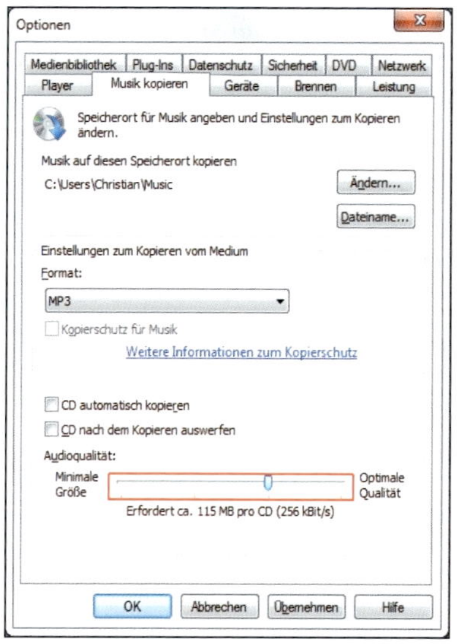

Die Audioqualität lässt sich beim Kopieren von Musik einstellen.

Aufnahmedatum

Die meisten Digitalkameras speichern zu einer Aufnahme zusätzliche Informationen wie Datum oder aktuelle Uhrzeit. Diese Daten werden als EXIF-Daten bezeichnet. Der Umfang der Daten ist vom Kameratyp abhängig. Das Aufnahmedatum wird aus dem gespeicherten Tagesdatum und der aktuellen Uhrzeit der Kamera übernommen.

Aufräumen

Im Laufe der Zeit sammeln sich auf der Festplatte des Computers unzählige Daten an, viele davon werden gar nicht mehr gebraucht. Deshalb sollten Sie regelmäßig die Festplatte mit der Datenträgerbereinigung aufräumen. Diese durchsucht die Festplatte nach nicht mehr zwingend benötigten Dateien wie beispielsweise temporären Internetdateien oder auch Dateien im Papierkorb und löscht diese automatisch. Und so geht‘s: Klicken Sie im Startmenü auf „Zubehör/Systemprogramme/Datenträgerbereinigung“. Wählen Sie dann im Dialogfeld „Datenträgerbereinigungsoptionen“ aus, ob Sie nur Ihre eigenen Dateien oder alle Dateien auf dem Computer bereinigen wollen. Markieren Sie dann die gewünschte Festplatte aus und klicken Sie auf „Ok“. Klicken Sie nun auf die Registerkarte „Datenträger bereinigen“, und aktivieren Sie das Kontrollkästchen für die Dateien, die Sie löschen möchten. Wenn Sie alle Dateien ausgewählt haben, die Sie löschen möchten, klicken Sie auf „Ok“, und anschließend auf „Dateien löschen“, um den Vorgang zu bestätigen.

Ausführen

Mit „Ausführen“ im Startmenü lässt sich eine beliebige ausführbare Datei direkt starten. Es genügt, im angezeigten Dialogfeld den Namen der Datei (oft ein Programm) oder eine Internetadresse einzugeben. Auf diesem Weg können Anwendungen gestartet werden, die nicht im Programmmenü zu finden sind. Das sind vor allem Programme, die nicht jeder gleich finden soll. Während bei älteren Windows-Versionen der Menüpunkt „Ausführen“ im Startmenü standardmäßig angezeigt wurde, ist er ab Windows 7 nicht sichtbar. Um ihn zu aktivieren, klicken Sie mit der rechten Maustaste auf das Windows-Logo links in der Taskleiste und wählen den Menüpunkt „Eigenschaften“. Auf der Registerkarte „Startmenü“ im Dialogfeld „Eigenschaften von Taskleiste und Startmenü“ wählen Sie „Anpassen“. Hier können Sie den Befehl „Ausführen“ einschalten. Hinweis: Sie können den Befehl „Ausführen“ aus dem Startmenü auch auf die Schnellstartleiste verschieben (siehe Seite 189).

PRAXIS-TIPP

Die Tastenkombination [Win]+[R] öffnet jederzeit das Dialogfeld „Ausführen“, unabhängig davon, ob der Menüpunkt im Startmenü angezeigt wird oder nicht.

Ausgeblendete Datei

Bestimmte Dateien in Windows lassen sich ausblenden, sodass sie im Windows Explorer nicht mehr angezeigt werden. Standardmäßig sind das einige Systemdateien. Sie können aber auch eigene Dateien verstecken. Klicken Sie mit der rechten Maustaste auf die gewünschte Datei, wählen Sie dann aus dem Kontextmenü „Eigenschaften“ und aktivieren im nächsten Dialogfeld die Option „Versteckt“.

Mit der Windows Live Fotogalerie lassen sich Bilder komfortabel zuschneiden. Sie müssen mit der Maus nur den gewünschten Bildausschnitt markieren.

Auslagerungsdatei

Oft reicht der Arbeitsspeicher (siehe Seite 17) nicht aus, um alle anstehenden Aufgaben zu erledigen. Um dennoch ein zügiges Arbeiten zu ermöglichen, legt Windows eine Auslagerungsdatei (auch Swapfile genannt) auf der Festplatte an. Wenn für eine Aufgabe ein ausgelagerter Teil wieder benötigt wird, holt Windows diesen Teil von der Festplatte in den Arbeitsspeicher und lagert andere im Augenblick nicht benötigte Teile aus. Das Aus- und Einlagern geschieht automatisch und unbemerkt vom Anwender. Die Auslagerungsdatei vergrößert so den tatsächlich eingebauten Arbeitsspeicher, man spricht vom „virtuellen Speicher“. Im Windows-Explorer ist die Datei unter dem Namen pagefile.sys zu finden.

Ausloggen

Meldet sich ein Benutzer am Computer ab, so wird dies als Ausloggen oder auch Logout bezeichnet. Auch Internetsitzungen werden mit einem Logout beendet. Sie sollten sich immer abmelden, insbesondere bei Online-Shops oder E-Mail-Portalen. Sonst könnte ein versierter Benutzer Ihre Daten missbrauchen.

Ausschneiden

Mit Ausschneiden wird das Entfernen eines Teilbereichs in einem Dokument bezeichnet. Der gelöschte Teil wird in die Zwischenablage (siehe Seite 285) verschoben und kann von dort aus an einer anderen Stelle im gleichen oder in einem anderen Dokument eingefügt werden. Das Ausschneiden erfolgt in allen Programmen mit der Tastenkombination [Strg]+[X]. In den meisten Programmen erscheint auch bei einem Klick mit der rechten Maustaste auf die Markierung ein Kontextmenü, in dem der Befehl „Ausschneiden“ gewählt werden kann.

Ausschnittvergrößerung

Wenn aus einem Foto ein Teilbereich herausgefiltert wird, bezeichnet man das als Ausschnittvergrößerung. Die Windows Live Fotogalerie besitzt eine komfortable Funktion, aus einem Bild einen Teilbereich auszuschneiden. Klicken Sie in der Windows Live Fotogalerie auf die Schaltfläche „Zuschneiden“. Es erscheint ein rechteckiger Ausschnitt, markiert mit einem Raster. Sie können die Größe des Bildausschnitts jederzeit ändern, indem Sie auf die Ecken klicken und daran ziehen. Klicken Sie in den Bildausschnitt, können Sie ihn durch Ziehen mit der Maus auf dem Bild verschieben. In der Liste „Proportion" können Sie ein Seitenverhältnis für den neuen Bildausschnitt wählen. Der Menüpunkt „Bild drehen" wechselt für den Ausschnitt zwischen Querformat und Hochformat. Ein weiterer Klick auf die Schaltfläche „Zuschneiden" oder die Wahl des Menüpunkts „Zuschneiden anwenden" schneidet das Bild auf den gewählten Ausschnitt zu.

Auswerfen

Der Befehl Auswerfen öffnet das CD-/DVD-Laufwerk. Dazu klicken Sie mit der rechten Maustaste auf das Laufwerk im Windows Explorer und wählen aus dem „Kontextmenü" die Option „Auswerfen". Alternativ können Sie auch den kleinen Knopf am Laufwerk drücken.

Automatische Wiedergabe

Die automatische Wiedergabe lässt Sie auswählen, welches Programm für welche Art von digitalen Medien verwendet werden soll, wie beispielsweise für CDs oder Bilder von einer digitalen Kamera. Sobald Sie eine CD oder DVD in das Laufwerk einlegen,

Die automatische Wiedergabe legt fest, welche Programme wofür genutzt werden.

erscheint ein Windows-Dialogfenster, in dem Sie alle Einstellungen vornehmen können. Wählen Sie hier die Programme aus. Sie können die automatische Wiedergabe auch manuell starten. Gehen Sie dazu in die „Systemsteuerung" und wählen Sie „Programme/Standardprogramme/Einstellungen für automatische Wiedergabe ändern" oder gehen Sie in der Symbolansicht auf „Automatische Wiedergabe". Hier können Sie für verschiedene Arten von CDs und DVDs die Aktionen festlegen, die beim Einlegen des Mediums automatisch ausgeführt werden. Die Zeile „Software und Spiele" gilt für alle CDs, die Programme enthalten, die sich automatisch starten lassen.

Autostart

Der Ordner Autostart im Startmenü enthält die Programme, die beim Hochfahren des Computers automatisch mit gestartet werden sollen. Sinnvoll ist das beispielsweise bei Antivirenprogrammen. Bei den Einträgen im Autostart-Ordner handelt es sich nur um Verknüpfungen (siehe Seite 248). Möchten Sie ein Programm zwar behalten, aber nicht automatisch starten, löschen Sie einfach mit der rechten Maustaste die entsprechende Verknüpfung aus dem Startmenü.

AVI-Format

Das AVI-Format (**A**udio **V**ideo **I**nterleave) ist ein Dateiformat für Videodateien. Es ist weitverbreitet und wird von den meisten DVD-Playern unterstützt. Im AVI-Format sind verschiedene Codierungen zum Komprimieren (Verkleinern) der Daten möglich. Dazu werden sogenannte Codecs (siehe Seite 38) verwendet, die auf dem Computer installiert sein müssen, um das Video abspielen zu können.

B

Backdoor

Backdoor ist das englische Wort für Hintertür. Damit wird ein Teil einer Software bezeichnet, der von den Entwicklern absichtlich eingebaut wurde, um die normale Zugriffssicherung zu umgehen und sich so Zugang zu geschützten Programmfunktionen zu verschaffen. Bei großen Systemen in Firmen können Backdoors nützlich sein, wenn z.B. ein Mitarbeiter ein Passwort vergessen hat und sonst keiner mehr Zugriff auf wichtige Daten hätte. Im privaten Bereich können von Backdoors allerdings Sicherheitsrisiken ausgehen. Vor allem dann, wenn sie sich als nützliche Anwendung tarnen und im Hintergrund ohne Wissen des Anwenders eine andere Funktion erfüllen. So kann ein Trojaner (siehe Seite 237) heimlich ein Backdoor-Programm auf dem Rechner installieren und so auf ihn zugreifen und persönliche Daten ausspionieren. Deshalb sollten Sie Ihren Computer immer mit einem Sicherheitsprogramm schützen, z.B. mit den kostenlosen Programmen:

- Download Trendmicro Housecall: http://housecall.trendmicro.com/de/
- Download Avira Free Antivirus: www.avira.com/de/avira-free-antivirus

Backgammon

Backgammon ist ein klassisches Brettspiel, das seit Windows 8 nicht mehr im Betriebssystem integriert ist. Hier spielt man gegen menschliche Gegner aus aller Welt.

Das Brettspiel Backgammon ist ein beliebter Zeitvertreib für zwei Spieler in Aktion. Es ist in Windows 7 integriert und muss bei Windows 8 und 10 separat installiert werden.

PRAXIS-TIPP

In Windows 10 sind einige Spiele bereits vorinstalliert. So beispielsweise das beliebte Spiel „Candy Crush Saga" oder Klassiker wie „Solitaire", „Hearts" und „Minesweeper". Bei all diesen Spielen handelt es sich um Einzelspiele, d.h. man spielt gegen den Computer.

Backup

Wenn Daten, Programme oder Systemzustände auf einem Datenträger wie einer CD/DVD oder einem anderen Speichermedium abgelegt werden, spricht man von einem Backup, zu Deutsch Datensicherung. Mit einem Backup ist es im Notfall möglich, Daten wiederherzustellen, falls diese verloren gegangen oder zerstört worden sind. Bei einem Backup wird zwischen manuellem Backup und automatischem Backup unterschieden. Während das manuelle Backup per Hand durchgeführt wird, funktioniert ein automatisches Backup durch spezielle Backup-Software.

Es gibt verschiedene Sicherungsarten: die Komplett- oder Vollsicherung, die Speicherabbild-Sicherung, die differenzielle Sicherung und die inkrementelle Sicherung. Bei der Komplettsicherung werden die jeweils zu sichernden Daten komplett auf ein Sicherungsmedium übertragen. Das können ein komplettes Laufwerk, eine Partition, bestimmte Verzeichnisse oder Dateien sein. Bei der Speicherabbild-Sicherung (auch Image genannt) wird der komplette Datenträger wie die Festplatte durch ein 1:1-Abbild gesichert. Neben den Nutzerdaten enthält die Sicherung das ganze Dateisystem (siehe Seite 43) inklusive Betriebssystem und Benutzereinstellungen. Bei einem Totalausfall des Computers lässt sich das Speicherabbild auf den Datenträger zurückspielen. So kann der Zustand, der zum Sicherungszeitpunkt erreicht war, wieder-

Windows 7, 8 und 10 bieten ein integriertes Backup-Programm zur Datensicherung.

hergestellt werden. Bei der differenziellen Sicherung werden alle Daten, die seit der letzten Komplettsicherung neu hinzugekommen sind, gespeichert. Die inkrementelle Sicherung wiederum speichert nur die Daten, die seit der letzten inkrementellen icherung oder bei der letzten Komplettsicherung geändert wurden oder neu hinzugekommen sind. Nachteil der inkrementellen Sicherung ist, dass die Daten bei einer Wiederherstellung aus mehreren Teilen wieder zusammengesucht werden müssen. Auch Windows 10 stellt unter „Einstellungen/Update und Sicherheit/Sicherung" ein Backup-Tool zur Verfügung. Bei Windows 7 und 8 finden Sie es unter „Windows 7/8 Sicherung". Mit diesem lassen sich regelmäßig die Daten auf dem Computer sichern. Es gestattet auch das Erstellen eines kompletten Systemabbildes samt installierten Programmen. Das Backup-Programm führt Sie mittels Assistenten durch den gesamten Vorgang.

Banner

Ein Banner bezeichnet eine rechteckige Werbefläche – ähnlich einer Anzeige in Zeitungen oder Plakaten – im Internet, die einen Link (siehe Seite 119) auf das Internetangebot des Werbetreibenden enthält. Im Internet gibt es bezahlte Banner und Bannertausch. Bei Letzterem erklärt man sich bereit, Banner von anderen Anbietern auf der eigenen Webseite zu zeigen. Im Gegenzug erscheint der eigene Banner ebenfalls auf den fremden Seiten.

Ein Werbebanner auf einer Webseite enthält meist einen Link zu dem Angebot.

Barcode

Der Barcode wird auch als Strichcode oder Balkencode bezeichnet. Dabei handelt es sich um eine einfache Schwarz-Weiß-Grafik, die aus verschieden breiten, parallelen Strichen und Lücken besteht. Optische Lesegeräte wie Scanner oder Kameras lesen diesen Code ein und verarbeiten ihn elektronisch weiter. Barcodes sind auf fast allen Produktverpackungen zu finden. Mit speziellen Programmen können Sie eigene Barcodes erstellen.

- Barcodes erstellen kostenlos
http://barcode.tec-it.com

PRAXIS-TIPP

Für moderne Handys und Smartphones gibt es spezielle Apps (siehe Seite 16), mit denen Sie im Supermarkt oder in anderen Geschäften Barcodes fotografieren und sich Produktinformationen oder auch Anbieter mit günstigeren Preisen anzeigen lassen können.

Batteriestatus

Bei Notebooks, die im Batteriebetrieb laufen, erscheint im Infobereich der Taskleiste ein Symbol zur Anzeige des Batteriestatus. Hier sehen Sie den aktuellen Akkuzustand anhand einer Grafik und der Restdauer.

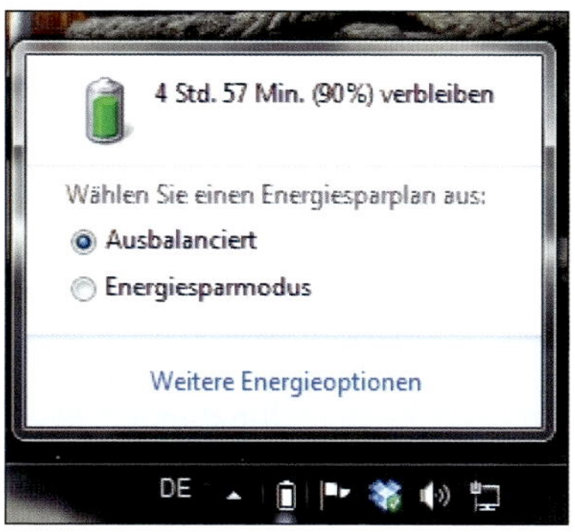

Die Batteriestatusanzeige finden Sie in der Taskleiste von Windows.

Bcc

Möchten Sie eine E-Mail an mehrere Empfänger verschicken, haben Sie verschiedene Möglichkeiten, die Adressen anzugeben. Alle Empfänger, die in das Feld Bcc (**B**lind **C**arbon **C**opy), zu Deutsch Blindkopie, eingetragen werden, erhalten sozusagen einen „Durchschlag" der E-Mail zur Kenntnisnahme. Das Besondere daran ist, dass der direkte Empfänger diese Liste nicht sehen kann und daher nicht weiß, wer außer ihm die E--Mail erhalten hat.

Beamer

Beamer ist ein anderes Wort für einen Projektor und projiziert das Bild des Monitors oder einer anderen Bildquelle an die Wand. Besonders in Tagungsräumen von Unternehmen sind Beamer häufig installiert. So können Vortragende den Zuhörern mit ihrem Notebook Präsentationen oder Videos zeigen. Aber auch im privaten Bereich werden immer mehr Beamer, vor allem für Filme, anstelle eines normalen Fernsehgeräts verwendet. Beamer werden wie Monitore an der Grafikkarte angeschlossen. Windows 7, 8 und 10 halten für die Verwendung eines Beamers einen speziellen Projektionsmodus bereit, der die projizierte Darstellung optimiert.

Beep Code

Ein Beep Code ist einer durch die PC-eigenen Lautsprecher ausgegebener akustischer Signalton, der bei Fehlern vom BIOS (siehe Seite 31) ausgegeben wird. Das kann beispielsweise der Fall sein, wenn beim Booten (siehe Seite 33) ein Hardware-Fehler oder ein anderer Hardware-Konflikt auftritt. Der Beep Code kann aus einem kurzen oder langen bzw. einem oder mehreren Fehlertönen, einem recht lauten Piep-Ton, bestehen.

Der Benutzer lässt sich im Startmenü wechseln. Bei Windows 10 klicken Sie einfach auf Ihr Profilbild und anschließend auf „Benutzer wechseln“.

Benutzer

Mit Benutzer wird in Windows der Anwender bezeichnet. Jeder Benutzer bekommt von Windows seine eigenen Einstellungen und Sicherheitsfunktionen zugewiesen, die sich vorher individuell festlegen lassen. So können auf Computern, auf die mehrere Benutzer Zugriff haben, die Daten eines Anwenders vor den neugierigen Blicken oder gar Veränderungen der anderen Benutzer geschützt werden. Aber auch bei Computern, die man nur allein nutzt, kann eine Benutzerverwaltung sinnvoll sein (siehe Tipp unten).

SICHERHEITS-TIPP

Sind Sie bei Ihrer täglichen Arbeit nur mit eingeschränkten Rechten angemeldet, können Sie dadurch verhindern, dass Ihr System durch fehlerhafte Konfigurationseinstellungen versehentlich beschädigt wird. So können zum Beispiel auch Viren und Trojaner (siehe Seite 237) nur auf die Dateien und Systemeinstellungen zugreifen, auf die Sie Zugriff haben.

Benutzer wechseln

Wenn Sie auf Ihrem Computer mehrere Benutzer eingerichtet haben und ein anderer möchte, während Sie am PC arbeiten, schnell etwas nachsehen, so müssen Sie nicht alle Anwendungen schließen und Ihre Daten sichern, um sich abzumelden. Einfach ist der Benutzerwechsel in Windows 10. Wenn Sie die Tastenkombination [Strg]+[Alt]+[Entf] betätigen, können Sie aus dem Menü die Option „Benutzer wechseln“ wählen. Noch schneller geht es mit der Tastenkombination [Windows-Logo] + [L]. Jetzt kann sich der andere Benutzer anmelden, während Sie selbst im Hintergrund ebenfalls angemeldet bleiben.

Benutzerdaten

Die Benutzerdaten sind persönliche Daten, die Sie beispielsweise zur Anmeldung bei E-Mail-Diensten, Onlineshops oder sozialen Netzwerken benötigen. Benutzerdaten bestehen aus einem Benutzernamen und einem Passwort. Die Benutzerdaten werden auch oft als Login-Daten bezeichnet.

Benutzerdefiniert

Viele Programme bieten bereits vordefinierte Standardeinstellungen, die auf die meisten Benutzer zugeschnitten sind. Möchten Sie keine Standardeinstellungen verwenden, sondern die Einstellungen selbst anpassen, wird das als benutzerdefiniert bezeichnet. So lässt sich etwa in Word die favorisierte Schriftart als benutzerdefinierte Standard-Schrift einsetzen. In fast allen Anwendungen lassen sich auch die Schaltflächen und Bearbeitungsleisten individuell ändern, so dass nur die Werkzeuge und Funktionen gezeigt werden, die immer wieder zum Einsatz kommen.

Benutzergruppe

Benutzer mit ähnlichen oder gleichen Rechten lassen sich in einer Benutzergruppe zusammenfassen, um die Rechteverwaltung zu vereinfachen. Das bedeutet, dass der Administrator nicht mehr jedem einzelnen Benutzer seine Rechte zuweisen muss, sondern alle Mitglieder einer Gruppe erhalten automatisch die Rechte der Gruppe.

PRAXIS-TIPP

Mit Windows 7, 8 und 10 ab der Version Professional können Sie nicht nur beliebige Benutzergruppen anlegen, sondern auch vordefinierte Gruppen mit Standardeigenschaften und Rechten für alle wichtigen Situationen nutzen. Diese machen zumeist eine individuelle Gruppendefinition unnötig.

Benutzerkontensteuerung

Mit der Benutzerkontensteuerung (**U**ser **A**ccount **C**ontrol, UAC) in Windows 7, 8 und 10 wird Ihr Computer vor Hackern (siehe Seite 86) und Schadsoftware geschützt. Immer wenn ein Programm eine grundlegende Änderung an Ihrem Computer vornehmen möchte, werden Sie von der Benutzerkontensteuerung informiert und um Ihre Zustimmung gebeten.

Alle Funktionen in der Windows-Benutzeroberfläche, die eine solche Zustimmung erfordern können, sind mit einem vierfarbigen Schildsymbol gekennzeichnet. Die meisten davon finden sich in der Übersicht „Systemsteuerung“. Beim Anklicken einer geschützten Funktion erscheint das Dialogfeld „Zur Fortsetzung des Vorgangs ist Ihre Zustimmung erforderlich“. Wenn Sie bereits als Benutzer mit Administratorrechten angemeldet sind, klicken Sie hier einfach auf „Ja“ bzw. „Fortsetzen“. Benutzer mit eingeschränkten Rechten können die Daten eines Administrators eingeben und die Funktion so trotzdem ausführen. Man braucht sich also nicht ab- und wieder neu anzumelden. Die Administratorrechte gelten auch nur für diesen einen Dialog und nicht systemweit. Einstellungen zur Benutzerkontensteuerung können Sie in der Systemsteuerung unter „System/Sicherheit/Wartungscenter/Einstellungen" der Benutzerkontensteuerung ändern. Ein weiterer Schutz vor automatischem Klicken ohne Nachfrage ist der sichere Desktop. Beim Einblenden einer solchen Zustimmungsabfrage werden alle anderen Elemente der Windows-Benutzeroberfläche vorläufig deaktiviert. So können keine anderen Programme auf den Zustimmungsdialog zugreifen. Auch bei unbekannten Programmen kann die Benutzerkontensteuerung aktiv werden und vor dem Ausführen des Programms nachfragen.

SICHERHEITS-TIPP

Wenn Sie den Dialog der Benutzerkontensteuerung nach einer gewissen Zeit nicht beantwortet haben, wird er automatisch wieder geschlossen, und die entsprechende Funktion wird nicht ausgeführt. So soll verhindert werden, dass bösartige Software das System automatisch umgeht.

Benutzerkonto

Das Benutzerkonto enthält alle Informationen zum Benutzer, also Name, ein Bild, entweder aus den Standardbildern von Windows oder ein eigenes Foto, sowie die entsprechenden Rechte, die der Benutzer für das Arbeiten an dem Computer besitzt und die in der Regel vom Administrator festgelegt werden. Das gilt nicht nur für Windows, sondern zum Beispiel auch für Benutzerkonten bei sozialen Netzwerken, bei denen Sie sich persönlich anmelden müssen. Die Begriffe Benutzerkonto und Benutzer werden oft gleichbedeutend verwendet.

Benutzername

Ein Benutzer erhält bei Windows einen eindeutigen Namen, der beim Einrichten des Benutzerkontos vergeben wird. Den Benutzernamen können Sie auch nachträglich ändern: nachträglich ändern: In Windows 10 gehen Sie in der „Systemsteuerung" auf „Benutzerkonten und Family Safety/Benutzerkonten/Kontotyp ändern". Rufen Sie das gewünschte Konto auf und klicken Sie auf die Option „Kontonamen ändern". Geben Sie einen neuen Namen ein und bestätigen Sie mit Klick auf „Namen ändern". Der Name selbst kann eine beliebige Kombination aus Buchstaben und Ziffern sein. Allerdings ist die Länge des Benutzernamens auf 20 Zeichen beschränkt. Zudem muss er sich vom Computername unterscheiden.

Benutzeroberfläche

Mit Benutzeroberfläche wird der Teil eines Programms oder des Betriebssystems bezeichnet, den der Benutzer sieht und bedienen kann. Dazu gehören etwa die grafische Oberfläche, Programmschalter und Menüs.

Benutzerordner

Jeder Benutzer erhält von Windows einen persönlichen Ordner. Dieser liegt bei Windows 7, 8 und 10 standardmäßig im Windows Explorer unter „Lokaler Datenträger (C:)\Benutzer" bzw. auf der Festplatte „C:" im Ordner „Benutzer". In früheren Windows-Versionen hieß dieser Ordner „Eigene Dateien". Der Ordner enthält standardmäßig unter anderem die Unterordner „Eigene Bilder", „Eigene Dokumente", „Eigene Musik" und „Eigene Videos". Weitere Unterverzeichnisse für Systemeinstellungen sind versteckt. Unterhalb dieses Verzeichnisses können Sie nach Belieben weitere Ordner und Unterordner einrichten.

SICHERHEITS-TIPP

Alle persönlichen Ordner sind vor dem Zugriff anderer Anwender geschützt. Das bedeutet, dass nur Sie und der Administrator vollen Zugriff auf alle Dateien in den Ordnern haben.

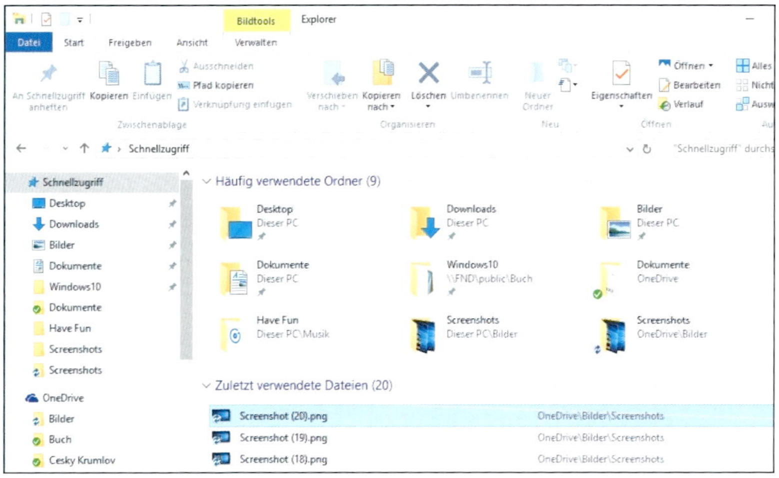

Im Benutzerordner werden alle persönlichen Dokumente gespeichert. Bei Windows 10 steht zudem der Cloudspeicherdienst OneDrive zur Verfügung, um Daten mobil zu nutzen.

Benutzerrechte

In Windows 7 Professional, Enterprise und Ultimate sowie Windows 8/10 Pro und Enterprise können Sie die Benutzerrechte für einzelne Benutzer festlegen. Damit regeln Sie den Zugriff auf Dateien und Ordner auf dem lokalen PC, der für den jeweiligen Benutzer gilt. Die Sicherheitseinstellungen für Ordner und Dateien finden Sie im Kontextmenü „Eigenschaften" der jeweiligen Ordner und Dateien im Windows Explorer. Diese Einstellungen gibt es nur auf NTFS-Laufwerken (siehe Seite 143). Auf anderen Dateisystemen können keine lokalen Benutzerrechte zugewiesen werden. Allerdings braucht man eine explizite Rechteverteilung auf einzelne Dateien und Ordner nur in großen Firmennetzen. Auf privat genutzten PCs ist die von Windows vorgegebene Rechtevergabe über persönliche und öffentliche Ordner normalerweise völlig ausreichend.

Benutzerverwaltung

Die Benutzerverwaltung in Windows 7, 8 und 10 verwaltet alle Benutzer, die im System angelegt sind. Jeder einzelne Benutzer besitzt ein eigenes Profil bzw. ein Verzeichnis, auf das nur der jeweilige Benutzer Zugriff hat. Es enthält die persönlichen Daten und die Einstellungen des Desktops für den Benutzer. Auch die Schriftgröße und das Hintergrundbild lassen sich so individuell nach den Vorlieben des einzelnen Benutzers anpassen.

Beta-Version

Bevor eine Software offiziell in den Handel bzw. in den Umlauf kommt, muss sie ausgiebig getestet werden. Denn nur so lassen sich eventuelle Fehlerquellen erkennen und beseitigen. Für diese Tests werden sogenannte Beta-Versionen des Programms verwendet (die 2. Stufe der sogenannten Alpha-Version). Diese haben oft noch nicht den vollen Funktionsumfang, sind jedoch bereits soweit ausgereift, dass ein Anwender damit arbeiten kann. Einige Hersteller stellen die Beta-Versionen öffentlich zum Download zur Verfügung, um so eine möglichst große Zahl von Testpersonen anzusprechen. Google bietet beispielsweise seinen Browser Google Chrome als Beta-Download an. Die Tester, auch Beta-Tester genannt, können Anmerkungen und auftretende Fehler an die Entwickler der Software melden, sodass diese Mängel behoben werden. Meist sind in Beta-Versionen nur noch kleinere Fehler zu entdecken.

- Download Google Chrome (Beta): www.google.com/landing/chrome/beta

Betreffzeile

Jede E-Mail verfügt über eine Betreffzeile, die als Überschrift fungiert. Damit weiß der Empfänger gleich auf den ersten Blick, worum es in der E-Mail geht bzw. er wird neugierig gemacht. Einige E-Mail-Programme (z.B. Thunderbird) warnen, wenn eine E-Mail ohne Betreff versendet werden soll.

PRAXIS-TIPP

Schreiben Sie in die Betreffzeile einer E-Mail sinnvolle und deutsche Wörter. Die Betreffzeile ist auch ein wichtiges Kriterium für Spamfilter-Software (siehe Seite 205/206).

Betriebssystem

Das Betriebssystem verwaltet die gesamte Hardware (Speicher, Ein- und Ausgabegeräte) und steuert die Programme auf dem Computer. Ohne ein Betriebssystem kann der Rechner nicht auf Anwendungen zugreifen. Sobald Sie den Einschaltknopf an Ihrem Computer betätigen, beginnt ein kleines, fest im Computer eingebautes Programm, das BIOS (siehe Seite 31) zu arbeiten. Erst anschließend wird das eigentliche Betriebssystem Windows gestartet. Betriebssysteme für PCs gibt es seit Anfang der 1970er-Jahre. MS-DOS von Microsoft war eines der bekanntesten Betriebssysteme, das noch per Befehlseingabe bedient wurde. MS-DOS wurde mit der Weiterentwicklung der PC-Technik von Windows abgelöst, das lange das bekannteste und beliebteste Betriebssystem war. Neben Windows gibt es weitere, ebenfalls bekannte Betriebssysteme wie UNIX, das sehr populäre Linux oder das auf Apple-Computern installierte Mac OS.

Bewertungssterne

Windows 7, 8 und 10 bieten die Möglichkeit, für Bilder sogenannte Bewertungssterne zu vergeben. Damit lassen sich Lieblingsbilder, die immer wieder verwendet werden, in der Masse der Fotos schneller finden. Die Bewertung reicht von 0 bis 5 Sternen, wobei jedem Bild die Sterne frei vergeben werden können. Die Bilder lassen sich dann geordnet in der Windows Live Fotogalerie, im Bildinformationsfenster des Windows Explorers oder im Eigenschaften-Dialog je nach der Anzahl der Sterne anzeigen.

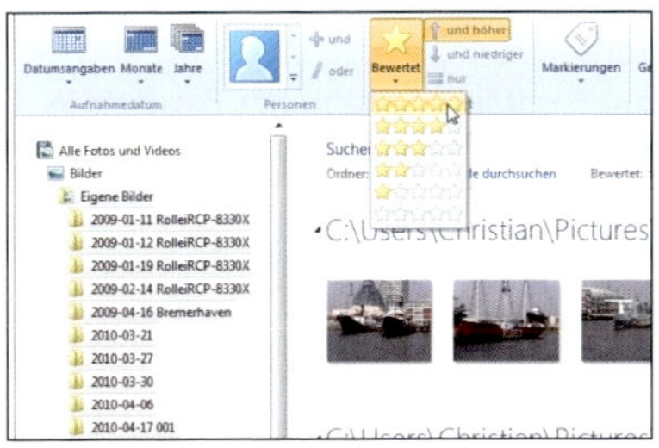

Mit der Anzahl der Sterne lassen sich ab Windows 7 Bilder bewerten.

Bibliothek

Mit den Bibliotheken in Windows 7, 8 und 10 lassen sich Dateien einfacher finden, bearbeiten und organisieren. In einer Bibliothek werden alle Dateien an einem Ort zusammengeführt, egal, wo sie tatsächlich gespeichert sind. Möchten Sie beispielsweise ein digitales Fotoalbum von Ihren Urlauben zusammenstellen, legen Sie einfach eine neue Bibliothek an und legen fest, welche Ordner diese enthalten soll. Zwar befinden sich die Fotos nach wie vor an verschiedenen Stellen, doch sie werden alle in einem Fenster angezeigt. Ebenso können Sie bei anderen Dateien vorgehen, um alle zusammengehörenden Daten in einer Bibliothek gesammelt zu haben, etwa bei Musik, aber auch bei Dokumenten zu verschiedenen Themen.

> **PRAXIS-TIPP**
>
> Wenn Sie auf den Link „Orte" unterhalb des Bibliotheksnamens im Hauptfenster des Windows Explorers klicken, sehen Sie, welche Ordner in der Bibliothek enthalten sind. Hier können Sie auch selbst beliebige weitere Ordner anlegen.

Bildaufnahmedatum

Digitalkameras speichern zusammen mit dem eigentlichen Foto zusätzliche Daten. Dazu gehört auch das Datum, an dem das Bild aufgenommen wurde.

Bildbearbeitung

Mit Bildbearbeitung bezeichnet man das nachträgliche Verändern von Fotos sowie die dafür nötigen Anwendungen. Neben der Einstellung von Helligkeit und Kontrast können bei der Bildbearbeitung auch z.B. rote Augen entfernt werden, die durch Blitzlicht entstehen. Zur Bildbearbeitung ist eine spezielle Software nötig wie beispielsweise Photoshop. Windows liefert mit Paint ebenfalls ein einfaches Bildbearbeitungsprogramm mit. Weitere kostenlose Programme sind Gimp

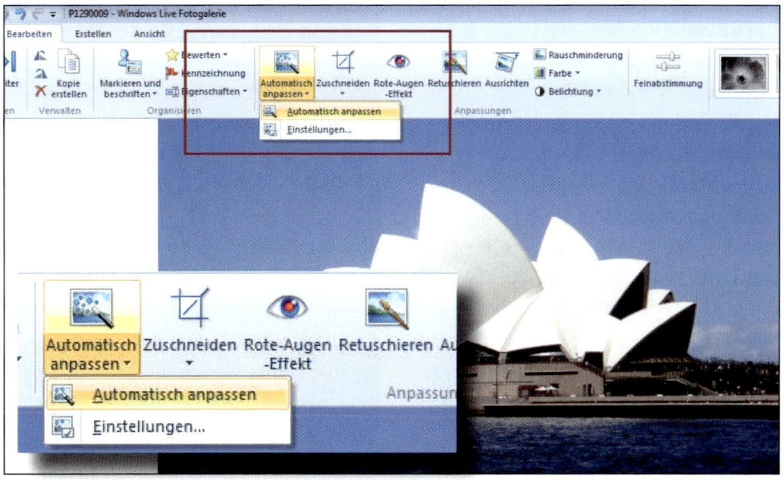

Mit der Windows Fotogalerie lässt sich eine automatischen Bildkorrektur durchführen. Dabei werden die Helligeit, die Schärfe und der Kontrast angepasst.

oder Paint.net, die eine Vielzahl von Werkzeugen anbieten, um Bilder zu verbessern oder auch in der Farbe oder Größe zu verändern.

- Download Paint: www.getpaint.net
- Download Gimp: www.gimp.org

Bildbetrachter

Ein Bildbetrachter ist eine Software, die zum Betrachten von Bildern dient. Bildbetrachter liefern komfortable Übersichten, um einen schnellen Überblick über umfangreiche Bildarchive zu bekommen. Sie sind zudem meist mit einer Zoom- und Diashowfunktion ausgestattet. Viele Bildbetrachter verfügen auch über grundlegende Bildbearbeitungsfunktionen wie rote Augen retuschieren, die Helligkeit, die Schärfe und den Kontrast anpassen oder Bilder drehen. Der Windows Explorer enthält einen einfachen Bildbetrachter, der Bilder als Miniaturen oder Diashow anzeigen kann. Wesentlich komfortabler ist die Windows Fotogalerie, ein Bestandteil der Windows Essentials. Ein weiterer kostenloser Bildbetrachter ist IrfanView, den Sie aus dem Internet herunterladen können.

- Download Windows Essentials: http://windows.microsoft.com/de-de/windows-live/essentials
- Download IrfanView: www.irfanview.com

Bilder importieren

Wenn Sie Bilder von einer Kamera oder einem anderen externen Gerät auf den Computer übertragen, wird das auch als Bildimport bezeichnet. Die Windows Fotogalerie bietet dafür einen Assistenten an. Sobald Sie eine Digitalkamera über USB (siehe Seite

Fotos, die importiert werden sollen, müssen zunächst markiert werden.

245) anschließen, erscheint das Dialogfeld „Automatische Wiedergabe" mit einer Auswahl, was mit den Bildern auf der Kamera geschehen soll. Sie können die Bilder wahlweise importieren oder auch direkt von der Kamera betrachten. Im ersten Dialogfeld des Assistenten können Sie entscheiden, ob Sie alle Bilder von der Kamera importieren möchten oder nur eine bestimmte Auswahl. Der Link „Weitere Optionen" öffnet ein Dialogfeld, in dem sich detaillierte Einstellungen zum Bilderimport vornehmen lassen. Hier legen Sie fest, in welchen Ordner die Bilder importiert werden und wie sich die neuen Dateinamen zusammensetzen. Diese können automatisch aus Aufnahmedatum und der beim Import angegebenen Beschriftung gebildet werden. Sie können auch angeben, dass importierte Bilder automatisch von der Kamera gelöscht werden, um dort freien Speicherplatz zu schaffen.

PRAXIS-TIPP

Ordernamen werden von Windows auf Basis des Datums – entweder nach Import- oder Aufnahmedatum – erstellt. Wenn auch Sie Ordner nach Datum anlegen wollen, sollten Sie immer zuerst die Jahreszahl, dann den Monat und als Letztes den Tag angeben. Auf diese Weise werden die Ordner bei alphanumerischer Sortierung im Windows Explorer oder der Windows Live Fotogalerie automatisch chronologisch angeordnet.

Bilder optimieren

Digitale Bilder lassen sich mit wenigen Klicks aufbessern bzw. optimieren. Die Windows Fotogalerie verfügt dazu über eigene einfache Bearbeitungsfunktionen. Zudem gibt es die automatische Optimierung. Damit werden Helligkeit und Farbwerte nach automatischen Algorithmen angepasst, um dem Bild mit nur einem einzigen Klick ein besseres Aussehen zu geben.

Bildinformationen

Zu den Bildinformationen eines Fotos zählen unter anderem der Dateiname, das Aufnahmedatum und die Bildgröße. Diese werden angezeigt, sobald Sie ein Foto öffnen. Bei der Windows Fotogalerie finden Sie die Bildinformationen im rechten Teil der Bildanzeige. Die Schaltfläche „Markieren und beschriften" in der oberen Symbolleiste blendet dieses Informationsfenster auf Wunsch aus und wieder ein.

Bildlaufleiste

Als Bildlaufleiste, auch Scrollbar genannt, wird der vertikale oder horizontale Balken bezeichnet, der meist am rechten oder unteren Rand eines Bildschirmfensters erscheint. Sobald Sie diesen mit gedrückter linker Maustaste bewegen (eng. scrollen), verschieben Sie den Inhalt im Fenster. Das Scrollrad der Maus hat die gleiche Funktion. Damit gelangen Sie etwa im Internet oder in einem Textdokument zu den unteren Bereichen einer Seite.

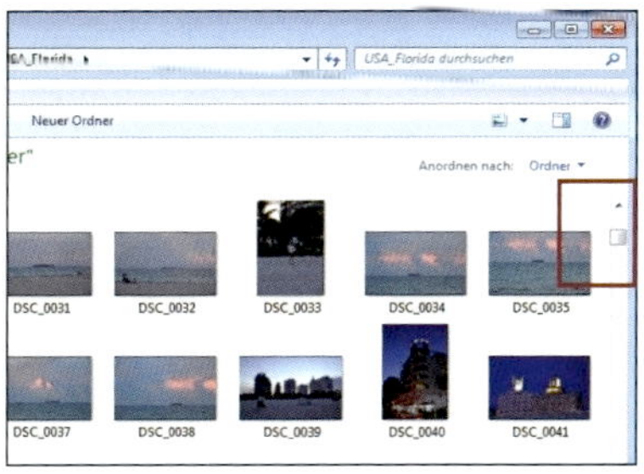

Fensterausschnitte lassen sich mit Bildlaufleisten verschieben.

Bildschirm

Der Bildschirm oder Monitor dient zur visuellen Ausgabe von Text und Grafik. Er ist damit das wichtigste Verbindungsglied zwischen Benutzer und Computer. Während es früher lediglich Röhrenmonitore gab, werden heutzutage fast ausschließlich Flachbildschirme (TFTs) eingesetzt. Die Größe des Bildschirms wird wie beim Fernseher als Bilddiagonale gemessen. Maßeinheit ist Zoll (1 Zoll = 2,54 cm). Die Spanne reicht dabei vom Minidisplay im Handy bis zum großen 34-Zoll-Profimonitor (86 cm Bilddiagonale).

Bildschirmauflösung

Die Bildschirmauflösung gibt an, aus wie vielen Punkten (Pixeln) das auf dem Bildschirm dargestellte Bild besteht. Je höher die Auflösung, desto informations- und detailreicher ist das Bild. Eine Auflösung von 1.600 x 900 bedeutet, dass horizontal 1.600 Pixel und vertikal 900 Pixel angezeigt werden. Sie können die Auflösung auch manuell einstellen. Klicken Sie dazu im Kontextmenü des Desktops auf den Eintrag „Bildschirmauflösung". Heute gängige Bildschirmauflösungen sind 1.920 x 1.080 Pixel (Full HD) und 1.366 x 768 (HD ready). Notebook-Displays haben oft geringere Auflösungen. Die Bildschirmauflösung ist dabei nicht allein vom Bildschirm, sondern auch von der im Computer integrierten Grafikkarte abhängig.

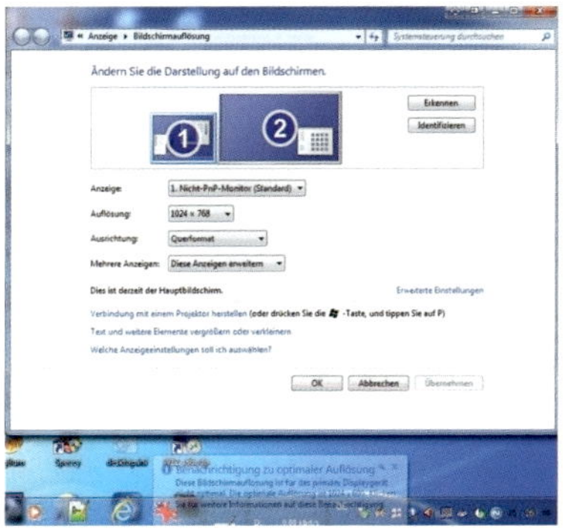

Einstellung der Bildschirmauflösung in Windows 10.

Bildschirmfoto

Ein Bildschirmfoto, auch Screenshot genannt, ist eine Abbildung des aktuellen Bildschirminhalts oder eines Fensters. Die meisten Bilder in diesem Lexikon sind Bildschirmfotos. Es gibt mehrere Möglichkeiten, ein Bildschirmfoto zu erstellen: Sie drücken die Taste [Druck] auf der Tastatur, öffnen ein Grafikprogramm und fügen das Bild mit [Strg]+[V] ein.
Noch einfacher geht es mit dem Snipping Tool von Windows. Sie finden es bei Windows 10 unter „Start/Alle Apps/Zubehör/Snipping-Tool".

Bildschirmlupe

Gerade kleine Details auf dem Desktop oder innerhalb von Programmen sind oft schwer zu erkennen. Win-

Vergrößerung mit der Bildschirmlupe. So sind Bildausschnitte besser erkennbar.

PRAXIS-TIPP

Ein Klick auf das Lupensymbol blendet ein Fenster für die Bildschirmlupe ein. Hier können Sie zwischen drei verschiedenen Darstellungsarten wählen. Ebenso geht es mit folgenden Tastenkombinationen: Für eine Vollbilddarstellung drücken Sie [Strg]+[Alt]+[F], für ein vergrößertes Fenster um den Mauszeiger [Strg]+[Alt]+[L] und für ein vergrößertes Fenster am oberen Bildschirmrand [Strg]+[Alt]+[D].

Ein Laptop ist eine bequeme Sache, aber das Lesen kann anstrengend sein. Hier hilft die Bildschirmlupe weiter. Mit dieser lassen sich z.B. Textabschnitte komfortabel vergrößern.

dows 7, 8 und 10 bieten eine Bildschirmlupe an, mit der sich Ausschnitte oder der komplette Desktop vergrößert darstellen lassen. Mit der Tastenkombination [Win]+[+] lässt sich die Bildschirmlupe mit einem Standardvergrößerungsfaktor von 200 % einschalten.

Bildschirmschoner

Der Bildschirmschoner (eng. Screen Saver) stammt noch aus der Zeit der Röhrenmonitore. Wurde bei diesen über längere Zeit dasselbe Bild auf dem Monitor gezeigt, etwa wenn der Benutzer für eine Weile den Arbeitsplatz verlassen musste, konnte es sich „einbrennen" und war danach dauerhaft als Schattenbild auf dem Monitor sichtbar.

Der Bildschirmschoner verhindert diesen Effekt. Er aktiviert sich automatisch nach einem vordefinierten Zeitraum, sobald vom Anwender keine Aktivität mehr ausgeht und sorgt mit bewegten Bildern oder Animationen dafür, dass es kein „Einbrennen" gibt. Durch eine Mausbewegung oder einen Tastendruck wird er wieder abgeschaltet.

Moderne Flachbildschirme benötigen zwar keinen Bildschirmschoner mehr, sie sind aber weiterhin sehr beliebt. Mittlerweile lassen sich auch persönliche Bildschirmschoner z.B. aus eigenen Fotos erzeugen und als Bildschirm füllende Diashow anzeigen.

SICHERHEITS-TIPP

Auch bei Flachbildschirmen ist ein Bildschirmschoner nützlich, vor allem, wenn mehrere Personen Zugriff zum Computer haben. Müssen Sie kurzzeitig Ihren Arbeitsplatz verlassen, schaltet sich der Bildschirmschoner nach kurzer Zeit ein. Er kann so eingestellt werden, dass zur Reaktivierung ein Passwort notwendig ist.

Bildverwaltung

Da sich mit der Zeit immer mehr digitale Bilder auf der Festplatte sammeln, ist es ratsam. diese sinnvoll zu ordnen. Dazu gibt Windows mit dem „Eigene Bilder"-Ordner bereits einen Platz vor, auf dem sich die Bilder in Unterordnern sortieren lassen.

Bildwiederholfrequenz

Die Bildwiederholfrequenz ist ausschlaggebend für ein flimmerfreies Monitorbild. Je höher sie ist, desto öfter wird das Bild pro Sekunde neu aufgebaut. Ist die Bildwiederholfrequenz zu niedrig, entsteht ein typisches Flackerbild. Optimal ist eine Bildfrequenz, bei der die Bildwiederholung für das Auge nicht wahrnehmbar ist. Die Bildwiederholfrequenz wird in Hz angegeben.

Binärformat

Ein Binärformat ist ein Format für ausführbare Dateien, das bei der internen Verarbeitung im Computer verwendet wird. Im Zahlensystem kommen nur 0 und 1 vor. Als Anwender kommen Sie in der Regel nicht mit dem Binärformat in Berührung. Bitte beachten Sie: Dateien im Binärformat sollten nur mit äußerster Vorsicht geändert werden.

Bing

Bing ist die Suchmaschine von Microsoft. Ab dem Internet Explorer 9 diente erstmals die Adresszeile gleichzeitig als Suchfeld. Sie können einen Begriff eingeben, die Suchergebnisse werden im aktuellen Browserfenster angezeigt. Während der Eingabe können Sie sich auch beliebte Suchbegriffe vorschlagen lassen und direkt auswählen. Mit Bing lassen auch Microsoft-Produkte wie Word, Excel oder Outlook als Online-Version aufrufen. Ebenso sind aktuelle News mit einem Klick erreichbar.

- Bing im Internet: www.bing.de

Bing Bar

Bing Bar ist eine kostenlose Symbolleiste, die Sie im Internet Explorer verwenden können. Bing Bar bietet Ihnen eine schnelle und bequeme Möglichkeit zum Anzeigen von E-Mails, Wettervorhersagen, Verkehrsmeldungen, Straßenkarten und Facebook. Die Bing Bar lässt sich aus dem Internet herunterladen. Nach der Installation ist sie automatisch in jedem Internet-Explorer-Fenster aktiv und kann mit dem „x"-Symbol

Microsofts Suchmaschine Bing ermöglicht die Suche nach Begriffen und Themen im Internet, ähnlich wie bei anderen Suchmaschinen.

ganz links jederzeit ausgeblendet werden. Ein Rechtsklick auf einen leeren Bereich in der Internet-Explorer-Titelleiste blendet ein Menü ein, in dem die Bing Bar wieder aktiviert werden kann.

- Download Bing Bar: http://toolbar.discoverbing.com/de-DE

Bing Maps

Bing Maps ist, ähnlich wie Google Maps, ein interaktiver Weltatlas mit Stadtplänen und Routenplaner. Neben den reinen Karten und Luftbildern bietet Bing Maps bei wichtigen Orten Aufnahmen aus der Vogelperspektive an. Darüber hinaus können Sie mit Bing Maps über spezielle Kriterien nach Sehenswürdigkeiten, Restaurants, Hotels, Cafés, Bars und anderen Punkten suchen.

- Bing Maps im Internet: http://de.bing.com/maps

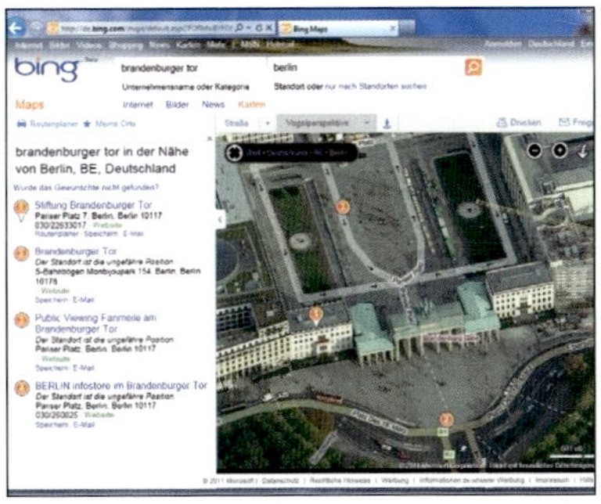

Das Brandenburger Tor in der Vogelperspektive in Bing Maps.

BIOS

Das BIOS (**B**asic **I**nput **O**utput **S**ystem) ist ein Programm, das die wichtigsten Hardwarekomponenten erkennt und den Start des Betriebssystems von der Festplatte, einer CD-ROM, DVD oder eines USB-Sticks ermöglicht. Ein zusätzliches, beschreibbares Speichermodul wird von einer kleinen Batterie permanent mit Strom versorgt. Dieses enthält die Einstellungen des BIOS, die vom Anwender verändert werden können, aber beim Ausschalten des PCs nicht verloren gehen sollen.

Bit

Ein Bit ist die Maßeinheit für die kleinste digitale Informationsmenge und entspricht den beiden Binärziffern 0 und 1 (siehe Seite 30). Bit ist die Grundeinheit bei der Angabe von Datenübertragungsraten. 8 Bit sind 1 Byte.

BitLocker

Mit BitLocker bieten Windows 7, 8 und 10 (ab Version Pro) eine Funktion zum Verschlüsseln von Daten. Auch USB-Sticks (siehe Seite 246) lassen sich damit verschlüsseln. Klicken Sie mit der rechten Maustaste auf den USB-Stick im Windows Explorer, und wählen Sie im Kontextmenü „BitLocker aktivieren". Legen Sie fest, ob Sie zum Entsperren ein Passwort oder eine Smartcard verwenden wollen. Danach starten Sie den Verschlüsselungsvorgang, der je nach Datenmenge einige Minuten dauern kann. Um das Kennwort später zu ändern oder zu entfernen, klicken Sie im Kontextmenü des verschlüsselten USB-Sticks auf „BitLocker verwalten".

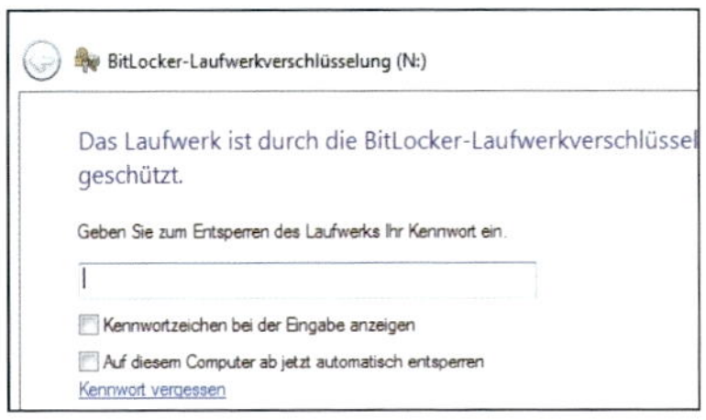

Kennworteingabe zum Entsperren des USB-Sticks.

SICHERHEITS-TIPP

Zur Sicherheit sollten Sie sich einen Schlüssel zur Wiederherstellung ausdrucken oder in eine Datei speichern. Der Schlüssel besteht aus einer langen Zahlenkombination, mit der Sie den USB-Stick wieder entschlüsseln können, falls Sie das Passwort vergessen haben.

Bitmap

Eine Bitmap-Datei wird auch als Raster- oder Pixelgrafik bezeichnet. Sie besteht aus einzelnen Bildpunkten (Pixeln) – vergleichbar mit Millimeterpapier, bei dem einige Quadrate ausgefüllt sind und so ein Bild ergeben. Jedem Bildpunkt wird dabei ein zugehöriger Helligkeits- und Farbwert zugewiesen. Bei Schwarz-Weiß-Bildern gehört zu jedem Bildpunkt ein Speicher-Bit (siehe links), bei Farbbildern können es bis zu 24 Speicher-Bits pro Bildpunkt sein.

BlackBerry

Ein BlackBerry ist ein tragbares Gerät, ähnlich einem Smartphone, mit dem sich E-Mails lesen und schreiben lassen. Hersteller ist die kanadische Firma RIM. BlackBerrys verwenden ein eigenes Betriebssystem, das von keinem anderen Hersteller genutzt

Mit einem Blackberry lassen sich E-Mails lesen und schreiben.

Via Bluetooth kommunizieren nicht nur Computer und Handys kabellos miteinander. Mittlerweile sind auch viele Heimelektronikgeräte mit einer Bluetooth-Schnittstelle zum schnellen, kabellosen Datenaustausch ausgerüstet.

wird. Für BlackBerrys gibt es mittlerweile eine Reihe nützlicher Apps (siehe Seite 16). Blackberry bietet dafür einen eigenen App-Store an, der zahlreiche Anwendungen aus diversen Kategorien bereithält.

- App-Portal für BlackBerry: https://appworld.blackberry.com

Blocksatz

Der Blocksatz wird in der Textverarbeitung verwendet. Damit lässt sich ein Text so darstellen, dass die Zeilen durch eine Erweiterung der Wortzwischenräume immer auf die gleiche Breite gedehnt werden. Die Textränder sind sowohl auf der linken als auch auf der rechten Seite bündig. Nur die letzte Zeile eines Absatzes beginnt links und läuft nach rechts aus. Damit lässt sich ein Text schnell optisch in Form bringen.

PRAXIS-TIPP

Möchten Sie für einen Text den Blocksatz verwenden, achten Sie unbedingt auf eine Silbentrennung am Zeilenende. Denn oft entstehen durch Blocksatz unschöne Löcher im Text. Das gilt insbesondere für in Spalten angeordneten Text.

Blog

Ein Blog (auch Weblog) ist eine Art Tagebuch im Internet. Damit lassen sich persönliche Erlebnisse veröffentlichen, die von anderen Nutzern gelesen und auch kommentiert werden können. Oft wird ein Blog auch für Reiseberichte verwendet, denn damit können die „Daheimgebliebenen“ nicht nur an den Erlebnissen, sondern auch den Fotos und Videos teilhaben. Die Einträge sind wie in einem Kalender dem Datum zugeordnet, an dem sie verfasst wurden. Für ein Blog braucht man heute keine spezielle Software zu installieren. Viele Anbieter im Internet bieten Blogs kostenlos und bereits fertig eingerichtet an. Sie müssen nur noch das Design an Ihre Wünsche anpassen und schon können Sie loslegen.

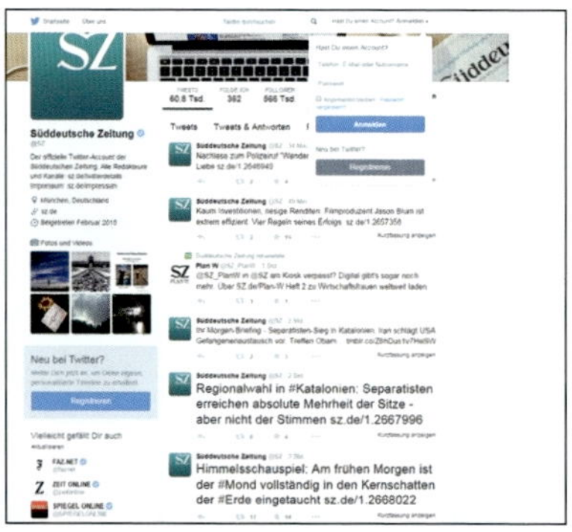

In Twitter bloggen Firmen wie die Süddeutsche die aktuellsten Nachrichten.

Bloganbieter im Internet
WordPress, kostenloser Bloganbieter: http://de.wordpress.com
Blogger, kostenloser Dienst von Google: www.blogger.com
Bloggerei, umfangreiches Blog-Verzeichnis: www.bloggerei.de
Bloganbieter im Vergleich: www.blog-camp.de/bloganbieter

Blogger

Die Person, die einen eigenen Blog betreibt, wird allgemein als Blogger bezeichnet.

Bluetooth

Bluetooth ist eine drahtlose Übertragungstechnik, die Daten und Sprache über kurze Entfernungen zwischen diversen Endgeräten austauschen kann. Bluetooth wird vor allem bei Handys genutzt, um z.B. Adressdaten oder Klingeltöne zu transferieren oder um mit dem Handy freizusprechen. Aber auch andere Geräte wie Digitalkameras, digitale Bilderrahmen und Notebooks können Bluetooth besitzen. Zudem lassen sich ältere Geräte mit Bluetooth nachrüsten. Es gibt Adapter als USB-Stick, der nur in den USB-Eingang des Gerätes gesteckt werden muss. Bei der Bluetooth-Technik verwendet jedes Gerät einen eigenen Namen, mit dem es eindeutig identifiziert werden kann. Damit sich die Geräte gegenseitig finden, müssen sie auf „sichtbar“, „erkennbar“ geschaltet werden.

Die Bluetooth-Schnittstellen verbrauchen sehr viel Strom. Wenn Sie mit dem Notebook unterwegs sind und es im Batteriebetrieb läuft, sollten Sie Bluetooth nur einschalten, wenn es wirklich benötigt wird. Die meisten Notebooks mit eingebautem Bluetooth haben dazu eine spezielle Taste, um Bluetooth ein- und auszuschalten. Bluetooth-USB-Sticks kann man einfach einstecken bzw. abziehen.

Blu-ray

Die Blu-ray-Disc ist der Nachfolger der DVD und ebenfalls ein digitales optisches Speichermedium. Sie bietet eine erheblich höhere Datenrate und Speicherkapazität als die DVD und kann daher Filme mit größerer Auflösung (HD, **H**igh **D**efinition) speichern. Sie fasst etwa 25 GByte an Daten. Für Blu-rays sind spezielle Laufwerke erforderlich, die mit einem blauen Laser die auf der Blu-ray befindlichen Datenspuren auslesen. Diese Laufwerke spielen auch DVDs und CDs ab.

BMP-Format

BMP ist die Abkürzung für **Bitm**a**p**. Dabei handelt es sich um ein Dateiformat zur Speicherung von Rastergrafiken. Unter Windows wird es meist mit der Dateiendung .bmp gekennzeichnet. Vorteil dieses Formats ist sein einfacher Aufbau, was das Einlesen und Speichern vereinfacht.

Bookmark

Bookmarks, auch Favoriten oder Lesezeichen genannt, sind die im Browser abgespeicherten Internetseiten (siehe Seite 257).

Bootblock

Ein Bootblock ist der Teil des Betriebssystems, der zum Starten des Computers benötigt wird. Der Bootblock befindet sich im Bootsektor, einem bestimmten Bereich auf der Festplatte. Ist er beschädigt, kann der Computer nur noch mit einer Notfall-CD (siehe Seite 143) gestartet werden.

Bootdiskette

Eine Bootdiskette verwendete man früher, wenn sich ein Computer nicht mehr starten ließ. Da heutzutage kaum noch ein Computer mit einem Diskettenlaufwerk ausgestattet ist, gibt es inzwischen die Notfall-CD.

Booten

Booten ist der englische Ausdruck für das Hochfahren und Starten des Computers. Es wird durch das Betätigen des Ein-Schalters am PC ausgelöst und läuft in mehreren Stufen ab. Zuerst wird die Stromversorgung für den Computer eingeschaltet. Der Prozessor arbeitet nun die BIOS (siehe Seite 31)-Sequenzen ab und führt einen Systemtest durch. Anschließend wird das Betriebssystem geladen. Das richtet wiederum die Arbeitsumgebung (Desktop) ein und startet verschiedene Systemdienste.

Bootfähiges Laufwerk

Das Booten eines PCs kann von verschiedenen Laufwerken aus erfolgen. Die Reihenfolge kann als Bootsequenz (siehe Seite 34) individuell eingestellt werden. Als bootfähige Laufwerke kommen neben der Festplatte auch CD-/DVD-Laufwerke oder ein USB-Stick infrage.

PRAXIS-TIPP

Einige BIOS-Versionen zeigen auf dem Startbildschirm eine Taste an, meist [F2] oder [F11], mit der Sie direkt zu einer Auswahl bootfähiger Laufwerke kommen. Hier brauchen Sie nur das DVD-Laufwerk auszuwählen, um statt von der Festplatte von einer CD oder DVD zu booten.

Bootmanager

Sind auf einem Computer mehrere Betriebssysteme installiert, braucht man einen Bootmanager. Dabei handelt es

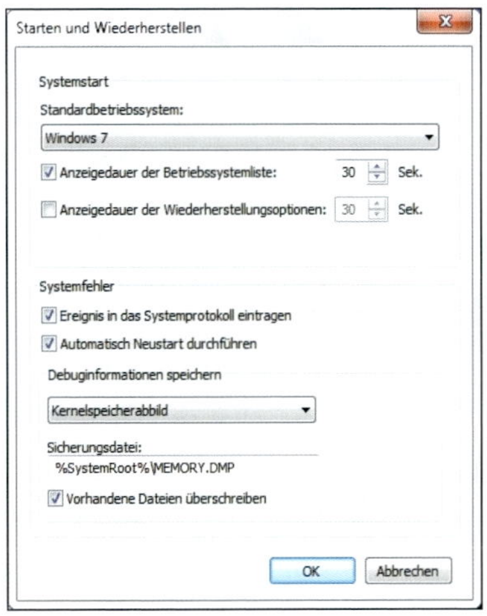

Der Bootmanager lässt sich unter Windows sehr einfach einrichten.

sich um ein kleines Hilfsprogramm, das die Auswahl des Betriebssystems beim Hochfahren des Computers ermöglicht. Windows 7, 8 und 10 besitzen einen integrierten Bootmanager, der automatisch aktiviert wird, sobald Sie Windows parallel zu einer früheren Windows-Version installieren.

PRAXIS-TIPP

Der Bootmanager richtet Windows 7, 8 und 10 automatisch als Standardbetriebssystem ein, wenn Sie beim Booten nicht nach wenigen Sekunden ein anderes Betriebssystem auswählen. Sie können diese Einstellung in der „Systemsteuerung" unter „System/Sicherheit/System/Erweiterte Systemeinstellungen" ändern. Im nächsten Dialogfenster gehen Sie im Bereich „Starten und Wiederherstellen" auf „Einstellungen". Sie können nun das Standardbetriebssystem auswählen.

Bootsequenz

Mit Bootsequenz wird die Reihenfolge bezeichnet, in der der Computer von welchen Medium aus das Betriebssystem startet. Diese wird im BIOS (siehe Seite 31) festgelegt. Der Computer überprüft zuerst, ob ein Betriebssystem auf der Festplatte installiert ist. Wenn dem so ist, startet er es. Falls nicht, kontrolliert er, ob eine bootfähige CD im Laufwerk liegt und startet damit das Betriebssystem. Falls das auch nicht geht, prüft er angeschlossene USB-Sticks.

Bootsequenz 1: Festplatte (HDD)
Bootsequenz 2: CD-ROM
Bootsequenz 3: USB-Stick

Broadcast

Broadcast (engl. für Rundfunk) steht für den Versand von Nachrichten innerhalb eines Netzwerkes, die nicht nur an einen einzelnen Computer gerichtet ist, sondern an alle angeschlossenen PCs innerhalb des Netzwerks. Das kann in einem kleinen, abgeschlossenen Netzwerk erfolgen, aber auch in riesigen Netzwerken, auf die eine Vielzahl an Computern Zugriff haben.

Breitband

Mit Breitbandverbindungen werden Internetverbindungen mit einer Geschwindigkeit von mehr als 1.000 kbit/s bezeichnet. DSL ist eine solche Breitbandverbindung, aber auch Funkverbindungen über HSDPA (siehe Seite 89) und LTE (siehe Seite 121) sowie Internetverbindungen über das Fernsehkabelnetz oder auch über Satellit. Mit dem DSL-Anschluss 16.000 z.B. nutzen Sie eine 128fache ISDN-Geschwindigkeit – perfekt geeignet für anspruchsvolle Anwendungen wie hochauflösendes Fernsehen über den Computer oder auch aufwendige Online-Spiele. Größere Downloads aus dem Internet sind mit einer Geschwindigkeit von 16.000 kBit/s kein Problem. Eine 5 MB große Datei ist in rund 5 Sekunden heruntergeladen.

Brennen

Von Brennen spricht man, wenn Dateien auf eine CD oder DVD unveränderlich geschrieben werden – im Gegensatz zu einer Festplatte oder einem USB-Stick, auf denen sich die Daten ändern und auch wieder löschen lassen. Windows 7, 8 und 10 bieten Funktionen zum Brennen von Daten auf CD oder DVD.

Brennliste

Der Windows Media Player legt vor dem eigentlichen Brennvorgang einer Musik-CD eine sogenannte Brennliste an. Diese enthält alle Musiktitel, die auf die CD gebrannt werden sollen. Sie können die Reihenfolge der Titel festlegen, indem Sie den Titel einfach mit der Maus an die gewünschte Position verschieben.

Browser

Ein Browser (auch Webbrowser) ist ein Programm, das zum Betrachten von Internetseiten dient. Der be-

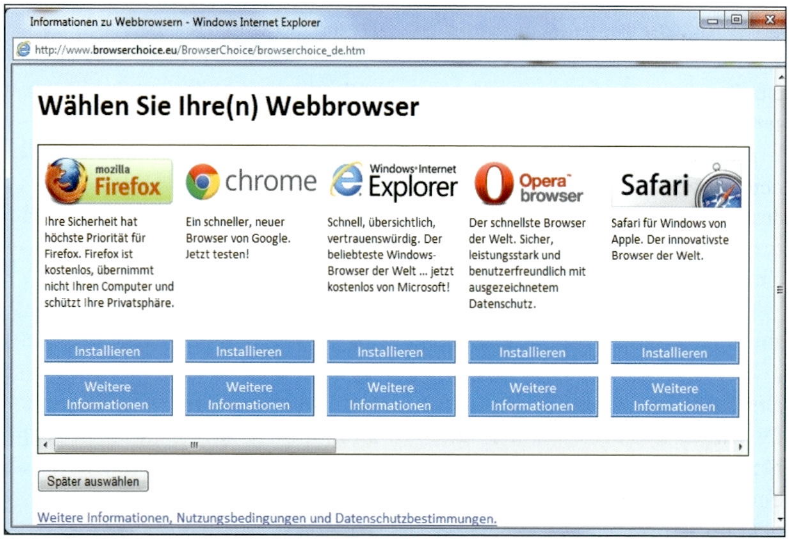

Auf dem Desktop von Windows 7 und 8 finden Sie das Fenster „Browserwahl". Das bietet eine einfache Methode, einen Browser zu wählen und zu installieren. Bei Windows 10 fehlt es.

kannteste Browser ist der Internet Explorer von Microsoft, der standardmäßig neben anderen Browsern im Windows-Betriebssystem bis zur Version 8 enthalten war. In Windows 10 ist der neue Browser namens Edge integriert. Weitere bekannte Browser sind Google Crome, Mozilla Firefox, Opera sowie Safari. Vor allem Google Chrome wird bei Nutzern immer beliebter.

Jeder Browser hat sein eigenes Aussehen und auch eine etwas andere Bedienung. Einige Funktionen werden aber immer gleich behandelt. So wird in der Adresszeile (siehe Seite 12) die Internetadresse eingetragen und mit der [Enter]-Taste bestätigt. Darauf wird diese Seite geladen und angezeigt. Jeder Browser bietet zudem die Möglichkeit, beliebte Webseiten als Lesezeichen, Favoriten oder Bookmarks zu speichern, um schneller auf die gewünschten Seiten zu gelangen.

Kostenlose Webbrowser zum Download
Internet Explorer: www.windows.microsoft.com/de-de/internet-explorer/download-ie
Mozilla Firefox: www.mozilla.com
Google Chrome: www.google.com/chrome
Opera: www.opera.com

Ein Browser öffnet Ihnen den Zugang ins Internet. Denn mit diesem Programm lassen sich Internetseiten aufrufen und anzeigen.

Browserverlauf

Der Browserverlauf, auch Chronik genannt, ist die Verlaufsliste der zuletzt besuchten Internetseiten in einem Browser. So lassen sich anhand des Browserverlaufs die zuletzt angesurften Ziele nachsehen und aus der Chronik erneut öffnen.

BTX

Der **B**ildschirm**t**e**x**t (BTX) war ein Dienst der Telekom, bei dem die Nachrichten als Text und Grafik über das Telekommunikationsnetz übermittelt und auf dem Bildschirm eines Fernsehempfängers, PCs oder eines speziellen BTX-Geräts wiedergegeben wurden. Bevor E-Mail, SMS oder Chat zur Verfügung standen, war BTX ein sehr populäres Mittel, um schnell Nachrichten und Informationen zu vermitteln und zu empfangen. Mit Einzug der neuen Technik und des Internet wurde BTX immer unwichtiger. Am 31. Dezember 2001 wurde der BTX-Dienst in Deutschland schließlich offiziell eingestellt.

Bug

Mit dem englischen Wort Bug wird ein Fehler in einem Computerprogramm bezeichnet.

Bus

Mit Bus wird eine Datenleitung bezeichnet, die über mehrere Leitbahnen verfügt und Daten zwischen mehreren Sendern und Empfängern übermitteln kann. Jeder Computer verfügt über mehrere Bussysteme (siehe Skizze rechts).

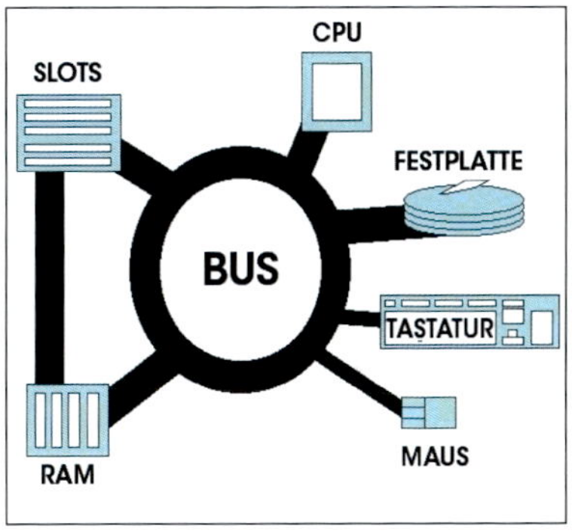

Schematische Darstellung eines Bus-Systems im Computer.

Byte

Intern rechnet der Computer immer mit Bits, also mit 0 und 1. 8 Bit werden zu einem Byte zusammengefasst. Folgende Maßeinheiten für Speichergrößen werden verwendet:

Name	Symbol	Bedeutung
Kilobyte	KB	1.024 Byte
Megabyte	MB	1.048.576 Byte
Gigabyte	GB	1.073.741.824 Byte
Terabyte	TB	1.099.511.627.776 Byte

C

Cache

Damit das Arbeiten mit dem PC zügig geht, legen viele Programme einen Puffer-Speicher, den sog. Cache, an. In diesem werden Inhalte und Daten, die bereits einmal verwendet wurden, zwischengelagert, und lassen sich beim nächsten Gebrauch zügiger abrufen. Dieser Hintergrundspeicher kann sowohl im Arbeitsspeicher als auch auf der Festplatte liegen. Ein Beispiel hierfür sind Browser für das Internet wie z.B. Internet Explorer oder Mozilla Firefox. Sobald eine besuchte Internetseite verlassen wird, speichert der Browser eine Kopie davon im Cache ab. Wird die Seite später wieder benötigt, kann sie schnell und einfach aus dem Cache abgerufen werden – ohne sie erneut aus dem Internet zu laden. Allerdings kann es hierbei auch zu Problemen kommen: Wurde die Internetseite zwischenzeitlich geändert, hat der Cache immer noch den gleichen Inhalt. Im Zweifelsfall sollte deshalb immer der Inhalt aktualisiert werden. Bei Internet Explorer, Mozilla Firefox und Google Chrome drückt man dazu die Taste [F5].

SICHERHEITS-TIPP

Bei jedem Internetbrowser ist es möglich, den Cache nach dem Beenden des Programms automatisch zu löschen. Damit wird auch verhindert, dass Unbefugte Daten (Passwörter usw.) aus dem Chache lesen können. Bei Mozilla rufen Sie dazu im Menü „Extras/Einstellungen" den Reiter „Datenschutz" auf. Setzen Sie ein Häkchen bei „Die Chronik löschen, wenn Firefox geschlossen wird".

Caps-Lock

Mit [Caps-Lock] oder der [Feststell]-Taste wird die Taste oberhalb der linken [Umschalt]-Taste auf der Tastatur bezeichnet. Erkennbar ist sie an einem großen Pfeil, der nach unten zeigt. Wird die Taste einmal gedrückt, schaltet die Eingabe auf der Tastatur von Klein- auf Großbuchstaben um. Beim nochmaligen Drücken wird das Ganze wieder rückgängig gemacht.

Die [Caps-Lock]-Taste schaltet die Tastatur auf Großbuchstaben um.

Cc

Möchten Sie eine E-Mail an mehrere Empfänger verschicken, gibt es dafür verschiedene Möglichkeiten. Die Abkürzung Cc steht für **C**arbon **C**opy, was so viel wie „Kohlekopie" bedeutet. Ursprünglich kommt der Begriff aus der klassischen Bürotechnik. Bei Cc erhalten alle Empfänger eine Kopie der E-Mail zur Kenntnis und sind für alle anderen Empfänger der E-Mail sichtbar. Im Gegensatz dazu stehen die unter Bcc (**B**lind **C**arbon **C**opy) eingetragenen Adressen, die für andere Empfänger nicht zu sehen sind.

CD-R

Eine **C**ompact **D**isc **R**eadable (CD-R) ist eine CD, die nur einmal mit einem handelsüblichen Brenner beschrieben werden kann. Auf einer CD-R lassen sich eigene Daten, Fotos oder Musik speichern und anschließend mit einem CD-Laufwerk wiedergeben.

CD-ROM

CD-ROM steht für **C**ompact **D**isc **R**ead-**O**nly **M**emory und ist ein digitales Speichermedium für Daten jeglicher Art. Sie dient auch als Datenträger für Originalsoftware und hat die früher übliche Diskette mittlerweile vollständig ersetzt. Fast jeder moderne Rechner besitzt ein DVD-Laufwerk, das neben DVDs auch CD-ROMs lesen kann.

CD-RW

Eine **C**ompact **D**isc **R**e**W**ritable kann mit einem Brenner mehrmals beschrieben werden. Anfangs konnten die Rohlinge nur 650 Megabyte an Daten speichern. Heute ist eine Kapazität von 700 Megabyte möglich. Aufgrund vieler Einschränkungen wie Datensicherheit oder Geschwindigkeit ist die CD-RW eher ein Nischenprodukt.

Celeron-Prozessor

Siehe Prozessor.

Chat

Ein Chat dient der schriftlichen Unterhaltung zweier oder mehrerer Gesprächspartner in Echtzeit über das Internet. Dies funktioniert über ein spezielles Programm, den sog. Messenger, wie etwa Skype oder auch dem Messenger ICQ.

- Download Skype: www.skype.de
- Download ICQ: www.icq.de

Chat-Abkürzung

In den meisten Chats kommen Abkürzungen vor, die sich auf englische Redewendungen beziehen. Die bekannteste Abkürzung ist ROTFL (**R**olling **O**n **T**he **F**loor **L**aughing), was so viel bedeutet wie „Ich könnt mich kugeln vor Lachen".

Chess Titans

Chess Titans ist ein Microsoft eigenes Schachprogramm, das in Windows Vista und Windows 7 standardmäßig enthalten ist. Man kann entweder gegen den Computer oder einen anderen Gegner spielen.

Das Schachspiel Chess Titans ist standardmäßig in Windows 7 enthalten.

Chip

Siehe Prozessor.

CHKDSK

CHKDSK ist die Abkürzung für „**Check Disk**". Damit lässt sich unter Windows eine Festplatte auf Fehler überprüfen. Wird ein Fehler festgestellt, lässt er sich leicht wieder beheben. Bei Windows 7, 8 und 10 wählen Sie einfach die Festplatte aus, die

Chat-Abkürzungen auf einen Blick

Abkürzung	Englische Bedeutung	Deutsche Übersetzung
2me	to me	für mich
4ever	forever	für immer
4free	for free	für umsonst, kostenlos
ACK	ACKnowledge	Zustimmung
ASAP	As Soon As Possible	so schnell wie möglich
B4	before	bevor
B4N	Bye For Now	erst mal Tschüss
BTW	By The Way	übrigens
CU	See (C) You (U)	man sieht sich
CYL	See (C) You Later	bis später
FAQ	Frequently Asked Questions	häufig gestellte Fragen (und Antworten)
FYI	For Your Information	zu deiner Information
GN8	Good Night	gute Nacht
ILU	I Like You	ich mag dich
ILU2	I Like You Too	ich mag dich auch
IMO	In My Opinion	meiner Meinung nach
JFTR	Just For The Record	nur fürs Protokoll (um es festzuhalten)
LOL	Laughing Out Loud	ich lache laut
ROTFL	Rolling On The Floor Laughing	ich könnt mich kugeln vor Lachen
TIA	Thanks In Advance	danke im Voraus
TNX	Thanks	danke

geprüft werden soll und öffnen per Rechtsklick das „Kontextmenü". Hier wählen Sie „Eigenschaften/Tools/Fehlerüberprüfung" und dann „Jetzt prüfen/Starten". Die Fehlersuche startet automatisch. Sie können die Prüfung auch direkt aufrufen, indem Sie im Eingabefenster „Ausführen" den Befehl „chkdsk" eingeben und dann mit „Enter" bestätigen.

Chronik

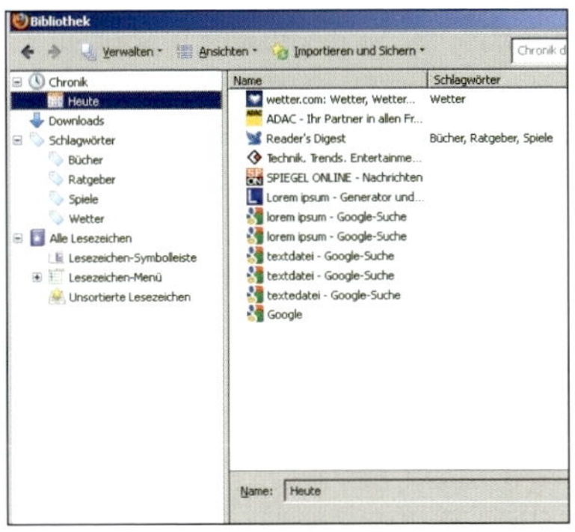

Die Chronik oder Verlaufsliste bei Mozilla Firefox, geordnet nach Wochentagen.

Wer mit einem Browser im Internet surft, besucht meist mehrere Webseiten nacheinander. Um eine besuchte Seite auch später wieder aufrufen zu können, bieten alle Browser eine Chronik an. Diese speichert die zu-

SICHERHEITS-TIPP

Die Chronik speichert alle besuchten Webseiten ab und zeigt sie in einer Liste an. Manchmal ist es notwendig, einige Einträge zu löschen – weil man sich vertippt hat oder man gegenüber anderen Nutzern seine Surfspuren verwischen will. Und so geht's: Markieren Sie die gewünschte Webseite links vom Symbol mit einem Klick. Drücken Sie dann die [Entf]-Taste, und die Seite wird gelöscht. Wenn Sie mit der Maus rechts auf die Seite klicken, erscheint ein Kontextmenü mit mehreren Bearbeitungsmöglichkeiten.

letzt besuchten Webseiten einige Tage bis Wochen. Der Internet Explorer bezeichnet die Chronik als Verlaufsliste. Ein Klick auf das kleine Dreieck neben den Pfeilsymbolen in der Adresszeile blendet eine Liste der zuletzt besuchten Seiten ein. Hier können Sie leicht zu einer früher besuchten Seite navigieren.

ClearType

Die ClearType-Textoptimierung sorgt dafür, dass man Texte auf dem Bildschirm besser lesen kann, besonders bei intensiver Nutzung. Vor allem Flachbildschirme haben das Problem, dass Schriften mit Rundungen oft etwas verzerrt dargestellt werden. ClearType ist in Windows 7, 8 und 10 standardmäßig eingeschaltet. Um Einstellungen am Programm vorzunehmen, klicken Sie in der „Systemsteuerung" unter „Darstellung und Anpassung/Schriftarten" links auf den Link „ClearType Text anpassen". Hier können Sie die Textoptimierung ein- und ausschalten und den Effekt auch gleich sehen. Bei einem Röhrenmonitor müssen Sie ClearType eventuell deaktivieren. Anschließend wird automatisch geprüft, ob der Monitor die optimale Auflösung besitzt. Es startet ein Optimierungsassistent für die Textoptimierung, der Sie in vier Schritten dazu auffordert, jeweils unter mehreren Textbeispielen die am besten lesbare Version auszuwählen, und daraus die optimale Einstellung der Kantenglättung bestimmt.

PRAXIS-TIPP

Auf Bildschirmfotos können mit ClearType geglättete Schriften leicht unscharf aussehen. Für Dokumentationen ist es deshalb ratsam, diese Option abzuschalten. In Windows 7 und 8 wird diese Änderung sofort wirksam, Anwender von Windows Vista müssen ihren Rechner neu starten.

Clipart

Als Clipart bezeichnet man digitalisierte Illustrationen und Bilder, die häufig im Comic- oder Cartoon-Stil gekennzeichnet sind. Cliparts lassen sich in andere Programme, z.B. einer Textverarbeitung, einbauen. Ein Grafikprogramm liefert meist eine Clipartsammlung mit. Cliparts können aber auch im Internet meist kostenlos heruntergeladen werden.

- Download kostenlose Cliparts: www.clipart-kiste.de

Mit Cliparts lassen sich z.B. Dokumente oder Einladungskarten grafisch gestalten.

Cloud

Die Cloud, englisch für Wolke, bezeichnet einen virtuellen Speicherort für Daten im Internet. Hier lassen sich alle möglichen Daten wie Bilder, Videos, aber auch Dokumente ablegen. Der Vorteil: Egal, wo der Anwender sich befindet, sobald er eine Verbindung zum Internet hat, kann er auf die Daten zugreifen. Dies funktioniert auch mit mobilen Geräten wie einem Smartphone oder Tablet PC, sofern diese den Zugang zum Internet ermöglichen.

Cluster

Cluster bedeutet übersetzt so viel wie „Bündel" und wird in verschiedenen Kontexten verwendet. In der Informatik ist damit eine Zusammenschaltung mehrerer Server gemeint. Damit lässt sich die Netzwerkkapazität erhöhen. Im engeren Sinne ist ein Cluster die kleinste adressierbare Einheit auf einer Festplatte. Der Begriff stammt aus der Windows-Welt. In anderen Betriebssystemen wird er als Block bezeichnet.

Codec

Ein Codec ist eine Software zum Komprimieren (Verkleinern) und Dekomprimieren digitaler Mediendaten wie Musik oder Videos. Programme wie der Windows Media Player verwenden Codecs, um digitale Mediendateien wiedergeben und erstellen zu können. Ein Codec besteht in der Regel aus zwei Komponenten: einem Encoder und einem Decoder. Während der Encoder für die Komprimierung der Datei zuständig ist, führt der Decoder die „Entkomprimierung" aus. Wenn Sie beispielsweise Musiktitel von einer Audio-CD auf Ihren PC kopieren möchten, verwendet der Windows Media Player standardmäßig den WMA (**W**indows **M**edia **A**udio)-Codec, um das Lied in eine WMA-Datei zu komprimieren. Möchten Sie nun diese WMA-Datei wiedergeben, verwendet der Player wiederum den gleichen Codec, um die Datei so zu dekomprimieren, dass die Musik abgespielt werden kann.

Codierung

Codierung ist ein Begriff aus der Programmierung. Etwas codieren bedeutet, ein Wort oder Zeichen in eine andere Form umwandeln, zum Beispiel das Umwandeln einer Dezi-

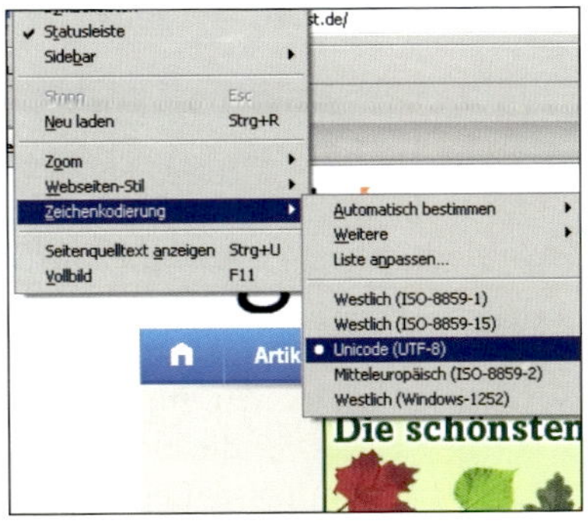

Die Zeichencodierung bei Mozilla Firefox. Standardmäßig ist diese Unicode.

malzahl in einen Binärcode (siehe Seite 30). Dieser besteht nur aus den Ziffern 0 und 1 und wird zur Zahlendarstellung genutzt. Auch im Internet werden häufig Webseiten codiert, um Einstellungen zu Sprache oder Zeichendarstellung vornehmen zu können.

PRAXIS-TIPP

Damit Sie beim Surfen im Internet immer die richtige Sprache wie Deutsch sehen, gehen Sie im Internet Explorer folgendermaßen vor: Klicken Sie im oberen Fensterteil rechts auf den Reiter „Extras" und wählen Sie dann „Internetoptionen/Allgemein/Sprachen". Ist die gewünschte Sprache nicht sichtbar, lassen sich mit Klick auf „Hinzufügen" weitere Sprachen einbinden. Die Reihenfolge in der Auswahl legt die Priorität fest, in der die Sprachen verwendet werden. Legen Sie daher „Deutsch" als erste Sprache fest.

COM

In der Computerwelt besitzt die Abkürzung COM zwei Bedeutungen.

1. Innerhalb einer Internetadresse ist .com die Zuordnung zu einer Domain, wobei .com vom Begriff commercial abstammt und ursprünglich für Unternehmen gedacht war. Heute ist .com für jedermann zugänglich.

2. COM ist außerdem eine Dateiendung für ausführbare Dateien und stammt aus der DOS-Ära. Ein Programm im COM-Format hat starke Einschränkungen für den Arbeitsspeicher und verarbeitbare Dateien und wurde mittlerweile von Programmen mit der Dateinamensendung .exe abgelöst.

Speicherkarten wie die CompactFlash-Karte werden vor allem in mobilen Geräte wie Digitalkameras eingesetzt. Darauf lassen sich alle Daten speichern.

CompactFlash-Karte

CompactFlash (CF) ist ein Schnittstellenstandard zur Speicherung digitaler Daten. Er kommt insbesondere bei digitalen Speicherkarten (CompactFlash-Karte) zum Einsatz. Diese Karten nutzen u.a. Digitalkameras, Computer, PDAs und Handys. Im Gegensatz zu Festplatten besitzen CF-Karten keine beweglichen Teile. Alle Daten werden auf einem wiederbeschreibbaren Flash-Speicher dauerhaft gespeichert.

Computerreparaturoptionen

Um einen beschädigten Computer wieder zum Starten zu bringen, bieten Windows 7 und 8 einige Funktionen. Um diese ausführen zu können, sollten Sie die Windows-DVD zur Hand haben. Legen Sie die DVD ein und starten Sie den Computer. In der Bootsequenz muss dazu das Starten von DVD eingestellt sein. Jetzt haben Sie die Möglichkeit, sich die Computerreparaturoptionen anzeigen zu lassen, um ein beschädigtes Betriebssystem zu retten.

Computerschutz

Damit alle Daten jederzeit sicher sind und diese sich bei Problemen auch wiederherstellen lassen, bietet

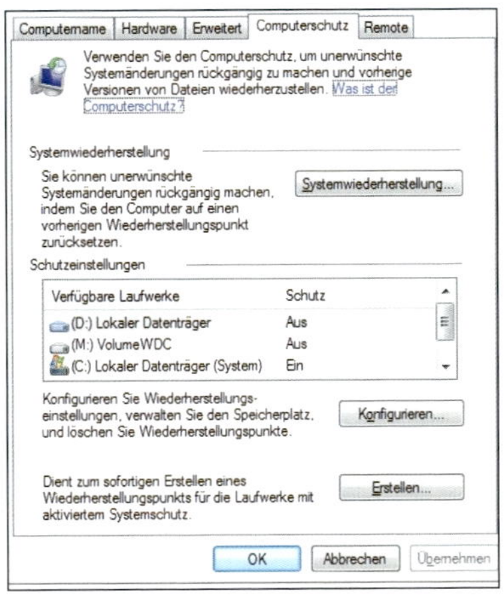

Die Computerschutz-Funktion in den Systemeigenschaften von Windows.

Windows eine Computerschutz-Funktion, die in der „Systemsteuerung“ unter „System“ und „Sicherheit/System“ zu finden ist. Hier finden Sie die Einstellungen für die Systemwiederherstellung und können jederzeit selbst einen Wiederherstellungspunkt anlegen.

Computerspiele

Computerspiele werden auch als Games bezeichnet (siehe Seite 78).

Computerstandards

Für jede Aktivität am PC, sei es das Surfen im Internet, das Senden von E-Mails, die Wiedergabe von Audio- und Videodateien oder das Ansehen von Digitalbildern gibt es eigene Programme. In der Systemsteuerung unter „Programme/Standardprogramme/Programmzugriff/Computerstandards“ lassen sich die Programme, die standardmäßig verwendet werden, festlegen. Sie können ebenfalls angeben, welche Programme im Startmenü und auf dem Desktop angezeigt werden sollen.

Computerverwaltung

In der Computerverwaltung sind verschiedene Windows-Komponenten für professionelle Anwender zusammengefasst, unter anderem eine erweiterte Benutzerverwaltung sowie die Datenträgerverwaltung. Bei Windows 10 ist sie nach Rechtsklick auf das Windows-Symbol unter „Computerverwaltung“ zu finden.

Computervirus

Siehe Viren.

Controller

Der Controller ist eine Art Schnittstelle, die den Datentransfer von Mainboard (siehe Seite 123) und Festplatte koordiniert. Jedes moderne Mainboard besitzt jeweils einen Controller für Diskettenlaufwerke und Festplatten. Ein Festplattencontroller wiederum hat in der Regel Anschlüsse für zwei oder vier Festplatten. Darüber hinaus gibt es auch Controller für SCSI-Festplatten. Diese sind allerdings nicht direkt auf dem Mainboard integriert, sondern als eigenständige Steckkarte eingebaut. Die SCSI-Technik wird heute kaum noch benutzt.

Cookie

Ein Cookie (engl. für Keks) enthält Informationen, die beim Besuch

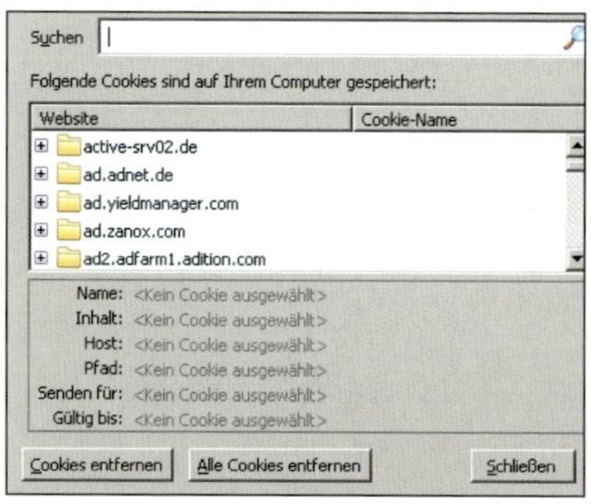

Um die Spuren Ihrer Internetbesuche zu beseitigen, sollten Sie Cookies löschen.

einer Webseite gesendet und im Browser gespeichert werden. Die gleiche Webseite (und nur diese) kann das Cookie bei einem späte-

PRAXIS-TIPP

Cookies lassen sich in allen Browsern auch wieder löschen. Im Internet Explorer funktioniert das wie folgt: Klicken Sie rechts oben bei „Extras“ auf „Internetoptionen“. Wählen Sie dann die Registerkarte „Allgemein“ und gehen im Bereich „Browserverlauf“ auf „Einstellungen“ und im nächsten Dialogfeld auf „Dateien anzeigen“. Jetzt erscheint ein Fenster mit Cookies und auch anderen temporären Dateien. Bei Mozilla Firefox wählen Sie im Menü „Extras“ bei „Einstellungen“ den Bereich „Datenschutz“ aus und klicken auf „Cookies anzeigen“. Anschließend erscheint eine Liste aller Webseiten, die bereits Cookies auf Ihrem Computer gespeichert haben. Dort sehen Sie die Inhalte der Cookies und können sie auch gezielt löschen.

ren Besuch lesen und auswerten. Cookies können z.B. Anmeldedaten in E-Shops und Foren, persönliche Einstellungen für interaktive Seiten, aber auch statistische Daten für Werbetreibende sein. Ein Webserver kann anhand solcher Cookies die Spuren eines bestimmten Besuchers der Webseite wiedererkennen. Viele Werbeanbieter speichern in Cookies, wie oft Sie etwa ein Werbebanner gesehen und ob Sie darauf geklickt haben. Anhand dieser Daten werden Ihnen passende Banner angezeigt.

Copy

Siehe Kopieren.

CPU

CPU ist die Kurzform von Central Processing Unit und das Herzstück eines jeden elektronischen Gerätes. Die CPU wird auch als Prozessor bezeichnet. In der CPU laufen alle Prozesse ab: Sie startet und beendet Programme, verwaltet den Speicher und verteilt Aufgaben an andere Geräte, wie z.B. die Grafikkarte. Die bekanntesten CPUs stammen von Intel und AMD. Seit Anfang der 1970er-Jahre wird die CPU auf einem einzigen Chip aufgebaut und trägt die Bezeichnung Mikroprozessor.

Crosskabel

Ein Crosskabel (Crosslink-Kabel) verbindet zwei Computer miteinander und ermöglicht deren Datenaustausch. Das Crosskabel ist achtadrig und besitzt auf jeder Seite einen RJ45-Stecker (siehe Seite 181).

Cursor

Der Cursor (oder die Schreibmarke) zeigt auf dem Bildschirm die aktuelle Bearbeitungsposition an. Je nach Programm besitzt er ein unterschiedliches Aussehen. In der Textverarbeitung beispielsweise erscheint er als blinkender, senkrechter Strich. Der Cursor darf nicht mit dem Mauszeiger verwechselt werden. Er zeigt nur an, wo die Maus gerade hinzeigt. Erst mit einem Mausklick werden Cursor und Schreibposition festgelegt.

Cursortaste

Die Pfeiltasten auf der Tastatur werden auch als Cursortasten bezeichnet. Damit lässt sich der Cursor in alle Richtungen nach oben, unten sowie zur Seite bewegen.

Die Cursortasten auf der Tastatur ersetzen die Funktionen der Maus.

Funktionen der Cursortasten

Taste	Wirkung
[Pos1]	Bewegt den Cursor an den Zeilenanfang
[Ende]	Bewegt den Cursor an das Zeilenende
[Bild↑]	Blättert eine Seite nach oben
[Bild↓]	Blättert eine Seite nach unten
[Strg]+[Pfeiltaste]	Bewegt den Cursor wortweise nach links und rechts oder Absatz nach oben und unten
[Strg]+[Pos1]	Bewegt den Cursor an den Dateianfang
[Strg]+[Ende]	Bewegt den Cursor an das Dateiende

Cybercafé

Siehe Internetcafé.

Eine CPU ist in jedem Rechner eingebaut. Sie sorgt unter anderem dafür, dass Programme gestartet und beendet werden können.

D

3D-Grafik

Mit dem bloßen Auge kann der Mensch nur zweidimensional sehen. Doch unser Gehirn verfügt über die Fähigkeit, ein 3D-Bild zu interpretieren bzw. zu erzeugen. Durch die richtige Programmierung kann so der Eindruck einer echten 3D-Grafik erweckt werden. Für professionelle Anwendungen gibt es schon 3D-Grafiken. Dabei schweben die Gegenstände tatsächlich frei im Raum. Allerdings ist dazu meist noch eine 3D-Spezialbrille notwendig, damit unser Auge die Gegenstände in 3D wahrnehmen kann.

- Straßenansichten in 3D: www.google.de/streetview
- Gebäude in 3D: www.google.com/earth

Im Internet können Sie unter www.google.com/earth das Brandenburger Tor und andere sehenswerte Gebäude als 3D-Grafik betrachten.

Datei

Das Wort Datei setzt sich aus den Begriffen Daten und Kartei zusammen. Dabei kann es sich um ein Foto, ein Dokument, einen Film oder ein beliebiges Programm auf Ihrem PC handeln. Eine Datei bleibt so lange bestehen, bis Sie sie explizit löschen. Bis dahin wird sie auf einem Speichermedium, wie Festplatte oder USB-Stick (siehe Seite 246), abgespeichert und kann dort jederzeit aufgerufen bzw. verwendet werden. Um eine Datei genauer zu beschreiben, gibt es sogenannte Dateieigenschaften, das Dateiformat, die Dateigröße und natürlich den spezifischen Dateinamen, unter dem Sie Ihre Daten abgespeichert haben.

Datei- und Druckerfreigabe

Um Dateien oder Drucker im gesamten Netzwerk für andere Benutzer, die ebenfalls an Ihren PC können, freizugeben, muss zunächst die Datei- und Druckerfreigabe aktiviert werden. Diese Einstellung finden Sie im Netzwerk- und Freigabecenter (siehe Seite 138), wo Sie links oben auf den Button „Erweiterte Freigabeeinstellungen ändern" klicken müssen. Nun ist die Datei- und Druckerfreigabe eingeschaltet.

Dateieigenschaften

Um eine Datei näher zu beschreiben, gibt es die sogenannten Dateieigenschaften, die im „Eigenschaften"-Fenster der jeweiligen Datei zu finden sind. Um die Eigenschaften zu ändern, klicken Sie mit der rechten Maustaste auf die Datei und wählen dann den Unterpunkt „Eigenschaften", um diese beliebig zu bearbeiten. Hier können unter anderem bestimmte persönliche Daten oder erweiterte Dateieigenschaften, wie z.B. der Kameratyp bei Fotos, hinzugefügt werden.

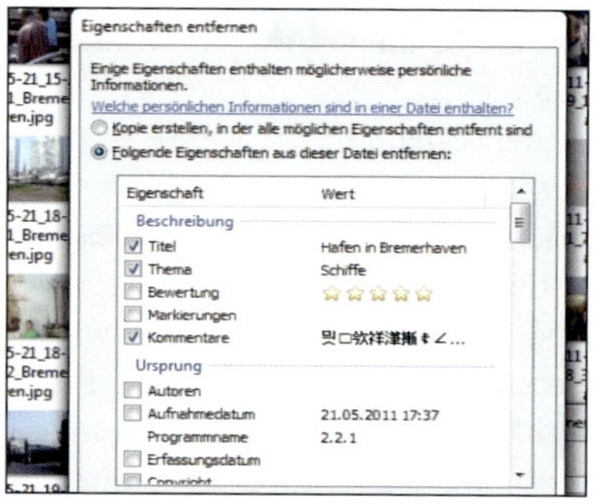

Unter „Eigenschaften" können Sie markierte Dateieigenschaften löschen.

> **SICHERHEITS-TIPP**
>
> Der Menüpunkt „Eigenschaften entfernen" erstellt die Kopie einer Datei, in der alle von Ihnen zusätzlich eingetragenen persönlichen oder erweiterten Dateieigenschaften automatisch entfernt werden. Dies ist nützlich, wenn Sie die Datei an Dritte weitergeben oder veröffentlichen wollen.

Dateierweiterung

Als Dateierweiterung werden die drei Buchstaben bezeichnet, mit denen der Dateiname hinter dem Punkt endet. Diese Abkürzungen geben den jeweiligen Dateityp an und weisen auf bestimmte Eigenschaften dieses Dateityps hin.

Dateiformat

Das Dateiformat gibt an, wie die Datei im Inneren aufgebaut ist und welches Programm die Datei lesen und interpretieren kann. Hier werden hauptsächlich drei verschiedene Formate unterschieden: Eine exe-Datei enthält ein ausführbares Programm, eine docx-Datei besteht aus Texten, die in Word erstellt wurden, und eine html-Datei verweist auf eine Seite im Internet.

Dateigröße

Die Größe einer Datei kann entscheidend sein, z.B. beim Abspeichern auf einem begrenzten Speichermedium oder aber beim Verschicken der Daten. Dabei wird die Dateigröße in Megabyte (MByte/MB), Kilobyte (KByte/KB) und in Byte angegeben. Wenn Sie mit der rechten Maustaste auf die ausgewählte Datei klicken, sehen Sie unter dem Punkt „Eigenschaften" die jeweilige Größe Ihrer Datei.

PRAXIS-TIPP

Wenn Sie Dateien als E-Mail-Anhang verschicken möchten, sollten Sie unbedingt auf die Dateigröße achten. Mehrere MByte große Dateien können beim Empfänger lange Ladezeiten verursachen. Unter Umständen verweigert der Provider des Empfängers sogar komplett die Annahme einer E-Mail mit einem zu großen Anhang.

Dateileiche

Hat eine Datei keine Verbindung mehr zu einer Anwendung, spricht man von einer Dateileiche. Diese kann unter anderem durch eine unerwartete Beendigung eines Programms entstehen, oder aber auch durch eine nicht korrekt durchgeführte Programmierung. Dateileichen sind weiterhin im Ordner sichtbar und tragen die Endung „.temp" oder „.tmp". Da solche Dateileichen Speicherplatz benötigen, sollten sie immer gelöscht werden. Das funktioniert bei Windows ganz einfach mit der Datenträgerbereinigung (siehe Seite 45). Das Programm sucht überflüssige Dateien auf Ihrem PC und bietet Ihnen die Möglichkeit an, diese mit wenigen Mausklicks zu löschen.

Dateimanager

Um eine Datei zu verwalten, benötigt man einen sogenannten Dateimanager, im Fall von Windows ist das der Explorer. Daneben gibt es noch weitere Dateimanager mit deutlich mehr Funktionen und Bedienkomfort.

Dateiname

Der Dateiname dient dazu, eine Datei eindeutig zu identifizieren. Daher darf in jedem Ordner jeder Name nur einmal vorkommen. Allerdings gibt es beim Benennen einer Datei ein paar Regeln, die man beachten muss: So akzeptiert der Computer zum Beispiel keine Sonderzeichen und keine Umlaute, hier müssen Sie auf die Variante „ae", „ue" etc. ausweichen. Aber Windows hilft Ihnen beim Benennen der Datei: Wenn Sie für den Namen ein nicht zugelassenes Zeichen verwenden, erscheint eine kleine Sprechblase, die angibt, welche Zeichen im Dateinamen nicht zulässig sind. Nach dem Dateinamen folgen dann ein Punkt und die Dateierweiterung mit üblicherweise drei Stellen.

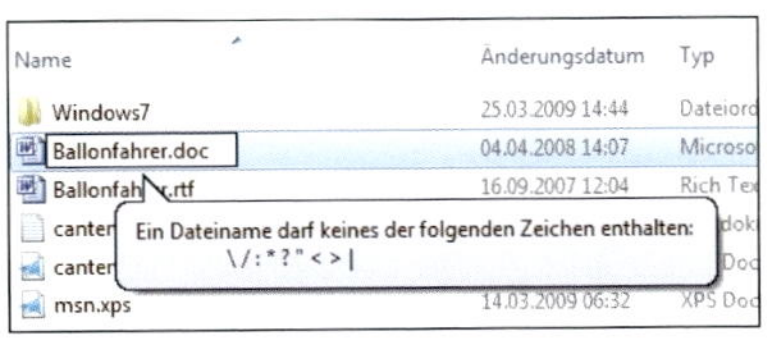

Diese Meldung erscheint beim fehlerhaften Umbenennen einer Datei.

PRAXIS-TIPP

Um eine Datei umzubenennen, markieren Sie sie und klicken kurz darauf noch einmal auf die Datei. Der Dateiname wird farbig hinterlegt und kann geändert werden. Einfacher geht es mit der Taste [F2]: Hier wird der Dateiname automatisch zum Umbenennen markiert.

Dateisystem

Mithilfe der verschiedenen Dateisysteme wird festgelegt, wie die Daten auf der Festplatte organisiert sind. Bei Windows 7, 8 und 10 wird meistens das NTFS-Dateisystem (siehe Seite 143) angewendet, bei Speicherkarten und USB-Sticks (siehe Seite 246) wird ab und zu noch mit älteren Systemen wie FAT16 und FAT32 gearbeitet. Allerdings muss dabei beachtet werden, dass ältere Dateisysteme nicht automatisch alle Sicherheitsfunktionen Ihres PCs unterstützen. Welches Dateisystem Ihr Laufwerk nutzt, können Sie einfach feststellen, indem Sie im Windows Explorer mit der rechten Maustaste auf das Laufwerk klicken und „Eigenschaften" wählen.

Dateityp

Eine Datei besteht immer aus dem eigentlichen Namen und der Dateierweiterung (siehe Seite 42). Windows erkennt anhand dieser, mit welchem Programm die Datei geöffnet werden muss. Sollte eine für Windows unbekannte Endung auftreten, fragt Windows beim Öffnen der Datei in einem neuen Dialogfeld, ob ein Webdienst für die Suche nach einem geeigneten Programm genutzt werden oder ein lokal installiertes Programm die Datei öffnen soll. Hier wählen Sie am besten die zweite angebotene Option „Programm aus einer Liste installierter Programme auswählen". Windows stellt daraufhin einige Programme zur Verfügung, die es für das Öffnen der jeweiligen Datei am besten geeignet hält. Wählen Sie aus dieser Liste das Programm aus, mit dem Sie Ihre Datei jetzt öffnen wollen.

Eine weitere Möglichkeit, eine Datei mit dem richtigen Programm zu öffnen, ist ein Rechtsklick auf die Datei über den Unterpunkt „Öffnen mit“. Auch hier zeigt Windows die empfohlenen Programme auf und bietet die Möglichkeit, ein neues Standardprogramm einzurichten. Bei der Vielzahl von Dateitypen, die es mittlerweile gibt, wird die Auswahl eines geeigneten Standardprogramms für einzelne Dateitypen immer wichtiger. Wenn Sie diesen unbekannten Dateityp häufiger verwenden, empfiehlt es sich, das Kontrollkästchen „Dateityp immer mit dem ausgewählten Programm öffnen“ zu aktivieren.

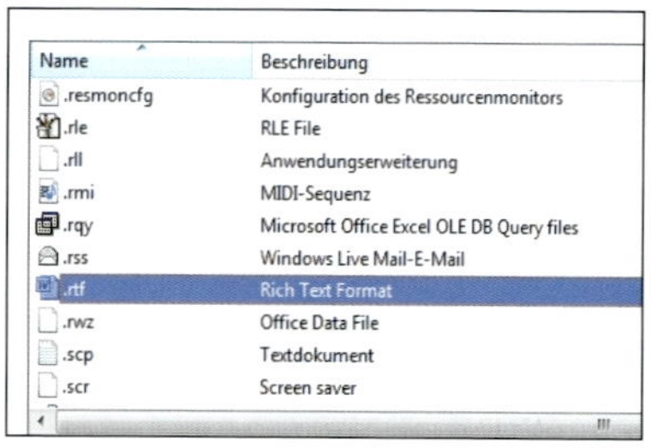

Windows stellt eine Liste von Dateitypen und Programmen zur Verfügung.

▪ Datenbank Dateiendungen: www.endungen.de

SICHERHEITS-TIPP

Eine Grundeinstellung ab Windows 7 blendet die Anzeige von Dateitypen aus, was bei ausführbaren Dateien gefährlich sein kann. Klicken Sie im Explorer auf die Schaltfläche „Organisieren“ und wählen Sie im Menü den Eintrag „Ordner- und Suchoptionen“. Im Dialogfeld „Ordneroptionen“ öffnen Sie die Registerkarte „Ansicht“. Hier können Sie nun die „Erweiterungen bei bekannten Dateitypen ausblenden“ ausschalten.

Bekannte Dateitypen im Überblick

Dateiendung	Dateityp	Hinweise
.doc/.docx	Textdokumente aller Art	Diese Dokumente können mit Textverarbeitungsprogrammen wie Word oder OpenOffice geöffnet werden.
.exe	Ausführbare Programmdatei	Wenn Sie ein Programm installieren, ist immer eine .exe-Datei vorhanden. Klicken Sie dennoch nicht jede .exe-Datei an, vor allem die, die Sie per E-Mail erhalten). Denn diese Dateien können auch Schadprogramme enthalten.
.jpg/.tif/.png/.eps/.bmp/.psd/.img	Grafikdateien	Bilder oder Grafiken lassen sich mit einem Grafikprogramm öffnen.
.mp3/.wma/.aac/.wav/.ogg/.rm	Audioformate für Musik	Abspielbar z.B. im Windows Media Player
.xls	Excel-Datei	Diese Dateien können in einem Tabellenkalkulationsprogramm wie Excel oder OpenOffice geöffnet werden.
.zip	Datei-Archive	Diese Dateien sind gepackt, d.h. sie wurden mit einem speziellen Zip-Programm in ihrer Größe verkleinert.
.avi	Videoformat	Abspielbar z.B. im Windows Media Player
.pdf	Dokumentansicht	Erstellen und Ansehen mit z.B. Adobe Acrobat

Dateiversion

Die Dateiversion zeigt den zeitlichen Entwicklungsstand an. Diese Angabe ist oftmals sehr hilfreich, denn wenn zum Beispiel Treiber (siehe Seite 236) aktualisiert werden sollen, ist die Version ein wichtiges Merkmal. Auch selbst erstellte Textdateien können in Versionen verwaltet werden. Immer, wenn Sie an Ihrer Datei etwas abändern, wird eine neue, weitere Version der Datei erstellt.

Datenschutz

Als Nutzer eines Computers fallen Sie unter das sogenannte Bundesdatenschutzgesetz (BDSG), in dem das Erheben, Verarbeiten und Nutzen von personenbezogenen Daten – mit Ausnahme Ihrer eigenen Daten – geregelt und festgelegt ist. Streng genommen gehört dazu schon Ihr persönliches Adressbuch auf Ihrem Rechner, denn es geht ja auch immer um den Schutz Ihrer eigenen Daten. Daher empfiehlt es sich, den eigenen Bildschirmschoner so einzustellen, dass dieser nur mit einem Passwort reaktiviert werden kann, wenn Sie Ihren Arbeitsplatz für eine Zeit verlassen.

▪ Bundesdatenschutzgesetz: www.gesetze-im-internet.de/bdsg_1990

Datenschutzerklärung

Sobald eine Firma von einzelnen Menschen personenbezogene Daten erheben oder nutzen möchte, muss dafür eine Datenschutzerklärung abgegeben werden. Dies ist im Bundesdatenschutzgesetz geregelt. Auch Anwender, die Seiten im Internet veröffentlichen möchten, unterliegen diesem Gesetz. Bekannt ist hierbei auch der englische Begriff „Privacy Policy“. Neben dem BDSG unterliegen Betreiber einer Webseite außerdem dem Telemediengesetz. Es besagt, dass die Erhebung und Speicherung von personenbezogenen Daten nur mit der Einwilligung der betroffenen Person erfolgen darf.

Datenschutzoptionen

Bei der Installation des Windows Media Players (siehe Seite 273) muss eine gesonderte Datenschutzerklärung bestätigt werden. Unter „Optionen“ finden Sie eine Registerkarte „Datenschutz“, in der Sie unbedingt den Menüpunkt „Eindeutige Player-ID an Inhaltsanbieter senden“ deaktivieren sollten, damit Ihre persönliche Daten nicht an Dritte oder ungewünschte Anbieter gelangen.

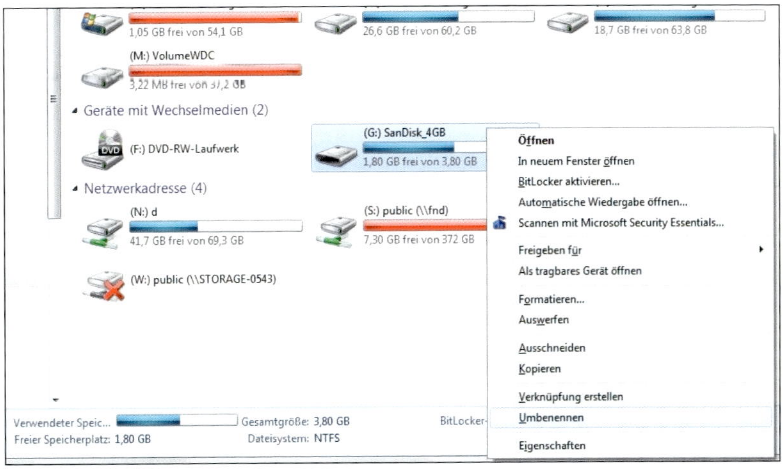

Sie sollten einem USB-Stick einen aussagekräftigen Namen geben, mit dem Sie schon auf den ersten Blick wissen, welcher Inhalt sich darauf verbirgt.

Datensicherung

Datensicherung ist heute wichtiger denn je. Denn Schriftwechsel, Dokumente, Verträge, aber auch Fotos liegen heute nicht mehr in Papierform, sondern nur noch digital vor. In fast allen Fällen wäre der Verlust dieser Daten für Sie ein großer Schaden, sowohl bei persönlichen Inhalten wie den letzten Urlaubsbildern als auch im geschäftlichen Bereich. Um dem vorzubeugen, empfiehlt sich eine regelmäßige Datensicherung auf Ihrem PC. Diese finden Sie bei Windows 10 in der „Systemsteuerung“ oder direkt in der Windows-Oberfläche unter „Einstellungen/Update & Wiederherstellen“. Die Windows-Sicherung muss nur einmal eingerichtet werden und läuft in Zukunft automatisch in regelmäßigen Abständen. Ab Windows 7 ist sogar ein Image-Backup möglich, das ein komplettes Abbild des eigenen Computers erstellt, sodass sich dieser bei einem Totalausfall gänzlich wiederherstellen lässt (siehe Backup Seite 22).

Datenträgerbereinigung

Eine Datenträgerbereinigung ist erforderlich, um überflüssige Dateien auf Ihrem Computer zu beseitigen und auf diese Weise wieder neuen freien Speicherplatz zu schaffen. Darunter sind selbstverständlich keine Daten, die zum Betrieb des Systems notwendig sind. Die Datenträgerbereinigung finden Sie bei Windows 10 nach Rechtsklick auf die Partition C: im Windows-Explorer im Bereich „Eigenschaften“.

SICHERHEITS-TIPP

Die Datenträgerbereinigung löscht die Dateien unwiderruflich und legt sie nicht in den Papierkorb. Daher sollten Sie sicherheitshalber vor dem Bereinigen nochmal überprüfen, was gelöscht wird. Markieren Sie dazu in der Liste die anzuzeigende Kategorie und klicken Sie dann auf „Dateien anzeigen“.

Datenträgername

Zu den klassischen Datenträgern gehören unter anderem Festplatten, CDs, DVDs, Disketten, Speicherkarten und USB-Sticks. Bei kommerziellen CDs und DVDs ist der Datenträgername meistens schon vorgegeben. Auf Festplatten oder USB-Sticks können Sie den Namen auch individuell vergeben, damit Sie besser erkennen, was sich auf dem jeweiligen Datenträger befindet.

Datenübertragungsrate

Die Datenübertragungsrate gibt die Datenmenge an, die innerhalb einer bestimmten Zeiteinheit über einen Übertragungskanal gesendet wird. Die Geschwindigkeit wird hierbei allgemein in Bits pro Sekunde Bit/s) angegeben. So werden z.B. bei 600 Mbit/s Daten von 10 Mbyte in 60 Sekunden übertragen.

Auswahl einiger Datenübertragungsraten:

Medium	Datenübertragungsrate
USB 2.0	480 Mbit/s
USB 3.0	5 Gbit/s
Festplatte	40 Mbit/s bis 1.064 Mbit/s
Infrarot	16 Mbit/s
UMTS	384 kbit/s
HSDPA	3,6 bis 7,2 Mbit/s
WLAN	1 bis 600 Mbit/s
Ethernet	10 Mbit/s bis 1 Gbit/s (Gigabit Ethernet)

Datenverlust

Die Ursache für einen Datenverlust ist in den meisten Fällen das unbeabsichtigte Löschen oder Überschreiben von Dateien, das Formatieren oder Beschädigen von Datenträgern, aber auch das Ausschalten des Computers, ohne das System sauber herunterzufahren. Ein Datenverlust ist immer sehr ärgerlich, daher sollten Sie möglichst immer eine aktuelle Datensicherung durchführen.

Datenverwaltung

Ab Windows 7 gibt es sogenannte Windows-Bibliotheken, in denen sich verschiedenste Dateiformate wie Bilder, Musik oder andere Dateien ablegen lassen. Sie können Ihre Dateien auch nach Ihren eigenen festgelegten Ordnerhierarchien sehr strukturiert und übersichtlich ordnen, indem Sie Ordner und passende Unterordner anlegen, etwa nach dem folgenden Schema „Bilder/Urlaub/Sommer 2015“.

Datum einstellen

Um das Datum auf Ihrem PC einzustellen, klicken Sie mit der rechten Maustaste unten rechts auf das Symbol der Uhr. Wenn Sie den Link „Datum- und Uhrzeiteinstellungen ändern“ betätigen, öffnet sich das Dialogfeld „Datum und Uhrzeit“. Hier können Sie mit Administratorrechten Uhrzeit und Datum einstellen.

DCIM

Die Abkürzung DCIM steht für **Digi**tal **Camera Images**. Wenn Sie Ihre Bilder von der Kamera auf ein Speichermedium wie zum Beispiel Ihr Netzwerk oder einen USB-Stick (siehe Seite 245) laden, werden die Bilder automatisch in diesem Verzeichnis abgelegt. Darunter befinden sich häufig weitere Unterverzeichnisse mit den eigentlichen Bildern, sie heißen zum Beispiel „100_PANA“ oder „101_PANA. Diese Namen können aber je nach Hersteller der Kamera in unterschiedlicher Weise variieren.

De-Mail

De-Mail ist ein Verfahren, um E-Mails vertraulich und rechtsverbindlich zu verschicken. Ziel hierbei ist es, vor allem die Kommunikation mit Behörden und Ämtern zu vereinfachen, da bei diesem Verfahren die Zustellung eindeutig nachgewiesen werden kann und sich jeder Teilnehmer persönlich identifizieren muss. De-Mail ist eine Initiative der Bundesregierung, United Internet und der Telekom.

- Registrierung für De-Mailadressen:
https://www.de-mail.t-online.de
http://www.gmx.net/produkte/de-mail/

Defragmentierung

Wenn Sie eine Datei bearbeiten und erneut abspeichern, kann diese größer werden und somit nicht mehr an die vorgesehene Stelle auf der Festplatte passen. Das Betriebssystem legt den übrigen Teil der Datei dann automatisch an eine andere freie Stelle auf der Festplatte ab. Wenn immer mehr Dateien in mehreren Einzelstücken (Fragmenten) auf der Festplatte liegen, wird diese regelrecht „zerpflückt“. Abhilfe schafft hier ein Defragmentierungsprogramm, das alle Fragmente einer Datei zusammensucht und diese als zusammenhängenden Block auf die Festplatte schreibt. Ein solcher Deframentierungsvorgang kann mehrere Stunden in Anspruch nehmen. Voraussetzung ist, dass genug freier Platz zum Zwischenspeichern auf Ihrer Festplatte vorhanden ist. Ein Deframentierungsprogramm finden Sie bei Windows 10 im Explorer unter „Verwalten/Optimieren“. Klicken Sie auf ein Laufwerk, das Sie optimieren möchten und danach auf „Optimieren“.

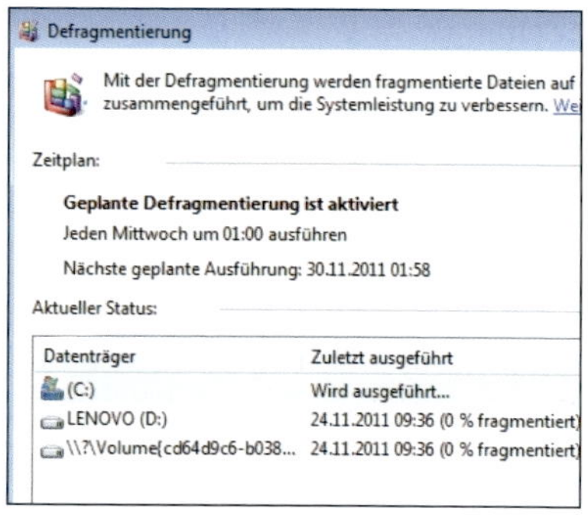

Nach der Defragmentierung funktioniert der Zugriff auf Dateien wieder schneller.

PRAXIS-TIPP

Bevor Sie eine Defragmentierung vornehmen, sollten Sie alle überflüssigen Dateien wie beispielsweise Temporärdateien oder den Cache auf dem Laufwerk löschen. Starten Sie vor dem Defragmentieren idealerweise die Datenträgerbereinigung (siehe Seite 45) von Windows.

Deinstallieren

Wenn Sie ein Programm entfernen möchten, reicht es nicht aus, dieses einfach zu löschen, sondern Sie müssen es vollständig von Ihrem Computer entfernen, in der Fachsprache heißt dies deinstallieren. Sollte die Deinstallation nicht komplett durchgeführt sein, erkennt Windows ab Version 7 dies automatisch und blendet ein spezielles Dialogfeld ein, in dem Sie die Deinstallation erneut starten können. Wenn die Deinstallation problemlos verlaufen ist, von Windows aber als fehlerhaft gemeldet wird, klicken Sie im Dialogfenster auf „Das Programm wurde richtig deinstalliert". Damit bestätigen Sie die Deinstallation, und Windows wird zu diesem Programm keine weiteren Meldungen mehr anzeigen. Dieses Problem tritt hin und wieder bei älteren Programmen auf.

PRAXIS-TIPP

Um Programme unter Windows 10 zu deinstallieren, drücken Sie die Tastenkombination [Windows]+[X]. Aus dem Kontextmenü wählen Sie „Programme und Features" und aus der Liste das gewünschte Programm. Bestätigen Sie mit „Deinstallieren", um es zu entfernen

DENIC

Die Abkürzung DENIC steht für **De**utsches **N**etwork **I**nformation **C**enter. Diese Einrichtung vergibt, betreut und registriert alle Domains (siehe Seite 50) mit der Endung .de. Hierbei steht „.de" für Deutschland. Dementsprechend werden diese Domains aber nur an Personen vergeben, die ihren Wohnsitz in Deutschland haben oder einen rechtlichen Vertreter mit Wohnsitz in Deutschland benennen und bei der Vergabestelle DENIC nachweisen können.

- Alle registrierte de-Domains: www.denic.de

Design

Alles was das Aussehen bzw. die Optik Ihres Windows-Desktops in irgendeiner Art und Weise beeinflusst, wird in sogenannten Designs auf dem Computer gespeichert. Bei Windows 10 werden die Designs auch Themes genannt. Ein Design besteht nicht nur aus dem Hintergrundbild (auch Wallpaper genannt), dazu gehören auch individuell veränderbare Einstellungen, wie der Bildschirmschoner, individuelle Sounds und die Darstellungsmöglichkeiten der einzelnen Dialogfenster. Um ein beliebiges Design auszuwählen, klicken Sie mit der rechten Maustaste auf eine freie Fläche auf Ihrem Desktop und wählen Sie aus dem Kontextmenü die Option „Anpassen". Microsoft bietet neben den bereits auf Ihrem Computer enthaltenen Designs im Internet weitere Designs zum kostenlosen Download an. Ausnahme: In der Windows 7 Starter Edition wird nur das Basis-Design angeboten. In dieser Version kann kein persönliches Hintergrundbild eingebunden werden.

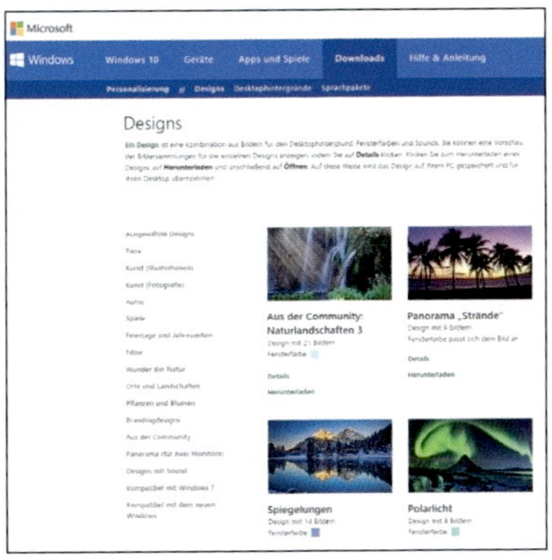

Fertige Design-Entwürfe bietet Ihnen Microsoft zum kostenlosen Download an.

- Kostenlose Designs zum Download: http://windows.microsoft.com/de-de/windows/themes

Designmodus

Gerade bei Multimedia-Anwendungen wird die Programmoberfläche sehr gerne von den Nutzern mit individuellen Designs und verschiedenen Motiven gestaltet. Auch der Windows Media Player (siehe Seite 273) bietet eine Auswahl solcher sogenannten Skins an, die sich hier allerdings Designmodus nennen. Um ein beliebiges Design auszuwählen, müssen Sie sich im Vollbildmodus des Windows Media Players befinden. Wählen Sie dann den Menüpunkt „Ansicht/Designauswahl". Hier können Sie das gewünschte Design aus der Liste auswählen und dann mit der Tastenkombination [Strg]+[2] in den Designmodus wechseln.

Desktop

Der Windows-Desktop ist der persönliche Schreibtisch, von dem aus schnell und einfach auf die wesentlichen Programme zugegriffen werden kann. Auf dem Desktop können aber auch Ordner und Dokumente abgelegt werden. Bei Windows 7 lassen sich auch Minianwendungen bzw. bei Windows 10 häufig genutzte Apps anordnen, die auf einen Blick aktuelle Informationen wie Uhrzeit, Wetter oder Nachrichtenschlagzeilen anbieten. Bei der Optik des Desktops können Sie auch individuelle Einstellungen vornehmen.

Desktopsymbol

Die verschiedenen Symbole auf Ihrem Desktop sind Verknüpfungen für installierte Programme, wie zum Beispiel Microsoft Word, Excel oder Outlook. Sie selbst können durch Verschieben der Symbole entscheiden, wie diese auf Ihrem Desktop

Sie können selbst entscheiden, welche verschiedenen Symbole oder Apps Sie auf dem Windows-Desktop platzieren wollen.

angeordnet werden sollen. Wenn Sie diese Symbole verschwinden lassen möchten, klicken Sie mit der rechten Maustaste auf eine freie Fläche auf dem Desktop und deaktivieren im Kontextmenü den Punkt „Ansicht/ Desktopsymbole anzeigen". Dabei werden die Symbole nicht gelöscht, sondern nur versteckt, und können jederzeit auf die gleiche Art und Weise wieder auf dem Desktop angezeigt werden. Im gleichen Menü finden Sie den Punkt „Ansicht/Symbole automatisch anordnen". Dieser sollte immer ausgeschaltet bleiben, andernfalls wird Ihre persönliche Ordnung zerstört, und die Symbole werden einfach automatisch untereinander gereiht. Wenn Sie keine persönliche Anordnung der Symbole wünschen, aber diese dennoch auf bestimmte Art und Weise sortieren möchten, können Sie im Menüpunkt „Sortieren nach" verschiedene Sortierkriterien auswählen.

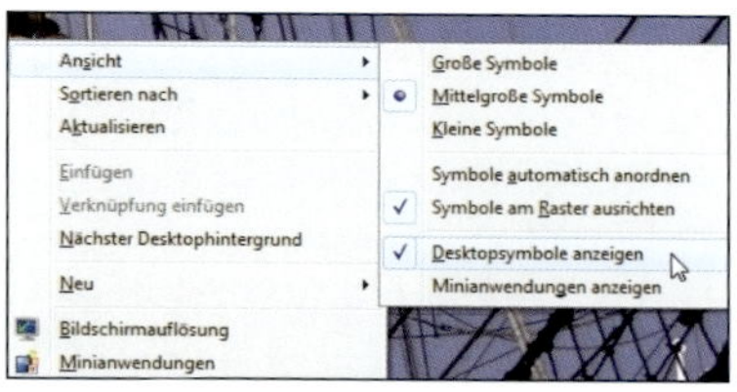

Desktopsymbole lassen sich über das Kontextmenü anzeigen und ausblenden.

Desktopsymbolleiste

Um das Öffnen einer Datei zu erleichtern, bietet die Windows-Taskleiste eine interessante und sehr hilfreiche Zusatzfunktion: Klicken Sie mit der rechten Maustaste auf die Taskleiste und wählen Sie hier den Punkt „Symbolleisten/Desktop". Es erscheint daraufhin eine weitere, kleine Symbolleiste mit der Schaltfläche „Desktop", auf der Sie zu jeder einzelnen Datei navigieren und diese ganz einfach direkt öffnen können.

Desktopverknüpfung

Bestimmte Programme wie Word oder Excel werden in der Regel häufiger benötigt als manch andere Programme auf Ihrem Computer. Hier wäre es zu aufwändig, dieses Programm jedes Mal neu aus dem Startmenü heraus zu öffnen. In diesem Fall bietet sich eine Verknüpfung auf Ihren Desktop an. Sie brauchen dann nur noch doppelt auf das Programmsymbol zu klicken und das gewünschte Programm wird gestartet. Sie können selbst entscheiden, welche Programme eine Verknüpfung auf den Desktop bekommen sollen: Gehen Sie im Startmenü auf „Alle Programme", klicken Sie das gewünschte Programm mit der rechten Maustaste und senden Sie es aus dem Kontextmenü an den Desktop. In den Eigenschaften der Verknüpfung können Sie Dateinamen und Symbol der Verknüpfung individuell einstellen.

Details

In einem Ordner gibt es verschiedene Möglichkeiten, die einzelnen Dateien anzuzeigen. In der oberen Leiste können Sie unter „Ansicht" zwischen den verschiedenen Darstellungsformen, wie zum Beispiel „Kacheln", „Symbole" oder „Miniaturansicht" wählen. „Details" liefert hierbei die meisten Informationen, wie zum Beispiel Dateiname, Dateigröße und Dateityp wie Bild- oder Textdatei. Mit einem rechten Mausklick auf einen Spaltentitel (Name, Größe etc.) können Sie selbst entscheiden, welche Informationen über die Datei in welcher Reihenfolge sichtbar sein sollen.

DFÜ

Die Abkürzung DFÜ steht für **D**aten**f**ern**ü**bertragung und bezeichnet die Übermittlung von Daten zwischen mehreren Computern über einen bestimmten Weg. Verbreitete Übertragungswege sind heute das Telefonnetz, Funk, aber auch das Licht. Wenn man mit dem PC ins Intenet geht, ist auch dies eine Form der DFÜ.

DHCP

Der DHCP-Server regelt automatisch die Vergabe der IP-Adressen (siehe Seite 98) in Ihrem Netzwerk, denn jede Adresse darf genau nur einmal vorkommen. Die meisten Router haben eine derartige Funktion bereits integriert, und Sie müssen sich um nichts kümmern. Durch DHCP ist die automatische Einbindung eines Computers in ein bestehendes Netzwerk ohne dessen manuelle Konfiguration möglich.

Dialogfeld

Ein Dialogfeld ist ein Fenster auf dem Bildschirm, in dem Sie bestimmte Einstellungen vornehmen können. Dialogfelder sind in der Regel kleiner als der Bildschirm und erscheinen als Pop-up-Fenster vor dem Hauptfenster der Anwendung.

Diashow

Spezielle Übergangs- und Darstellungseffekte in der Diashow.

Wenn Sie Freunden oder Verwandten die Bilder Ihrer letzten Reise präsentieren wollen, bietet sich eine automatisch auf dem Bildschirm ablaufende Diashow an. Mit der Taste [F12] oder der Schaltfläche „Diashow" können Sie direkt aus der Fotogalerie heraus eine Diashow starten. Ihre Fotogalerie öffnet sich mit einem Doppelklick auf eines Ihrer Bilder in einem Ordner mit dem Windows Media Player automatisch. Alle Bilder im aktuellen Ordner werden dann unter der Einstellung „Diashow" automatisch nacheinander angezeigt, ohne dass Sie nach jedem Bild manuell weiterklicken müssen. Um Ihre Präsentation noch anschaulicher und eleganter zu gestalten, können Sie oben im Menü „Designs" verschiedene Übergangs- und Darstellungseffekte für Ihre Bilder auswählen. Wenn Sie Ihre Bilder lieber manuell weiterlaufen lassen möchten, können diese anstatt mit der Maus noch einfacher mit der Tastatur gesteuert werden:

Tasten	Wirkung
[↑], [←] oder [Bild↑]	Ein Bild zurück.
[↓], [→] oder [Bild↓]	Ein Bild vor
[Leertaste]	Pause
[Esc]	Diashow beenden

Dienste

Viele Funktionen von Windows werden von sogenannten Diensten erledigt. Das sind Programme, die im Hintergrund unbemerkt laufen und bei Bedarf automatisch gestartet werden. Die Verwaltung dieser Dienste erfolgt zentral über das Systemsteuerungsmodul „Verwaltung/ Dienste", dort können Sie auch jederzeit alle derzeit laufenden Dienste einsehen.

Digitalkamera

Wir alle kennen noch die analogen Fotoapparate, in denen wir regelmäßig einen neuen Film einlegen mussten. Doch das ist längst Vergangenheit. Heute gibt es Digitalkameras, die einfacher zu bedienen sind und eine bessere Bildqualität besitzen. Digitalkameras speichern Fotos nicht mehr auf einem Film, sondern auf einer Speicherkarte. Diese können Sie entweder in den Kartenleser (siehe Seite 104) am PC stecken oder die Digitalkamera direkt per USB anschließen, um die Bilder auf den Computer zu laden.

Direct 3D

Das Programm Direct 3D dient zur Darstellung von dreidimensionalen Grafiken. Es wird vor allem in Spielen verwendet, aber auch in dreidimensionalen Programmen wie Google Earth.

DirectX

Das Programm DirectX wurde speziell von Microsoft zur Ausgabe von Grafik und Sound entwickelt. Diese Entwicklung ist vor allem für Spielehersteller von großem Vorteil, da mithilfe von DirectX nicht mehr auf die Eigenheiten verschiedener Hardwarekomponenten eingegangen werden muss. Eine einheitliche DirectX-Schnittstelle sorgt dafür, dass alle Funktionen auf jedem Computer erkannt und ausgeführt werden können.

Diskette

Disketten waren lange Zeit die wichtigsten und einzigen Speichermedien für Arbeiten am PC. Wegen ihrer ge-

Auch Selbstporträts sind dank sehr handlicher und moderner Digitalkameras im Vergleich zu analogen Kameras sehr viel einfacher geworden.

Viele ältere Computer-Nutzer können sich noch an Disketten erinnern, aber aus heutiger Sicht boten sie eher wenig Komfort.

ringen Speicherkapazität und der langsamen Datenübertragungsrate wurden sie inzwischen von USB-Speichersticks und SD-Speicherkarten abgelöst. Die meisten PCs haben heute schon kein Diskettenlaufwerk mehr.

DLL-Datei

DLL steht für **D**ynamic **L**ink **L**ibrary. Bei diesen Dateien handelt es sich um sogenannte Systembibliotheken. Windows stellt hier allgemeine Funktionen wie Drucken oder Internetzugriff für alle Programme auf dem PC zur Verfügung. Als „normaler" Nutzer hat man keinen Zugriff auf die DLL-Dateien und sollte hier auch nichts verändern, da dies schnell zu System- und Programmfehlern führen kann.

DMZ

Diese Abkürzung steht für „**Demil**itarisierte Zone" und kommt aus dem Bereich der Netzwerksicherheit. In einer DMZ stehen vertrauenswürdige Computer, auf denen Programme oder Dienste laufen, die auch von außen erreichbar sein sollen. Die meisten Router bieten die Möglichkeit an, eine einfache DMZ einzurichten, um zum Beispiel eine Netzwerkfestplatte nach außen freizugeben. Auf diese Weise können Sie nach persönlicher Anmeldung auch von unterwegs aus auf bestimmte Daten in Ihrem Netzwerk zugreifen, ohne dass alle Daten zugänglich sind, was im Falle eines Hackerangriffs von großem Vorteil ist.

DNS-Server

Sobald Sie mit Ihrem Computer ins Internet gehen, wird diesem eine eigene IP-Adresse (siehe Seite 98) zugewiesen. Auch Webserver besitzen eine solche Kennung. Da IP-Adressen allerdings ziemlich lang sind und sich fast niemand diese Zahlenkombination merken kann, wurde DNS (**D**omain **N**aming **S**ystem) erfunden. Jede Domain besitzt einen eindeutigen Namen, der gleichzeitig der wichtigste Teil einer Internetadresse ist. So merkt man sich z.B. adac.de deutlich besser als 18.56.42.121. Tatsächlich bezeichnet aber beides denselben Server.

DOC-Format

Die Textverarbeitung Word (siehe Seite 278) nutzt für Dokumente das hauseigene DOC-Format. Aber auch andere Programme wie beispielsweise das kostenlose OpenOffice oder LibreOffice (siehe Seite 118) können diese Dateien problemlos verarbeiten.

PRAXIS-TIPP

Seit der Version 2007 nutzt Word standardmäßig das neue Dateiformat DOCX. Dateien lassen sich jedoch auch weiterhin im normalen DOC-Format speichern, damit sie auch von älteren Office-Versionen oder anderen Programmen bearbeitet werden können.

Dokument

Jeder formatierte Text – wahlweise mit oder ohne Bilder, Grafiken und anderen Elementen – wird als Dokument bezeichnet. Dokumente werden mit Textverarbeitungsprogrammen wie Word erstellt und lassen sich immer wieder bearbeiten. Ein beliebtes Dateiformat für Dokumente ist das DOC-Format aus Word.

Domain

Eine Domain ist der aussagekräftigste Bestandteil einer Internetadresse, nämlich der Teil vor dem ersten Schrägstrich. In der Internetadresse www.readersdigest.de/ratgeber-and-tipps ist „readersdigest.de" der Domainname, über den der Webauftritt erkannt und eindeutig identifiziert wird. Die Domain besteht aus zwei Teilen: Der Anfang „readersdigest" ist der Firmenname bzw. der Name des Webauftritts, der zweite Teil „de" gibt in den meisten Fällen das Land an, in diesem Fall Deutschland. Daneben gibt es auch noch einige internationale Domains wie „com“, „net“ oder „info“.

- Liste länderspezifischer Domains: http://www.iana.org/domains/root/db

Doppelklick

Wenn Sie die linke Maustaste zweimal kurz hintereinander drücken, bezeichnet man das als Doppelklick. Die Maus wird dabei nicht bewegt. Per Doppelklick lässt sich ein Programm starten oder ein Ordner, Dokument oder Bild öffnen. In Textverarbeitungsprogrammen kann man mit einem Doppelklick auch Wörter markieren.

DOS

Die Abkürzung DOS steht für **D**isk **O**perating **S**ystem und ist ein Betriebssystem. Microsoft brachte 1981 mit MS-DOS das heute bekannteste Betriebssystem auf den Markt. Das erste Windows-Betriebssystem – Windows 1.0 – basiert ebenfalls auf DOS.

Download

Der Begriff Download kommt aus dem Englischen und bedeutet so viel wie „Herunterladen“. Sie können eine Datei aus dem Internet auf den eigenen Computer herunterladen, um diese dann bei sich direkt abzu-

Sicherheitshinweis beim Start einer heruntergeladenen Programmdatei.

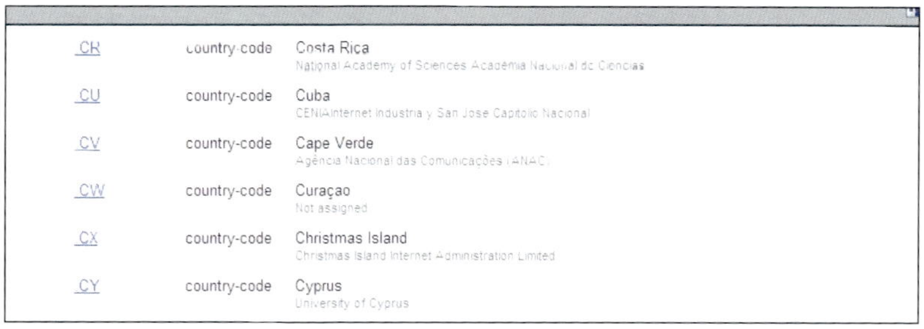

Im Internet finden Sie eine Liste mit allen länderspezifischen Domains. Hier können Sie sich nach allen existierenden Domains erkundigen.

speichern und jederzeit uneingeschränkt zu nutzen. Dabei kann es sich sowohl um Dokumente, ausführbare Programme, als auch um beliebige andere Arten von Dateien handeln wie zum Beispiel Bilder, Musikdateien oder Videos. Aus Sicherheitsgründen und auch zum Schutz eigener Daten sollte man beim Herunterladen von Dateien aus dem Internet immer vorsichtig sein und grundsätzlich nur aus vertrauenswürdigen Quellen „downloaden“.

Sie können einstellen, wo auf Ihrem Computer die heruntergeladenen Dateien direkt nach dem Download abgelegt werden sollen. Im Internet Explorer klicken Sie dazu auf das Zahnrad oben rechts und wählen „Downloads anzeigen“. In diesem Fenster sehen Sie alle heruntergeladenen Dateien. Wenn Sie unten links auf „Optionen“ klicken, können Sie das Standard-Downloadverzeichnis wählen.

- Download-Seiten im Internet: http://www.softwareload.de http://www.microsoft.com/downloads/de-de

Downloadlink

Ein Downloadlink ist ein Link auf einer Webseite, der direkt auf eine andere Datei oder andere Internetseite verweist. Downloadlinks finden Sie u.a. in Downloadportalen oder auf Hersteller-Webseiten, bei denen Sie sich Software oder Programme herunterladen können.

PRAXIS-TIPP

Möchten Sie große Dateien versenden, verzichten Sie auf riesige Dateianhänge in E-Mails. Stattdessen übermitteln Sie einen Downloadlink. Bei Onlinediensten wie Dropbox, SkyDrive oder Go Aruna können Sie eigene Daten und Fotos speichern, um sie anderen Nutzern zugänglich zu machen. Das Ganze funktioniert übrigens weltweit. Sobald die Bilder hochgeladen sind, können Sie ganz einfach Downloadlinks generieren und verschicken.

Downloadmanager

Der Downloadmanager verwaltet die eigenen Downloads auf Ihrem Computer. Er erkennt, wenn das Herunterladen von Dateien oder Programmen abgebrochen wurde oder fehlerhaft war und kann dies automatisch fortsetzen oder erneut beginnen, um einen sauberen Download auf Ihren PC zu garantieren.

Downstream

Wenn Sie im Internet Daten herunterladen (= Downloads), müssen die Daten von irgendeinem Server auf Ihren PC kommen. Diesen Datenfluss bezeichnet man als Downstream, während Upstream der Datenfluss in umgekehrter Richtung ist, also von Ihrem Rechner ins Internet.

dpi

dpi steht für „dots per inch", zu Deutsch „Punkte pro Zoll" und ist eine weitläufige Maßeinheit für die Auflösung von Bildern. Dies ist vor allem entscheidend, wenn man diese drucken möchte. Um eine gute Qualität zu gewährleisten, sollte man immer auf eine ausreichende dpi-Zahl achten.

Drag-and-drop

Innerhalb des Windows-Explorers oder auch von Ordner zu Ordner können Sie Dateien leicht mit der Maus in andere Ordner kopieren oder verschieben. In der Computersprache nennt man dieses Verschieben „Drag-and-drop". Hierfür gehen Sie mit der Maus auf die Datei, die Sie an einen anderen Ort verschieben möchten, klicken die linke Maustaste und halten diese fest gedrückt. Wenn Sie den Mauszeiger jetzt bewegen, hängt das Dateisymbol sozusagen am Mauszeiger. Jetzt können Sie die Maus samt Datei an den Ort ziehen, wo Sie die Datei neu abspeichern möchten. Am Zielort angekommen, lassen Sie die linke Maustaste einfach wieder los und die Datei befindet sich nun an ihrem neuen Speicherort. Liegt der Zielordner außerhalb der Fensteranzeige, bewegen Sie den Mauszeiger einschließlich Datei an den Fensterrand und scrollen damit durch die Anzeige bis zum richtigen Ziel.

> **PRAXIS-TIPP**
>
> Wenn Sie gleichzeitig mehrere Dateien verschieben wollen, halten Sie die [Strg]-Taste gedrückt und markieren Sie die Dateien nacheinander mit der linken Maustaste. Nun können Sie die Dateien verschieben. Um alle Dateien eines Ordners auf einmal zu markieren und anschließend zu verschieben, drücken Sie die Tastenkombination [Strg] + [A].

Drahtloses Netzwerk

Das drahtlose Netzwerk ist besser bekannt als WLAN (siehe Seite 276). Diese weitverbreitete Abkürzung steht für den englischen Begriff „Wireless Local Area Network", was übersetzt nichts anderes als „drahtloses lokales Netzwerk" bedeutet.

DRM

DRM steht für **D**igital **R**ights **M**anagement und ist ein Begriff aus der digitalen Rechteverwaltung. Hier wird geregelt, dass Musik, Filme und andere Mediendateien nach dem Herunterladen aus dem Internet nur auf einem bestimmten PC abgespielt werden können. Auch lassen sich per DRM Zeitsperren einbauen, mit der Musik oder Videos nach dem ersten Abspielen oder nach einer bestimmten Zeit unbrauchbar gemacht werden. Bekannte Anbieter, die DRM nutzen, sind der Online-Musikshop iTunes von Apple sowie die Online-Videothek Maxdome.

Drop-down-Liste

Eine Drop-down-Liste ist eine Auswahlliste, die erst beim Anklicken aufklappt. Viele Programme, wie beispielsweise Grafikprogramme, bieten Drop-down-Listen, aus denen Befehle oder Programmoptionen ausgewählt werden können. Auch Browser bieten solche Listen. Sobald Sie die Internetadresse eingeben, erscheinen dort Ihre zuletzt aufgerufenen Internetadressen und Suchvorschläge.

In einer Drop-down-Liste werden Unterpunkte eines Menüs dargestellt.

Druckauflösung

Die Auflösung eines Druckers wird in dpi (**d**ots **p**er **i**nch) angegeben. Schwarz-Weiß-Laserdrucker drucken i.d.R. mit einer Auflösung von 1.200 dpi, Farbdrucker meistens mit 600 dpi. Fotodrucker bringen deutlich höhere Auflösungen. Selbst 300 dpi ergeben bei älteren Druckern noch ein klares Schriftbild.

Drucken

Um ein Dokument zu drucken, klicken Sie in Ihrer Menüleiste auf „Datei" und danach auf „Drucken". Noch einfacher geht es mit der „Drucken-Schaltfläche", die in fast jedem Programm vorhanden ist. Es öffnet sich ein Dialogfeld, in dem Sie den gewünschten Drucker und weitere Einstellungen, wie Anzahl der Ausdrucke, Hoch- oder Querformat etc., angeben können.

> **PRAXIS-TIPP**
>
> Wenn Sie von einem Dokument gleich mehrere Exemplare brauchen, können Sie mit der Option „Exemplare" im geöffneten Dialogfeld die genaue Anzahl eingeben. Mit „Sortieren" legen Sie fest, in welcher Reihenfolge gedruckt werden soll, z.B. zuerst alle ersten Seiten, danach alle zweiten Seiten.

Drucker

Ein Drucker bringt Dokumente oder Fotos zu Papier. Im privaten Bereich unterscheidet man zwischen Tintenstrahl- und Laserdruckern. Die früher üblichen Nadeldrucker sind mittlerweile fast nirgendwo mehr im Einsatz. Windows ab Version 7 unterstützt zum Drucken alle gängigen Drucker und erkennt sie meist automatisch. In der Geräteübersicht von Windows finden Sie eine Liste aller installierten Drucker.

Druckereinstellungen

Vor dem eigentlichen Druckvorgang können Sie wichtige Einstellungen dazu vornehmen, wie beispielsweise das Papierformat, den Papiertyp (z.B. Fotopapier oder Normalpapier), die Druckauflösung oder auch die Seitenreihenfolge. Was genau vor dem Druck eingestellt werden kann, hängt jeweils vom Drucker selbst ab. Um die Druckereinstellungen anzupassen, klicken Sie im Dialogfeld für den Drucker auf die Schaltfläche „Einstellungen“. Mit einem Klick auf die Schaltfläche „Erweitert“ im selben Dialogfeld können Sie gerätespezifische Einstellungen eingeben. Mit den Druckeinstellungen können Sie übrigens auch Papier und Tinte bzw.

PRAXIS-TIPP

Für jeden Drucker lassen sich die Druckeinstellungen standardmäßig vorgeben. Das hat den Vorteil, dass Sie häufig verwendete Einstellungen nicht mehr bei jedem Druck festlegen müssen. Die Druckeinstellungen finden Sie in der Geräteübersicht beim jeweiligen Drucker unter „Drucker“ und dann „Druckeinstellungen“.

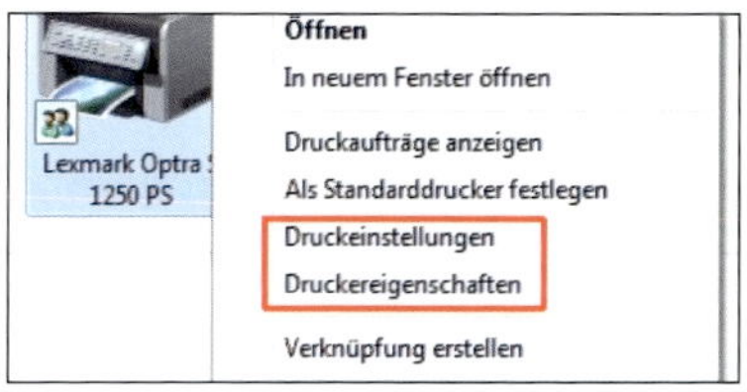

Das Kontextmenü zeigt die Einstellungen für alle installierten Drucker.

Toner sparen. Drucken Sie doch einmal mehrere Seiten pro Blatt aus. So erhalten Sie obendrein einen besseren Überblick über die gesamten Seiten des Dokuments.

Druckertreiber

Bei einem Druckertreiber handelt es sich um eine Software, die die Verbindung eines Druckergerätes mit einem Rechner oder Netzwerk gewährleistet. Windows liefert immer Standardtreiber ab Werk mit. Hier empfiehlt es sich aber, den Druckertreiber des jeweiligen Geräteherstellers zu installieren, da dieser meist deutlich mehr Funktionen bietet.

Druckerwarteschlange

Wenn Sie mehrere Dokumente drucken möchten, müssen Sie nicht warten, bis der erste Ausdruck im Ausgabefach des Druckers liegt. Sie können die Druckaufträge gleichzeitig starten. Diese werden in der Druckerwarteschlange gespeichert und abgearbeitet. Per Doppelklick auf den Drucker erhalten Sie einen Überblick über alle noch ausstehenden Druckaufträge. Sollte ein Drucker einmal nicht funktionieren, können Sie in diesem Fenster die Druckaufträge abbrechen.

Druckqualität

In den Druckeinstellungen lässt sich die Druckqualität festlegen. Dabei handelt es sich um verschiedene Qualitätsstufen des Druckes – von Entwurf bis hochauflösend. Für normale Ausdrucke wie Adressaufkleber, Lieferscheine, Onlinetickets oder sonstige Dokumente reicht die einfache Entwurfsqualität völlig aus. Diese Ausdrucke sind nicht nur schneller gemacht, sondern auch deutlich kostengünstiger, da weniger Tinte verbraucht wird.

[Druck]-Taste

Mit einem Klick auf die [Druck]-Taste rechts oben in der Tastatur können Sie ein Bildschirmfoto, einen sogenannten Screenshot, des aktuellen Bildschirms erstellen. Dieses wird automatisch in der Zwischenablage abgelegt. Wenn Sie dann ein Bildbearbeitungsprogramm wie zum Beispiel Paint Shop Pro öffnen, können Sie Ihr Bild aus der Zwischenablage hier einfügen und es auf Ihrem PC abspeichern. Ab Windows 7 gibt es ein spezielles Programm für Bildschirmfotos mit, das Snipping Tool (siehe Seite 203), sodass diese Funktion der [Druck]-Taste nicht mehr benötigt wird. Auf einigen Tastaturen ist eine weitere Funktion [S-Abf] auf dieser Taste aufgedruckt. Dabei handelt es sich um die System-Abfrage-Funktion, die allerdings von Windows nicht mehr verwendet wird.

DSL

DSL steht für **D**igital **S**ubscriber **L**ine und ist die beste Methode, um eine Verbindung ins Internet zu bekommen. In Deutschland gibt es etwa 27 Millionen DSL-Anschlüsse, von denen fast die Hälfte von der Deutschen Telekom betrieben werden. Das größte Problem dieser Technik ist die immer noch nicht ausreichend flächendeckende Verfügbarkeit. Um dieses Problem besser in den Griff zu bekommen und jedem Haushalt einen schnellen Internetzugang zu ermöglichen, liegt die Zukunft in der neuen Technik der Breitbandversorgung.

▪ Informationen über die Breitbandtechnik: www.zukunft-breitband.de

Per Netzwerkkabel können moderne DSL-Router heutzutage mehrere Computer miteinander vernetzen und ins Heimnetzwerk einbinden.

DSL-Geschwindigkeit

DSL-Verbindungen können unterschiedliche Geschwindigkeiten besitzen. Diese werden in Mbit/s gemessen. In der Regel bieten DSL-Anschlüsse Geschwindigkeiten von 16 bis 100 Mbit/s. Allerdings bringt ein DSL-16, DSL-50- oder gar ein DSL-100-Anschluss noch lange nicht die sichere Garantie, dass diese Geschwindigkeit auch tatsächlich erreicht wird. Dabei sind gerade die 100 Mbit/s-Anschlüsse meist nur in großen Ballungsräumen verfügbar und nicht in ländlichen Gegenden. Viele Dörfer und Gemeinden in Deutschland können außerdem immer noch kein DSL nutzen. Hier bietet sich als Alternative die Mobilfunktechnik LTE an (siehe Seite 121). Im Internet gibt es die Möglichkeit, die tatsächlich am eigenen Anschluss erreichte Datengeschwindigkeit zu messen.

▪ Geschwindigkeitstest im Internet:
http://speedtest.net
http://www.wieistmeineip.de/speedtest

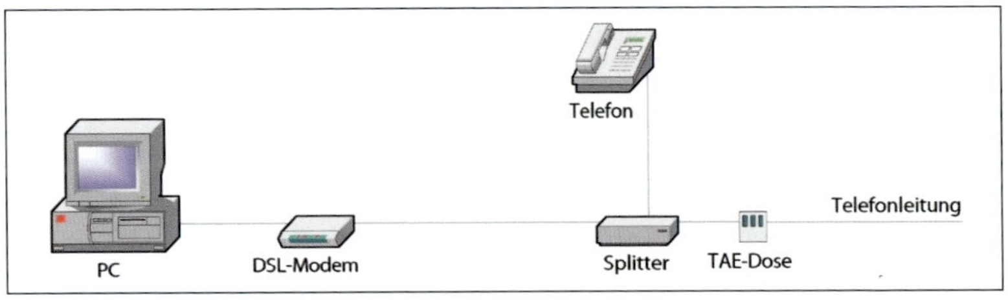

Anschlussschema bei einem üblichen DSL-Anschluss. DSL-Modems und Splitter werden aber fast nicht mehr genutzt, da viele Internetprovider einen DSL-Router mitliefern.

DSL-Modem

Ein DSL-Modem verbindet den Computer mit dem Internet. Das DSL-Modem erhalten Sie in der Regel vom jeweiligen Netzbetreiber. Der PC wird direkt an das DSL-Modem angeschlossen – entweder per Netzwerkkabel oder per WLAN. Das Modem wiederum müssen Sie mit einem Netzwerkkabel an den Splitter (siehe Seite 210) anschließen, der am eigentlichen Telefonanschluss hängt.

DSL-Router

Die heutzutage einfachste Methode, mehrere Computer eines Netzwerkes mit dem Internet zu verbinden, ist ein DSL-Router. Diesen erhalten Sie in der Regel kostenlos vom Netzanbieter bei Beauftragung des Internetanschusses. Neben zwei bis vier Anschlüssen für Netzwerkkabel bieten viele Router weiterhin noch die Möglichkeit, Computer drahtlos per WLAN (siehe Seite 276) in das eigene Netzwerk einzubinden. DSL-Router haben ein eingebautes DSL-Modem, sie können daher ohne zusätzliches DSL-Modem direkt am Splitter (siehe Seite 210) angeschlossen werden. Ein beliebter DSL-Router ist die FRITZ!Box des Herstellers AVM.

Dual-Core

Prozessoren (siehe Seite 173) mit mehr als einem vollständigen Prozessor auf einem einzigen Chip bezeichnet man als Mehrkernprozessor. Hat ein Prozessor insgesamt zwei Hauptprozessoren, so spricht man von einem Doppelkernprozessor, in der Fachsprache auch Dual-Core-Prozessor genannt.

Duron-Prozessor

Duron ist eine Baureihe von Prozessoren (siehe Seite 173) der Firma AMD. Diese werden vor allem in Computern mit geringeren Leistungsanforderungen eingebaut. Duron-Prozessoren sind mit den Celeron-Prozessoren von Intel vergleichbar. Im Jahr 2004 wurde die Duron-Serie durch die leistungsfähigere Sempron-Serie abgelöst.

DVB-S

Die Abkürzung DVB-S steht für **D**igital **V**ideo **B**roadcasting-**S**atellite und bezeichnet das digitale Fernsehen per Satellit. DVB-S ist derzeit die meist genutzte DVB-Variante, denn über DVB-S werden die meisten Fernseh- und Hörfunkprogramme übertragen. Zum Empfang von DVB-S benötigen Sie eine Satellitenschüssel sowie einen DVB-S-Receiver. Moderne Fernseher haben diesen bereits eingebaut, es gibt aber auch externe Geräte. Mit speziellen Empfangskarten oder externen USB-Boxen kann Satellitenfernsehen sogar auf dem Computer genutzt werden. Die Weiterentwicklung von DVB-S ist DVB-S2, das eine bis zu 30 Prozent höhere Effizienz besitzt. Damit ist es möglich, noch mehr Programme in noch besserer Qualität zu übertragen. DVB-S2 wird für neue Übertragungsvarianten wie z.B. das hochauflösende Fernsehen HDTV genutzt.

DVB-T

DVB-T ist die Abkürzung für **D**igital **V**ideo **B**roadcasting-**T**errestrial und bezeichnet das Digitalfernsehen über Antenne. DVB-T hat das klassische analoge Fernsehen mittlerweile weitgehend abgelöst. Zum DVB-T-Empfang auf dem PC gibt es kleine Empfänger, die an den USB-Port angeschlossen werden.

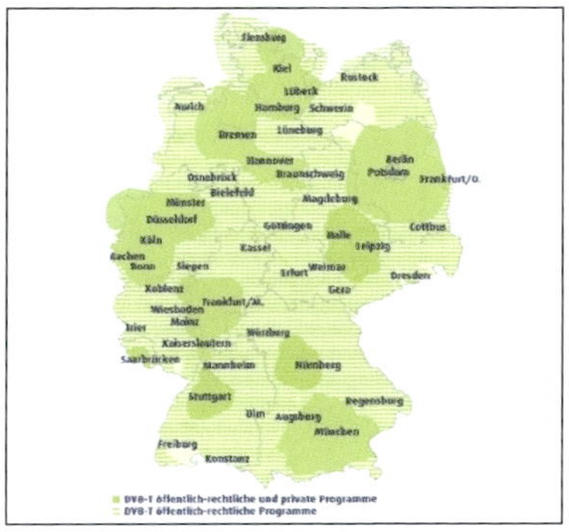

Die DVB-T-Verbreitung können Sie unter www.ueberallfernsehen.de ansehen.

DVD

DVD ist die Abkürzung für **D**igital **V**ersatile **D**isc und ist heute das gängige und weitest verbreitete Speichermedium für Filme und andere Daten, wie Texte, Bilder oder Musik. Alle Windows-7-Versionen können DVD-Filme abspielen, dazu wird entweder der Windows Media Player oder wahlweise auch das Windows Media Center verwendet. Bei Windows 8 und 10 geht dies nicht mehr ohne den Kauf einer speziellen Software. Einige DVDs besitzen einen Jugendschutz, der dafür sorgt, dass diese nur auf bestimmten Geräten abspielbar sind. In den „Optionen" des Media Players können Sie in den „DVD-Wiedergabeeinschränkungen" einen Jugendschutz festlegen. Zur Unterscheidung werden reine Daten-DVDs als DVD-ROM bezeichnet, physikalisch betrachtet sind sie aber gleich.

DVD Maker

Mit dem DVD Maker können Sie DVDs brennen, die Filme oder Diashows enthalten. Auf Wunsch können Sie hier auch ein Menü einbauen, das mit der Fernbedienung Ihres DVD-Players gesteuert wird. Der DVD Maker wird von Windows 7, nicht aber von Windows 8 sowie 10 kostenlos mitgeliefert.

> **PRAXIS-TIPP**
>
> Zum Brennen von einfachen DVD-ROMs benötigen Sie den DVD Maker nicht.

DVD-ROM

Eine DVD-ROM ist eine DVD, auf der sich verschiedenste Daten befinden, egal ob Dokumente, Bilder, Videos oder Programme. Windows kann sie problemlos lesen und mit Daten beschreiben. DVD-ROMs sind auch ein beliebtes Medium als Sicherungslaufwerk zur Datensicherung. Die meisten PCs und Notebooks haben ein DVD-Laufwerk eingebaut, für Netbooks gibt es externe DVD-Laufwerke zum Anschluss an den USB-Port.

Ein externes DVD-Laufwerk lässt sich meist per USB an den PC anschließen.

EasyTransfer

Windows EasyTransfer ist ein Programm, mit dem sich Dateien und Einstellungen von einem zum anderen Computer unkompliziert übertragen lassen – wenn Sie beispielsweise Ihren alten PC gegen einen neuen tauschen wollen und die Daten vom alten benötigen. Das Tool ist standardmäßig in Windows 7, 8 und 10 integriert. Um es zu öffnen, klicken Sie auf die Schaltfläche „Start“ und geben Sie im Suchfeld den Text „EasyTransfer“ ein. Klicken Sie in der Ergebnisliste auf „Windows-EasyTransfer“. Neben den eigenen Dateien überträgt das Programm auch Benutzerkonten, Programm- und Interneteinstellungen sowie E-Mails und das Adressbuch. Und so geht es: Verwenden Sie auf beiden Computern Windows 7, 8 oder 10, so starten Sie das Programm auf beiden. Läuft auf dem Quellcomputer noch Windows XP oder Vista, müssen Sie dort zunächst Windows EasyTransfer installieren. Zur Übertragung der Daten benötigen Sie ein spezielles EasyTransfer-Kabel oder einen externen Speicher (USB-Stick, USB-Festplatte etc.). Alternativ lässt sich auch das Netzwerk nutzen. Wählen Sie die Art der Übertragung und legen Sie fest, welcher der Quellcomputer mit den alten Daten und welcher der Zielcomputer ist, auf den diese übertragen werden sollen. In den nächsten Schritten müssen Sie auf einem Computer einen Schlüssel eingeben, der auf dem anderen bereitgestellt

Mit EasyTransfer können Sie Daten von einem zum anderen PC übertragen.

wird. Windows EasyTransfer gleicht dann Listen von Dateien ab und führt eine Kompatibilitätsprüfung zwischen beiden Computern durch, zunächst ohne etwas zu übertragen. Das Programm schätzt anschließend ab, wie viele Daten kopiert werden müssen. Jetzt kommt der wichtigste Schritt, in dem Sie auswählen müssen, welche Daten übertragen werden sollen. Beachten Sie bitte: Benutzerkonten und Programmeinstellungen sollten nur übernommen werden, wenn der neue Computer genauso konfiguriert ist wie der alte und auch die gleichen Programme installiert sind. Nachdem alle Einstellungen abgeschlossen sind, wird der Transfer automatisch gestartet, der je nach Datenmenge und Übertragungsverfahren einige Minuten bis Stunden dauern kann. Nach einem Neustart stehen die Daten und Einstellungen auf dem neuen PC zur Verfügung.

eBay

eBay ist das weltweit größte Auktionshaus im Internet. Wie auf einem Flohmarkt kann jeder Nutzer seine Waren zum Verkauf anbieten, aber auch selbst Produkte kaufen. Das Prinzip funktioniert als Versteigerung: Derjenige, der in einem bestimmten Zeitraum den höchsten Preis bietet, bekommt das Produkt. Als Käufer haben Sie für den Erwerb von Waren drei Möglichkeiten. Die erste ist ein Kauf gegen Höchstgebot, also das Ersteigern. Die zweite Möglichkeit besteht im Kauf zum Festpreis mit der Option „Sofort

SICHERHEITS-TIPP

Immer wieder liest man von Betrugsfällen auf eBay. Lesen Sie deshalb die Produktbeschreibungen genau durch, bevor Sie eine Ware ersteigern. Auch die Bewertungen der Verkäufer geben Aufschluss über Seriosität. Im Zweifelsfall können Sie den Verkäufer über das eBay-Kontaktformular, das bei jedem Artikel angezeigt wird, kontaktieren.

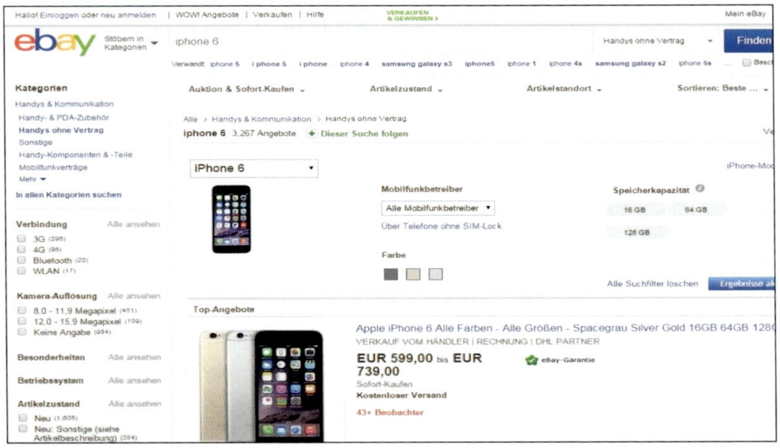

Täglich werden auf der eBay-Startseite interessante Angebote gezeigt. Hier finden Sie zudem Tipps und Tricks zum Einkaufen und Verkaufen auf der Plattform.

kaufen“. Als dritte Möglichkeit gibt es den Einkauf in den sogenannten „eBay Shops“, in denen Verkäufer ihre Waren permanent anbieten. Bevor Sie bei eBay Waren ersteigern oder kaufen können, müssen Sie sich registrieren. Gehen Sie auf www.ebay.de und klicken auf „Neu anmelden“. Tragen Sie Ihre persönlichen Daten ein, vergeben Sie einen Mitgliedsnamen und ein Passwort. Einmal mit diesen Daten eingeloggt, können Sie Produkte bequem mit Hilfe des Suchfelds suchen, sich die Treffer anzeigen lassen und mit Klick auf das einzelne Angebot Details zur Ware, zur Lieferung und zum Verkäufer erfahren. Bei einem Kauf gehen Sie in Vorleistung und überweisen den fälligen Betrag zunächst, bevor die Ware zu Ihnen kommt.

Möchten Sie selbst Ware verkaufen, klicken Sie auf „Verkaufen/Jetzt verkaufen“. Wählen Sie zunächst die Kategorie aus, unter der das Produkt erscheinen soll. Anschließend beschreiben Sie das Produkt und laden optimalerweise ein Foto des Artikels hoch. Legen Sie noch Startpreis, Zahlungsbedingungen sowie Kosten für Verpackung und Versand fest. Mit „Bestätigen“ ist Ihr Angebot veröffentlicht.

- eBay im Internet:
www.ebay.de

eBook

Mit einem eBook wird ein Buch bezeichnet, das in elektronischer Form vorliegt. eBooks können auf dem Computer, dem Smartphone oder einem speziellen sogenannten „eBook Reader“ (wie dem Kindle von Amazon) gelesen werden. eBooks gibt es zu allen möglichen Themen, egal, ob Romane, Krimis, Kochbücher oder Ratgeber. Zudem sind viele gedruckte Bücher mittlerweile auch als eBooks erhältlich. Im Internet gibt es zahlreiche Shops, die eBooks anbieten. Zwei bekannte und beliebte Portale sind Libri und Thalia.

eBooks, die elektronischen Bücher, können auf einem eBook-Reader sehr komfortabel gelesen werden.

- Libri eBook-Shop:
www.libri.de.
- Thalia eBook-Shop:
www.thalia.de

Echtzeitkomprimierung

Die Echtzeitkomprimierung ist eine Art der Datenverkleinerung (das sogenannte Packen), ähnlich der bekannten ZIP-Komprimierung (siehe Seite 284). Windows ab Version 7 bietet standardmäßig die Möglichkeit, ganze Laufwerke in Echtzeit zu komprimieren, auf die danach mit jedem Programm normal zugegriffen werden kann. Der Vorteil: Komprimierte Dateien beanspruchen weniger Speicherplatz auf der Festplatte und können schneller übertragen werden. Die Echtzeitkomprimierung ist nur auf NTFS-Partitionen möglich. Wenn Sie ein Laufwerk zum ersten Mal komprimieren möchten, müssen Sie als Administrator am System angemeldet sein. Der Zugriff auf ein komprimiertes Verzeichnis ist später wieder für alle Benutzer möglich. Klicken Sie mit der rechten Maustaste auf das gewünschte Laufwerk und wählen Sie aus dem „Kontextmenü“ die Option „Eigenschaften/Erweitert“. Aktivieren Sie im nächsten Dialogfeld den Schalter „Inhalt komprimieren, um Speicherplatz zu sparen“. Der Vorgang kann je nach Datenmenge einige Zeit dauern.

Edge

Edge ist der neueste Browser von Microsoft und in Windows 10 standardmäßig integriert. Er bietet eine Reihe neuer Funktionen. So lassen sich beispielsweise PDF-Dokumente

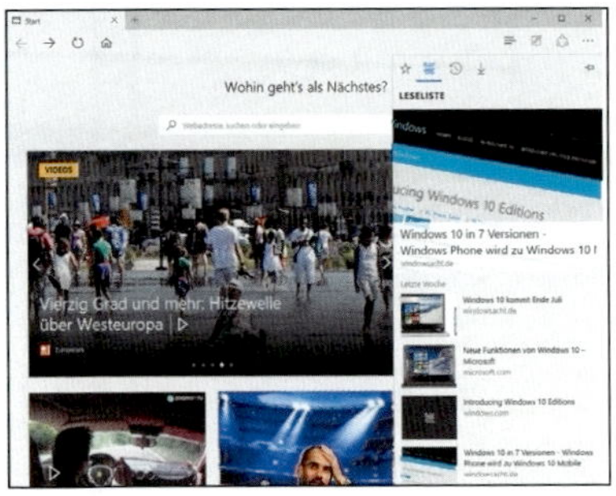

Edge ist der neue Browser von Microsoft und in Windows 10 integriert.

lesen, ohne separat den Adobe Reader installieren zu müssen. Nutzer haben außerdem die Möglichkeit, Kommentare auf Webseiten zu schreiben. Dazu verbindet sich Edge mit OneNote, dem Notizprogramm aus Microsoft Office, das in Windows 10 kostenlos mitgeliefert wird. Als Hintergrund für eine neue Notiz wird ein Screenshot der Webseite verwendet. Auf diesem schreiben Sie Kommentare, heben Textstellen hervor und geben die OneNote-Notiz an Freunde weiter.

Editor

Ein Editor ist ein Programm, das verschiedene Verwendungsweisen hat. Mit einem Texteditor lassen sich reine Textdateien anzeigen, erstellen und bearbeiten. In diesen Dateien gibt es weder Formatierungen für Überschriften, Schriftarten oder Textverweise, noch enthalten sie Bilder. Windows liefert standardmäßig einen Texteditor mit, den Sie im Startmenü unter „Alle Programme/Zubehör" aufrufen können. Außer-

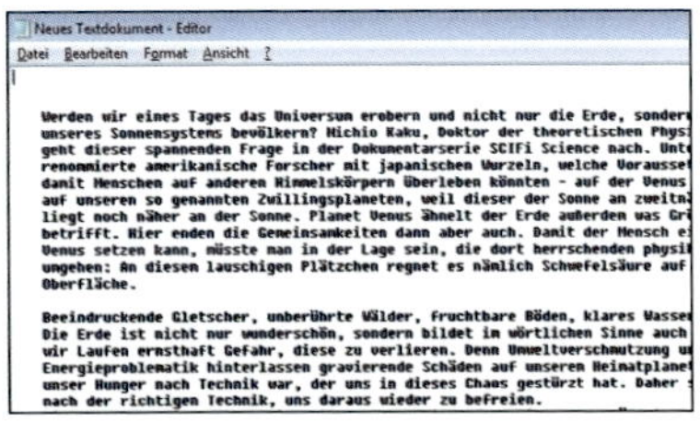

Eine Textdatei mit der Endung .txt lässt sich im Editor öffnen.

PRAXIS-TIPP

Die im Texteditor unter dem Menü „Format/Schriftart" eingestellte Schriftart gilt nicht wie bei einer Textverarbeitung für die Markierung, sondern immer für das ganze Dokument. Sie wird auch nicht im Dokument, sondern in den Editor-Einstellungen gespeichert. Reine Textdokumente kennen keine Schriftformatierung.

dem wird er durch Doppelklick auf eine TXT-Datei gestartet. Neben dem Texteditor gibt es auch die sogenannten HTML-Editoren. Dabei handelt es sich um ein Programm, mit dem sich Internetseiten mit HTML-Code (siehe Seite 90) erstellen und ändern lassen.

Effektive Berechtigungen

Wenn ein Computernutzer einer bestimmten Benutzergruppe zugeordnet ist, ist es nicht immer ganz einfach, seine tatsächlichen Rechte herauszufinden. Windows 7, 8 und 10 bieten hierfür ab der Professional-Version eine übersichtliche Darstellung, die Sie in der „Systemsteuerung" nach Klick auf „Erweiterte Sicherheitseinstellungen/Effektive Berechtigungen" erreichen. Mit „Auswählen" können Sie einen Benutzer oder eine Gruppe auswählen, deren Rechte für den aktuellen Ordner oder die Datei anschließend angezeigt werden. Beachten Sie: Eine Änderung der Berechtigungen ist an dieser Stelle nicht möglich.

Eigenschaften

Jeder Ordner und jede Datei, seien es Dokumente, Fotos oder Videos, besitzen bestimmte Eigenschaften. Diese enthalten Einzelheiten zu einer Datei, wie die Namen der Autoren, Beschriftungen oder das Datum der letzten Änderung. Eigenschaften vereinfachen das Suchen und Organisieren von Dateien. So können Sie z.B. anhand einer Eigenschaft nach einer Datei suchen. Darüber hinaus lassen sich Dateien mithilfe von Bibliotheken (siehe Seite 27) auch auf Basis einer Eigenschaft anordnen. Wenn Sie die Dokumentbibliothek durchsuchen und die zuletzt geänderten Dateien zuerst angezeigt werden sollen, können Sie die Dateien nach der Eigenschaft „Änderungsdatum" anordnen. Die Eigenschaften finden Sie immer mit einem Rechtsklick auf das Objekt und dem Kontextmenüpunkt „Eigenschaften".

[Einfg]-Taste

Die Taste [Einfg] diente ursprünglich zum Einfügen von Text aus der Zwischenablage, wird aber unter Windows nur noch von wenigen Programmen in dieser Funktion unterstützt. In Word zum Beispiel schaltet diese Taste zwischen dem Einfüge- und Überschreibmodus um, in einigen Dateimanagern dient sie dem Markieren von Dateien.

Die [Einfg]-Taste wechselt vom Einfügemodus zum Überschreibmodus.

E-Mail

E-Mail ist die Abkürzung für Electronic Mail und ein Dienst, um digitale Nachrichten zwischen einem

Sender und Empfänger auszutauschen. Neben reinem Text können per E-Mail auch digitale Daten wie Bilder, Videos oder Dokumente als Anhang versendet werden. E-Mail ist neben dem Surfen der am häufigsten genutzte Dienst im Internet. Um eine E-Mail verschicken zu können, benötigen Sie ein E-Mail-Postfach. Dieses erhalten Sie – meist kostenlos – bei einem E-Mail-Anbieter im Internet (siehe dazu die Tabelle „Bekannte Freemail-Anbieter“).

E-Mail auf dem Handy

Moderne Handys und Smartphones können nicht nur SMS und MMS abrufen und verschicken, sondern auch E-Mails. Diese Funktion eignet sich vor allem für einen schnellen Check der Nachrichten, wenn man kein Notebook zur Verfügung hat oder nicht erst den Computer starten möchte. Voraussetzung ist eine Internetverbindung. Der Vorreiter in Sachen E-Mail auf dem Handy war das BlackBerry, ein auf E-Mail-Empfang spezialisiertes Handy mit einer kleinen Tastatur.

E-Mail-Adresse

Eine E-Mail-Adresse ist eine eindeutige Absender- und Empfangsadresse, ähnlich der Postadresse. Sie besteht immer aus zwei Teilen, die durch das @-Zeichen miteinander verbunden sind. Der lokale Teil ist in der Regel der eigene Name, der globale Teil die Anbieterkennung sowie die Domainendung. Ein Beispiel: benutzer@beispiel.de. Während „Benutzer“ der lokale Teil ist, ist „beispiel.de“ der globale Teil.

E-Mail-Anbieter

Ein E-Mail-Anbieter, auch E-Mail-Provider genannt, stellt dem Nutzer die E-Mail-Adresse zur Verfügung. Am beliebtesten sind die sogenannten Freemail-Dienste. Bekannte Vertreter sind GMX, Web.de oder auch Google Mail. Sie bieten dem Nutzer ein kostenloses E-Mail-Postfach und locken teilweise auch mit mobilem Zugriff und Gratis-Extras wie einer Online-Festplatte. Die E-Mail-Adresse besteht immer aus dem Namen und der Anbieterkennung, beispielsweise benutzer@gmx.de, benutzer@web.de usw.

Bekannte Freemail-Anbieter	
GMX	www.gmx.de, www.gmx.net
Web.de	www.freemail.web.de
Google	mail.google.com/mail
Freenet	http://email.freenet.de
Yahoo	http://de.mail.yahoo.com

E-Mail-Anhang

Ein E-Mail-Anhang wird auch als Attachement bezeichnet. Dabei handelt es sich um Dateien verschiedenster Art, die sich an eine E-Mail anhängen lassen. Das können sowohl Dokumente als auch Fotos oder Videos sein. Rein theoretisch ist die Größe eines E-Mail-Anhangs nicht limitiert. Doch die meisten E-Mail-Postfächer bzw. die E-Mails selbst sind in ihrer Größe begrenzt. Um eine Datei zu versenden, müssen Sie nicht unbedingt zuerst ein E-Mail-Programm starten. Noch einfacher geht es direkt aus dem „Windows Explorer“ heraus.

Klicken Sie nun mit der rechten Maustaste auf die gewünschte Datei im „Windows Explorer“ und wählen Sie im Kontextmenü „Senden an/E-Mail-Empfänger“. Danach öffnet sich automatisch ein E-Mail-Fenster

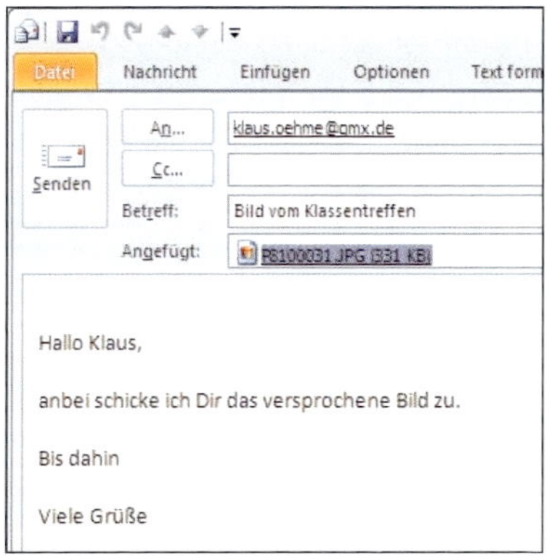

E-Mail-Anhänge wie Textdokumente oder Bilder lassen sich jeder Mail anfügen.

des Standard-E-Mail-Programms, in dem die Datei bereits als Anhang eingetragen ist. Bei Windows Live Mail ist ebenfalls automatisch das Standardmailkonto als Absender ausgewählt. Jetzt brauchen Sie nur noch die E-Mail-Adresse des Empfängers einzutragen und anschließend auf „Senden“ zu klicken.

SICHERHEITS-TIPP

Nicht jede E-Mail mit Anhang, die Sie in Ihrem Postfach vorfinden, ist vertrauenswürdig. Häufig finden sich darin, vor allem wenn die E-Mails von Ihnen unbekannten Absendern stammen, Viren und andere Schadprogramme, die sich durch das Öffnen auf Ihrem Computer ausbreiten. Klicken Sie daher niemals unbeschwert auf Anhänge in E-Mails. Prüfen Sie auch unbedingt die Dateiendungen. EXE-Dateien beispielsweise sind ausführbare Programm-Dateien, die sich sofort nach einem Doppelklick installieren und Schaden auf Ihrem Computer anrichten können.

E-Mail-Signatur

Signaturen finden sich immer am Ende einer E-Mail. Sie erleichtern die Kontaktaufnahme, denn sie enthalten neben dem Namen des Absenders meist auch dessen Anschrift und Telefonnummer. Im Geschäftsverkehr sind E-Mail-Signaturen heute üblich. Die Signatur kann mit einem E-Mail-Programm eingerichtet werden. Sie wird dann bei jeder E-Mail automatisch eingefügt, die Sie neu schreiben, beantworten oder weiterleiten.

Einfügen

Mit dem Befehl „Einfügen“ lassen sich Texte, Tabellenteile, Bilder, Dateien etc. aus der Zwischenablage (siehe Seite 285) an einer aktuellen Stelle, beispielsweise in einem geöffneten Dokument, einfügen. Das Einfügen aus der Zwischenablage erfolgt in allen Programmen mit der Tastenkombination [Strg]+[V] oder direkt aus dem Menü „Bearbeiten/Einfügen“ heraus. In den meisten Programmen erscheint auch bei einem Klick mit der rechten Maustaste auf die aktuelle Position ein „Kontextmenü“, in dem „Einfügen“ gewählt werden kann.

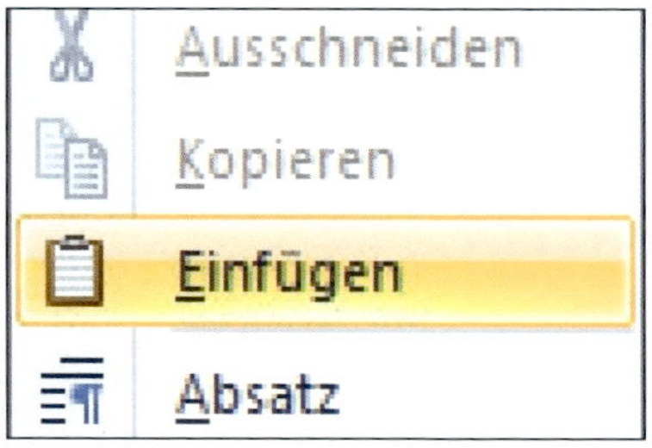

Elemente lassen sich auch per Kontextmenü in eine Datei einfügen.

Eingabeaufforderung

Die Eingabeaufforderung ist eine Funktion von Windows, die die Eingabe von MS DOS-Befehlen und anderen Computerbefehlen ermöglicht. Die Eingabe erfolgt auf dem Computer ohne die grafische Benutzeroberfläche von Windows (die sogenannte DOS-Umgebung). Mit DOS-Befehlen lassen sich Windows-Programme starten, die über das Startmenü „Alle Programme/Zubehör“ nicht zugänglich sind. Die Eingabeaufforderung ist in der Regel

Im Zeitalter von Internet und E-Mail ist es kein Problem, die schönsten Urlaubsbilder mit Freunden oder Verwandten zu teilen – selbst, wenn diese sehr weit weg wohnen. Denn die Fotos lassen sich einfach einer E-Mail anhängen.

nur für erfahrene Benutzer zu empfehlen. Sie erreichen die Eingabeaufforderung über das Startmenü „Alle Programme/Zubehör/Eingabeaufforderung“. Es öffnet sich ein sogenanntes DOS-Fenster. Am Zeilenanfang werden das Laufwerk und der aktuelle Dateipfad angezeigt, hinter dem Größerzeichen beginnt die eigentliche Eingabe bzw. der Befehl.

Eingabefeld

Ein Eingabefeld ist ein Formularfeld, in das ein Text eingegeben werden muss wie z.B. ein Dateiname.

Einloggen

Beim Einloggen (auch als Login oder Anmeldung bezeichnet) melden Sie sich bei einem Computersystem oder einer Webseite mit Ihrer persönlichen Benutzerkennung an.

Einwahlverbindung

Mit Einwahlverbindungen werden Internetverbindungen bezeichnet, die über die Anwahl einer Telefonnummer via Modem oder ISDN zustande kommen. Nach dem Verbindungsabbau werden diese physikalisch getrennt. Im Gegensatz dazu stehen die Breitbandverbindungen wie DSL, die immer online sind.

Elektromagnetische Störung

Störgeräusche, die aus PC-Lautsprechern kommen, stammen oft von Handys, die zu dicht am Computer liegen. Diese elektromagnetischen Störungen lassen sich beseitigen, indem das Handy mindestens einen halben Meter weit weg platziert wird.

Empfangsbestätigung

Eine Empfangs- oder Lesebestätigung kommt im E-Mail-Verkehr zum Einsatz. Damit kann der Absender sehen, ob der Empfänger die Nachricht auch erhalten hat. Eine Empfangsbestätigung muss immer vom Absender angefordert werden. Die meisten E-Mail-Programme bieten hierfür eine Funktion. Sobald dann der Empfänger die E-Mail öffnet, wird die Bestätigung verschickt.

Emoticon

Emoticon ist ein anderes Wort für Smiley. Dabei handelt es sich um kurze Zeichenfolgen, die persönliche Emotionen darstellen lassen. Das bekannteste Emoticon ist :-) und steht für fröhlich. Emoticons werden vor allen in E-Mails und Chats verwendet. Einige Programme wie Windows Live Mail bieten Listen an, sodass man keine Zeichenkombinationen auswendig kennen muss.

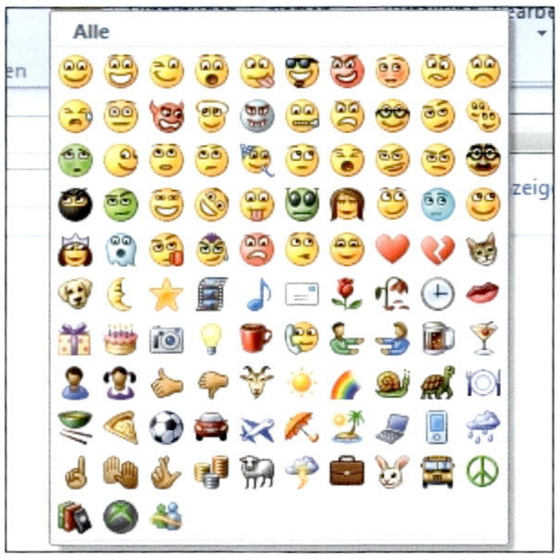

Emoticons sind in Windows Live Mail grafisch aufbereitet.

Energiesparmodus

Der Energiesparmodus von Windows hilft dabei, Strom zu sparen. Windows 7, 8 und 10 bieten dazu drei verschiedene Modi. Der „Standbymodus“ ist ein Energiesparmodus, bei dem der Computer seine Aktivität sofort stoppt und sofort wieder startbereit ist, wenn Sie Ihre Arbeit fortsetzen. Der Standbymodus ist vergleichbar mit dem Drücken der „Pause“-Taste beim DVD-Player.

Eine andere Form des Energiesparmodus ist der „Ruhezustand“, der insbesondere bei Notebooks zum Einsatz kommt. Der Ruhezustand speichert alle geöffneten Dokumente und Programme auf der Festplatte und fährt den Computer automatisch herunter. Der Ruhezustand verbraucht die wenigste Energie. Der Dritte ist der „Hybride Standbymodus“, der in erster Linie für Desktopcomputer gedacht ist. Er ist eine Kombination aus Standbymodus und Ruhezustand. Im hybriden Standbymodus werden geöffnete Dokumente und Programme im Arbeitsspeicher und auf der Festplatte gespeichert und der Computer dann in einen Zustand mit niedrigem Energieverbrauch versetzt, sodass Sie die Arbeit schnell wiederaufnehmen können. Bei einem plötzlichen Stromausfall kann Ihre Arbeit von Windows von der Festplatte wiederhergestellt werden. Um den Computer zu reaktivieren, müssen Sie entweder eine Taste auf der Tastatur oder den Netzschalter drücken oder die Maus bewegen. Viele Computer zeigen den Energiesparmodus durch Blinken einer LED auf der Tastatur oder am PC-Gehäuse an.

PRAXIS-TIPP

Sie können den Energiesparmodus auf Ihrem Rechner auch deaktivieren. Gehen Sie dazu in die „Systemsteuerung“ auf „System und Wartung/Energieoptionen/Energiesparplaneinstellungen ändern“ und anschließend auf „Erweiterte Einstellungen/Energie sparen/Deaktivierung“. Beachten Sie jedoch Folgendes: Bei einem Notebook mit Akkubetrieb kann es bei einem Ausfall des Akkus zu einem Datenverlust kommen, wenn Sie den Standbymodus bzw. den Ruhezustand deaktivieren.

Energiesparplan

Ein Energiesparplan ist eine Sammlung von Hardware- und Systemeinstellungen, mit denen der Energieverbrauch eines Computers verwaltet wird. Damit lässt sich auch der Stromverbrauch reduzieren, was gerade für Notebooks mit schwachem Akku wichtig ist. Windows bietet standardmäßig drei Energiesparpläne, die die Anforderungen der meisten Computerbenutzer erfüllen. Sie können zwischen „Ausbalanciert", einem speziellen „Energiesparmodus" und einem Modus „Höchstleistung", der nur wenig Energie spart, wählen.

Sie erreichen die Energiesparpläne, indem Sie auf das Akkusymbol in der „Taskleiste" klicken. In dem neuen Fenster wählen Sie nun den gewünschten Plan aus. Die Einstellungen zu den Energiesparplänen können Sie in der „Systemsteuerung" unter „System und Wartung/Energieoptionen" aufrufen.

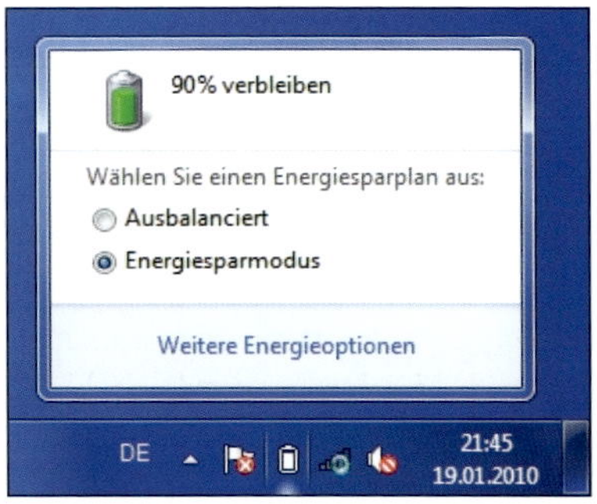

Sie können einen der zwei Energiesparpläne selbst auswählen.

[Enter]-Taste

Die [Enter]-Taste wird auch [Return]-Taste oder Eingabetaste genannt. Sie schließt eine Befehlseingabe ab und ist bei Windows meist gleichbedeutend mit einem Klick auf die Schaltfläche „Ok". In Textprogrammen bewirkt die [Enter]-Taste aber auch einen neuen Absatz. Die [Enter]-Taste liegt auf der Tastatur rechts neben der

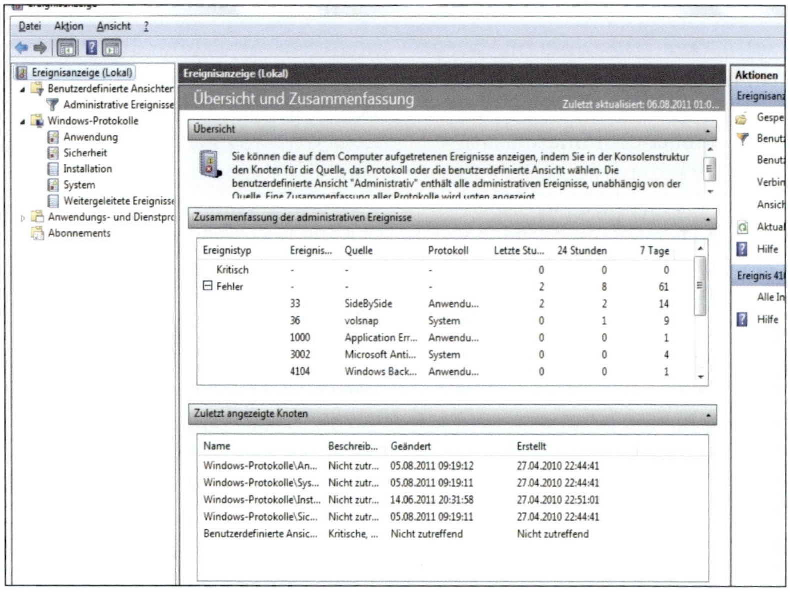

Die Ereignisanzeige (hier Windows 7) zeigt detaillierte Informationen zu wichtigen Ereignissen auf dem Computer an. Damit lassen sich Fehler in Windows leichter korrigieren.

[#]-Taste und der [+]-Taste und ist meist mit einem nach links gerichteten Pfeil gekennzeichnet. Im Nummernblock (siehe Seite 143) gibt es eine zweite [Enter]-Taste mit gleicher Funktion. Sie liegt rechts unten und trägt meist die Beschriftung „Enter".

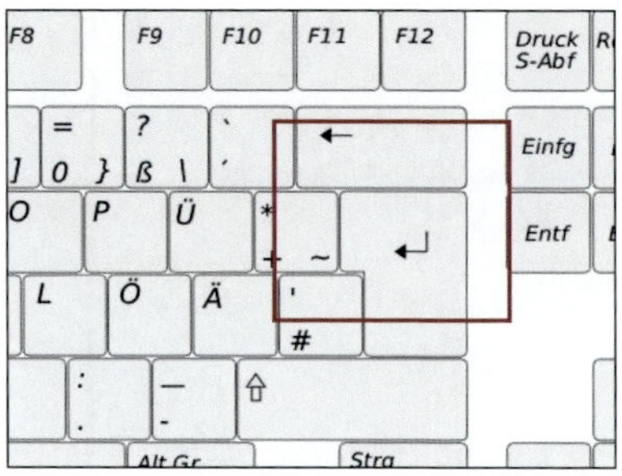

Die [Enter]-Taste auf der Tastatur besitzt einen nach links unten zeigenden Pfeil.

Ereignisanzeige

Mit der Windows-Ereignisanzeige lassen sich detaillierte Informationen zu wichtigen Ereignissen auf dem Computer anzeigen. Die Ereignisanzeige kann zur Beseitigung von Problemen und Fehlern bei Windows und anderen Programmen hilfreich sein. In der Regel bedienen sich nur Profis der Ereignisanzeige. Sie lässt sich öffnen, indem Sie in der „Systemsteuerung" auf „System und Wartung/Verwaltung klicken und dann auf „Ereignisanzeige" gehen.

Erleichterte Bedienung

Unter dem Stichwort „Erleichterte Bedienung" fasst Windows alle Tipps und Hilfsmittel zusammen, die dem Nutzer die Bedienung des

PRAXIS-TIPP

Wenn Sie nicht sicher sind, was Sie mit den Einstellungen zur „Erleichterten Bedienung" am besten anfangen, klicken Sie auf den Link im gelben Feld „Empfehlungen zur erleichterten Bedienung des Computers erhalten". Hier werden einige Fragen gestellt, die Ihren persönlichen Arbeitsalltag am Computer betreffen. Danach macht Windows individuelle Vorschläge.

Computers erleichtern sollen. Von den Hilfsmitteln profitieren vor allem Menschen, die mit der üblichen Bedienung von Maus und Tastatur oder dem Bildschirm Schwierigkeiten haben. Sie finden alle diese Einstellungen, die auch im normalen Gebrauch mit dem PC nützlich sein können wie die „Bildschirmlupe" und „Bildschirmtastatur", in der „Systemsteuerung" unter „Erleichterte Bedienung". Alternativ können Sie auch die Tastenkombination [Win]+[U] drücken.

- Barrierefreiheit in Windows: http://windows.microsoft.com/de-de/windows/what-accessibility-features-windows-offer
- Barrierefreiheit in Internet Explorer: http://windows.microsoft.com/de-de/internet-explorer/ie-accessibilty-options
- Barrierefreiheit für Microsoft-Produkte: http://www.microsoft.com/enable

Error

Error ist ein anderer Begriff für einen Fehler im Programmablauf des Computers. In Windows werden diese Errors oder Fehler oft durch Updates behoben.

Erstellungsdatum

Das Erstellungsdatum ist das Datum, an dem eine Datei oder ein Verzeichnis erstmals angelegt wurde. Es enthält neben dem Tag, Monat und Jahr auch die Uhrzeit. Sobald Sie per Rechtsklick auf ein Element klicken und aus dem „Kontextmenü" den Befehl „Eigenschaften" wählen, wird Ihnen das Erstellungsdatum zusammen mit anderen Datumsangaben angezeigt. Beachten Sie: Bei Bildern von Digitalkameras ist das Erstellungsdatum nicht das Aufnahmedatum, sondern das Datum, an dem das Foto auf der Festplatte gespeichert wurde. Das Aufnahmedatum ist in den EXIF-Daten enthalten.

Wenn Ihre Tastatur einmal streiken sollte, können Sie über „Erleichterte Bedienung" eine virtuelle Bildschirmtastatur aufrufen.

[Esc]-Taste

Die [Esc]-Taste dient in vielen Programmen zum Abbruch der gerade aktiven Funktion. Üblicherweise hat sie die gleiche Funktion wie die Schaltfläche „Abbrechen" in einem Dialogfeld.

Die [Esc]-Taste befindet sich auf der Tastatur ganz links oben.

Ethernet

Ethernet ist ein Netzwerkstandard. Der Begriff bezeichnet die Vernetzung von Computern in einem lokalen Netzwerk. Alle vernetzten Computer benötigen ein Ethernet-Kabel (auch LAN-Kabel genannt). Dabei handelt es sich um ein Kabel mit speziellem Anschluss (Koaxialkabel, RJ45). Die Ethernet-Verbindung ermöglicht einen Datenaustausch zwischen den angeschlossenen Geräten. Die Übertragungsgeschwindigkeit beträgt in der Regel 10 MBit/s.

Für eine Ethernet-Verbindung werden spezielle Kabel benötigt, z.B. ein RJ45-Kabel.

Excel

Excel ist ein Tabellenkalkulationsprogramm von Microsoft. Es ermöglicht umfangreiche Berechnungen mit Formeln und Funktionen. Die Werte und die Formeln werden in die Zellen einer Tabelle eingetragen. Jede Zelle ist durch ihre Spalten- und Zeilenbezeichnung identifizierbar. So kann von jeder Zelle aus auf andere Zellen oder Zellengruppen Bezug genommen werden. Die einzelnen Tabellen werden zu sogenannten Arbeitsmappen zusammengefasst und abgespeichert. Die Dateien tragen die Dateiendung .xls oder .xlsx. Excel ist Bestandteil des Office-Paketes, das käuflich erworben werden kann. Eine im Funktionsumfang leicht eingeschränkte Version ist Excel Starter, die auf einigen PCs bereits vorinstalliert ist.

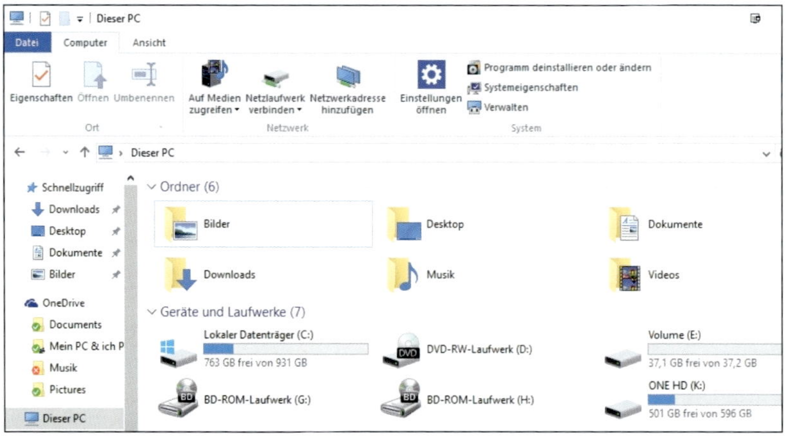

Der Windows Explorer zeigt alle Laufwerke eines Computers an. Sobald Sie doppelt auf ein Laufwerk klicken, erscheinen die Inhalte.

EXE-Datei

Eine mit .exe gekennzeichnete Datei ist eine ausführbare Programmdatei, eine sogenannte EXE-Datei. Jedes Programm, das Sie installieren möchten, besitzt eine Setup.exe-Datei.

SICHERHEITS-TIPP

Starten Sie keine EXE-Dateien, deren Funktion Sie nicht kennen. Jede ausführbare Datei kann auch bösartige Funktionen enthalten und Ihren Rechner Schaden zufügen.

EXIF-Daten

Exif steht für „Exchangeable Image File“. Dabei handelt es sich um spezielle Dateien, die von modernen Digitalkameras erstellt werden. In der Exif-Datei werden zusätzliche Informationen zum Foto gespeichert wie beispielsweise die Uhrzeit, das Datum, die Brennweite, die Verschlusszeit oder der Blitz. Was alles gespeichert werden kann, hängt von der Kamera ab. Windows 7, 8 und 10 zeigen die EXIF-Daten an, wenn Sie mit der rechten Maustaste auf eine Bilddatei klicken und im Kontextmenü „Eigenschaften/Details“ wählen.

PRAXIS-TIPP

Wenn Sie ein Foto mit einem Bildbearbeitungsprogramm bearbeiten, gehen die EXIF-Daten bei einigen Programmen verloren. Solange das Bild nur angezeigt wird, passiert nichts. Sofern Sie das Bild in der Windows Live Fotogalerie bearbeiten, wird es zwar verändert gespeichert, die EXIF-Daten bleiben aber erhalten. Lediglich das Änderungsdatum wird aktualisiert.

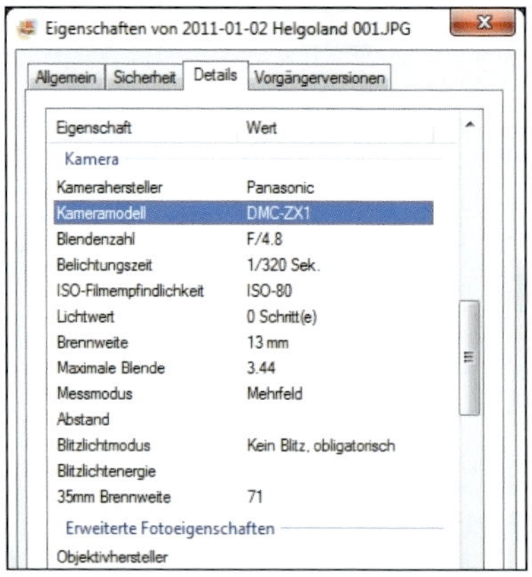

Die EXIF-Daten eines Fotos werden von modernen Digitalkameras erzeugt.

Explorer

Der Windows Explorer, kurz Explorer genannt, ist der Dateimanager von Windows. Mit ihm lassen sich sämtliche Daten und Ordner verwalten. Er zeigt alle Laufwerke und deren Inhalte an, wie die Festplatte, USB-Sticks, Speicherkarten oder CDs/DVDs. Sie starten den Explorer in der Taskleiste mit einem Klick auf das Ordnersymbol „Windows-Explorer“. Alternativ können Sie auch die Tastenkombination [Win]+[E] drücken. Der rechte Teil des Windows-Explorers zeigt alle Festplatten und Geräte mit Wechselmedien inklusive ihrem Laufwerksbuchstaben an. Die erste Festplatte hat immer den Laufwerksbuchstaben C. Ein Doppelklick auf eines der angezeigten Laufwerksymbole zeigt dessen Inhalt an.

Exportieren

Unter Exportieren versteht man das Speichern eines Dokumentes in ein anderes Dateiformat, damit es auch von einem anderen Programm gelesen und weiterverarbeitet werden kann. Ein Beispiel aus der Praxis ist die Umwandlung eines .doc-Textdokumentes in das PDF-Format.

Express Card

Express Card ist ein Format für Steckkarten in Notebooks und anderen mobilen Geräten, mit dem sich diese mit diversen zusätzlichen Anschlüssen ausstatten lassen. Express Card ist der Nachfolger des PC-Card-Standards, der auch unter dem Begriff PCMCIA bekannt ist.

Expresseinstellungen

Beim ersten Aufruf des Windows Media Players oder des Windows Media Centers startet ein Konfigurationsassistent. Hier können Sie zwischen den Expresseinstellungen und den benutzerdefinierten Einstellungen wählen. Bei den Expresseinstellungen werden alle Einstellungen automatisch vorgenommen, sodass der Nutzer sofort beginnen kann.

Externe Festplatte

Eine externe Festplatte ist baugleich mit einer eingebauten Festplatte. Einziger Unterschied ist, dass eine externe Festplatte eine zusätzliche Elektronik besitzt, mit der sie an eine Schnittstelle am Computer, meist einen USB-Anschluss, angeschlossen werden kann. Bei den externen USB-Festplatten gibt es zwei unterschiedliche Bauarten: Die kleinen 2,5-Zoll-Festplatten kommen meist ohne zusätzlichen Stromanschluss aus. Sie eignen sich vor allem für unterwegs. Die etwas größeren 3,5-Zoll-Festplatten verfügen meist über einen eigenen Stromanschluss zur Stromversorgung sowie über mehr Speicherplatz. 3,5-Zoll-Festplatten eignen sich wegen ihrer großen Speicherkapaizität insbesondere als Backup-Medium.

Externe Festplatten besitzen ein Gehäuse zum Schutz gegen Staub und Beschädigungen. Ein großer Vorteil liegt darin, dass die Platten leicht sind und überallhin mitgenommen werden können. Sie werden vom Computersystem, sobald sie mit dem Rechner verbunden sind, als Laufwerk angezeigt. Einige externen Festplatten lassen sich auch kabellos per WLAN in das Netzwerk einbinden. Man spricht in diesem Fall von einer Netzwerkfestplatte. Auf dieser können an zentraler Stelle alle Dateien, Bilder oder Videos abgelegt werden und jeder Nutzer im Netzwerk hat darauf Zugriff. Jeder Netzwerkteilnehmer kann auch neue Daten für andere Nutzer bereitstellen.

Externe Festplatten sind klein und leicht und damit ideal für unterwegs. In der Regel werden sie über den USB-Anschluss mit dem Computer verbunden.

Eine aktuelle externe Festplatte der Firma Verbatim mit 3 TByte Speicher. Darauf lassen sich riesige Datenmengen abspeichern.

PRAXIS-TIPP

Externe Festplatten ohne Netzgerät beziehen ihren Strom über die USB-Verbindung. Sie sollten deshalb direkt an den Computer angeschlossen werden und nicht an einen USB-Hub (siehe Seite 246).

Extras

Der Menüpunkt Extras, der in vielen Programmen vorhanden ist, enthält oft interessante Funktionen, die unter Umständen erheblichen Zusatznutzen bringen können. In Microsoft Word finden Sie hier unter anderem die Rechtschreib- und Grammatikprüfung, Einstellungen zur Sprache oder auch einen Seriendruck-Assistenten. Zudem können Sie die Wörter und Zeichenanzahl in einem Text oder einem Textabschnitt genau zählen lassen.

Windows Family Safety hilft dabei, die Computeraktivitäten von Kindern zu überwachen. Sie können u.a. festlegen, welche Seiten automatisch blockiert werden sollen.

Facebook

Soziale Netzwerke wie Facebook sind in den letzten Jahren immer mehr zum Trend geworden. Jeder kann sich kostenlos mit einem eigenen Profil auf Facebook präsentieren, mit Freunden in Kontakt treten und auch Fotos oder kurze Videofilme hochladen. Bei Facebook trifft man Freunde, tauscht Neuigkeiten aus und verabredet sich – wie im realen Leben. Allerdings ist Facebook auch bei Datenschützern in der Kritik, die einen Missbrauch der privaten Nutzer-Daten befürchten. Auch Firmen sind mittlerweile bei Facebook vertreten.

- Das Facebook-Portal im Internet
www.facebook.de

Fallen lassen

Siehe Drag-and-Drop.

Family Safety

Mit Windows Family Safety können Sie mithilfe von Aktivitätsberichten (siehe Seite 14) die Computeraktivitäten von Kindern überwachen. Es lassen sich sowohl Webseiten als auch Kontakte, Spiele und Programme auswählen, auf die die Kinder Zugriff haben oder eben nicht. Windows Family Safety ist ein Filter, der von Microsoft kostenlos zum Download angeboten wird. Er ersetzt den Webfilter aus den Jugendschutzeinstellungen in Windows Vista und funktioniert mit Windows XP, Windows Vista, Windows 7, 8 und 10. Alle Einstellungen werden von Windows Family Safety in einem Microsoft-Konto gespeichert. Zur Einrichtung muss man sich als Verantwortlicher zunächst mit seiner Benutzerkennung anmelden. Nach der Anmeldung erscheint der Windows Family-Safety-Filter mit einer Kurzübersicht über die aktuellen Einstellungen. Hier können Sie neue Benutzerkonten für die Kinder anlegen und die Kontoüberwachung jederzeit aus- und wieder einschalten.

Zum Ausschalten ist die Eingabe des Kennwortes erforderlich. Der Windows Family-Safety-Webfilter kann nach verschiedenen Inhaltskriterien die Anzeige von Webseiten blockieren.

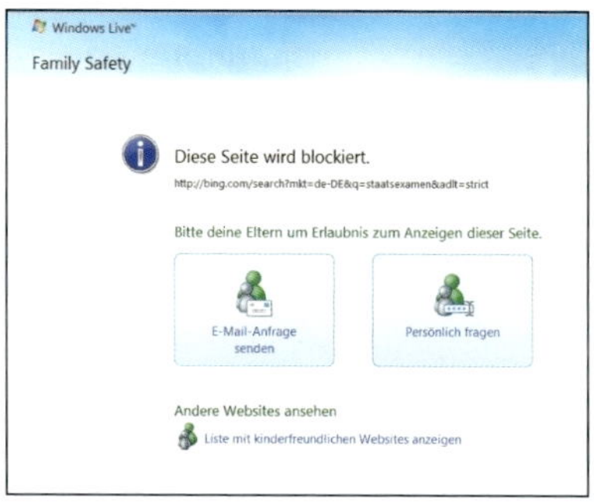

Eine Webseite wird durch Windows Family Safety blockiert.

PRAXIS-TIPP

Der Windows Family-Safety-Filter funktioniert völlig unabhängig von den Windows-Benutzerkonten. Jedes Kind braucht nur seine Microsoft ID. Bei Kindern, die nicht die Standardeinstellung der Windows Family Safety nutzen, sondern die Einstellung „Kinderfreundlich" oder „Nur Liste zulassen", fehlt im Internet Explorer die Adresszeile, sodass gar keine beliebigen Internetadressen eingegeben werden können.

Zusätzlich lassen sich eigene Listen mit Webseiten erstellen, die unabhängig von der gewählten Einschränkungsstufe blockiert werden sollen. Versucht der Sprößling, auf eine Webseite zu gehen, die durch die Webeinschränkungsstufe geblockt wird, erscheint eine entsprechende Meldung. Er kann dann eine automatisierte E-Mail-Anfrage an die Eltern schicken. Es ist kein persönlicher Text und auch keine Eingabe von E-Mail-Adressen nötig, sodass dieses System auch bei Kleinkindern funktioniert, die noch nicht schreiben können. Oder das Kind fragt einen Elternteil persönlich um Erlaubnis. Wird diese erteilt, erscheint ein Dialogfeld, in dem sich der Elternteil mit seiner Microsoft ID anmelden und die betreffende Webseite für das Kind freigeben kann. Windows Family Safety ist Bestandteil von Windows Essentials:

- Download Family Safety: http://windows.microsoft.com/de-de/windows-live/essentials

FAQ

FAQ ist die Abkürzung von **F**requently **A**sked **Q**uestions und bedeutet so viel wie „Häufig gestellte Fragen“. Auf den Webseiten von vielen Herstellern findet man oft im Servicebereich FAQs, die die wichtigsten Kundenanfragen auf einen Blick beantworten. Denn die Hersteller haben die Erfahrung gemacht, dass ein großer Teil der Kunden die gleichen Fragen stellt. Auch für private Webseiten sind FAQs ein nützliches Instrument.

FAT

FAT bezeichnet eigentlich die Dateizuordnungstabelle (**F**ile **A**llocation **T**able) einer Festplatte. Im allgemeinen Sprachgebrauch wird unter FAT ein Dateisystem verstanden. Man unterscheidet zwei Systeme: FAT16

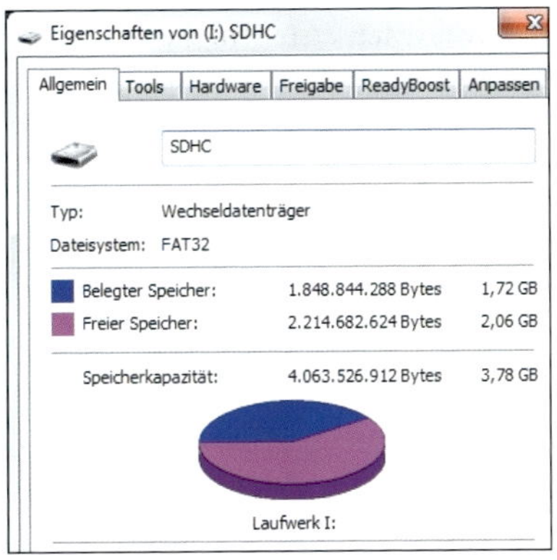

Anzeige einer 4-GByte-Speicherkarte mit FAT32-System.

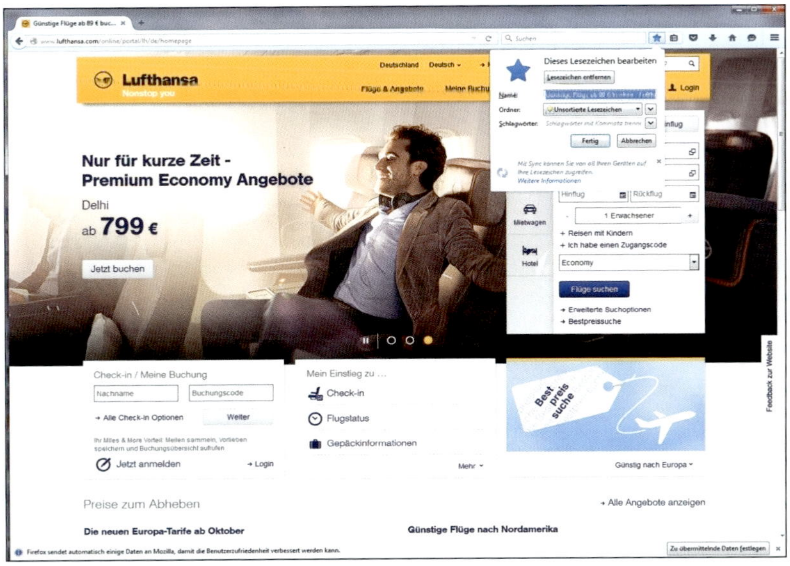

Eine Webseite lässt sich einfach zu den Favoriten hinzufügen. Der Browser Mozilla Firefox bezeichnet die Favoriten als Lesezeichen.

wird meist nur auf mobilen Datenträgern (Speicherkarten, USB-Speicherstick) bis 2 GByte Speichergröße verwendet. FAT32 wird in allen Arten von mobilen Datenträgern mit mehr als 2 GByte Speichergröße verwendet. Als Speichergröße wird jeweils die Größe der Partition bezeichnet. Seit dem Betriebssystem Windows NT verwendet Microsoft ein eigenes Dateisystem, das sog. NTFS (**N**ew **T**echnology **F**ile **S**ystem).

Favoriten

In den Favoriten des Webbrowsers lassen sich Webadressen als eine Art Lesezeichen speichern, um sie später mit einem Klick schnell wieder aufrufen zu können. Im Browser Mozilla Firefox heißt das Favoritencenter „Lesezeichen“. Um im Internet Explorer eine Webseite zu den Favoriten hinzuzufügen, gehen Sie wie folgt vor: Klicken Sie oben links im Fenster auf den kleinen Stern. Wahlweise lässt sich das Favoritencenter auch mit der Tastenkombination [Alt]+[C] öffnen. Das Favoritencenter kann entweder als eigenständiges Fenster oder als Seitenleiste im aktuellen Browserfenster angezeigt werden. Da dieses Fenster gleichzeitig auch für RSS-Feeds und die Verlaufsanzeige verwendet wird, müssen Sie eventuell erst noch die Registerkarte oben wechseln. Eine noch schnellere Möglichkeit, Adressen als Lesezeichen abzulegen, ist das direkte Ziehen der Adresse aus der Adresszeile per gedrückter linker Maustaste auf das Favoritencenter.

Favoritenleiste

In der Favoritenleiste können Sie persönliche Lesezeichen zum besonders schnellen Zugriff ablegen. Sollte die Favoritenleiste nicht standardmäßig im Browser angezeigt werden, können Sie sie mit einem Rechtsklick auf einen leeren Bereich der Symbolleiste einschalten. Aktivieren Sie dazu im Kontextmenü die Option „Favoritenleiste“. Eine aktuelle Internetadresse können Sie mit einem Klick auf das kleine Stern-Symbol und dem grünen Pfeil direkt in die Favoritenleiste befördern. Mit einem Rechtsklick auf einen solchen Favoriten können Sie diesen später wieder löschen oder per Eigenschaften-Dialog auch ändern. Im Browser Mozilla Firefox heißt die Favoritenleiste „Lesezeichensymbolleiste“ und hat weitgehend die gleichen Funktionen.

PRAXIS-TIPP

Die Anzeige der Favoriten mit Titel in der Favoritenleiste ist begrenzt. Allerdings können Sie mit wenigen Klicks weitere Favoriten unterbringen. Dazu lassen sich entweder die Titel abkürzen oder nur die Symbole der Favoriten anzeigen. Klicken Sie mit der rechten Maustaste auf einen Favoriten in der Favoritenleiste, und wählen Sie anschließend im Menü unter „Anpassen der Titellängen“ die gewünschte Option aus.

FAX

Fax ist die Kurzform von Telefax oder Faksimile und bezeichnet eine Fernkopie. Bei einem Fax werden ein oder mehrere Dokumente als in Pixeln oder Linien gerasterte Bilder über das Telefonnetz übertragen. Als Sender und Empfänger dienen in der Regel analoge Faxgeräte. Auch ein PC kann als Sende- und/oder Empfangsgerät verwendet werden. Jedes Faxdokument kommt als Bilddatei beim Empfänger an. Durch die weite Verbreitung des E-Mail-Dienstes in Verbindung mit beigefügten Dokumenten oder Bildern als Anlage hat der Faxverkehr sehr stark an Bedeutung verloren. Microsoft hat den Faxdienst zeitweise aus den Windows-Betriebssystemen herausgenommen. Erst in Windows 7 ist der Faxdienst ab der Home Premium-Version wieder enthalten. Zur Verwendung des Faxprogramms ist ein analoges Modem erforderlich. Da ab Windows 7 eine eigentliche Unterstützung für ISDN fehlt, können ISDN-Karten nur über eine Modem-Emulation verwendet werden, die aber bei den meisten ISDN-Karten automatisch mit den Treibern installiert wird. Faxen über das Internet ist mit dem Windows-Faxprogramm leider nicht möglich.

Fehler

In einem Computersystem können verschiedene Fehler auftreten, angefangen von Programmfehlern, Datenträgerfehlern bis hin zu Festplattenfehlern. Alle Windows-Fehler lassen sich mit der Fehlerüberprüfung anzeigen und beheben. Ein häufig auftretender Fehler in früheren Windows-Versionen war der sogenannte Bluescreen. Der Bildschirm wurde blau und zeigte zahlreiche Fehlermeldungen. Seit Windows 7 sind Bluescreens sehr selten geworden. Ein weiterer häufiger Fehler ist der Absturz eines Programms. In diesem Falle hilft nur Folgendes: Sie rufen den Taskmanager auf, indem Sie die Tastenkombination [Strg]+[Alt]+[Entf] drücken. In dem Fenster, das sich nun öffnet, klicken Sie auf „Task-Manager“. Wählen Sie aus der Liste das Programm aus und klicken Sie auf „Task beenden“.

Fehlerüberprüfung

Schäden der Festplatte kündigen sich oft schon frühzeitig an. Deshalb empfiehlt es sich, von Zeit zu Zeit die Festplatte(n) zu überprüfen. Klicken Sie dazu im „Windows Explorer“ mit der rechten Maustaste auf das Laufwerk, und wählen Sie dann im Kontextmenü „Eigenschaften“ die Option „Fehlerüberprüfung“. In der Registerkarte „Tools“ klicken Sie auf „Jetzt prüfen“. Es werden auch automatisch festgestellte Fehler im Dateisystem der Festplatte beseitigt.

Fenster

Zentrales Element des Windows-Betriebssystems und der intuitiven Bedienung sind die Fenster. Denn jedes Programm wird in einem eigenen Fenster ausgeführt. Die Fenster sind dabei immer gleich aufgebaut: Die Titelleiste enthält den Programmnamen und meist einen Dokumentnamen. Ganz links steht ein Symbol für das Programm. Dahinter verbirgt sich ein kleines Menü, das Sie per

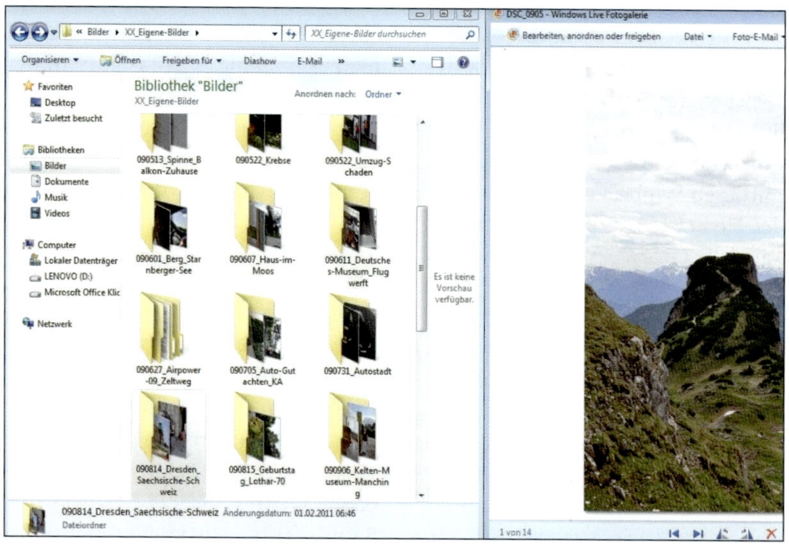

Fenster lassen sich in Windows (hier Version7) automatisch ausrichten. Das Fenster muss mit gedrückter linker Maustaste an die gewünschte Position geschoben werden.

Linksklick oder mit der Tastenkombination [Alt]+[Leertaste] öffnen können. Ein Doppelklick auf das Programmsymbol oder Drücken der [Alt]-Taste schließt das Fenster.

Ein Doppelklick in einen freien Bereich der Titelleiste schaltet zwischen Vollbilddarstellung und verkleinerter Darstellung des Fensters um. Um ein verkleinertes Fenster an eine beliebige Stelle des Bildschirms zu schieben, führen Sie den Mauszeiger auf die Titelleiste und verschieben das Fenster bei gedrückter linker Maustaste an seine neue Position. Wird ein Fenster mithilfe des mittleren Symbols oben rechts in der Titelleiste verkleinert dargestellt, kann die Größe der meisten Fenster beliebig verändert werden. Wenn Sie den Mauszeiger auf eine der vier Fensterkanten setzen, verwandelt sich der Pfeil in einen horizontalen oder vertikalen Doppelpfeil. Mit gedrückter linker Maustaste können Sie dann die Fensterkante beliebig nach links/rechts bzw. oben/unten ziehen. In den Fensterecken verwandelt sich der Mauszeiger in einen diagonalen Doppelpfeil. Jetzt lässt sich das Fenster in Pfeilrichtung vergrößern oder verkleinern.

Fernbedienung

Mit einem Media Center PC (siehe Seite 272) können Sie sich Fernsehsendungen und Filme ansehen oder auch Ihre Lieblingsmusik hören – direkt auf dem PC. Solche PCs sollen deshalb vor allem im Wohnzimmer eingesetzt werden. Da man dort aber nicht immer Platz für Tastatur und Maus hat, lässt sich ein Media Center PC auch mit einer Fernbedienung steuern. Allerdings funktioniert die Fernbedienung nur innerhalb der Windows-Media-Center-Anwendung und kann nicht für andere Programme wie z.B. den Windows Explorer verwendet werden. Daher besitzen die Fernbedienungen eine spezielle Taste, um das Windows Media Center zu starten. Wird der PC also ausschließlich als Media Center verwendet, ist zum Start des Programms keine Maus oder Tastatur notwendig. Windows 7, 8 und 10 unterstützen nur spezielle Infrarot- und Funkfernbedienungen. Die meisten frei programmierbaren Fernbedienungen oder die Fernbedienungen, die bei TV-Karten und Multimedia-Software von Drittanbietern dabei sind, werden nicht unterstützt.

- Infos zum Windows Media Center
http://windows.microsoft.com/de-de/windows/media-center-help

Fernsehen

Fernsehen kann man nicht nur auf einem TV-Gerät. Auch der Computer lässt sich als Fernseher nutzen. Dabei gibt es unterschiedliche Methoden. Die einfachste ist Internet-TV. Hier kommt das Fernsehprogramm über das Internet, und es ist keine zusätzliche Hardware nötig, dafür ist die Programmauswahl eingeschränkt. Mit entsprechender Zusatzhardware (z.B. einer speziellen TV-Karte) ist am Computer auch der Satellitenempfang per DVB-S oder terrestrisches Digitalfernsehen DVB-T möglich.

Fernsteuerung

Manche Probleme mit dem Rechner kann man selbst nicht lösen. In diesem Fall sollte man einen Fachmann um Rat fragen. Damit dieser nicht extra zu Ihnen ins Haus kommen muss, gibt es sog. Fernsteuerungs-software (auch Remote Control genannt). Mit dieser ist es möglich, auf entfernte PCs zuzugreifen, als stünde man direkt vor dem Nutzer. Alle Bildschirmaktivitäten lassen sich genau sehen, der Mauszeiger lässt sich führen und auch als Maus nutzen. Alle Tastatureingaben werden ebenfalls auf den Ziel-Rechner übertragen. Auch Windows 7, 8 und 10 bieten eine Fernsteuerungs-Funktion an.

SICHERHEITS-TIPP

Bevor Sie eine Fernsteuerung auf Ihrem Computer zulassen, prüfen Sie genau, wer diese durchführt und wie Sie demjenigen den Zugriff erlauben. Denn er hat Zugriff auf Ihre kompletten Daten und kann diese ungehindert kopieren. Wählen Sie deshalb immer eine Person Ihres Vertrauens aus.

Festplatte

Die Festplatte wird auch HDD, Hard Disc Drive, genannt und dient der Datenspeicherung. Alle Daten bleiben auch nach dem Ausschalten gespeichert. Die Festplatte ist über eine Schnittstelle mit dem Computer verbunden. Ihre Speicherkapazität ist in den letzten Jahren exponentiell gewachsen. Sie reicht jetzt weit in den Terabyte-Bereich hinein (1 TByte = 1.024 GByte). Das hermetisch abgeschlossene Gehäuse der Festplatte enthält mehrere runde, magnetbeschichtete Platten, die sich mit hoher Geschwindigkeit drehen.

Über der Oberfläche jeder Platte schwebt in einem minimalen Abstand ein Lese-/Schreibkopf. In dem Plattengehäuse herrscht ein Vakuum, denn kleinste Staubteilchen würden die Köpfe sofort ruinieren.

Eine Festplatte besitzt einen Schreib-/Lesekopf, der sich direkt über einer Magnetplatte befindet (runde Scheibe). Er berührt die Oberfläche jedoch nicht.

Auf jeder Plattenoberfläche befindet sich eine bestimmte Anzahl von Datenspuren. Alle vertikal übereinanderliegenden Datenspuren bilden einen Block. Auf diese Weise können alle Spuren eines Blocks gleichzeitig ohne eine Bewegung der Köpfe gelesen werden. Jede Festplatte ist radial in mehrere Sektoren aufgeteilt. Jeder Sektor erstreckt sich also über alle Zylinder.

File

Der Begriff „File" stammt aus dem Englischen und bedeutet übersetzt Datei. Dabei handelt es sich um eine Sammlung von Informationseinheiten. Sie sind geordnet und tragen zur Unterscheidung einen Dateinamen und ein Dateiformat. So ist beispielsweise „LiesMich.txt" eine Textdatei, die nicht ausführbar ist. Hingegen ist „Programm.exe" eine ausführbare Datei.

Filterregel

Dieser Begriff stammt ursprünglich aus dem E-Mail-Verkehr. Filterregeln helfen dabei, den Überblick bei den vielen täglichen Mails zu bewahren, denn damit lassen sich eingehende E-Mails anhand bestimmter Absender oder Stichwörter in der Betreffzeile automatisch in Ordner einsortieren, als wichtig hervorheben oder aber auch gleich löschen. Wenn Sie Windows Live Mail nutzen, legen Sie Filterregeln in der Registerkarte „Ordner" fest, indem Sie auf „Nachrichtenregeln" klicken.

Firefox

Der kostenlose Webbrowser Firefox erfreut sich immer größerer Beliebtheit. Firefox ist außer für Windows auch noch für die Betriebssysteme Linux und Android verfügbar. Firefox

PRAXIS-TIPP

Auf dem Desktop von Windows 7 und 8 finden Sie das Fenster „Browserwahl", das auch nach einem Update in älteren Betriebssystemen auftaucht. Es bietet eine besonders einfache Methode, einen Browser zu wählen und zu installieren. Bei Windows 10 fehlt es.

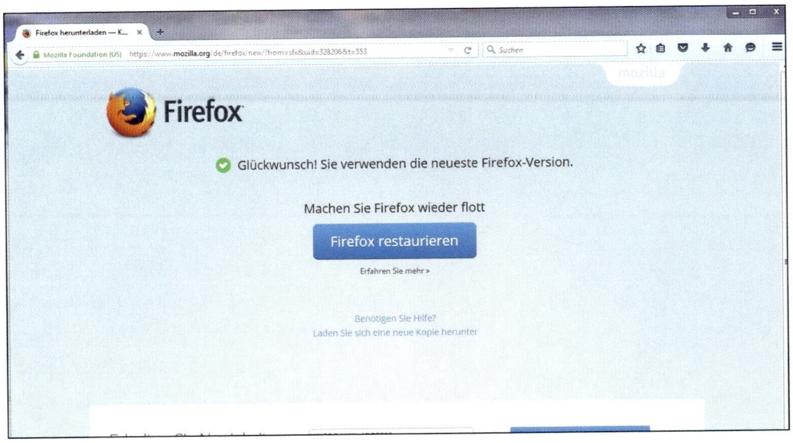

Mozilla Firefox ist ein sehr beliebter Webbrowser, den es nicht nur für Computer gibt, sondern auch für Mobilgeräte wie Smartphones.

ist ein schneller und komfortabler Browser, der als sehr sicher gilt. Internetgefahren wie Phishing (siehe Seite 164) sind für Firefox-Anwender kaum gefährlich. Der Nutzer kann den Browser auf seine persönlichen Bedürfnisse anpassen. Die aktuelle Version unterstützt neueste Webtechnologien und bietet einen noch besseren Schutz der Privatsphäre beim Surfen.

- Download Firefox: www.mozilla.org/de/firefox/new

Firefox-Erweiterung

Mit einer Erweiterung lässt sich Firefox in seinem Funktionsumfang vergrößern. Dazu wurde der Browser von seinen Entwicklern so weit wie möglich offen gehalten, um nach und nach Zusatzfunktionen integrieren zu können. Unter dem Menüpunkt „Extras" befindet sich die Option „Add-ons", die eine Liste aller installierten Erweiterungen öffnet. Von hier aus kommen Sie in die Konfigurationsdialoge der Erweiterungen und können Erweiterungen auch wieder deinstallieren. Mit „Add-ons suchen" können Sie direkt von hier aus Erweiterungen zu bestimmten Themen suchen oder einfach im Mozilla-Add-on-Katalog stöbern.

Firewall

Firewall heißt übersetzt so viel wie „Brandschutzmauer". Damit bezeichnet man eine Software, die den ein- und ausgehenden Datenverkehr in einem Netzwerk filtert. Sie schützt sozusagen den eigenen Computer vor Gefahren von außen, indem nicht autorisierte Datenübertragungen blockiert werden. Eine Personal Firewall ist auf einem an ein Netz angeschlossenen Computer, einem sog. Host, installiert, um diesen vor Angriffen aus dem Netz zu schützen. Bei dem Netz kann es sich um das Internet oder ein lokales Netz z.B. eines Privathaushaltes handeln. Neben der Personal Firewall gibt es noch die Netzwerk- oder Hardwarefirewall. Dabei arbeitet die Software nicht auf dem zu schützenden System selbst, sondern auf einem separaten Gerät, welches Netzwerke miteinander verbindet. Ein Beispiel hierfür ist ein DSL-Router. In modernen Geräten ist die Firewall bereits serienmäßig installiert. Auch Windows 7 und 8 enthalten eine Firewall. Diese ist in der „Systemsteuerung" unter „System/Sicherheit" zu finden. Außerdem können die Einstellungen der Windows-Firewall über das Wartungscenter aufgerufen werden.

PRAXIS-TIPP

Sie sollten die Windows-Firewall aus übertriebenen Sicherheitsbedenken keinesfalls auf „Alle Verbindungen blockieren" setzen, denn sonst würden viele Programme nicht mehr funktionieren. Nutzen Sie lieber die Grundeinstellung „Benachrichtigen, wenn ein neues Programm blockiert wird". So können Sie gleich sehen, wenn ein Programm eine Internetverbindung aufbauen will, und dann entscheiden, ob Sie den Zugriff gewähren oder ablehnen.

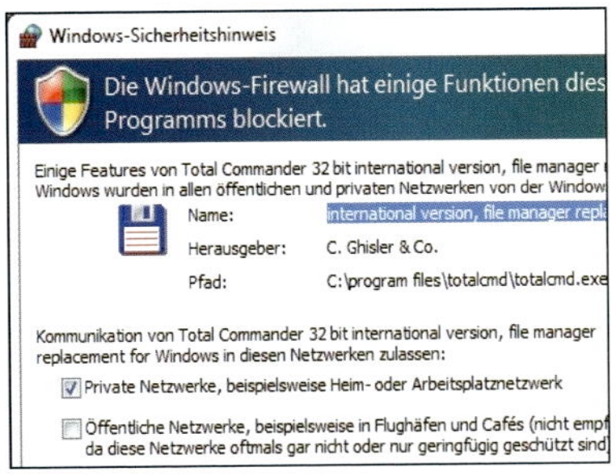

Die Windows-Firewall blockiert ein Programm. Ein Hinweis erscheint im Fenster.

FireWire

FireWire, auch bekannt als i.Link oder IEEE 1394, ist ein serielles Übertragungssystem mit speziellen Steckern und Kabeln. Vorteil von FireWire gegenüber USB (siehe Seite 245) ist die höhere Übertragungsrate mit bis zu 400 Mbit/s bzw. 800 Mbit/s. Mithilfe von FireWire können Geräte wie Digital-Camcorder, DVD-Laufwerke, Festplatten, Scanner und andere externe Speichergeräte per „plug & play" an den Computer angeschlossen werden. Wenn Sie ein neues FireWire-Gerät an den Computer anschließen, wird es vom Betriebssystem erkannt. Das Gerät wird automatisch aktiviert und die Nutzung kann sofort stattfinden.

Flachbildschirme haben mittlerweile die alten Röhrenmonitore fast vollständig ersetzt. Sie sind stromsparender, flimmern nicht und schonen die Augen.

Zusätzliche Treiber werden in der Regel nicht benötigt.

Flachbettscanner

Ein Flachbettscanner ist ein spezieller Bautyp eines Scanners, bei dem die Vorlage mit der zu scannenden Seite nach unten auf eine Glasplatte aufgelegt wird. Die Vorlage wird mittels einer Beleuchtungs- und Abtasteinheit, die unter der Glasplatte „durchfährt", optisch abgetastet und in eine digitale Information umgewandelt, sodass diese im Computer weiterverarbeitet werden kann. Flachbett-Scanner sind Tischgeräte, die nur wenige Zentimeter hoch sind. Je nach Gerät können sie Vorlagen bis zum Format A0 scannen.

Ein Flachbettscanner liest die Vorlage von einer Glasplatte ein.

Flachbildschirm

Flachbildschirme werden auch TFT-Monitore genannt und sind deutlich flacher und leichter als Röhrenmonitore. Sie flimmern nicht, schonen so die Augen und geben so gut wie keine elektromagnetische Strahlung ab. Weiterhin sind Flachbildschirme erheblich sparsamer im Stromverbrauch. Röhrenbildschirme gibt es heute so gut wie nicht mehr.

Flash

Flash ist eine von der Software-Firma Adobe entwickelte, im Internet weitverbreitete Technik zur Darstellung von Animationen und interaktiven Inhalten. Viele Online-Spiele nutzen Flash. Mit einem sog. Flash-Player lassen sich Videos wiedergeben.

Flatrate

Der Begriff Flatrate bezeichnet einen Pauschaltarif. In der Telekommunikationsbranche kann das ein Internet- oder Handytarif ohne zeitliche

PRAXIS-TIPP

Internetverbindungen über Handy oder Surfstick werden meistens auch mit Flatrate beworben. Zwar ist hier die Onlinezeit unbegrenzt, das Datenvolumen, das übertragen werden kann, ist jedoch monatlich begrenzt. In fast allen Tarifen kann man das Freivolumen ohne zusätzliche Kosten auch überschreiten, wird dann aber vom schnellen UMTS/HSDPA auf GPRS-Niveau heruntergebremst, was die Nutzung für den Rest des Monats unattraktiv macht. Denn während UMTS/HSDPA Übertragungsgeschwindigkeiten von bis zu 7,2 MBit/s bietet, kommt GPRS lediglich auf 54 Kbit/s – ein gewaltiger Unterschied.

Begrenzung sein. Egal, wie lange Sie online sind oder egal, wie lange Sie telefonieren, Sie zahlen immer nur einen vorher festgelegten Betrag. Bei DSL-Anschlüssen sind Flatrates heute Standard.

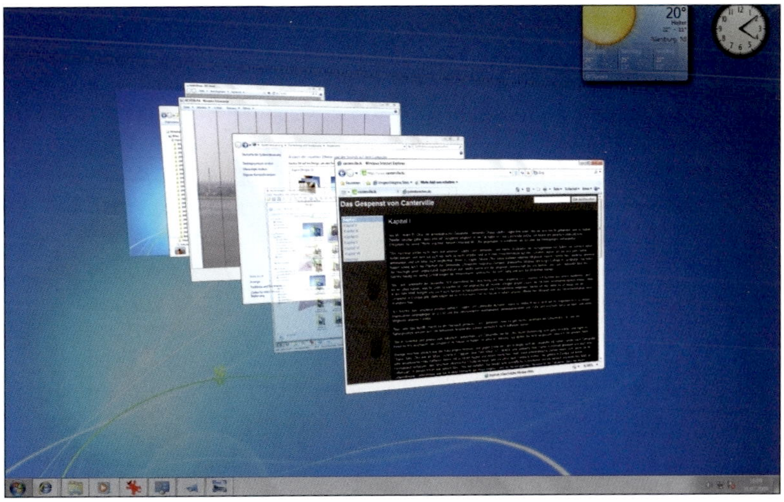

Mit Flip-3D lässt sich schnell eine Vorschau aller geöffneten Fenster anzeigen, ohne dass Sie dazu auf die Taskleiste klicken müssen.

Flickr

Flickr ist eine Plattform, die es Benutzern erlaubt, digitale Bilder sowie Videos mit Kommentaren auf die Webseite zu laden, um sie anderen Nutzern zugänglich zu machen. Es lassen sich sozusagen ganze Online-Fotoalben anlegen. Flickr bietet viele Funktionen eines sozialen Netzwerks: Man kann Fotos kommentieren, Gruppen mit Freunden gründen und sich gegenseitig über neue Fotos auf dem Laufenden halten.

▪ Flickr im Internet: www.flickr.com

Persönliche Fotos lassen sich kostenlos auf Flickr präsentieren.

Flip-3D

Mit Windows-Flip-3D (auch Aero Flip genannt) lässt sich schnell eine Vorschau aller geöffneten Fenster (z. B. geöffnete Dateien, Ordner und Dokumente) anzeigen, ohne erst auf die Taskleiste klicken zu müssen. Es ist also eine in Windows integrierte interaktive Umschaltung. Mit der Tastenkombination [Win]+[Tab] werden alle zurzeit geöffneten Fenster in einem 3D-Effekt hintereinander dargestellt und man kann leicht durch die Fenster blättern. Beim Loslassen der Tasten wird das Fenster, das ganz vorne steht, in den Vordergrund gebracht.

Flüssigkristallanzeige

Siehe LCD.

[FN]-Taste

Im Gegensatz zu einer PC-Tastatur haben die kleinen Netbooks weniger Tasten, sodass hierbei Tasten-Doppelbelegungen erforderlich sind. Alle Buchstaben stehen wie gewohnt zur Verfügung, der Nummernblock fehlt aber. Zur Eingabe der Zahlen kann entweder die obere Tastenreihe verwendet werden, oder man blendet einen Nummernblock in die Tastatur ein. Die Buchstaben im rechten Teil des Buchstabenfeldes haben eine zweite Funktion, die in anderer Farbe aufgedruckt ist. Die Tastenkombination [Fn]+[Num Lk] schaltet auf diese Belegung um. Anstelle der Buchstaben steht jetzt ein Zahlenblock in der Form des Nummernblocks auf PC-Tastaturen zur Verfügung, nur in einer leicht schrägen Anordnung. Dieser Nummernblock enthält auch die Tasten für die vier Grundrechenarten und das Komma. Ob [Num Lk] ein- oder ausgeschaltet ist, wird durch eine LED angezeigt. Die Rechensymbole des Nummernblocks werden von einigen Programmen auch als Steuertasten für bestimmte Programmfunktionen eingesetzt. Um sie schnell verwenden zu können, braucht man nicht den Nummernblock einzuschalten. Es reicht, die Taste [Fn] und parallel die entsprechende Buchstabentaste zu drücken.

Font

Als Font wird eine Schriftart bezeichnet, die elektronisch gespeichert ist. Mit einem Font lassen sich Zeichen auf dem Bildschirm darstellen und ausdrucken. Windows liefert standardmäßig eine Reihe von Fonts wie „Arial“ oder „Times New Roman“ mit. In einem Textverarbeitungsprogramm wie Word können Sie die Schriftart, die Sie verwenden möchten, aus einer umfangreichen Liste selbst auswählen. Bei den Fonts unterscheidet man in der Regel zwei Darstellungsformen:

Die **TrueType-Schrift** (auch Outline-Font oder Vektorgrafik-Font genannt): Hier werden die Zeichen durch Linien und Kurven geformt. Auch bei starker Vergrößerung bleiben die Kanten glatt.

Die **Bitmap-Schrift**: Die Zeichen werden durch einzelne Bildpunkte (Pixel) dargestellt. Bei einer Vergrößerung werden die Kanten unscharf und pixelig.

Die Schriftarten finden Sie in der „Systemsteuerung“ unter „Darstellung und Anpassung/Schriftarten“.

TrueType-Schrift links, Bitmap-Schrift rechts. Die Kanten bleiben links glatt.

Formatierung

Der Begriff Formatierung kommt sowohl in der Speichertechnik als auch in der Textverarbeitung vor. In der **Speichertechnik** bedeutet Formatierung Folgendes: Alle Speichermedien wie Festplatten, Speicherkarten oder USB-Sticks müssen zur Aufnahme von Daten vorbereitet werden (FAT- oder NTFS-Dateisystem). Bei dieser sogenannten High-Level-Formatierung werden fehlerhafte Sektoren gesucht und in der Dateizuordnungstabelle eingetragen. Anschließend werden alle Nutzerdaten unwiderruflich gelöscht! Die Formatierung rufen Sie mit dem Befehl „Formatieren“ im Windows Explorer durch einen Rechtsklick auf das entsprechende Laufwerk auf.

In der **Textverarbeitung** bedeutet Formatieren das Anpassen eines Textes an das gewünschte Aussehen. Dazu gehören Schriftart, Schriftgröße, Schriftstil (fett, kursiv etc.), Zeilenhöhe und -länge, Überschriften, Kopf- und Fußzeilen, Seitenränder (links, rechts, oben, unten) sowie das Hoch- oder Querformat.

Formatvorlage

Eine Formatvorlage (auch Stilvorlage genannt) ist eine Gruppe von Formatierungsmerkmalen, die Sie Text, Tabellen oder Listen in einem Dokument zuweisen können, um auf einfache Weise deren Darstellung zu ändern. Wenn Sie eine Formatvorlage zuweisen, übernehmen Sie in einem Schritt eine Gruppe von Formatierungen. Anstatt beispielsweise die Überschrift in drei Einzelschritten zentriert und in 16 Punkt Arial zu formatieren, können Sie das gleiche Ergebnis in einem Schritt erzielen, indem Sie die Formatvorlage Titel zuweisen. Es können verschiedene Arten von Formatvorlagen erstellt werden: Eine Absatzformatvorlage steuert alle Aspekte der Darstellung eines Absatzes, wie z.B. Textausrichtung, Tabstopps, Zeilenabstand und Rahmen, und kann auch Zeichenformatierungen enthalten. Eine Zeichenformatvorlage wirkt sich auf Schriftart und Größe sowie fette und kursive Formate des markierten Textes in einem Absatz aus. Eine Tabellenformatvorlage ermöglicht eine einheitliche Gestaltung von Rahmen, Schattierungen, Ausrichtungen und Schriftarten in Tabellen. Eine Listenformatvorlage weist Listen gleiche Ausrichtungen, Nummerierungs- oder Aufzählungszeichen sowie Schriftarten zu.

Forum

Ein Forum (auch Internetforum oder Board genannt) ist ein virtueller Platz im Internet zum Austausch von Gedanken, Meinungen und Erfahrungen zu allen möglichen Themen. Die Kommunikation in einem Forum läuft asynchron ab, also nicht in Echtzeit. Sie erhalten die Antwort auf eine Frage zu einem späteren Zeitpunkt. Jedes Forum wird von einem Moderator geleitet, der in der Regel auch auf die Netiquette, also das Verhalten der Teilnehmer, achtet. Welche Regeln in Foren gelten, können Sie auf der Seite 137 nachlesen.

- Ein beliebtes Koch-Forum im Internet www.chefkoch.de/forum

In einem Forum können Sie nicht nur Gedanken oder Meinungen mit anderen Nutzern austauschen, sondern auch ganz praktische Fragen zu einem Problem stellen.

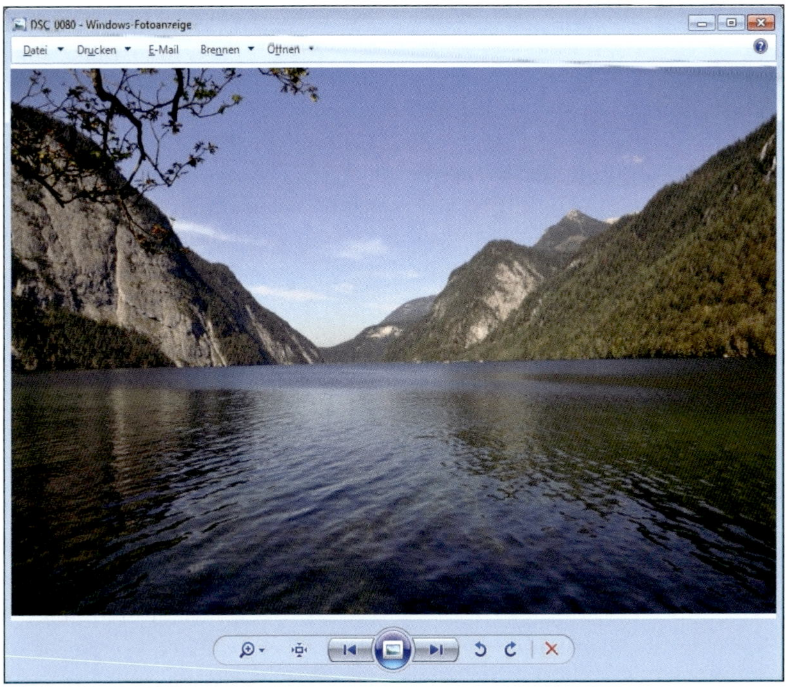

Ein Digitalbild in der Windows-Fotoanzeige. Von hier aus lässt sich auch eine Diashow der kompletten Bilder starten und Interessierten präsentieren.

Tastenkürzel für Bildfunktionen

Funktion	Taste
Zoom	[+], [–]
Originalgröße: Das Bild wird in Originalgröße gezeigt, sodass im Fenster nur ein Teilbereich zu sehen ist, der mit der Maus verschoben werden kann.	[Strg]+[0]
Vorheriges Bild im Ordner oder in der Bibliothek	[←]
Diashow im Vollbildmodus	[F11]
Nächstes Bild im Ordner oder in der Bibliothek	[→]
Entgegen dem Uhrzeigersinn drehen	[Strg]+[,]
Im Uhrzeigersinn drehen	[Strg]+[.]
Bild löschen	[Entf]

Foto anzeigen

Fast jeder Nutzer hat Digitalfotos auf seinem Computer. Diese lassen sich ganz einfach auf dem Bildschirm anzeigen. Windows bietet dazu die Windows-Fotoanzeige. Sobald Sie doppelt auf ein Foto klicken, wird es in einem neuen Fenster geöffnet.

Die obere Symbolleiste bietet Funktionen zum Drucken des Fotos, für den E-Mail-Versand, zum Brennen auf CD und zum Öffnen mit anderen Programmen, wie beispielsweise einer Bildbearbeitungssoftware.

Die untere Symbolleiste steuert die Anzeige des Bildes und bietet zusätzlich eine Diashowfunktion im Vollbildmodus. Alternativ können Sie die Bilder auch in der Windows Live Fotogalerie betrachten.

Foto zuschneiden

Siehe Ausschnittvergrößerung.

Foto-E-Mail

Viele Anwender verschicken ihre Digitalbilder am liebsten per E-Mail. Dabei kommen allerdings sehr schnell große Datenmengen zusammen. Beides, der Versand wie auch das Empfangen der Mails, nimmt einige Zeit in Anspruch und ist meist auch sehr unübersichtlich. Windows Live Mail beinhaltet eine Funktion, mit der sich schnell und einfach ganze Fotogalerien per E-Mail verschicken lassen. Drücken Sie dazu die folgende Tastenkombination: [Strg]+[Alt]+[P].

Fotogalerie

Die Windows-Fotogalerie aus Windows Vista wurde ab Windows 7 durch die neue Windows Fotogalerie ersetzt. Damit lassen sich Bilder einfach und schnell bearbeiten, ordnen, anschauen oder auch mit Freunden teilen.

- Download Windows Fotogalerie
http://windows.microsoft.com/de-de/windows-live/photo-gallery

Fragmentierung

Dateien werden auf einer Festplatte standardmäßig linear hintereinander aufgezeichnet. Wenn eine Datei allerdings größer wird, passt sie oft nicht mehr in ihren ursprünglichen Platz, weil sich eine andere Datei dahinter befindet. Den neuen Teil der Datei legt das Betriebssystem deshalb automatisch in einen anderen freien Platz auf der Festplatte ab. Zwar merkt der Anwender normalerweise von diesem Vorgang nichts. Wenn die Datei jedoch weiter vergrößert, verkleinert oder gar gelöscht wird, können Lücken entstehen, die auf der gesamten Festplatte verteilt sind. Um das zu vermeiden, verwenden die Betriebssysteme ausgeklügelte Algorithmen.

Wenn der Computer jedoch auf eine solche zerstreute Datei zugreifen will, dauert es um einiges länger, bis sie geöffnet wird. Deshalb sollten Sie regelmäßig Ihre Festplatte defragmentieren (siehe Seite 46). Windows stellt dazu eine spezielle Funktion zur Verfügung.

FreeCell

FreeCell ist ein virtuelles Kartenspiel, das standardmäßig in Windows enthalten ist. Der Spieler muss die Karten aufsteigend vom Ass bis zum König nach Farben sortieren. Am Anfang sind alle 52 Karten bunt gemischt offen ausgelegt. Karten können nur am unteren Ende einer Reihe weggenommen werden und müssen mit wechselnden Farben an eine nächst höhere offenliegende Karte angelegt werden. Dabei können auch Reihen, die bereits in absteigender Reihenfolge mit Farbwechsel geordnet sind, komplett an einen anderen Ort bewegt werden. Die vier leeren Felder rechts oben sind die Zielfelder für die vier Stapel, die mit den vier Assen beginnen. Am Ende müssen alle Karten einer Farbe in eine aufsteigende Reihenfolge gebracht werden. Die vier leeren Felder oben links können auch als Zwischenablage verwendet werden.

Das Kartenspiel FreeCell ist in fast allen Versionen von Windows zu finden. In Windows 7 finden Sie es im Startmenü unter „Alle Programme/Spiele".

Freeware

Mit Freeware wird eine Software bezeichnet, die meist nur zum privaten Gebrauch kostenlos genutzt werden kann. Eine bekannte Freeware ist beispielsweise das Office-Paket OpenOffice.org.

▪ Download OpenOffice
http://de.openoffice.org

Freigabe

Der Begriff Freigabe stammt aus der Netzwerkwelt. So kann beispielsweise ein Computer im Netz auf einen anderen Rechner nur dann zugreifen, wenn dort Freigaben existieren. Jedes Laufwerk, das im Netzwerk verwendet werden kann, muss explizit freigegeben werden. Um eigene Ordner oder Laufwerke freizugeben, verwenden Sie den Freigabeassistenten. Gehen Sie dazu im Windows Explorer auf den Ordner „Netzwerk". Hier werden alle Freigaben angezeigt, die im Netzwerk auf anderen Computern gefunden wurden. Im Navigationsbereich des Explorers finden Sie alle Freigaben und auch freigegebene Drucker, geordnet nach Computernamen. Über den Netzwerkordner kann man auf freigegebene Ordner im Netzwerk genauso zugreifen wie auf lokale Ordner.

Freigabeassistent

Damit Benutzer im Netzwerk auf Dateien anderer Computern zugreifen können, müssen Benutzerfreigaben angelegt werden. Wenn auf dem eigenen Computer noch keine Freigaben eingerichtet sind, wird im Explorer-Fenster unter „Netzwerk" eine entsprechende Meldung angezeigt. Wenn Sie mit der Maus auf die Meldung klicken, können Sie die Netzwerkerkennung und Dateifreigabe einschalten. Je nach Einstellung müssen Sie nun eine Abfrage der Benutzerkontensteuerung bestätigen. Ohne weitere Einstellungen wird nur die Freigabe von Dateien generell aktiviert. Solange Sie keine Ordner oder Laufwerke explizit freigeben, können andere Benutzer immer noch nicht auf Ihren Computer zugreifen. Um das zu ändern, klicken Sie mit der rechten Maustaste auf einen beliebigen Ordner und wählen aus dem Kontextmenü die Option „Freigeben für/ Bestimmte Personen". Anschließend startet der Freigabeassistent. Wählen Sie jetzt die Benutzer aus, die über das Netzwerk auf Ihre Dateien zugreifen dürfen. Für jeden Benutzer können Sie eine Berechtigungsebene festlegen. Diese regelt, ob der Benutzer im freigegebenen Ordner nur lesen oder auch Daten verändern darf. Klicken Sie danach auf die Schaltfläche „Freigabe". Damit wird die Freigabe erstellt und angezeigt. Die berechtigten Benutzer können ab sofort über das Netzwerk auf den freigegebenen Ordner zugreifen.

Frequently Asked Questions

Siehe FAQ.

FRITZ!Box

Die FRITZ!Box des Berliner Herstellers für Netzwerk- und Internettechnik AVM gehört zu den meistverwendeten DSL-Routern in Deutschland. Es gibt verschiedene Baureihen, teilweise mit eingebauter Telefonanlage und auch für IP-basierte Telefonanschlüsse. Das 2015er Modell, die FRITZ!Box 4020, ist als reiner WLAN-Router flexibel am Kabel- oder DSL-Modem einsetzbar. Die FRITZ!Box 4020 ist mit einem WAN-Port und vier LAN-Anschlüssen sowie einer NAS-Funktion ausgestattet. Sie ermöglicht komfortables Surfen auf Smartphone, Tablet und Notebook.

FTP-Server

FTP steht für File Transfer Protocol und bezeichnet ein Datenübertragungsprotokoll. Viele Firmen nutzen FTP-Server für Download-Angebote wie beispielsweise Treiber und Software-Updates. Ein FTP-Server kann Daten in zwei Richtungen übertragen: Als Download und Upload. Für die Verbindung benötigt man entweder einen Webbrowser oder ein spezielles FTP-Programm.

PRAXIS-TIPP

Für den Zugang zu einem FTP-Server ist in der Regel eine Benutzerkennung nötig. Denn damit werden die Zugriffsrechte auf bestimmte Verzeichnisse geregelt. Auf vielen FTP-Servern kann man sich mit dem Name „Anonymus" und der eigenen E-Mail-Adresse als Passwort anmelden.

Funkkanal

Der Funkkanal eines Routers beeinflusst die Qualität der WLAN-Funkverbindung. Für WLAN sind 13 verschiedene Funkkanäle möglich. Hierbei beträgt der Abstand der Mittenfrequenzen jeweils 5 MHz. Bedingt durch die große Bandbreite jedes einzelnen Funkkanals kommt es zu Überschneidungen der Frequenzbänder. Sollte ein WLAN-Router im Netzwerk von einem Computer nicht gefunden werden, obwohl er eingeschaltet ist und problemlos läuft, kann dies am Funkkanal liegen. Befinden sich mehrere WLAN-Router in unmittelbarer Nachbarschaft, sollte jeder Router seinen eigenen Funkkanal benutzen, um Störungen zu vermeiden. Stellen Sie deshalb auf dem Router immer einen Funkkanal ein, der von keinem anderen in der näheren Umgebung verwendet wird. Auf den PCs brauchen Sie keine Funkkanäle einzustellen. Diese werden automatisch erkannt.

Die FRITZ!Box ist überaus beliebt. Das Modell FRITZ!Box 4020 unterstützt UMTS-, HSPA- und LTE-Sticks für einen optionalen Internetzugang über das Mobilfunknetz.

Funkmaus

Eine Funkmaus ist eine kabellose Computermaus, die über eine Funkschnittstelle verfügt und die Richtungsinformationen an ein Empfangsteil überträgt. Der Empfänger ist meist direkt per USB mit dem Computer verbunden. Die Funkmaus besitzt eine eingebaute Batterie.

Funktionstaste

Die Funktionstasten (insgesamt 12) befinden sich auf der Tastatur in der obersten Reihe. Sie können von jedem Programm beliebig belegt werden. Durch Kombination mit [Umschalt], [Strg] und [Alt] sind bis zu 96 Funktionen möglich, da auch mehrere Steuertasten gedrückt werden können. Allerdings nutzen die wenigsten Programme diese Funktionsvielfalt. Auch hat sich außer der Taste [F1] für die Hilfe keine einheitliche Belegung der Funktionstasten durchgesetzt.

Fußzeile

Mit Fußzeile bezeichnet man in der Textverarbeitung den am unteren Seitenrand abgeteilten Bereich. Sie enthält oft die Seitenzahl oder Angaben zum Autor oder Datum. Die Fußzeile ist üblicherweise auf jeder Seite gleich aufgebaut. Die Kopfzeile hat eine ähnliche Funktion.

Gameport

Der Gameport wird auch als Game-Schnittstelle bezeichnet und dient zum Anschluss von Joysticks, Gamepads oder auch anderen Geräten, die zur Steuerung von Computerspielen verwendet werden. Normalerweise befindet sich der Gameport auf der Soundkarte (siehe Seite 204). Ist diese auf dem Motherboard integriert, wird die Schnittstelle direkt aus dem Motherboard herausgeführt. Der Anschluss ist meist unmittelbar bei den Audio-Anschlüssen zu finden. Seit Einführung der USB-Schnittstelle hat der Gameport an Bedeutung verloren. An aktuellen PCs findet man deshalb fast keine Gameports mehr.

Games

Als Games bezeichnet man Spiele für den PC, aber auch für Mobiltelefone.

Gast

Als Gast wird in Windows ein Benutzer bezeichnet, dem zwar die Benutzung des PCs erlaubt ist, der aber nur einen eingeschränkten Zugriff auf Programme oder Dateien hat. Ein Gast kann keine Software oder Hardware installieren, keine Einstellungen ändern und auch keine Kennwörter vergeben. Da sich ein Benutzer mit einem Gastzugang am Netzwerk jedoch anmelden, im Internet surfen und den Computer

Das Gastkonto lässt sich in der Systemsteuerung ändern.

herunterfahren kann, sollten Sie das Gastkonto deaktivieren, wenn es nicht benötigt wird. Bereits bei der Installation von Windows wird standardmäßig auch ein Benutzer „Gast" angelegt, der jedoch inaktiv ist. Um den Gastzugang zu aktivieren, gehen Sie in die Systemsteuerung und wählen unter „Benutzerkonten" die Option „Anderes Konto verwalten".

Gemeinsame Dateien

Der Ordner „Gemeinsame Dateien" ist in Windows öffentlich, d.h. alle lokalen Benutzer können auf diesen Ordner zugreifen und Daten austauschen. In Windows XP beispielsweise findet man ihn unter „C:/Programme/Gemeinsame Dateien". Seit Windows 7 gibt es den Ordner in seiner ursprünglichen Form nicht mehr. Es existiert ein öffentlicher Ordner, der vor allem zum Freigeben von Dateien genutzt wird, die auf dem Rechner gespeichert sind. Sie können die Dateien in diesem Ordner sowohl für andere Benutzer desselben Computers freigeben als auch für Personen, die andere Computer im selben Netzwerk verwenden. Sämtliche Dateien und Ordner, die Sie im öffentlichen Ordner platzieren, werden automatisch für alle Benutzer freigegeben, die über einen Zugriff auf den öffentlichen Ordner verfügen. Den Ordner

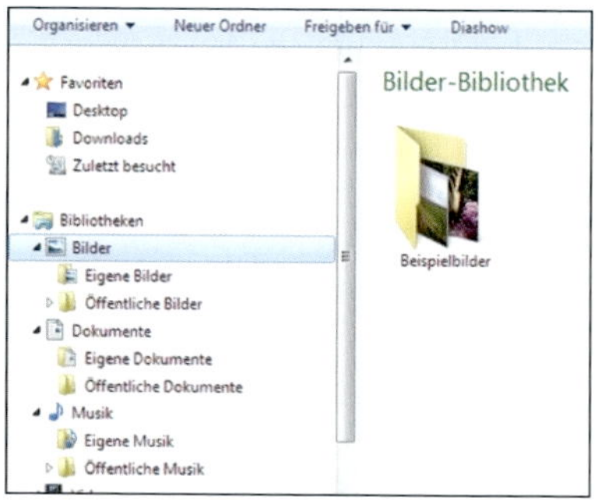

In den „Gemeinsamen Dateien" lassen sich alle öffentlichen Dokumente speichern.

Mit einem lokalen Netzwerk können Sie bequem von jeder Stelle auf gemeinsame Dokumente, Digitalbilder oder Musik zugreifen

finden Sie in Windows 7, 8 und 10 standardmäßig unter folgendem Pfad: „C:\Benutzer\Öffentlich\Öffentliche Dokumente“. In den öffentlichen Ordnern befinden sich folgende Inhaltstypen: Öffentliche Dokumente, Musik, Bilder und Videos. Grundsätzlich lässt sich hier alles speichern.

Geotagging

Mit Geotagging lässt sich ein Foto mit dem Ort, an dem es aufgenommen wurde, speichern. Die Standort-Informationen werden in den EXIF-Daten (siehe Seite 64) des Fotos hinterlegt. Damit können Sie auch zu einem späteren Zeitpunkt noch die genaue Position ermitteln. Geotagging, zu Deutsch Verortung, eröffnet die Möglichkeit, Fotos in Online-Alben wie Picasa, Flickr oder auch Google Maps auf einer Landkarte anzeigen zu lassen. Für Geotagging benötigen Sie eine Digitalkamera oder ein Smartphone mit eingebautem GPS-Empfänger.

- Geotagging im Internet: www.geo-tagging.de

Geräte-Manager

Mit dem Geräte-Manager lassen sich alle angeschlossenen Hardware-Geräte wie Drucker oder Monitor zentral konfigurieren. Der Geräte-Manager ist über die Systemsteuerung unter „System und Sicherheit/System“ oder auch über „Hardware und Sound/Geräte-Manager“ zu erreichen. Sie erhalten eine Übersicht über alle Geräteklassen und belegten Ressourcen. Zudem besteht die Möglichkeit, Geräte zu entfernen, zu deaktivieren, Treiber zu aktualisieren und Ressourcen zu ändern. Falls ein angeschlossenes Gerät nicht funktioniert, erscheint es mit einem gelben Ausrufezeichen im Geräte-Manager. Sobald Sie doppelt auf ein Gerät klicken, wird ein kleines Dialogfenster

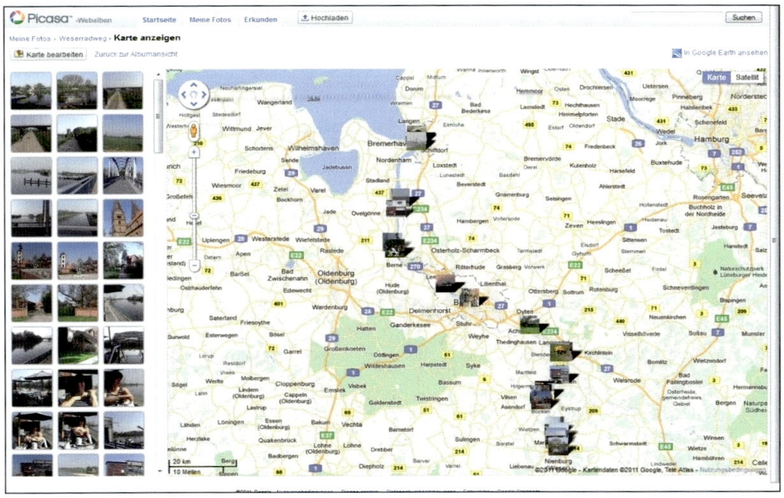

Fotos lassen sich inklusive der GPS-Daten, also der Position, an der das Bild aufgenommen wurde, beim Online-Fotoalbum Picasa anzeigen.

eingeblendet, in dem Sie Einstellungen vornehmen oder auch Treiber installieren können. Übrigens lassen sich mit dem Geräte-Manager auch inaktive Geräte anzeigen.

SICHERHEITS-TIPP

Im Geräte-Manager sollten Sie keine willkürlichen Einstellungen vornehmen. Das betrifft vor allem die Einstellungen für einzelne Systemkomponenten. Denn schnell passiert es, dass gar nichts mehr funktioniert. Deshalb benötigen Windows 7, 8 und 10 bei vielen Änderungen im Geräte-Manager eine Zustimmung der Benutzerkontensteuerung (siehe Seite 24).

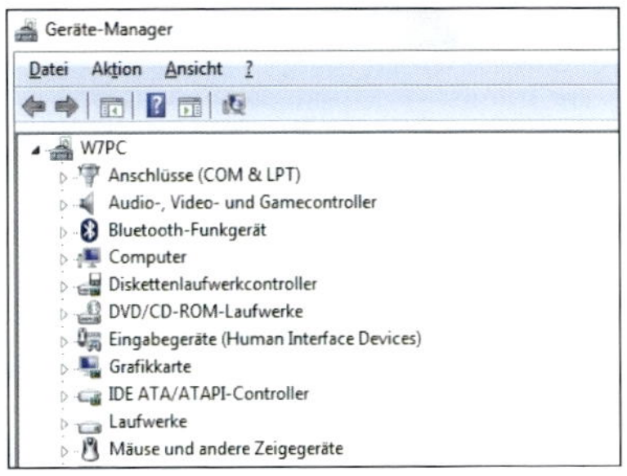

Die angeschlossene Hardware wird im Geräte-Manager angezeigt.

Gerätetreiber

Ein Gerätetreiber, kurz Treiber genannt, ist eine Software zur Steuerung von in- oder externer Hardware wie Drucker, Scanner oder Monitor, selten auch von virtuellen Geräten. Er dient sozusagen zur Kommunikation mit dem Computer. Ein Treiber nutzt die Schnittstellen, an denen das Gerät angeschlossen ist, um Steuersignale oder Daten zum Gerät zu senden bzw. von ihm zu empfangen. Zudem stellt ein Treiber eine Schnittstelle für die Nutzung dieser Funktionen durch das Betriebssystem oder anderer Programme bereit. Windows 7, 8 und 10 enthalten schon viele Treiber, sodass die grundsätzliche Kompatibilität zu der gängigsten Hardware wie Mainboards, Grafikkarten, Soundkarten und Ein- und Ausgabegeräten gewährleistet ist.

- Download kostenloser Gerätetreiber: www.treiber.de

Gerätetreiberupdate

Von Zeit zu Zeit müssen die Gerätetreiber aktualisiert werden. Windows bietet standardmäßig die Win-

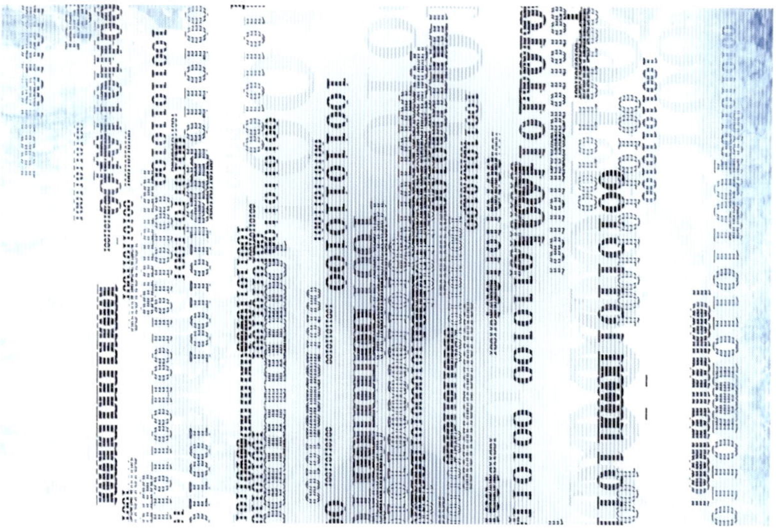

Ein Bit kann jeweils den Wert 0 und 1 annehmen. EIn Gigabit (1Gbit oder auch Gb) entspricht rund 1 Mrd. Bits (bps).

dows-Update-Funktion an, bei der aktuelle Gerätetreiber aus dem Internet geladen und installiert werden. Allerdings sind diese oftmals nicht so aktuell wie die von den Herstellern angebotenen Treiber. Alle Treiberupdates sind optionale Updates, d.h. das System durchsucht die Treiberdatenbank nach passenden Treibern für angeschlossene Hardware-Komponenten, installiert sie aber nicht automatisch. Der einzelne Treiber muss erst manuell markiert werden, bevor der automatische Download und die Installation starten.

PRAXIS-TIPP

Ein Gerätetreiberupdate können Sie auch selbstständig starten. Rufen Sie den Geräte-Manager in der Systemsteuerung unter „System und Sicherheit/System" auf und klicken Sie mit der rechten Maustaste auf das gewünschte Gerät. Aus dem Kontextmenü wählen Sie die Option „Treibersoftware aktualisieren".

Geräteübersicht

Zu jedem angeschlossenen Hardwaregerät lassen sich in Windows Informationen abrufen. Frühere Windows-Versionen verfügten dazu über die sog. Geräteübersicht. In Windows 7, 8 und 10 heißt diese Übersicht „Geräte und Drucker" und ist direkt in das Startmenü eingebunden. Hier können Sie die Funktion von Drucker, Kamera, Monitor und allen eingerichteten Geräten direkt abfragen. Im Gerätemanager wiederum können Sie neue Netzwerk- und Funkgeräte hinzufügen (wie beispielsweise einen WLAN-Router) sowie Probleme mit einem Gerät oder dem Drucker beheben. Probleme

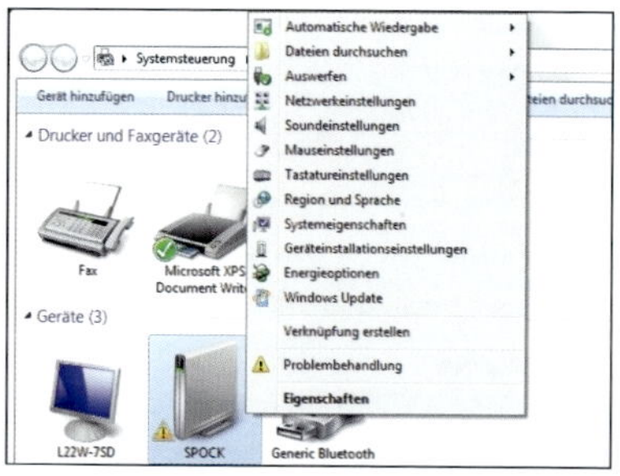

Die Geräteübersicht in Windows mit Anzeige eines Problemgerätes.

werden durch ein gelbes Warndreieck gekennzeichnet, das in der Task-leiste erscheint.

In der Übersicht „Geräte und Drucker" in Windows 7, 8 und 10 stehen Ihnen folgende Optionen zur Verfügung:

A: Ein Mausklick auf ein Gerät zeigt in der Symbolleiste des Fensters alle Aufgaben an, die das Gerät hat. Damit lassen sich beispielsweise alle Laufwerke durchsuchen oder eingelegte CDs automatisch abspielen.

B: Ein Rechtsklick auf ein Gerät öffnet ein Kontextmenü, das einen schnellen Weg zu wichtigen Modulen der Systemsteuerung bietet.

C: Ein doppelter Linksklick auf ein Gerät zeigt Details an. Es werden fehlerhafte Komponenten gemeldet und es können aktuelle Treiber installiert werden.

GIF-Format

Ein GIF ist ein komprimiertes, verlustfreies Bildformat, das vor allem für Animationen oder kleine Grafiken in Internet-Werbebannern genutzt wird. Das GIF-Format eignet sich nicht für Farbfotos, da die Farbtiefe auf 256 Farben begrenzt ist. Hier nutzt man besser das JPEG-Format. Hingegen lassen sich Schwarz-Weiß-Fotos gut als GIF in 256 Graustufen abbilden.

Gigabit

Gigabit ist eine Speichergröße. 1 Gigabit sind ca. 1 Mrd. Bits. Ein Bit ist die kleinste Informations- und Speichereinheit im Computer. Es kann zwei mögliche Zustände besitzen: 0 oder 1 bzw. einfach ausgedrückt: leer oder besetzt.

Gigabyte

Gerade bei Festplatten oder anderen externen Speichern wird das Datenvolumen mit Gigabyte (Abkürzung GByte oder GB) angegeben. Dabei entspricht ein Byte 8 Bits. Ein GB hat 1000 Megabyte (MB) und wiederum 1.000.000 Kilobyte (kB). Allerdings ist das nicht ganz exakt, denn 1 kB hat genau 1.024 Byte, sodass 1 GB eigentlich 1.048.576 kB sind.

GMX

GMX kennt fast jeder nur durch seinen kostenlosen E-Mail-Dienst. Das deutsche Internetportal ist einer der größten Anbieter von E-Mail-Adressen in Deutschland. Die E-Mail-Adressen sind zusammengesetzt nach folgendem Schema: name@gmx.de (oder auch gmx.net, gmx.com und zahlreiche andere Domain-Endungen). GMX bietet noch weitere Kommunikationsangebote wie Telefon, Handy, Fax sowie einen Messenger an.

Das Internetportal GMX bietet Ihnen ein kostenloses E-Mail-Postfach.

Mit Letzterem können Sie im Internet chatten. Auch Nachrichten aus sozialen Netzwerken wie Facebook können damit empfangen werden. Um ein E-Mail-Konto bei GMX in einem E-Mail-Programm wie Windows Live Mail, Outlook oder Thunderbird einzurichten, benötigen Sie verschiedene Daten. Diese sind auf der GMX-Webseite nur schwer zu finden. Einen Überblick gibt die Tabelle oben rechts.

- GMX im Internet: www.gmx.de, www.gmx.net

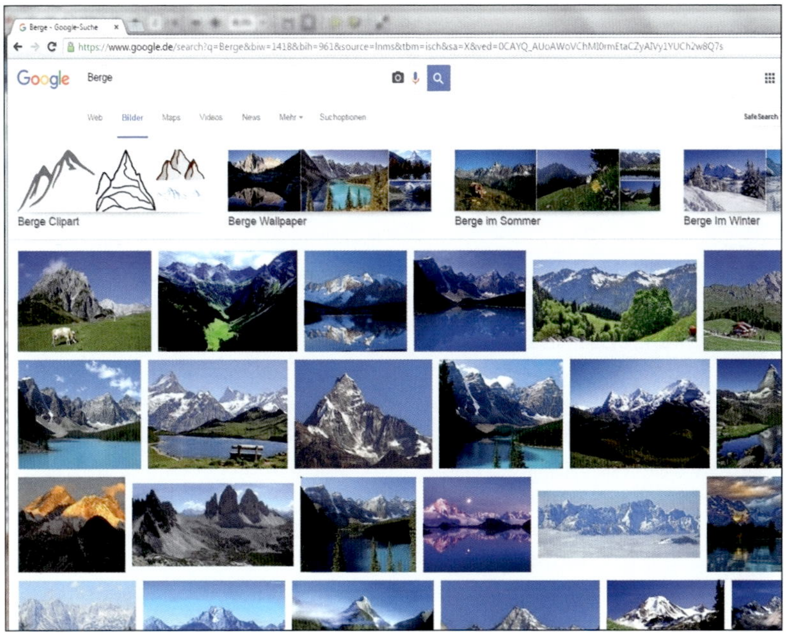

Google ist die wohl meist genutzte Suchmaschine weltweit. Neben der reinen Webseitensuche können Sie mit Google auch nach Bildern oder Videos suchen.

E-Mail-Einrichtung bei GMX	
POP3-Server	pop.gmx.net
IMAP-Server	imap.gmx.net
SMTP-Server	mail.gmx.net
POP3-Benutzername	E-Mail-Adresse
Autorisierung	SMTP-Auth oder POP3 vor SMTP

GodMode

Der Begriff GodMode, zu Deutsch Gottmodus, stammt ursprünglich aus dem Computerspiel und bezeichnet einen Modus, in dem der Spieler unsterblich ist. Auch Windows 8 und 10 besitzen eine GodMode-Funktion – jedoch im übertragenen Sinn. Denn diese bietet dem Benutzer einen schnellen Zugriff auf diverse Einstellungen, die sonst nur über zahlreiche Klicks mühsam erreichbar sind. Die Einrichtung ist relativ simpel: Legen Sie auf dem Desktop einen neuen Ordner an und benennen Sie ihn mit dem Namen GodMode. Der Ordner erhält automatisch das Symbol der Systemsteuerung. Ein Doppelklick darauf zeigt diverse Systemeinstellungen, die auf diesem Weg übersichtlich und mit weniger Klicks erreichbar sind.

Google

Google ist eine Suchmaschine im Internet, die bei den Internetnutzern ganz weit oben in der Gunst steht. Seit 2004 ist das Verb „googeln" sogar im Duden eingetragen (23. Auflage). Neben der Suche nach Webinhalten, Bildern und Videos bietet Google mittlerweile zahlreiche Angebote für Internetnutzer wie einen eigenen Browser oder interaktive Landkarten. Nützlich für Windows-XP-Nutzer ist obendrein das kleine Zusatzprogramm Google Desktop. Dabei handelt es sich um eine Suchfunktion für den eigenen Computer, mit dem sich Daten auf dem Rechner genauso einfach suchen lassen wie mit Google im Internet.

- Google im Internet (deutschsprachig) www.google.de
- Google im Internet (englischsprachig) www.google.com

Google+

Google+ ist ein soziales Netzwerk (wie z.B. Facebook), das im Juni 2011 online gegangen ist. Von den Nutzern wird Google+ sehr gut angenommen, bereits eine Woche nach dem Start verzeichnete das Portal eigenen Angaben zufolge ca. 10 Millionen Mitglieder. Vorteile von Google+ sind die gute Integration in andere Google-Dienste und die Möglichkeit, Freundeskreise festzulegen. Damit erhalten nur ausgewählte Personen alle Informationen, zudem ist die Unterscheidung von privaten Freunden, Familie und Arbeitskollegen leichter möglich. Google+ bietet außerdem die Möglichkeit, Nachrichten öffentlich zu posten (siehe Seite 169) und Personen zu blockieren. Auch Personen, die nicht bei Google+ angemeldet sind, können in eigene Freundeskreise aufgenommen werden. Die Kommunikation erfolgt dann per E-Mail. Google+ bietet, wie Facebook, eine Chatfunktion an, bei der bis zu zehn Teilnehmer miteinander kommunizieren und gemeinsam YouTube-Videos ansehen können.

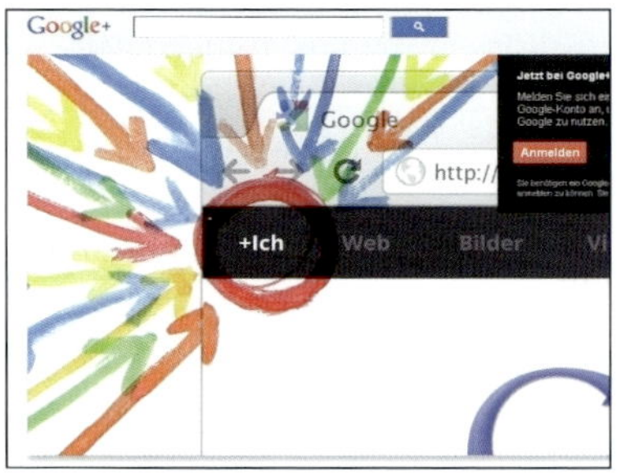

Im sozialen Netzwerk Google+ können Sie Kontakte mit Freunden halten.

Mit Google Earth können Sie vom Weltraum bis zur Straßenansicht zoomen und so auf eine virtuelle Weltreise gehen. Im Beispiel: Die Allianz Arena in München.

- Google+ im Internet: http://plus.google.com

Google Chrome

Google Chrome ist ein eigener Webbrowser von Google. Er gilt als sehr schnell und sicher und lässt sich einfach bedienen. Auf Wunsch können Lesezeichen/Favoriten, Passwörter und andere Einstellungen aus dem Internet Explorer automatisch importiert werden. Google Chrome konnte in kurzer Zeit sehr hohe Marktanteile erzielen und hat inzwischen sogar Mozilla Firefox überholt.

- Download Google Chrome: www.google.com/chrome

Google Earth

Mit Google Earth können Sie realistisch die ganze Welt erkunden. In dem interaktiven, dreidimensionalen Weltatlas sind Städte, Meere, Flüsse etc. in Luftbildern erfasst, zudem gibt es in Großstädten oder Orten mit wichtigen Sehenswürdigkeiten 3D-Modelle von Gebäuden, Brücken oder Bäumen zu bestaunen. Es besteht außerdem die Möglichkeit, nach Karten, Routen, Hotels und Restaurants zu suchen und so die Umgebung, beispielsweise eines gebuchten Hotels, bereits vor Anreise zu erkunden. Es lassen sich sogar Ansichten von Mond, Mars und Himmel anzeigen. Darunter Bilder der NASA, 3D-Modelle des Marsrovers, 360-Grad-Fotos der Fußabdrücke von Astronauten oder den Apollo-Missionen. Eine Besonderheit ist die Ozean-Komponente, die sich zusätzlich installieren lässt. Damit können Sie unter die Meeresoberfläche tauchen, Tauchgründe erkunden, Schiffswracks oder die neuesten Erfindungen aus der Forschung bestaunen oder neue Reiseziele entdecken. Google Earth ist ein kostenloses Programm, das Sie auf Ihrem Computer installieren müssen.

- Download Google Earth www.google.com/earth

Google Mail

Google Mail ist der kostenlose E-Mail-Dienst von Google. Vorteile von Google Mail sind vor allem der nahezu unbegrenzte Speicherplatz, ein integrierter Spamfilter (siehe Seite 205) und die eingebaute Suchfunktion. Google Mail kann übrigens auch über POP3 oder IMAP mit jedem beliebigen E-Mail-Programm genutzt werden. Der POP3-/IMAP-Zugang bei Google Mail muss erst explizit freigeschaltet werden. Die Einstellungen dazu finden Sie über den Link „Einstellungen“ in der Weboberfläche von Google Mail.

▪ Google Mail im Internet
www.http://mail.google.com

Google Maps

Google Maps ist ein Dienst, der sehr detaillierte Landkarten und Stadtpläne der ganzen Welt bietet. In der Luftbildansicht können Sie die Städte von oben sehen. Über die Suchfunktion lässt sich jede Adresse genau finden. Der integrierte Routenplaner errechnet für Autofahrer und Fußgänger optimale Routen und gibt auch genaue Fahrtanweisungen. Allerdings sind die Luftansichten und Karten nicht überall auf dem neuesten Stand.

▪ Google Maps im Internet
www.http://maps.google.de

Google Streetview

Mit Google Streetview kann man Orte auf der ganzen Welt in einer 360-Grad-Ansicht erkunden. Das ist sehr nützlich, wenn man beispielsweise eine Urlaubsreise plant und nicht weiß, wie es im Urlaubsort aussieht. Auch virtuelle Stadtspaziergänge sind mit Google Streetview möglich. Man kann Sehenswürdigkeiten besichtigen, Naturwunder bestaunen oder Orte wie Museen, Sportstadien oder Restaurants betreten. In Europa sind Frankreich, Italien, Spanien, Großbritannien, Irland, die Niederlande, Dänemark, Schweden und Finnland fast flächendeckend fotografiert. In den anderen europäischen Ländern wie auch in Deutschland gibt es bisher erst Bilder einiger Großstädte. Weltweit sind bisher rund 65 Länder erfasst.

▪ Straßen in Google Street View noch schneller finden
www.street-view-maps.de

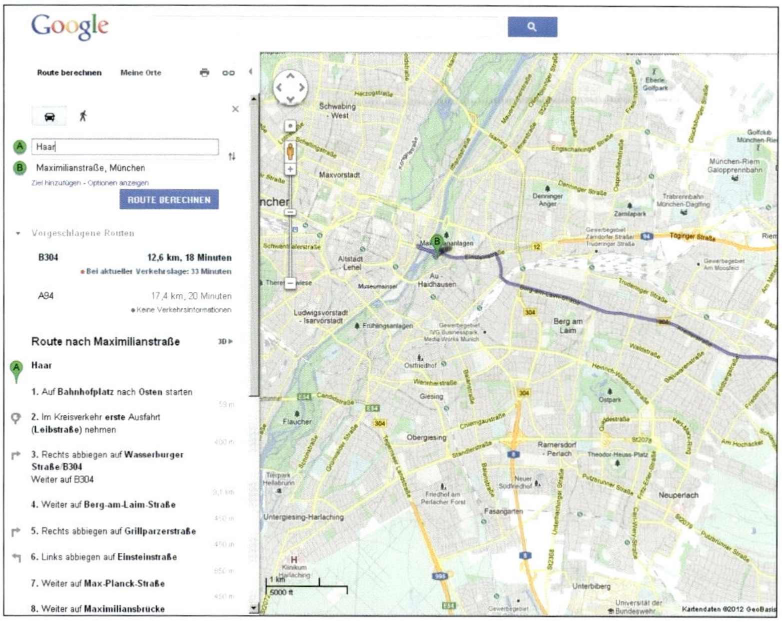

In Google Maps ist ein Routenplaner integriert, der Sie von A nach B leitet, wahlweise grafisch und auch in Textform zum Ausdrucken.

PRAXIS-TIPP

So nutzen Sie Google Streetview: Suchen Sie auf Google Maps den gewünschten Ort und zoomen Sie so weit hinein, dass Sie die Straßen deutlich erkennen können. Ziehen Sie nun das gelbe Männchen auf die gewünschte Straße. Mit den Pfeilen können Sie jetzt auf der Straße virtuell entlanggehen. Im Ausschnitt rechts unten sehen Sie Ihre aktuelle Position.

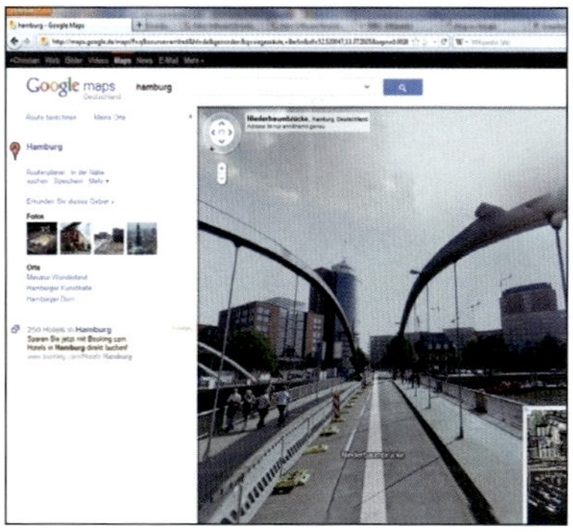

Auf der „Niederbaumbrücke“ in Hamburg mit Google Streetview.

GPS

Global Positioning System, kurz GPS, ist ein Satellitensystem, über das ein entsprechend ausgestatte-

Mit GPS-Navigationsgeräten lässt sich die exakte Position bestimmen.

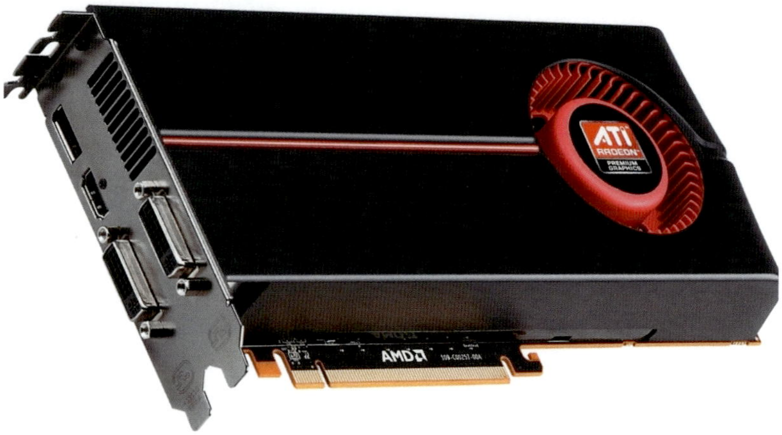

Eine beliebte Grafikkarte bei Computerspielern ist die ATI Radeo HD 5870. Damit lassen sich hochauflösende Bilder (HD) wiedergeben.

tes Gerät seine exakte Position auf der Erde bestimmen kann. Die wohl bekannteste Anwendung von GPS sind die Navigationssysteme für Autos oder Motorräder. Aber auch in der See- und Luftfahrt wird GPS zur Positionsbestimmung und Navigation verwendet. Auch viele Smartphone-Apps nutzen GPS, um lokale Informationen anhand des eigenen Standorts zu bekommen. Digitalkameras mit eingebautem GPS können die Position in die Fotos eintragen, um diese in Online-Fotoalben auf einer Landkarte anzuzeigen. Dieses Verfahren wird auch als Geotagging bezeichnet.

GPU

GPU ist die Abkürzung für **G**raphic **P**rocessing **U**nit und bezeichnet den Grafikprozessor, der sich auf der Grafikkarte befindet. Die GPU ist speziell für die Berechnung und Verarbeitung von Text und Grafik ausgelegt und unterstützt die CPU, den Prozessor, im Computer.

Grafikbeschleuniger

Grafikbeschleuniger ist das deutsche Wort für GPU.

Grafikkarte

Die Grafikkarte ist ein Teil des gesamten Computersystems und dient zur Anzeige von Bildern auf dem Monitor. Dabei bestimmt sie die Auflösung, Farbtiefe, Bildwiederholfrequenz und die Geschwindigkeit des Aufbaus der Grafik. Vor allem für Computerspieler ist die Grafikkarte deshalb von zentraler Bedeutung.

Die Grafikkarte ist entweder als Steckkarte direkt mit dem Motherboard (siehe Seite 132) des Computers verbunden oder auch direkt auf dem Motherboard verbaut. Jede Grafikkarte besitzt einen Grafikprozessor (siehe GPU) und benötigt eigene Treiber, die vielfach schon im Lieferumfang von Windows enthalten sind. Oftmals bieten aber die Treiber der Hersteller mehr Funktionen. High-End-Grafikkarten für Spiele haben oft einen eigenen Lüfter zur Kühlung. Diese müssen dann im PC-Gehäuse so eingebaut werden, dass ein Luftstrom aus dem Gehäuse heraus möglich ist.

Mit Windows Vista, Windows 7, 8 und 10 ist die Leistung der Grafikkarte nicht mehr nur für Computerspieler von zentraler Bedeutung. So verbraucht die Aero-Oberfläche enorme Grafikleistung und kann auf schwächeren Grafikkarten nicht dargestellt werden. Windows schaltet dann automatisch auf das einfache Windows Basic-Design zurück.

Grafikleistung

Die Grafikleistung eines Computers hängt unmittelbar mit der Grafikkarte und den verwendeten Treibern zusammen. Sie entscheidet, welche Spiele flüssig laufen und wo es nur ein Ruckeln gibt. Im Leistungsindex von Windows taucht die Grafikleistung gleich zweimal auf, da sie für die Aero-Oberfläche (siehe Seite 13) und für die 3D-Grafik getrennt ermittelt wird.

Grafikprozessor

Siehe GPU.

Graustufen

Alle Abstufungen zwischen reinem Weiß und reinem Schwarz (die sog. Schwarz-Weiß-Skala) werden als Graustufen bezeichnet. Ein Schwarz-Weiß-Bild ist also nicht nur schwarz und weiß, sondern besitzt üblicherweise 256 Graustufen. Die Graustufen werden meist in Prozent angegeben: 0 Prozent entspricht weiß, 100 Prozent entspricht schwarz.

PRAXIS-TIPP

Möchten Sie ein Foto auf einem Schwarz-Weiß-Drucker ausgeben, erzielen Sie eine bessere Qualität, wenn Sie das Bild noch vor dem Druck in Graustufen umwandeln. Die Windows Live Fotogalerie bietet dazu unter dem Menü „Bearbeiten/ Effekte" die Schaltfläche „Schwarzweiß".

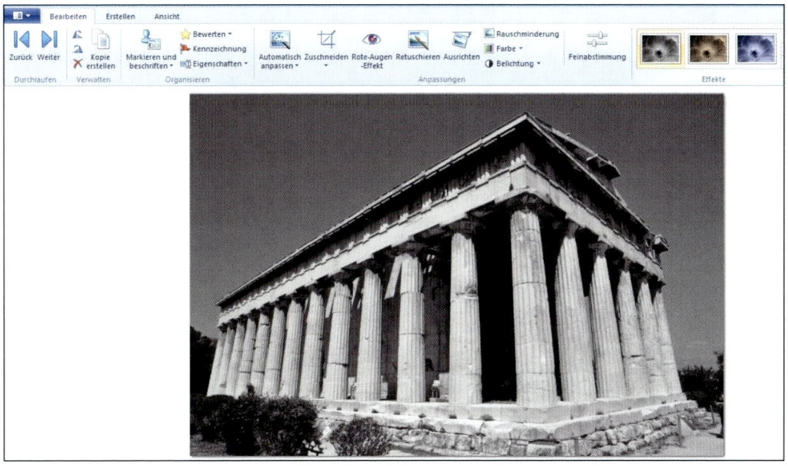

Ein Foto lässt sich in der Windows Live Fotogalerie in Graustufen umwandeln. Damit können Sie beispielsweise alten Gebäuden ein besonderes Flair verleihen.

Gruppenrichtlinie

Gruppenrichtlinien sind vor allem für Administratoren von zentraler Bedeutung, denn damit lassen sich lokale Systemeinstellungen für die Benutzer erstellen. So kann beispielsweise verhindert werden, dass ein Benutzer Änderungen am System vornimmt. Sobald sich der Benutzer am System anmeldet, werden diese Richtlinien für ihn automatisch übernommen. Gruppenrichtlinien existieren nur in der Professional-, Enterprise- und Ultimate-Edition von Windows, nicht in den Home- und Starter-Editionen.

GUID

Bei der Installation auf dem Computer legt der Windows Media Player eine eindeutige Benutzerkennung, die sogenannte GUID (**G**lobal **U**niversal **I**dentification), an, über die Sie jederzeit identifizierbar sind. Um Ihre Privatsphäre zu schützen, sollten Sie im Windows Media Player die Option „Eindeutige Player-ID an Inhaltsanbieter senden“ ausschalten. Denn der Windows Media Player sendet seine weltweit eindeutige Kennung automatisch an jede Webseite, die sich dafür interessiert. Damit sind u.a. die eingelegten CDs oder DVDs für jeden identifizierbar. Blenden Sie mit der [Alt]-Taste zunächst die Menüleiste ein. Wählen Sie dann aus dem Menü „Extras“ den Befehl „Optionen“ und wechseln Sie dann in das Register „Datenschutz“. Deaktivieren Sie das Kontrollkästchen und schließen Sie das Fenster mit „Ok“.

Gültigkeitsprüfung

Die Gültigkeitsprüfung, auch WGA (**W**indows **G**enuine **A**dvantage) genannt, ist ein Verfahren, um Original-Software zu erkennen. Der in Windows verwendete Aktivierungsschlüssel wird regelmäßig online überprüft. Wird er von Microsoft für illegal gehalten, erhalten Sie eine Meldung auf dem Bildschirm. Laut Microsoft soll das WGA-Verfahren den Anwender vor Raubkopien schützen. Wurde Windows für „Original“ befunden, erscheint neben der Aktivierungsanzeige ein Logo „Original Microsoft-Software“. Viele Downloads zusätzlicher Microsoft-Tools oder auch Windows-Updates sind nur möglich, nachdem die Windows-Installation der Gültigkeitsprüfung unterzogen wurde. Diese Downloads sind alle mit dem fünfzackigen WGA-Stern gekennzeichnet.

Die Gründe für die Gültigkeitsprüfung liegen nahe: Viele PC-Käufer haben zwar für eine Windows-Lizenz gezahlt, aber nie eine bekommen. Stattdessen hat der Händler oder dessen Lieferant eine grau importierte Windows-Version installiert. Wer unwissentlich eine Raubkopie einsetzt und bei der Gültigkeitsprüfung durchfällt, ist Opfer dieser Täuschung geworden. In solchen Fällen bietet Microsoft dem Nutzer eine kostenlose legale Windows-Lizenz an und setzt sich mit dem schuldigen Hersteller auseinander.

Glück gehabt: Das Notebook hat die Gültigkeitsprüfung von Microsoft überstanden. Alle Updates und Service Packs stehen damit zur Verfügung.

H

Hacker

„Hacker“ ist eine Bezeichnung für Personen, die Sicherheitslücken in Netzwerken und Rechnern aufspüren, um sich so Zugang zu sensiblen Daten zu verschaffen. Sie dringen sozusagen in fremde Computer ein. Beliebte Angriffsziele für Hacker sind unter anderem Banken, Versicherungen oder Regierungen. Bei Hackern unterscheidet man zwischen „bösen“ und „guten“ Hackern. Während die böswilligen Hacker das Ziel haben, Systeme zum Absturz zu bringen, Viren einzuschleusen oder gar den Computer zu zerstören, spüren gutwillige Hacker Schwächen in IT-Systemen auf, um diese Löcher später mit spezieller Software oder Patches (siehe Seite 160) absichern zu können. Oft werden diese Hacker von Firmen eingesetzt und bezahlt. Eine bekannte Hacker-Vereinigung ist der Chaos Computer Club. Dessen Mitglieder suchen ebenfalls nach Schwachstellen in Systemen und veröffentlichen anschließend ihre Ergebnisse.

Handheld

Ein Handheld ist ein tragbares, elektronisches Gerät mit integriertem Akku, das insbesondere für den mobilen Einsatz entwickelt wurde. Es kann in einer Hand gehalten und bedient werden. Handhelds sind unter anderem tragbare Computer wie PDAs (**P**ersonal **D**igital **A**ssistant), Smartphones, tragbare Spielekonsolen oder auch MP3-Player.

Handy

Handy ist eine andere Bezeichnung für Mobiltelefon (englisch: Mobile Phone), ein tragbares, schnurloses Telefon, mit dem man per Funknetz auch unterwegs telefonieren kann. Heutzutage ist das Handy ein nicht mehr wegzudenkendes Kommunikationsmittel.

Hardware

Der Begriff Hardware bezeichnet die mechanische und elektronische Ausrüstung eines Computers. Dazu zählen beispielsweise neben dem Prozessor und der Festplatte auch Tastatur, Maus, Bildschirm oder Drucker. Das Gegenteil von Hardware ist die Software, also Programme und Daten, die auf dem Computer installiert sind.

Hardware sicher entfernen

„Hardware sicher entfernen“ ist ein Symbol im Infobereich der Taskleiste (siehe Seite 226) von Windows. Es dient dazu, extern angeschlossene Laufwerke wie Festplatten, Speicherkarten oder USB-Sticks ohne Datenverlust vom Computer zu trennen. Die Hardware wird damit nach der Nutzung vom System abgemeldet.

Hauptmenü

Direkt nach dem Programmstart wird das Hauptmenü angezeigt. Mit einem Klick auf einen Menüpunkt öffnen sich weitere Untermenüs.

Haussymbol

Jeder Internetbrowser besitzt in der oberen Bedienleiste ein Haussymbol, das auf die eingestellte Startseite zurückführt. Im Internet Explorer lässt sich die Startseite auch mit der Tastenkombination [Alt]+[S] aufrufen.

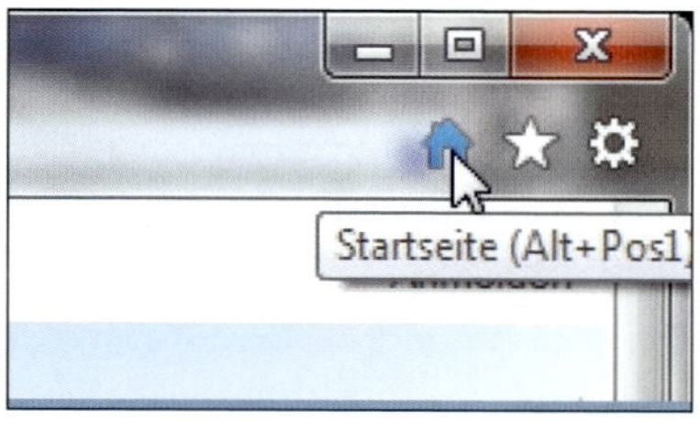

Das Haussymbol im Internet Explorer führt zur Startseite des Browsers zurück.

Heimcomputer

Der Heimcomputer war eine in den 1980er-Jahren gebräuchliche Bezeichnung für Computer, die privat zu Hause genutzt wurden und nicht so leistungsfähig waren. Beispiele sind Amiga, Atari und C64. Der Begriff Heimcomputer ist heute völlig aus dem Sprachgebrauch verschwunden.

Heimnetzgruppe

Mit einer Heimnetzgruppe lassen sich Windows-PCs im Heimnetzwerk miteinander verbinden, sodass Daten auch für andere Nutzer zugänglich sind. Sie können Bilder, Musik, Videos, Dokumente und Drucker in der Heimnetzgruppe freigeben. Ist für die Gruppe ein Passwort vergeben, können andere Nutzer an den Daten nichts ändern.

Sobald Sie einen Computer mit Windows 7, 8 oder 10 einrichten, wird automatisch eine Heimnetzgruppe erstellt. Falls keine Heimnetzgruppe vorhanden ist, können Sie diese ganz einfach anlegen. Gehen Sie in die „Systemsteuerung" und wählen dort die Option „Netzwerk und Internet/Heimnetzgruppen- und Freigabeoptionen auswählen". Klicken sie anschließend auf „Heimnetzgruppe erstellen". Wählen Sie nun die Medientypen, die Sie freigeben wollen. Danach erhalten Sie ein 10-stelliges Kennwort für den Zugang zur Heimnetzgruppe. Sie können nun noch weitere Windows 7-, 8- oder 10-PCs in diese Heimnetzgruppe einbinden. Auf dem anderen Computer klicken Sie in der „Systemsteuerung" dazu wiederum auf „Netzwerk und Internet/Heimnetzgruppen- und Freigabeoptionen auswählen". Windows erkennt automatisch eine bereits vorhandene Heimnetzgruppe, Sie müssen nur noch auf „Jetzt beitreten" klicken. Legen Sie nun fest, welche Medien Sie auf diesem Computer freigeben möchten und geben anschließend das Passwort ein, dass Sie zuvor bei der Einrichtung der Netzwerkgruppe auf dem anderen System erhalten haben.

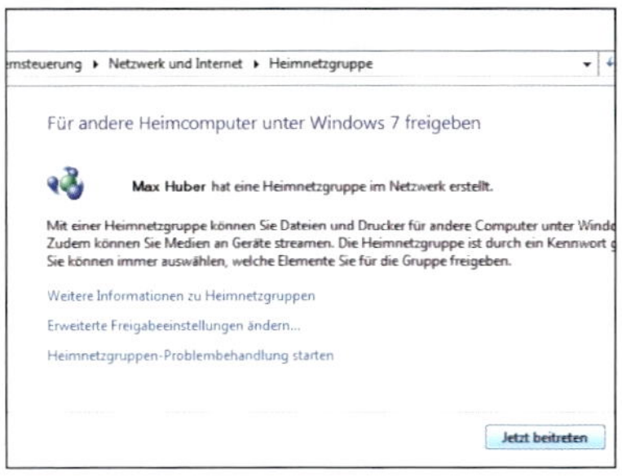

Mit dem Computer können Sie ganz einfach einer Heimnetzgruppe beitreten.

PRAXIS-TIPP

Das Heimnetzgruppenkennwort finden Sie auf jedem Computer, der bereits Mitglied der Heimnetzgruppe ist. Klicken Sie dort in der „Systemsteuerung" unter „Netzwerk und Internet/Heimnetzgruppe" auf „Kennwort für die Heimnetzgruppe anzeigen oder drucken".

Heimnetzwerk

Ein Heimnetzwerk ist der Verbund aller PCs und anderer Geräte wie Drucker oder Netzwerkfestplatte in der häuslichen Umgebung, die untereinander Daten austauschen können. Bei einem Heimnetzwerk ist der Router die Steuerzentrale, an ihn werden alle PCs, Notebooks oder anderen Geräte wie beispielsweise Drucker oder Fernseher angeschlossen – entweder kabelgebunden per LAN-Kabel, drahtlos per WLAN oder via HomePlug (siehe Seite 89).

Herunterfahren

Mit Herunterfahren wird das Ausschalten des Computers bezeichnet. Windows bietet dazu im „Startmenü" die Schaltfläche „Herunterfahren". Sobald Sie mit der Maus darauf klicken, werden alle Programme beendet, gespeichert und der PC ausgeschaltet und vom Stromnetz getrennt.

Heruntergeladene Programmdateien

Damit werden Programmdateien bezeichnet, die Sie sich selbst aus dem Internet heruntergeladen haben. Mit diesen Dateien können Sie ein Programm auf Ihrem Computer installieren (die so genannten Setup-Dateien). Wenn Sie Ihre Festplatte aufräumen möchten und dazu die Datenträgerbereinigung (siehe Seite 45) von Windows nutzen, können diese Setup-Dateien komplett gelöscht werden. Das eigentliche installierte Programm geht dabei nicht verloren. Die Datenträgerbereinigung finden Sie im Startmenü unter „Alle Programme/Zubehör/Systemprogramme".

Hilfefunktion

Fast jedes Programm verfügt über eine Hilfefunktion, die Beschreibungen zu den Programmfunktionen enthält. Bei einer Hilfefunktion kann es sich um einen Index handeln, in dem der Benutzer nach Stichworten sucht, oder aber um Assistenten (siehe Seite 18), die bei Problemen helfen und wichtige Funktionen erklären. Die Hilfefunktion ist in der

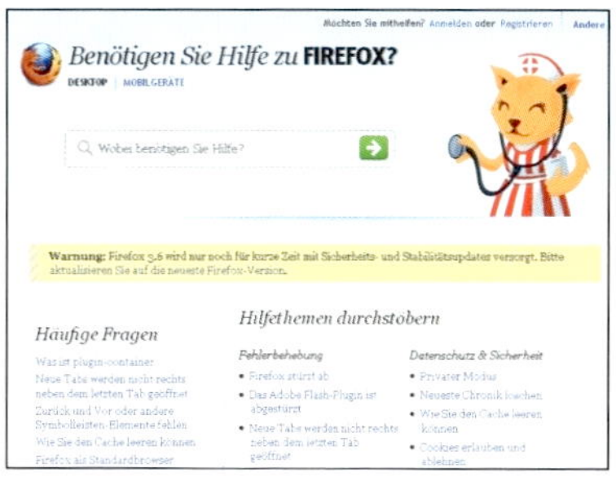

Die Hilfefunktion des Browsers Mozilla gibt Antworten auf wichtige Fragen.

Menüleiste unter „Hilfe“ oder „?“ aufrufbar, je nach Programm. Alternativ können Sie die Hilfe auch über die Taste [F1] erreichen. Viele Programme ermöglichen eine Hilfe nur online, d.h. um diese nutzen zu können, müssen Sie über eine bestehende Internetverbindung verfügen.

Hintergrundbild

Der Desktop von Windows kann mit einem Bild verschönert werden, dem sogenannten Hintergrundbild. Windows 7, 8 und 10 liefern bereits eine Vielzahl an Motiven mit, Sie können aber auch eigene Bilder verwenden. Um ein Bild auszuwählen, klicken Sie mit der rechten Maustaste auf den Desktop und wählen aus dem „Kontextmenü“ die Option „Anpassen“. Ein Klick auf „Desktophintergrund“ öffnet das Dialogfeld „Wählen Sie Ihren Desktophintergrund aus“. Hier können Sie im Listenfeld „Bildpfad“ einige Standardordner auswählen, in denen Hintergrundbilder gesucht werden sollen. Mit der Schaltfläche „Durchsuchen“ navigieren Sie zu Ihrem Wunschbild und öffnen es. Noch einfacher geht es, indem Sie ein Bild mit der Windows Fotogalerie (siehe Seite 75) anzeigen, mit der rechten Maustaste das „Kontextmenü“ öffnen und die Option „Als Desktophintergrund verwenden“ wählen. Windows 7, 8 und 10 können ein statisches Hintergrundbild anzeigen oder eine Diashow einer ganzen Bilderserie abspielen, bei der in bestimmten Zeitabständen das Hintergrundbild wechselt. Markieren Sie dazu alle Bilder, die verwendet werden sollen, und geben Sie unter „Bild ändern alle“ den Zeitraum an, nach dem ein neues Bild angezeigt werden soll. Ist der Schalter „Mischen“ aktiviert, erscheinen die Bilder der Diashow in zufälliger Reihenfolge.

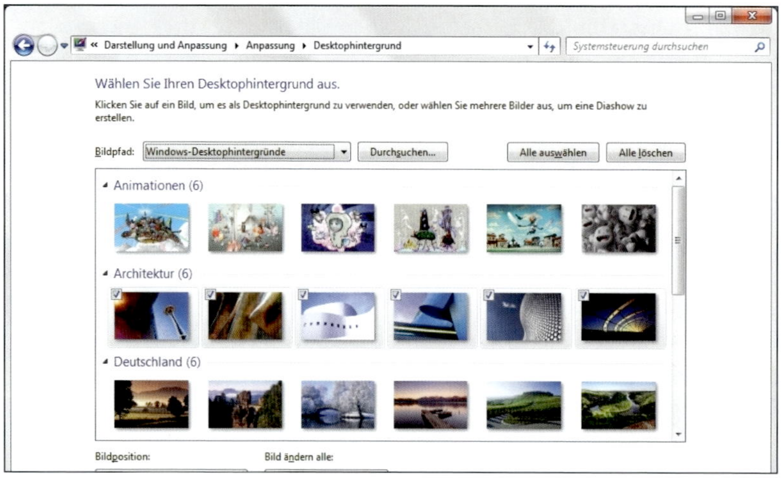

Windows (im Bild Version 7) stellt verschiedene Hintergrundbilder aus diversen Kategorien wie „Deutschland“, „Natur“ oder „Design“ zur Verfügung.

PRAXIS-TIPP

Ein optimales Bild für den Hintergrund sollte am Bildrand eine möglichst einfarbige, dunkle Fläche haben, damit Sie die Desktopsymbole gut erkennen können. Bunte Bildbereiche sind hierbei eher störend.

Hochfahren

Hochfahren ist der deutsche Begriff für „Booten“. Dabei wird das Betriebssystem des Computers vom Prozessor geladen, ganz vereinfacht gesagt: Der Computer macht sich bereit.

Hochformat

Bei einem Textverarbeitungsprogramm unterscheidet man zwischen Hoch- und Querformat. Beim Hochformat ist die Breite die kürzere Seite und die Höhe die längere Seite. Beim Querformat ist das genau umgekehrt. Ein normaler Briefbogen im Format DIN A4 ist 210 mm breit und 297 mm hoch.

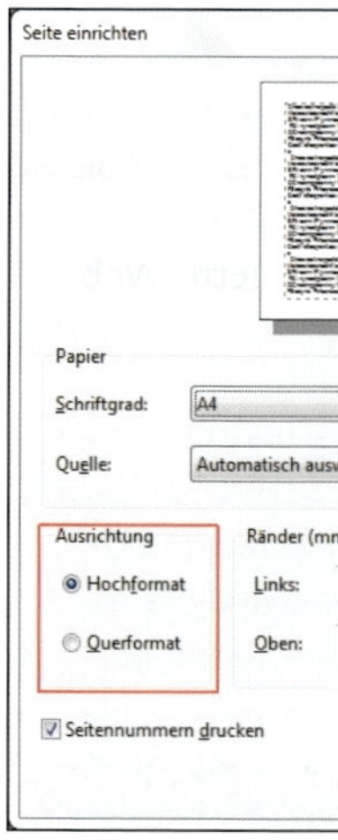

Im Textverarbeitungprogramm wählen Sie zwischen Hoch- und Querformat.

Homebanking

Siehe dazu den Begriff „Onlinebanking“ auf Seite 149.

Homepage

Die Homepage ist die erste Seite (Startseite) eines Webauftritts. Der Begriff setzt sich aus den englischen Wörtern home und page zusammen, was so viel wie „Hausseite“ oder „Heimseite“ bedeutet. Auf der Homepage wird der Besucher begrüßt und ein erster Überblick über das Angebot der gesamten Webiste gegeben. Umgangssprachlich wird mit Homepage

Der HomePlug-Adapter dLAN 1200 von Devolo. Er überträgt Daten über das bestehende Stromnetz, indem er in die Steckdose gesteckt wird.

auch meist eine komplette Webseite bezeichnet.

HomePlug

HomePlug ist ein Begriff aus der Netzwerktechnik und wird auch als dLan, PowerLine oder ePlug bezeichnet. Mit HomePlug lässt sich ein lokales Netzwerk aufbauen, in dem die Daten mittels Adapter über die vorhandenen Stromleitungen übertragen werden, man braucht also keine zusätzlichen Leitungen. Der Adapter wird dazu in die Steckdose gesteckt und über ein Netzwerkkabel mit dem gewünschten Gerät verbunden. Gegenüber WLAN bieten HomePlug-Lösungen eine bessere Reichweite durch Decken und Wände, sodass sich schnell und einfach Verbindungen über mehrere Stockwerke hinweg realisieren lassen. Für die Vernetzung von PCs und weiterer Unterhaltungselektronik wie Stereoanlagen oder modernen DVD-Playern bieten die im Haus vorhandenen Stromleitungen die einfachste Lösung. Die bekanntesten Hersteller von HomePlug-Geräten sind derzeit Devolo und Netgear.

Host

Host ist ein älterer Begriff für Server (siehe Seite 196).

Hotmail

Hotmail (mittlerweile Outlook für unterwegs) ist das kostenlose E-Mail-Angebot von Microsoft. E-Mails lassen sich nicht nur im Online-Portal anzeigen, sondern auch am Handy und via Windows Live Mail (siehe Seite 270) abrufen und bearbeiten. Hotmail-Adressen in Deutschland enden heute alle auf live.de. Früher wurden auch hotmail.de und msn.de verwendet.

- Hotmail im Internet:
www.hotmail.de

Hotspot

Mit Hotspot wird ein öffentlicher kabelloser Zugangspunkt bezeichnet, mit dem man per Notebook eine Verbindung ins Internet herstellen kann. Hotspots werden von verschiedenen Anbietern betrieben. Man findet sie an immer mehr öffentlichen Plätzen wie Flughäfen, Bahnhöfen, Hotels oder Cafés. Bekanntester Betreiber von WLAN-Hotspots in Deutschland ist die Telekom, deren Hotspots mit einem auffälligen Symbol in den typischen Unternehmensfarben gekennzeichnet sind. An rund 750.000 Standorten in Deutschland können Sie mittlerweile mobil surfen. Um sich per Hotspot ins Internet einzuwählen, benötigen Sie eine Zugangskennung. Diese erhalten Sie entweder kostenlos oder Sie können sie in Hotels oder Cafés kaufen, die Telekom-Hotspots betreiben, oder sich per SMS zuschicken lassen, wenn Sie ein T-Mobile-Handy haben. Wenn Sie wissen möchten, wo der nächste Telekom-Hotspot ist, gehen Sie einfach auf die Webseite der Telekom.

- Telekom-Hotspots
www.hotspot.de

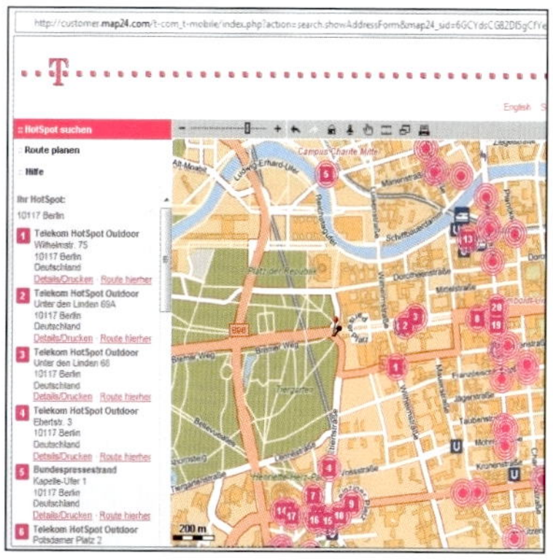

Die Hotspot-Übersichtskarte der Telekom von Deutschland.

HSDPA

HSDPA (High Speed Downlink Packet Access) ist ein Datenübertragungsverfahren des Mobilfunkstandards UMTS (siehe Seite 241) und wird auch als 3G bezeichnet. Mit HSDPA ist ein bedeutend schnelleres mobiles Internet möglich. Beim Surfen im Internet oder bei der Bearbeitung von E-Mails werden Geschwindigkeiten von bis zu 7,2 Mbit/s erreicht.

Eine weitere Ausbaustufe ist HS-DPA+ (auch 3G+ genannt). Damit sind sogar Geschwindigkeiten von bis zu 28 Mbit/s möglich.

HTML

HTML (**H**yper**T**ext **M**arkup **L**anguage) ist die Programmiersprache, mit der Internetseiten ge-schrieben werden. Ein Browser macht diese dann lesbar. Sie können sich den HTML-Code einer Webseite in jedem Browser anzeigen lassen. In Mozilla Firefox drücken Sie dazu die Tastenkombination [Strg]+[U], im Internet Explorer klicken Sie mit der rechten Maustaste auf die Seite und wählen aus dem „Kontextmenü" die Option „Quellcode anzeigen". Im Webportal Selfhtml finden Sie eine ausführliche Dokumentation über HTML.

- Selfhtml: http://de.selfhtml.org

HTML5

HTML5 ist der aktuellste Standard der HTML-Programmiersprache. Er unterstützt interaktive Elemente wie Musik- oder Videoclips, ohne zusätzliche Plugins (siehe Seite 165) installieren zu müssen. Seit Oktober 2014 ist HTML5 vom World Wide Web Consortium (W3C) als fertige Spezifikation anerkannt. Die meisten Browserhersteller und Webseitenentwickler unterstützen bereits die neue Technologie. Derzeit bietet der Browser Google Chrome die beste Unterstützung für HTML5.

PRAXIS-TIPP

Wenn Sie wissen möchten, wie gut Ihr Browser HTML5 bereits jetzt unterstützt, gehen Sie auf folgende Webseite: http://html5test.com. Diese prüft verschiedene Merkmale im Browser und vergibt dann theoretisch bis zu 555 Punkte.

HTML-Mail

E-Mails können entweder als reiner Text verschickt werden oder mit integrierten Bildern. Für letztere Möglichkeit wird das HTML-Format verwendet, das auch für Internetseiten genutzt wird. Gerade Newsletter von Online-Shops verschicken fast ausschließlich HTML-Mails, da diese werblich eine bessere Wirkung erzielen.

„Elektronische Post" ist toll, aber durch HTML-Mail-Technik kann schädlicher Code auf den Computer kommen. Daher Vorsicht bei unbekannten Absendern!

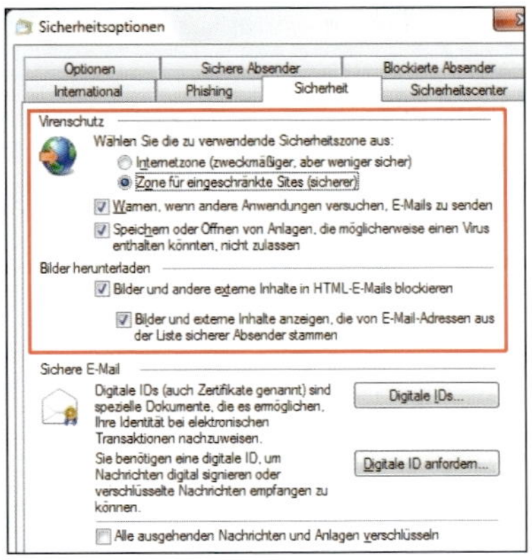

Die Zone für „eingeschränkte Sites" lässt sich in Windows Live Mail aktivieren.

Dennoch nutzen nicht nur seriöse Anbieter die HTML-Technik für ihre E-Mails. Vor allem bei E-Mails, die von unbekannten Absendern stammen oder mit bunten Bildern werben, ist Vorsicht geboten. Denn oft enthalten die angezeigten Bilder schädliche Viren (siehe Seite 253), die sich mit den E-Mail-Programmen Windows Live Mail und Outlook automatisch ausführen lassen.

Deshalb sollten Sie bei Windows Live Mail im Vorfeld Sicherheitsmaßnahmen ergreifen und alle ActiveX-Elemente (siehe Seite 11) blockieren bzw. das Programm so einstellen, dass es erst durch eine entsprechende Meldung nachfragt, bevor tatsächlich ein ActiveX-Element ausgeführt wird. Aus dem Menüpunkt „Optionen/Sicherheitsoptionen" wählen Sie die Registerkarte „Sicherheit" und schränken nun die „Zone für eingeschränkte Sites" ein. Jetzt gelten diese Sicherheitseinstellungen aus den Internetoptionen automatisch für alle empfangenen E-Mails.

- Download von Windows Live Mail: http://windows.microsoft.com/de-de/windows-live/essentials-other

HTTP

Die Abkürzung HTTP steht für **H**yper**t**ext **T**ransfer **P**rotocol. Dabei handelt es sich um ein Übertragungsprotokoll für Webseiten im Internet, das von jedem Browser genutzt wird. Jede Webseite enthält deshalb die HTTP-Kennung. Beispiel: http://www.beispiel.de

HTTPS

HTTPS ist eine Erweiterung von http und steht für **H**yper**t**ext **T**ransfer **P**rotocol **S**ecure (sicheres Hypertext-Übertragungsprotokoll). Dieses Datenübertragungsverfahren wird im Internet benutzt, um Daten verschlüsselt zu übermitteln, was besonders bei WLAN-Verbindungen und öffentlichen Internetzugängen wichtig ist. Aber auch Banken, Versicherungen sowie Online-Shops nutzen das HTTPS-Protokoll, um vertrauliche Daten wie Bankverbindung, Kontonummer, Kreditkartendaten oder Adressen zu übertragen. HTTPS-Verbindungen sind im Browser an einem Schlosssymbol oder einem grün hinterlegten Webseitenlogo zu erkennen. Klicken Sie auf dieses Symbol, können Sie sich weitere Informationen anzeigen lassen.

SICHERHEITS-TIPP

Klicken Sie nie einfach auf einen Link in einer unbekannten E-Mail, der vorgibt, zu Ihrer Bank zu führen. Damit können Sie leicht einem Betrüger zum Opfer fallen. Tippen Sie die Internetadresse Ihrer Bank am besten immer selbst mit der Hand im Browser ein.

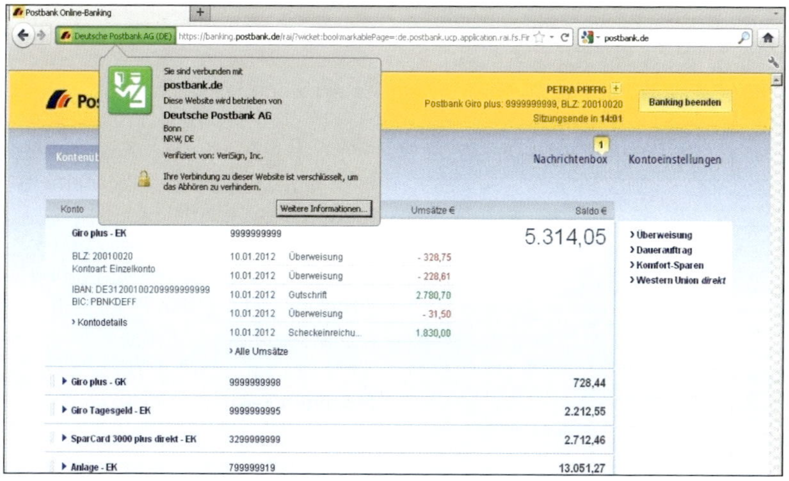

Die Sicherheitsinformationen einer Bankwebseite lassen sich im Browser anzeigen. Hier können Sie sehen, ob die Daten verschlüsselt übertragen werden.

- Informationen des Bundesamtes für Sicherheit in der Informationstechnik: www.bsi-fuer-buerger.de

Hub

Mit Hub wird ein zentraler Verteiler im Netzwerk bezeichnet, an den alle einzelnen Computer sternförmig angeschlossen sind. Man unterscheidet zwischen USB-Hubs und DSL-Hubs. Ein USB-Hub wird über einen USB-Anschluss an einen Computer angeschlossen und erlaubt dann den Anschluss mehrerer USB-Geräte. Ein DSL-Hub kommt im Heimnetzwerk (siehe Seite 87) vor. Dort übernimmt diese Funktion meist der DSL-Router (Kombination aus DSL-Modem und -Router). Reicht ein Hub nicht aus, können mehrere Hubs hintereinandergeschaltet werden.

Hyperlink

Siehe Link.

I/J

Mit einem Chat-Programm wie ICQ können Sie sich mit Freunden und Verwandten über das Internet unterhalten und Neuigkeiten austauschen.

Icon

Icon bedeutet so viel wie Symbol oder Bild. Jedes Programm besitzt ein eigenes Icon, das sowohl im Startmenü, als auch auf dem Desktop und der Taskleiste zu finden ist. Auch Dateien oder Dateiordner besitzen ein Icon.

ICQ

ICQ ist ein sehr beliebter Messenger (siehe Seite 130), der eigenen Angaben zufolge mehr als 42 Millionen aktive Nutzer hat. Der Name von ICQ (Englisch ausgesprochen: „I seek you“) bedeutet so viel wie „ich suche dich“. Mit ICQ können Sie sich mit Freunden und Bekannten über das Internet unterhalten (chatten). Auf der Webseite von ICQ können Sie sich das Programm kostenlos herunterladen oder auch direkt im Browser chatten. Auch eine mobile Version für Smartphones steht zur Verfügung.

- ICQ Startseite und Download: www.icq.de

ICQ gibt es auch als mobile Version. Damit können Sie auch unterwegs chatten.

Image

Image, zu Deutsch Speicherabbild, ist eine 1:1-Kopie einer oder mehrerer Partitionen (siehe Seite 158) der Festplatte. Die Inhalte wie Betriebssystem, Programme oder persönliche Daten werden damit einschließlich ihrer Position auf der Festplatte gespeichert. Sobald Sie das Image, beispielsweise nach einem Datenverlust, wieder zurück auf die Festplatte speichern, erhalten Sie ein exaktes Abbild. Windows 7, 8 und 10 besitzen eine integrierte Image-Backup-Funktion, die Sie über die „Systemsteuerung“ nach Klick auf „System/Sicherheit/Sichern und Wiederherstellen“ aufrufen. Sie finden dort die Option „Systemabbild erstellen“. Windows prüft nun, wo passender Speicherplatz zur Verfügung steht und bietet Ihnen mehrere Möglichkeiten an. Sie können das Image auf der Festplatte selbst speichern. Wählen Sie aber besser eine externe USB-Festplatte. Denn sollte die interne Festplatte Ihres Computers Schaden nehmen, ist das Image auch verloren. Eine weitere Möglichkeit, ein Image zu sichern, ist auf CD/DVD. Wegen der Dateigrößen ist diese Möglichkeit jedoch oft problematisch. Oder Sie speichern das Image im Netzwerk. Wählen Sie die gewünschte Methode aus. Das Fenster fragt Sie nun, ob Sie neben der Systempartition (hat den Laufwerksbuchstabe C)

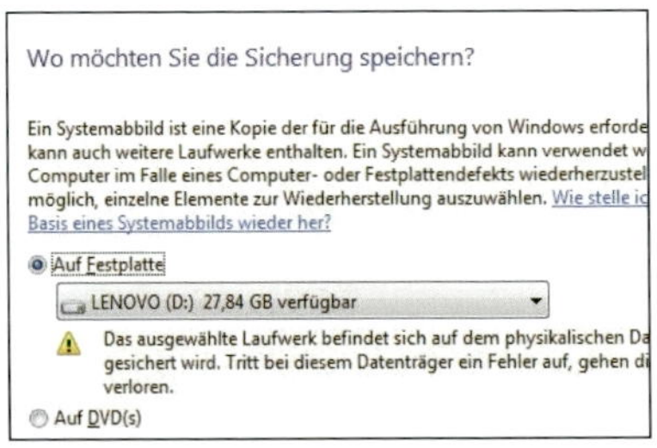

Zu Ihrem eigenen Schutz können Sie ein Speicherabbild Ihrer Festplatte erstellen.

SICHERHEITS-TIPP

- Sichern Sie die Systempartition C möglichst wöchentlich, zumindest einmal im Monat.
- Führen Sie vor jeder Installation problematischer Software eine Sicherung durch.
- Sichern Sie C nach jeder Softwareinstallation, sobald alles optimal eingerichtet ist.

noch weitere Laufwerke in die Sicherung einschließen wollen. Das bietet sich an, wenn beispielsweise Ihre persönlichen Daten an einer anderen Stelle auf der Festplatte liegen. Mit Klick auf „Sicherung starten“ beginnt die Sicherung. Der Vorgang kann einige Zeit dauern. Windows legt an der von Ihnen zuvor ausgewählten Stelle automatisch ein Verzeichnis mit dem Namen „Windows ImageBackup“ an. Dort liegen alle gesicherten Daten. Beachten Sie: Bei jeder neuen Sicherung, die Sie durchführen, werden die Daten mit den jeweils aktuellsten überschrieben. Um die Daten auf die Festplatte des Computers zurückzuschreiben (beispielsweise im Falle eines Datenverlustes), drücken Sie beim Starten von Windows nach den BIOS-Meldungen (siehe Seite 31) und noch vor dem Windows-Symbol die Taste [F8] und wählen aus dem Menü „Computer reparieren“ die Option „Systemabbild-Wiederherstellung“. Folgen Sie anschließend den Anweisungen auf dem Bildschirm.

IMAP

IMAP ist neben POP3 (siehe Seite 167) eine weitere Möglichkeit, auf einen Mailserver zuzugreifen. Hier werden Ihre E-Mails als eine Art zentrale Datenbank gespeichert. Auf dem IMAP-Server sieht man auch, welche E-Mails bereits auf Ihren lokalen Computer heruntergeladen wurden. So können Sie von einem anderen Standort aus leichter auf

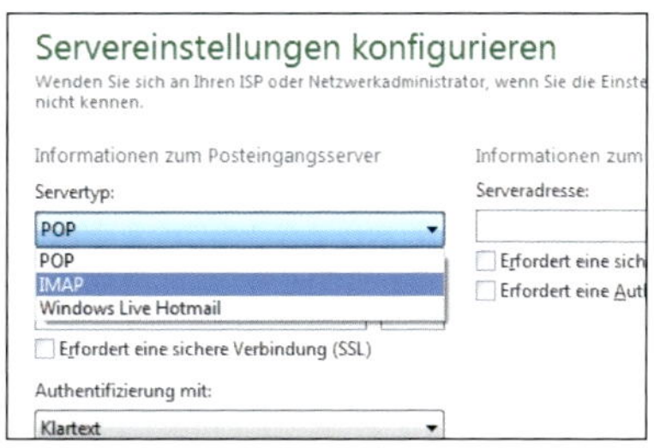

In den Einstellungen ist ersichtlich, welchen Posteingangserver Sie verwenden.

Ihre E-Mails zugreifen, auch wenn Sie sie bereits einmal heruntergeladen haben. Diese Möglichkeit ist für jeden wichtig, der seine E-Mails von seinem Account bei GMX oder WEB in Outlook oder LiveMail laden möchte. Sollten Sie eine langsame Internetverbindung haben, ist eher die POP3-Variante empfehlenswert, denn hier kann ein IMAP-Zugriff sehr lange dauern.

Infobereich der Taskleiste

Den Infobereich der Taskleiste finden Sie in Windows rechts unten. Hier werden Anzeigen, wie das Da-

PRAXIS-TIPP

Die Taskleiste enthält fünf Standardsymbole:

- **Hardware sicher entfernen**
  Dieses Symbol dient dazu, extern angeschlossene Laufwerke, wie zum Beispiel USB-Sticks oder Speicherkarten ohne Datenverlust zu entfernen.
- **PC-Probleme lösen**
  Weist auf eventuelle Probleme hin und bietet Lösungsmöglichkeiten. Dabei kann es sich um inkompatible Hardware handeln oder um Softwareprobleme.
- **Energie**
  Das Symbol existiert nur auf Notebooks und gibt Auskunft über den aktuellen Batteriestand.
- **Netzwerkverbindung**
  Zeigt an, mit welchen Netzwerken der PC aktuell verbunden ist. Ein Klick auf dieses Symbol führt Sie direkt ins Netzwerk- und Freigabecenter.
- **Lautstärkeregelung**
  Zeigt, ob der Lautsprecher ein- oder ausgeschaltet ist. Ein Klick darauf blendet den Lautstärkeregler ein. Sie können hier Einstellungen vornehmen.

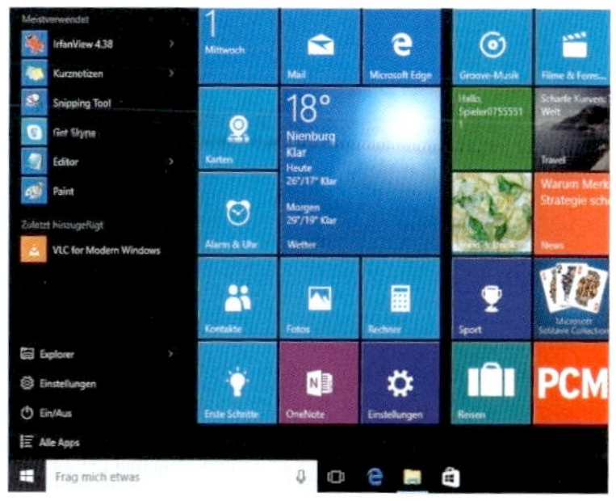

Der Infobereich befindet sich auf der rechten Seite der Taskleiste.

tum, die Uhrzeit, angeschlossene Geräte ersichtlich. Dabei erscheinen die entsprechenden Symbole automatisch, zum Beispiel, wenn Sie den Computer starten oder entsprechende Einstellungen vornehmen. Daneben existieren auf der Infoleiste auch Symbole, die bestimmte Ereignisse anzeigen, wie die Netzwerkverbindung oder den Batteriestatus. Windows blendet die Symbole, die Sie längere Zeit nicht verwendet haben, automatisch aus, um die Taskleiste übersichtlicher zu gestalten. Wenn Sie ein neues Symbol hinzufügen möchten, öffnet ein Klick auf das kleine Dreieck eine Liste mit allen ausgeblendeten Symbolen. Wenn Sie hier auf „Anpassen“ klicken, können Sie für jedes Symbol wählen, ob dieses ständig angezeigt werden soll oder nur, wenn es aktuelle Benachrichtigungen dazu gibt.

Infrarotmaus

Siehe Maus.

Inkognito-Modus

Der Inkognito-Modus in Google Chrome ist in seiner Funktion vergleichbar mit dem InPrivate-Modus des Internet Explorers. Hier können Sie surfen, ohne dass Ihr Tun dokumentiert wird. Es ist nicht nachvollziehbar, welche Seiten Sie besucht haben. Diesen Modus starten Sie über „Neues Inkognito-Fenster“.

Inkompatibel

Inkompatibel ist das Gegenteil von kompatibel und bedeutet, dass zwei oder mehrere Geräte, Systeme, Programme oder Ähnliches nicht miteinander kombiniert bzw. vereinbart werden können.

Inkrementelle Sicherung

Wenn Sie sowohl Speicherplatz als auch Zeit sparen möchten, ist die inkrementelle Sicherung eine hilfreiche Anwendung. Wenn Sie Windows das erste Mal starten, werden all Ihre Daten vom System automatisch gesichert, später werden dann nur noch die Daten gesichert, bei denen seit der letzten Sicherung etwas geändert wurde oder die neu erstellt wurden.

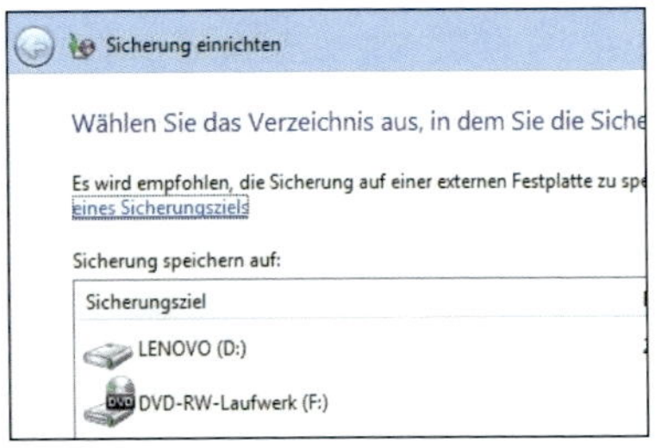

Sie können selbst entscheiden, wo Sie Ihre Sicherung abspeichern möchten.

Input

Der Input ist das, was ein Computerprogramm benötigt, damit es ausgeführt werden kann. Das sind auf der einen Seite die Daten selbst, auf der anderen Seite aber auch die Übergabe all dieser benötigten Daten. Das kann sowohl die Übergabe an das Programm sein, aber auch die Datenübergabe innerhalb des jeweiligen Programms, die dafür sorgt, dass das Programm all seine Funktionen auch ausführen kann. Der Input kann entweder direkt über die Maus oder Tastatur erfolgen, von einem anderen PC übertragen werden oder als Download aus dem Internet vorliegen.

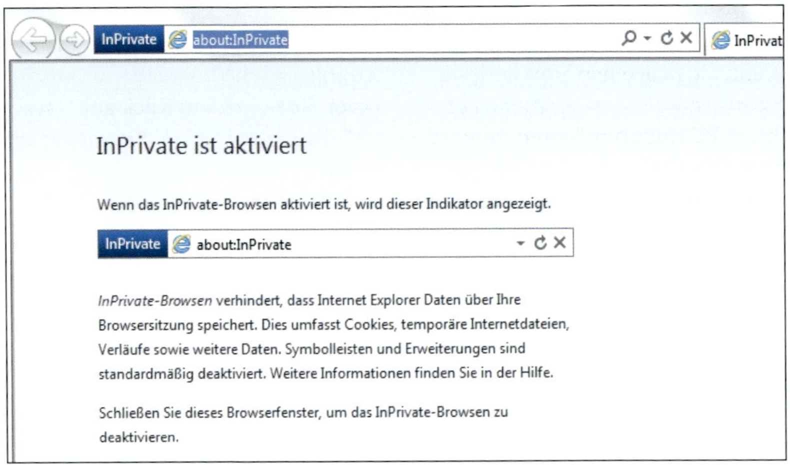

Für das InPrivate-Browsen wird ein neues Fenster geöffnet. Mit dem Schließen dieses Fensters können Sie den InPrivate-Modus wieder deaktivieren.

InPrivate-Modus

Wenn Sie an Ihrem PC im Internet surfen, werden die besuchten Webseiten automatisch dokumentiert. In der sogenannten Verlaufsliste ist für jeden Dritten ersichtlich, auf welchen Seiten Sie zuletzt waren. Aber auch Cookies (siehe Seite 40) und andere Spuren bieten jedem, der Zugriff auf Ihren PC hat, die Möglichkeit, Sie zu kontrollieren bzw. zu überwachen. Um dies zu verhindern, auch dass evtl. Webseitenbetreiber sehen, welche Seiten Sie im Internet besucht haben, können Sie im sogenannten InPrivate-Modus ins Internet gehen. Sie bestimmen dabei selbst, welche von Ihnen besuchten Webseiten dokumentiert werden und welche nicht. In diesem Modus speichert der Internet Explorer keine Infos diesbezüglich ab. Daneben werden auch sämtliche Symbolleisten und Erweiterungen außer Kraft gesetzt, so dass auch hier keine Gefahr besteht, dass unerwünschte Daten an Dritte gelangen. Sollten Sie an fremden PCs oder in Internetcafés surfen und dort persönliche Daten angeben, sollten Sie grundsätzlich im InPrivate-Modus surfen, damit niemand später Zugriff auf Ihre Benutzerdaten hat.

Wenn Sie den Jugendschutz von Windows Live Family Safety aktiviert haben, können Sie den InPrivate-Modus nicht gleichzeitig nutzen. Um die Family Safety zu deaktivieren, ist allerdings ein Kennwort nötig.

PRAXIS-TIPP

Um im InPrivate-Modus zu surfen, drücken Sie die Tastenkombination [Strg]+[Umschalt]+[P]. Wenn Sie weitere Registerkarten öffnen, befindet sich auch dort ein Link zum Öffnen eines neuen Fensters für das InPrivate-Surfen.

Installations-ID

Damit auf Ihrem Computer das Betriebssystem überhaupt aktiviert werden kann, muss Microsoft im Vorfeld eine Installations-ID zusammenstellen, die alle notwendigen Daten für die Aktivierung enthält. Diese müssen Sie über das Internet an Microsoft übertragen. Da Microsoft sich allerdings sehr bedeckt hält, um welche Daten es sich hierbei handelt, weiß der Benutzer nicht, welche Inhalte bei der Aktivierung tatsächlich übertragen werden.

Installer

Wenn Sie neben den Standardprogrammen weitere Programme auf Ihrem PC nutzen möchten, müssen diese unter Windows neu installiert werden. Die dafür notwendige Datei wird als Installer bezeichnet und hat den Namen setup.exe. Diese wird nur für die Installation selbst benötigt, danach können Sie das Programm ohne diesen Installer nutzen.

Internet

Das Internet ist im Grunde ein großes, weltweites Netzwerk von Computern, auf das jeder zugreifen kann, der einen entsprechenden Anschluss hat. Das Internet stellt die verschiedensten Dienste zur Verfügung: von E-Mail, über eine schnelle Datenübertragung bis hin zu Webseiten mit allen erdenklichen Themen. Um im Internet Webseiten zu besuchen, benötigen Sie die jeweilige **Internetadresse** der Webseite, die sogenannte URL. Internetadressen werden oben in die Adresszeile des Browsers eingegeben und dort auch angezeigt, bevor Sie mit einem Klick auf „Enter" die jeweilige Internetseite öffnen können.

Wenn Sie einen Internetzugang ohne Vertragsbindung haben möchten, empfiehlt sich das Abrechnungsverfahren **Internet-by-Call**, zum Beispiel wenn Sie eine Verbindung vorab erst für gewisse Zeit testen möchten oder Sie im Vorfeld schon wissen, dass Sie nur ab und zu im Internet surfen. Die Nutzung wird hier nach einem Zeittakt über die normale Telefonrechnung abgerechnet. Im Gegensatz zu festen Verträgen zwischen Benutzer und Dienstleister verwenden Internet-by-Call-Anbieter für alle Benutzer denselben Benutzernamen und dasselbe Passwort. Internet-by-Call funktioniert allerdings bisher mit wenigen Ausnahmen nur von Anschlüssen der Telekom.

Als Internetzugang bezeichnet man den technischen Weg, über den ein Computer ins Internet gelangt. In den meisten Fällen ist dies heute ein DSL-Anschluss. Aber es kommen immer wieder neue Techniken dazu. So zum Beispiel die sogenannten Surf-

PRAXIS-TIPP

Nachts und an Wochenenden sind manche Internetanbieter billiger als tagsüber an Werktagen. Auch sollten Sie beachten, dass die einzelnen Tarife sehr schnell wechseln. Bevor Sie Internet-by-Call nutzen, empfiehlt es sich daher, sich von einem anderen Internetzugang aus über die aktuellen Tarife zu informieren, um evtl. Geld zu sparen. Anstatt sich die Mühe zu machen, jeden Tag die günstigsten Internet-by-Call-Anbieter herauszusuchen, lohnt sich eine sogenannte Surf- oder Daten-Flatrate, mit der das unbegrenzte Surfen im Internet ohne weitere Kosten möglich ist.

Über das Internet sind Sie heute mit der ganzen Welt verbunden. Sie haben hier die Möglichkeit, Nachrichten aus aller Welt abzurufen, mit Freunden zu chatten oder über VoIP (siehe Seite 254) zu telefonieren, was gerade bei Auslandsgesprächen oft günstiger ist.

sticks (siehe Seite 217), die Sie einfach über den USB-Anschluss mit Ihrem PC verbinden und so einen Weg ins Internet ermöglichen. Auch analoge Modems und ISDN sind immer noch im Einsatz, doch im Gegenzug zu neueren Techniken inzwischen eher langsam und technisch veraltet. Aufgrund der Verfügbarkeit sind diese aber in einigen ländlichen Regionen die einzige Möglichkeit, ins Internet zu gelangen. Hier schließt die neue Funktechnik LTE (siehe Seite 121) bereits heute die Lücken. Auch das Telefonieren über das Internet wird immer beliebter, besonders bei Auslandsverbindungen ist das als **VoIP** (siehe Seite 254) bezeichnete Verfahren deutlich billiger als eine klassische Telefonverbindung über das Festnetz oder mit dem Handy. Siehe auch den Begriff „Skype“.

Um die **Internetzeit** einzustellen, gehen Sie unter „Einstellungen/Datum und Uhrzeit/Internetzeit/ Einstellungen ändern“. Daraufhin erscheint eine Liste mit möglichen Zeitservern, in Deutschland verwenden Sie am besten den Server der Physikalisch-Technischen Bundesanstalt Braunschweig. Hier können Sie auch festlegen, wie oft die Internetzeit automatisch aktualisiert werden soll. Ist der Schalter „Mit einem Internetzeitserver synchronisieren“ aktiviert, wird die Systemzeit einmal pro Woche mit dem ausgewählten Zeitserver synchronisiert. Mit der Schaltfläche „Jetzt aktualisieren“ können Sie jederzeit sofort synchronisieren.

- Vergleich für Internet-by-Call: www.billiger-surfen.de/internet-by-call-rechner/
- Tarifrechner für Internet-by-Call: www.teltarif.de/internetrechner
- Übersicht deutsche Zeitserver: www.zeitserver.de/deutschland/

Internetcafé

Wer auch im Urlaub nicht auf das Internet und die damit verbundene ständige Erreichbarkeit per Computer verzichten möchte, kann in sogenannte Internetcafés gehen. Diese Möglichkeit besteht heute bereits in fast allen Großstädten und allgemeinen Urlaubsregionen. Hier gibt es zum Teil gut ausgestattete Internetcafés, in denen Sie entweder die dortigen Computer nutzen oder über WLAN bzw. Netzwerkkabel mit einem eigenen Notebook ins Internet gehen können.

Doch Sie sollten sich vorab über die vor Ort anfallenden Kosten für die Internetnutzung informieren, denn diese schwanken oft auch schon innerhalb eines Ortes extrem. Hier empfiehlt es sich grundsätzlich, eher die kleinen Straßencafés für den Internetzugang zu nutzen, als den WLAN-Zugang im Hotel, denn letztere sind in der Regel meistens um einiges teurer. Doch auch schon vor der Abreise in den Urlaub können Sie die wichtigsten Vorkehrungen treffen, um dann vor Ort von unschönen Überraschungen verschont zu bleiben: Wenn Sie ein eigenes Notebook in den Urlaub mitnehmen, denken Sie unter anderem an ein langes Stromkabel und eine Mehrfachsteckdose, damit es nicht an der Reichweite zur nächsten Steckdose scheitert.

Wenn Sie vom Urlaub aus Fotos verschicken möchten, denken Sie an Kamerakabel, Ladegeräte und Kartenleser, auch dann, wenn Sie kein eigenes Notebook verwenden wollen. Hier empfiehlt es sich auch, schon zuhause ein Onlinefotoalbum bei Picasa, Flickr oder Windows Live

SICHERHEITS-TIPP

Die Sicherheit wird besonders in südlichen Ländern sehr großzügig ausgelegt und als nicht so wichtig angesehen wie in Deutschland. Daher löschen Sie unbedingt alle privaten Daten, wenn Sie das Internetcafé verlassen. Klicken Sie hierfür in der Symbolleiste des Browsers auf das Schraubenschlüsselsymbol, gehen Sie unter „Tools/ Internetdaten löschen“. Wenn Sie ein eigenes Notebook in den Urlaub mitnehmen, sichern Sie alle wichtigen Dateien bereits zu Hause. Nehmen Sie vertrauliche Daten gar nicht erst auf Ihrem Notebook mit. Installieren Sie einen aktuellen Virenscanner und schalten Sie die Firewall ein.

Im Internet finden Sie unter www.worldofinternetcafes.de eine Suchmaschine, in der Sie weltweit nach beliebigen Internetcafes suchen können.

Surfen im Internet macht Spaß. Der aktuelle Internet Explorer bietet zahlreiche Komfortfunktionen: Die Adresszeile dient gleichzeitig als Suchfeld für die Suchmaschine Bing.

einzurichten. Hier können Sie im Urlaub die Fotos einfach hochladen und den Freunden daheim nur noch den Link dazu schicken. So ersparen Sie sich lange Übertragungszeiten.

Internet Explorer

Der Internet Explorer ist ein Browser der Firma Microsoft und neben Google Chrome und Mozilla Firefox der wohl am weitesten verbreitete Browser. Im Zuge der Einführung von Windows 10 hat Microsoft den neuen Browser Edge (siehe Seite 57) präsentiert.

Internetoptionen

Auch für den Internet Explorer können Sie diverse Einstellungen vornehmen. Den entsprechenden Menüpunkt finden Sie unter „Internetoptionen“, den Sie unter dem Zahnradsymbol oben rechts finden. Da es sich hierbei allein um den Internet Explorer dreht, gelten die Einstellungen, die Sie hier vornehmen, auch nur für diesen Browser und für keine weiteren Programme.

Internetprotokoll

Das Internetprotokoll stellt die Grundlage des Internets dar. Es sorgt dafür, dass Computer innerhalb eines Netzwerkes in Einheiten gruppiert werden, die es ermöglichen, mittels einer eindeutigen IP-Adresse ins Internet zu gelangen. Grundsätzlich unterscheidet man zwischen zwei Internetprotokollen: IPv4 bezeichnet den aktuellen Standard zur

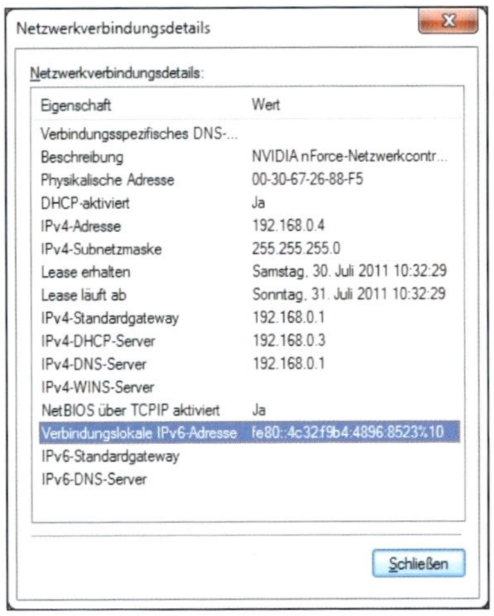

Anzeige der aktuellen IPv6-Adresse im lokalen Netzwerk.

allgemeinen Datenübertragung im Internet. Jeder Computer bekommt hierfür eine vierteilige IP-Adresse zugeteilt, die nur für diesen einen Rechner temporär gilt. Da allerdings die verfügbaren IP-Adressen weltweit mittlerweile sehr knapp sind und die letzten IPv4-Adressen vergeben wurden, musste ein neuer Standard entwickelt werden, damit der Internetzugang auch in Zukunft für alle Anwender gesichert ist. Der neue Standard hat den Namen IPv6. Hierbei bekommen die einzelnen Computer feste Adressen, die sich nicht mehr verändern. Die Betriebssysteme Windows 7, 8 und 10 sind auf den neuen Standard vorbereitet, auch wenn er bisher noch nicht regelmäßig zum Einsatz kommt.

SICHERHEITS-TIPP

Jeder Computzer hat zur eindeutigen Identifikation eine eigene IP-Adresse. Diese erlaubt den einzelnen PCs in einem Netzwerk, ins Internet zu gelangen. Dabei ist es besonders wichtig, dass jede IP-Adresse nur an einen einzigen PC vergeben wird.

Interrupt

Ein Interrupt, kurz IRQ, ist eine kurzfristige Unterbrechung der normalen Programmausführung, damit der PC zwischendurch eine andere Verarbeitung durchführen kann. Anschließend wird das Programm aber automatisch an der gleichen Stelle wieder fortgesetzt. Da man anfangs davon ausgegangen ist, dass an ein Netzwerk nie mehr als 15 Geräte angeschlossen werden, wie z.B. Maus, Tastatur, Drucker oder mehrere PCs, waren ursprünglich nur 15 Interrupts pro Netzwerk vorgesehen. Da aber in der heutigen Zeit große Netzwerke üblich sind, geht man heute anders vor: Moderne Mainboards (siehe Seite 123) unterstützen das sogenannte IRQ-Sharing. Hierbei kann ein Interrupt von mehreren Geräten genutzt werden, und man braucht nicht ein Interrupt pro angeschlossenes Gerät. Allerdings gibt es auch heute noch Geräte, die zwingend einen eigenen Interrupt benötigen. Doch das sollte Sie nicht weiter stören, denn bei modernen Geräten kommen Sie als Anwender mit den Interrupts überhaupt nicht mehr in Berührung.

iPad

Das iPad ist ein Tablet-PC des US-amerikanischen Herstellers Apple. Der Unterschied zu einem Stand-PC liegt hier am Bildschirm, der sich mittels einfachen Multi-Touch-Gesten problemlos bedienen lässt. Ein weiterer Unterschied zu Stand-PCs und Laptops ist die Größe, die bei einem iPad wesentlich handlicher ist. Denn das iPad besteht im Gegensatz zu anderen PCs nur aus einem Bildschirm, ohne darunterliegende Tastatur. Somit ist das Gerät bestens für das Arbeiten unterwegs geeignet, da man es mit der Hand bedienen kann. Das hier verwendete Betriebssystem iOS ist das gleiche wie das des iPhones, das Bedienkonzept beider Geräte ist ähnlich und leicht verständlich. Mit dem iPad können Sie aufrund des großflächigen Bildschirms ideal in E-Books und elektronischen Zeitungen und Zeitschriften stöbern. Die Anwendungen enthalten Bildergalerien, bewegliche Grafiken und Videomaterial als Zusatzinhalte.

Das iPad – der Tablet-PC des amerikanischen Herstellers Apple – war der Vorreiter für die Marktentwicklung im gesamten Bereich der Tablet-PCs.

IP-Adresse

Für die eindeutige Identifikation und Kennzeichnung von Servern, Routern und einzelnen Computern hat jedes Gerät eine eigene IP-Adresse, die vom Netzwerk zugeteilt wird. Hierfür existieren weltweit festgelegte Adressräume, die aussagen, wie viele Computer in einem Netzwerk sein können und wie viele Netzwerke im jeweiligen Adressraum möglich sind. So werden in privaten Netzwerken Adressen im Raum von 192.168.0.0 bis 192.168.255.254 verwendet. Da diese allein bei lokalen Netzen eingesetzt werden, kann es hier keine Überschneidungen zu öffentlichen Internetroutern geben. Dabei gilt die Adresse 192.168.0.0 als sogenannte Broadcast-Adresse, die alle Rechner anspricht. Der Router verwendet üblicherweise die Adresse 192.168.0.1. Die Adressen der einzelnen Computer beginnen dann bei 192.168.0.2.

PRAXIS-TIPP

Wenn Sie wissen möchten, welche IP-Adresse Ihr PC gerade hat, gehen Sie ins Netzwerk- und Freigabecenter (siehe Seite 139) und klicken Sie unter „Aktive Netzwerke anzeigen“ auf „LAN-Verbindung“. Klicken Sie dann im nächsten Dialogfeld auf „Details“, hier wird schließlich die aktuelle IP-Adresse angezeigt.

- IP-Adresse Ihres Computers prüfen: www.wieistmeineip.de

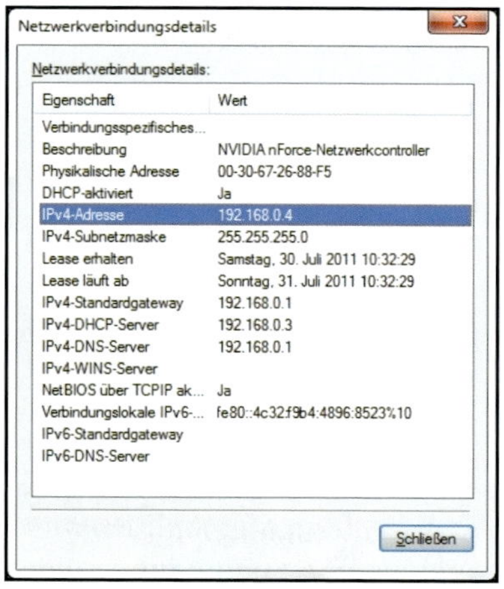

Anzeige der aktuellen IP-Adresse im lokalen Netzwerk.

iPhone

Der amerikanische Hersteller Apple hat mit seinem iPhone den Startschuss in eine völlig neue Handy-Dimension gegeben. Smartphones, sogenannte Minicomputer im Handyformat, waren mit dem iPhone auf einmal nicht mehr den Technikbegeisterten und den Geschäftsleuten vorbehalten, sondern wurden bei vielen Handy-Nutzern zu einem Statussymbol. Mit dem iPhone kann man immer und überall Musik hören, Fotos machen, anschauen und einfach verschicken. Das iPhone bietet auch die Möglichkeit, daheim und unterwegs jederzeit ins Internet zu gehen.

Doch mittlerweile gibt es neben Apple noch weitere Hersteller, die auf diesen Zug der Smartphones aufgesprungen sind. Die größten Konkurrenten sind Google mit seinem offenen Android-Betriebssystem und Microsoft mit Windows Phone. Unterschiedliche Hersteller liefern Smartphones für diese beiden Plattformen. Vor allem bei Android liegen die Gerätepreise deutlich unter dem Preis des iPhones. Funktionalität und verfügbare Apps (siehe Seite 16), sogenannte Miniprogramme, die auf den Handys laufen, sind jedoch bei allen Herstellern und Betriebssystemen vergleichbar.

Das Bild zeigt das iPhone 6 des amerikanischen Herstellers Apple.

iPod

Apple hat mit dem iPod eine ganze Serie von Geräten auf den Markt gebracht, die in die Kategorie MP3-Player gehören. Im Gegensatz zu anderen MP3-Playern kann man die Musik allerdings nicht einfach auf den iPod kopieren, sondern hierfür ist immer die Apple-eigene Software iTunes erforderlich. Der iPod touch verwendet das gleiche Betriebssystem wie das iPhone und ist ebenso leicht zu handhaben.

ISDN

ISDN steht für **I**ntegrated **S**ervices **D**igital **N**etwork. Bei diesem Telefonanschluss stehen zwei Kanäle zur Verfügung, über die Sie unabhängig voneinander telefonieren oder Daten im Gesamtumfang von 64 kbit/s übertragen können. Daneben existiert ein dritter Kanal, der die Funktion der Steuerung übernimmt. Dieser hat die Aufgabe, sämtliche Daten und Informationen zwischen zwei ISDN-Geräten zu übertragen. Mithilfe dieser Steuerung ist es möglich, dass die ISDN-Geräte gleich erkennen, um welche Daten es sich handelt. So „weiß" zum Beispiel eine Telefonanlage auf Anhieb, ob es sich bei einem eingehenden Anruf um einen Sprachanruf, ein Fax oder eine Datenübertragung handelt und kann die Informationen dementsprechend weitergeben. ISDN liefert gegenüber analogen Modems eine höhere Geschwindigkeit der Datenübertragung und eine deutliche Verbesserung der gesamten Sprachqualität beim Telefonieren.

Die ISDN-Geschichte geht weit zurück und reicht bis in das Jahr 1979, als das Telefonnetz digitalisiert wurde. Datennetze standen damals erst am Anfang, vom Internet war man noch weit entfernt. 1982 kam die ISDN-Technik auf den Markt. Da es noch kein einheitliches Übertragungsprotokoll gab, entwickelte die Deutsche

Die FRITZ!Card PIC, eine der bekanntesten ISDN-Karten.

Bundespost den Standard 1TR6. Im Jahr 1989 folgten schließlich auch andere Länder diesem Schritt. Insgesamt 26 Netzbetreiber aus 20 europäischen Ländern entschieden sich für einen ISDN-Standard, woraufhin das Protokoll Euro-ISDN eingeführt wurde. Die meisten ISDN-Geräte lassen sich noch heute zwischen beiden Protokollen umschalten. Mittlerweile empfiehlt es sich, sich von ISDN zu lösen. Die Deutsche Telekom wird in den kommenden Jahren auf vollständig IP-basierte Angebote ohne ISDN umstellen. Nach und nach werden alle Anschlüsse und Verträge geändert und ISDN wird im Jahr 2018 abgestellt sein.

ISO-Abbild

Ein ISO-Abbild, eine sogenannte Speicherdatei, gibt den Inhalt einer

PRAXIS-TIPP

Zur Datenübertragung am Computer brauchen Sie einen ISDN-Adapter, den es sowohl als interne Steckkarten und PC-Cards (siehe Seite 161) für Notebooks als auch als externe Geräte auf dem Markt zu kaufen gibt. Externe ISDN-Adapter konnten sich allerdings lange Zeit nicht durchsetzen, da für damalige Zeit sehr schnelle Geschwindigkeiten am PC erforderlich waren. Gegen 1998 kamen schließlich ISDN-Adapter für USB auf den Markt.

CD oder DVD wieder. Dabei werden diese bei der Erstellung eines ISO-Abbildes unverändert kopiert. Das führt dazu, dass sämtliche Berechtigungen und andere Daten, die auf der CD oder DVD vorhanden waren, unverändert bleiben. Diese Dateien enthalten also die komplette Struktur der kopierten CD/DVD einschließlich aller Ordner, Dateien und auch des Bootblocks (siehe Seite 33) in einer einzigen Datei.

Ein ISO-Abbild dient dazu, Kopien der CD/DVD zu brennen oder zu verbreiten. Ein solches ISO-Abbild kann allerdings nicht einfach auf einen CD-Rohling kopiert werden, hier ist ein besonderes Brennverfahren notwendig. Früher waren zum Brennen von ISO-Dateien noch externe Brennprogramme nötig, sowohl bei Windows 7 und 8 als auch bei Windows 10 ist der ISO-Brenner fest integriert. Um eine ISO-Datei zu brennen, gehen Sie zunächst in den Ordner, wo die gewünschte Datei abgelegt ist. Mit einem Doppelklick auf die Datei starten Sie den Brennvorgang automatisch, Sie müssen nur noch eine CD oder DVD ins Laufwerk einlegen. Sie können einen Titel für den neu erstellten Datenträger individuell festlegen. Wenn das ISO-File vollständig auf CD gebrannt ist, erscheint an Ihrem Computer eine entsprechende Nachricht und Ihr ISO-Abbild ist fertig.

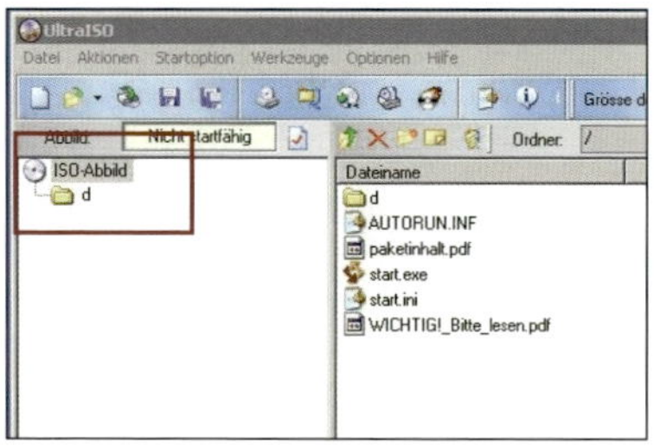

ISO-Dateien sind gepackte Versionen einer CD oder einer DVD.

PRAXIS-TIPP

Mit einem Doppelklick auf eine ISO-Datei im Windows Explorer öffnet sich ein Fenster, in dem Sie den Brenner auswählen und schließlich den Brennvorgang unverzüglich starten können.

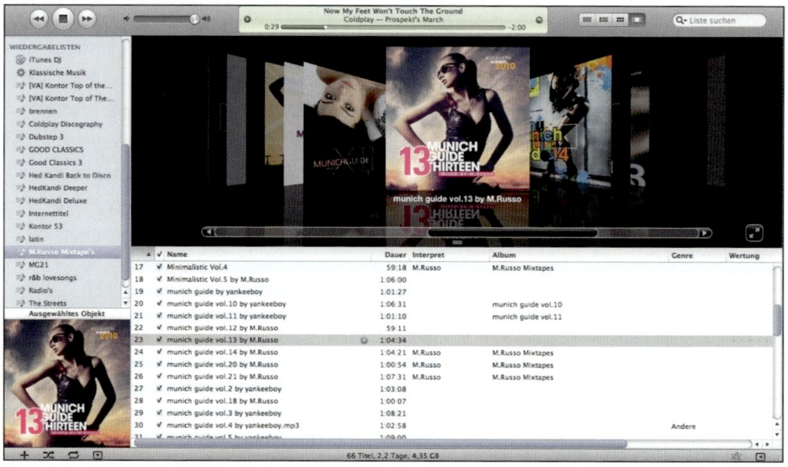

Apple hat mit der Multimedia-Plattform iTunes ein Verwaltungsprogramm für Ihre Musik und Videos geschaffen. Hier können Sie abspielen, konvertieren und organisieren.

ISP

Die Abkürzung ISP steht für Internet Service Provider. Das sind sogenannte Internetdienstanbieter oder Internetdienstleister, die sämtliche Inhalte und technische Leistungen für die Nutzung des Internets zur Verfügung stellen. Im Allgemeinen geht es hierbei um den Transfer aller Daten, die entweder aus dem Internet kommen oder ins Internet gehen sollen. Hierfür gibt es verschiedene Übertragungswege. Der Transfer kann über Funk, sprich WLAN, über Wählleitungen, Standleitungen oder Breitbandzugängen erfolgen. Letztere sind immer mehr auf dem Vormarsch, aber in einigen Regionen noch nicht umsetzbar.

iTunes

Bei iTunes handelt es sich um ein spezielles Multimedia-Verwaltungsprogramm, welches vom amerikanischen Hersteller Apple entwickelt und seit Jahren erfolgreich geführt wird. Mit diesem Programm können Sie nicht nur Musik abspielen, konvertieren und kaufen, sondern auch Hörbucher, Filme, bis hin zu Apps für iPod, iPhone und iPad. Für die Nutzung des Programms müssen Sie nicht zwangsläufig Apples Betriebssystem Mac OS verwenden. iTunes funktioniert auch bei den Betriebssystemen Windows XP, Windows Vista, Windows 7, 8 und 10 und wird hier stetig weiterentwickelt und an die Bedürfnisse der Nutzer angepasst.

Aber schon heute ist mit iTunes vieles möglich: die Lieblingsmusik hören, diese nach individuellen Kriterien ordnen, sortieren und in bestimmte Gruppen einteilen. Desweiteren können Sie bereits erstellte CDs auf Ihre Festplatte überspielen und in die gegliederten Listen bei iTunes integrieren. Genauso funktioniert es auch umgekehrt. Sie können eine eigens zusammengestellte Musik-CD oder DVD brennen und für diese dann die jeweiligen Cover ausdrucken. iTunes unterstützt auch Quick-Time-Filme und bietet dem Anwender die Möglichkeit, Podcasts kostenlos zu abonnieren und zu ver-

Mit einem Joystick können Sie mit Freunden oder Familie unterhaltsame und spannende Abende an diversen Spielkonsolen, wie zum Beispiel Playstation, Nintendo DS oder Wii verbringen. Er dient als Eingabegerät, mit dem Sie Ihr Spiel steuern können.

walten, genauso wie Sie es mit Ihrer Musik am Computer machen. Als Hilfe zur optimalen und übersichtlichen Verwaltung Ihrer Musikdaten arbeitet iTunes mit einer selbst geführten Musikbibliothek zusammen. Hier können Sie die Musik nach eigenen Wünschen und beliebigen Kriterien sortieren und gegebenenfalls auch filtern. Dies können Sie tun, indem Sie individuelle Kriterien ähnlich einer Datenbankabfrage definieren. So können Sie nach Titeln, Interpreten, Alben und anderen Kriterien sotieren, ganz wie Sie es am liebsten haben.

- Kostenloser Download: www.itunes.de

Java

Java ist eine Programmiersprache. Sie wird hauptsächlich von Softwareexperten benötigt, die die verschiedensten Computerprogramme planen und entwickeln.

JavaScript

Bei JavaScript handelt es sich um eine Skriptsprache, die vor allem zur Steuerung von Webseiten genutzt wird. Obwohl diese Technik heute eher verrufen ist, werden bestimmte JavaScript-Techniken von manchen Webseitenbetreibern immer noch gerne eingesetzt, um zum Beispiel Werbung zu verwandten Themen auf der Internetseite, auf der Sie sich gerade befinden, unaufgefordert anzuzeigen. Dies ist besonders läs-

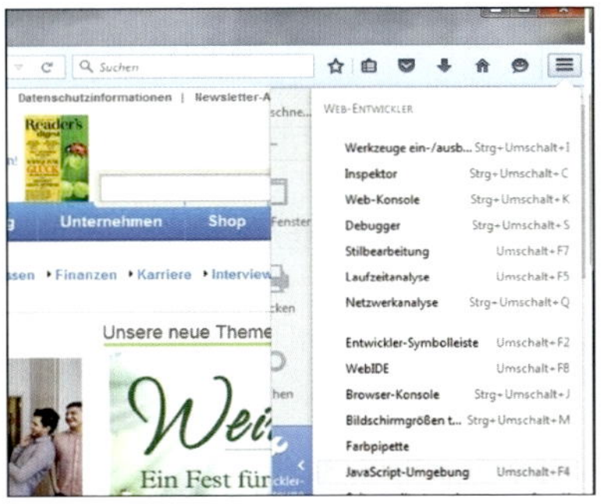

Aufruf der erweiterten JavaScript-Einstellungen in Firefox 41.0.

PRAXIS-TIPP

Grundsätzlich ist es immer möglich, JavaScript ein- oder auszuschalten. In der Grundeinstellung des Browsers ist es aber immer eingeschaltet, da viele Webseiten ohne JavaScript nur eingeschränkt funktionieren. Die aktuelle Version von Firefox bietet unter „Einstellungen" die Möglichkeit, bestimmte Aktionen zu verbieten, ohne JavaScript komplett zu deaktivieren.

tig, denn die Dialogfenster mit Werbung öffnen sich von selbst, erscheinen plötzlich auf dem Bildschirm und hindern den Benutzer am flüssigen Arbeiten im Internet.

Joystick

Ein Joystick ist ein Eingabegerät für Computer und diverse Spielekonsolen, von Playstation über Nintendo

DS bis hin zur Wii. Der Joystick ist dem Steuerknüppel eines Flugzeugs oder dem Gangschaltungshebel eines Autos im Grunde sehr ähnlich – nicht nur optisch, sondern auch in seiner Verwendung. Denn er wird hauptsächlich bei Games aller Art eingesetzt, bei denen die Spieler die verschiedensten Elemente bewegen müssen, seien es Charaktere, ein Fahr- oder Flugzeug oder sämtliche Dinge, die von A nach B versetzt werden müssen. Standardmäßig haben die meisten Joysticks hierfür eine oder mehrere Tasten, mit denen die Spieler ihr Handeln ganz einfach steuern können.

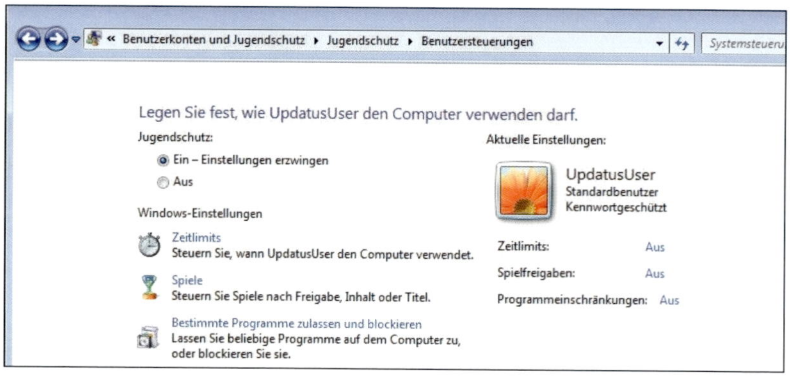

Die Jugendschutzeinstellungen auf Ihrem Computer dienen zum Schutz Ihrer Kinder, damit diese nicht unkontrolliert beliebige Webseiten anschauen können.

JPG-Format

JPG ist ein Bildformat, das von fast allen modernen Digitalkameras, Grafikprogrammen und auch im Internet weltweit zur allgemeinen Präsentation von Fotos verwendet wird. Damit sich der benötigte Speicherplatz in Grenzen hält, kann man die Größe der Bilddatei durch Kompression verkleinern. Die Kompressionsrate (siehe Seite 107) ist einstellbar. Dabei gilt: Je kleiner die Bilddatei, desto mehr Qualitätsverluste entstehen durch sogenannte Artefakte, kleine Unregelmäßigkeiten im Bild.

Jugendschutz

Mithilfe eines Jugendschutzsystems kann man die Nutzung bestimmter Webseiten im Internet einschränken und kontrollieren. Dies ist besonders für Eltern interessant, da sie selbst festlegen können, welche Seiten für ihre Kinder zugänglich sind und welche nicht. Windows Vista bietet als erste Windows-Version ein automatisch eingebautes Jugendschutzsystem an. Da dieses aber schon nach kurzer Zeit in die Kritik von Datenschützern geraten ist, wurden in Windows 7, 8 und 10 einige der Jugendschutzfunktionen, wie zum Beispiel der Webfilter, entfernt. Denn dabei wurde angeprangert, dass diese Funktion von Verantwortlichen in großen Firmen dazu verwendet werden könnte, um ihre Angestellten und deren Surfverhalten zu überwachen. Aber wenn Sie als Eltern dennoch das Surfverhalten Ihrer Kinder im Griff haben möchten, können Sie die Funktion

PRAXIS-TIPP

Kinder spielen gern am Computer. Aber es gibt Titel, die absolut nicht für Kinder geeignet sind, beispielsweise Spiele, in denen es um Gewalt und Mord geht. Da ein Spiel vom Hersteller technisch in keinster Weise eingeschränkt wird, gibt es für die Kinder keine Hürde mehr, es zu spielen, sobald sie es in die Hände bekommen haben. Daher ermöglichen es die Windows-Jugendschutzeinstellungen, bestimmten Benutzern nur Spiele bis zu einer festgelegten Altersfreigabe zugänglich zu machen. Erkennt Family Safety ein Spiel, welches für die Altersstufe nicht geeignet ist, erscheint ein Stopp-Schild auf dem Bildschirm.

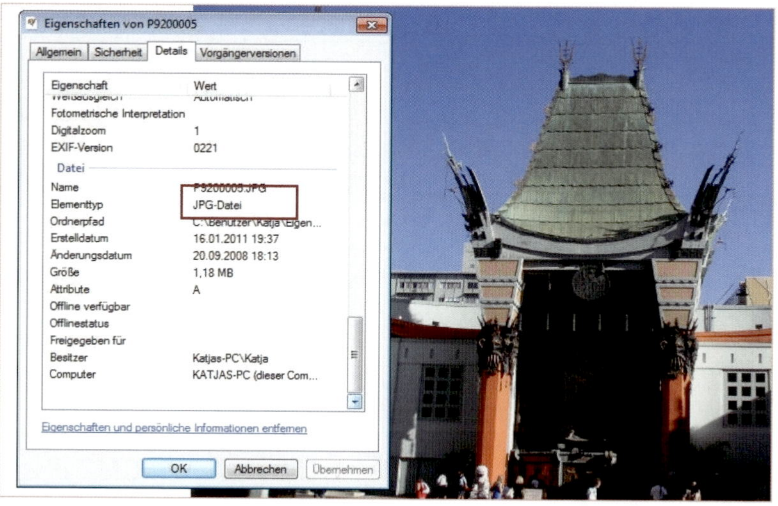

Beim Abspeichern Ihrer privaten Bilder auf dem Computer können Sie zwischen verschiedenen Formaten wählen. Eines davon ist das verbreitete JPG-Format.

des Webfilters in einer überarbeiteten Version als Family Safety (siehe Seite 66) im Internet kostenlos herunterladen. Wenn Sie mit dem Jugendschutz von Windows 7, 8 oder 10 arbeiten möchten, sollten Sie beachten, dass dieser standardmäßig zunächst für alle Benutzer deaktiviert ist. Um ihn einzuschalten, gehen Sie in der „Systemsteuerung" auf „Benutzerkonten/Jugendschutz". Hier können Sie für jeden beliebigen Benutzer ein eigenes Windows-Benutzer-Konto anlegen. Wählen Sie einfach den Benutzer aus, für den der Jugendschutz eingerichtet werden soll.

Auch hier denkt der Computer mit: Wenn Sie für Ihren Administrator kein Passwort eingerichtet haben, erscheint auf dem Bildschirm automatisch eine Warnmeldung. Denn in diesem Fall könnte jeder Benutzer den Jugendschutz auf eigene Faust wieder deaktivieren. Es empfiehlt sich immer, Administratorkonten mit einem Passwort zu versehen, da Sie so verhindern, dass Dritte Ihre Daten löschen, einsehen oder ändern.

- Windows Essentials inkl. Family Safety: http://windows.microsoft.com/de-de/windows-live/essentials-other#essentials=overview
- Unterhaltungssoftware-Selbstkontrolle: www.usk.de

Junkmail

Wenn Sie unerwünschte, elektronische Nachrichten per E-Mail erhalten, spricht man von Junkmails (oder Spammails, siehe Seite 205). Diese gelangen in der Regel nicht automatisch in Ihren „normalen" Posteingang, sondern werden separat unter „Junkmail" oder „Spam" in Ihrem E-Mail-Postfach abgelegt – vorausgesetzt, Sie haben im E-Mail-Programm bestimmte Regeln hinterlegt bzw. einen Spamfilter integriert. Junk- oder auch Spammails enthalten üblicherweise einen stark werblichen Inhalt.

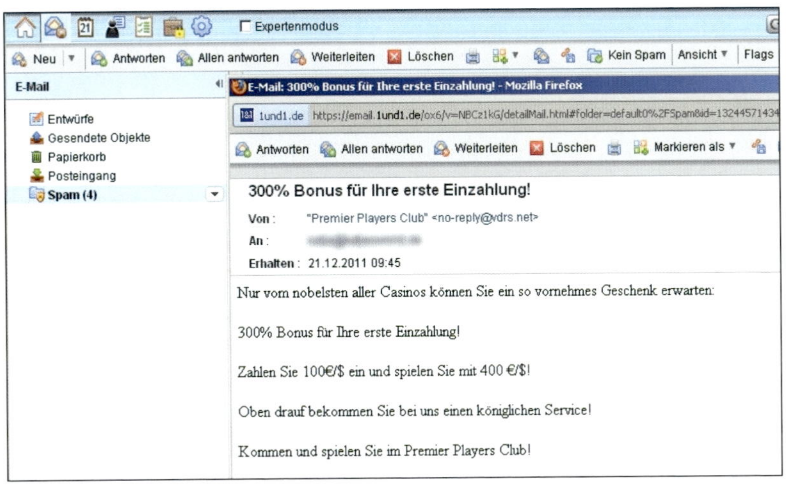

Junkmails sind in der Regel unerwünschte Nachrichten, die in einem separaten Posteingang landen und meistens aus Werbung bestehen.

Kalender

Mit einem Kalender lassen sich Termine, E-Mail-Konten und Kontakte verwalten. Frühere Windows-Versionen hatten standardmäßig einen Kalender integriert, den es in Windows 7, 8 und 10 in dieser Form nicht mehr gibt. Sie können stattdessen den Windows Live Kalender nutzen. Dieser ist in Windows Live Mail enthalten. Das Programm ist Bestandteil der Windows Live Essentials und kann kostenlos aus dem Internet heruntergeladen werden. Mit dem Programm lassen sich mehrere Kalender auf Ihrem Computer installieren und verwalten. Obendrein können Sie Tages-, Wochen- oder Monatsansichten Ihrer Kalender drucken und sich so beispielsweise eine Kopie an den Kühlschrank pinnen, um keinen Termin mehr zu verpassen. Der Windows Live Kalender bietet Ihnen außerdem die Möglichkeit, mit Onlinekalendern zu arbeiten. Alle Änderungen, die Sie vornehmen, werden automatisch synchronisiert. Sie können von jedem beliebigen Computer mit Internetanschluss jederzeit auf den Kalender und die Aufgaben zugreifen.

Kameraakku

Mit Kameraakku wird die wiederaufladbare Batterie in einer Digitalkamera bezeichnet (siehe auch Akku). Wenn Sie Ihre Kamera per USB (siehe Seite 245) an den Computer anschließen, um Ihre Bilder zu übertragen, wird der Kameraakku stark beansprucht, sodass er schneller leer wird. Deshalb sollten Sie die Bilder mit einem Kartenleser auf den Computer übertragen.

Kartenleser

Dieses Gerät kann Speicherkarten lesen und beschreiben. Es wird per USB mit dem Computer verbunden. Die meisten Kartenleser können verschiedene Kartenformate (SD-Karten, xD-Karten usw.) aufnehmen, einige sogar SIM-Karten aus dem Handy. Jede eingesteckte Karte wird wie ein Laufwerk behandelt und bekommt einen eigenen Laufwerkbuchstaben zugewiesen. Viele moderne PCs und Notebooks verfügen bereits standardmäßig über einen integrierten Kartenleser, der oft jedoch nur mit SD-Karten zurechtkommt. Auch aktuelle TV-Geräte, DVD-Player oder Receiver bieten eingebaute Kartenleser.

Ein Kartenleser kann ganz unterschiedliche Kartenformate lesen.

PRAXIS-TIPP

Wenn Sie sich einen externen Kartenleser anschaffen, achten Sie auf USB-2.0-Unterstützung. So lassen sich Daten deutlich schneller übertragen, was sich vor allem bei Fotos von der Digitalkamera bemerkbar macht.

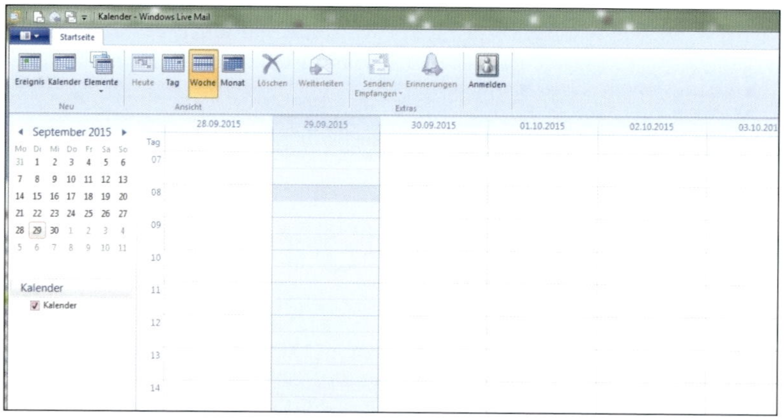

Termine & Aufgaben einfach verwalten: Der Windows Live Kalender ist standardmäßig in Windows Live Mail integriert.

Kennwort

Ein Kennwort, auch Passwort (siehe auch Seite 159) genannt, ist eine individuelle Zeichenfolge zur Identifizierung eines Benutzers, der sich Zugang zu einem Computer, einem Netzwerk oder einem Internetportal verschaffen möchte. Auch Windows verwendet den Begriff Kennwort in seiner Benutzeroberfläche. Einige Kennwörter müssen aus Sicherheitsgründen nach einer bestimmten

Kennwörter sollten regelmäßig geändert werden – nicht nur bei der Benutzeranmeldung von Windows, sondern vor allem auch im Internet, speziell bei Zugängen, wo es um Geld geht. Denn dies erhöht den Schutz vor Missbrauch der Daten.

Zeit geändert werden. Das ist vor allem in Unternehmen der Fall, in denen mehrere Personen am Netzwerk angeschlossen sind. Der Administrator (siehe Seite 12) legt dazu das Kennwortalter fest, also die Anzahl von Tagen, nach denen ein Kennwort spätestens verändert werden muss. In diesem Zusammenhang spielt auch die Kennwortchronik eine große Rolle. Diese protokolliert, welche Kennwörter ein Benutzer schon verwendet hat und verhindert außerdem, dass ein Benutzer immer zwischen ein und denselben Kennwörtern wechselt.

Die sogenannten Kennwortrichtlinien dafür können Sie in Windows festlegen (ab der Professional-Version), u.a. wie viele eindeutige Passwörter verwendet werden dürfen, bevor ein einmal verwendetes Kennwort wieder benutzt werden darf. Die Kennwortrichtlinien definieren also bestimmte Eigenschaften von Kennwörtern. Um sie festzulegen, starten Sie in der „Systemsteuerung" unter „System und Sicherheit/Verwaltung" das Modul „Lokale Sicherheitsrichtlinie". Dort finden Sie die Kennwortrichtlinien unter „Sicherheitseinstellungen/Kontorichtlini-

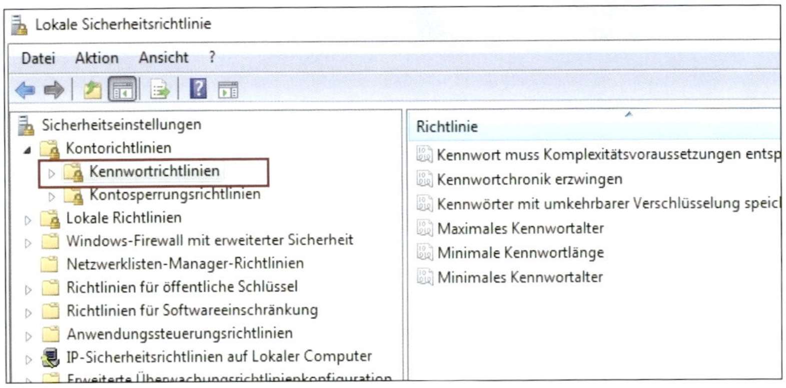

Kennwortrichtlinien lassen sich in den lokalen Sicherheitseinstellungen von Windows festlegen. Sie definieren bestimmte Eigenschaften von Kennwörtern.

SICHERHEITS-TIPP

Kennwörter bzw. Passwörter sollten immer aus einer Kombination aus Klein- und Großbuchstaben sowie Zahlen bestehen. Damit sind Sie auf der sicheren Seite. Beim Kennworthinweis sollten Frage und Antwort so persönlich sein, dass praktisch nur Sie Bescheid wissen.

en". Mit einem Doppelklick auf eine Richtlinie erscheint ein Konfigurationsdialog, in dem Sie je nach Typ der Richtlinie diese aktivieren, deaktivieren oder einen Wert einstellen können. Jeder dieser Konfigurationsdialoge besteht aus zwei Registerkarten, einer zur Einstellung der Richtlinie und einer mit einem zugehörigen Erklärungstext. Auf privaten Computern, bei denen es wenige Benutzer gibt – wie beispielsweise in einer Familie – benötigen Sie keine Kennwortrichtlinien.

Sollten Sie einmal ein Kennwort vergessen haben, können Sie sich eines Kennworthinweises bedienen. Dabei handelt es sich um eine Frage und eine passende Antwort, die nur Sie selbst kennen. Bei vielen Onlineportalen, bei denen Sie sich mit einer Benutzerkennung (siehe Seite 25 „Benutzerkonto") anmelden, können Sie einen Kennworthinweis hinterlegen.

Kilobit

Siehe Bit.

Kilobit per second

1 Kbit/s (Kilobit per second) steht für 1000 Bit/s. Mit Kbit/s wird die Übertragungsgeschwindigkeit angegeben, beispielsweise die Download-Geschwindigkeit vom Internet auf Ihren Computer.

Kilobyte

Kilobyte ist eine Angabe für eine Speichergröße. Die Abkürzung ist KB/s. 1 Kilobyte entspricht 1.024 Byte.

Kindle

Kindle ist ein Lesegerät für digitale Bücher (eBooks, siehe Seite 57) von Amazon. Nutzer eines Smartphones, iPhones oder Tablet-PCs mit Android-Betriebssystem erhalten mit ei-

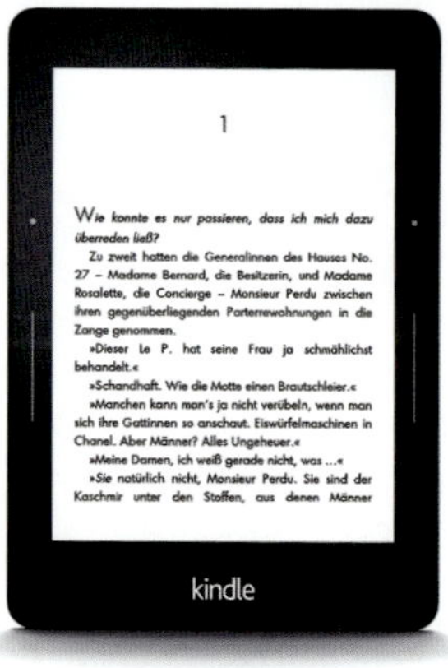

Der Kindle von Amazon ist ein Gerät zum Lesen von eBooks.

ner kostenlosen Kindle-App alle Funktionen des Kindle auf ihr Gerät.

- Amazon Kindle: www.amazon.de/kindle

Klammeraffe

Das @-Zeichen, umgangssprachlich auch Klammeraffe genannt, wird in E-Mails verwendet. Es verbindet den Benutzer- und den Domainnamen: Claudia_Musterfrau@beispiel.de. Auf der Tastatur erreichen Sie das Zeichen, indem Sie die [Alt Gr]-Taste und anschließend die Taste [Q] drücken.

Klick

Wenn Sie die linke Maustaste drücken, bezeichnet man das als Klicken. Mit einem Klick wird eine Schaltfläche gedrückt, ein Menüpunkt ausgewählt oder in einer Textverarbeitung der Cursor (siehe Seite 41) an die Stelle des Mauszeigers gesetzt.

Klinkenstecker

Ein Klinkenstecker ist eine Steckverbindung, die für die Audioübertragung genutzt wird. Damit lassen sich beispielsweise Lautsprecher und Kopfhörer an einen PC, eine Stereoanlage, den Fernseher oder auch den DVD-Player anschließen.

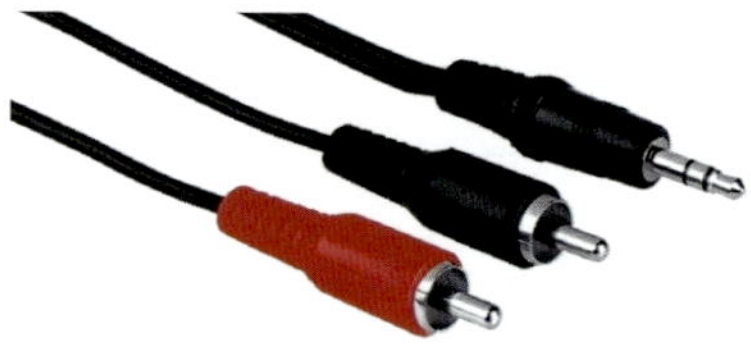

Ein Klinkenstecker besitzt 2 Cinch-Kupplungen und einen 3,5-mm-Klinken-Stecker.

Koaxkabel

Ein Koaxkabel (oder Koaxialkabel) ist eine zweipolige elektrische Leitung, die aus einem Innen- und ei-

Mittels Koax-Antennenkabel wird das TV-Gerät an die Antennen-Dose angeschlossen.

nem Außenleiter besteht. Der Innenleiter (auch Seele genannt) ist in einem konstanten Abstand von dem Außenleiter umgeben. Der Zwischenraum besteht aus einer Isolationsschicht. Der Außenleiter ist meist von einer isolierenden, korrosionsbeständigen, wasserdichten Hülle umgeben. Koaxialkabel werden für gewöhnlich im Bereich von Fernseh- und Videoanlagen oder auch im Netzwerk zur Verbindung der Computer genutzt.

Kommandozeile

Die Kommandozeile wird in Windows als Eingabeaufforderung (siehe Seite 60) bezeichnet.

Kompatibilitätsmodus

Viele Webseiten im Internet wurden für die früheren Versionen des Internet Explorers (oder auch für andere Browser) entwickelt. Es kann vorkommen, dass die Webseiten auf neueren Browser-Versionen nicht richtig angezeigt werden. Mithilfe des Kompatibilitätsmodus im Internet Explorer ab Version 9 können Sie die Darstellung einer Webseite verbessern. Klicken Sie bei Darstellungsproblemen auf das Symbol mit dem zerrissenen Dokument (Schaltfläche „Kompatibilitätsansicht") oben neben dem Adressfeld. Im Dialogfeld „Extras/Einstellungen" der Kompatibilitäts-

Sie können im Internet Explorer ab Version 9 mit einem Klick auf den Kompatibilitätsmodus umschalten. Damit lässt sich die Darstellung einer Webseite optimieren.

ansicht können Sie Webseiten festlegen, die automatisch immer in der Kompatibilitätsansicht dargestellt werden sollen. Um das Menü nutzen zu können, müssen Sie allerdings zuerst die Menüleiste mit einem Rechtsklick in den oberen Fensterrand des Internet Explorers aktivieren.

PRAXIS-TIPP

Beachten Sie: Nicht alle auf einer Website auftretenden Anzeigeprobleme werden durch Browserinkompatibilitäten verursacht. Auch eine unterbrochene Internetverbindung, hohes Datenverkehrsaufkommen oder Probleme mit der Website können sich auf die Darstellung einer Webseite auswirken.

Kompressionsrate

Die Kompressionsrate bestimmt, um wie viel Prozent eine Datei verkleinert wird bzw. welcher Unterschied zwischen einer komprimierten und unkomprimierten Datei besteht. Ein Kompressionsfaktor von 1:1000 besagt beispielsweise, dass die Dateigröße nach der Kompression eintausendstel der vorherigen Dateigröße beträgt. Statt der Verhältnisangabe kann die Kompressionsrate auch als Prozentsatz angegeben werden, beispielsweise 90 %. Das bedeutet, dass die Dateigröße der komprimierten Datei um 90 % gegenüber der Originaldatei verkleinert wurde. Durch gute Kompression werden Bilddateien und Videos relativ klein. Die Kompressionsrate kann man einstellen, was besonders bei der nicht-verlustfreien Kompression wie beispielsweise beim JPG-Format wichtig ist, dabei gilt: je kleiner die Bilddatei, desto mehr Qualitätsverluste entstehen durch sogenannte Artefakte. Dies sind Unregelmäßigkeiten im Bild, die sich bei hoher Kompression besonders auf großen einfarbigen Flächen und an kontraststarken Kanten ergeben. Andererseits kann es bei Videos, die mit niedriger Kompression bearbeitet sind, so hohe Dateivolumen geben, dass sie sich nicht mehr abspielen lassen.

Komprimieren

Um Speicherplatz zu sparen oder Daten schneller zu übertragen, werden Dateien komprimiert, d.h. in ihrer Größe verkleinert. Dieser Vorgang wird auch „packen" genannt. Die Arbeit mit komprimierten Dateien und Ordnern unterscheidet sich nicht von der Arbeit mit nicht komprimierten Dateien und Ordnern. Man kann zudem mehrere Dateien in einem einzigen komprimierten Ordner zusammenfassen. Dies hat gleich zwei Vorteile: Als Anhang einer E-Mail ist die komprimierte Datei nicht zu groß und man muss nur einmal das Hinzufügen (und das Herunterladen) durchführen. Das Prinzip der Komprimierung ist einfach. Die meisten Dateien enthalten mehr oder weniger lange Passagen aus den gleichen Zeichen, die bei der Komprimierung zusammengefasst werden. Ein Beispiel gibt die folgende Zeile: XyooooAAAAAA CZ. Diese ließe sich mit einem simplen Kompressionsverfahren so verkürzen: Xy4o6ACZ. Das Original hat 14 Zeichen, die komprimierte Version nur noch 8. Im Beispiel werden Folgen gleicher Zeichen durch eine Zahl ersetzt, die die Anzahl der folgenden Zeichen angibt. Auch unter Windows können Sie Dateien und Ordner komprimieren. Klicken Sie mit der rechten Maustaste auf die gewünschte Datei/den Ordner und wählen aus dem „Kontextmenü" die Option „Senden an/ZIP-komprimierte Ordner". Daraufhin wird ein neuer komprimierter Ordner erstellt. Sie können ihn umbenennen, indem Sie mit der rechten Maustaste auf den Ordner, dann auf „Umbenennen" klicken und den neuen Namen eingeben.

Um die Dateien wieder zu extrahieren, also auszupacken, klicken Sie doppelt auf den komprimierten Ordner, um ihn zu öffnen. Ziehen Sie dann die Datei oder den Ordner aus dem komprimierten Ordner an eine neue Stelle. Um den ganzen Inhalt des komprimierten Ordners zu extrahieren, klicken Sie mit der rechten Maustaste auf den Ordner, klicken Sie auf „Alle extrahieren", und folgen Sie dann den Anweisungen.

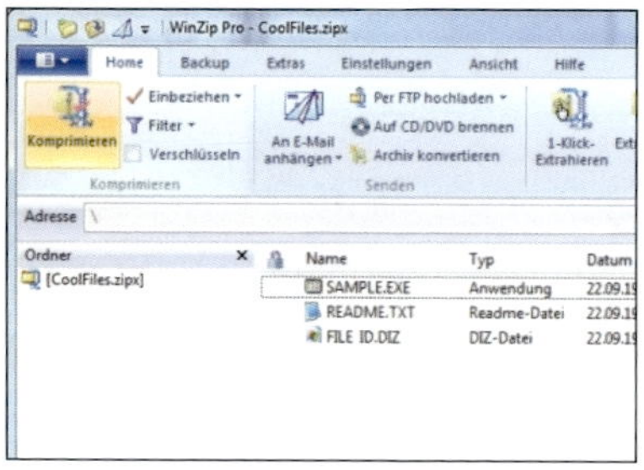

WinZip ist ein beliebtes Programm zur Komprimierung von Daten.

SICHERHEITS-TIPP

Wenn Sie einem komprimierten Ordner verschlüsselte Dateien hinzufügen, werden die Dateien beim Extrahieren entschlüsselt, wodurch persönliche oder vertrauliche Informationen unbeabsichtigt offengelegt werden können. Aus diesem Grund sollten verschlüsselte Dateien nicht komprimiert werden.

Kontakte

Mithilfe von „Windows Kontakte" können Sie Informationen zu Personen verwalten, inklusive E-Mail-Adresse, Telefonnummer und Fotos. Der Ordner „Kontakte" dient auch als Adressbuch für Windows Mail. Möchten Sie eine E-Mail erstellen, können Sie den Empfänger aus dem Ordner „Kontakte" auswählen. Sie finden den Ordner, indem Sie bei Windows 7 und 8 auf „Start" klicken und dann „Alle Programme/Windows Kontakte" wählen. Jede Adresse wird dort als eigene Datei mit der Endung „.contact" abgelegt. Ein Doppelklick auf einen Kontakt öffnet ein Dialogfenster, in dem alle Daten dieser Person bearbeitet werden können. Ein Klick auf das kleine Dreieck unter dem Bild bietet die Möglichkeit, ein Foto der Person ins Adressbuch aufzunehmen. Auf den weiteren Registerkarten lassen sich private und Büroadressen, Familiendaten und weitere Angaben hinzufügen. Mit der Schaltfläche „Neue Kontaktgruppe" in der Sym-

Die Adressen und Telefonnummern Ihrer Freunde und Verwandten können Sie in einem Notizbuch niederschreiben – oder aber mit Ihrem Computer verwalten. Digitale Adressbücher („Kontakte" bei Windows) verwalten Ihre Kontakte einfach und komfortabel.

bolleiste des Hauptfensters können Sie Personen zu Gruppen zusammenfassen, um Ihnen auf e schnelle Weise E-Mails zu schicken.

▪ Download Windows Live Mail: http://windows.microsoft.com/de-de/windows-live/essentials

In Windows Live Mail lassen sich die Kontaktdaten einer Person bearbeiten.

PRAXIS-TIPP

Eine noch komfortablere Kontaktverwaltung bietet das kostenlose Programm Windows Live Mail. Hier ist auch ein Kalender integriert. Windows Live Mail ist Bestandteil von Windows Live Essentials bei Microsoft.

Kontextmenü

Das Kontextmenü steht in allen Windows-Anwendungen zur Verfügung. Damit lassen sich Funktionen schneller finden und öffnen. Sobald Sie mit der rechten Maustaste auf eine Datei oder Programm klicken, öffnen Sie es. In einem kleinen Menü werden Funktionen angezeigt, die sinnvoll und möglich sind, wie beispielsweise „Einfügen“, „Kopieren“ oder „Drucken“. Ein Klick auf eine Auswahl führt diesen Befehl sofort aus. Ein nach rechts zeigendes schwarzes Dreieck führt zu einem weiteren Kontextmenü. Drei Punkte hinter einem Befehl führen zu einem neuen Fenster.

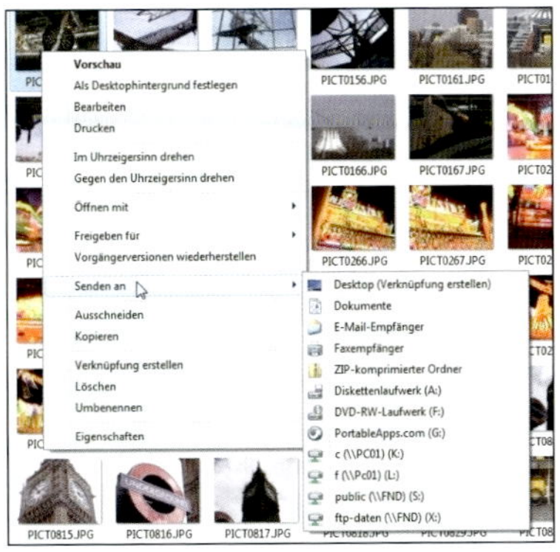

Im Windows Explorer lässt sich ein Kontextmenü zu Fotos öffnen.

Kontrollkästchen

Bei Auswahldialogen gibt es oft die Möglichkeit, Optionen und Funktionen auszuwählen. Dies kann entweder durch Kontrollkästchen oder durch sogenannte Radiobuttons geschehen. Kontrollkästchen sind viereckige Kästchen, die mit der Maus markiert werden können. Man setzt sozusagen ein Häkchen in das Kästchen. Jedes Häkchen kann unabhängig von den anderen gesetzt werden. Radiobuttons wiederum sind runde Auswahlfelder, bei denen man mit der Maus in nur einem Feld einen Punkt setzen kann. Ein Beispiel für Kontrollkästchen sind in Windows die Bildansichten im Windows Explorer oder in der Windows Live Fotogalerie. Die Bilder, die ausgewählt werden sollen, werden einfach per Häkchen markiert. Um die Kontrollkästchen zu aktivieren, klicken Sie im Windows Explorer auf „Organisieren“ und wählen dann die „Ordner- und Suchoptionen“. Im Reiter „Ansicht“ aktivieren Sie nun die Option „Kontrollkästchen zur Auswahl von Elementen verwenden“. Anschließend erscheint bei jeder Datei im Windows Explorer ein Kontrollkästchen, sobald Sie mit der Maus über die Datei fahren.

Konvertierung

Der Begriff Konvertierung bezeichnet die Umwandlung einer Datei von einem Dateiformat in ein anderes, damit sich die Daten auch von einem anderen Programm verarbeiten/lesen lassen. Ein bekanntes Beispiel ist die Umwandlung einer Worddatei (.doc) in das PDF-Format. Bei der Konvertierung gibt es folgende drei Möglichkeiten:

- Bei der verlustfreien Konvertierung bleiben alle Daten erhalten. Ein Beispiel: Wenn Sie eine Musik-CD in den Computer übertragen möchten und die Musik im WMA-

Möchten Sie mehrere Fotos auswählen, können Sie diese einfach mit der linken Maustaste markieren, indem Sie ein Häkchen setzen.

Format speichern. Alle Informationen im Musikstück werden 1:1 übernommen.

- Bei der verlustbehafteten Konvertierung gehen Daten verloren. Das ist insbesondere der Fall, wenn ein Musikstück in eine MP3-Datei umgewandelt wird. Die Details, die für den Hörer nicht wahrnehmbar sind, werden weggelassen.

- Bei der sinnhaften Konvertierung werden alle Daten so übertragen, das der wesentliche Inhalt erhalten bleibt. Je nach Dateityp kann dieser Vorgang mit oder ohne Datenverlust einhergehen.

Kopfhörer

Wenn Sie Ton und Musik über Kopfhörer am Computer anhören möchten, muss der Kopfhörer direkt an der Soundkarte des Rechners angeschlossen werden. Dazu finden Sie am Computergehäuse eine meist hellgrüne Buchse, in die Sie den Kopfhörer einfach einstecken können. Über diese Buchse werden auch PC-Lautsprecher direkt angeschlossen. Notebooks schalten mit dem Einstecken eines Kopfhörers die eingebauten Lautsprecher automatisch aus.

Kopfzeile

In der Textverarbeitung finden Sie die Kopfzeile am oberen Seitenrand. Dabei handelt es sich um einen abgetrennten Bereich. Die Kopfzeile enthält oft die Seitenzahl oder Angaben zum aktuellen Kapitel, z.B. die Überschrift. Eine ähnliche Funktion erfüllt die Fußzeile (siehe Seite 77).

Kopiereinstellungen

Der Windows Media Player verfügt über sogenannte Kopiereinstellungen. Damit lässt sich festlegen, ob eine Audio-CD, die auf die Festplatte kopiert wird, als MP3-Datei oder im WMA-Format (Windows Media Audio) gespeichert werden soll. Um die Kopiereinstellungen zu ändern, öffnen Sie den Windows Media Player. Klicken Sie anschließend rechts oben im Fenster auf „Zur Bibliothek wechseln“. Legen Sie nun eine CD in das CD/DVD-Laufwerk ein, und klicken Sie auf „Kopiereinstellungen“. Wählen Sie eine oder mehrere Menüelemente wie Format oder Audioqualität. Zur Auswahl stehen folgende Möglichkeiten:

Format	Eigenschaften
Windows Media Audio Pro	Dieses Format unterstützt eine Vielzahl von Einsatzmöglichkeiten, egal, ob für das heimische Surroundsystem oder tragbare Geräte. Es bietet eine sehr gute Qualität.
Windows Media Audio (Standard)	Damit lassen sich relativ kleine Dateien mit dennoch guter Qualität erzielen. Man kann das Format mit einem Kopierschutz versehen.
Windows Media Audio Lossless	Dieses Format bietet die beste Audioqualität. Die Dateigröße kann jedoch zunehmen.
MP3	Ein Audioformat mit vergleichsweise kleinen Dateien bei dennoch guter Qualität. Damit lässt sich eine komplette Musik-CD ohne wahrnehmbare Qualitätsverluste auf die Größe von 10 bis 20 Megabyte reduzieren.
WAV	WAV ist ein verlustloses Audioformat. Es entstehen sehr große unkomprimierte Dateien.

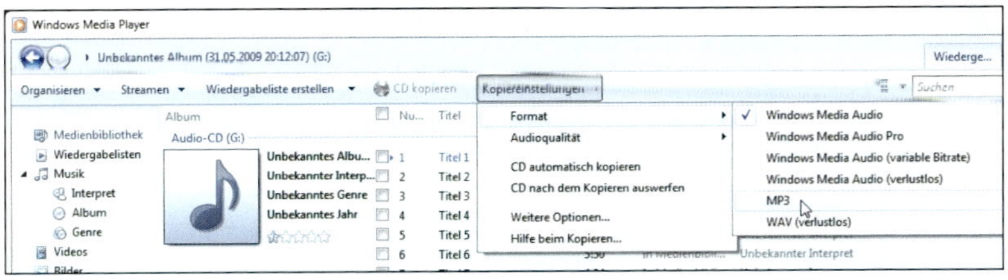

Im Windows Media Player lassen sich die Kopiereinstellungen für Audio-CDs, die auf die Festplatte kopiert werden sollen, individuell festlegen.

Kopieren

„Kopieren" ist unter Windows ein Befehl, mit dem sich Objekte wie Texte, Bilder, Dateien etc. in irgendeiner Weise duplizieren lassen. Diese Kopien werden dabei in die Zwischenablage (siehe Seite 285) gespeichert. Von dort können sie in andere Bereiche (Texte, Dokumente, Dateien) eingefügt werden. An der aktuellen Stelle bleiben die Elemente erhalten. Das Kopieren erfolgt in allen Programmen mit der Tastenkombination [Strg]+[C]. In den meisten Programmen erscheint bei einem Klick mit der rechten Maustaste auf das markierte Objekt ein „Kontextmenü", in dem ebenfalls der Befehl „Kopieren" gewählt werden kann. Das Duplizieren kann mit „Bearbeiten/Kopieren" erfolgen.

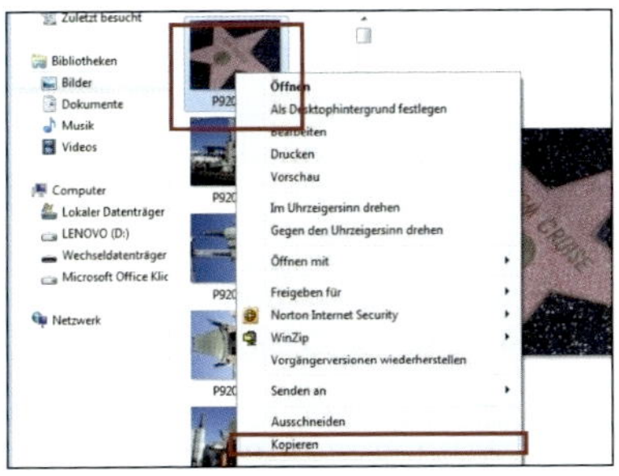

Mit dem Befehl „Kopieren" lassen sich Objekte duplizieren.

Kopierschutz

Der Begriff Kopierschutz bezeichnet verschiedene Verfahren, die eingesetzt werden, um die unberechtigte Vervielfältigung und kostenlose Nutzung digitaler Medien wie Musik, Filme oder auch Software zu verhindern. Unter Kopierschutz fallen auch DRM-Verfahren (siehe Seite 52), die das Abspielen gekaufter Medien nur auf einem einzelnen Computer oder MP3-Player zulassen. Mittlerweile verkaufen jedoch immer mehr Onlineshops ihre Musiktitel im ungeschützten MP3-Format, da DRM den ehrlichen Kunden zu sehr einschränkt.

Kurznotizen

Jeder kennt die kleinen gelben Klebezettel, auf die sich schnell die eine oder andere Notiz schreiben lässt. Auch Windows 7 bietet eine kleine Anwendung, mit der sich solche Notizen virtuell auf den Bildschirm kleben lassen.

Sie finden diese Kurznotizen im „Startmenü" unter „Zubehör". Eine Kurznotiz können Sie direkt beschreiben oder Text aus der Zwischenablage in die Notiz einfügen. Ein Klick mit der rechten Maustaste blendet ein Menü ein, in dem sich die Farbe des Notizzettels verändern lässt. Die Notizzettel können mit der Maus frei auf dem Bildschirm bewegt werden, wenn Sie sie im oberen etwas dunkleren Bereich mit der Maus anfassen. Auch die Größe des Notizzettels lässt sich verändern. Ein Klick auf das Pluszeichen oben links erstellt eine neue Notiz, ein Klick auf das Kreuz oben rechts löscht sie.

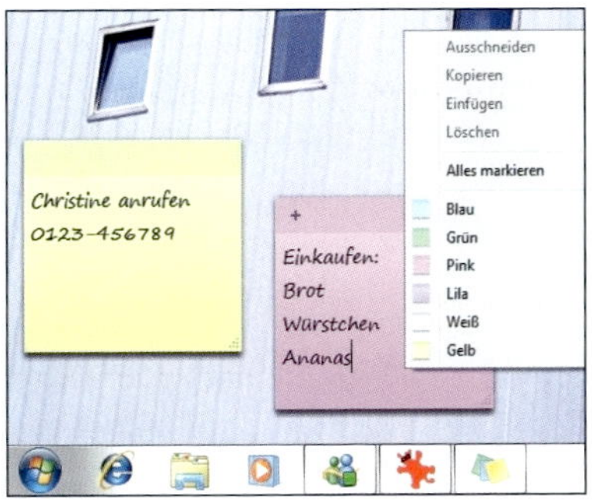

Mit Windows 7 lassen sich digitale Kurznotizen auf den Bildschirm heften.

Kurz-URL

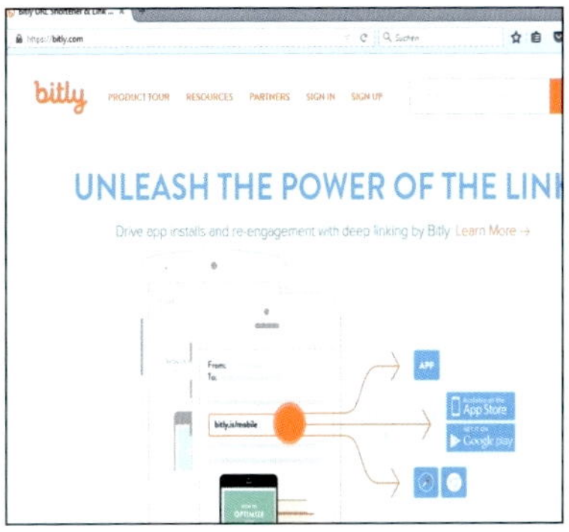

bitly ist ein sehr bekannter URL-Verkürzer im Internet.

Manche Links, die auf Internetseiten oder einen Download verweisen, sind sehr lang. Solange sie per „Kopieren und Einfügen" elektronisch als Link weitergegeben werden, entstehen keine Probleme. Muss jedoch jemand den Link abtippen, kann es zu Fehlern kommen. Einfacher wäre es deshalb, wenn man die URLs verkürzen könnte und trotzdem zur gewünschten Webseite gelangt. Diese Kurz-URLs sind nicht nur für gedruckte Medien interessant, sondern auch für alle Übertragungswege, die keine beliebig langen Nachrichten zulassen, wie Twitter (siehe Seite 239) oder SMS. Verschiedene kostenlose URL-Verkürzer im Internet bieten Kurz-URLs an. Man muss den Originallink in ein Eingabefeld kopieren und erhält eine Kurz-URL.

- bitly https://bitly.com
- Google: http://goo.gl
- Flickr: http://flic.kr
- YouTube: http://youtu.be

L

LAN-Verbindung

LAN ist die Abkürzung für Local Area Network und bezeichnet eine lokale, räumlich begrenzte Netzwerkverbindung, wie sie vor allem im Privathaushalt und kleineren Firmen vorkommt. Dabei sind einzelne Computer miteinander verbunden und können so untereinander Daten austauschen. Ethernet ist heute für LAN der am weitesten verbreitete Standard. Ein LAN wird mittels eines speziellen Kabels aufgebaut. Im Gegensatz dazu funktioniert eine WLAN-Verbindung kabellos. Computerspieler nutzen ein LAN auch gerne für die sogenannten LAN-Partys. Dabei wird entweder ein Spiel gemeinsam gespielt oder die Mitspieler treten gegeneinander an.

Laden

Laden ist ein anderes Wort für herunterladen oder Download. Es wird verwendet, wenn man aus dem Internet Daten auf den eigenen Computer überträgt.

Laserdrucker

Ein aktueller Schwarz-Weiß-Laserdrucker der Firma HP.

Um ein Dokument oder Bild von einem Computer auf Papier zu bringen, benötigen Sie einen Drucker. Es gibt zwei verschiedene Arten von Druckern: Laserdrucker und Tintenstrahldrucker. Im privaten Bereich werden vor allem Schwarz-Weiß-Laserdrucker eingesetzt, da sie in der Anschaffung erschwinglich und bei den Verbrauchskosten günstig sind. Farblaserdrucker sind deutlich teurer. Ausdrucke von Laserdruckern sind wisch- und wasserfest. Der Druck läuft deutlich schneller als bei Tintenstrahldruckern, sodass Laserdrucker gut für Serienbriefe und Massendrucke eingesetzt werden können. Bekannte Hersteller für Laserdrucker im privaten Bereich sind HP, Canon, Brother, Kyocera sowie Konica Minolta.

- Laserdrucker-Hersteller:
www.brother.de
www.canon.de
www.hp.de
www.konicaminolta.de
www.kyocera.de

Lasermaus

Siehe Maus.

Laptop

Laptop ist eine andere Bezeichnung für Notebook (siehe Seite 142). Dabei handelt es sich um einen tragbaren Computer inklusive Bildschirm, Tastatur und Touchpad (als Mausersatz). Der Begriff Laptop wurde vor allem früher verwendet, als die portablen Computer noch deutlich schwerer waren und auch noch nicht die heute übliche

Bauform hatten. Man konnte sie aber trotzdem bereits auf den Schoß (engl.: lap) nehmen. Als die Geräte immer kleiner und leichter wurden, erfand man den Begriff Notebook.

Laufwerk

Ein Laufwerk (engl.: drive) bezeichnet einen Massenspeicher, der in einem Betriebssystem wie Windows angesprochen werden kann. Dabei wird zwischen internen und externen Laufwerken unterschieden. Interne Laufwerke sind im Gehäuse des Computers eingebaut, wie beispielsweise der CD-/DVD-Brenner, das Diskettenlaufwerk oder auch ein Kartenlesegerät. Auch die Festplatte im Computer ist ein internes Laufwerk.

Externe Laufwerke werden per Kabel mit dem Computer verbunden. Dazu gehören USB-Festplatten, USB-Sticks, externe Kartenleser sowie externe CD-/DVD-Laufwerke. Alle diese Geräte werden vom Computersystem erkannt und mit einem Buchstaben benannt, gefolgt von einem Doppelpunkt. Der Laufwerkbuchstabe kann in Klein- oder Großbuchstaben geschrieben werden. Die erste Festplatte in einem Computer hat immer den Laufwerkbuchstaben C. Dies ist historisch bedingt, da die allerersten PCs nur zwei Diskettenlaufwerke hatten, die mit A: und B: bezeichnet wurden. Mit der Einführung der Festplatten kam der Laufwerkbuchstabe C: ins

Im Windows Explorer lassen sich alle internen und externen Laufwerke anzeigen.

Eine externe USB-Festplatte wird vom Computer als Laufwerk erkannt. Danach lassen sich die Daten per Drag&Drop auf die Festplatte kopieren bzw. verschieben.

Spiel. Eine typische Grundausstattung sieht daher wie folgt aus:

Laufwerk	Beschreibung
A:	Diskettenlaufwerk
C:	Festplatte (Partition 1)
D:	Festplatte (Partition 2)
E:	DVD-Laufwerk
F:	Wechseldatenträger (USB-Stick oder Kartenleser)

Lautsprecher

Die meisten PCs und Notebooks besitzen eingebaute Lautsprecher, die Töne vom Computer wiedergeben können. Allerdings sind diese Lautsprecher, da sie sehr klein sind und wenig Watt besitzen, für Musik und Filme nicht besonders gut geeignet. Deshalb hat jeder PC bzw. die integrierte Soundkarte sowohl einen Audioausgang für Lautsprecher als auch einen Audioeingang für den Anschluss eines Mikrofons. Die Anschlüsse sind jeweils eine Buchse für 3,5-mm-Stereo-Klinkenstecker (siehe Seite 106), wie sie auch in der Unterhaltungselektronik häufig verwendet werden. Einige Computer besitzen die getrennten Audioausgänge namens „SPK“ und „OUT“. In diesem Fall schließen Sie an den SPK-Ausgang nur Kopfhörer und einfache Lautsprecherboxen ohne Verstärker an, dazu gehören auch in Monitoren eingebaute Lautsprecher. Aktivboxen und Stereoanlagen müssen am OUT-Ausgang angeschlossen werden. Unter Windows können Sie Einstellungen zum Klang und zu den unterschiedlichen Lautsprecheranordnungen vornehmen. Gehen

In der „Systemsteuerung“ lassen sich die Lautsprecher individuell konfigurieren.

Sie dazu in die „Systemsteuerung" und wählen Sie bei „Hardware" die Option „Sound". Klicken Sie anschließend auf die Schaltfläche „Konfigurieren". Wählen Sie dann die Lautsprechereinstellung aus, die der tatsächlich vorhandenen Ausstattung am besten entspricht. Durch Anklicken der Lautsprechersymbole können Sie auf jedem Lautsprecher eine Testmelodie ertönen lassen.

Lautstärkeregler

Gleichgültig, ob Sie interne oder externe Lautsprecher am Computer haben: Für beide können Sie die Lautstärke individuell regeln. Dazu klicken Sie einfach auf das kleine Lautsprechersymbol unten rechts in der Taskleiste neben der Uhr. Danach öffnet sich automatisch der Lautstärkeregler. Sollte aus dem Lautsprecher nichts zu hören sein, schieben Sie den Regler nach oben. Ein Klick auf „Mixer" zeigt den Lautstärkemixer, in dem Sie für jede Anwendung die Lautstärke anpassen können. Klicken Sie im „Lautstärkemixer" auf das Lautsprechersymbol, lassen sich die Lautsprecher detailliert einstellen. Damit Sie bei mehreren angeschlossenen Audiogeräten die Übersicht behalten, wird hier auch noch die Farbe der Buchse angezeigt, an der der betreffende Lautsprecher angeschlossen ist. Ein Klick mit der rechten Maustaste auf das Lautsprechersymbol öffnet ein Menü, über das Sie auch Einstellungen vornehmen können.

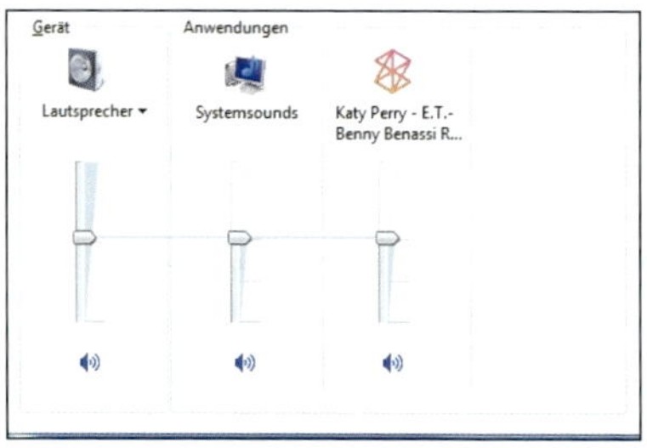

Die Lautstärke kann an die eigenen Bedürfnisse angepasst werden.

LCD

Die Abkürzung LCD steht für **L**iquid **C**rystal **D**isplay. LCDs werden unter anderem bei Computermonitoren, Kamera- und Handydisplays sowie in Fernsehgeräten eingesetzt. Bei einem LCD-Display bestehen die einzelnen Zellen aus einer dünnen Schicht Flüssigkristall. Diese Kristalle haben die Fähigkeit, die Polarisationsrichtung von Licht zu beeinflussen und so die Farbe zu wechseln. Dies wird durch elektrische Impulse erreicht. Somit strahlt das Licht hauptsächlich nach vorne und kaum zu den Seiten ab. Mit LCD-Displays können sehr helle Bilder dargestellt werden. Zudem sind LCDs Strom sparend und besitzen ein geringes Gewicht.

LED

Der Begriff LED besitzt zwei unterschiedliche Bedeutungen. Zum einen steht LED für **L**ight **E**mmitting **D**iode, zu Deutsch Leuchtdiode.

Fast jede Tastatur besitzt LEDs, die den Betriebszustand anzeigen.

Solche LEDs werden an Computern und anderen elektronischen Geräten zur Statusanzeige verwendet. Jeder PC besitzt eine LED, die seinen Betrieb anzeigt. Befindet sich der Rechner im Ruhezustand, blinkt sie in der Regel. Eine weitere LED zeigt die Festplattenzugriffe an. Auf der Tastatur befinden sich meistens drei LEDs: „Num“ zeigt an, dass der Nummernblock aktiv ist. Diese sollte auf PC-Tastaturen immer eingeschaltet sein. Auf Notebooks braucht man ihn nur zur Zahleneingabe. „Caps-Lock“ ist normalerweise ausgeschaltet. Es wird eingeschaltet, sobald Sie von der Klein- und Großschreibung auf nur Großbuchstaben umschalten. Auf Handys informiert die LED oft mit verschiedenen Farben über eingegangene E-Mails, SMS oder verpasste Anrufe und Termine.

LED kommt aber auch bei Computermonitoren und TV-Geräten vor. In diesem Fall bezeichnet LED die Art der Hintergrundbeleuchtung des LCD-Displays. Normale LCD-Displays arbeiten mit der sogenannten CCFL-Technologie, bei der Leuchtstofflampen hinter dem Display verteilt sind und das Display dadurch gleichmäßig ausleuchten. Man unterteilt CCFL nochmals in CCFL und CCFL slim. Bei letzterer Technik sind noch geringere Bautiefen möglich. Bei der LED-Technologie kommen Leuchtstoffdioden zum Einsatz, deren Anordnung unterschiedlich sein kann. Wenn sie rund um den Bildschirm angeordnet sind, spricht man von der Edge-LED-Technik. Die Leuchtdioden sitzen also am linken und rechten Rand des LCD-Schirms. Dieses Prinzip verbraucht wenig Energie und ermöglicht besonders flache TV-Schirme. Weiterhin gibt es die Direct-LED-Technik. Hier sind die Leuchtdioden direkt hinter dem Display platziert. Dieses Prinzip erlaubt es, einzelne Bereiche des Displays unterschiedlich hell oder dunkel zu durchleuchten (Local Dimming). Dadurch werden hohe Schwarzwerte erreicht.

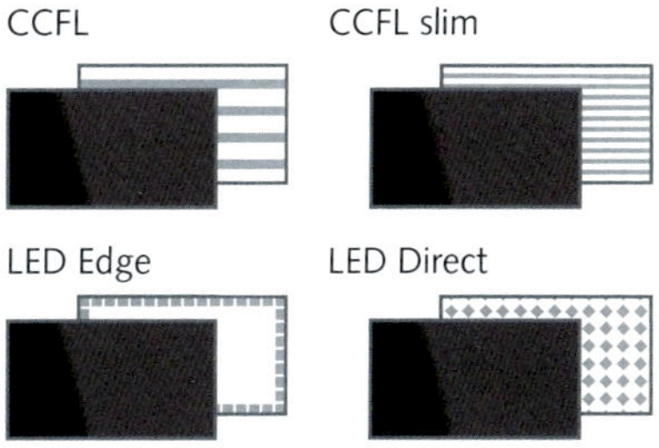

Monitore und TVs können mehrere Arten von Hintergrundbeleuchtungen besitzen.

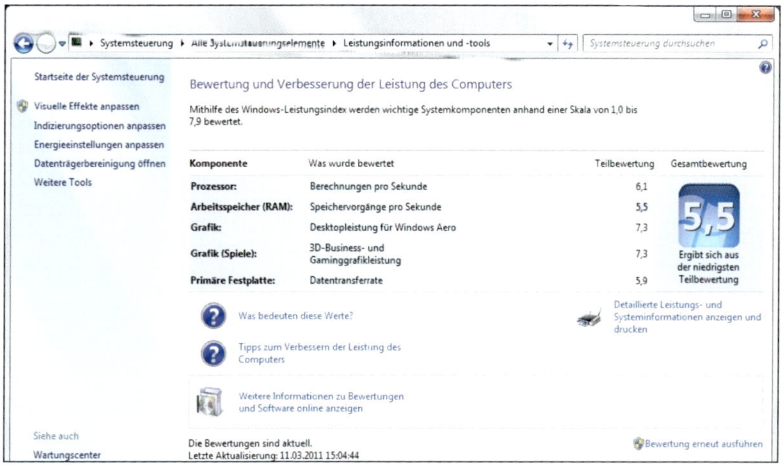

In Windows lassen sich Einzelbewertungen zum Leistungsindex anzeigen. Damit sehen Sie, wie sich Soft-und Hardware in Ihrem Computer verhalten.

Leistungsindex

Der Windows-Leistungsindex ist ein System zur Bewertung der Funktionstüchtigkeit der Soft- und Hardwarekonfiguration des Computers. Das Ergebnis wird als Zahl ausgedrückt, die Indexbewertung genannt wird. Eine höhere Bewertung bedeutet in der Regel, dass sich der Computer, vor allem bei anspruchsvollen und ressourcenintensiven Aufgaben, besser und schneller verhält als ein Computer mit einer niedrigeren Basisbewertung. Die Indexbewertung hilft Ihnen auch beim Softwarekauf. Denn Programmhersteller sind dazu angehalten, bei neuen Versionen anzugeben, ab welchem Windows-Leistungsindex die Software läuft. Dies betrifft vor allem Spiele mit hohen Anforderungen an die Grafikleistung. Achtung: Seit Windows 10 ist der Leistungsindex nicht mehr einsehbar! Die Indexbewertung öff-

PRAXIS-TIPP

Wenn Sie eine neue Komponente in Ihren Computer eingebaut haben, wie beispielsweise eine neue Grafikkarte, erscheint in der Computerbewertung der Hinweis „Neue Hardware gefunden“. Der Leistungsindex sollte nun aktualisiert werden. Um ihn zu verbessern, reicht oft auch die Installation eines neueren Treibers, der die Aero-Funktionen (siehe Seite 13) in Windows besser unterstützt.

nen Sie bei Windows 7 wie folgt: Gehen Sie in die „Systemsteuerung", und klicken Sie dort auf „System und Sicherheit/System". Noch schneller geht es, wenn Sie im Windows Startmenü mit der rechten Maustaste auf „Computer" klicken und dann aus dem „Kontextmenü" die Option „Eigenschaften" wählen. Wird hier im Bereich „System" der Link „Die Systembewertung ist nicht verfügbar" angezeigt, wurde noch keine Systembewertung (siehe Seite 219) durchgeführt. Klicken Sie in diesem Fall auf den Link und im nächsten Dialogfeld auf „Bewertung erneut ausführen", was ein paar Minuten dauern kann. Falls dieser Link nicht erscheint, können Sie die Basisbewertung sowie die Teilbewertungen betrachten. Klicken Sie auf„Bewertung aktualisieren", wenn die Hardware kürzlich aktualisiert wurde und Sie feststellen möchten, ob sich die Bewertung geändert hat. Für den Windows-Leistungsindex werden die Komponenten Prozessor, Arbeitsspeicher, Grafikkarte und Festplatte einzeln bewertet.

Je höher der errechnete Wert, desto leistungsfähiger ist die jeweilige Komponente. Die Gesamtbewertung entspricht immer dem schlechtesten Einzelwert, nicht dem Durchschnittswert. Ein Computer mit schnellem Prozessor, aber einfacher Grafikkarte ist somit nicht für grafisch anspruchsvolle Anwendungen geeignet.

Lernen ohne Buch macht sehr viel Spaß: Man sitzt locker auf dem Sofa mit dem Laptop auf dem Schoß und lässt sich von der Lernsoftware führen.

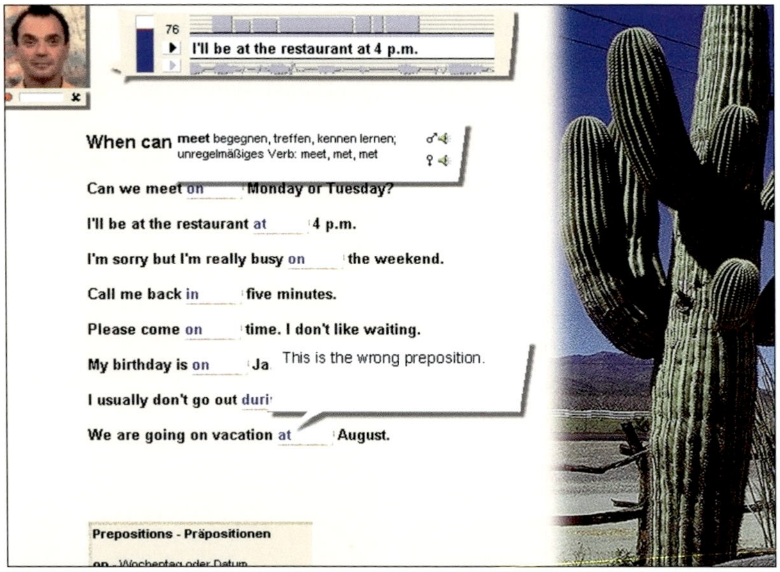

Lernsoftware für Fremdsprachen ist sehr ausgefeilt, denn auch die Aussprache kann überprüft werden.

Lernsoftware

Lernsoftware ist eine spezielle Art von Programm, die für Lernzwecke entwickelt wurde – sowohl für Kinder als auch für Erwachsene. Typische Formen sind Sprachlernsoftware, Übungsprogramme (z.B. Vokabeltrainer), digitale Nachschlagewerke sowie Lernspiele. Lernsoftware hat einen klaren Lerninhalt, folgt bestimmten didaktischen Konzepten und ist auf die jeweilige Zielgruppe ausgerichtet. Wird Lernsoftware verwendet, spricht man auch von E-Learning.

Lesebestätigung

Wenn Sie eine E-Mail schreiben, können Sie vom Empfänger eine automatische Lesebestätigung anfordern. Das hat den Vorteil, dass Sie sehen können, ob und wann Ihre E-Mail gelesen wurde. In Windows Live Mail geht das ganz einfach: Bevor Sie die E-Mail absenden, klicken Sie oben rechts im

Vom Empfänger einer E-Mail können Sie eine Lesebestätigung anfordern.

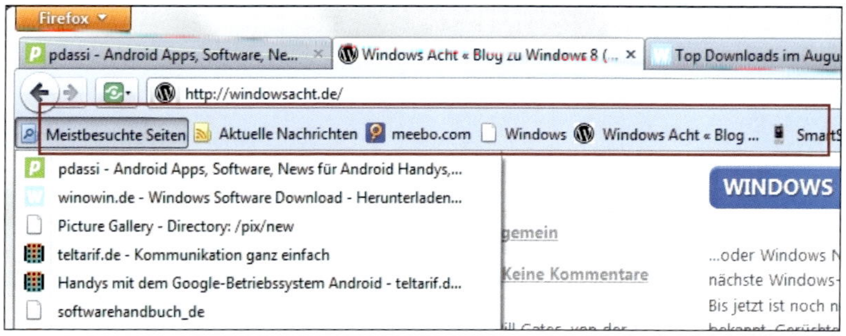

Die Lesezeichen-Symbolleiste im Browser wie beispielsweise Mozilla Firefox bietet einen schnellen Zugriff auf gespeicherte Webseiten.

Fenster auf „Zustellung" und kreuzen danach das Kontrollkästchen „Lesebestätigung" an. Der Empfänger erhält mit der E-Mail einen kleinen Hinweis, dass Sie eine Lesebestätigung angefordert haben. Er kann diese Meldung bestätigen oder auch ignorieren. Sie können in Windows Live Mail außerdem festlegen, ob Lesebestätigungen immer oder nie verschickt werden sollen oder ob Sie jedes Mal gefragt werden wollen. Gehen Sie dazu auf die Registerkarte „Bestätigungen" im Menüpunkt „Optionen/E-Mail".

SICHERHEITS-TIPP

Lesebestätigungen sind nicht immer nützlich. Viele Versender von unerwünschten Werbebotschaften (Spammer) fordern automatische Lesebestätigungen an, um daran zu erkennen, welche der Adressen wirklich existieren. Durch Abschalten der Lesebestätigungen können Sie zumindest einen Teil der Spammer abwehren.

Lesezeichen

Lesezeichen werden auch als Favoriten oder Bookmarks bezeichnet. Darunter versteht man Webseiten, die im Browser abgespeichert werden, um sie später schneller öffnen zu können. Wenn Sie auf Ihrem Computer zwei Browser, beispielsweise den Internet Explorer und Mozilla Firefox, installiert haben, kennen Sie wahrscheinlich auch das folgende Problem: In jedem Browser sind verschiedene Lesezeichen gespeichert, auf die Sie nur zugreifen können, wenn Sie den jeweiligen Browser öffnen.

Komfortabler wäre es deshalb, wenn Sie die **Lesezeichen synchronisieren** könnten. Deshalb bieten die meisten Browser dafür eine Importfunktion an. Um die Favoriten des Internet Explorers in Firefox zu importieren, klicken Sie im geöffneten Mozilla-Browser auf „Datei/Importieren". Es öffnet sich nun ein kleines Fenster, das Ihnen andere Browser anbietet. Wählen Sie hier „Internet Explorer" aus, und klicken Sie dann auf „Weiter". Es erscheint ein Dialogfeld, in dem Sie die Häkchen bei „Internetoptionen", „Cookies" und „Verlauf" entfernen, sodass nur die Option „Favoriten" stehen bleibt. Die Favoriten werden nun automatisch synchronisiert. Bestätigen Sie den Vorgang zuletzt mit Klick auf „Fertigstellen". Auch in der Gegenrichtung, also von Mozilla Firefox zum Internet Explorer ist die Vorgehensweise ähnlich. Starten Sie den Internet Explorer und wählen dann unter „Datei" die Optionen „Importieren und Exportieren". Markieren Sie die Aktion „Aus anderem Browser importieren" und setzen Sie im nächsten Fenster

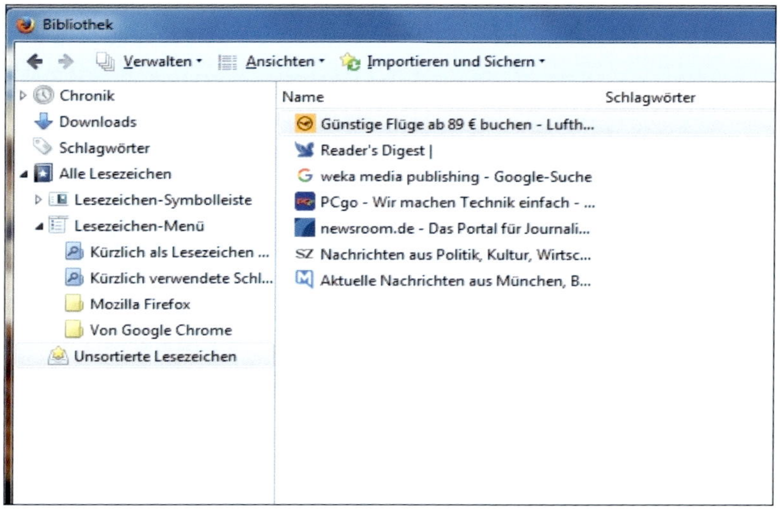

Mithilfe der Lesezeichenverwaltung (Abb. Mozilla Firefox) lassen sich die Lesezeichen nach bestimmten Kriterien ordnen, um sie schneller finden zu können.

Lesezeichen bringen Komfort beim Surfen. Denn damit lassen sich Webseiten, die häufig besucht werden, speichern und nach bestimmten Kriterien ordnen.

ein Häkchen bei „Firefox“. Nach einem Klick auf „Importieren“ werden alle Lesezeichen ganz einfach übertragen.

Lesezeichen, die sehr oft benutzt werden, lassen sich zudem in die **Lesezeichen-Symbolleiste** eintragen. Ein Klick genügt, und die Lieblings-Webseiten öffnen sich, ganz ohne Menü. Die Lesezeichen-Symbolleiste befindet sich sowohl im Internet Explorer als auch bei Firefox unmittelbar unterhalb der Menüleiste. Sie wird bei Firefox über den Menüpunkt „Einstellungen/Lesezeichen-Symbolleiste“ eingeschaltet und enthält voreingestellt nur einige wenige Links. Beim Internet Explorer wird sie standardmäßig eingeblendet. Um in Mozilla eine Webseite als Lesezeichen abzulegen, brauchen Sie die Adresse nur aus der Adresszeile auf die Lesezeichen-Symbolleiste ziehen. Innerhalb dieser Symbolleiste können Sie mit einem Rechtsklick auch Ordner anlegen, in denen Lesezeichen abgelegt werden. Auf diese Weise können Sie innerhalb der Symbolleiste Ihre eigene Struktur aufbauen, mit der Sie Ihre wichtigsten Lesezeichen sehr schnell finden. Klicken Sie mit der mittleren Maustaste auf so einen Ordner in der Lesezeichen-Symbolleiste, werden alle darin enthaltenen Lesezeichen in eigenen Tabs geöffnet. Für die meistbesuchten Seiten wird automatisch ein Ordner angelegt, dessen Inhalt sich selbstständig aktualisiert. Im Internet Explorer klicken Sie im Menü „Favoriten“ auf die Option „Zur Favoritenleiste hinzufügen“. In jedem Browser lassen sich die Lesezeichen zudem verwalten.

PRAXIS-TIPP

In der Lesezeichenverwaltung von Firefox können versehentlich gelöschte Lesezeichen über den Menüpunkt „Verwalten/Rückgängig“ wiederhergestellt werden. Das funktioniert auch, wenn die Lesezeichen in der Seitenleiste oder auf anderem Wege gelöscht wurden.

Die **Lesezeichenverwaltung** wird in Firefox mit der Tasten-kombination [Strg]+[Umschalt]+[B] gestartet. Alternativ können Sie auch aus dem Menü „Lesezeichen“ die Option „Lesezeichen verwalten“ wählen, im Internet Explorer unter „Favoriten/Favoriten verwalten“ erreichbar. Sie können hier Webadressen nachträglich ändern, neue Namen vergeben oder auch Lesezeichen/Favoriten aus der Liste löschen.

LibreOffice

LibreOffice ist, wie OpenOffice (siehe Seite 152), ein kostenloses Office-Paket und eine freie (Open Source, siehe Seite 153) Software. LibreOffice kommt mit den Dateiformaten der Office-Produkte (siehe Seite 146) von Microsoft zurecht und enthält eine Datenbank, ein Grafikprogramm sowie ein Programm zur Bearbeitung mathematischer Formeln. Eine Textverarbeitung, eine Tabellenkalkulation sowie ein Präsentationsprogramm sind standardmäßig enthalten. Obendrein steht eine PDF-Exportfunktion zur Verfügung. LibreOffice ist für verschiedene Betriebssysteme wie Windows, Mac OS oder Linux erhältlich.

- Download LibreOffice: http://de.libreoffice.org/discover

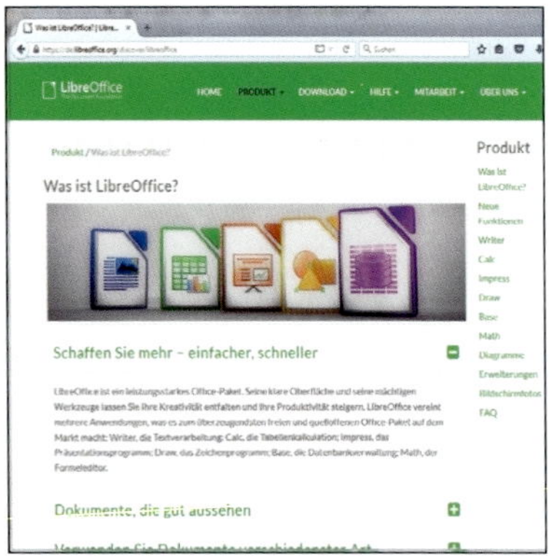

LibreOffice bietet u.a. eine Textverarbeitung und eine Tabellenkalkulation.

Library

Library ist der englische Begriff für Bibliothek (siehe Seite 27).

Liesmich.txt

Liesmich.txt ist die deutsche Version der bekannten readme.txt-Datei. Sie enthält unformatierten Text mit wichtigen Hinweisen. Meist enthalten Softwarepakete eine solche Datei, die Informationen zur Installation enthält.

Link

Link ist die Abkürzung von Hyperlink und bezeichnet die Verbindung von einer Internetseite zu anderen, auf eine E-Mail-Adresse oder auf eine andere Stelle auf der gleichen Webseite. Links erkennt man daran, dass ein Wort oder ein Zeichen unterstrichen auf dem Monitor erscheint. Oft wechseln Links die Farbe, sobald Sie mit der Maus darüberfahren.

Line-in-Eingang

Dieser Eingang, auch AUX genannt, ist ein Signaleingang der Soundkarte, an den sich externe Geräte wie ein CD-Spieler oder Plattenspieler anschließen lassen.

Linux

Das kostenlose Betriebssystem hat den Vorteil, dass es sich an die eigenen Zwecke anpassen lässt. Die Software ist bei verschiedenen sogenannten Linux-Distributoren kostenlos zu haben. Linux ist im Gegensatz zu Windows weniger anfällig für Viren & Co. Dennoch sollten nur erfahrene Benutzer Linux installieren, da die Nutzung selbst schwieriger ist.

- Kostenloser Download:
www.ubuntu.com
www.opensuse.org
www.debian.org

Der Pinguin Tux ist das Maskottchen des Betriebssystems Linux.

Livedateisystem

Das Dateisystem (auch Live File System, LFS genannt) dient zum Beschreiben von CDs und DVDs. Datenträger, die als Livedateisystem formatiert wurden, besitzen die Eigenschaften eines USB-Laufwerks. Das bedeutet, dass Sie Daten direkt auf eine CD oder DVD kopieren können, ohne die Datenträger brennen zu müssen (ähnlich USB-Stick). So kann ein Datenträger immer im Laufwerk verbleiben, um jederzeit Daten darauf kopieren zu können. Dies ist nicht nur bei Windows Vista und Windows 7 möglich, auch bei Windows 8 und 10.

Um einen Datenträger mit dem Format Livedateisystem zu beschreiben, gehen Sie wie folgt vor: Legen Sie eine beschreibbare CD oder DVD in das CD-/DVD-Laufwerk ein. Klicken Sie in dem Dialogfeld, das nun gezeigt wird, auf die Option „Dateien auf Datenträger brennen". Vergeben Sie dann bei „Datenträgertitel" einen Namen für den neuen Datenträger, alternativ das Datum, und markieren Sie „Wie ein USB-Flashlaufwerk" und klicken Sie dann auf „Weiter". Es kann einige Minuten dauern, bis der Datenträger im Standardformat Livedateisystem formatiert ist. Wenn die Formatierung abgeschlossen ist, wird für den Datenträger ein leerer Ordner geöffnet.

Öffnen Sie nun den Ordner mit den Dateien, die Sie kopieren möchten. Ziehen Sie dann mit gedrückter linker Maustaste die Dateien in den leeren Ordner des Datenträgers. Die Dateien werden nun automatisch kopiert und müssen nicht gebrannt werden.

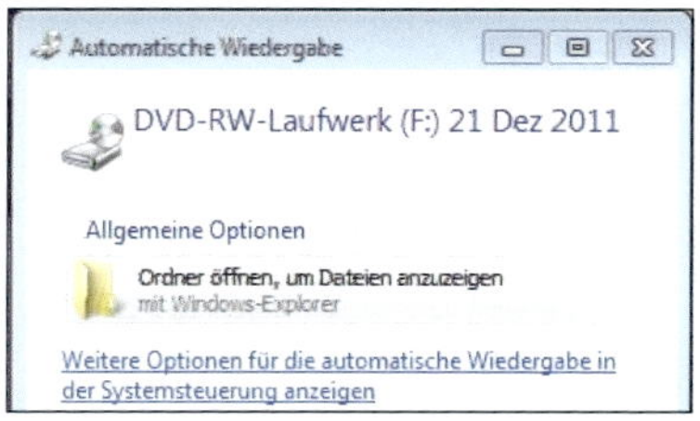

Mit Windows lassen sich CDs und DVDs im Livedateisystem formatieren.

Lizenzschlüssel

Wenn Sie eine Software kaufen, wird mit dieser in der Regel ein Lizenzschlüssel mitgeliefert. Dabei handelt es sich um eine lange Zahlen- oder Buchstabenkombination, die im Programm eingegeben werden muss, bevor es zum ersten Mal gestartet werden kann. Einige Programme bieten auch eine Testphase von einigen Tagen, in denen Sie das Programm kostenlos nutzen können. Erst danach muss der Lizenzschlüssel eingegeben werden. Der Lizenzschlüssel ist oft nur für einen Computer gültig. Manche Programme sind fest an einen Computer gebunden. So generiert beispielsweise Windows eine eindeutige hardwareabhängige Kennung, die bei der Aktivierung eingegeben werden muss.

Jede Festplatte, die in einem PC oder in ein Notebook eingebaut ist, wird als lokaler Datenträger bezeichnet.

Lizenzvertrag

Bei der Installation eines Programms bekommen Sie in einem Dialogfenster i.d.R. einen Lizenzvertrag angezeigt, den Sie bestätigen müssen. Andernfalls können Sie das Programm nicht installieren. Der Softwarehersteller ist der Lizenzgeber, der Nutzer der Lizenznehmer. In den Lizenzverträgen steht normalerweise nichts Bedenkliches, nur dass Sie das Programm nicht weiterverkaufen, nicht für andere Zwecke nutzen, als wofür es vorgesehen ist, und nicht entschlüsseln dürfen, um es in irgendeiner Weise zu verändern. Sie sollten dennoch den Lizenzvertrag durchlesen, bevor Sie die Software auf Ihrem Computer installieren und nutzen.

Login/Logoff/Logout

Login (auch Einloggen genannt) bezeichnet die Anmeldung an einem Computersystem, einem Online-Portal oder dem E-Mail-Postfach. Mit Logoff oder Logout meldet man sich wieder ab.

PRAXIS-TIPP

Gleichgültig, wo Sie sich mit Ihren Benutzerdaten (siehe Seite 24) anmelden: Sobald die Sitzung abgeschlossen ist, sollten Sie sich auch wieder abmelden. Denn damit werden alle persönlichen Daten gelöscht, und es kann sich kein Fremder Zugang zu den Webportalen verschaffen. Das trifft insbesondere auf öffentliche Computer wie z.B. in Hotels zu.

Lokale Datenträger

In Windows Explorer werden alle fest eingebauten Festplatten als lokale Datenträger bezeichnet. Externe Festplatten, USB-Sticks oder Netzlaufwerke sind externe Datenträger.

Lokales Netzwerk

Ein lokales Netzwerk, auch als LAN (**L**ocal **A**rea **N**etwork) bezeichnet, ist das Netzwerk innerhalb des eigenen Hauses. Siehe auch Netzwerk auf Seite 138.

Löschen

Wenn Sie einen Ordner, ein Dokument, Bilder oder sonstiges löschen, dann werden die Daten in den Papierkorb von Windows verschoben. Um die Daten zu löschen, öffnen Sie per Doppelklick den Papierkorb und klicken unter „Datei" auf „Papierkorb leeren". Wenn Sie die Daten endgültig von der Festplatte verbannen möchten, beispielsweise, wenn Sie den Computer verkaufen möchten, funktioniert diese Methode nicht. Denn durch das Löschen mit dem Papierkorb hat der Nutzer zwar keinen Zugriff mehr auf die Daten, physisch sind sie jedoch immer noch da. Im Notfall können die Daten deshalb immer noch von einem Profi mit entsprechender Software wiederhergestellt werden.

Wenn Sie sichergehen wollen, das alle persönlichen Daten – von Bildern, über Kontoauszüge bis hin zu Passwörtern – endgültig gelöscht werden, können Sie entweder die Festplatte formatieren oder spezielle Programme einsetzen. Diese werden als „Datenshredder" bezeichnet. Der Clou dabei: Die Programme überschreiben die Dateien, indem sie Bits und Bytes durch neue Informationen ersetzen.

Löschdatum

Jede Datei, die in den Papierkorb verschoben wird, besitzt ein Löschdatum von genau diesem Tag. Ist der Papierkorb voll, werden die Dateien mit dem ältesten Löschdatum automatisch gelöscht.

Lotus Notes

Die Software Lotus Notes von IBM ist ein Office-Paket (ähnlich wie Microsoft Office, siehe Seite 146), das den Standard Open Dokument Format (ODF) unterstützt. Sie integriert ein Textverarbeitungsprogramm, eine Tabellenkalkulation und ein Präsentationsprogramm. Darüber hinaus bietet es eine E-Mail- und Kalenderfunktion sowie eine Kontaktverwaltung.

LTE

In Deutschland gibt es immer noch ländliche Gebiete, in denen das Breitband-Internet wie DSL nicht verfügbar ist. Eine Alternative zu DSL ist deshalb LTE (Long Term Evolution), ein neuer Mobilfunkstandard, der auch als Mobilfunk der vierten Generation bezeichnet wird. LTE ist bereits in vielen Regionen Deutschlands verfügbar. Anstatt über ein Telefonkabel kommt bei LTE das Internetsignal über Funk ins Haus. Dabei werden je nach Region und Ausbaustatus Übertragungsraten mit bis zu 100 MBit/s erreicht. LTE ist damit deutlich schneller als die bisher verwendete UMTS/HSPA-Technik. Bei LTE empfängt ein zentraler LTE-Router das LTE-Signal und gibt es an die einzelnen Computer im Haus per LAN-Kabel oder WLAN weiter.

Die Telekom bietet LTE nur dort an, wo kein DSL möglich ist. Der LTE-Tarif heißt bei der Telekom Call & Surf Comfort via Funk, was etwas verwirrend ist, denn man telefoniert weiter über einen analogen Festnetzanschluss. Bei Vodafone hingegen ist LTE eine echte Alternative zum Komplettanschluss zu Hause. LTE wird überall dort angeboten, wo die Funktechnik bereits ausgebaut ist, also auch in Gebieten mit DSL-Versorgung. Man telefoniert über Voice over IP (siehe Seite 254) im LTE-Netz, sodass kein Festnetztelefonanschluss mehr nötig ist. Sowohl die Telekom als auch Vodafone bieten auf ihren Webseiten interaktive Landkarten an, auf denen Sie sehen können, ob in Ihrem Ort bereits LTE zur Verfügung steht. Auch der Mobilfunkanbieter O_2/ ePlus bietet Internet per LTE an.

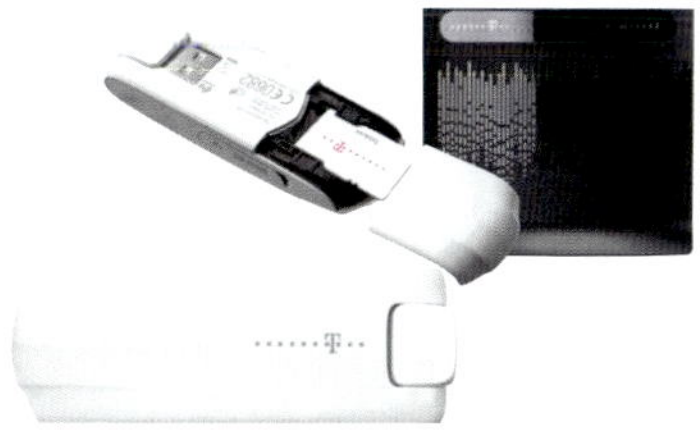

Für LTE benötigt man spezielle Hardware, die man vom Anbieter erhält.

- LTE-Übersichtskarten im Internet:
www.vodafone.de/privat/hilfe-support/netzabdeckung.html
www.t-mobile.de/netzausbau

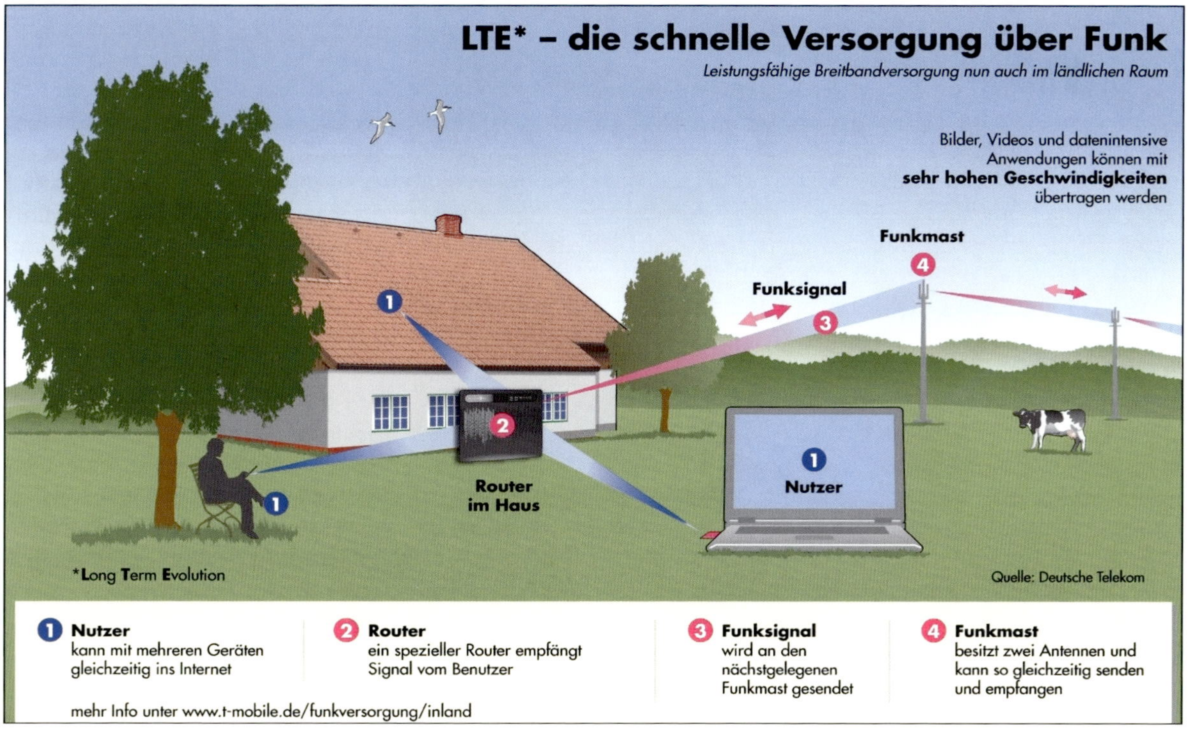

LTE wird zunehmend in ländlichen Regionen ausgebaut. Damit erhalten Haushalte, in denen bisher kein DSL möglich war, einen schnellen Internetzugang.

M3U-Format

Das M3U-Format ist das Dateiformat für die Wiedergabelisten auf Ihrem MP3-Player, mit dem Sie jederzeit und überall Ihre Lieblingsmusik hören können.

MAC-Adresse

Die MAC-Adresse (**M**edia-**A**ccess-**C**ontrol-Adresse) dient zur eindeutigen Identifizierung der Netzwerkkarte im Computer. Sie besteht aus einer 12-stelligen hexadezimalen Zahl, die vom Hersteller der Netzwerkkarte festgelegt wird, z.B. 00-DE-01-86-27-A4. Die ersten sechs Zahlen (in diesem System bedeuten einige Buchstaben auch Zahlen) beschreiben die Herstellerkennung. Die MAC-Adresse gibt es jeweils nur einmal und lässt sich auch nicht verändern. Einige WLAN-Router lassen den Netzwerkzugriff nur für bestimmte Geräte zu. Um das Anschließen zu ermöglichen, wird ebenfalls die MAC-Adresse benötigt. Wenn Sie wissen möchten, welche Adresse Ihre Netzwerkkarte hat, gehen Sie in der „Systemsteuerung" auf „Netzwerk- und Freigabecenter/ Verbindung herstellen oder trennen". Klicken Sie dann im nächsten Dialogfeld auf die Schaltfläche „Details". Es öffnet sich automatisch ein weiteres Fenster, in dem unter dem Punkt „Physikalische Adresse" die MAC-Adresse der eigenen Netzwerkkarte angezeigt wird. Bei Apple wird sie auch „Ethernet-ID", „Airport-ID" oder „Wi-Fi-Adresse" genannt.

SICHERHEITS-TIPP

Es empfiehlt sich in jedem Fall, die Statusanzeige Ihres Routers in regelmäßigen Abständen zu überprüfen. Hier können Sie auf einen Blick sehen, welche Geräte sich am Router aktuell angemeldet haben. Tauchen hier unbekannte Adressen auf, sollten Sie dringend Ihre Sicherheitseinstellungen anpassen.

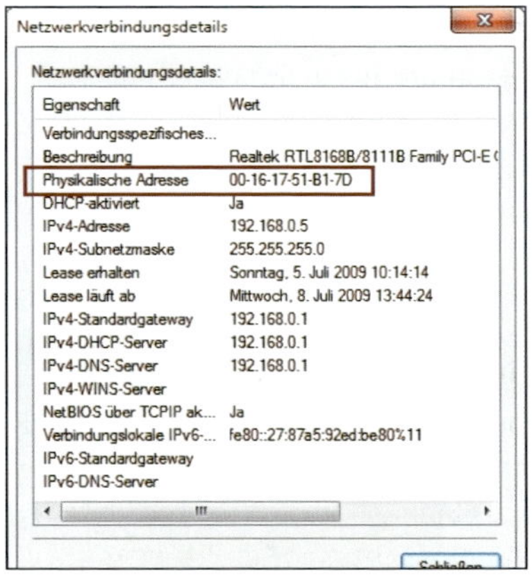

Im Netzwerk- und Freigabecenter können Sie die MAC-Adresse nachlesen.

Macintosh

Macintosh, kurz als Mac bezeichnet, ist die Markenbezeichnung der Computer von Apple. Der erste Mac wurde 1984 vorgestellt und besaß ein Gehäuse, in das gleichtzeitig der Bildschirm integriert war. Anfangs liefen Macs nur mit dem Betriebssystem Mac OS. Mittlerweile kann man auf Macs auch das Windows-Betriebssystem installieren und nutzen.

- Apple im Internet
www.apple.de

Die Mac-Computer von Apple hatten schon immer einen gewissen Design-Vorsprung gegenüber „normalen" PCs.

Mac OS

Mac OS (**M**acintosh **O**perating **S**ystem) ist das hauseigene Betriebssystem von Apple, das standardmäßig auf Mac-Computern installiert ist. Für Mac OS gibt es spezielle Programme wie beispielsweise den Browser Safari. Die derzeit aktuelle Version heißt Mac OS X Yosemite. Es ist in deutsch und englisch erhältlich. Das Mac OS-Betriebssystem gibt es auch in etwas abgewandelter Form (als iOS) für Mobilgeräte wie das iPad oder das iPhone.

Alle Computer von Apple laufen mit dem hauseigenen Betriebssystem Mac OS, das auf Computern anderer Hersteller nicht einsatzfähig ist.

Mainboard

Auf dem Mainboard, auch Motherboard genannt, befinden sich die zentralen Elemente eines Computers. Hier sind die einzelnen Bauteile wie Hauptprozessor, Speicher, ein Chip mit integriertem BIOS, Schnittstellen-Bausteine und Steckplätze für Erweiterungskarten, wie zum Beispiel Grafik-, Sound- und Netzwerkkarten montiert. Viele ehemalige Einzelkomponenten sind heute bereits fest auf dem Mainboard integriert („onboard"), besonders Sound- und Netzwerkkarten sind praktisch ausnahmslos Standard und genügen bereits den Anforderungen vieler Benutzer.

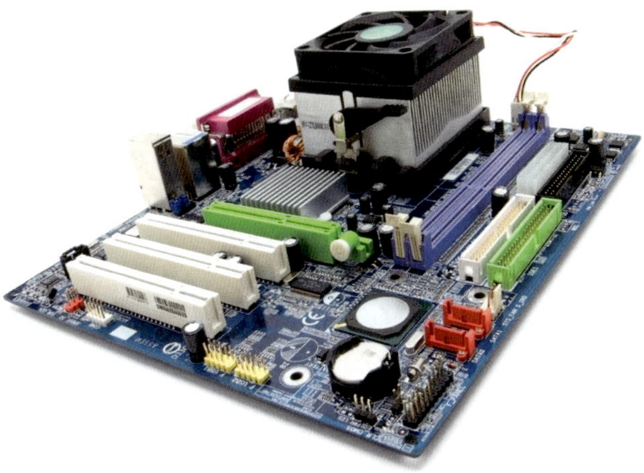

Das Mainboard ist das Herzstück eines Computers, was die Hardware angeht. Hinten links sieht man den Lüfter und vorne links den RAM-Speicher.

Mailkonto

Wenn Sie mit Freunden, Verwandten oder Geschäftspartnern per E-Mail kommunizieren, müssen Sie sich zunächst bei Ihrem Internet-Anbieter eine eigene E-Mail-Adresse einrichten. Danach können Sie sich auf Ihrem PC im E-Mail-Programm, zum Beispiel Windows Live Mail oder Thunderbird, ein sogenanntes Mailkonto anlegen. Dieses enthält alle notwendigen Daten, wie Ihre E-Mail-Adresse und die Serververbindungen (POP3, IMAP), um später auch E-Mails empfangen und versenden zu können. Die meisten E-Mail-Programme schlagen diese Serverdaten automatisch vor.

Mailserver

Für die Verwaltung der E-Mails im Internet ist der Mailserver zuständig. Denn er empfängt nicht nur die E-Mails, sondern versendet bzw. speichert sie auch. In der Regel greifen Sie direkt mit Ihrem E-Mail-Programm auf den Mailserver des E-Mail-Anbieters zu. Auch wenn Sie sich per Webmail in Ihr Postfach einloggen, kommunizieren Sie direkt mit ihm. Es gibt zwei Arten von Mailservern: Der Posteingangsserver dient dazu, eingehende E-Mails abzuholen, der Postausgangsserver verschickt E-Mails zu den jeweiligen Empfängern. Aber hierbei müssen Sie sich um nichts kümmern.

Makro

Ein Makro ist ein kleines Programm, mit dem sich mehrere Programmbefehle nacheinander abarbeiten lassen. Das Besondere dabei ist, dass man nicht mehr jeden Befehl einzeln eingeben muss, sondern alle Vorgänge laufen automatisiert ab. Makros werden sehr oft in Textverarbeitungen, aber auch Tabellenkalkulationen eingesetzt. Denn damit lassen sich komplexe Berechnungen per Mausklick durchführen.

Malware

Malware ist der Überbegriff für Viren, Trojaner, Spyware, Backdoor, Ransomware (siehe Seite 176) sowie alle anderen Arten bösartiger Software. Diese Programme wurden dafür entwickelt, auf fremden Computern Schäden anzurichten. Sie können nicht nur Dateien löschen oder verändern, sondern sind auch in der Lage, persönliche Daten auszuspionieren, um damit Bankbetrügereien etc. durchzuführen. In der Regel gelangt Malware über das Internet auf den Computer. Moderne Virenscanner werden deshalb oft auch als Malwarescanner bezeichnet, da sie den Rechner gegen alle Arten von Malware schützen.

SICHERHEITS-TIPP

Installieren Sie unbedingt eine Sicherheitssoftware auf Ihrem Computer. Denn damit können Sie verhindern, dass Malware auf den Rechner gelangt und dort erheblichen Schaden anrichtet. Ein beliebtes kostenloses Antivirenprogramm ist zum Beispiel Avira Free Antivirus, das Sie im Internet unter www.avira.com/de/avira-free-antivirus herunterladen können.

Markieren

Wenn Sie einen Text bearbeiten wollen (überschreiben, kopieren, formatieren usw.), müssen Sie ihn zuvor markieren, indem Sie mit dem Cursor und gedrückter linker Maustaste über den Text gehen.

Sie können aber auch ganze Dateien, sowohl Bilder als auch Musik- und Textdateien, markieren, um diese zu verschieben, zu kopieren oder zu löschen. Für diese Datei-Markierung gibt es verschiedene Möglichkeiten, beispielsweise mit der Maus: Gehen Sie in den Ordner, in dem sich die zu markierenden Dateien befinden. Bewegen Sie den Mauszeiger auf einen leeren Bereich im Ordner. Drücken Sie die linke Maustaste und halten Sie sie fest. Bewegen Sie nun die Maus und es wird ein Viereck angezeigt. Diese Viereck nennt man eine Markierung. Wenn Sie das Viereck über die Dateien bewegen, sehen Sie, dass alle Dateien, die sich innerhalb des Vierecks befinden, nun hervorgehoben dargestellt werden. Sie sind damit markiert. Wenn Sie alle gewünschten Dateien markiert haben, lassen Sie die linke Maustaste wieder los. Solange Sie jetzt das Fenster nicht verlassen und woanders hinklicken, bleibt die Markierung erhalten. Eine weitere Variante, einzelne Dateien zu markieren, ist mit Maus und Tastatur: Gehen Sie in den gewünschten Ordner, und drücken Sie die [Strg]-Taste links unten auf Ihrer Tastatur. Halten Sie sie fest und klicken mit der linken Maustaste auf die Dateien, die Sie markieren möchten. Anschließend lassen Sie die [Strg]-Taste wieder los. Auf diese Weise können Sie einzelne Dateien markieren – und bei bereits markierten durch einen erneuten Klick auf die Datei die Markierung wieder rückgängig machen.

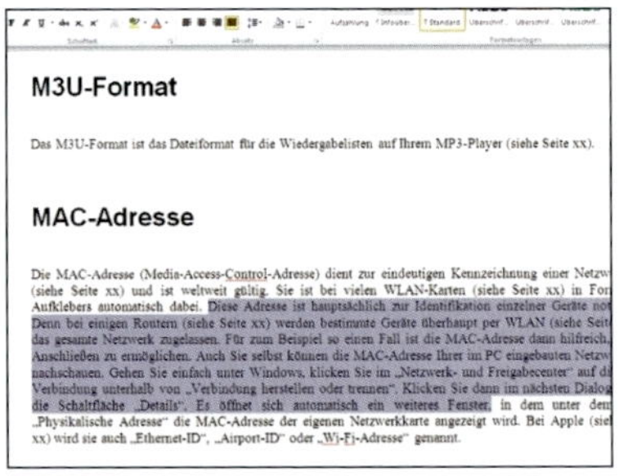

Markierte Wörter oder Abschnitte in Textdokumenten können Sie bearbeiten.

Mastered Dateisystem

Das Mastered Dateisystem ist ein Format zum Brennen von CDs oder DVDs. Wenn Sie unter dem Betriebssystem Windows 7 einen Rohling beschreiben wollen, haben Sie zwei Möglichkeiten: Sie können zwischen dem Mastered Dateisystem oder dem Livedateisystem (siehe Seite 119) auswählen. Der große Vorteil des Mastered Dateisystems ist, dass es auch von älteren Windows-Versionen nach wie vor unterstützt wird. Zudem sind die beschriebenen CDs bzw. DVDs auch mit diversen Abspielgeräten (CD-Playern, DVD-Playern) kompatibel. Beim Mastered Dateisystem werden die zu brennenden Daten zuerst auf der Festplatte gesammelt und dann alle zusammen auf die CD bzw. DVD gebrannt. In der Regel wird

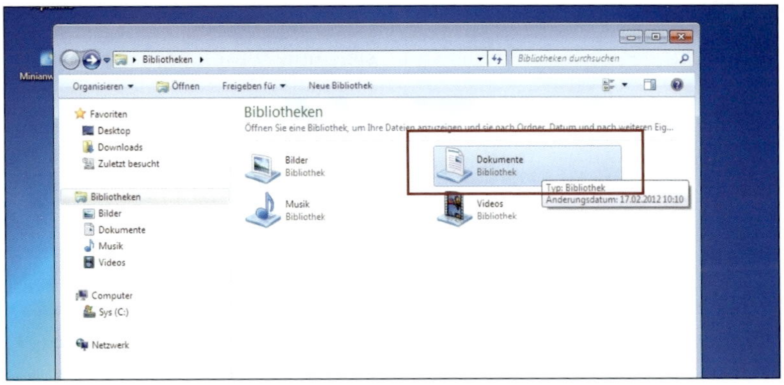

In einem Ordner auf Ihrem Computer können Sie komplette Unterordner mit einem Mausklick markieren, z.B. um diese zu verschieben oder zu kopieren.

Malware und Viren gelangen meistens über E-Mails auf den Computer. Aber auch andere Eindringlinge können sich Zugang zum Rechner verschaffen.

vor dem Brennvorgang geprüft, ob ausreichend Speicherplatz auf dem Rohling vorhanden ist. Dadurch wird ein korrektes Brennen gewährleistet.

Um Dateien mit dem Mastered Dateisystem zu brennen, markieren Sie die gewünschten Dateien im Windows Explorer und klicken Sie anschließend auf die Schaltfläche „Brennen", die Sie in der oberen Symbolleiste finden. Die Dateien werden nun im Explorer in einer schattierten Darstellung auf dem Brennerlaufwerk angezeigt. Ein auffälliges Pfeilsymbol zeigt zusätzlich, dass die Dateien noch nicht physikalisch auf der CD vorhanden sind, sondern vorerst auf der Festplatte zwischengespeichert werden. In diesem Stadium ist es noch möglich, weitere Dateien hinzuzufügen. Dazu können Sie die normale Kopierfunkton [Strg]+ [C] (Kopieren) bzw. [Strg]+ [V] (einfügen) nutzen. Diese Dateien werden anschließend ebenfalls nur auf der Festplatte zwischengespeichert. Sobald Sie auf die Schaltfläche „Auf Datenträger brennen" klicken, startet der Brennvorgang automatisch. Die CD bzw. DVD wird anschließend, nach einem erfolgreichen Brennvorgang, ausgeworfen. Wenn Sie die CD bzw. DVD doch nicht brennen möchten, klicken Sie auf die Schaltfläche „Temporäre Dateien löschen". Die Liste wird gelöscht und auf der Festplatte wird der Speicherplatz wieder frei.

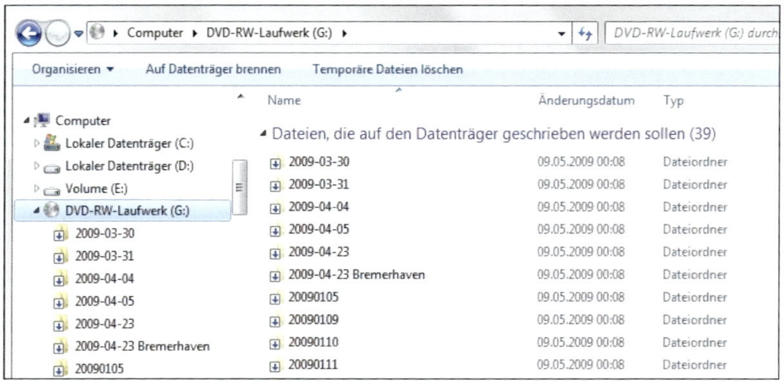

Im Brennerlaufwerk Ihres Computers sehen Sie eine übersichtliche Auflistung der zu brennenden Dateien im Mastered Dateisystem.

Maus

Die Computermaus ist ein elektronisches Eingabegerät, das heutzutage standardmäßig – wie die Tastatur auch – zu jedem Computer gehört. Bei Notebooks und Netbooks ersetzt das Touchpad (siehe Seite 234) die Funktionen der Maus. Die Maus erleichtert die Bedienung in der grafischen Oberfläche des Betriebssystems und in diversen Programmen. Ihren Name hat die Maus von ihrer Form und dem ursprünglich immer vorhandenen „Kabelschwanz". Es gibt verschiedene Bauarten von Mäusen: mit zwei Tasten, mit drei Tasten oder mit zwei Tasten plus Scollrad. Außerdem gibt es kabelgebundene Mäuse, die per USB-Anschluss (früher nutzte man dazu die serielle Schnittstelle) an den Computer angeschlossen werden sowie kabellose Mäuse, die die Daten mittels Sender an den Rechner übertragen. Hierbei spricht man von Infrarot- oder Funkmäusen, die die Informationen z.B. via Bluetooth übertragen. Desweiteren gibt es sogenannte optische Mäuse, bei denen die Daten über eine Leuchtdiode an einen integrierten Sensorchip übertragen werden. Die Bewegungen auf dem Tisch oder einem Mauspad (einer festen Unterlage) werden über einen Sensor in der Maus (bei Infrarotmäusen über Infrarotlicht) erfasst, digitalisiert und automatisch in den Computer übertragen. Auf diese Weise wird die „physische" Mausbewegung in eine „digitale" Mauszeigerbewegung auf dem Bildschirm umgewandelt.

Alle Einstellungen zu einer angeschlossenen Maus können unter dem Betriebssystemen Windows 7, 8 und 10 individuell nach eigenen Wünschen verändert bzw. angepasst werden. Sie finden in der klassischen Desktop-Ansicht unter

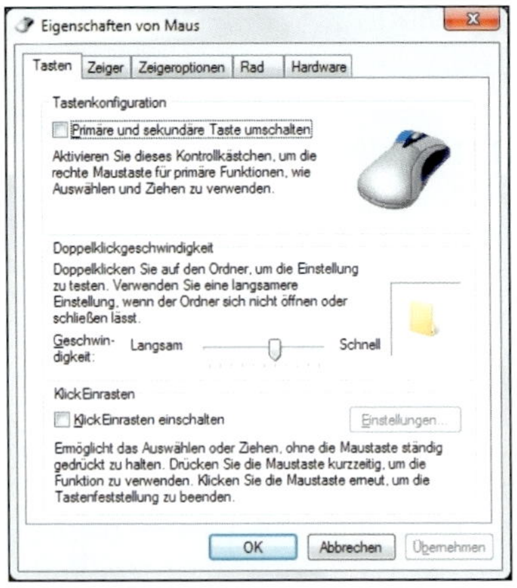

Im Konfigurationsdialog können Sie Einstellungen für die Maus vornehmen.

„Systemsteuerung/Hardware und Sound/Geräte und Drucker/Maus“ einen entsprechenden Konfigurationsdialog.

Mausgeste

Sogenannte Mausgesten sind bestimmte Kombinationen von verschiedenen Mausklicks sowie spezielle Mausbewegungen, die zur Steuerung eines Programms dienen. Sie vereinfachen dadurch die Bedienung des Programms und machen das Arbeiten mit der Tastatur in diesem Fall unnötig. Um eine Mausgeste auszuführen, wird die rechte Maustaste gedrückt und gleichzeitig die Maus in eine bestimmte Richtung bewegt und schließlich losgelassen. Damit werden bestimmte Aktionen ausgelöst, ohne erst die Menü- oder Symbolleisten anklicken zu müssen. Allerdings unterstützen diese Technik nur sehr wenige Programme. Eines davon ist der Opera Browser, bei dem man mittels Mausgeste beispielsweise zwischen den einzelnen Tabs wechseln oder auch eine Webseite neu laden (aktualisieren) kann. Auch Mozilla Firefox unterstützt mit einer Erweiterung verschiedene Mausgesten. Das Add-on dazu „All-in-One Gestures“ kann kostenlos heruntergeladen werden.

- Download All-in-One-Gesten http://addons.mozilla.org/de/firefox/addon/all-in-one-gestures

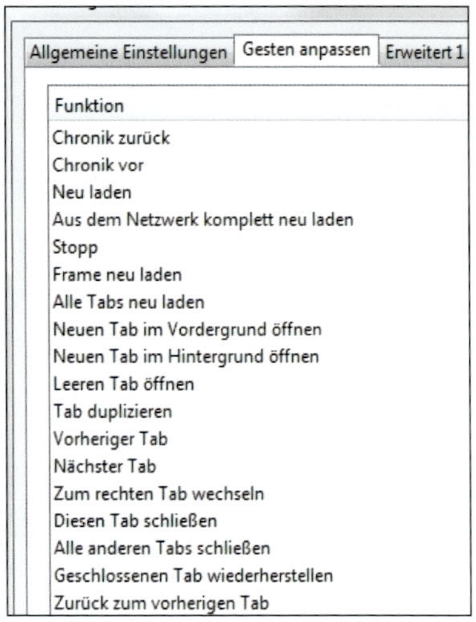

Unter „Gesten anpassen“ finden Sie eine Übersicht über alle Mausgesten.

Mausklick

Siehe Maustaste und Klicken.

Mausrad

Das Mausrad befindet sich in der Regel mittig zwischen den Maustasten. Mit ihm können Sie den Inhalt eines Fensters scrollen, d.h. nach

Es gibt unterschiedliche Bauarten von PC-Mäusen: zwei oder drei Maustasten, eine eher ergonomische Form, mit oder ohne Mausrad. Insbesondere die Mac-Maus (rechts oben) fällt in Ihrer Bauart komplett aus der Reihe.

oben und unten bewegen, Texte und Webseiten navigieren. Zudem erfüllt das Mausrad die Funktion einer dritten Maustaste. Wenn Sie kurz darauf drücken, wird eine Aktion ausgeführt, die von Programm zu Programm unterschiedlich sein kann. Das gleichzeitige Drücken der beiden Maustasten erfüllt bei vielen Programmen die gleiche Funktion. Gerade bei Notebooks oder Netbooks wird diese Alternative oft genutzt. Bei einigen Mäusen lässt sich das Mausrad auch seitlich kippen, um damit horizontal durch ein Fenster zu scrollen. In der „Systemsteuerung" unter „Hardware und Sound/Geräte und Drucker/Maus" können Sie individuelle Einstellungen zum Mausrad vornehmen.

Maustaste

Alle Computermäuse besitzen zwei Maustasten, die standardmäßig mit verschiedenen Funktionen belegt sind, die per Klick, Doppelklick, Rechtsklick oder Ziehen aufgerufen werden. Mit der linken Maustaste, dem sogenannten **Klick**, lassen sich Objekte markieren, Funktionen in Programmen bestätigen, Menüoptionen auswählen oder in einer Textverarbeitung den Cursor an die Stelle des Mauszeigers setzen. Mit einem **Rechtsklick** wird ein Kontextmenü eingeblendet, das Zugriff auf verschiedene Funktionen bietet, wie zum Beispiel „Einfügen" oder „Kopieren". Von einem **Doppelklick** spricht man, wenn die linke Maustaste zweimal kurz hintereinander gedrückt wird, ohne die Maus dabei zu bewegen. Damit startet man ein Programm vom Desktop oder öffnet eine Datei im Windows-Explorer. In den meisten Textverarbeitungen markiert man mit einem Doppelklick ein Wort. **Ziehen** bedeutet, mit der linken Maustaste ein Objekt auf dem Bildschirm anzuklicken und es mit gedrückter Maustaste an eine andere Stelle zu ziehen. Viele Textverarbeitungen bieten die Möglichkeit, mit einem Dreifachklick einen ganzen Textabsatz zu markieren. Viele Mäuse besitzen noch eine dritte Maustaste, die mittig zwischen der linken und rechten Taste liegt und die Funktionen des Mausrads besitzt. Spezielle Internetmäuse haben obendrein an der Seite zwei Tasten, die im Browser vor- und zurückblättern.

PRAXIS-TIPP

Wenn Sie die Maus lieber mit der linken Hand halten, können Sie in der „Systemsteuerung" unter „Hardware und Sound/Geräte und Drucker/Maus" die Funktionen der beiden Tasten umschalten, sodass Sie mit dem Zeigefinger der linken Hand auf der rechten Maustaste einen normalen Mausklick auslösen können.

Die unterschiedlichen Formen einer Maus sorgen für unterschiedliche Handführungen. Jeder kann für sich selbst entscheiden, mit welcher Art er am besten arbeiten kann.

Mauszeiger

Wenn Sie mit der Maus auf bestimmte Objekte auf Ihrem Bildschirm zeigen, erscheint ein Pfeil. Dieser wird als Mauszeiger bezeichnet und kann mithilfe der Maus hin- und herbewegt werden. Der Mauszeiger kann verschiedene For-

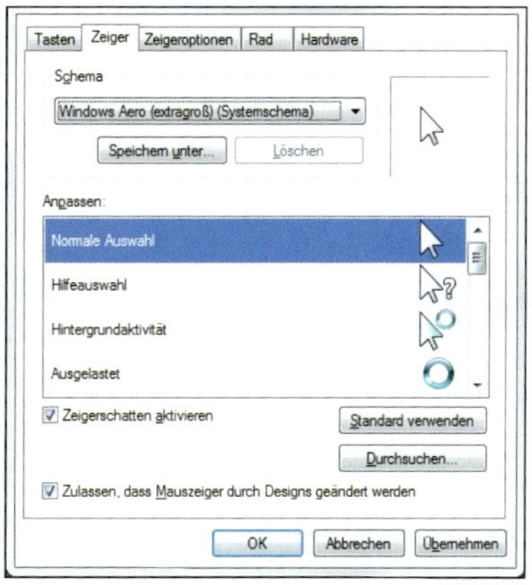

Windows bietet einige nützliche Funktionen zum Mauszeiger an.

Mit dem Media Center können Sie Musik, Bilder und Videos abspielen und so einen entspannten Nachmittag mit der Familie verbringen.

men annehmen. Dazu gehen Sie in die „Systemsteuerung“ und klicken dort auf „Hardware und Sound/ Geräte und Drucker/Maus“. Unter der Registerkarte „Zeiger“ stehen verschiedene Schemata für das Aussehen des Mauszeigers zur Verfügung. Auf der Registerkarte „Zeigeroptionen“ finden Sie außerdem einige nützliche Funktionen zum Mauszeiger wie beispielsweise die Einstellungen zur „Zeigergeschwindigkeit“. Damit können Sie festlegen, wie schnell sich der Mauszei-

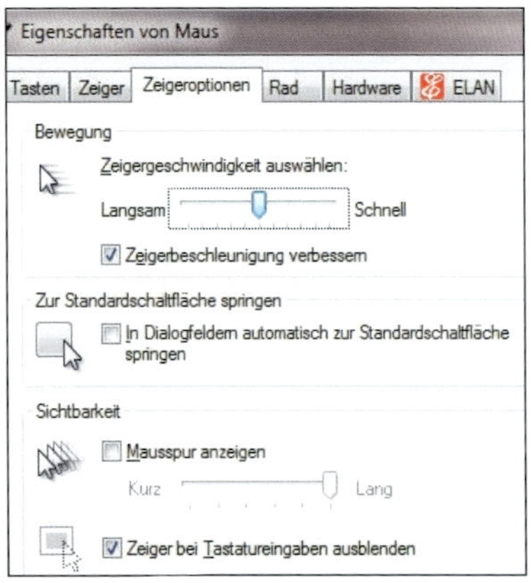

Die Zeigergeschwindigkeit bestimmt die Schnelligkeit der Mausbewegungen.

ger in Bezug auf die tatsächliche Bewegung der Maus auf dem Bildschirm bewegt. Je höher die eingestellte Bewegungsgeschwindigkeit ist, desto kleinere Bewegungen müssen Sie mit der Maus ausführen. Sie können sozusagen selbst bei wenig Platz auf dem Schreibtisch die Maus noch bewegen, ohne sie anheben und wieder absetzen zu müssen. Mit der Option „Zeigerbeschleunigung“ lässt sich die Bewegungsgeschwindigkeit der Maus anpassen. D.h., wenn Sie die Maus schneller bewegen, werden größere Strecken auf dem Bildschirm zurückgelegt als bei langsamer Bewe-

Der Mauszeigen kann unter Windows verschiedene Formen annehmen.

gung. So lassen sich auch auf großen Monitoren längere Strecken zurücklegen und trotzdem kleine Details mit der Maus exakt treffen, indem man die Punkte langsam anfährt. Anwender, die fast ausschließlich Texte schreiben, benutzen die Maus eher selten. Oft stört in diesen Fällen der Mauszeiger. Sie können ihn deshalb mit der Einstellung „Zeiger bei Tastatureingaben ausblenden“ automatisch verschwinden lassen, wenn mehrere Buchstabentasten nacheinander betätigt wurden. Wenn Sie dann die Maus wieder bewegen, erscheint der Mauszeiger auf Ihrem Bildschirm. Arbeiten Sie mit mehreren Bildschirmen gleichzeitig, kann es aber auch mühsam sein, den Mauszeiger auf Anhieb zu finden. Diese Problem lässt sich ganz einfach beheben, wenn Sie die Einstellung „Zeigerposition beim Drücken der STRG-Taste anzeigen“ aktivieren. Denn dann müssen Sie nur noch kurz auf eine der [Strg]-Tasten unten auf der Tastatur drücken, und schon erscheint rund um den Mauspfeil ein auffälliger Kreis.

Media Center

Das Media Center ist ein Programm zum Abspielen von Medien aller Art, entweder im Vollbildmodus des Computers oder auch auf Fernsehgeräten. Siehe dazu auch Windows Media Center auf Seite 272.

Media Player

Der Media Player ist ein Programm zum Abspielen von Musik und Videos innerhalb von Windows. Siehe auch Windows Media Player.

Medienbibliothek

Mit dem bereits integrierten Windows Media Player lassen sich eigene Musikdateien komfortabel auf dem Computer verwalten.

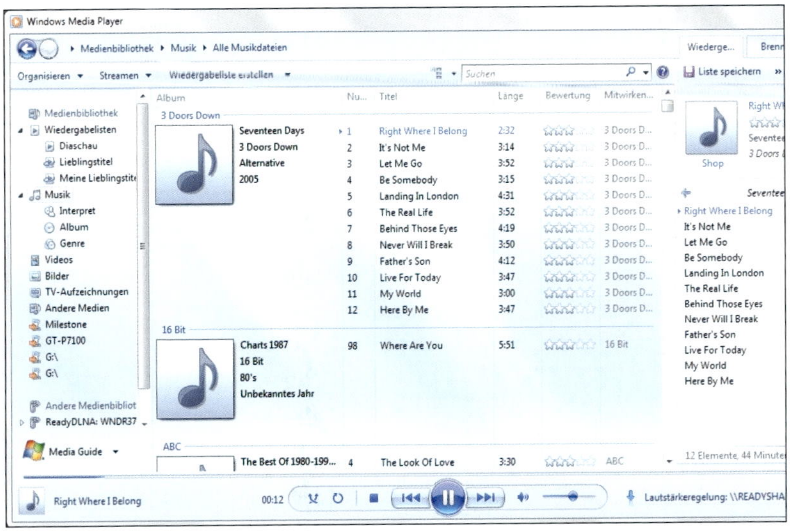

Die Medienbibliothek auf Ihrem Computer ermöglicht den Zugriff auf sämtliche Musiktitel, die Sie abgespeichert, sortiert oder auch schon gebrannt haben.

Dazu bietet das Programm eine integrierte Medienbibliothek. Dort sind alle Daten zentral gespeichert, gleichgültig ob es sich dabei um Importe von CDs oder DVDs handelt, oder um heruntergeladene Musikdateien aus dem Internet oder sonstigen Quellen. Alle Musikstücke werden in der Medienbibliothek automatisch nach Interpreten und Alben alphabetisch sortiert, sodass Sie alle Dateien im Überblick haben. Sie können Musik aber auch selbst nach Interpret, Titel etc. sortieren. Direkt von der Medienbibilothek heraus lassen sich individuelle Wiedergabelisten (siehe Seite 260) anlegen, CDs brennen oder auch Musiktitel direkt abspielen.

PRAXIS-TIPP

Über den Menüpunkt „Organisieren" und dann „Bibliotheken verwalten" können Sie die Verzeichnisse festlegen, die in Ihrer Medienbibliothek aufgenommen werden sollen.

Der Memory Stick passte ausschließlich in Geräte der Hersteller Sony und Sony Ericsson. Mittlerweile ist er fast vollständig vom Markt verschwunden.

Megabyte

Megabyte (MByte/MB) ist eine Maßeinheit für Speichergrößen. Sie wird insbesondere zur Größenangabe von Dateien oder Speichermedien wie Festplatten, Speicherkarten oder USB-Sticks verwendet. Ein Megabyte entspricht 1.024 Kilobytes, was 1.048.676 Bytes entspricht.

Memory Stick

Memory Stick ist ein Wechselspeicher, der von Sony entwickelt und auch ausschließlich in Digitalkameras, Camcorder, PDAs und Handys der Hersteller Sony und Sony Ericsson eingesetzt wurde.

Allerdings konnte der Memory Stick sich im Markt nie richtig gegen seine Konkurrenten wie SD-Karte oder xD-Card durchsetzen. Memory Sticks gab es in den verschiedensten Größen und Formaten. Die bekanntesten waren Memory Stick PRO, Memory Stick PRO Duo und Memory Stick M2. Seit dem Jahr 2010 ist Sony dabei, das Memory-Stick-Format nach und nach einzustellen und in Zukunft nur noch auf das allgemein verbreitete SD-Kartenformat für Speicherkarten zurückzugreifen.

Menü

Jedes Computerprogramm besitzt Menüs, aus denen der Benutzer verschiedene Funktionen und Befehle auswählen und ausführen kann. In einer Textverarbeitung wie Word gibt es beispielsweise die Menüs „Start", „Einfügen", „Seitenlayout" oder auch „Ansicht". Wenn Sie mit der Maus darauf klicken, öffnen sich Untermenüs, die sogenannten Drop-Down-Menüs. Dabei handelt es sich um Listen, die die zugehörigen Menüpunkte des jeweiligen Menüs bereitstellen. In Word sind das z.B.

unter dem Menü „Einfügen" die Optionen „Tabelle", „Grafik", Clipart" oder auch „Kopfzeile" und „Textfeld". Wenn Sie mit der Maus auf eine der Optionen klicken, wird die Aktion sofort ausgeführt. Auch Windows besitzt eigene Menüs wie beispielsweise das Startmenü oder das Menü der Taskleiste.

Menüleiste

Die meisten Programme besitzen eine Menüleiste, die sich unterhalb der Titelleiste ganz oben im Fenster befindet. In dieser Menüleiste sind alle Funktionen des Programms zusammengefasst. Wenn Sie mit der Maus auf einen beliebigen Punkt dort gehen, können Sie die einzelnen Funktionen direkt in der Menüleiste per Mausklick ausführen.

In der Menüleiste können Sie zwischen verschiedenen Befehlen wählen.

Menütaste

Neben der rechten Windows-Taste liegt auf der Tastatur eine Taste mit einem Menüsymbol. Wenn Sie diese Taste drücken, öffnen Sie ein Kontextmenü. Die Menütaste hat die gleiche Funktion wie ein Klick der rechten Maustaste.

Mit einem Klick auf das Menüsymbol öffnet sich ein Kontextmenü.

Messenger sind mittlerweile sehr komfortabel geworden. Außer Chatten kann man mit vielen Programmen auch weltweit telefonieren, und das sogar per Video.

Messenger

Wenn Sie per E-Mail mit Freunden oder der Familie kommunizieren, müssen Sie immer eine gewisse Zeit warten, bis Sie Antwort erhalten – auch wenn der Gesprächspartner in dem Moment direkt vor dem Computer sitzt und seine E-Mails abruft. Sie können sich also per E-Mail mit Ihrem Gegenüber nicht direkt „unterhalten". Dafür benötigen Sie einen Messenger, ein kleines Programm, das Nachrichten in Echtzeit überträgt. Der Gesprächspartner kann damit direkt auf eine Frage anworten, ohne das Zeit verloren geht. Bekannte Messenger sind beispielsweise ICQ, Skype oder auch der Windows Live Messenger. Alle Programme können kostenlos aus dem Internet heruntergeladen und genutzt werden. Der Windows Live Messenger ist Bestandteil von Windows Live. Die verschiedenen Messenger arbeiten nach dem gleichen Prinzip. Jeder Benutzer registriert sich bei dem jeweiligen Anbieter mit einem persönlichen Nutzernamen. Er teilt diesen Namen auch seinen Freunden, Bekannten und Kollegen mit, die ihn dann kontaktieren können. Alle Kontakte werden in einer Kontaktliste zusammengefasst. Meldet man sich nun am System an, wird der eigene Name an einen Server übermittelt. Gleichzeitig wird nachgesehen, welcher von den eingetragenen Kontakten auch gerade online ist. Anschließend wird ein entsprechender Hinweis angezeigt, meistens durch einen kleinen grü-

PRAXIS-TIPP

Sollte auf Ihrem PC kein Windows Live Messenger installiert sein, können Sie trotzdem mit Ihren Messenger-Freunden in Kontakt bleiben. Melden Sie sich einfach auf Ihrer persönlichen Seite bei Hotmail – ebenfalls ein Dienst von Microsoft – an. Dort finden Sie oben einen Menüpunkt „Messenger", über den Sie im Browser chatten können.

nen Punkt vor dem jeweiligen Namen. Man kann nun mit der gewünschten Person in Kontakt treten. Ein Doppelklick auf einen Namen öffnet ein kleines Fenster (das sogenannte Chatfenster), in dem Sie Nachrichten schreiben können, die der andere sofort auf seinem Bildschirm sehen und beantworten kann. Während die Messenger-Programme früher nur auf den reinen Chat beschränkt waren, bieten sie mittlerweile immer mehr Zusatzfunktionen wie Telefonie, das Verschicken von SMS-Nachrichten oder E-Mails oder auch das Spielen von interaktiven Games. Fast alle Messenger starten standardmäßig, sobald Sie das Windows-System hochfahren. Sind Nutzername und Passwort im Programm gespeichert, meldet Sie der Messenger direkt im System an, sobald Sie mit dem Internet verbunden sind.

Mit dem Windows Live Messenger können Sie sich in Echtzeit unterhalten.

- Download Windows Live Messenger: http://de.msn.com
- Download GMX-Messenger: www.gmx.net
- Download ICQ www.icq.com/de
- Download Skype www.skype.com/intl/de/home

Microsoft

Das amerikanische Unternehmen Microsoft wurde im Jahr 1975 von Bill Gates und Paul Allen gegrün-

Auf der Microsoft-Webseite finden Sie alle Infos rund um die Produkte.

det. Der Name Microsoft steht für Microcomputer Software. Bill Gates war lange Jahre selbst Firmenchef, seit 2000 steht Steve Ballmer an der Führungsspitze. Firmenhauptsitz ist in Redmond, einem Vorort von Seattle. Bekannt wurde Microsoft durch die Entwicklung des Betriebssystems MS-DOS. Inzwischen gilt Microsoft als größte Softwarefirma der Welt. Wichtige Produkte sind Windows, Office, das Portal MSN, die Cloud-Lösung Windows Live, die Suchmaschine Bing und das Smartphone-Betriebssystem Windows Phone.

- Microsoft Deutschland im Internet: www.microsoft.de

MIDI

MIDI ist die Abkürzung für Musical Instrument Digital Interface und ist ein Datenübertragungsprotokoll für elektronische Musikinstrumente wie beispielsweise ein Keyboard. MIDI-Geräte werden in der Regel über USB am Computer angeschlossen. Das MIDI-Protokoll zur Datenübertragung ist unter Profimusikern auch heute noch Standard.

Minianwendung

Minianwendungen sind kleine Programme, die auf dem Desktop platziert werden können. Sie wurden erstmals in Windows Vista eingeführt und sind auch in Windows 7, 8 und 10 vorhanden. Die frei verschiebbaren Minianwendungen können Sie selbst wählen, je nachdem, welche Informationen Sie auf Ihrem Desktop angezeigt haben möchten, zum Beispiel aktuelle Nachrichtenschlagzeilen, die Uhrzeit oder die Wettervorhersage. Fast alle Inhalte werden regelmäßig aus dem Internet bezogen und sind daher immer aktuell. Um eine Mini-

Sie können selbst entscheiden, welche Minianwendungen auf Ihrem Desktop sichtbar werden sollen, und diese an gewünschter Stelle auf dem Desktop platzieren.

Die Minianwendung Wetter präsentiert die Aussichten für den jeweiligen Ort.

wendung auf den Desktop zu holen, gehen Sie wie folgt vor: Klicken Sie mit der rechten Maustaste auf den Desktop und wählen Sie im Kontextmenü „Minianwendungen“. Es erscheint eine Liste mit verschiedenen Minianwendungen. Ziehen Sie die gewünschten Anwendungen mit der Maus aus der Liste direkt auf den Desktop. Dort können Sie, ebenfalls per Drag-and-drop, die Anordnung verändern.

Achtung: Diese Funktion ist nur ab Windows 7 möglich, bei Windows Vista können die Minianwendungen nur in der Seitenleiste verschoben werden. Um eine Minianwendung wieder zu entfernen, klicken Sie auf das kleine x-Symbol. Einige Minianwendungen bieten

PRAXIS-TIPP

Alle Minianwendungen liegen im Hintergrund auf dem Desktop. Um eine bestimmte Minianwendung zu sehen, müssen Sie also nicht alle Fenster verschieben oder verkleinern. Um alle Fenster vorübergehend auszublenden und einen Blick auf die Minianwendungen zu erhalten, drücken Sie die Tastenkombination [Win]+[Leertaste]. Sobald Sie die wieder loslassen, treten die Minianwednungen wieder automatisch in den Hintergrund.

außerdem noch ein Symbol zur Umschaltung zwischen zwei Größen für die Anzeige von mehr oder weniger Details an. Mit Einführung von Windows 8 bietet Microsoft keine offizielle Galerie für Minianwendungen mehr an.

Minimieren

Alle Fenster in Windows haben oben rechts drei kleine Symbole. Wenn Sie auf das Symbol ganz links klicken – das Symbol mit einem kleinen waagerechten Strich –, wird das aktuelle Fenster in die Taskleiste minimiert und als Symbol angezeigt. Um das Fenster wieder in ursprünglicher Größe auf den Bildschirm zu bringen, klicken Sie wiederum auf das Symbol.

MMS

MMS steht für **M**ultimedia **M**essaging **S**ervice und ist eine Erweiterung der SMS. Mit diesem Service können Sie vor allem Fotos und andere Multimedia-Inhalte, wie zum Beispiel Videos, bis zu einer Größe von 300 KByte von einem Handy auf ein anderes übertragen. Da heute schon viele Handy-Tarife die Möglichkeit bieten, E-Mails innerhalb einer Flatrate senden und empfangen zu können, lohnt es sich nicht mehr, MMS zu verschicken. Denn MMS sind nicht nur teuer im Versand, auch die Bilder werden aufgrund der Dateibeschränkung in ihrer Auflösung stark reduziert. Eine E-Mail ist hier um einiges günstiger und komfortabler.

Modem

Das Wort Modem ist eine Kombination der beiden Begriffe **Mod**ulator und **Dem**odulator. Ein Modem tauscht digitale Signale zwischen zwei Endgeräten aus, z.B. dem Computer und dem Telefon-

Ein Modem ist für die Datenübertragung zwischen zwei Endgeräten zuständig.

kanal. Während früher fast nur 56 k-Modems mit einer Datenübertragungsrate von 46 kbit/s eingesetzt wurden, sind heutzutage DSL-Modems Standard. In modernen Routern sind diese bereits eingebaut. Wer trotzdem noch ein analoges Modem besitzt, kann in Windows Einstellungen zur Konfiguration vornehmen. Gehen Sie dazu in die „Systemsteuerung“ und schalten Sie dort von „Kategorie“ auf „Symbole“ um. Klicken Sie nun auf „Telefon und Modem“.

Monitor

Siehe Bildschirm.

Motherboard

Siehe Mainboard.

Mozilla

Mozilla ist die Organisation, die den Firefox-Browser sowie das E-Mail-Programm Thunderbird entwickelt hat. Sie wurde bereits 1998 gegründet und im Jahr 2003 offiziell als eine sogenannte Non-Profit-Organisation registriert.

- Download Mozilla Firefox www.mozilla.org/de/firefox
- Download Mozilla Thunderbird www.thunderbird-mail.de

MP3-Format

Heute ist MP3 mit großem Abstand das bekannteste aller Datenformate für digitale Musik. MP3-Dateien werden in Windows standardmäßig mit dem Windows Media Player abgespielt. Über den Menüpunkt „Standardprogramme" in der rechten Spalte des Startmenüs können Sie auch ein anderes Programm als Standardplayer für MP3-Musik festlegen. Die Entwicklung des MP3-Formats hat sich lange hingezogen, ein Prozess, bei dem die Namensgebung zu MP3 schließlich im Jahr 1995 der letzte Schritt war.

Das vom Fraunhofer-Institut entwickelte Format wird durch eine ISO-Norm geschützt, sodass auch die allerersten veröffentlichten MP3-Dateien bis heute abspielbar sind.

- Fraunhofer IIS im Internet: www.mp3-geschichte.de

Mit einem MP3-Player, einem tragbaren Gerät zum Abspielen von Musik, können Sie Ihre Lieblingsmusik zu jeder Zeit und überall ganz bequem anhören.

MP3-Player

Zum einen ist MP3-Player der Oberbegriff für ein tragbares Gerät mit Kopfhörern, das zur Wiedergabe von Musikdateien, meist in gängigen Dateiformaten wie MP3, WMA oder AAC dient. Mittlerweile können viele Handys und Smartphones ebenfalls Musikdateien abspielen, sodass die Verbreitung der kleinen MP3-Player immer weiter zurück geht. Musik lässt sich in der Regel per Drag & Drop vom Computer auf den MP3-Player kopieren (Anschluss per USB-Schnittstelle). Einige Geräte benötigen dafür aber auch ein spezielles Programm, beispielsweise der iPod, der die Software iTunes nutzt. Als MP3-Player werden auch Programme bezeichnet, die auf dem Computer Musikdateien wie MP3s abspielen können. Die Bekanntesten sind der Windows Media Player, Winamp sowie der Aimp Classic-Player.

- Download Windows Media Player http://windows.microsoft.com/de-de/windows/windows-media-player
- Kostenloser Download Aimp Classic www.aimp.ru
- Kostenloser Download WinAmp: www.winamp.com

MS-DOS

Im Juli 1981 hat die Firma Microsoft die Rechte am sogenannten „Disk Operating System QDOS" erworben. Ziel war es, dieses Programm unter eigenem Namen (als MS DOS) weiterzuvermarkten. Erster Kunde war damals IBM, der DOS als Betriebssystem auf seinen neuen IBM-PCs einsetzte. Der Siegeszug von DOS begann und IBM verkaufte mehr als eine Million dieser PCs. Im Laufe der Jahre wurde MS DOS immer wieder weiterentwickelt. Im Jahr 1994 wurde die letzte DOS-Version, 6.22, vorgestellt, die noch eigenständig genutzt werden konnte. In Windows ME war letztmalig MS-DOS 8.0 integriert.

Neuere Windows-Versionen beinhalten kein MS-DOS mehr. Heute gibt es nur noch das FreeDOS, ein aktuelles MS-DOS-kompatibles Betriebssystem, das kostenlos aus dem Internet heruntergeladen und genutzt werden kann.

- FreeDOS im Internet: www.freedos.org

MS-Office

Siehe Office.

MSI-Datei

MSI steht für **M**icrosoft **I**nstaller und ist ein System, welches Microsoft für die Programminstallation von Microsoft-Software zur Verfügung stellt. MSI-Dateien können einfach per Doppelklick installiert werden. Ähnlich wie bei EXE-Dateien erscheint ein Assistent, der Ihnen bei der Installation Schritt für Schritt zur Seite steht.

MSN

Die Abkürzung MSN steht für **M**icro**s**oft **N**etwork und ist ein weltweit verbreitetes Internetportal, welches von Microsoft betrieben wird. Es bietet u.a. aktuelle Nachrichten, Videos und Informationen zu verschiedensten Themen an. MSN ist heute als Standardstartseite in den Internet Explorer integriert. Unter der Marke MSN hatte Microsoft früher auch noch andere Dienste betrieben, die bekanntesten waren der MSN Messenger und MSN Hotmail. Beide werden jetzt als Windows-Live-Anwendungen angeboten. Die alten E-Mail-Adressen nach dem Muster „mustermann@msn.de“ können mit Hotmail weiter genutzt werden. Zudem wurde die ehemalige MSN-Suche von der neue Suchmaschine Bing abgelöst.

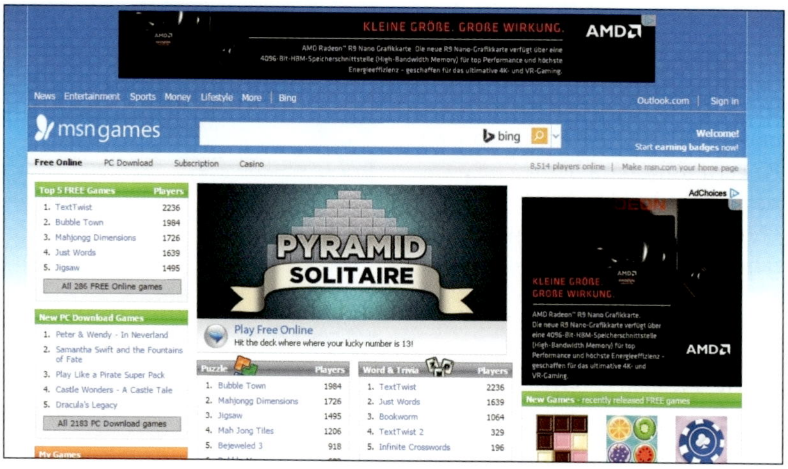

Das Onlineportal MSN Games liefert eine große Auswahl an kostenlosen Spielen, die Sie jederzeit alleine oder mit Freunden spielen können.

▪ MSN Deutschland im Internet:
http://de.msn.com

MSN Games

MSN Games wird auch als Microsoft Gaming Zone bezeichnet. Dabei handelt es sich um ein Onlineportal, das kostenlose Spiele aus allen möglichen Kategorien anbietet. Bei den meisten dieser Spiele treten Sie gegen „echte Mitspieler“ auf der ganzen Welt an. Auch die bei Windows 7, 8 und 10 mitgelieferten Spiele nutzen diese Plattform. Es gibt aber auch Spiele, die Sie sich auf Ihren Computer herunterladen können.

▪ MSN Games im Internet:
http://zone.com

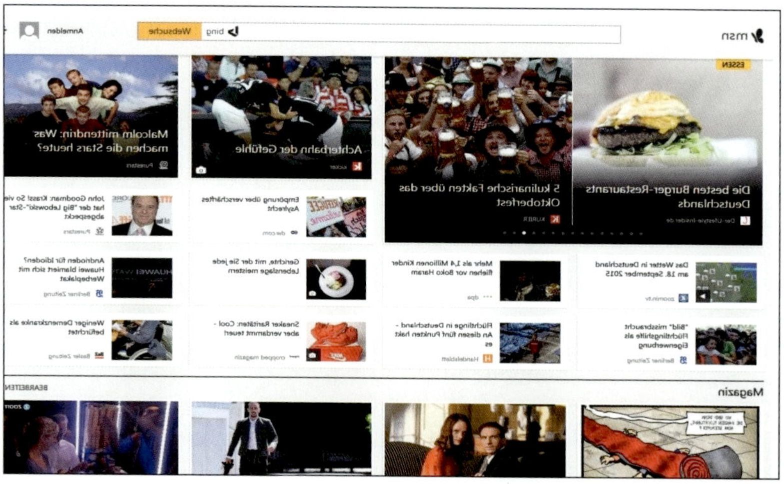
Die Startseite von MSN Deutschland bietet allerhand nützliche Informationen und aktuelle Nachrichten, die Sie jederzeit abrufen können.

Multimedia

Unter dem Sammelbegriff Multimedia werden alle Arten digitaler Medien zusammengefasst. Dazu zählt auch die digitale Unterhaltung für Musik und Videos im Internet.

Multitouch

Viele technische Geräte, seien es Handys oder auch Tablet-PCs, werden heutzutage per Touchscreen bedient. Die Technik, die hierfür nötig ist, nennt man Multitouch. Hier werden bestimmte Funktionen allein durch die Berührung mit mehreren Fingern auf dem Bildschirm gesteuert. Es ist keine

Tastatur mehr notwendig. Die bekannteste Multitouch-Geste ist das Zoomen in einem Bild oder auf einer Webseite durch Auseinander- oder Zusammenschieben von zwei Fingern. Alle aktuellen Smartphones mit Android- oder Windows Phone-Betriebssystem sowie das iPhone unterstützen Multitouch.

Musik am Computer

Musik aus dem Internet zu laden, um diese dann auf dem PC abspeichern zu können, ist heute gang und gäbe. Ziel ist es, die Musik ins Heimnetzwerk zu integrieren oder auf einen tragbaren MP3-Player zu kopieren, um auch unterwegs immer die Lieblingsmusik dabei zu haben. Um hier nicht den Überblick zu verlieren, ist es wichtig, seine Musik am PC übersichtlich zu ordnen, z.B. nach Titel, Interpreten und Alben. Das Multimedia-Programm iTunes von Apple ist hier die perfekte Lösung. Mit eigens erstellten Wiedergabelisten können Sie Ihre Musik zum Einen clever ordnen, zum Anderen auch ganz einfach die passende Musik für den richtigen Anlass zusammenstellen und in Ihrer Mediathek abspeichern.

Musikdatei

Musik lässt sich auf dem Computer in verschiedenen Dateiformaten speichern. Die bekanntesten und meist genutzten Formate sind MP3 und WMA. Meist wird pro Datei ein Musiktitel gespeichert, den man dann als Musikdatei bezeichnet.

MySpace

MySpace wurde ursprünglich durch seinen kostenlosen Datenspeicherplatz für eigene Webseiten bekannt. Im Jahr 2003 wurde auf der Plattform dann eines der ersten sozialen Netzwerke eröffnet. Benutzer konnten sich hier eigene Profilseiten anlegen und mit Freunden im Internet kommunizieren sowie untereinander Themen austauschen. Ein Schwerpunkt der Plattform war außerdem die Musik. Kleinere und neue Bands konnten sich hier gut einem breiten Publikum präsentieren. Seit dem Erfolg von Facebook sieht sich MySpace nicht mehr in direkter Konkurrenz, sondern setzt noch mehr auf das Thema Musik in Form von Songs und Videos.

- MySpace im Internet: www.myspace.com

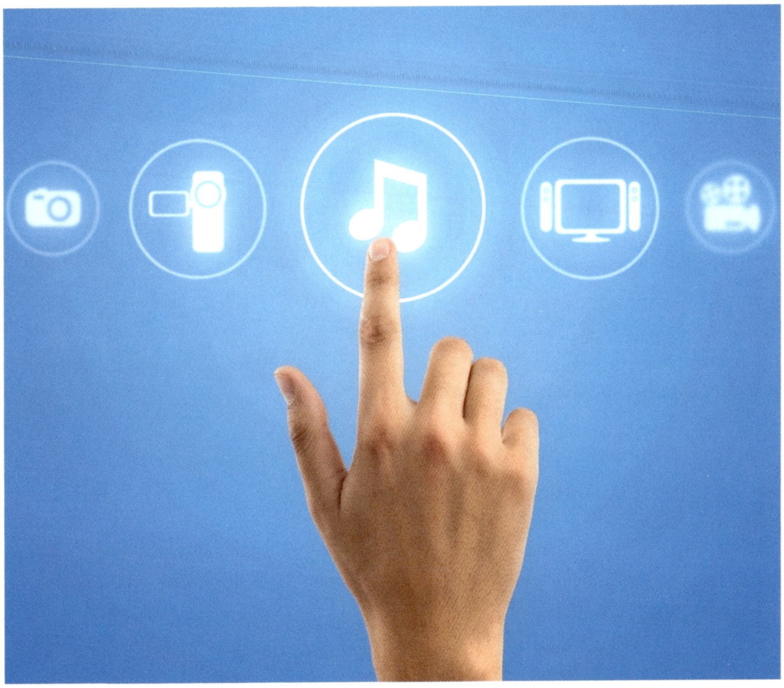

Der PC ist heutzutage viel mehr als nur ein „Rechner", um Briefe zu schreiben. Vielmehr lassen sich sämtliche Medien darauf speichern, sortieren und jederzeit abspielen.

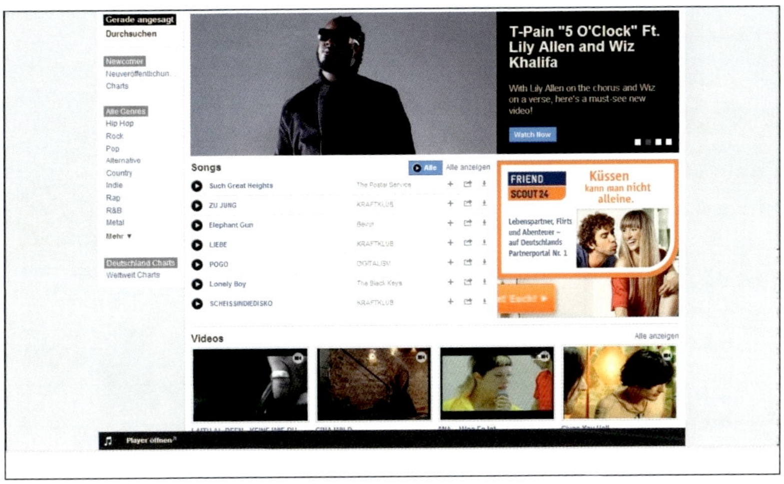

Das Portal des sozialen MySpace-Netzwerks bietet zum Thema Musik interessante Neuigkeiten und viele spannende Themenbereiche.

N

Ein Netbook ist ideal für unterwegs. Es ist kleiner und leichter als ein Notebook und lässt sich somit überall hin mitnehmen.

Navigationsbereich

In zahlreichen Windows-Anwendungen wie dem Windows Explorer oder den Windows-Bibliotheken gibt es einen Navigationsbereich. Das ist der jeweils linke Bereich in einem Fenster, in dem der Verzeichnisbaum (siehe Seite 252) angezeigt wird. Der Navigationsbereich ermöglicht das Suchen nach Dateien und Ordnern. Darüber hinaus lassen sich Elemente direkt an ein Ziel verschieben oder kopieren. Sollte der Navigationsbereich in einem geöffneten Fenster nicht angezeigt werden, klicken Sie im Menü auf „Organisieren/Layout“ und anschließend auf „Navigationsbereich“. Um den Navigationsbereich anzupassen, gehen Sie wie folgt vor: In dem geöffneten Fenster klicken Sie auf „Organisieren/Ordner- und Suchoptionen“ und wechseln dann zum Dialogfeld „Ordneroptionen/Allgemein“. Aktivieren Sie das Kontrollkästchen „Alle Ordner anzeigen“ und bestätigen dann mit „OK“. Alle auf dem Computer befindlichen Ordner, einschließlich des persönlichen Ordners, werden daraufhin angezeigt. Wenn Sie das Kontrollkästchen „Automatisch auf aktuellen Ordner erweitern“ aktivieren, wird der Navigationsbereich automatisch auf den im Ordnerfenster ausgewählten Ordner erweitert.

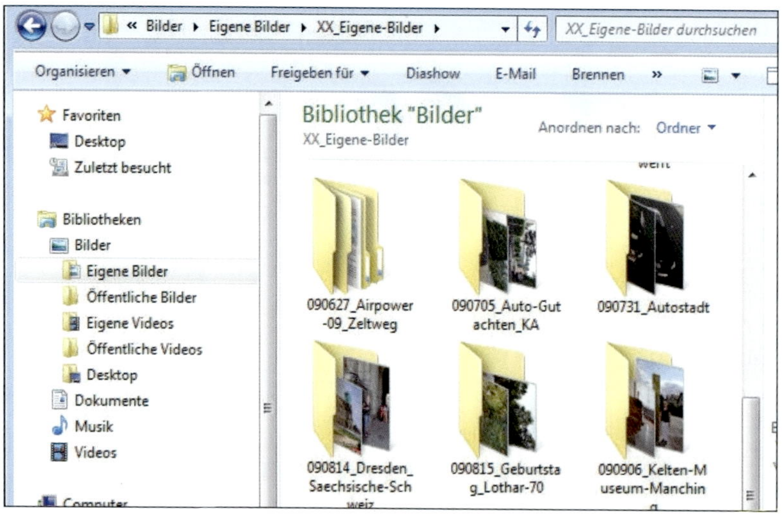

Der Navigationsbereich befindet sich im linken Teil des Windows Explorers. Er ermöglicht das Suchen nach Dateien und Ordnern.

Netbook

Als Netbooks werden tragbare Computer bezeichnet, die hinsichtlich Größe (Bildschirmdiagonale ca. 20 cm), Preis und Rechenleistung kleiner als normale Notebooks ausgelegt sind. Die kleinen Bildschirme sparen Strom, viele Netbooks haben zudem keine Festplatte eingebaut, sondern eine SSD (siehe Seite 211), die ebenfalls wenig Strom verbraucht. Daher haben sie im Vergleich zu Notebooks längere Akkulaufzeiten. Aufgrund der geringen

Ein typisches Netbook ist das Toshiba Kira mit 13 Zoll großem Display.

Größe ist in Netbooks auch kein DVD-Laufwerk eingebaut. Netbooks dienen im Wesentlichen zum mobilen Internetzugang per WLAN und nicht als Arbeitsgerät. Sie verfügen nur selten über einen Touchscreen (siehe Seite 234), dafür aber über eine vollwertige Tastatur und ein Touchpad (siehe Seite 234) Auf den neuesten Netbooks ist häufig Windows 8 installiert. Oft werden Netbooks zusammen mit einem Mobilfunk- oder Internetvertrag angeboten.

Bekannte Netbook-Hersteller im Internet
www.asus.de
www.dell.de
www.medion.de
www.acer.de
www.fujitsu.de
www.hp.de

.NET-Framework

Hierbei handelt es sich um eine Softwareentwicklungsplattform von Microsoft. Sie ist in Windows integriert. Ein für die .NET-Plattform entwickeltes Programm kann auf jedem Computer ausgeführt werden, auf dem die .NET-Plattform verfügbar ist.

Netiquette

Das Kunstwort Netiquette setzt sich zusammen aus Net (Internet) und Etiquette. Damit gemeint sind die Anstandsregeln, die im Umgang miteinander im Internet gelten, sozusagen der Knigge fürs Internet. Ziel ist eine möglicht angenehme Kommunikation. Die Netiquette gilt für viele Bereiche, unter anderem für E-Mails oder auch soziale Netzwerke und Foren. Im Chat wird die Netiquette zur Chatiquette. Als unerwünscht gelten im Chat beispielsweise Beleidigungen, rassistische Äußerungen und Pöbeleien. Ebenfalls nicht gerne gesehen ist es, wenn man alle Wörter in Großbuchstaben schreibt.

Netmeeting

Netmeeting ist eine mit dem Internet Explorer 5 eingeführte Kommunikationsplattform. Mit Netmeeting lassen sich direkte Computer-zu-Computer-Verbindungen aufbauen. Dies ermöglicht dann die Kommunikation per Telefonie, Videotelefonie oder auch Chat. Da Netmeeting nach relativ kurzer Zeit mit höchst zweifelhaften und

Netiquette bei E-Mails

- Bleiben Sie höflich: Auch wenn eine E-Mail knapp formuliert ist, sollten Sie sie so verfassen wie einen normalen Brief. Dazu gehören eine Anrede und auch eine Grußformel am Schluss. Zudem empfiehlt es sich, die E-Mail vor dem Absenden nochmals durchzulesen. Vermeiden Sie Rechtschreib- und Tippfehler, und achten Sie auf Groß- und Kleinschreibung.

- Keine großen Anhänge: Vermeiden Sie zu große Dateianhänge. Vielleicht besitzt der Empfänger keinen schnellen DSL-Anschluss, und das Herunterladen der Datei kostet Zeit und Geld. Außerdem müssen Sie damit rechnen, dass der Empfänger nur bestimmte Dateigrößen empfangen kann, zu große E-Mails werden dann automatisch gelöscht. Möchten Sie eine große Datei versenden, fragen Sie nach, ob dies dem Empfänger recht ist.

- Auswahl treffen: Bevor Sie eine E-Mail verschicken, überlegen Sie sich, ob der Empfänger diese auch erhalten möchte (z.B. Spaß-E-Mails mit bunten Bildern). Leiten Sie auch keine Ketten-E-Mails weiter.

- Schreiben Sie keine Romane: Eine E-Mail wird üblicherweise zur schnellen Kommunikation genutzt. Fassen Sie sich möglichst kurz und prägnant. Wer zu lange E-Mails schreibt, läuft Gefahr, dass der Empfänger die Lust am Lesen verliert oder das Wesentliche verpasst.

Netiquette in Foren und Online-Plattformen

- Bevor Sie in einem Forum eine Frage stellen, suchen Sie in alten Beiträgen. Eventuell finden Sie dort schon einen Hinweis zu Ihrem Problem. Taucht immer wieder die gleiche Frage auf, sind viele Nutzer genervt.

- Seien Sie höflich: Auch wenn Sie es eilig haben, eine Frage zu stellen: Lesen Sie vor dem Absenden den Text nochmals durch. Oft helfen Emoticons (siehe Seite 61) wie z.B. ;-) (Augenzwinkern) dabei, Missverständnisse zu vermeiden. Sagen Sie Danke, wenn Sie eine Antwort auf eine Frage erhalten haben.

- Drängeln Sie sich nicht vor: Vermeiden Sie, mit der Betreffzeile eines Beitrages aufzufallen. Wörter wie „NOTFALL!“ oder „HIIIIIILLFFFEEEE!!!“ bewirken meist das Gegenteil von dem, was Sie erreichen wollen. Gerade in Foren ist es völlig normal, dass Sie nicht innerhalb der nächsten fünf Minuten Antwort bekommen. In der Regel dauert es ein paar Tage.

- Verwenden Sie eine sinnvolle Betreffzeile: Fassen Sie in der Betreffzeile kurz zusammen, um was es in dem Beitrag geht, z.B. „KOIs im Winter im Gartenteich“.

- Achten Sie auf die richtige Rechtschreibung und den korrekten Satzbau. So werden Ihre Anfragen auch ernst genommen.

Mit einem Netzwerk lassen sich Computer und andere Geräte miteinander verbinden, um gegenseitig Daten austauschen zu können. In einem privaten Haushalt lohnt sich ein Netzwerk, sobald zwei oder mehr Computer vorhanden sind.

alles andere als jugendfreien Gesprächsthemen überflutet wurde, hat Microsoft den Dienst wieder eingestellt.

Netzschalter

Wenn Sie die Arbeit an Ihrem Computer beendet haben, sollten Sie ihn herunterfahren oder in den Energiesparmodus versetzen. Denn dadurch sparen Sie nicht nur Strom, sondern erhöhen auch die Sicherheit des Rechners, da die Festplatte geschont wird. Windows 7 und 8 bieten im Startmenü einen Netzschalter an, mit dem sich der Computer auf Knopfdruck in den Energiesparmodus bringen lässt. Bei Notebooks funktioniert das beispielsweise auch, wenn Sie den Deckel zuklappen. Beim Energiesparmodus wird nicht nur der Monitor ausgeschaltet, sondern auch der Lüfter des Computers angehalten. Aktuelle Arbeiten am Rechner werden automatisch gespeichert. Ist der Computer bereits im Energiesparmodus, blinkt außen am Gehäuse eine kleine LED. Wenn Sie den Computer wieder reaktivieren möchten, drücken Sie den Netzschalter am Computergehäuse. Der Computer wird reaktiviert und Sie können Ihre Arbeit fortsetzen.

Die Funktion Netzschalter/Energiesparmodus ist standardmäßig voreingestellt. Sie können diese Einstellung aber auch ändern, wenn der Computer beispielsweise beim Drücken des Netzschalters heruntergefahren werden soll. Dabei wird das komplette System abgeschaltet. Beenden Sie vorher alle Programme, damit keine Daten verloren gehen.

PRAXIS-TIPP

Sie können nicht nur die Aktion ändern, die beim Drücken des Netzschalters am Computergehäuse ausgeführt wird, sondern auch die Standardaktion, die beim Klicken auf die Schaltfläche „Herunterfahren" ausgeführt wird.

Wenn Sie den Computer wieder einschalten möchten (hochfahren), so wird das Betriebssystem komplett neu gestartet. Gehen Sie in die „Systemsteuerung" und klicken bei „System und Sicherheit" auf „Energieoptionen". Bei der Option „Wählen Sie einen Energiesparplan aus" klicken Sie anschließend auf „Auswählen". Legen Sie bei „Verhalten des Ein-/Aus-Schalters definieren" und „Kennwortschutz einschalten" fest, welche Aktion der Computer beim Drücken des Netzschalters ausführen soll. Wenn Sie ein Notebook verwenden, können Sie separate Einstellungen für den Akku- bzw. Netzbetrieb auswählen. Bestätigen Sie zuletzt alle Angaben mit „Änderungen speichern".

Netzwerk

Sobald in einem Haushalt mehr als ein Computer vorhanden ist (beispielsweise ein PC und ein Notebook), ist es sinnvoll, die Rechner miteinander zu vernetzen. Mit Windows 7, 8 und 10 geht das ganz einfach. Sie können ein **Netzwerk** kabelgebunden oder kabellos betreiben. Jeder Computer muss mit dem zentralen Router damit entweder über ein Kabel oder über WLAN verbunden werden. Der größte Aufwand war früher der Einbau der Netzwerkkarten in die Rechner, heute sind diese fast immer bereits auf dem Mainboard (siehe Seite 123) integriert. Diese Netzwerkkarten werden automatisch erkannt, anschließend muss das Netz aber noch konfiguriert werden. Wenn sich der Computer in einem lokalen Netzwerk befindet, wird automatisch eine Netzwerkverbindung in Windows angelegt. Dazu startet der Netzwerkinstallationsassistent. Entscheidend ist hier die Angabe des Computernamens.

Computernamen müssen im lokalen Netzwerk eindeutig sein und dürfen nur aus Buchstaben und Ziffern bestehen, Sonderzeichen und Leerzeichen sind nicht erlaubt. Der Name wird zur Identifikation des Computers im Netzwerk verwendet. Geben Sie im nächsten Schritt den Namen der verwendeten Arbeitsgruppe an. Windows findet auch Computer aus anderen Arbeitsgruppen, dies kann nur manchmal sehr lange dauern. Bei älteren Windows-Versionen kann es Probleme mit dem Zugriff geben, wenn verschiedene Arbeitsgruppen im Netzwerk verwendet werden. Sie finden den Arbeitsgruppennnamen auf einem Computer, der bereits im Netzwerk ist, in der „Systemsteuerung" unter „System und Sicherheit/System" oder bei älteren Windows-Versionen unter „Netzwerkumgebung/Gesamtes Netzwerk/Microsoft Windows Netzwerk". Damit andere Benutzer im Netzwerk Dateien oder Drucker von diesem Computer verwenden können, muss die Datei- und Druckerfreigabe aktiviert werden. Dabei wird die Windows-Firewall (siehe Seite 71) automatisch so konfiguriert, dass Dateien und Drucker gemeinsam verwendet werden können.

Bei der Einrichtung eines Netzwerkes spielt auch das **Netzwerk- und Freigabecenter** eine große Rolle, denn dabei handelt es sich um eine zentrale Stelle für alle Netzwerkeinstellungen. Das Netzwerk- und Freigabecenter finden Sie in der „Systemsteuerung" von Windows.

PRAXIS-TIPP

Um ins Netzwerk- und Freigabecenter zu gelangen, können Sie auch einfach auf das Symbol der Netzwerkverbindung im Infobereich der Taskleiste klicken. Hier erscheint ein kleines Fenster, aus dem Sie direkt das Netzwerk- und Freigabecenter öffnen können.

Um Zugang zu einem Netzwerk zu erhalten, muss sich jeder Benutzer mit seinen Zugangsdaten anmelden. Denn nach der **Netzwerkanmeldung** haben Sie Zugriff auf die freigegebenen Laufwerke und Daten. Wenn Sie ein Netzwerk eingerichtet haben, können alle Computer untereinander Daten austauschen und auch auf einen gemeinsamen Drucker zugreifen. Sobald ein Drucker für alle Benutzer im Netzwerk freigegeben wurde, wird er zum **Netzwerkdrucker**. Und so geht's: Wählen Sie im Startmenü die Option „Geräte und Drucker" und klicken Sie

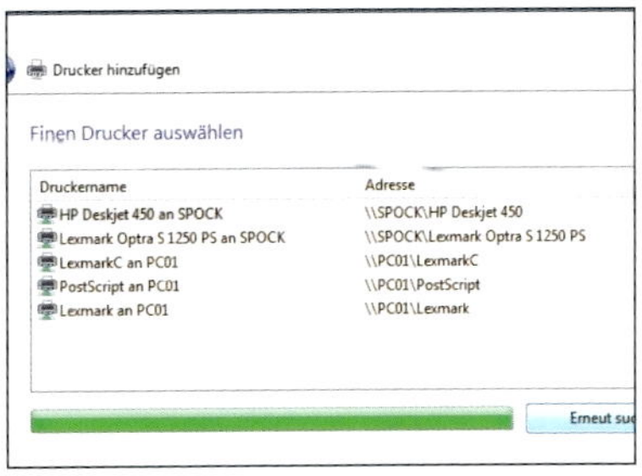

Windows findet automatisch die angeschlossenen Drucker im Netzwerk.

dann in der „Geräteübersicht" auf „Drucker hinzufügen" und wählen danach die Option „Einen Netzwerk-, Drahtlos- oder Bluetoothdrucker hinzufügen". Windows versucht jetzt, Drucker im Netzwerk zu finden. Wird der gewünschte Drucker gefunden, können Sie ihn auswählen. Manche im Netzwerk vorhandenen Drucker werden aus unterschiedlichen Gründen nicht automatisch gefunden. Klicken Sie in diesem Fall auf „Der gesuchte Drucker ist nicht aufgeführt". Im nächsten Schritt können Sie den Drucker

PRAXIS-TIPP

Ist der Drucker an einem Computer mit einer älteren Windows-Version angeschlossen, sucht Windows automatisch nach einem geeigneten Druckertreiber. Sobald dieser gefunden ist, wird der Drucker in der „Geräteübersicht" angezeigt. Alle Netzwerkdrucker besitzen unter Windows ein Symbol mit einem auffälligen grünen Kabel.

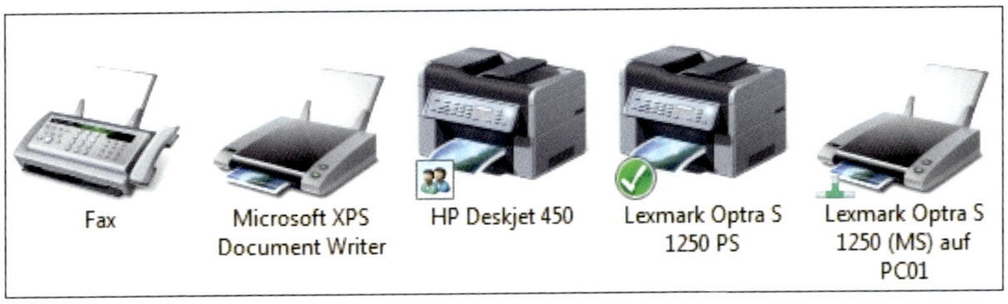

Von links nach rechts: Fax, lokaler Drucker, im Netz freigegebener Drucker, Standarddrucker und Netzwerkdrucker.

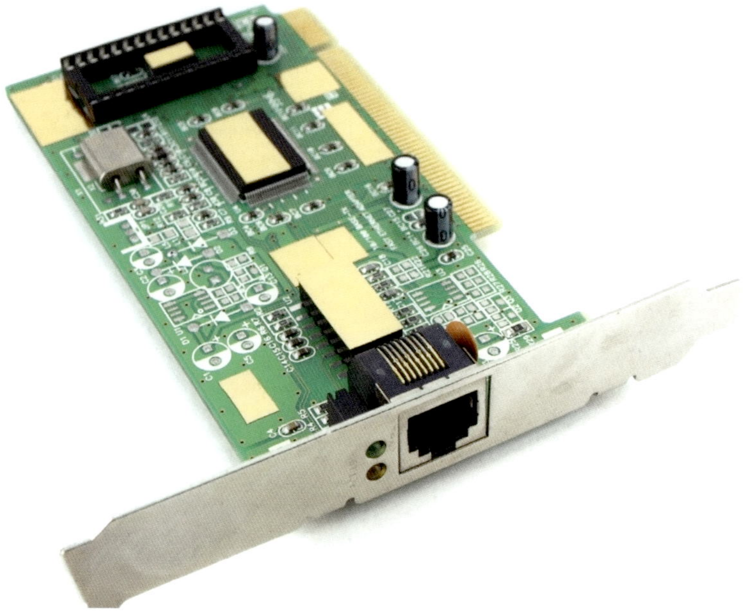

Ältere PCs besitzen keine eingebaute Netzwerkkarte. Man muss daher eine externe Steckkarte nachrüsten. Diese besitzt auch einen LAN-Port (vorn im Bild).

über Computername und Freigabename oder über seine IP-Adresse (siehe Seite 98) eintragen. Die einfachste Methode ist in den meisten Fällen die Option „Durchsuchen". Dadurch bekommen Sie in einem Explorer-Fenster alle Computer im Netzwerk angezeigt. Hier können Sie den gewünschten Drucker leicht finden. Danach müssen Sie, wie bei einem lokalen Drucker, einen Druckernamen angeben und festlegen, ob der neue Drucker als Standarddrucker verwendet werden soll.

Wenn man ein Netzwerk kabelgebunden einrichtet, braucht man ein **Netzwerkkabel**. Dabei handelt es sich um ein speziell abgeschirmtes Kabel mit genormten Steckern, um Netzwerkkomponenten wie beispielsweise Router oder Switches (siehe Seite 218) miteinander zu verbinden. Ein Netzwerkkabel besteht aus acht einzelnen Adern. Jeweils ein Adernpaar ist miteinander verdrillt (das sogenannte Twisted Pair). In einem Kabelstrang befinden sich demnach 4 Adernpaare mit jeweils 2 Adern. Die Verdrillung ist notwendig, um die durch den fließenden Strom entstehende induzierte Spannung und dadurch entstehende Störungen aufzuheben. Netzwerkkabel besitzen meist eine runde Form und am Ende jeweils einen 8-poligen Stecker (RJ45).

PRAXIS-TIPP

Zum Aufbau eines Netzwerkes sollten Sie am besten bereits vorkonfektionierte Kabel verwenden. Es gibt zwar auch Kabel als Meterware, auf die allerdings der Stecker noch montiert werden muss. Dafür benötigen Sie Spezialwerkzeug.

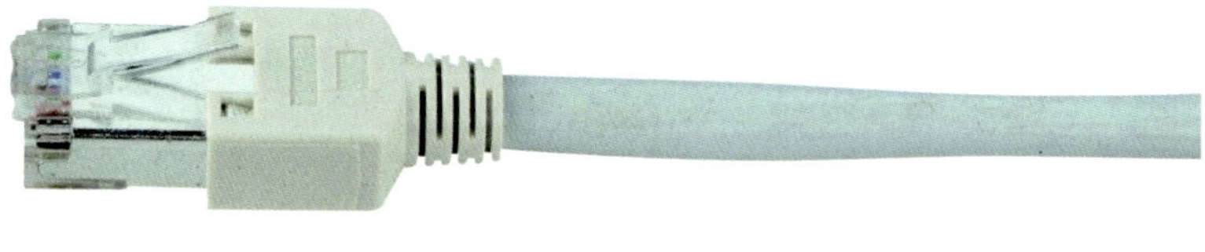

Ein typisches Netzwerkkabel besitzt jeweils zwei RJ45-Stecker. Der eine Stecker wird in den LAN-Port des PC gesteckt, der andere kommt in den Router.

Jeder Computer, der an ein Netzwerk angeschlossen werden soll, muss außerdem eine **Netzwerkkarte** besitzen. Früher handelte es sich dabei in der Regel um eine Steckkarte, die nachgerüstet werden musste. Mittlerweile besitzen moderne PCs und Notebooks jedoch bereits eine Netzwerkkarte, die fest auf dem Mainboard (siehe Seite 123) eingebaut ist.

Netzwerklaufwerk

Dabei handelt es sich um ein freigegebenes Verzeichnis auf einem anderen Computer im Netzwerk. Unter Windows verhält es sich wie ein lokales Laufwerk mit einem Laufwerkbuchstaben. Wenn Sie im Windows Explorer auf den Ordner „Netzwerk" klicken, werden alle Netzwerkfreigaben angezeigt, die im Netzwerk gefunden wurden. Im Navigationsbereich (siehe Seite 136) des Explorers finden Sie alle Freigaben und auch freigegebene Drucker, geordnet nach Computernamen. Über den Netzwerkordner können Sie auf freigegebene Ordner im Netzwerk genauso zugreifen wie auf lokale Ordner. Um sich die mühsame Navigation durch die verzweigten Äste zu ersparen, können Sie den Laufwerken im Netzwerk auch Laufwerkbuchstaben zuweisen. Klicken Sie dazu im Windows-Explorer mit der rechten Maustaste auf eine Netzwerkfreigabe, und wählen Sie im Kontextmenü „Netzlaufwerk verbinden". Im Dialog „Netzlaufwerk verbinden" wählen Sie einen Laufwerkbuchstaben, unter dem das Netzwerkverzeichnis erscheinen

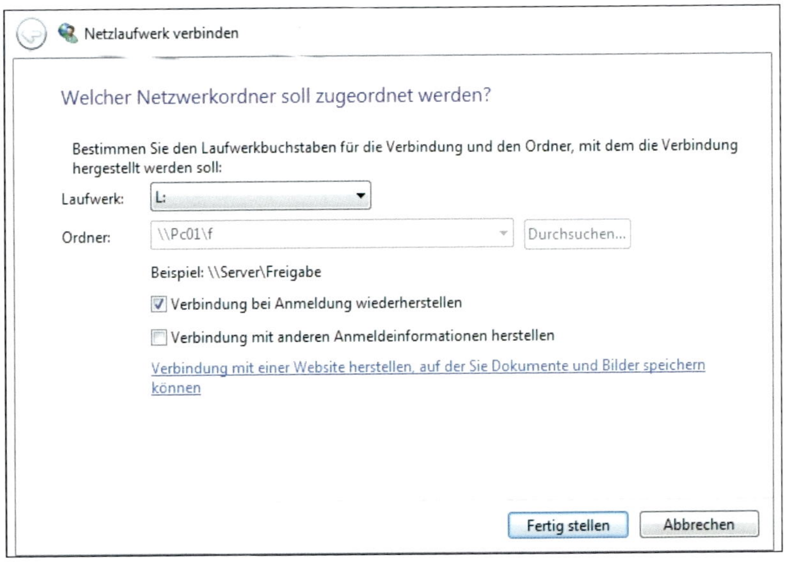

Für jedes Netzwerklaufwerk können Sie einen Laufwerkbuchstaben vergeben. Dieser ist dann für jeden Computer im Netzwerk sichtbar.

soll. Die Auswahlliste zeigt die Laufwerkbuchstaben, die noch nicht von vorhandenen Laufwerken belegt sind. Wenn Sie den Schalter „Verbindung bei Anmeldung wiederherstellen" aktivieren, wird der Laufwerkbuchstabe automatisch beim nächsten Windows-Start wieder zugewiesen.

Das **Netzwerkprotokoll** wiederum definiert die Art und Weise, wie Daten im Netzwerk übertragen und wie einzelne Computer im Netzwerk identifiziert werden. Als normaler Anwender kommt man mit dem Netzwerkprotokoll so gut wie nie in Berührung, es wird bei der ersten Einrichtung des Netzwerks automatisch eingestellt. Windows 7, 8 und 10 unterstützen nur noch das heute allgemein übliche Netzwerkprotokoll TCP/IP.

Netzwerkstandort

Um die Einrichtung eines Netzwerks zu vereinfachen, hat Microsoft die sogenannten **Netzwerkstandorte** eingeführt. Über den Netzwerkstandort legen Sie Grundeinstellungen für die Freigabe von Dateien auf dem eigenen Computer für das Netzwerk fest. Gehen Sie dazu in das „Netzwerk- und Freigabecenter", das Sie in der „Systemsteuerung" finden. In der Einstellung „Heimnetzwerk" können Sie die einfache Freigabe mithilfe der neuen Heimnetzgruppen nutzen. Wählen Sie „Arbeitsplatznetzwerk", wenn sich alle Netzwerkrechner an Ihrem Arbeitsplatz befinden. Die Einstellung „Öffentliches Netzwerk" sollte immer dann verwendet werden, wenn der Computer direkt und ohne hauseigenen Router über ein DSL-Modem, eine Mobilfunkverbindung per Surfstick (siehe Seite 217), Handy oder über ein öffentliches WLAN mit dem Internet verbunden ist.

Der gewählte Netzwerkstandort legt automatisch Vorgaben für Heimnetzgruppen und die Netzwerkerkennung fest. Letztere ist für die Einrichtung von Freigaben wichtig. Schon kleine private Netzwerke, in denen sich nur ein paar PCs der

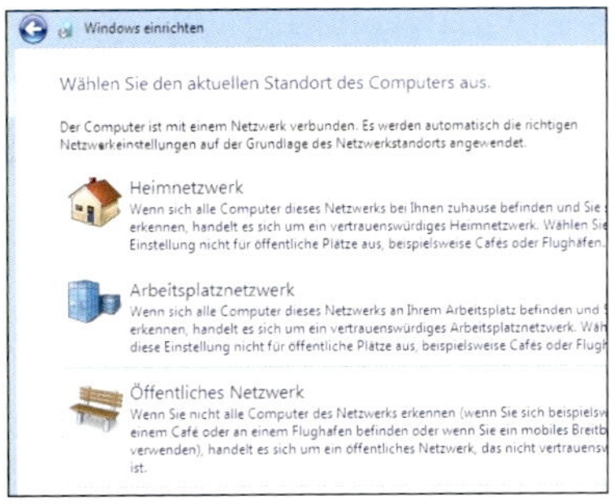

Der Netzwerkstandort lässt sich für eine neue Netzwerkverbindung wählen.

Familie und einige andere Netzwerkgeräte befinden, können schnell unübersichtlich werden. Windows liefert eine ansprechende **Netzwerkübersicht**. Der Link „Gesamtübersicht anzeigen" oben rechts im „Netzwerk- und Freigabecenter" der „Systemsteuerung" zeigt eine Übersicht über das gesamte Netzwerk. Hier ist auch zu sehen, welche Computer über welche Netzwerkhardware per Kabel oder drahtlos angebunden sind. Der Begriff **Netzwerkumgebung** existiert seit Windows 7 nicht mehr. Er ist die Bezeichnung aus Windows XP für die Übersicht aller Freigaben im Netzwerk. In Windows 7, 8 und 10 finden Sie diese im Windows-Explorer unter „Netzwerk".

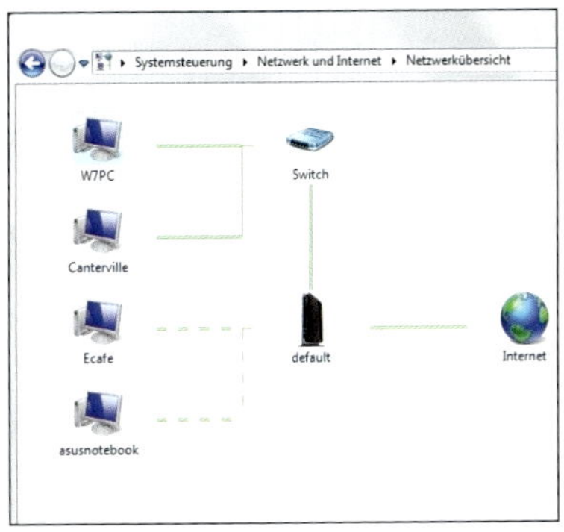

Die Netzwerkübersicht zeigt an, welche Computer miteinander verbunden sind.

Standort	Heimnetzgruppe	Netzwerkerkennung
Heimnetzwerk	ja	ja
Arbeitsplatznetzwerk	nein	ja
Öffentliches Netzwerk	nein	nein

Neuinstallation

Bei der Installation eines Betriebssystems unterscheiden die Systeme Windows 7 und 8 zwischen einer Neuinstallation und einer Updateinstallation. Bei der Neuinstallation wird das Betriebssystem wie auf einem neuen Computer installiert. Bestehende eigene Daten müssen vorher gesichert werden, am besten auf eine zweite Festplatte, und können dann wieder aus der Sicherung in das neue Betriebssystem übernommen werden. Bei einer Updateinstallation bleiben Daten und Programme, so weit möglich, erhalten und können im neu installierten Betriebssystem weiterverwendet werden. Eine Updateinstallation auf Windows 10 ist von Windows 7 und 8 möglich.

Auch wenn Sie Software installieren möchten, können Sie diese entweder neu installieren oder updaten. Letztere Variante funktioniert nur, wenn Sie bereits eine ältere Version des gleichen Programms installiert haben. Dieses wird durch das Update um neue Funktionen ergänzt. Ein Beispiel aus der Praxis ist Steuersoftware, für die jedes Jahr ein Update erhältlich ist, da sich bekanntlich die Gesetze und Vorschriften immer wieder ändern.

Neustart

Ein Neustart des Computers ist vor allem dann erforderlich, wenn Sie ein neues Programm installiert haben. Auch einige Windows Updates erfordern einen Neustart. Dabei handelt es sich lediglich um ein Aus- und wieder Einschalten des Computers. Um den Rechner neu zu starten, klicken Sie im „Startmenü" auf „Herunterfahren". Es öffnet sich ein Menü, aus dem Sie die Option „Neu starten" auswählen. Anschließend fährt der Computer automatisch herunter und wieder hoch.

PRAXIS-TIPP

Wenn sich der Computer „aufgehängt" hat und nichts mehr funktioniert, kann ein Neustart helfen. Drücken Sie dazu die Tastenkombination [Strg]+ [Alf]+ [Entf] und wählen Sie aus dem Menü den Befehl „Neu starten".

Newsletter

Der Begriff Newsletter stammt aus dem Englischen und bedeutet so viel wie Nachrichtenbrief. Dabei handelt es sich um eine in regelmäßigen Abständen versendete E-Mail, die Informationen zu neuen Produkten oder Nachrichten einer Webseite oder eines Online-Shopbetreibers enthält. Newsletter können Sie kostenlos abonnieren. Um Spam (siehe Seite 205) zu vermeiden, schicken die Anbieter nach der Newsletter-Anmeldung eine E-Mail mit einem speziellen Link, den Sie zunächst bestätigen müssen. Vorher bekommen Sie keinen Newsletter zugeschickt, da nach deutschem Recht unaufgefordert zugestellte E-Mail-Werbung nicht erlaubt ist.

Nickname

Mit Nickname wird im Chat oder auch in Foren der Spitzname eines Nutzers bezeichnet. Damit soll eine gewisse Anonymität bewahrt werden. Der Nickname ist öffentlich für jeden anderen Nutzer sichtbar. Oft wird Nickname auch als „Nick" abgekürzt.

Notebook

Wörtlich übersetzt heißt Notebook „Notizbuch" und bezeichnet einen tragbaren Computer, der die gleichen Komponenten enthält, wie ein stationärer PC, z.B. Display, Tastatur, Prozessor, Festplatte, DVD-Laufwerk. Eine andere Bezeichnung für Notebook ist Laptop. Der Hersteller Toshiba brachte Mitte der 1980er Jahre den ersten Laptop auf den Markt, der gleichzeitig die Designgrundlage für heutige Notebooks war. 1987 stellte Toshiba den „T1100" vor, in dessen Zusammenhang erstmals der Begriff „Notebook" auftauchte. Er besaß einen Flachbildschirm (schwarzweiß), jedoch keine Festplatte.

Im Windows-Startmenü können Sie den Computer neu starten. Dabei wird der Rechner automatisch aus- und wieder eingeschaltet.

Der Toshiba T1100 war einer der ersten tragbaren Computer.

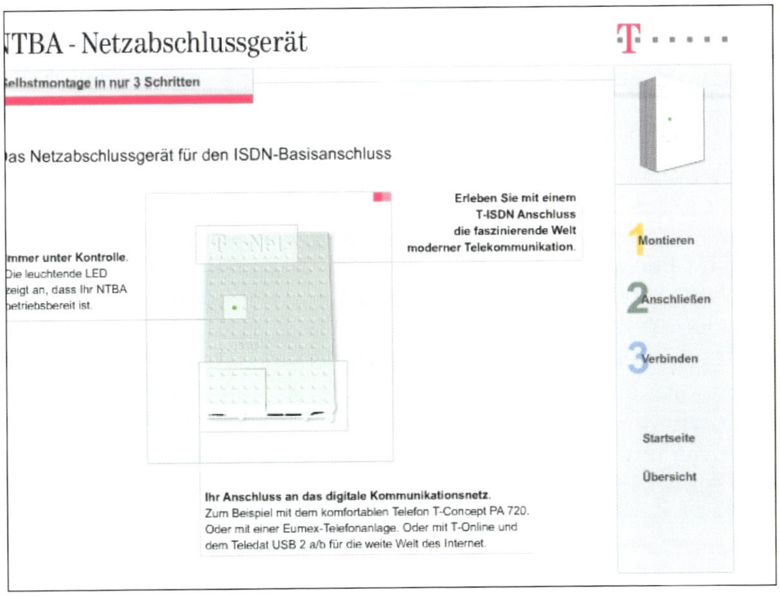

Der NTBA trennt das öffentliche ISDN-Netz vom privaten Netz. Das Gerät erhalten Sie vom Telefonanbieter, z.B. der Telekom.

Notepad

Notepad ist die Bezeichnung für einen einfachen Texteditor in früheren Windows-Versionen. Damit lassen sich unformatierte Texte erstellen. Neuere Windows-Versionen besitzen ebenfalls einen Editor, den Sie im Startmenü unter „Alle Programme/Zubehör/Editor" finden.

Notfall-CD

Wenn sich Ihr Computer nicht mehr starten (booten) lässt oder iein schwerwiegender Fehler auftritt, ist guter Rat teuer. Deshalb empfiehlt es sich, eine Notfall-CD zu erstellen, mit der sich das System wieder starten bzw. reparieren lässt. Windows 7 bietet unter dem Namen „Systemreparaturdatenträger" eine eigene Notfall-CD (auch Recovery-CD genannt) an, die Sie sich selbst brennen können. Gehen Sie in die „Systemsteuerung" und klicken bei „System und Sicherheit" auf „Sichern und Wiederherstellen/Systemreparaturdatenträger erstellen". Legen Sie eine leere CD in das Laufwerk ein und klicken Sie danach auf „Datenträger erstellen". Nach dem Brennvorgang erhalten Sie eine Information zur Beschriftung des Datenträgers. Klicken Sie in diesem Fenster auf „Schließen".

NTBA

Der NTBA (**N**etwork **T**ermination **B**ase **A**ccess) ist ein Gerät, das den Anschluss unterschiedlicher ISDN-Endgeräte an das Telefonnetz ermöglicht. Er wird vom Netzbetreiber, z.B. der Telekom, zur Verfügung gestellt. Ohne einen NTBA ist ISDN nicht möglich. Mittlerweile stellen die Telefon- und Internetanbieter jedoch komplett auf DSL um, so dass der NTBA überflüssig wird.

NTFS

NTFS (**N**ew **T**echnologie **F**ile **S**ystem) ist ein Dateisystem, das von Microsoft entwickelt wurde. Es handelt sich dabei um eine Verfahrensweise zur Verwaltung und zum Zugriff auf Daten, die auf Festplatten abgelegt sind. Gegenüber dem FAT-Dateisystem (siehe Seite 67) bietet NTFS eine bessere Leistung und höhere Sicherheit der Daten. Durch Echtzeitkomprimierung lässt sich Speicherplatz sparen. Sicherheitsrelevante Dateien können auf der Festplatte verschlüsselt werden. Auf lokale Dateien und Verzeichnisse kann man Benutzerrechte vergeben, was sonst nur im Netzwerk möglich ist. Über Datenträgerkontingente besteht obendrein die Möglichkeit, für jeden Benutzer den zur Verfügung stehenden Speicherplatz zu begrenzen.

Nummernblock

Der Nummernblock auf der Tastatur dient der schnellen Eingabe von Zahlen. Meistens muss er vorher eingeschaltet werden. Dazu müssen Sie die [Num]-Taste (mit dem Pfeil nach unten) drücken. Ist sie aktiviert, brennt eine kleine LED auf der Tastatur. Ist der Nummernblock ausgeschaltet, so verhalten sich die Zahlentasten wie die Cursortasten (siehe Seite 41).

Der Nummernblock befindet sich rechts außen auf einer PC-Tastatur.

OCR

OCR steht für **O**ptical **C**haracter **R**ecognition und bezeichnet die automatische Texterkennung. Dabei wird ein Text, der in gedruckter Form vorliegt, beispielsweise eine Seite aus einem Buch, eingescannt und anschließend von einer OCR-Software „gelesen“ und in computerlesbare Zeichen umgewandelt, d.h. digitalisiert. Der Text lässt sich anschließend in einem Textverarbeitungsprogramm wie Word bearbeiten. Da meist unterschiedliche Textvorlagen, u.a. Fotos, PDFs oder Handschriftliches, verwendet werden, arbeitet eine OCR-Software nicht immer zu 100 Prozent fehlerfrei. Ein manuelles Nachbearbeiten der Texte ist daher meist erforderlich. Ein bekanntes OCR-Programm ist der FineReader der Firma ABBYY. Aber auch bei vielen handelsüblichen Scannern ist mittlerweile im Software-Paket ein OCR-Programm enthalten.

▪ Download Testversion Finereader
http://finereader.abbyy.de

ODT-Format

Das **O**pen-**D**okument-**T**extformat (ODT) ist ein offen zugängliches Dateiformat für Dokumente in Textverarbeitungen. Es wird unterstützt von verschiedenen Programmen wie Microsoft Word, OpenOffice oder auch LibreOffice.

Wenn Sie eine Datei von Word im ODT-Format speichern und diese wieder in Word 2010 oder 2013 öffnen, kann es passieren, dass die Formatierungen nicht mehr übereinstimmen. Ebenso erkennen Sie möglicherweise Formatierungsunterschiede, wenn Sie eine ODT-Datei in Word öffnen. Dies liegt an den unterschiedlichen Features, die von den Dateiformaten unterstützt werden.

OEM-Version

OEM steht für **O**riginal-**E**quipment-**M**anufacturer (zu Deutsch Originalausrüstungshersteller). Darunter versteht man einen Hersteller fertiger Komponenten und Produkte (z.B. eines PCs), der das eigens zusammengebaute System mit bereits vorinstallierter Software an einen Kunden verkauft. Meist handelt es sich dabei um das Betriebssystem (z.B. Windows) oder auch das Office-Paket von Microsoft. Ist diese Software bereits vorinstalliert, spricht man von einer OEM-Software oder OEM-Version. Von Microsoft werden diese Versionen auch als „System Builder Version“ bezeichnet. Meistens gibt es die CDs in einfachen Hüllen statt aufwendiger Verpackung, zudem fehlen gedruckte Handbücher und der Kunde kann keine telefonische Unterstützung in Anspruch nehmen. OEM-Versionen, die im Handel zu haben sind, besitzen üblicherweise den vollen Funktionsumfang. Sie sind in der Regel voll upgrade- und updatefähig. Das bedeutet, sie können auf eine nächst höhere oder neuere Version gebracht werden und ermöglichen es, wichtige Programmupdates zu installieren. Nach einem Urteil des Bundesgerichtshofs ist es in Deutschland erlaubt, diese OEM-Versionen auch unabhängig von bestimmter Hardware zu verkaufen. In anderen Ländern ist dies verboten.

Windows-DVDs, die einem neu gekauften PC beiliegen, sind hingegen oftmals nur Rettungs-CDs, mit

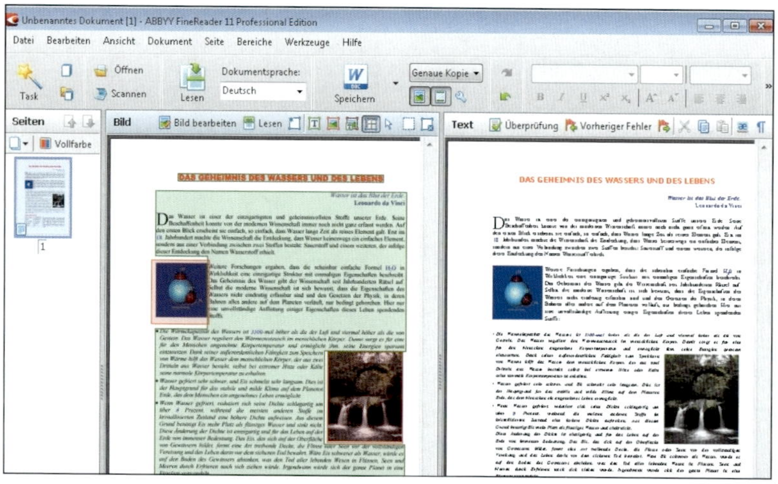

Eine häufig eingesetzte OCR-Software ist der FineReader von Abbyy. Damit lassen sich Texte aus eingescannten Vorlagen erkennen und bearbeiten.

SICHERHEITS-TIPP

Wenn Sie eine OEM-Version kaufen, achten Sie unbedingt auf die üblichen Sicherheitsmerkmale. Bei Microsoft-Software sind dies z.B. das Microsoft-Hologramm sowie ein Original-Lizenzzertifikat. Denn immer öfter versuchen dubiose Händler, illegale Softwarekopien als OEM-Version zu verkaufen.

Mithilfe eines offenen WLANs können Sie kabellos auf öffentlichen Plätzen oder auf der Wiese surfen. In Deutschland sind offene WLANs mittlerweile sehr selten.

denen sich der Auslieferungszustand des PCs wiederherstellen lässt. Das Betriebssystem kann aber nicht auf einem anderen PC installiert werden.

▪ OEM Informationen von Microsoft
http://oem.microsoft.com
www.etailkit.de

Windows ist auch als OEM-Version vorinstalliert erhältlich.

Offenes WLAN

Als offenes WLAN wird ein drahtloses Netzwerk bezeichnet, das ohne Eingabe eines Schlüssels bzw. Passwortes genutzt werden kann. Offene WLANs findet man zum Teil in Cafés oder öffentlichen Plätzen oder Parks, allerdings existieren in Deutschland fast keine offenen WLANs mehr. Grund ist die strenge Gesetzgebung, wonach WLANs immer durch Zugangsdaten gesichert sein müssen. In anderen Ländern sind offene WLANs häufig zu finden.

Ein offenes WLAN kann aber auch bei privaten Nutzern entstehen – vor allem dann, wenn ein WLAN nicht genügend gesichert ist. Denn eine kabellose Verbindung wie WLAN macht nicht an der Wohnungstür halt, sondern kann unter Umständen bis zu 100 Meter entfernt funktionieren. Ist das Netzwerk nicht durch Passwort und Verschlüsselung gesichert, können sich Fremde in das Netz unbemerkt einwählen, Daten ausspähen und im Internet surfen. Es gibt immer wieder Fälle, in denen die heimlichen Mitsurfer Musik bei Downloadportalen heruntergeladen oder selbst angeboten und damit Urheberrechtsverletzungen begangen haben. Als Verursacher ermittelt werden kann dann nur die IP-Adresse (siehe Seite 98) des arglosen Anschlussinhabers, nicht jedoch des Nutznießers. Der Bundesgerichtshof hat 2010 entschieden, dass Privatpersonen für ihr offenes WLAN haften und bei Urheberrechtsverletzungen auf Unterlassung in Anspruch genommen werden können.

SICHERHEITS-TIPP

Damit bei Ihnen kein offenes WLAN entstehen kann, sichern Sie unbedingt Ihr kabelloses Netzwerk nach außen ab. Die sogenannte WPA-Verschlüsselung ist bei modernen Routern (siehe Seite 183) bereits vorinstalliert. Hier müssen Sie nur noch einen Sicherheitsschlüssel vergeben, der nur Ihnen bekannt ist.

Mit dem Begriff Office verbindet man meist ein Büro. Einen Bezug dazu nimmt die Office-Software von Microsoft, die speziell für Büroanwendungen wie Tabellenkalkulation und Textverarbeitung entwickelt wurde.

Öffentlicher Ordner

In Windows 7, 8 und 10 existiert ein öffentlicher Ordner, auf den alle Personen zugreifen können, die entweder denselben Computer oder einen anderen Rechner im Netzwerk verwenden. Alle Dateien und Ordner, die Sie in einem öffentlichen Ordner speichern, werden automatisch für alle Benutzer freigegeben, die Zugriff auf Ihre öffentlichen Ordner haben. Im öffentlichen Ordner sind standardmäßig einige Unterordner angelegt wie beispielsweise „Öffentliche Dokumente". Jeder Anwender kann nach Belieben weitere Ordner anlegen und Dateien darin ablegen. In früheren Windows-Versionen hieß dieser Ordner „Gemeinsame Dokumente". Um den öffentlichen Ordner zu öffnen, gehen Sie im Startmenü auf „Dokumente". Klicken Sie dann im linken Bereich unter „Bibliotheken" auf den Pfeil neben einer der Bibliotheken (Dokumente, Musik, Bilder oder Videos). Für jedes Benutzerkonto wird ein öffentlicher Ordner angezeigt. Sie finden den öffentlichen Ordner außerdem unter „Lokaler Datenträger (C:)\Benutzer\Öffentlich". Dabei handelt es sich jedes Mal um dasselbe Verzeichnis, also nicht um eine Kopie. Löschen Sie eine Datei in der Bibliothek, ist sie danach auch im öffentlichen Ordner gelöscht und umgekehrt.

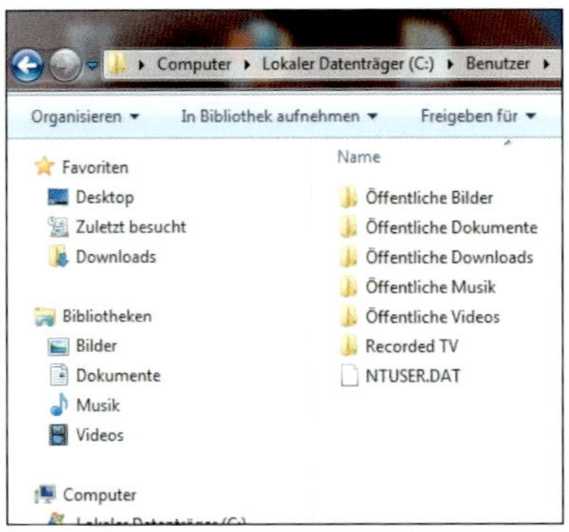

Ein öffentlicher Ordner ist für jeden Benutzer im Netzwerk zugänglich.

Office

Das englische Wort Office heißt übersetzt Büro. Unter dem gleichen Namen bietet Microsoft ein Softwarepaket an, das Büroanwendungen wie eine Textverarbeitung, eine Tabellenkalkulation, ein Präsentationsprogramm oder auch ein E-Mail-Programm enthält. Office gehört nicht zum Standardumfang des Betriebssystems Windows, sondern muss separat erworben werden. War Office bis zur Version 2010 nur für PCs und Macs konzipiert, hat sich das Softwarepaket mittlerweile zu einer Universal-App gewandelt, die sich auch auf Tablet-PCs und Smartphones installieren lässt. Es gibt zwei Varianten, um Office zu nutzen. Wählt der Anwender Office 365, sind alle Programme via Internet immer und überall webbasiert aufrufbar. Zudem erhält der Anwender die Apps des Office 2016-Pakets gratis für alle seine Plattformen (PC, Tablet,

Anwendungen	Office 365 Personal (für 1 PC, Tablet)	Office 365 Home (für 5 PC, Tablets)	Office Home & Student 2016
Word, Excel	•	•	•
Powerpoint	•	•	•
Outlook	•	•	
One Note	•	•	•
Publisher, Access	•	•	
Speicher auf OneDrive	•	•	
Skype	•	•	

Smartphone) dazu. Das Modell Office 365 sieht vor, dass der Kunde den Dienst quasi abonniert, also jährlich eine Gebühr bezahlt und mit dem Online-Zugriff auf alle Anwendungen immer mit der aktuellen Version arbeitet. Natürlich steht Office 2016 auch als Kaufpaket zur Verfügung. Hier bezahlt der Anwender eine einmalige Lizenzgebühr und bekommt die Version 2016. In der Tabelle aufgeführt sind drei populäre Varianten. Daneben gibt es auch Pakete für Universitäten, Unternehmen und mehr.

Beiden Varianten gemeinsam ist, dass es keinen physikalischen Datenträger zur Installation gibt. Der Anwender erhält einen Lizenzschlüssel und lädt sein Paket aus dem Web. Je nach Variante stehen folgende Programme zur Verfügung:

Word: Mit der Textverarbeitung Word erstellen und verwalten Sie Dokumente.

Excel: Tabellen erstellen, Rechnen, Daten analysieren oder Einnahmen und Ausgaben verwalten: Mit Excel können Sie all das erledigen.

PowerPoint: Mit PowerPoint können Sie Präsentationen erstellen. In diese lassen sich auch Bilder und Videos einbinden.

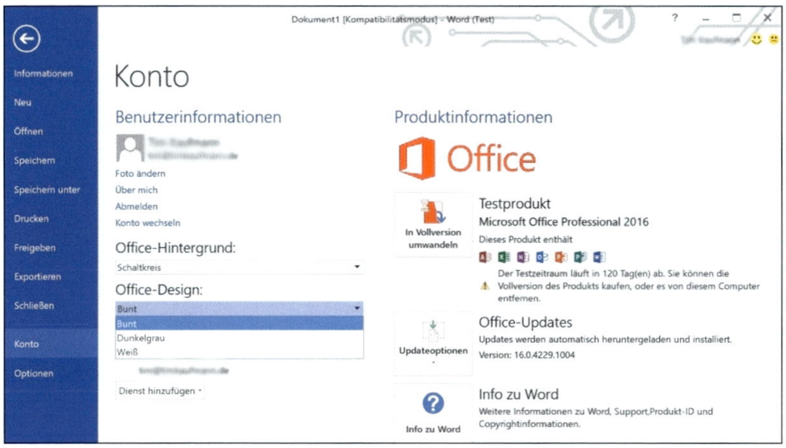

Office 2016 hat eine Übersichtsseite, in der die Informationen zum Benutzer und Einstellungsmöglichkeiten für das Design zu finden sind.

OneNote: OneNote ist ein digitales Notizbuch, in dem sich Notizen, Fotos, Videos und Weblinks ablegen lassen. Alle benötigten Informationen sind sofort verfügbar.

Outlook: Mit Outlook verwalten Sie Ihre E-Mail-Konten, Ihre Kontakte und Ihre Kalender an einem zentralen Ort.

Access: Mit diesem Datenbankprogramm können Sie eigene Daten professionell verwalten und Daten aus externen Quellen importieren und miteinander verknüpfen, um etwa Auswertungen zu treffen.

Publisher: Publisher ist ein Layoutprogramm, das zur Erstellung von Publikationen wie Broschüren, Magazinen, Postkarten oder E-Mail-Newsletter genutzt wird.

▪ Office im Internet
http://office.microsoft.com/de-de/

PRAXIS-TIPP

Auf der Office-Webseite finden Sie verschiedene Vorlagen für die Programme, egal, ob Einladungskarten oder Briefe. Darüber hinaus können Sie auch Cliparts (siehe Seite 38) herunterladen, mit denen Sie z.B. Ihre Texte in Word anreichern können. Ferner stehen auch Lernmaterialien und kostenlose Office-Apps zur Verfügung.

Offline

Offline ist das Gegenteil von online und bedeutet, dass eine Person oder ein Computer nicht mit dem Internet verbunden ist. In Messengern (siehe Seite 130) wie beispielsweise dem Windows Live Messenger können Sie Ihren Status offline schal-

Sie chatten gerade mit einem Freund, und das Telefon klingelt. Um ihm anzuzeigen, dass Sie kurz abwesend sind, können Sie Ihren Status auf „offline" setzen.

ten. Das heißt, Ihre Kontakte sehen, dass Sie gerade für einen Chat nicht zur Verfügung stehen, das übrige Internet können Sie jedoch weiterhin nutzen. Sie sind also ganz bewusst abwesend.

In Chat-Programmen können Sie Ihren Onlinestatus jederzeit auf offline setzen.

Offlinedateien

Offlinedateien spielen im Zusammenhang mit einem Netzwerk eine große Rolle. Denn mit Offlinedateien können Sie auf Dateien in freigegebenen Netzwerkordnern zugreifen, auch wenn keine Verbindung mehr zum Netzwerk besteht. Sie wählen einfach die Netzwerkdateien aus, die offline verfügbar gemacht werden sollen. Dabei werden automatisch Kopien der Netzwerkdateien auf dem Computer erstellt – die eben als „Offlinedateien" bezeichnet werden. Windows synchronisiert die Offlinedateien automatisch und öffnet sie, wenn die Netzwerkversionen nicht verfügbar sind. Klicken Sie mit der rechten Maustaste auf das gewünschte Verzeichnis auf dem Netzwerklaufwerk, und

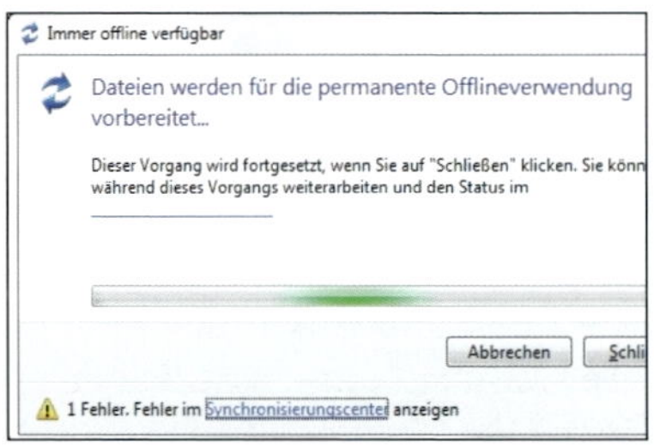

Das Verzeichnis auf einem Netzwerklaufwerk können Sie offline verfügbar machen.

wählen Sie im Kontextmenü „Immer offline verfügbar machen". Jetzt dauert es eine Weile, bis die Dateien auf die lokale Festplatte übertragen sind.

Gründe für die Nutzung von Offlinedateien gibt es viele: Zum einen können Sie sich damit vor Netzwerkausfällen schützen, denn bei der Verwendung von Offlinedateien spielen Ausfälle des Netzwerks keine Rolle. Windows greift automatisch auf die Kopien der auf dem Computer gespeicherten Dateien zu, anstatt auf die Dateien im Netzwerkordner. Damit können Sie Ihre Arbeit ungestört fortsetzen. Mit Offlinedateien können Sie aber auch bewusst ohne Verbindung mit dem Netzwerk arbeiten, beispielsweise, wenn Sie mit dem Notebook unterwegs sind. Denn Ihnen stehen dennoch Kopien aller Netzwerkdateien zur Verfügung, die Sie offline verfügbar gemacht haben. Offlinedateien lassen sich außerdem einfach mit Netzwerkdateien synchronisieren. Sie bieten eine höhere Effizienz beim Arbeiten über eine langsame Verbindung.

Öffnen

Öffnen ist ein Menüpunkt, der in jedem Programm im Menü „Datei" vorhanden ist. Mit dem Befehl wird ein Dokument oder ein Bild zur Bearbeitung geöffnet. Wenn Sie per Doppelklick auf ein Objekt im Windows Explorer klicken, wird dieses ebenfalls mit dem jeweiligen Programm geöffnet.

OK

Für die meisten Einstellungen in Windows werden sogenannte Dialogfelder angezeigt. Diese besitzen mehrere Schaltflächen, die wiederum verschiedene Aktionen ausführen. Mit „OK" verlässt man ein

Dialogfeld und übernimmt alle eingetragenen Änderungen und Einstellungen. Die [Enter]-Taste auf der Tastatur hat in den meisten Dialogfeldern die gleiche Funktion wie „OK“.

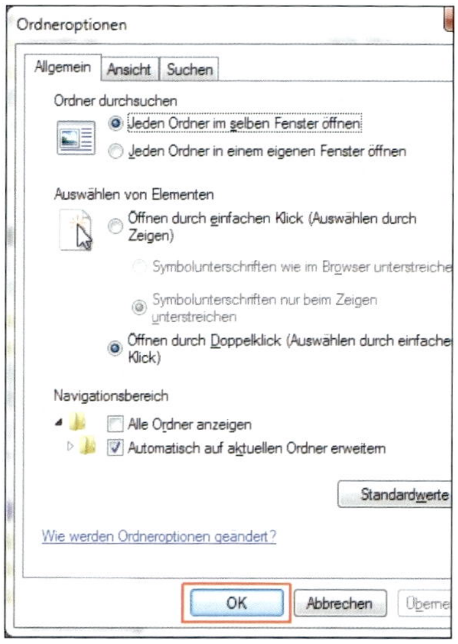

Die Schaltfläche „OK“ ist in jedem Windows-Dialogfenster vorhanden.

Onboard

Der Begriff onboard bezeichnet Hardwarekomponenten in Computersystemen, die sich direkt auf dem Mainboard (siehe Seite 123) und nicht als extra Erweiterungskarte im System befinden. Die meisten Computer besitzen beispielsweise eine Onboard-Grafikkarte.

OneDrive

OneDrive, bekannter als Skydrive, ist der Online-Speicher, der in allen Microsoft-Anwendungen integriert ist. Siehe auch S. 150/151 und SkyDrive Seite 200.

Online

Online ist das Gegenteil von offline. Online ist man, wenn man „in Verbindung“, also mit dem Internet verbunden ist. Onlinedienste sind Anwendungen, die direkt auf einem Internetserver und nicht auf dem lokalen PC laufen. In Messengern (siehe Seite 130) wie beispielsweise ICQ oder sozialen Netzwerken wie Facebook ist man online, sobald man mit dem jeweiligen Dienst verbunden ist. Da die meisten Computer heute permanent online sind, wird der Unterschied zwischen Onlineanwendungen und lokal installierten Programmen immer fließender.

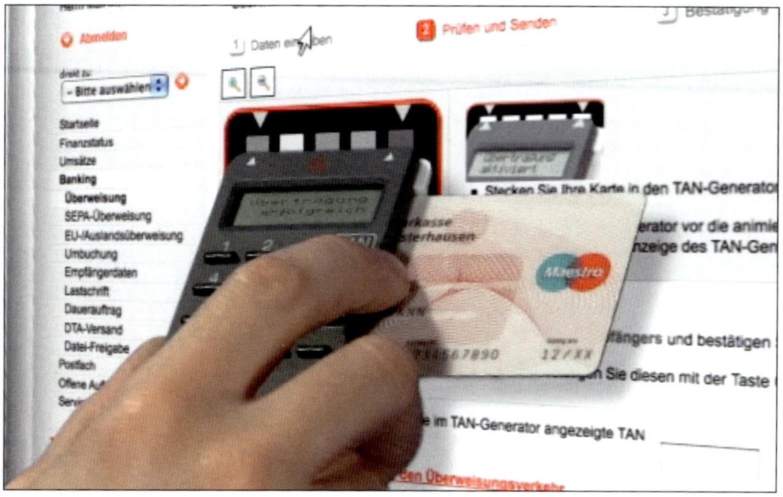

Onlinebanking mit dem ChipTAN-Verfahren ist sicherer als nur über TAN. Denn dazu benötigen Sie ein spezielles Gerät, einen TAN-Generator.

Onlinebanking

Mit Onlinebanking lassen sich alle Bankgeschäfte, seien es Überweisungen, Daueraufträge oder Umbuchungen, bequem von zuhause aus am Computer erledigen. Zur Anmeldung auf der Webseite der Bank benötigen Sie neben Ihrer Kontonummer noch eine geheime PIN (Persönliche Identifikationsnummer), die Sie nur selbst kennen. Jede Transaktion, wie z.B. eine Überweisung, muss zusätzlich mit einer TAN (Transaktionsnummer) bestätigt werden. Diese TANs, früher in Form einer Papierliste, werden nun von einem so genannten TAN-Generator erstellt. Dieses Verfahren, auch chipTAN/sm@rtTAN optic genannt, ist etwas aufwändiger, aber sehr sicher. Der TAN-Generator erfasst mit einem optischen Sensor eine Grafik, die nach Absenden der Überweisung am Bildschirm angezeigt wird, und zeigt die Überweisungsdaten auf seinem Display an. Stimmen die Daten überein, erzeugt der Generator eine TAN für diese Transaktion.

Online-Banking ist sehr komfortable, allerdings sollten Sie selbst auch einige Sicherheitshinweise beachten: Erhalten Sie eine E-Mail, in

Fast alle Banken bieten die Möglichkeit des Onlinebankings.

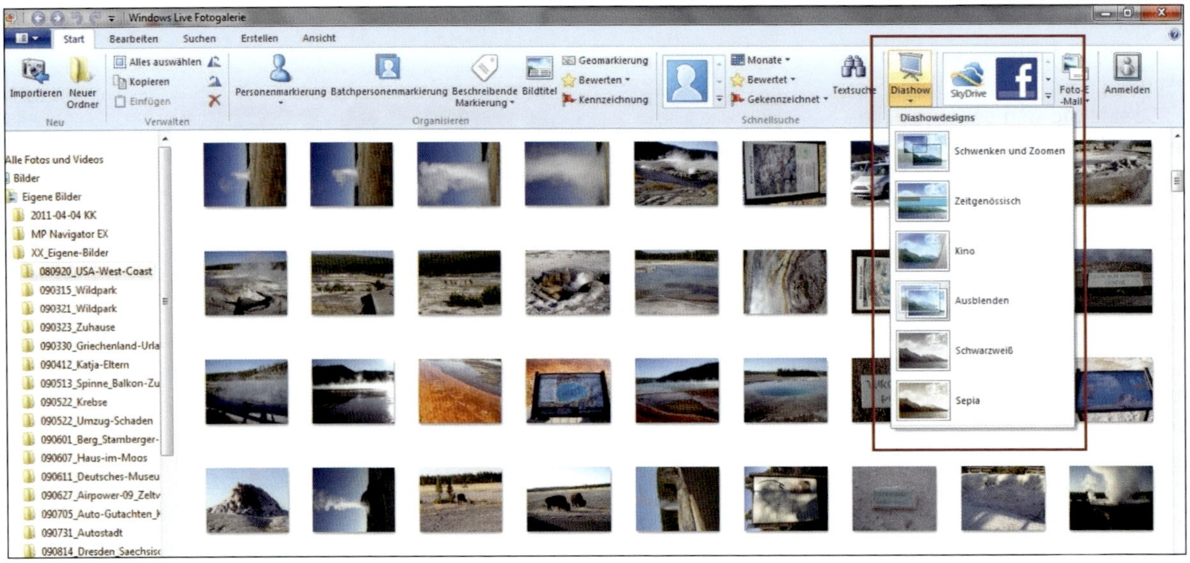

Sie können ein kostenloses Onlinefotoalbum mit der Windows Live Fotogalerie einrichten. Das Programm bietet sogar eine Diashowfunktion, mit der Sie Ihre Fotos abspielen lassen können.

der Sie nach Ihren Bankdaten gefragt werden oder auf einen Link klicken sollen, um Benutzerdaten und PIN einzugeben, folgen Sie diesen Anweisungen nicht. Keine Bank wird Sie jemals per E-Mail auffordern, geheime Daten wie eine PIN preiszugeben. Für diejenigen, die Online-Banking ausprobieren möchten, stellt die Postbank ein Demokonto zur Verfügung.

- Demokonto bei der Postbank https://banking.postbank.de

SICHERHEITS-TIPP

Onlinebanking ist heute technisch sehr sicher. Dennoch sollten Sie folgende Dinge beachten: Geben Sie Ihre PIN und die TANs nie aus der Hand. Klicken Sie auf keine vorgeblichen Links einer Bank in E-Mails, und geben Sie die Internetadresse Ihrer Bank immer selbst im Browser ein. Achten Sie auf die HTTPS-Merkmale im Browser, wie Schlosssymbol oder grün hinterlegtes Webseitenlogo.

Onlinefotoalbum

Ein Onlinefotoalbum dient zur Veröffentlichung eigener Fotos im Internet – gleichgültig, ob Urlaubsbilder, Fotos der letzten Grillfeier oder des Geburtstags. Sie müssen Ihren Freunden und Verwandten nur noch einen Link schicken. Sobald diese darauf klicken, können die Bilder im Browser (siehe Seite 34) betrachtet werden. Im Internet gibt es diverse Anbieter, bei denen Sie Ihr eigenes Onlinefotoalbum einrichten können. Die zwei bekanntesten Portale für digitale Alben sind Flickr und Picasa.

Auch die Windows Live Fotogalerie unterstützt Sie dabei, Bilder inklusive kurzer Texte im Internet zu veröffentlichen. Den notwendigen Speicherplatz erhalten Sie kostenlos von Microsoft bei dem Dienst OneDrive. Wenn Sie die Windows Live Fotogalerie nutzen, müssen Sie sich um die Struktur und Navigation innerhalb der Seite nicht kümmern, da neue Einträge automatisch auf die persönliche Startseite gestellt werden. Über die Kommentarfunktion können Besucher Bilder kommentieren und so mit Ihnen in Kontakt treten. Um ein Onlinefotoalbum zu veröffentlichen, gehen Sie wie folgt vor: Wählen Sie in der Galerieansicht der Windows Live Fotogalerie die gewünschten Bilder aus, und klicken Sie dann in der oberen Symbolleiste unter „Freigeben" auf das OneDrive-Symbol. Spätestens jetzt müssen Sie sich mit Ihrer „Windows Live ID" anmelden, wenn Sie nicht bereits angemeldet sind. Die Windows Live ID ist eine Benutzerkennung, bestehend aus E-Mail und Kennwort. Falls Sie noch keine Windows Live ID besitzen, können

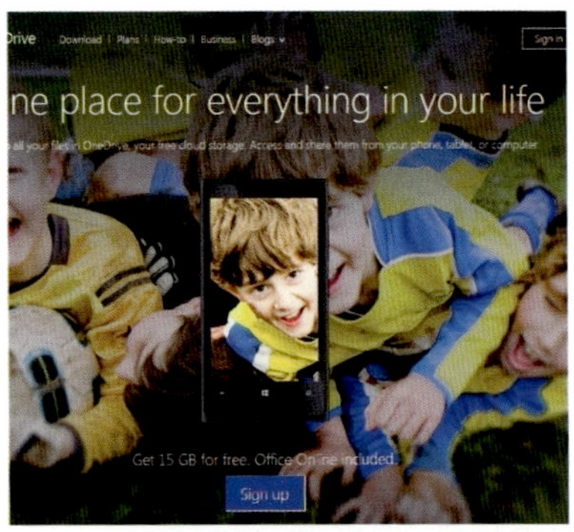

OneDrive bietet kostenlosen Speicherplatz für Ihre Fotos im Internet.

Sie sich unter der Webadresse www.live.com kostenlos registrieren. Klicken Sie dazu auf „Anmelden“.

Sobald Sie sich bei OneDrive angemeldet haben, zeigt die Windows Live Fotogalerie oben rechts den gerade angemeldeten Benutzer mit Benutzernamen an. Im nächsten Schritt legen Sie einen Namen für das neue Onlinealbum fest. Haben Sie bereits Onlinefotoalben veröffentlicht, werden diese zur Auswahl mit angezeigt, sodass Sie weitere Fotos in ein bestehendes Album einfügen können.

Legen Sie darüber hinaus fest, wer das Fotoalbum sehen darf: nur Sie selbst, alle Freunde, nur Freunde, die in Windows Live eigens eingeladen wurden, oder jeder im Internet. Oben rechts bei „Größe des hochgeladenen Fotos“ stellen Sie ein, in welcher Auflösung die Bilder hochgeladen werden sollen. Nach einem Klick auf „Veröffentlichen“ werden die Fotos hochgeladen.

Sind alle Fotos hochgeladen, zeigt die abschließende Meldung einen Button an, der dahin verweist, wo man sein neues Onlinefotoalbum ansehen kann. Das so erstellte Fotoalbum wird auch auf der eigenen Windows-Live-Profilseite angezeigt. Eine Übersichtsseite präsentiert alle Bilder. Ein Klick auf ein Bild öffnet dieses im Großformat und liefert noch weitere Informationen. Hier können Ihre Besucher auch Kommentare zu den Bildern hinterlassen.

PRAXIS-TIPP

Meist ist es sinnvoll, die Fotos nicht in voller Auflösung der Digitalkamera hochzuladen, denn das nimmt sehr viel Speicherplatz in Anspruch. Der von Microsoft zur Verfügung gestellte Speicherplatz ist zwar großzügig bemessen, aber dennoch begrenzt. Die Größe von 1.600 Pixeln reicht zur Darstellung auf jedem Monitor aus. Bei kleineren Bildschirmen werden die Fotos automatisch skaliert. Die kleine Größe von 600 Pixeln ist besonders für Blogs (siehe Seite 32) geeignet.

Mit einem Onlinefotoalbum können Freunde und Verwandte Ihre Fotos online betrachten und diese auch gleich kommentieren.

- Kostenlose Onlinefestplatte für Fotos
http://onedrive.live.com
- Kostenloses Onlinefotoalbum
http://picasaweb.google.de
www.flickr.com

Onlinefotodienst

Wer keinen Fotodrucker besitzt und von seinen Digitalfotos dennoch einen Papierabzug haben möchte, wird bei Onlinefotodiensten fündig. Im Internet gibt es zahlreiche Anbieter, die Ihre Bilder in professioneller Qualität auf Fotopapier drucken, und das teilweise sehr günstig. Sie müssen nur Ihre Digitalbilder zum Anbieter übertragen, das Format auswählen und die Bestellung abschicken. Die Bilder landen dann nach kurzer Zeit direkt bei Ihnen im Briefkasten. Die Windows Live Fotogalerie bietet eine direkte Schnittstelle zu verschiedenen Fotodiensten, sodass Sie die Bilder nicht mühsam einzeln hochladen müssen.

Wählen Sie jetzt die gewünschten Fotos in der Galerieansicht aus, und klicken Sie auf der Registerkarte „Erstellen“ auf „Abzüge bestellen“. Im nächsten Dialogfeld wählen Sie aus einer Liste der bekannten Fotodienste einen Anbieter aus. Beim Klick auf „Bilder senden“ erscheint noch ein Datenschutz-

Bei einem Onlinefotodienst können Sie das gewünschte Bildformat festlegen.

Mit dem Textverarbeitungsprogramm „Writer" aus OpenOffice lassen sich nicht nur Briefe schreiben, sondern auch Einladungskarten und vieles mehr gestalten.

hinweis, den Sie bestätigen müssen. Danach wird die Startseite des jeweiligen Fotolabors angezeigt, auf der Sie sich anmelden müssen und zwischen Fotos, Fotobüchern sowie anderen Fotoartikeln auswählen können. Diese sieht bei jedem Fotoanbieter etwas anders aus. Nach der Anmeldung werden die Fotos zum Fotolabor hochgeladen, was je nach Anzahl der Bilder einige Zeit dauern kann. Wählen Sie nun noch die gewünschte Größe und Anzahl der Fotos aus. In der Regel können Sie außerdem noch eine automatische Qualitätsoptimierung einschalten. Nun folgt der übliche Anmeldevorgang bis zur Bezahlung. Zudem müssen Sie Ihre Adresse angeben, an die die Fotos geliefert werden sollen. Alternativ können Sie auch eine Filiale wählen. Denn dort holen Sie Ihre Bilder direkt vor Ort ab und sparen sich so die Versandkosten.

Onlineshopping

Als Onlineshopping bezeichnet man das Einkaufen im Internet. Hier kann man rund um die Uhr eigentlich alles erwerben, was das Herz begehrt, ohne Ladenöffnungszeiten beachten zu müssen. Zudem sind viele Waren im Internet deutlich günstiger, und auch ein Preisvergleich ist sehr einfach möglich. Ein Nachteil beim Onlineshopping allerdings ist, dass Sie die Waren nicht vor dem Kauf in die Hand nehmen können. Sie müssen sich auf Fotos und Beschreibungen verlassen. Sie können jedoch online gekaufte Ware innerhalb von 14 Tagen ohne Angabe von Gründen zurückschicken.

Beim Onlineshopping haben Sie zumeist die Wahl zwischen verschiedene Zahlungsmöglichkeiten wie Rechnung, Vorkasse, Überweisung, Kreditkarte, Giropay, Paypal usw. Achten Sie darauf, dass alle Daten über eine sichere SSL-Verbindung verschlüsselt übertragen werden, sowohl persönliche Daten als auch Kreditkartennummern oder Kontoverbindungsdaten. Die sichere Verbindung erkennen Sie am Schlosssymbol bzw. der grünen Hinterlegung in der Browserzeile.

Hinweise, ob ein Onlineshop sicher und seriös ist, geben zum einen die Bewertungssysteme, in denen Käufer das gekaufte Produkt und auch den Händler direkt im Shop beurteilen können.

Ein weiterer Hinweis können verschiedene Gütesiegel wie das „TÜV-Zertifikat" oder das „Trusted Shops"-Logo auf der Startseite des Onlineshops sein. Auch das Suchen nach Erfahrungsberichten mit dem betreffenden Shop im Internet kann hier hilfreich sein.

OpenOffice.org

Diese kostenlose Open-Source-Software ist kompatibel zu Microsoft Office. Open Office enthält zahlreiche Programme (siehe unten) und steht für verschiedene Betriebssysteme und in mehreren Sprachen zur Verfügung. Alle Programme besitzen ein ähnliches Aussehen, wodurch die Bedienung jedes einzelnen erheblich vereinfacht wird.

Writer: Mit der Textverarbeitung lassen sich Textdokumente erstellen und bearbeiten. In die Texte lassen sich Diagramme, Bilder und Tabellen einfügen. Mithilfe der Assistentenfunktion können Standarddokumente wie Briefe, Seriendrucke oder Etiketten erstellt werden.

Math: Mit dem Formeleditor stellen Sie wissenschaftliche Formeln in Dokumenten, Tabellen, Zeichnungen und Präsentationen dar. Diese lassen sich dann in Textdokumenten, Tabellen, Zeichnungen und Präsentationen einfügen.

Impress: Das Präsentationsprogramm bietet verschiedene Werkzeuge wie 2D- und 3D-Objekte, Objektanimationen oder Folienübergänge. Auch Bilder und Videos lassen sich in eine Präsentation einbinden.

Calc: Mit Calc können Sie Ihre Daten in Tabellen bearbeiten, analysieren und verwalten. Die Tabellenkalkulation ist kompatibel mit Microsoft Excel. Daten lassen sich im Excel-Format speichern.

Draw: Draw ist ein Zeichenprogramm, mit dem Sie Grafiken erstellen können – sogar in 3D. Alle klassischen Objekte wie Dreieck, Kreis, Pfeile etc. stehen zur Verfügung.

Base: Base ist eine Datenbank, in der sich große Datenmengen speichern lassen.

- Kostenloser Download OpenOffice
www.openoffice.org/de

Open Source

Mit Open Source wird Software bezeichnet, die kostenlos ist und frei verbreitet werden darf. Der Begriff wurde Anfang 1998 von Eric S. Raymond, Bruce Perens und Tim O'Reilly geprägt, die die Open Source Initiative (OSI) gründeten. Open-Source-Software muss folgende Kriterien erfüllen: Der Quelltext der Software muss in einer für den Menschen lesbaren und verständlichen Form vorliegen. Die Software darf beliebig kopiert, verbreitet und genutzt werden. Es gibt keinerlei Nutzungsbeschränkungen, weder bei der Anzahl der Benutzer, noch bezüglich der Anzahl der Installationen. Mit der Vervielfältigung und der Verbreitung von Open-Source-Software sind auch keine Zahlungsverpflichtungen gegen einen Lizenzgeber verbunden.

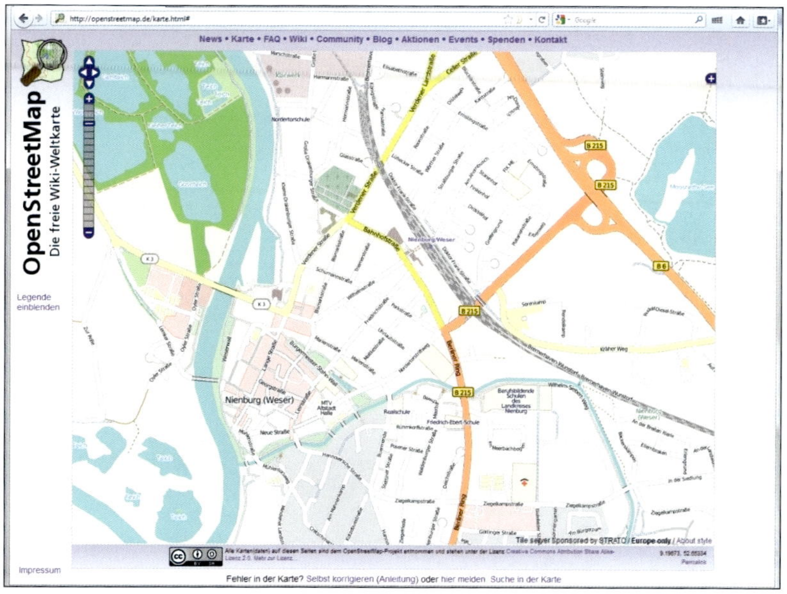

Die OpenStreetMap-Karte ist eine Landkarte im deutschen Kartenstil. Jeder Nutzer kann die Karte ergänzen, bearbeiten und auch Fehler in der Karte melden.

Die Software darf weiterhin verändert und in der veränderten Form weitergegeben werden. Ein Beispiel für eine Open-Source-Software ist OpenOffice.org.

- Open-Souce-Richtlinien im Internet
www.fsf.org
www.opensource.org

OpenStreetMap

OpenStreetMap wurde 2004 gegründet. Ziel war es, eine freie Weltkarte zu erschaffen, die jeder lizenzkostenfrei einsetzen und beliebig weiterverarbeiten kann. Die OpenStreetMap-Karten werden, ähnlich wie Wikipedia (siehe Seite 261), von einer großen Nutzergemeinde täglich gepflegt. Neue Straßen oder Sehenswürdigkeiten werden oft kurze Zeit nach ihrer Eröffnung in den Karten verzeichnet. Neben reinen Straßenkarten für Autofahrer bietet der Dienst auch Karten für Radwege, für öffentliche Verkehrsmittel, Karten für Seefahrer und diverse andere Karten an. Jeder Nutzer, der gern an dem Projekt mitarbeiten möchte, kann sich anmelden und mit Hilfe der Online-Software selbst die Karten ergänzen.

- OpenStreetMap im Internet
www.openstreetmap.de
- OpenCyleMap-Fahrradkarte
www.opencyclemap.org
- OpenGastroMap-Gastronomiebetriebe
www.opengastromap.de
- OpenTouchMap für Touchscreens
www.opentouchmap.org

Opera

Dieser kostenlose Browser zeichnet sich durch hohe Geschwindigkeit und moderne Technik aus. Als erster Browser überhaupt stellte Opera dem Nutzer Registerkarten sowie Mausgesten zur schnellen Navigation mit gedrückter rechter Maustaste zur Verfügung. Opera bietet eine sehr elegante, platzsparende Lösung zur Darstellung zusätzlicher Informationen. Die sogenannten Paneele belegen hier nur einen schmalen Streifen am linken Fensterrand. Beim Klick auf eines der Symbole werden Lesezeichen, Verlaufsliste,

Downloads oder auch ein einfacher Notizblock eingeblendet. Opera zeigt auf leeren Registerkarten die sogenannte Schnellwahl, eine persönlich konfigurierbare Lesezeichensammlung mit aktuellen Vorschaubildern der entsprechenden Seiten. So hat man seine wichtigsten Lesezeichen schnell im Zugriff. Opera lässt sich ähnlich wie Firefox mit diversen Add-ons im Funktionsumfang erweitern.

- Download Opera und Opera mobile
www.opera.com
www.opera.com/mobile

Operation

Unter diesem Begriff versteht man in Windows die Ausführung eines Befehls.

Ordner

Ein Ordner (auch Verzeichnis genannt) ist in Windows ein virtuelles Behältnis oder Archivierungssystem für Dateien. Jede Festplatte oder andere Datenträger enthalten verschiedene Ordner, oft mit weiteren Unterordnern oder Dokumenten. Dieses Dateisystem ist hierarchisch in Form eines Baums

Ein Windows-Ordner besitzt das Prinzip eines Aktenordners.

aufgebaut. Jeder Ordner kann Dokumente oder weitere Unterordner enthalten. Die Baumstruktur des Dateisystems sehen Sie im linken Teilfenster des Windows-Explorers unter der Überschrift Computer. Der jeweils dargestellte Ordner wird in der Baumstruktur hervorgehoben markiert. Einige Zweige der Baumstruktur sind mit einem kleinen Dreieck versehen. Diese Markierung bedeutet, dass weitere Unterordner enthalten sind. Bei einem weißen Dreieck werden die Unterordner nicht angezeigt, man braucht jedoch nur einmal darauf zu klicken, um die Baumstruktur zu erweitern. Bei einem schwarzen Dreieck werden die Unterordner der nächsten Ebene bereits in der Struktur angezeigt.

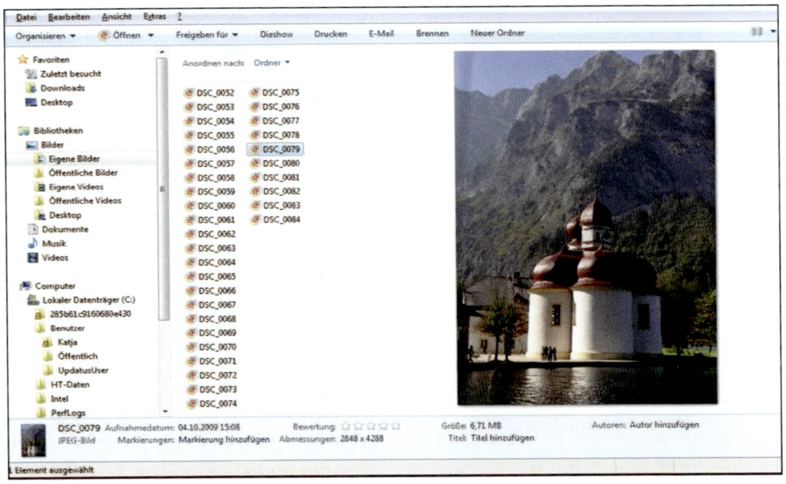

Im Windows Explorer werden im linken Teilfenster alle Ordner übersichtlich in einer Baumstruktur angezeigt.

SICHERHEITS-TIPP

In den Systemordnern, die unter „C:\Windows" sowie „C:\Programme" liegen, sollten Sie nichts verändern, nichts löschen und auch keine eigene Dateien speichern. Nur so ist die Systemstabilität gewährleistet.

Ordner- und Suchoptionen

Mithilfe der Ordner- und Suchoptionen können Sie verschiedene Einstellungen zur Darstellung von Ordnerinhalten im Windows Explorer festlegen. Dazu klicken Sie im Windows Explorer oben links auf „Organisieren" und wählen anschließend „Ordner- und Suchoptionen".

Ordnerfreigabe

Sie können eigene Ordner im Netzwerk freigeben, damit andere Nutzer auf diese zugreifen können. Klicken Sie dazu mit der rechten Maustaste auf den gewünschten Ordner. Im Kontextmenü wählen Sie anschließend den Befehl „Freigeben". Sie können wählen, ob Sie den Ordner nur für bestimmte Personen oder eine Heimnetzgruppe (siehe Seite 87) freigeben möchten. Beides funktioniert allerdings nur zwischen Computern, die als Betriebssystem Windows ab Version 7 nutzen. Haben Sie auch andere Betriebssysteme im Netzwerk oder möchten Sie bestimmte Ordner unabhängig von der Heimnetzgruppe freigeben, wählen Sie den Ordner, klicken mit der rechten Maustaste darauf und wählen da-

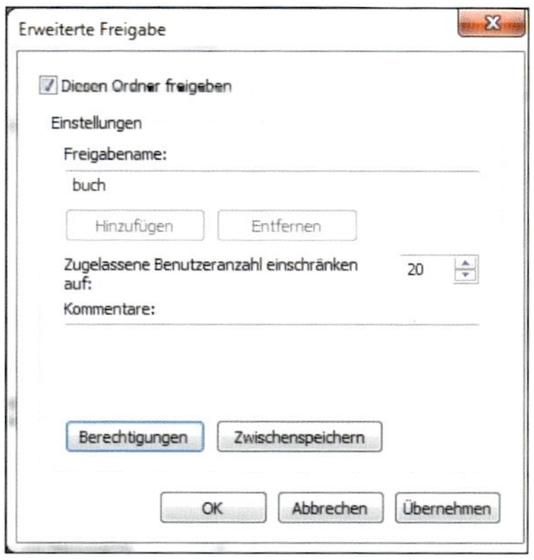

Die erweiterte Ordnerfreigabe finden Sie in den Eigenschaften eines Ordners.

nach aus dem Kontextmenü die Option „Eigenschaften“. Klicken Sie im nächsten Dialogfeld auf der Registerkarte „Freigabe“ auf „Erweiterte Freigabe“. Hier können Sie beliebige Freigaben festlegen, die auch mit früheren Windows-Versionen funktionieren.

Ordnersymbol

Ein Ordnersymbol (auf Englisch auch Icon genannt) bietet einen schnellen Zugriff auf einen oft benötigten Ordner und befindet sich in der Regel auf dem Desktop (siehe Seite 47). Um ein Ordnersymbol zu erstellen, markieren Sie im Navigationsbereich des Windows-Explorers den gewünschten Ordner und klicken Sie mit der rechten Maustaste darauf. Wählen Sie dann im Kontextmenü „Senden an/Desktop“ (Verknüpfung erstellen). Das Ordnersymbol erscheint auf dem Desktop. Beachten Sie: Bei einem Ordnersymbol auf dem Desktop handelt es sich um eine Verknüpfung. Diese ist nicht das Element selbst, sondern stellt einen Link zu einem Element dar. Um ein Ordnersymbol wieder zu löschen, klicken Sie mit der rechten Maustaste darauf und anschließend auf „Löschen“. Durch das Löschen wird nicht das Originalelement entfernt, sondern nur die Verknüpfung.

Outlook

Outlook ist ein Programm aus Microsoft Office (siehe Seite 146). Mit Outlook kann man nicht nur E-Mails empfangen und versenden, sondern auch ein Adressbuch und einen Kalender verwalten. Seinen vollen Funktionsumfang spielt das kostenpflichtige Outlook allerdings nur in Firmennetzen aus. Für Privatanwender sind daher kostenlose E-Mail-Programme wie Mozilla Thunderbird, Windows Live Mail oder Google Mail völlig ausreichend.

Es gibt auch den kostenlosen Dienst Outlook.com, der einen geringeren Funktionsumfang als Outlook hat. Wer jedoch nur E-Mails mit Text oder auch Anhängen wie Fotos versenden und empfangen möchte, ist auch mit dem kostenlosen Webdienst von Microsoft gut beraten. Zur Nutzung genügt eine kostenlose Registrierung, in der die E-Mail-Adresse festgelegt wird. Anschließend können Sie sich überall, wo Sie Internetzugang haben, in Ihr E-Mail-Konto einloggen.

- Kostenloser E-Mail-Dienst von Microsoft
www.outlook.com
- Download kostenlose E-Mail-Programme
http://windows.Microsoft.com/de-at/windows-live/essentials
www.thunderbird-mail.de

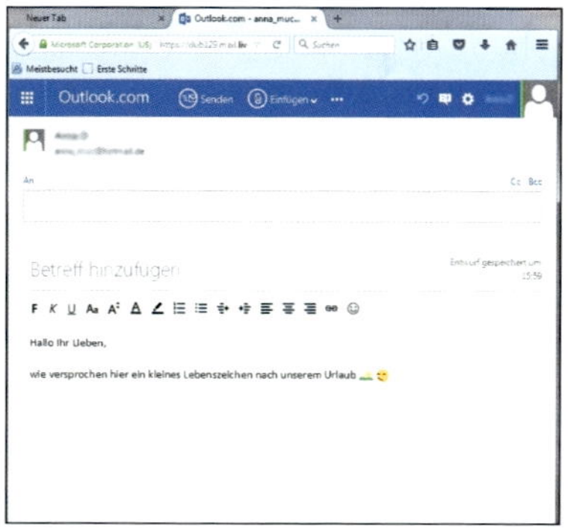

Outlook.com von Microsoft ist ein kostenloser E-Mail-Webdienst.

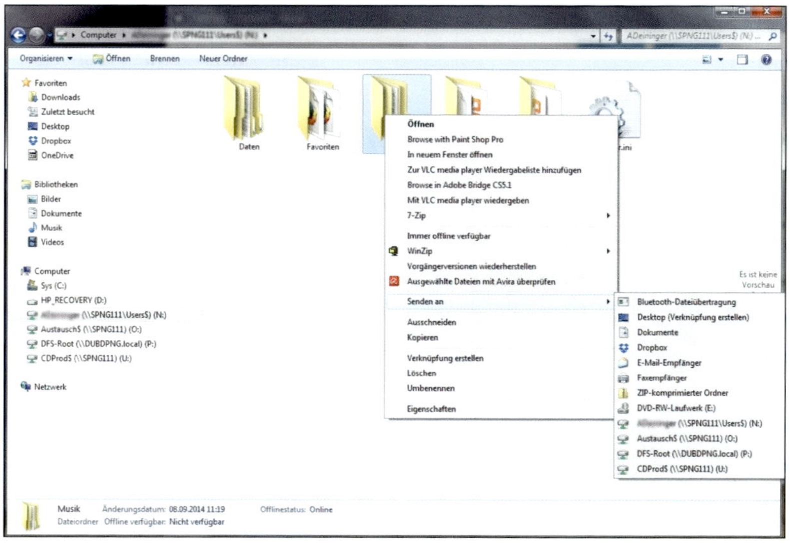

In Windows sind oft verschiedene Ordnersymbole zu finden. Ein Mausklick darauf und schon wird der gewünschte Ordner geöffnet.

Output

Output, zu Deutsch Ausgabe, ist das Gegenteil von Input. Alles das, was ein Programm auf ein Ausgabegerät wie Bildschirm, Drucker oder Lautsprecher, über eine Schnittstelle oder eine Datei ausgibt, wird als Output bezeichnet.

P/Q

Page / Ppm

Page ist der englische Ausdruck für „Seite“. Im Computer-Bereich kann das eine Webseite sein, oder der Ausdruck für Seiten, zum Beispiel befüllt mit Texten oder Bildern, die mit einem Drucker ausgedruckt werden. Im Zusammenhang mit Pages taucht auch häufig die Abkürzung Ppm auf, die übersetzt „**pa**ges **p**er **m**inute“, zu Deutsch „Seiten pro Minute“ bedeutet. Dies kann die Anzahl der Seiten sein, die eine Suchmaschine im Internet pro Minute findet oder aber auch die Anzahl der Seiten, die ein Druckergerät pro Minute drucken kann.

PageRank

Der PageRank ist ein Bewertungssystem, der die Wichtigkeit von Webseiten in Stufen beurteilt. Diese Wichtigkeit kann unter anderem bei Suchmaschinen Auswirkungen haben: So werden z.B. bei Google Webseiten mit einem hohen PageRank mit höherer Priorität angezeigt als Seiten mit einem niedrigen PageRank. Dieser Wert lässt sich beeinflussen, denn der PageRank erhöht sich durch Links von außen, die auf eine Webseite hinweisen. Dabei kommt es weniger auf die Anzahl, als auf die Qualität dieser Links an. Links von Webseiten, die bereits selbst einen hohen PageRank vorweisen, werden hierbei deutlich besser bewertet. Damit Sie es gleich auf einen Blick sehen, zeigt die Google Toolbar den PageRank einer jeweiligen Seite unmittelbar im Internet Explorer an. Bei Mozilla Firefox ist dies nicht möglich. Dieser Browser arbeitet nicht mit der Google Toolbar, da dieses Programm bei einigen Experten in der Kritik steht.

Neben PageRank gibt es noch das Bewertungssystem Alexa. Hier werden die Webseiten nach dem sogenanntem Traffic Rank geordnet, der z.B. die Besucherzahlen widerspiegelt. Laut Alexa sind die fünf wichtigsten Internetseiten zurzeit Google, Facebook, YouTube, Yahoo! und Windows Live.

Paint

Zum Bearbeiten von eigenen Fotos und anderen Grafikdateien liefern Windows 7 und 8 das Programm Paint mit. Auch die Bildbearbeitungsfunktion in der Windows Live Fotogalerie ist hierfür geeignet. Paint kann unter anderem dazu eingesetzt werden, um in einem Bild eigene Anmerkungen zu machen. In Windows 10 besteht die Möglichkeit, die neue Version Fresh Paint zu installieren. Diese Version lässt sich auf einem Touchscreen per Finger sowie am PC durch Stift und Maus bedienen.

PRAXIS-TIPP

In der Fotoansicht der Windows Live Fotogalerie können Sie ein Bild direkt mit Paint öffnen, indem Sie auf die Option „Erstellen/Weitere Tools“ klicken.

Palm

Die Firma US Robotics hat im Jahr 1996 den ersten „Pilot“ vorgestellt, einen PDA (siehe Seite 162) mit 128 KByte Speicher, Schwarz-Weiß-Display und dem damals neuartigen Betriebssystem Palm OS. Als

Das Programm Paint bietet Basisfunktionen zum Malen und Zeichnen und und hilft damit, digitale Bilder zu bearbeiten.

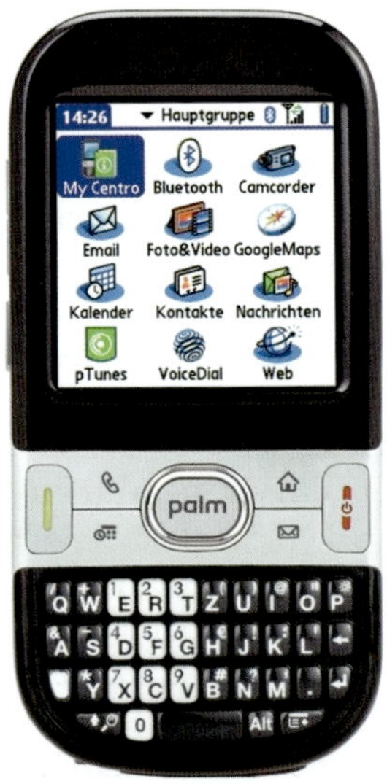

Das Palm Centro bot Sprachübertragung, SMS/MMS, E-Mail und Internet..

Brauchte man früher für die Koordinierung der Termine und zum Telefonieren zwei Geräte, so ist heute nur noch ein Smartphone dafür notwendig.

der Erfolg nicht mehr aufzuhalten war, wurde Palm eine eigenständige Firma und schon bald zum Marktführer auf diesem Gebiet. Ab dem Jahr 2004 verkaufte Palm mit der Treo-Serie Smartphones mit Palm OS, zwei Jahre später auch Geräte mit Windows-Mobile-Betriebssystem. Der Palm Centro war im Jahr 2008 das letzte Palm-OS-Handy. 2010 wurde Palm vom Computerkonzern HP übernommen, der Name Palm verschwand vom Markt.

Papierkorb

Wie im wirklichen Leben ist auch der Papierkorb beim PC dafür da, Dinge loszuwerden, die man nicht mehr braucht: Wenn Sie Dateien oder Dokumente nicht mehr benötigen, können Sie diese in den Papierkorb verschieben und dann löschen. Gehen Sie dafür an den Ort, an dem das zu löschende Objekt abgespeichert ist und markieren Sie es, indem Sie es mit der linken Maustaste einmal anklicken. Mit einem Klick auf die rechte Maustaste können Sie das markierte Objekt dann mit dem Befehl „Löschen“ entfernen. Auch über die Symbolleiste des Explorers können Sie Dateien löschen: Gehen Sie hierfür unter „Organisieren“ auf den Befehl „Löschen“ und die Datei verschwindet. Eine weitere Möglichkeit ist, das zu löschende Ojekt per Drag&Drop (siehe Seite 52) in den Papierkorb zu verschieben. Zu Ihrem eigenen Schutz hat Windows hier eine Sicherheitsfunktion eingebaut und fragt Sie nach dem Klick auf „Löschen“ noch einmal, ob Sie diese Datei wirklich löschen wollen. Nachdem Sie diese Aktion bestätigt haben, landet das Objekt im Papierkorb.

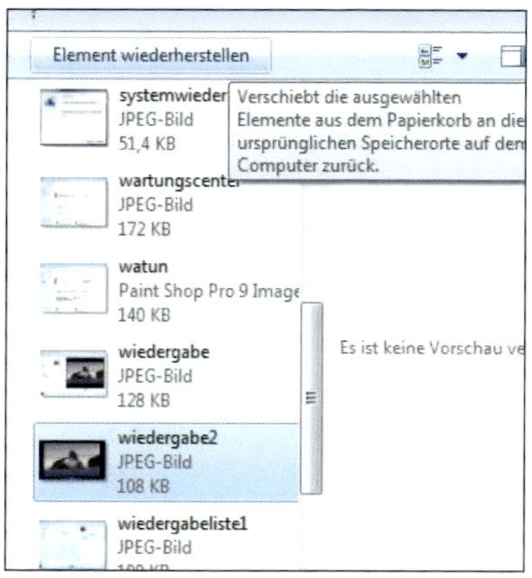

Daten aus dem Papierkorb können jederzeit wiederhergestellt werden.

Wiederherstellen: Sollten Sie aus Versehen etwas gelöscht haben, was Sie vielleicht doch noch benötigen, ist es in diesem Moment noch nicht zu spät. Denn wie auch im realen Leben können Sie hier aus dem Papierkorb wieder etwas herausholen. Auf dem Desktop finden Sie das Papierkorbsymbol, mit einem Doppelklick öffnet sich das Fenster „Papierkorb“, in dem der gesamte Inhalt des Papierkorbs angezeigt wird. Dort sehen Sie dann alle vorhandenen Informationen zu dem jeweiligen Objekt: Name, Größe, Art des Objekts – z.B. Bild, Text oder Datei –, Herkunft, sowie das Lösch- und Erstellungsdatum. Mit einem Klick auf „Wiederherstellen“ können Sie das gewünschte Objekt problemlos aus dem Papierkorb holen, und im gleichen Schritt sorgt der Computer dafür, dass es wieder an seinem ursprünglichen Speicherort abgelegt wird. Um zu sehen, wo der ursprüngliche Ort einer Datei vor Ihrem Löschvorgang war, stellen Sie den Papierkorb mit dem Symbol „Ansicht ändern“ auf die Detailansicht um, denn hier werden die ursprünglichen Ordner der gelöschten Dateien automatisch gleich mit angezeigt.

Papierkorb leeren: Wenn Sie sich aber sicher sind, dass Sie die gelösch-

SICHERHEITS-TIPP

Mit einem Klick auf das Papierkorbsymbol öffnet sich im Kontextmenü der Punkt „Eigenschaften“. Hier können Sie einstellen, wie viel Platz der Papierkorb belegen darf. Sollte diese Größe zu einem Zeitpunkt überschritten werden, sorgt das System dafür, dass die ältesten Dateien im Papierkorb automatisch gelöscht werden. Bei Wechselmedien und Disketten werden gelöschte Daten endgültig gelöscht.

Sollten Sie aus Versehen Daten in den Papierkorb verschoben haben, die Sie aber noch benötigen, können Sie diese vor dem endgültigen Löschen noch retten.

ten Daten, die sich momentan noch im Papierkorb befinden, tatsächlich nicht mehr benötigen, empfiehlt es sich, den Papierkorb zu leeren. Denn auch Daten, die im Papierkorb liegen, nehmen Speicherplatz auf der Festplatte ein. Klicken Sie zum Leeren des Papierkorbs mit der rechten Maustaste auf das Papierkorbsymbol auf dem Desktop und wählen Sie „Papierkorb leeren". Erst dann werden die Daten endgültig gelöscht und dadurch Speicherplatz wieder freigegeben. Dabei sollten Sie aber beachten: Alles, was Sie aus dem Papierkorb löschen, ist weg und kann in der Regel ohne spezielle Programme auch nicht mehr wiederhergestellt werden. Das Gleiche gilt, wenn Sie mit dem Menüpunkt „Papierkorb leeren" alle darin befindlichen Daten auf einmal löschen.

Parallelinstallation

Wenn Sie zwei Betriebssysteme gleichzeitig und unabhängig voneinander auf Ihrem PC installiert haben, nennt man dies eine Parallelinstallation. Mit einem Bootmanager (siehe Seite 33) wird die Auswahl des zu startenden Betriebssystems ermöglicht, sobald Sie den PC einschalten. Windows 7, 8 und 10 liefern einen solchen Bootmanager mit. Sie können Windows 8 parallel zu einem vorhandenen Betriebssystem wie zum Beispiel Windows 7 installieren. Das kann zum Beispiel sehr hilfreich sein, wenn Sie ein Tool erst einmal ausgiebig testen möchten. Denn durch diese sogenannte Parallelinstallation gehen Sie sicher, dass die vorhandene Software und auch Ihre gesamten Daten auf dem PC weiter funktionieren, da diese in dieser Zeit ja automatisch unter Ihrem „normalen" Betriebssystem laufen. Sie sollten aber beachten, dass in einer Parallelinstallation die installierten Programme aus dem anderen Betriebssystem nicht automatisch übernommen werden. Windows 10 lässt sich übrigens nicht so einfach parallel installieren. Selbst Profis gelingt dies nur mit erheblichem Aufwand.

Parallelschnittstelle

Lange Zeit muste die Technik ohne die heute übliche USB-Schnittstelle auskommen. Die Lösung früher, um Drucker und weitere Geräte an den Computer anzuschließen, war eben die Parallelschnittstelle. Diese Steckbuchse, die nach heutigem Standard violett ist, gibt es seit einiger Zeit nicht mehr standardmäßig an jedem Computer, da die Technik bereits veraltet ist. Sie wird für keine aktuelle Hardware mehr benötigt, von Windows aber aus Kompatibilitätsgründen weiter unterstützt.

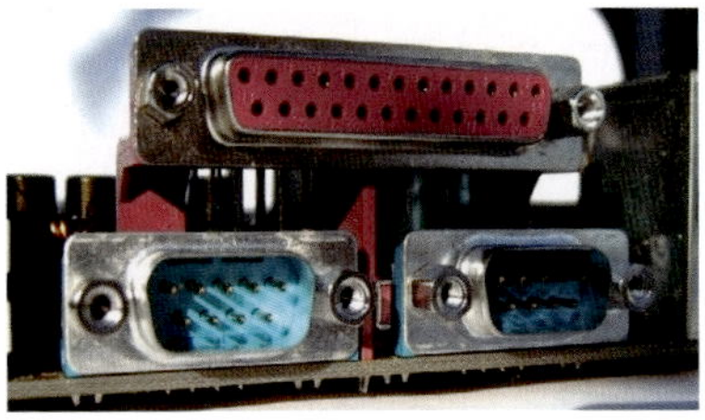

Oben eine Parallelschnittstelle, darunter zwei serielle Schnittstellen.

Partition

Wenn Festplatten sehr groß sind oder auch mehrere Betriebssysteme auf einem Rechner laufen, wie zum Beispiel Windows 7 und Windows XP, empfiehlt es sich, diese in Partitionen aufzuteilen. Da sich jede dieser Partitionen wie ein eigenes Laufwerk auf Ihrem PC verhält, ist auch jede mit einem eigenen Buchstaben versehen. So steht zum Beispiel C für die Festplatte und D für das DVD-/CD-Laufwerk.

Grundsätzlich empfiehlt es sich aus Sicherheitsgründen, alle Daten in unterschiedlichen Partitionen abzuspeichern. Denn sollte einmal im Dateisystem einer Partition ein Fehler auftreten, sind die anderen Daten davon nicht betroffen. Dies kann z.B. bei einer notwendigen Neuinstallation des Betriebssystems von großem Vorteil sein. Wenn Sie Ihre Daten auf mehrere Partitionen abspeichern, erhalten Sie auch eine bessere Übersicht Ihrer Daten, indem Sie diese zweckgebunden ablegen, z.B. auf „C" nur das Betriebssystem, auf E die Programme und auf „F" die Daten. Dafür gibt es verschiedene Partitionierungsprogramme. Pro Programm können bis zu vier Partitionen eingetragen werden, die in einer Partitionstabelle des Datenträgers definiert sind. Hier werden sämtliche wichtige Informationen, wie Start, Länge und Bootfähigkeit, hinterlegt.

Der sichere Umgang mit Ihren persönlichen Daten im Internet ist unabdingbar, um sich vor Hackerangriffen zu schützen. Hier ist entscheidend, ein sicheres Passwort zu finden.

Passwort

Auf Portalen wie Facebook oder eBay müssen Sie sich in der Regel persönlich anmelden und einen Benutzernamen sowie ein Passwort (siehe auch Eintrag „Kennwort" auf Seite 104) eingeben. Dabei ist der Benutzername der Name, mit dem Sie sich auf den Seiten identifizieren können. Dieser ist auch für Dritte ersichtlich. Das Passwort dient hingegen als Schutz für Sie selbst, damit keine dritten Personen an Ihre persönlichen Daten gelangen und Unfug treiben können. Das Passwort kennen nur Sie selbst und es sollte auch nicht an andere Personen weitergegeben werden. Denn nur mit der Benutzerkennung – der Kombination aus Benutzername und Passwort – ist die Einwahl in geschützte Webseiten möglich.

Einige Betrüger im Internet versuchen immer wieder, an private Daten zu gelangen. Geben Sie daher Ihre Passwörter auf keinen Fall weiter, wenn Sie zum Beispiel in einer E-Mail danach gefragt werden. Siehe hierzu auch den Begriff „Phishing" auf Seite 164. Es lohnt sich auch, die Sicherheit Ihres Passwortes regelmäßig zu überprüfen. Die Verwendung von Passwörtern schützt Ihre Privatsphäre und Ihren PC vor Datenklau. Allerdings hat übertriebener Passwortschutz auch Nachteile. Manche Benutzer empfinden es als lästig, für jede Anwendung ein Passwort eingeben zu müssen. Deshalb vergeben viele von ihnen dann sehr einfache und kurze Passwörter. Doch dieses Vorgehen ist nicht mehr der Sinn einer Passworteingabe und die Sicherheit geht verloren.

SICHERHEITS-TIPP

- Falls Sie Ihre Passwörter notieren, bewahren Sie sie an einer gut gesicherten oder nicht so leicht auffindbaren Stelle auf.
- Verwenden Sie kein Passwort doppelt.
- Vermeiden Sie offensichtliche Passwörter wie den Namen des Partners oder der Kinder. Hier hätte ein Betrüger leichtes Spiel, durch mehrmaliges Ausprobieren das richtge Passwort zu finden. Genauso wenig sollten Sie Ihren eigenen Namen oder Ihren Benutzernamen verwenden. Am sichersten sind zufällige Buchstaben- oder Zahlenkombinationen.
- Passwörter, die aus den Anfangsbuchstaben eines gut zu merkenden Satzes bestehen, sind schwer zu erraten. Zum Beispiel ergibt „Ich stehe jeden Tag um 7 Uhr auf" das Passwort „IsjTu7Ua".
- Ändern Sie Ihr Passwort in regelmäßigen Zeitabständen, denn es besteht immer die Gefahr, dass Unbefugte ein Passwort herausfinden.

Häufig verwendete Passwörter können auch im Browser gespeichert werden, damit Sie sie nicht jedes Mal wieder neu eingeben müssen. Doch auch hier besteht ein gewisses Sicherheitsrisiko: Jeder, der sich unbefugt an Ihrem PC zu schaffen macht, hat durch ein gespeichertes Passwort automatisch auch Zugriff auf die passwortgeschützten Webseiten, wie zum Beispiel auf Ihr persönliches Benutzerkonto bei Facebook oder eBay oder Ihr Onlinebankingkonto. Passwörter sollten Sie daher nie im Browser speichern. Manche Banken verhindern dies inzwischen auch schon durch spezielle Anmeldemechanismen.

Microsoft bietet einen Onlinekennwortprüfer an, der Ihnen hilft, beliebige Passwörter auf ihre Sicherheit zu testen. Berücksichtigt werden hierbei verschiedene Kriterien wie Kennwortlänge, Mischung aus Groß- und Kleinbuchstaben sowie Ziffern und Symbole im eingegebenen Passwort. Die getesteten Kennwörter werden nirgends gespeichert, können also niemandem als Hinweis auf tatsächlich verwendete Kennwörter dienen. Daneben infor-

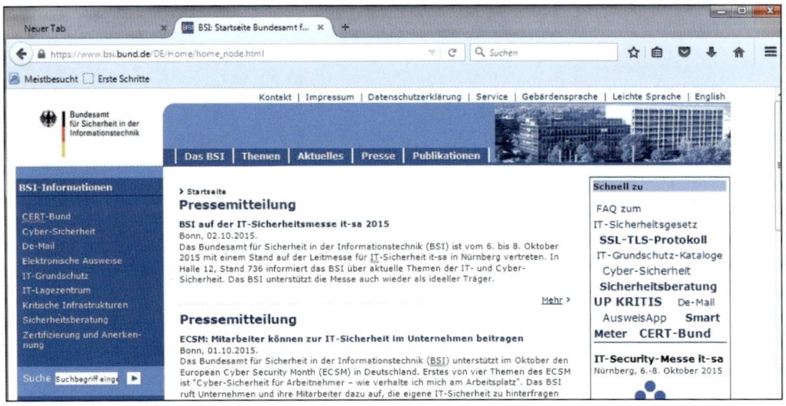

Das Bundesamt für Sicherheit in der Informationstechnik bietet auf seiner offiziellen Webseite wertvolle Hinweise und Informationen zur Sicherheit im Internet.

miert auch das Bundesamt für Sicherheit in der Informationstechnik (BSI) über das Thema Internet-Sicherheit und bietet wertvolle Tipps.

Sollten Sie Ihr Passwort vergessen, können Sie sich auf der jeweiligen Webseite nicht mehr anmelden. Auf den meisten Seiten gibt es aber einen Link namens „Passwort vergessen". Dieser befindet sich in der Regel in der Nähe des Passworteingabefelds. Hier können Sie sich Ihr Passwort zuschicken lassen oder sich ein neues Passwort ausdenken.

- Bundesamt für Sicherheit und IT www.bsi.bund.de

Paste

Siehe Einfügen.

Patch

Patch ist abgeleitet vom englischen Wort „Patchwork" und bedeutet ins Deutsche übersetzt so viel wie „Flicken". Wenn sich in einem Programm oder einem Betriebssystem ein Sicherheitsloch befindet, hilft ein sogenannter Softwarepatch. Microsoft verteilt solche Patches kostenlos über Windows Update. Immer am zweiten Dienstag im Monat, dem sogenannten Patchday, werden gesammelte Patches zum Download verteilt, die nicht so sicherheitskritisch sind, dass sie sofort an die Anwender ausgeliefert werden müssten.

[Pause]-Taste

Die Taste [Pause] stammt bereits aus der Frühzeit der Computergeschichte. Mit dieser Taste konnte man damals automatisch ablaufende Prozesse anhalten. Sie wird heute von Windows völlig ignoriert, kann aber noch im Eingabeaufforderungsfenster genutzt werden. Wenn z.B. in Programmen verschiedene Anzeigen so schnell durchlaufen, dass nichts mehr zu erkennen ist, können Sie die Anzeige durch Drücken der [Pause]-Taste anhalten und später mit einer beliebigen Taste fortsetzen. Die Tastenkombination [Strg]+[Pause] bricht solche Kommandozeilenbefehle komplett ab. Auf manchen Tastaturen ist diese Taste, die sich oberhalb der Cursortasten befindet, auch mit [Untbr] für „Unterbrechen" beschriftet.

Die [Pause]-Taste finden Sie rechts oben auf Ihrer Tastatur.

PayPal

PayPal ist ein neuartiges Zahlungssystem, welches Online-Einkäufe sicher und einfach macht. Da Sie Ihre Daten bei PayPal nur beim ersten Einkauf hinterlegen müssen und das System Ihre Daten sicher abspeichert, können Sie bei späteren Bezahlungen mit PayPal den Vorgang mit zwei Klicks problemlos durchführen. Ein weiterer Vorteil: Bei PayPal hat jeder Kunde ein eigenes virtuelles Konto, bei dem man selbst entscheiden kann, ob man dieses über Bankkonto, Kreditkarte oder per Guthaben führen möchte. Ihr eigener Schutz steht im Vordergrund. Da der Zahlungsempfänger das Geld direkt von PayPal bekommt, können Sie sich sein, dass keine persönlichen Daten an Dritte gelangen: Infos zu Bankkonto und Kreditkarten erfährt der Zahlungsempfänger nicht. Das macht das Verfahren besonders bei

SICHERHEITS-TIPP

Es sind viele Betrüger unterwegs, die versuchen, an PayPal-Kundendaten heranzukommen. Dabei ist zu beachten, dass PayPal nie einen Anhang verschickt und Sie nicht dazu auffordern würde, Ihre Kreditkartennummer oder Kontoverbindung, Ihr Passwort, Ihre E-Mail-Adresse oder Ihren vollständigen Namen, die PIN oder TAN Ihres Bankkontos preiszugeben.

Die deutsche Startseite des Internetzahlungssystems PayPal.

eBay und Kleinanzeigen, bei denen der Geschäftspartner nicht bekannt ist, sehr sicher. Sollten Sie einmal derjenige sein, der im Internet Waren verkaufen möchte, beachten Sie, dass bei PayPal immer der Empfänger des Geldes die Transaktionskosten bezahlt, für den Käufer hingegen fallen keine Gebühren an.

- Deutsche PayPal-Startseite: www.paypal.de

PC

Im Jahr 1981 brachte das Unternehmen IBM ihren ersten Personal Computer auf den Markt und prägte damit den Begriff PC. Für alle, die damals noch mit den üblichen Großrechnern arbeiteten, war der neue PC praktisch. Denn dieser passte in seinem damaligen Design bequem auf jeden großen, stabil gebauten Schreibtisch. Es dauerte nicht lange und der PC hatte seinen Durchbruch geschafft. Bereits drei Jahre später ging der millionste PC über den Ladentisch, und der Siegeszug war gesichert. So erlaubte IBM auch anderen Herstellern, die modulare Technologie mit Steckkarten lizenzfrei nachzubauen.

Heute ist der PC nicht mehr aus den Büros und auch aus der Freizeit wegzudenken. Auch die modernen PCs basieren noch auf den technischen Grundlagen von damals.

Der PC hat einen langen Entwicklungsweg hinter sich, bevor er zu dem wurde, was er heute ist – ein unentbehrlicher Begleiter im Alltag. (Foto: Ein Vintage-PC von 1980)

PC-Card

Mithilfe einer PC-Card können Sie an Ihr Notebook Erweiterungskarten anstecken. Dieses Steckplatzsystem ist auf dem neuesten Stand der Technik, das heißt, Sie können Ihre Erweiterungskarten beliebig aus- und einstecken, ohne dass Sie den Computer herunterfahren müssen. Hierbei spricht man auch von Hot-Plug-Fähigkeit. Das funktioniert allerdings nur, wenn Sie in dem Moment, in dem Sie eine Erweiterungskarte aus- oder einstecken möchten, keine Daten zwischen Karte und Notebook austauschen. Dieser Datentransfer kann dann nicht korrekt abgeschlossen werden. Auch die Anwendung solcher Erweiterungskarten ist einfach, denn sobald Sie diese in die PC-Card eingesteckt haben, erkennt Ihr Computer das neu angeschlossene System und Sie können ohne Zeitverzögerung damit arbeiten. Allerdings muss bei den meisten PC-Cards vor der ersten Verwendung ein Treiber installiert werden.

PRAXIS-TIPP

Wenn Sie die PC-Card in Ihr Gerät einstecken, schließt diese in der Regel bündig mit der Gehäuseseite des Notebooks ab. Auf diese Weise ist sichergestellt, dass auch bei einem Transport nichts passiert und weiterhin alles reibungsfrei funktioniert. Zum Entfernen der Karte drücken Sie einfach den Entriegelungsknopf, der sich direkt neben dem PC-Card-Steckplatz befindet. Schon bei einem leichten Druck springt die Karte etwa einen Zentimeter aus dem Gehäuse heraus. Jetzt können Sie kräftig darauf drücken, die Karte entriegeln und aus dem Schacht schieben. Dabei wird die Karte automatisch vom System getrennt, ohne dass Sie weitere Schritte veranlassen müssen.

Auch der Einsatzbereich solcher PC-Cards hat sich in den letzten Jahren verändert. Da die heutigen Notebooks bereits von Haus aus mit Modems und Netzwerkkarten ausgestattet sind, werden PC-Cards heute nur noch hauptsächlich für ISDN- und UMTS-Karten eingesetzt. Da die Technik der PC-Cards allerdings immer mehr von USB verdrängt wird, haben ganz aktuelle Notebooks heutzutage schon oft keinen PC-Card-Steckplatz mehr.

PCI

PCI ist eine Abkürzung für **P**eripheral **C**omponent **I**nterconnect und steht für einen Anschlusstyp für Erweiterungskarten im Computer, ein Standard, der sehr weit verbreitet ist. In der Regel befinden sich die Steckkartenplätze an der Ge-

Hinter dem Slotblech befinden sich sämtliche PCI-Steckplätze.

häuserückseite Ihres Computers und sind von einem Blech überdeckt. Um eine Steckkarte einzubauen, müssen Sie zunächst die Schrauben des sogenannten Slotblechs lösen, um das Gehäuse zu öffnen. Wenn Sie nun die Karte senkrecht hineinstecken, müssen Sie sehr vorsichtig sein, damit diese nicht verkantet. Befindet sich die Karte am richtigen Platz, schrauben Sie das Slotblech mit der gleichen Schraube wieder fest. Es gibt heute aber auch schon Gehäuse auf dem Markt, bei denen das Slotblech nicht mehr mit Schrauben befestigt, sondern durch einen einfachen Klickmechanismus zu entfernen ist.

PCI-Express

Wenn Sie Grafikkarten in Ihren PC stecken möchten, gibt es momentan zwei verschiedene Stecksysteme: AGP und PCI-Express. Obwohl der Trend eindeutig zu PCI-Express geht, sind dennoch viele aktuelle Grafikkarten in beiden Bauarten erhältlich. Bevor Sie eine neue Grafikkarte kaufen, sollten Sie zuerst überprüfen, welcher Steckplatz auf Ihrem Mainboard (siehe Seite 123) vorhanden ist, um sicherzugehen, dass die Karte nach dem Kauf passt. Mainboards haben üblicherweise nur entweder einen AGP- oder einen PCI-Express-Steckplatz. Beide Typen haben an dem der Gehäusewand abgewandten Ende eine Halterung, in der die Grafikkarte gegen versehentliches Lösen eingeklinkt wird. Dennoch können Sie diese beiden Typen unterscheiden, nämlich durch die Lage eines im Steckplatz eingebauten Trennstegs. Bei AGP befindet sich dieser Steg relativ weit im Gehäuseinneren, bei PCI-Express dagegen sehr nahe an der Gehäuserückwand.

Dieses Bild zeigt einen AGP-Steckplatz (oben) und darunter zwei PCI-Steckplätze, an die Sie problemlos Erweiterungskarten für Ihren PC anschließen können.

PCMCIA

Die Abkürzung PCMCIA ist die ältere Bezeichnung für die heutigen PC-Cards. Die **P**ersonal **C**omputer **M**emory **C**ard **I**nternational **A**ssociation hat den Namen für diesen Standard vergeben. Siehe auch „PC-Card" auf Seite 161.

PDA

Der Palm TX ist einer der letzten reinen PDAs auf dem Markt.

PDA ist die Abkürzung für **P**ersonal **D**igital **A**ssistant, zu Deutsch „ein persönlicher, digitaler Helfer". Dabei handelt es sich um ein tragbares Gerät mit digitalem Speicher für alle Arten von Daten wie Bilder oder Texte. Doch bis dahin war es ein weiter Weg: Denn die ersten PDAs in den 1990er-Jahren haben kaum mehr als ein Adressbuch, einen Terminkalender und einen Notizblock geboten. Im Laufe der Zeit sind die Geräte dann extrem leistungsfähig geworden und können nicht mehr nur als simpler Datenspeicher, sondern auch für komplexe Berechnungen, Multimedia-Anwendungen und Spiele eingesetzt

PDF-Dateien haben den Vorteil, dass sie zum Öffnen und Betrachten nur den leicht zugänglichen Adobe Reader als Programm brauchen – sonst nichts.

werden. Da allerdings heute auch alle Handys über Kalender- und Adressbuchfunktionen verfügen und Smartphones die Funktionen der klassischen PDAs längst übernommen haben, gibt es so gut wie keine reinen PDAs mehr auf dem Markt. Die bekanntesten PDAs waren die Geräte von Palm und die Pocket PCs mit Microsoft-Betriebssystem.

PDF-Format

Das PDF-Format wurde von der Software-Firma Adobe erfunden

PRAXIS-TIPP

Die Symbole (+) und (–) in der oberen Symbolleiste sind hilfreich, wenn Sie regelmäßig E-Books mit dem Adobe Reader auf Ihrem PC lesen. Denn damit können Sie die Ansicht auf Ihrem Bildschirm beliebig vergrößern und verkleinern. Auf diese Weise können Sie sich sowohl einen Überblick über die ganze Seite verschaffen, als auch einen Ausschnitt zum bequemen Lesen vergrößern.

und ist inzwischen als Dateiformat für Dokumente und E-Books zum Standard geworden. In der Regel werden solche Dokumente ins PDF-Format umgewandelt, die vom Benutzer nicht verändert werden sollen. Gegenüber anderen Formaten hat PDF den Vorteil, dass das Dokument auf jedem Computer und beim Ausdruck auch auf jedem Drucker gleich aussieht. Zum Betrachten von PDF-Dateien wird der Adobe Reader benötigt, der im Internet kostenlos zum Download angeboten wird. Mittlerweile ist in den Office 2016-Programmen ein Tool zum Erzeugen von PDF-Dateien integriert, so dass sich Dateien auch als PDF abspeichern lassen.

- Adobe Reader: http://get.adobe.com/de/reader

Pentium-Prozessor

Der Begriff Pentium stammt ursprünglich von der Firma Intel, die in den 1990er-Jahren damit eine sehr erfolgreiche Baureihe von Prozessoren auf den Markt brachte. Die Pentium-Technologie bildet auch heute noch die Grundlage moderner Prozessoren. Weitere Informationen siehe „Prozessor“ auf der Seite 173.

Die ersten Prozessoren von Intel bilden die Grundlage aller Prozessoren.

Pfad

Ein Pfad bezeichnet bei Windows den Speicherort, an dem man eine bestimmte Datei auf der Festplatte findet. Dieser Pfad wird in der obersten Zeile des Explorer-Fensters dargestellt. Mit einem Klick auf eines der kleinen Dreiecke an der entsprechenden Stelle des Verzeichnisbaums können Sie in einen anderen Unterordner wechseln. Unter dem Dreieck ganz rechts in der Pfadanzeige finden Sie eine Liste mit den zuletzt angezeigten Ordnern. Auf diesem Weg können Sie einfach wieder auf einen anderen Ordner zurückgreifen.

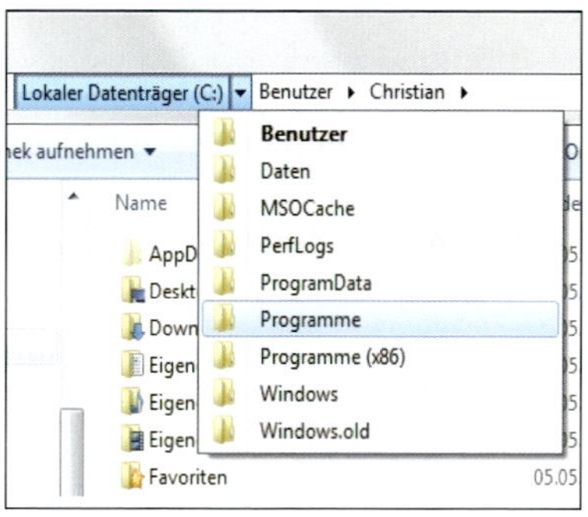

Die Auswahl eines beliebigen Unterverzeichnisses im Pfad.

Durch das sogenannte Phishing versuchen skrupellose Betrüger auf kriminelle Art und Weise an persönliche Daten der Internetnutzer zu gelangen.

Pfeiltaste

Zwischen der Buchstabentastatur und dem Nummernblock befinden sich auf Ihrer Tastatur vier Tasten mit aufgedruckten Pfeilen. Diese werden als Pfeiltasten oder auch als Cursortasten bezeichnet. Mit ihnen können Sie den Cursor in alle vier Richtungen bewegen. Diese Tasten können hilfreich sein, wenn Sie zum Beispiel in einer Liste hinauf- und herunterscrollen wollen oder in Ihrer Bildergalerie zum nächsten oder vorherigen Bild springen möchten. Mit den vier Pfeiltasten geht dieser Vorgang mit jeweils einem Klick sehr einfach.

Phishing

Im Internet sind viele Betrüger unterwegs, die an Ihre Passwörter und persönliche Daten gelangen wollen. Eine Methode ist das sogenannte Phishing, ein Kunstwort das im Deutschen so viel heißt wie „nach Daten fischen", „Pfuschfang" oder „gefälschte E-Mails". Dabei ist es nicht die Technik, die von den Betrügern manipuliert wird, sondern Sie als Benutzer: Sie sollen freiwillig Ihre Daten preisgeben. Zu diesem Zweck erstellen die „Datendiebe" Webseiten, die im Design echten Banken, Onlineshops oder sozialen Netzen sehr ähnlich sind. Dabei treten sie als Vertreter der Bank oder eines Onlineshops auf und bringen Sie per Massenmails dazu, Ihre Benutzerdaten, Kontoinformationen, Passwörter und TANs preiszugeben. Diese werden natürlich nicht, wie Sie es erwarten, an die wirkliche Bank, sondern an den Betrüger übermittelt, der Ihre persönlichen Daten dann zu seinen Zwecken benutzt.

SICHERHEITS-TIPP

Folgende Merkmale machen eine E-Mail verdächtig:

- Sie unterhalten zum Absender (z.B. einer Bank) keinerlei geschäftliche Beziehungen.
- Es gibt keine oder nur eine anonyme Anrede.
- Der Text ist in schlechtem oder schlampigen Deutsch verfasst.
- Der Text enthält Drohungen.
- Die E-Mail fordert Sie auf, persönliche Daten preiszugeben – seriöse Absender tun dies niemals.

- Allgemeine Informationen über Phishing: https://de.wikipedia.org/wiki/phishing

Picasa

Picasa ist ein kostenloses Onlinefotoalbum von Google, dass Sie bei der Verwaltung und Bearbeitung Ihrer Fotos unterstützt. Wenn Sie Ihre Bilder auch für andere online sichtbar machen wollen, können Sie mit Picasa ein eigenes Onlinefotoalbum erstellen. Der Dienst ermöglicht Ihnen, verschiedene persönliche Alben anzulegen, in denen Bilder thematisch gruppiert werden – völlig unabhängig davon, unter welchen Verzeichnissen Sie die Bilder auf Ihrer Festplatte abgelegt haben. In einem ersten Schritt durchsucht Picasa automatisch Ihren Computer nach sämtlichen Bilddateien. Dies kann bei großen Festplatten durchaus einige Stunden dauern. Ist der Bildindex einmal erstellt, startet Picasa später sehr schnell. Ähnlich wie die Windows Live Fotogalerie, die übrigens die meisten Funktionen direkt aus Picasa übernommen hat, enthält auch Picasa diverse Funktionen, mit denen Sie Fotos bearbeiten, in Blogs veröffentlichen oder in Onlinefotoalben stellen können. Picasa verwendet für die Anmeldung

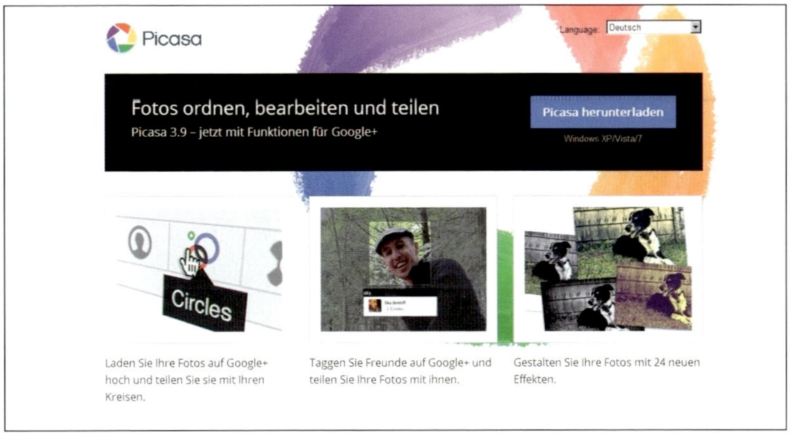

Mit Picasa lassen sich eigene Onlinefotoalben erstellen. Diese werden mit persönlichen Bildern bestückt und für andere Nutzer zugänglich gemacht.

das Google-Konto. Sie brauchen also außer einer Google Mail-Adresse keine weiteren Zugangsdaten.

- Picasa Software: http://picasa.google.de
- Picasa Onlinefotoalben: http://picasaweb.google.de

PRAXIS-TIPP

Wenn Sie ein Bild suchen, welches ein bestimmtes Motiv zeigen soll oder bestimmte Farben beinhalten muss, um dies zum Beispiel als Hintergrundbild oder in eine grafische Gestaltung einzubinden, können Sie im Suchfeld einfach den Namen einer Farbe eingeben. Picasa findet dann in der Regel relevante Treffer.

PIN

Die Abkürzung PIN steht für **P**ersönliche **I**dentifikations**n**ummer und bezeichnet eine meist vier- bis sechsstellige Zahlenkombination. Diese wird unter anderem beim Onlinebanking oder auch an Geldautomaten sowie Packstationen der Post benötigt. Jede Bank und ähnliche Dienste vergeben eigene PINs an ihre Kunden, wodurch der Schutz erhöht wird. Denn auf diese Art und Weise kann ein Fremder, der Ihre EC-Karte oder eine Kundenkarte findet, diese normalerweise nicht uneingeschränkt benutzen. Wenn er allerdings Ihre Unterschrift fälscht, kann er mit der Karte einkaufen. Für das Abheben an einem Bankautomaten benötigt er jedoch die PIN. Daher empfiehlt es sich, diese PINs nirgendwo aufzuschreiben und keiner anderen Person weiterzugeben.

Pixel

Unter Pixel versteht man die kleinste Einheit innerhalb eines Fotos, einen einzelnen Bildpunkt. Dabei hat jedes Pixel genau eine Farbe. Die Anzahl der Pixel ist ent-

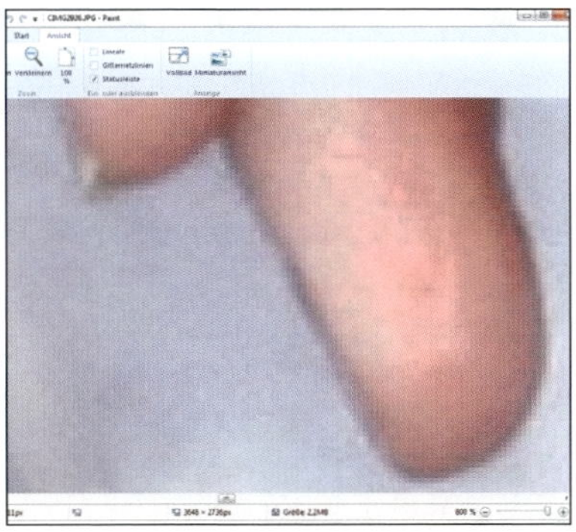

Bei sehr starker Vergrößerung sind die einzelnen Pixel im Foto gut zu erkennen.

scheidend für die Auflösung und die Schärfe: Je mehr Pixel ein Bild hat, desto schärfer und detaillierter ist es. Auch die Auflösung von Monitoren wird in Pixeln angegeben, hier ist die Breite und die Höhe des Monitors entscheidend. Die Auflösung von Digitalkameras wird in Megapixeln angegeben, indem man die Breite und Höhe des Bildes multipliziert und damit die Gesamtpunktzahl erhält. Dieser Wert ist zwar immer noch beim Kauf einer Digitalkamera entscheidend, aber nicht allein für die Qualität der Bilder verantwortlich.

Plug and Play

Plug and Play ist der englische Ausdruck für „einstecken und loslegen". Auf den Computer bezogen ist die Erklärungsweise eindeutig: Sobald Sie ein Gerät an ein anderes Gerät angeschlossen haben, können Sie dieses sofort verwenden, ohne dass Sie im Vorfeld aufwendig Software installieren oder passende Treiber besorgen und installieren müssen, die das Gerät erst einmal in Gang setzen.

In den Anfangszeiten von Plug and Play, als diese Technik noch nicht so richtig ausgereift und vor allem bei den Anwendern noch wenig verbreitet war, sprachen frustrierte Benutzer oft von „Plug and Pray" – „einstecken und beten". Man musste immer hoffen, dass die Technik funktioniert. Doch heute ist das anders. Denn viele neuere Geräte haben die Technik Plug and Play mittlerweile automatisch integriert und sorgen somit für eine einfache, unkomplizierte Handhabung und einen reibungsfreien Ablauf.

Plug-in

Mithilfe eines sogenannten Plug-ins können Sie Programme erweitern und zusätzliche Funktionen

Pocket-PCs sind ideale Begleiter für unterwegs: Aufgrund ihrer handlichen Größe passen sie in fast jede Tasche (engl.: pocket). Der dazugehörige Stift macht die Bedienung auf dem Touchscreen bequem und einfach.

hinzufügen. Meistens finden solche Plug-ins in Browsern ihre Anwendung und sie werden dort als Add-ons bezeichnet.

PNG-Format

PNG ist wie GIF und JPG ein Format, in dem diverse Grafiken gespeichert werden. Das PNG-Format wird in letzter Zeit zunehmend für Bilder im Internet eingesetzt. Gegenüber dem GIF-Format hat es den Vorteil, dass nicht nur auf eine eingeschränkte Palette aus 256 Farben zurückgegriffen werden kann, sondern auf alle Farben. Der wichtigste Vorteil gegenüber dem JPG-Format ist die verlustfreie Kompression (siehe Seite 107).

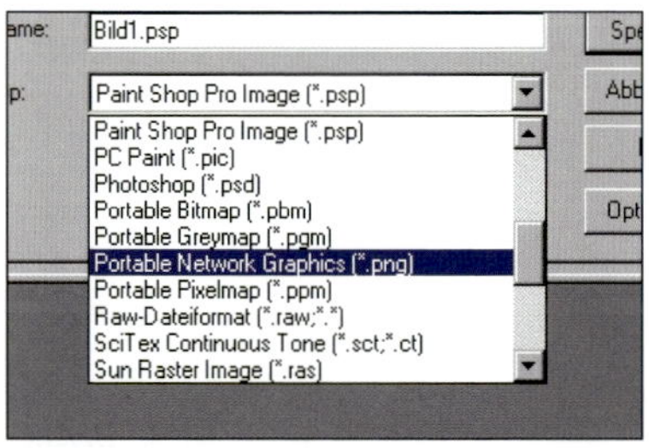

Beim Abspeichern haben Sie die Wahl, in welchem Format Sie die Bilder ablegen.

Pocket PC

Der Begriff Pocket PC stammt ursprünglich von Microsoft. Er hat zwei Bedeutungen: Zum einen bezeichnet Pocket PC einen tragbaren PDA, der unter dem Betriebssystem Windows Mobile läuft. Aber auch das verwendete Betriebssystem selbst wird oft als Pocket PC bezeichnet. Der Pocket PC wurde ursprünglich eingesetzt, um sich von der Konkurrenz und dem bisherigen Marktführer Palm abzuheben. Lange Zeit wurden noch mobile Geräte mit Windows Mobile, die keine Handyfunktionen hatten, als Pocket PCs bezeichnet. Doch seit 2003 ist dieses System auf den Markennamen Windows Mobile umbenannt.

Podcast

Das Wort Podcast ist eine Kombination aus den beiden Begriffen iPod (tragbarer MP3-Player) und Broadcasting (zu Deutsch „Funkwesen"). Dabei handelt es sich um eine Mediendatei, die man aus dem Internet herunterlädt. Das kann sowohl eine Audio- als auch eine Videodatei sein. Bei letzteren spricht man auch von sogenannten Vodcasts oder Video-Podcasts. Wenn Sie sich für bestimmte Podcasts interessieren, empfiehlt es sich, diese für längere Zeit zu abonnieren. Dazu benötigt man eine spezielle Software, die in Fachkreisen auch Podcatcher genannt wird.

Allgemein gesagt könnte man Podcasts mit Radiosendungen vergleichen, die Sie im Internet nach Lust und Laune anhören, ohne sich nach Sendezeiten richten zu müssen. In Bezug auf Podcasts fällt auch immer wieder der Begriff „Video/Audio on Demand". Dabei handelt es sich in der Regel allerdings meistens um kostenpflichtige Angebote. Bevor Sie solche abbonnieren, lesen Sie sich deshalb die Bedingungen des Anbieters gut durch.

POP3

Damit Ihre eingehenden E-Mails vom Server abgeholt werden können, benötigt man das Protokoll POP3. Nicht nur die meisten Posteingangsserver arbeiten damit, sondern auch sämtliche E-Mail-Programme für Handys. Neben POP3 existiert ein weiteres Protokoll, das IMAP, das mittlerweile sehr weit verbreitet ist

Pop-up-Blocker

Jeder kennt sicherlich die störenden Fenster, die sich von selbst öffnen, wenn man im Internet surft. Dabei handelt es sich um sogenannte Pop-ups. HTML bietet nicht nur die Möglichkeit, Links in neuen Browserfenstern zu öffnen, sondern auch automatisch neue Fenster in beliebiger Größe auf dem Bildschirm einzublenden. Diese Techniken, die eigentlich eine nützliche Präsentationsmöglichkeiten sind, werden heute vor allem als Werbemittel missbraucht: Manchmal öffnen sie sich schneller, als man sie schließen kann. Deshalb ist der Browser automatisch so eingestellt, dass standardmäßig alle Pop-ups blockiert werden, die ein neues Fenster öffnen wollen, ohne dass Sie dies veranlasst haben. Immer wenn ein Pop-up blockiert wurde, erscheint eine entsprechende Meldung im Browser. Wenn Sie eine solche Meldung bekommen, können Sie dort mit einem Klick auf die Schaltfläche „Optionen" ein Menü öffnen, in dem Sie die Wahl haben, Pop-up-Fenster vorübergehend oder dauerhaft für diese Webseite anzeigen zu lassen. Wenn Sie nichts dagegen haben, dass auf dieser Internetseite Pop-Ups erscheinen, müssen Sie natürlich nicht jedes Mal die eingeblendete Meldung bearbeiten. Mit einem Klick auf „Pop-ups von dieser Seite immer zulassen" erkennt der Browser das zukünftig automatisch. Doch auch dies ist keine endgültige Einstellung. Wenn Sie auf „Internetoptionen/Datenschutz/Popupblocker/Einstellungen" klicken, können Sie jederzeit neue Seiten freischalten und umgekehrt.

PRAXIS-TIPP

Sie können die Einstellunen zu Ihrem Pop-up-Blocker anpassen, z.B. wenn Sie nach einer gewissen Zeit der Ton und auch die zeitliche Verzögerung, mit der die Meldungszeile eingeblendet wird, nervt. Unter „Einstellungen" deaktivieren Sie die entsprechenden Funktionen.

Pop-up-Menü

Pop-up bedeutet so viel wie „plötzliches Auftauchen". Demzufolge sind Pop-up-Menüs Bedienungshilfen, die auf dem Bildschirm eingeblendet werden. Es sind kleine Fenster, die dann erscheinen, wenn der Cursor über ein bestimmtes Wort, einen Hyperlink oder einen bestimmten grafischen Bereich geführt und mit einem Klick der rechten Maustaste aktiviert wird. Pop-up-Menüs enthalten Zusatzinfos von Dokumenten und Dateien, Bedienhilfen und erweiterte Funktionalitäten für die Behandlung von Programmen. Beim Öffnen des Pop-up-Menüs überdeckt dieses den darunterliegenden Teil des Dokuments oder der Webseite.

Port

Ein Port ist eine Schnittstelle am Computergehäuse, der zur Verbindung externer Hardware wie USB-Sticks, externe Festplatten, Digitalkameras oder auch Speicherkarten dient. Diese Geräte werden mittels Kabel und entsprechendem Stecker in den Port gesteckt. Ausnahme: Speicherkarten, sie werden in den Speicherkartenleser direkt geschoben. Es gibt verschiedene Arten von Ports, der bekannteste ist der USB-Port. Dieser ist besonders hilfreich, wenn Sie zum Beispiel die Bilder Ihrer Digitalkamera auf dem PC abspeichern wollen oder Daten von Ihrem PC per USB-Stick auf andere Geräte übertragen möchten. Der Begriff „Port" bezeichnet aber auch noch einen Ein- bzw. Ausgang für bestimmte Daten, auch solche, die aus dem Internet kommen, und für Protokolle.

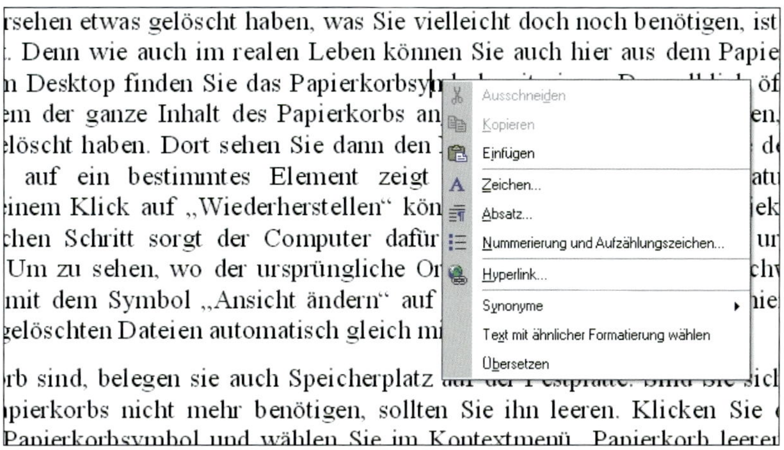

Wenn Sie mit dem Cursor auf ein bestimmtes Wort gehen, erscheint automatisch ein Pop-up-Menü, das Ihnen eine Liste weiterer Funktionen anbietet.

Portable Anwendungen

Windows-Programme werden immer größer. Dies hat zur Folge, dass das Booten (siehe Seite 33) mit jedem installierten Programm, das Sie auf Ihrem Computer haben, langsamer wird, das Betriebssystem träger und insgesamt mehr Ressourcen verbraucht werden. Den Computerentwicklern kam das entgegen: Die Leistung der Prozessoren wurde dramatisch verbessert, was für „einfache" Anwendungen gar nicht nötig gewesen wäre. Das wiederum hat die Softwareentwickler dazu angeregt, ständig weitere, mehr oder weniger sinnvolle Funktionen in ihre Programme einzubauen, die still im Hintergrund mitlaufen, ob man sie braucht oder auch nicht. Doch auch dies macht dann den Computer wieder langsamer und träger – ein Teufelskreis also für den Anwender.

Ein Ausweg hierbei sind portable Anwendungen. Hier haben Entwickler das Prinzip der Programminstallation einfach umgangen. Wenn Sie mit portablen Anwendungen arbeiten, ist hierfür keine Installation auf dem PC nötig. Die Anwendungen starten sofort und sind nach dem Beenden auch wieder spurlos aus dem Speicher verschwunden. Portable Anwendungen laufen ohne Installation direkt von USB-Sticks oder Speicherkarten. Das hat wiederum den Vorteil, dass diese Anwendungen keine Ressourcen auf dem Rechner verbrauchen und somit auch keinen Einfluss auf die Geschwindigkeit des PCs haben.

Da portable Anwendungen nicht auf dem System installiert sind, erscheinen sie auch nicht automatisch im Startmenü. Damit Sie dennoch auf dem PC nicht jedes Mal einen Dateimanager oder eine Befehlszeile aufrufen müssen, um

PortableApps bietet Anwendungen, ohne dass eine Installation notwendig ist.

eine portable Anwendung zu starten, gibt es auch hierfür eine nützliche Hilfe: Spezielle Menüs, die direkt auf dem externen Speichermedium laufen, erlauben Ihnen jederzeit einen einfachen Zugriff auf die portablen Anwendungen. Diese Startmenüs (die bekanntesten sind PortableApps und Circle Dock) müssen einmal wie eine normale Anwendung gestartet werden. PortableApps, das selbst nur 88 KByte groß ist, nistet sich dann im Infobereich der Taskleiste ein und kann von hier aus jederzeit aufgerufen werden. Portable Anwendungen können auch von einer externen Festplatte oder einer zweiten Partition der eingebauten Festplatte laufen. Damit entstehen keine Probleme, wenn Sie zum Beispiel Windows neu installieren und auf eine andere Windows-Version wechseln wollen. Wenn Sie also Windows 7 und das nach wie vor stabile Windows XP parallel verwenden, brauchen Sie die Programme der portablen Anwendungen nicht mehrfach zu installieren. Denn es existiert eine dritte Partition für gemeinsame Daten und portable Anwendungen.

- PortableApps:
http://portableapps.com/de
- Circle Dock:
http://circledock.wikidot.com

Portal

Ein Portal ist eine große Webseite, die Ihnen die verschiedensten Inhalte bereitstellt. Die großen deutschen Portale liefern aktuelle Nachrichten aus sämtlichen Themengebieten, Wetterberichte, ein Suchfeld, oftmals auch Downloads und einen persönlichen Bereich mit E-Mails und Anbindung an soziale Netze. Damit ist ein Portal durchaus vergleichbar mit einer aktuellen Zeitung.

Bekannte deutschsprachige Portale:	
Web.de	http://www.web.de
Freenet	http://www.freenet.de
MSN	http://de.msn.com
T-Online	http://www.t-online.de
Yahoo!	http://www.yahoo.de
GMX	http://www.gmx.de

Postausgangsserver

Postausgangsserver sorgen dafür, dass Ihre E-Mails versendet werden. Postausgangsserver verwenden dabei das sogenannte SMTP-Protokoll (siehe Seite 172). Sobald eine Mail korrekt versendet wurde, finden Sie diese in Ihrem Ordner „Gesendete Objekte". Sie müssen nichts weiter tun, der Postausgangsserver regelt die Versendung automatisch.

Posteingangsserver

Der Posteingangsserver kümmert sich um den Empfang eingehender E-Mails. Posteingangsserver verwenden die Protokolle POP3 (siehe Seite 167) oder IMAP (siehe Seite 93).

Sobald Sie eine neue E-Mail in Ihrem Postfach haben, erscheint diese sichtlich markiert bzw. farbig hinterlegt im Ordner „Posteingang“. Bei fehlerfreiem Ablauf haben Sie mit dem Server nichts zu tun, er arbeitet im Hintergrund.

Posten

Als Posten wird allgemein der Vorgang bezeichnet, wenn man eine beliebige Mitteilung innerhalb einer festgelegten Gruppe, zum Beispiel in einem Unternehmen oder unter Freunden, im sogenannten Intranet für sämtliche Mitglieder offen lesbar macht.

Mittlerweile werden auch Beiträge in Webforen oder Blogs unter diesem Begriff eingeordnet. Die bekannteste und momentan sicherlich am weitesten verbreitete Verwendung dieses Begriffs findet im weltweiten sozialen Netzwerk Facebook statt. Ein Mitglied „postet“ sozusagen eine Nachricht oder auch ein Bild und macht dies für all seine Freunde in Facebook sichtbar und zugänglich.

Im Prinzip kann man den Vorgang so verstehen, dass eine E-Mail geschrieben wird oder eben auch Bilder oder Weblinks veröffentlicht werden, die mehreren Benutzern, in der Regel den eigenen Freunden bzw. Menschen, die man kennt, gleichzeitig zugänglich sind. Posting ist mit den berühmten schwarzen Brettern vergleichbar. Jemand verfasst eine Nachricht, und jeder kann diese Nachricht lesen und darauf antworten.

PostScript

PostScript ist eine sogenannte Seitenbeschreibungssprache für Drucker, die allerdings hauptsächlich im professionellen Layoutbereich für sämtliche Druckerzeugnisse verwendet wird.

In Bezug auf Ihr E-Mail-Konto existieren zwei Server, die sich um die Verwaltung Ihrer E-Mails kümmern: der Posteingangs- und der Postausgangsserver.

Powerline

Powerline ist eine andere Bezeichnung für HomePlug (siehe Seite 89) und beschreibt eine Technik, mit der Sie das im Haus vorhandene Stromnetz als allgemeines Übertragungsmedium für Ihr lokales Netzwerk nutzen können. Für Powerline sind spezielle Adapter nötig, die in die Steckdose gesteckt werden. Auf diese Weise können Sie ganz einfach eine Verbindung herstellen.

Mit Powerline-Adaptern können Sie ein Heimnetzwerk aufbauen.

PowerPoint

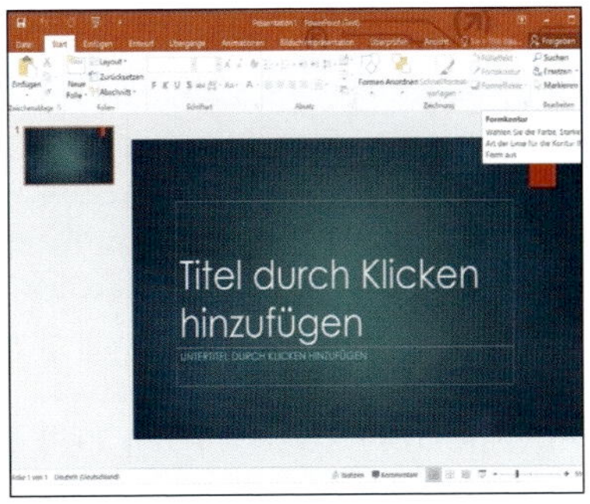

Mit PowerPoint können Sie individuelle Präsentationen erstellen.

Mit dem Programm PowerPoint von Microsoft können Sie Präsentationen erstellen und diese anschließend auf Ihrem Computer oder an einer Leinwand mittels eines Beamers vor Publikum abspielen. Die Dateien in PowerPoint tragen die Dateiendung „.ppt“ oder „pptx“ und können auch von anderen Präsentationsprogrammen wie OpenOffice.org (siehe Seite 152) oder LibreOffice (siehe Seite 118) verarbeitet werden. PowerPoint 2016 ist die aktuelle Version

Wenn ein Textdokument einmal gedruckt ist, können keine Änderungen mehr vorgenommen werden. Daher empfiehlt sich, immer eine Preview zu erstellen.

und Teil des Pakets Office 2016. Da dieses Paket nicht zusammen mit Windows ausgeliefert wird, müssen Sie es extra kaufen.

Preset

Unter Preset versteht man eine gespeicherte Voreinstellung für einen Vorgang, Ablauf oder ein System. In der Regel können Sie Presets individuell verändern, diese aber jederzeit auch wieder in den Ursprungszustand zurücksetzen (Englisch: Reset). Das Wort Preset setzt sich zusammen aus pre („vor-") und set (Englisch für „Zusammenstellung").

Preview

Mit einer Preview, zu Deutsch „Vorschau", können Sie Objekte jeder Art, egal ob Bilder, Texte oder anderes, vor Veröffentlichung oder vor dem Drucken noch einmal auf ihre Richtigkeit prüfen. Somit bleibt die Möglichkeit erhalten, Inhalte oder Eigenschaften an diesem Obkjekt zu ändern, die in der Preview als negativ oder falsch aufgefallen sind. Im Computerbereich wird der Begriff Preview am häufigsten im Druckprozess verwendet.

Möchten Sie eine Seite auf Ihrem Drucker ausdrucken, können Sie in der Druckvorschau (print preview) die Seite vor dem endgültigen Ausdruck noch einmal betrachten. So sehen Sie bereits im Vorfeld, wie die gedruckte Seite aussehen wird. In der Druckvorschau haben Sie die Möglichkeit, das Dokument zu optimieren, beispielsweise was Seitenränder oder Farben angeht.

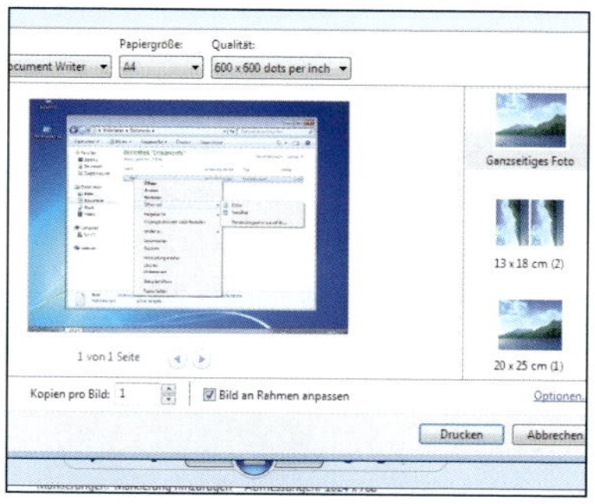

In der Preview können Sie das Dokument vor dem Drucken nochmal einsehen.

Printer

Der Ausdruck Printer ist die englische Bezeichnung für einen Drucker. Nähere wichtige Informationen hierzu finden Sie unter „Drucker" und den damit verbundenen Begriffen.

Printserver

Mithilfe eines sogenannten Printservers können Sie auf einfache Art und Weise in Ihrem Netzwerk drucken. Dabei handelt es sich um ein kleines Kästchen, das direkt am Drucker eingesteckt und so mit dem Netzwerk verbunden wird. Ein Printserver hat den Vorteil, dass der Drucker zu jeder Zeit verwendet werden kann, ohne dass ein bestimmter PC eingeschaltet ist. Solche Printserver gibt es für Drucker mit USB- oder Parallelschnittstelle (siehe Seiten 158, 245). Da der Printserver eine eigene IP-Adresse im Netzwerk hat, kann er von jedem beliebigen Computer aus dem eigenen Netzwerk verwendet werden. Wenn Sie Ihren Drucker anfangs einmal auf dem Printserver eingerichtet haben, können Sie ihn zukünftig ohne Probleme sofort von jedem Rechner einsetzen.

Printserver für einen Parallelport und einen USB-Anschluss.

Privater Modus

Wenn Sie im Internet surfen und verschiedene Seiten besuchen, wird dies in sogenannten Verlaufslisten gespeichert. Dies ermöglicht jedem, der Zugriff auf den Computer hat, freien Einblick auf alle Seiten, die Sie zuletzt besucht haben. Möchten Sie nicht, dass ein anderer Benutzer des Computers oder ein Webseitenbetreiber im Internet sieht, welche Webseiten Sie besucht haben, können Sie für sämtliche Seiten den privaten Modus nutzen. In diesem Modus speichert der Browser keine temporären Da-

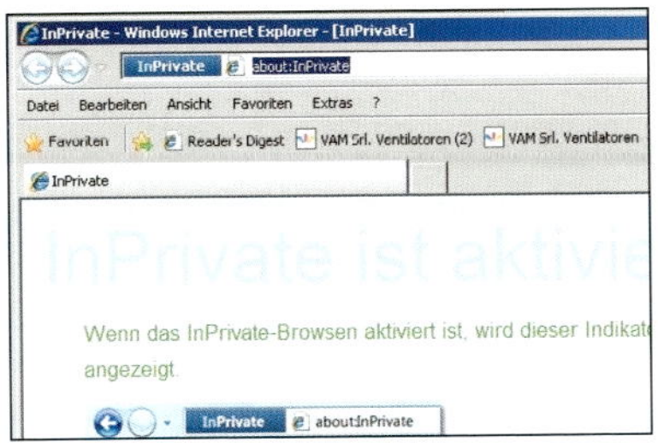

Der Internet Explorer legt im privaten Modus keine Chronik des Surfverhaltens an.

teien oder Cookies (siehe Seite 40). Die Seiten, die Sie besucht haben, werden auch nicht in der Verlaufsliste abgespeichert und sind somit nicht für Dritte sichtbar.

PRAXIS-TIPP

Mit der Tastenkombination [Strg]+[Umschalt]+[P] können Sie im Internet Explorer den Privaten Modus starten. Wenn Sie dann auf „Weitere Webseiten" gehen, erscheint auch hier automatisch ein Link zum Öffnen eines neuen Fensters für das InPrivate-Browsen. In Firefox drücken Sie die gleiche Tastenkombination oder wählen im Menü „Privaten Modus starten". In Google Chrome lautet die Tastenkombination [Strg]+[Umschalt]+[N].

Product Key

Wenn Sie eine Windows-Lizenz erwerben, erhalten Sie automatisch den Product Key mit dazu. Hierbei handelt es sich um eine Seriennummer direkt von Windows. Jeder Product Key ist weltweit einmalig und gibt an, um welche Windows-Version es sich handelt. Da die installierten Dateien grundsätzlich alle gleich sind, erkennt das System anhand des Product Keys, welche Funktionen freigeschaltet werden sollen. Sie sollten den Windows Product Key auf keinen Fall an andere Personen weitergeben. Denn jede Windows-Lizenz darf nur auf einem Computer installiert sein. Achten Sie auf die korrekte Eingabe, denn nach mehreren fehlerhaften Versuchen wird der Product Key automatisch gesperrt.

PRAXIS-TIPP

Windows 8 können Sie zwar installieren, ohne dass Sie den dazu gehörigen Product Key eingeben. Wenn Sie sie aber nach der Installation das Programm neu aktivieren möchten, ist dieser nötig. Das System gibt Ihnen nun die Möglichkeit, den gültigen Product Key einzugeben. Windows 10 lässt sich nur installieren, wenn auf dem PC eine gültige Windiws 7- oder 8-Version inklusive gültiger Aktivierung installiert ist.

Profil

Wenn Sie Ihre persönlichen Daten im Internet angeben und veröffentlichen, spricht man von einem Profil. So muss man zum Beispiel in jedem sozialen Netzwerk, wie Facebook, zunächst ein Profil anlegen, um aufgenommen zu werden. Dabei kann jeder Nutzer selbst entscheiden, welche persönlichen Daten er veröffentlichen möchte. Die meisten Nutzer geben neben ihrem Namen noch persönliche Interessen an und laden ein Profilfoto hoch. Als Schutz empfiehlt es sich, sehr persönliche Daten, wie die eigene Adresse, Geburtsdatum und private Fotos, nur Freunden zur Verfügung zu stellen und nicht im öffentlichen Profil anzuzeigen.

Programm

Technisch gesehen ist ein Programm (oder „Software") eine Folge von Anweisungen, die der Computer nacheinander abarbeitet. Umgangssprachlich versteht man aber unter einem Programm eine Anwendung auf dem PC, beispielsweise MS Word, Acrobat Reader, ein Spiel usw. In der Regel müssen Sie diese Anwendung vorab von einer CD installieren oder aus dem Internet herunterladen. Im Startmenü können Sie unter dem Menüpunkt „Alle Programme" alle auf dem Computer installierten Programme einsehen.

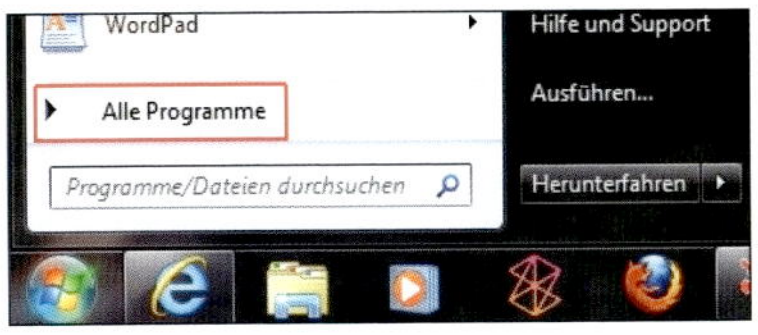

Der Menüpunkt „Alle Programme" im Startmenü.

Programmiersprache

Um Programme zu schreiben, benötigen die Softwarehersteller eine sogenannte Programmiersprache. Diese formale Sprache ist an das menschliche Sprachverständnis angelehnt und wird von eigenen Übersetzungsprogrammen in einen Code übersetzt, den der Computer versteht und schließlich abarbeiten kann. Wichtige Programmiersprachen sind C und seine Nachfolger C++ und C# sowie Java. Im Internet werden PHP und verschiedene Skriptsprachen verwendet.

Programminstallation

Wenn Sie ein neues Programm installieren möchten, erhalten Sie dies in einer bereits ausführbaren Installationsdatei mit der Dateiendung „.exe". Mit einem Doppelklick können Sie die Installationsdatei starten. Anschließend müssen Sie nur noch dem Installationsassistenten folgen, der Sie Schritt für Schritt durch die Installation führt. Oft können Sie hier zwischen einer Standardinstallation und einer be-

Die Installation, hier bei Mozilla Firefox, ist abgeschlossen.

nutzerdefinierten Installation auswählen.

Wenn Sie sich für eine Standardinstallation entscheiden, wird das komplette Programm auf Ihrem Computer installiert. Daher ist dieser Menüpunkt in der Regel zu empfehlen. Die benutzerdefinierte Installation ist im Gegensatz dazu eher für erfahrene Benutzer geeignet, die während der Installation spezielle Funktionen, wie zum Beispiel das Anklicken von diversen Zusatzfunktionen oder Einstellungen für die Internetverbindung, vornehmen möchten. Bei der benutzerdefinierten Installation können Sie unter anderem auch selbst auswählen, wo das neue Programm abgespeichert werden soll. Bei beiden Arten der Installation lässt sich ein Desktop-Symbol für den schnellen Zugriff per Doppelklick einrichten. Sie können das Programm weiterhin über das Startmenü starten. Im letzten Fenster schließen Sie mit der Schaltfläche „Fertig stellen“ die Installation ab. Wenn der Computer Sie jetzt nicht auffordert, den PC neu zu starten, können Sie gleich mit dem Programm arbeiten.

Neben den EXE-Dateien gibt es noch das MSI-Format. MSI steht für **M**icro**s**oft **I**nstaller, ein System, das von Microsoft entwickelt wurde. Auch MSI-Dateien können per Doppelklick installiert werden. Ähnlich wie bei EXE-Dateien erscheint ein Assistent, der die Installation Schritt für Schritt durchführt.

PRAXIS-TIPP

Wenn Sie ein neues Programm installieren möchten, dieser Vorgang aber Folgen für die Windows-Konfiguration hätte, erscheint im Vorfeld automatisch eine Meldung der Benutzerkontensteuerung, (siehe Seite 24). Hier können Sie selbst entscheiden, ob Sie dennoch fortfahren möchten. Sie haben aber auch jederzeit die Möglichkeit, Ihr „altes“ System wieder herzustellen. Siehe auch unter „Systemwiederherstellung“.

Programmsymbol

Jedes Programm hat sein eigenes Symbol, mit dem es im Startmenü oder auf dem Desktop sofort zu erkennen ist – gleichgültig ob Word oder Excel, Bildbearbeitungsprogramme wie Paint oder der Papierkorb. Besonders hilfreich sind die Programmsymbole in der Taskleiste, da hier im Gegensatz zum Startmenü keine Namen der Programme stehen.

Projektionsmodus

Wenn Sie Ihre Bilder einem größeren Publikum zeigen möchten oder einen Vortrag halten müssen, ist es sinnvoller, Ihre Präsentation auf einem größeren Bildschirm darzustellen. Hierfür können Sie an Ihr Notebook einen großen Monitor oder einen Beamer anschließen. So kann jeder im Raum Ihre Präsentation mühelos verfolgen und Bilder entfalten auf größeren Flächen eine bessere Wirkung. Viele Notebooks besitzen dazu von Haus aus bereits einen zweiten Monitoranschluss. Dabei kann auf dem zweiten Monitor oder Beamer das gleiche Bild zu sehen sein wie auf dem Notebook-Bildschirm, oder man erweitert den Windows-Desktop auf beide Bildschirme. Dann können einzelne Fenster auf den Beamer geschoben werden, sodass die Zuschauer sie sehen. Andere Fenster, z. B. mit persönlichen Notizen, bleiben auf dem Notebook-Bildschirm und damit für das Publikum unsichtbar. Mit der Tastenkombination [Win]+[P] erscheint ein Fenster auf dem Bildschirm mit vier Symbolen für die verschiedenen Konfigurationen von Computermonitor und Projektor, Beamer oder zweitem Monitor. Hier können Sie entweder mit der Maus oder den Pfeiltasten die gewünschte Konfiguration individuell auswählen.

Protokoll

Der Begriff Protokoll kommt in der Computersprache in zwei Bedeutungen vor:

- Mit dem Protokoll, auch „Log“ genannt, werden all Ihre Zugriffe auf Internetseiten, Aktivitäten oder Fehlermeldungen am Computer genauestens festgehalten.

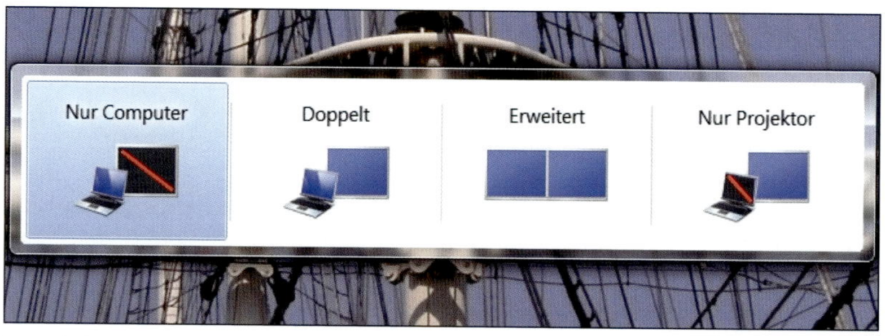

Umschaltung zwischen verschiedenen Konfigurationen für den externen Monitoranschluss, zum Beispiel um einen zweiten Monitor an Ihren PC anzuschließen.

Diese Protokolle helfen Fehler zu analysieren und dadurch Systeme zu optimieren. Ein wichtiges derartiges Protokoll ist die Ereignisanzeige (siehe Seite 62) in Windows.

- Ein Datenübertragungsprotokoll legt fest, wie Daten im Internet oder über einen anderen Verbindungsweg übertragen werden. Das wichtigste Protokoll im Internet ist TCP/IP.

Provider

Siehe IP-Adresse.

Prozessor

Der Prozessor ist im Grunde das wichtigste Element eines Computers, denn er ist für die eigentliche Rechenleistung des PCs verantwortlich. Dabei besteht dieser aus Registern (prozessorienierte Speicher), dem Rechenwerk (verantwortlich für die grundlegenden Funktionen eines PCs), dem Steuerwerk (zur Kontrolle sämtlicher Ausführungen) und dem Speichermanager, der den Arbeitsspeicher Ihres PCs verwaltet. Zu seinen Aufgaben gehören das Lesen und Schreiben sämtlicher Daten, das Ausführen diverser Programme und die Steuerung aller angeschlossenen Geräte. In der Regel kommen Computer heutzutage nicht mehr mit einem Prozessor aus, sondern besitzen mehrere. Dennoch gibt es nach wie vor einen zentralen Hauptprozessor, der alle anderen steuert. Dieser Zentralprozessor ist auf einem Mikrochip integriert, wodurch er auch häufig unter dem Begriff „Mikroprozessor“ zu finden ist.

Die Entwicklung des Prozessors geht bis ins Jahr 1930 zurück. Damals bestand das Rechenwerk eines Computers noch aus Relais und mechanischen Bauelementen. Da diese Technik allerdings sehr langsam und äußerst anfällig für Probleme war, ist man in den 1950er Jahren immer mehr auf die sogenannten Röhrencomputer umgestiegen. Da die Röhrenfertigung sehr teuer war, musste man schließlich versuchen, die benötigten Röhren auf ein Mindestmaß zu reduzieren. So begann man nach und nach damit, Hauptspeicher und Register einzuführen. In den 60er Jahren wurden die Röhren dann endgültig von sogenannten Transistoren verdrängt, die in den folgenden Jahren durch viele Funktionseinheiten, wie zum Beispiel Rechenwerke und Registerbänke, gefüllt wurden. Diese zunehmende Integration von immer mehr Transistorfunktionen hat uns zu dem gebracht, was heute als Mikroprozessor auf dem Markt ist. Alle Prozessoren aktueller Computer basieren auf der bewährten Intel-80x86-Technologie. Hierbei handelt es sich um einen 16-Bit-Mikroprozessor, der 1978 auf den Markt gekommen ist. Seine Besonderheit ist die Speichersegmentierung, mit der es möglich war, trotz eines 64 kB Speichers, Daten mit einer Größe bis zu 1MB zu adressieren.

Die Prozessoren stellen das eigentliche Herzstück eines Computers dar. Rechts sehen Sie den Kernprozessor, links daneben ist der integrierte Cachespeicher sichtbar.

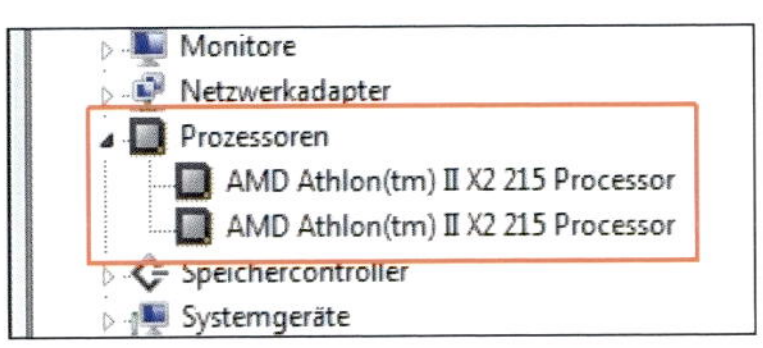

Anzeige der Prozessoren im Windows-Geräte-Manager.

Prozessoren sind am Mainboard (siehe Seite 123) aufgesteckt, bei Notebooks ist der Prozessor meistens fest mit dem Mainboard verbunden, sodass er im Gegensatz zu PCs nicht ausgetauscht werden kann. Da die meisten Mainboards nicht zwangsläufig mit einem bestimmten Prozessortyp ausgestattet sein müssen, finden Sie im Gerätemanager (siehe Seite 79) Ihres PCs nähere Details zu

Das Smartphone ist eine tolle Erfindung, um mit Freunden und der Familie in engem Kontakt zu bleiben. Mit Pushmail können Sie nahezu in Echtzeit kommunizieren.

dem Prozessor, der bei Ihnen verwendet wird. Es existieren auch noch sogenannte Dual-Core-Prozessoren. Nähere Informationen hierzu finden Sie unter dem Begriff „Dual-Core“ auf der Seite 55.

PS/2

Wenn heute von der umgangssprachlichen Abkürzung „PS2“ gesprochen wird, ist meistens die Playstation 2 gemeint. Hierbei handelt es sich um eine Spielekonsole aus dem Hause Sony, die bereits im Jahr 2000 in Europa eingeführt wurde.

Woher viele Nutzer den Begriff PS/2 allerdings auch noch kennen, sind die runden, mehrpoligen Stecker für Tastatur und Maus. Doch da diese in den letzten Jahren immer mehr von USB verdrängt wurden, sind sie immer seltener auf dem Markt zu finden. Der PS/2-Anschluss ist durch einen asymmetrischen Plastikpin verpolungssicher, d.h. der Stecker kann nicht falsch herum in die entsprechende Buchse gesteckt werden. Nach der in neueren PCs verwendeten ATX-Farbcodierung (siehe Seite 18) sind PS/2-Mausanschlüsse immer grün. Dadurch sind sie gut von den ähnlichen Tastaturanschlüsse zu unterscheiden, welche violett sind. Zur besseren Orientierung sind die Stecker aber zusätzlich noch mit Symbolen gekennzeichnet. IBM hat im Jahr 1987 mit ihrer IBM-PS/2-Serie versucht, die PC-Technik zu revolutionieren. Als das nicht sofort den gewünschten Erfolg gebracht hat, sind auch andere Hersteller, vor allem aus den fernöstlichen Ländern, auf diesen Zug aufgesprungen und haben die klassische PC-Technik weiter voran getrieben.

Pull-down-Menü

Sie können Benutzeroberflächen von Programmen in der Regel über eine Menge an Befehlen beliebig steuern. Diese sind in den sogenannten Menüs zusammengefasst, meist thematisch nach gewissen Kriterien übersichtlich sortiert. Wenn Sie ein solches Menü auf Ihrem Bildschirm ausklappen, spricht man von einem sogenannten Pull-down- oder zu Deutsch Aufklapp-Menü. Dabei können Sie mit einem rechten Mausklick auf eine Schaltfläche in einer bereits geöffneten Menüleiste oder Symbolleiste ein Untermenü anzeigen. Dieses Untermenü bietet dann wiederum weitere Funktionen an, die Sie ausführen können. Oft werden die Punkte der Menüs in weitere Untermenüs verschachtelt (Baumstruktur), die dann aus einem Pull-down-Menü weitere Pull-downs ausklappen lassen.

Pushmail

Pushmail bezeichnet ein Verfahren, um eingehende E-Mails nahezu in Echtzeit auf Ihr Handy zuzustellen, vergleichbar mit einer SMS, die direkt auf das Handy geschickt wird. Pushmail wurde von BlackBerry erfunden, ist aber auf den meisten Smartphones auch mit anderen Betriebssystemen möglich. Wenn Sie kein Pushmail verwenden, müssen Sie über das Handy in regelmäßigen Abständen den Posteingangsserver abfragen, um zu sehen, ob neue E-Mails vorliegen. Das kostet vergleichsweise viel Strom und verursacht mehr Datenvolumen.

Quad-Core

Als Quad-Core bezeichnet man in der Computersprache einen Mehrkernprozessor mit insgesamt vier vollständigen Hauptprozessoren. Nähere Informationen siehe auch unter dem Begriff „Dual-Core-Prozessor“ und „Prozessor“ (Seiten 55, 173).

Quellcode

Der sogenannte Quellcode ist der Text eines Computerprogramms, der zur Ausführung des jeweiligen Programms notwendig ist. Er beschreibt dieses so genau, dass der Computer die Anforderungen versteht und ohne weitere Schritte von Ihnen oder externen Quellen ausführen kann.

Querformat

Grundsätzlich gibt es zwei verschiedene Formate eines Dokuments, einer Seite, eines Bildes etc. Dokumente werden üblicherweise im Hochformat ausgedruckt, Bildschirme zeigen aber immer ein Querformat. Fotos werden gewöhnlich im Querformat gedruckt. In Textverarbeitungsprogrammen können Sie bei der Seitenformatierung zwischen Hoch- und Querformat beliebig auswählen.

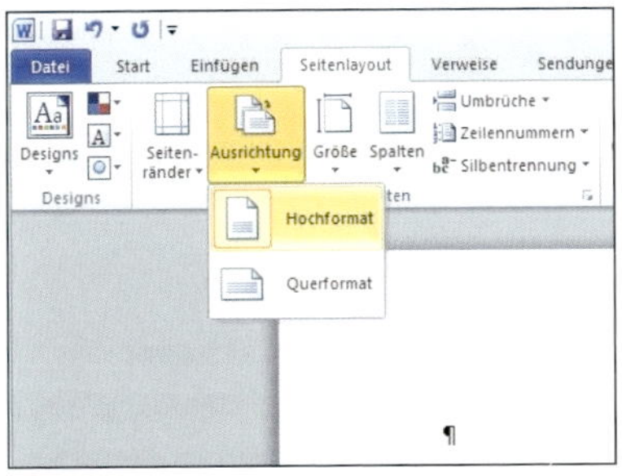

In Microsoft Word haben Sie die Wahl zwischen Hoch- und Querformat.

PRAXIS-TIPP

Wenn Sie Ihre Fotos meistens auf dem Computer ansehen oder diese in Onlinefotoalben im Internet veröffentlichen, sollten Sie darauf achten, möglichst im Querformat zu fotografieren. Hochformatbilder erscheinen auf dem Bildschirm um einiges kleiner und haben links und rechts eine freie Fläche, die im Grunde verschenkt wird.

QuickTime

QuickTime wurde von Apple für die beiden Betriebssysteme Mac OS und Windows entwickelt und beschreibt eine bestimmte Multimedia-Struktur. Verschiedene Anwendungen von QuickTime sind unter anderem der QuickTime Player, der QuickTime Broadcaster oder der QuickTime Streaming Server. QuickTime besteht also nicht, wie oft vermutet, nur aus dem QuickTime Player. Dieser fungiert aber als technische Grundlage für zahlreiche weitere Applikationen.

Qwertz

Als QWERTZ-Tastatur wird die weitverbreitete, bei uns eingesetzte Computertastatur bezeichnet. Der Name ist leicht zu erklären, denn er kommt von den ersten sechs Tasten in der oberen Tastaturreihe, beginnend ganz links: Q, W, E, R, T und Z. Der Grund für diese Belegung liegt allerdings weit zurück und ist in der Konstruktion alter Schreibmaschinen begründet. Aber daneben existieren noch andere Tastaturbelegungen, beispielsweise die QWERTY-Tastatur. Diese geht auf die Anordnung der Buchstaben auf der Tastatur in Amerika zurück. Beide Belegungen unterscheiden sich in folgenden Punkten:

- Die Positionen von „Z“ und „Y“ sind vertauscht.

Die QWERTZ-Tastatur wird hauptsächlich in Mittel- und Osteuropa verwendet.

- Gleich rechts neben den Buchstabentasten befinden sich bei der QWERTZ-Tastatur die Umlaute „Ä“, „Ö“ und „Ü“, die sehr häufig gebraucht werden.
- Die Position von einigen Satz- und Sonderzeichen wurde im Vergleich zu QWERTY-Tastatur verändert.
- Die Form der Eingabetaste ist anders. Sie ist sechseckig und mit der darüberliegenden Taste verbunden.

Die Hebelmechanik bei den ersten Schreibmaschinen ist für die Verteilung der Buchstaben verantwortlich. Die PC-Tastatur übernahm aus Gewohnheit diese Belegung.

R

Radiergummi

Der Radiergummi ist ein Werkzeug zur Bearbeitung von Digitalfotos. Damit lassen sich störende Elemente aus dem Bild „radieren", beispielsweise welke Blätter an einem Baum entfernen, um ihn in vollem grün erstrahlen zu lassen. Das Radiergummi-Werkzeug finden Sie in allen Grafikprogrammen und auch in Paint, dem Windows eigenen Grafiktool. Es funktioniert wie ein Malstift, der mit der jeweiligen Hintergrundfarbe des Bildes die störenden Elemente „übermalt“.

Der Radierer im Windows-Zubehör-Programm Paint.

RAM

RAM ist die Abkürzung für **R**andom **A**ccess **M**emory und bedeutet übersetzt so viel wie „Speicher mit direktem Zugriff“. In der Anfangszeit der Computer hatten die Geräte einen RAM von 256 KByte – heutzutage kaum noch vorstellbar, denn mindestens 1GByte RAM ist bei den meisten PCs mittlerweile Standard. In Folge immer komplexerer Programme und Rechenprozesse ist die RAM-Größe um einiges wichtiger als die früher vorrangig beworbene Leistung des Prozessors. Denn diese wirkt sich fast nur noch bei schnellen Computerspielen (z.B. Rennspielen) aus, bei denen der Computer aufwendige Berechnungen durchführen muss. Generell gilt: Je größer der RAM, desto besser die Geschwindigkeit in einer Anwendung. Allerdings gibt es auch hier Grenzen nach oben, denn sowohl 32-Bit-Prozessoren, als auch sämtliche Betriebssysteme, können theoretisch nur 4 GByte RAM verarbeiten, in der Praxis sogar eher noch weniger.

Das Surfen im Internet birgt auch eine ganze Reihe an Risiken - seien es Viren, Trojaner oder Ransomware. Immer geht es um Ihre Daten.

Ransomware

Der Begriff Ransomware, zu Deutsch „Erpressersoftware“, ist eine sehr gefährliche Art von Malware (siehe Seite 124) und sehr weit verbreitet. Der Name Ransomware ist abgeleitet vom englischen Wort „ransom“ (Lösegeld). Mit Hilfe solcher Software versuchen Trickbetrüger, Ihren Computer zu „entführen“. Dazu verschlüsselt der Angreifer Daten auf einem fremden Computer, sodass der eigentliche Inhaber darauf keinen Zugriff mehr hat. Anschließend fordert er für die Entschlüsselung der Daten ein Lösegeld. Für einen Computerbesitzer ist das ein überaus gemeiner Trick, denn er ist kaum in der Lage, seine Daten eigenhändig wiederherzustellen.

Eine aktuelle Form von Ransomware ist der sogenannte Bundespolizei-Trojaner (Trojaner, siehe Seite 237). Dieser zeigt einen Hinweis an, auf Ihrem Computer illegale Daten gefunden zu haben, für die Sie eine

SICHERHEITS-TIPP

Viele Hersteller von Sicherheitssoftware wie beispielsweise Symantec, Avira, Kaspersky oder Emisoft bieten auf ihren Webseiten Informationen zu aktuellen Internetbedrohungen an. Deshalb empfiehlt es sich, hin und wieder auf diese Webseiten zu sehen.

Geldstrafe online zahlen sollen. Danach würden alle Daten wieder freigeschaltet. Bei solchen oder ähnlichen Meldungen sollten Sie deshalb hellhörig werden, denn nichts davon ist wahr. Seien Sie grundsätzlich skeptisch und vorsichtig und antworten Sie in keinem Fall auf so eine Nachricht. Nutzen Sie einen aktuellen Virenscanner, um Ransomware von Ihrem Computer zu entfernen.

Raubkopie

Eine Raubkopie ist eine illegal kopierte Software, für die es keine rechtlich gültige Lizenz gibt. Die meisten Softwareprodukte, darunter auch Windows, dürfen mit einer Lizenz nur auf einem Computer installiert werden. Um das Problem der Raubkopien in den Griff zu bekommen, setzt Microsoft seit einiger Zeit die Windows-Gültigkeitsprüfung (siehe Seite 85) ein.

Read Error

Read Error bedeutet auf Deutsch übersetzt „Lesefehler“. Dabei handelt es sich um Fehler, die beim Lesen von Daten von einem Speichermedium wie der Festplatte und der anschließenden Übertragung der Daten in den Arbeitsspeicher des Computers auftreten können. Die Ursachen für diese Art der Fehler sind sehr unterschiedlich. Zum Beispiel kann es sich um einen Defekt in der Oberfläche des Speichermediums handeln oder es kann ein Störsignal dafür verantwortlich sein.

Read it Later

Beim Surfen im Internet kommt es oft vor, dass man etwas findet, das man später gerne in Ruhe lesen möchte. Die wenigsten Nutzer legen hierfür im Browser extra ein Lesezeichen (siehe Seite 117) an. Meistens bleiben diese Webseiten auf den Registerkarten im Browser einfach offen, und das Browserfenster wird in die Taskleiste minimiert. Doch das kostet nicht nur Speicherleistung, sondern verringert auch die Übersicht auf dem Bildschirm. So passiert es beispielsweise sehr oft, dass eine Webseite, die man eigentlich später noch lesen wollte, irgendwann aus Versehen geschlossen wird bzw. verloren geht.

Der Onlinedienst Read it Later, auch Pocket genannt, hilft in diesem Fall weiter. Denn hier können Sie Webseiten mit nur einem Klick speichern, um sie später zu lesen. Anschließend können diese Seiten einfach aus der Liste gelöscht werden. Um den Dienst nutzen zu können, müssen Sie das Add-on (siehe Seite 11) von Pocket in Ihrem Browser installieren. Gehen Sie dazu auf die Pocket-Webseite und klicken bei „Chrome Extension“ auf „Install“. Das Add-on wird nun automatisch im Browser installiert. Danach legen Sie ein Benutzerkonto an und klicken dazu auf „Create an account“. Tragen Sie Ihre Daten ein und bestätigen Sie diese mit „Create Account“.

Sie finden nun am Ende der Adresszeile im Browser ein Pocket-Symbol. Um eine gerade besuchte Webseite zum späteren Lesen zu markieren, klicken Sie einfach darauf. Bei Bedarf finden Sie dann über den Toolbar-Button ganz

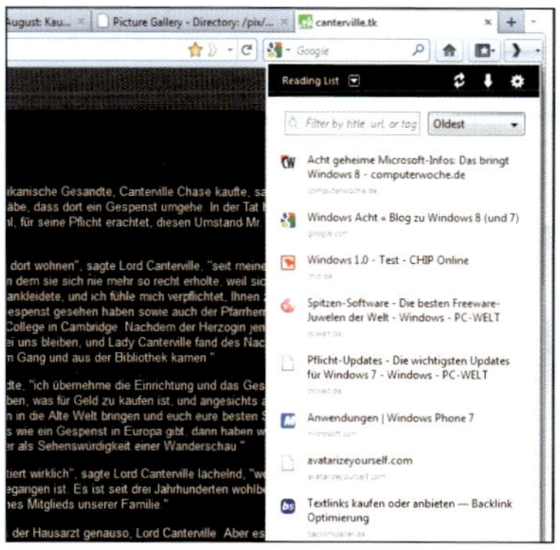

Read It Later ist das persönliche Notizbuch für Internetadressen.

rechts oben eine Liste aller auf diese Weise markierten Internetadressen. Hier können Sie zu jeder der Seiten springen und diese ebenso einfach wieder aus der Liste herausnehmen, nachdem Sie sie gelesen haben. Da die Internetadressen nicht lokal auf dem PC, sondern online gespeichert werden, können Sie sie auch auf einem anderen PC nutzen, auf dem die Pocket-Erweiterung mit dem gleichen Benutzerkonto angemeldet ist. Klicken Sie mit der rechten Maustaste in das Browserfenster an einer Stelle, an der kein Link und keine Grafik auf der Webseite ist, dann öffnet sich ein Kontextmenü. Hier gibt es jetzt einen Menüpunkt „Click to Save Mode“. In diesem Modus wird jede angeklickte Internetadresse automatisch in die Liste aufgenommen, und zwar so lange, bis Sie diesen Modus wieder ausschalten.

PRAXIS-TIPP

Nicht alle Browser unterstützen die Read-It-Later-Erweiterung, wie zum Beispiel der Internet Explorer oder Google Chrome. Für diese gibt es sogenannte Bookmarklets für die Favoritenleiste, intelligente Lesezeichen, die die wichtigsten Funktionen von Read It Later abbilden.

- Read It Later/Pocket: http://getpocket.com

Readme.txt

Wenn Sie Programme aus dem Internet herunterladen möchten, gibt es dabei in der Regel einige wichtige Hinweise, die Sie beachten sollten. Daher sind heutzutage viele Programmhersteller dazu übergegangen, neben dem ausführlichen

Mithilfe einer Recovery-CD können Sie Ihr Windows jederzeit wieder auf den Stand setzen, wie es beim Kauf war. Dabei werden allerdings alle Daten, die seitdem erstellt wurden, automatisch gelöscht, außer Sie verwenden verschiedene Partitionen.

Handbuch, welches meist im PDF-Format vorliegt, noch eine kleine Textdatei mitzuliefern. Diese Dateien werden als Readme.txt bezeichnet, auf Deutsch „Lies-mich-Text“. Die kleinen zusätzlichen Textdateien enthalten die wichtigsten Informationen zur Installation des heruntergeladenen Programms auf einen Blick und geben Ihnen obendrein einen kurzen Überblick über die neuen Programmfunktionen, die noch nicht im ausführlichen Handbuch aufgenommen wurden.

Rechtschreibprüfung

Die meisten Textverarbeitungsprogramme, wie zum Beispiel Word, bieten eine automatische Rechtschreibprüfung an. Mit dieser lassen sich falsch geschriebene oder grammatikalisch fehlerhafte Wörter anzeigen. Bereits beim Schreiben eines Textes werden alle Wörter automatisch geprüft und bei Unklarheiten mit einer roten Wellenlinie gekennzeichnet. Wenn Sie mit der rechten Maustaste auf ein solches Wort klicken, werden Ihnen vom Programm Verbesserungsvorschläge angezeigt, von denen Sie das passende Wort direkt auswählen können. Sollte ein Wort dennoch richtig geschrieben sein, obwohl vom Programm ein Hinweis auf Unrichtigkeit erscheint, können Sie diesen ignorieren oder das Wort in das Wörterbuch der Textverarbeitung aufnehmen, damit es ab sofort vom Programm erkannt werden kann.

PRAXIS-TIPP

Sie sollten jeden Text vor dem Veröffentlichen oder Drucken nochmals gegenlesen. Denn die automatische Rechtschreibprüfung ist nicht zu 100 Prozent fehlerfrei, gerade was den Satzbau und die Grammatik anbetrifft. Der automatische Algorithmus der Rechtschreibprüfung bezeichnet nur die Wörter als richtig, die im Wörterbuch auch vorkommen. Alle anderen werden außer Acht gelassen.

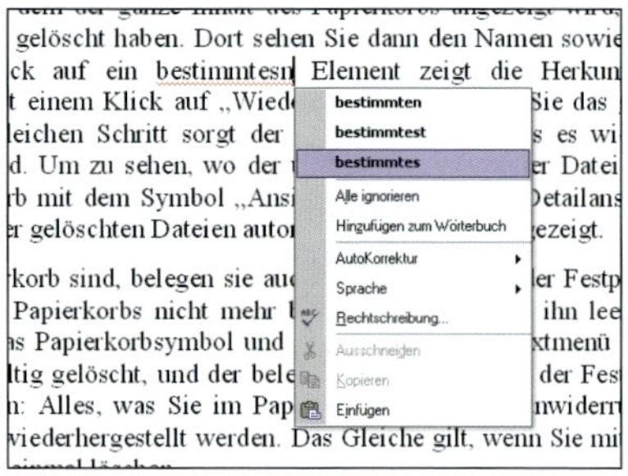

Die Rechtschreibkorrektur hilft Ihnen dabei, Schreibfehler zu erkennen.

Rechtsklick

Siehe Klicken.

Recovery-CD

Eine Recovery-CD beinhaltet ein Betriebssystem inklusive aller Programme und Einstellungen zum Zeitpunkt der Erstellung. Man spricht dabei auch von einem Image. Diese CDs werden von manchen Herstellern mitgeliefert. Ein Image können Sie aber auch selbst erstellen, wenn Sie über die passende Software verfügen. Weitere Informationen hierzu finden Sie auch unter dem Begriff „Image“. Mit einer Recovery-CD können Sie Ihr Windows wieder auf den Stand setzen, wie es beim Kauf des Computers war. Dabei werden aber alle erstellten Daten seit dem Kaufdatum gelöscht, wie zum Beispiel Ihre Dokumente, Bilder etc. Diese sollten Sie also bei Bedarf vor diesem Vorgang auf eine externe Datenquelle speichern.

Registerkarte

Wenn Sie im Internet surfen und von einer Webseite auf die nächste wechseln, kommt es häufig vor, dass mehrere Browserfenster gleichzeitig geöffnet sind. Dabei geht die Übersicht auf dem Bildschirm sehr schnell verloren, besonders wenn Sie daneben auch noch andere Programme, wie Word oder Excel, geöffnet haben. Browser wie der Internet Explorer, Firefox und Google Chrome können deshalb mehrere Webseiten auf verschiedenen Registerkarten (auch Tabs genannt) innerhalb eines Fensters darstellen. Diese Funktion wird auch als Tabbed Browsing (siehe Seite 222) bezeichnet. Um einen Link in einer neuen Registerkarte zu öffnen, drücken Sie kurz auf das Mausrad oder die mittlere Maustaste. Das funktioniert unabhängig davon, ob der Link die neue Seite standardmäßig im selben oder in einem neuen Browserfenster öffnen würde. Auf diese Weise stehen Ihnen also immer alle Seiten übersichtlich in einem einzigen Browserfenster zur Verfügung. Mit der Tastenkombination [Strg]+[T] können Sie eine weitere leere Registerkarte öffnen, um dort eine neue Webseite anzuzeigen. Neben der letzten Registerkarte erscheint rechts eine weitere kleine ohne Namen. Wenn Sie darauf klicken und eine Internetadresse eingeben, wird eine neue Registerkarte erstellt. Diese bietet ein weiteres hilfreiches Feature: Hier finden Sie Schaltflächen zum Schnellaufruf Ihrer beliebtesten, in letzter Zeit am häufigsten besuchten Webseiten und Links für hilfreiche Aktionen, zum Beispiel um zuletzt geschlossene Registerkarten wiederherzustellen.

PRAXIS-TIPP

Sollte Ihre Maus nur zwei Tasten haben, können Sie auch die [Strg]-Taste gedrückt halten und dann mit der linken Maustaste klicken, dies erfüllt dieselben Funktionen wie die dritte Maustaste.

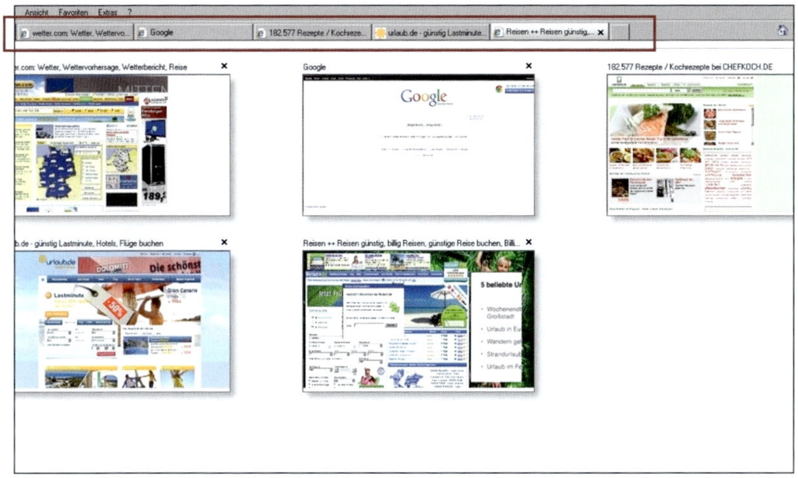

Wenn Sie während des Surfens im Internet mehrere Seiten gleichzeitig geöffnet haben, helfen die sogenannten Registerkarten zur besseren Übersicht.

Registrieren

Bei manchen Programmen, die Sie käuflich erwerben, müssen Sie sich zunächst registrieren, bevor Sie sie nutzen können. In der Regel ist dafür zumindest Ihr Name und eine E-Mail-Adresse notwendig, die dem Hersteller der Software als Legitimation dient, dass Sie der rechtmäßige Nutzer sind. Auch Windows bietet die Möglichkeit der Registrierung, die derzeit noch nicht Pflicht ist. Die Registrierung ist allerdings etwas anderes als die Aktivierung von Windows.

Registrierungs-Editor

Der Registrierungs-Editor ist ein kleines Programm, das zum Anzeigen und Ändern von Einstellungen in der Systemregistrierung genutzt wird. Diese enthalten alle Informationen über den Betrieb des Computers. Sobald der Nutzer Änderungen am Computer vornimmt, wie beispielsweise ein Programm deinstalliert oder neue Hardware installiert, aktualisiert Windows diese Systeminformationen. Standardmäßig liefert Windows den Registrierungs-Editor „Regedit“ mit. Mit diesem können erfahrene Nutzer unmittelbar Einträge in der Registrierungsdatenbank bearbeiten, löschen und hinzufügen. Zum Schutz vor unsachgemäßer Anwendung taucht der Registrierungs-Editor in keinem Standardmenü von Windows auf. Sie können ihn nur über „Start“ und „Ausführen“ oder mit der Tastenkombination [Win]+[R] aufrufen. Zur Ausführung des Registrierungs-Editors be-

Heutzutage ist der Computer ein ständiger Begleiter. Es ist sogar möglich, über die Remotedesktopverbindung von einem anderen PC auf eigene Daten zuzugreifen.

nötigen Sie allerdings Administratorrechte. Bestätigen Sie deshalb die Abfrage der Windows-Benutzerkontensteuerung.

Registry

Die „Systemsteuerung" bietet Zugriff auf die wichtigsten Funktionen des Computers. Auch verschiedene Konfigurationen interner oder externer Hardware können hier vorgenommen werden. Es gibt allerdings auch einige versteckte Funktionen, die nur manuell in der sogenannten Registry, zu Deutsch: Registrierungsdatenbank, verändert werden können. Dabei handelt es sich um eine von Windows angelegte zentrale Datenbank, die die wichtigsten Systeminformationen zur verwendeten Hardware auf dem Computer, den installierten Programmen sowie zu sämtlichen Benutzereinstellungen zusammenfasst. Mit wenigen Klicks können Sie zum Beispiel überflüssige Dinge der Windows-Benutzeroberfläche abschalten und so das Betriebssystem deutlich schneller machen. Außerdem lassen sich zusätzliche Funktionen in Menüs einbauen, die Sie bei der täglichen Arbeit am PC unterstützen. Die Arbeit mit der Registry ist aber nur erfahrenen Benutzern zu empfehlen.

SICHERHEITS-TIPP

Änderungen in der Registrierungsdatenbank können Windows in einen instabilen oder nicht mehr lauffähigen Zustand versetzen. Überlegen Sie sich daher vorab genau, was Sie ändern möchten, denn dies lässt sich in manchen Fällen nicht rückgängig machen.

Remotedesktopverbindung

Mit einer Remotedesktopverbindung kann man sich von einem anderen Standort aus auf einem fremden Computer anmelden, um Einstellungen und Änderungen am System vorzunehmen oder Daten zu bearbeiten. Diese Funktion ist auch sehr hilfreich, wenn man zum Beispiel Probleme mit dem Computer hat. So kann sich ein Dritter von einem anderen Standort auf den eigenen PC „einloggen" und versuchen, aus der Ferne

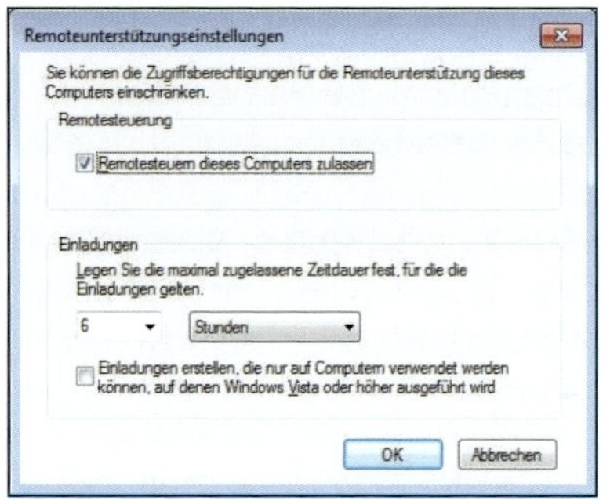

Über die Remotedesktopverbindung haben Sie von überall Zugriff auf Ihre Daten.

das Problem zu beheben. Damit das funktioniert, muss der Computer diese Remotedesktopverbindungen auch zulassen. Um dies zu überprüfen, klicken Sie in der „Systemsteuerung" unter „System und Sicherheit/System" auf „Remoteeinstellungen". Auf der Registerkarte „Remote" muss der „Remotedesktop" eingeschaltet sein. Jetzt können Sie sich von einem anderen Computer über „Zubehör" und „Remotedesktopverbindung" anmelden und arbeiten. Tragen Sie in den Anmeldeeinstellungen den

SICHERHEITS-TIPP

Wenn Sie die Remotedesktopverbindung auf Ihrem Computer aktivieren, sollten Sie ein Auge darauf haben, wer sich von der Ferne auf Ihren PC einloggt. Denn sonst öffnen Sie dem Missbrauch ja selber die Tür und gehen damit ein hohes Risiko ein.

Computernamen und Benutzernamen ein. Klicken Sie dazu unten auf „Optionen“, um im Anmeldedialog das Feld für den Benutzernamen einzublenden. Sollten Sie sich von diesem Computer häufiger in Ihre Daten einloggen, können Sie unter „Optionen“ auch festlegen, dass die Anmeldeinformationen gespeichert werden. Denn somit müssen Sie diese nicht jedes Mal wieder neu eingeben. Da die Windows Remotedesktopverbindung für den Laien etwas umständlich zu konfigurieren ist, gibt es die kostenlose Software TeamViewer (siehe Seite 229), die um einiges komfortabler zu handhaben ist.

Ressourcenmonitor

Der integrierte Ressourcenmonitor von Windows 7, 8 und 10 bietet Ihnen eine genaue Anzeige über die aktuelle Auslastung der gesamten Systemressourcen. Sie finden ihn im Windows-Startmenü unter „Zubehör/Systemprogramme“. Mit dem Ressourcenmonitor sehen Sie auf einen Blick, welche Anwendungen den Prozessor wie stark oder weniger stark auslasten, wieviel Speicher sie dabei benötigen und auf welche Dateien auf der Festplatte gerade zugegriffen wird. Alle Informationen werden schriftlich und grafisch dargestellt.

Reset

Bei einem Reset wird der Computer in einen definierten Anfangszustand zurückgesetzt und das Betriebssystem neu gestartet. Dieser Vorgang ist beispielsweise erforderlich, wenn das System nicht mehr einwandfrei funktioniert bzw. es abgestürzt ist (siehe auch Begriff Absturz auf der Seite 10). Ein Reset von Windows kann durchgeführt werden, indem die Resettaste am Computer gedrückt wird. Um ein Programm zurückzusetzen, drücken Sie die Tastenkombination [Strg]+[Alt]+ [Entf].

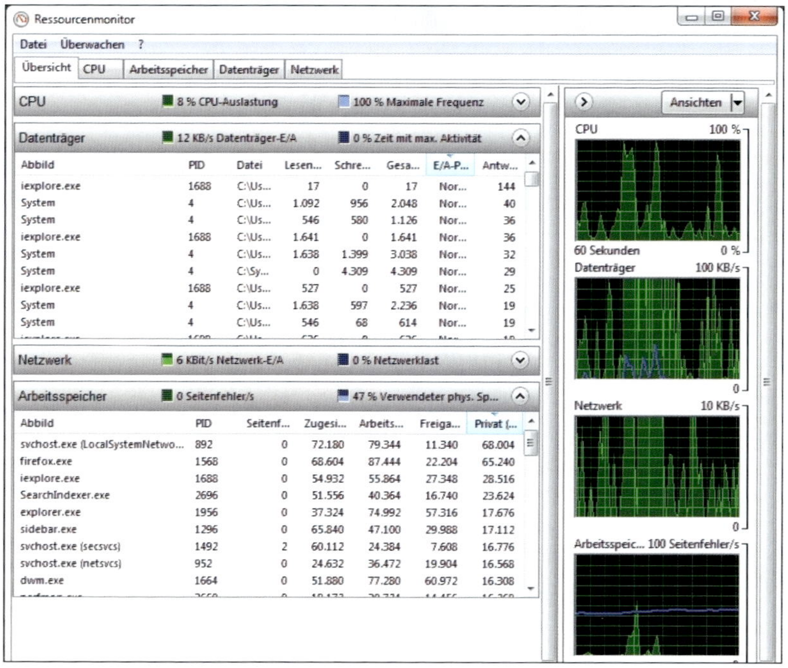

Der Ressourcenmonitor in Windows zeigt Ihnen auf einen Blick, wie sehr Ihr Computer ausgelastet ist und wie viel Speicher derzeit benötigt wird.

Return-Taste

Die Funktion der Return-Taste ist gleichzusetzen mit der der Enter-Taste.

Die [Return-Taste] wird auch Eingabetaste genannt. Sie besitzt die gleiche Bedeutung wie die [Enter-Taste]. Auf der Tastatur ist die [Return-Taste] die größte Taste und mit einem nach links unten zeigenden Pfeil gekennzeichnet. Die [Enter-Taste] wiederum liegt ganz rechts außen im Ziffernblock und ist mit dem Wort „Enter“ beschriftet. In Textverarbeitungsprogrammen können Sie mit der [Return-Taste] eine neue Zeile oder einen neuen Absatz beginnen. Dazu springt der Cursor an den Anfang der darauffolgenden Zeile. Zudem dient die [Return-Taste] in Dialogfeldern oft auch zur Bestätigung einer Eingabe.

RJ45-Stecker

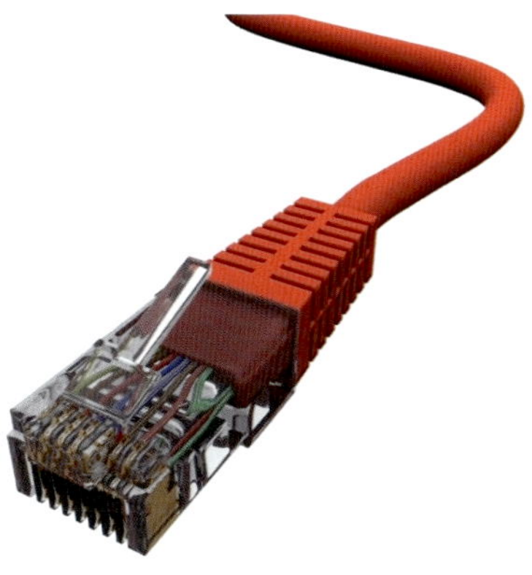

Die sogenannten RJ45-Stecker dienen als Verbindung an Netzwerkkabeln.

Netzwerkkabel besitzen an beiden Seiten sogenannte RJ45-Stecker. Dabei handelt es sich um genormte Steckverbindungen, die in der Regel aus transparentem Kunststoff bestehen und mit bis zu acht Kontakten ausgerüstet sind. Der RJ45-Stecker besitzt außerdem eine Federklemme, die die Aufgabe hat, den Stecker in der Netzwerkbuchse des Computers oder Routers festzuhalten. Auch ISDN verwendet die gleichen RJ45-Stecker, sodass sie bei beiden Systemen gleichermaßen eingesetzt werden können.

Röhrenmonitor

Die klassischen Röhrenmonitore, wie sie noch vor einigen Jahren verwendet wurden, sind heute nicht mehr im Einsatz. Bei dieser Bauweise wurde das Bild über eine Kathodenstrahlröhre angezeigt, was allerdings erhebliche Nachteile mit sich brachte: Diese Art von Bildschirm war unheimlich schwer und unhandlich, hatte einen vergleichsweise hohen Stromverbrauch und trug durch das Flimmern auch zur Überanstrengung der Augen bei. Auch das sogenannte Einbrennen der Bilder war ein Problem der Röhrenmonitore. Nach und nach wurden die Geräte durch moderne Flachbildschirme ersetzt.

Ein Röhrenmonitor benötigt viel mehr Platz auf dem Schreibtisch, als ein TFT.

[Rollen]-Taste

Die [Rollen]-Taste, englisch Scroll genannt, dient dazu, den Inhalt eines längeren Textes auf einfache Weise durchzublättern. Der Cursor muss dabei nicht von seiner Position wegbewegt werden. Allein der Text auf dem Bildschirm wird dadurch nach unten bewegt. Viele Programme unterstützen allerdings die [Rollen]-Taste nicht mehr, obwohl viele Tastaturen noch spezielle Status-LEDs für diese Taste besitzen.

Die [Rollen]-Taste mit LED-Anzeige liegt ganz oben auf der Tastatur.

PRAXIS-TIPP

Eines der wenigen Programme, die die [Rollen]-Taste heute noch nutzen, ist Microsoft Excel. Hier können Sie, solange diese Taste eingeschaltet ist, mit den Pfeiltasten durch die Tabelle blättern, ohne dass der Tabellencursor bewegt wird. Das aktive Feld bleibt also das gleiche.

Zum Scrollen dient dann die Bildlaufleiste am rechten Fensterrand.

ROM

ROM ist die Abkürzung für **R**ead **O**nly **M**emory, was auf Deutsch so viel heißt wie „Speicher, der nur gelesen werden kann, nicht beschrieben". Im Gegensatz dazu gibt es RAM (siehe Seite 176), den man lesen und beschreiben kann. Im ROM liegt das BIOS (siehe Seite 31), ein kleines Programm, das fest im Computer eingebaut ist und zum Starten des Betriebssystems notwendig ist.

RootKit

Ein Rootkit wird verwendet, um die Präsenz eines schädlichen Objektes vor dem Computer-Nutzer oder Administrator zu verstecken. Man könnte also auch sagen, dass ein Rootkit im Grunde genommen ein Trojanisches Pferd (kurz: Trojaner) ist. Ist das RootKit auf den Computer gelangt, können Angreifer dadurch unbemerkt auf den Rechner zugreifen. Voraussetzung hierbei ist eine Verbindung ins Internet. Sicherheitssoftware kann auch RootKits erkennen und unschädlich machen.

Fast jeder hat schon mal die Erfahrung gemacht: Rote Augen verunstalten die schönsten Fotos. Die Windows Live Fotogalerie bietet eine Funktion, dies zu retuschieren.

Mithilfe eines Routers können Sie ohne großes Kabelwirrwarr mehrere Computer eines Netzwerkes problemlos mit dem Internet verbinden.

Rote Augen

Das Problem ist sicherlich vielen bekannt: Wenn Sie Bilder mit Blitzlicht aufnehmen, kommt es ab und zu vor, dass die Pupillen der fotografierten Personen rot leuchten. Da dies leider oft schöne Fotos „kaputt" macht, bietet die Windows Live Fotogalerie eine Funktion, diese roten Augen nachträglich zu korrigieren. Klicken Sie dazu im Menü auf den Punkt „Bearbeiten/ Rote-Augen-Effekt" und ziehen Sie schließlich mit gedrückter Maustaste ein rechteckiges Feld rund um das jeweilige rote Auge, welches Sie berichtigen möchten. Wenn Sie dann die Maustaste loslassen, ist das rote Auge korrigiert. Die Änderung am Foto wird anschließend automatisch gespeichert.

PRAXIS-TIPP

Rote-Augen entstehen durch die direkte Reflexion des Blitzlichts an der roten Netzhaut im Inneren des Auges. Gerade Babys haben auf Fotos oft rote Augen, da die Pupillen weit geöffnet und die Netzhaut sehr gut durchblutet sind. Der Rote-Augen-Effekt tritt besonders bei Kompaktkameras mit eingebautem Blitz auf. Verwendet man hingegen externe Blitzlichter, die schräg auf die Person leuchten, lassen sich rote Augen vermeiden. Auch durch die Verwendung eines Vorblitzes können Sie rote Augen reduzieren.

Router

Der Begriff Router stammt von dem englischen Wort „to route" ab und heißt übersetzt „leiten". Ein Router verbindet ein oder mehrere Computer im Netzwerk mit dem Internet. Dazu wird der PC mittels Netzwerkkabel oder kabellos per WLAN mit dem Router verbunden. Er ist sozussagen die Vermittlungsstelle zwischen Netzwerk und Internet. Die Einrichtung eines Routers ist mittlerweile problemlos. Oft genügen einige Klicks und schon ist das Netzwerk aufgebaut. Einen Router erhalten Sie meist kostenlos bei der Beantragung eines DSL-Anschlusses direkt vom Internetanbieter. Noch vor ein paar Jahren lieferten die Telekom und andere Internetprovider nur Modems mit einem DSL-Anschluss kostenlos mit. Heute gibt es meistens wirkliche Router, die auch zur Steuerung eines lokalen Netzwerks mit mehreren PCs genutzt werden können. DSL-Router sind eine Kombination aus Router und Switch (siehe Seite 218). WLAN-Router bestehen wiederum aus Router, Switch und WLAN-Modul.

Der WLAN-Router RangeMax von Netgear bringt den PC kabellos ins Internet.

- Router-Hersteller im Internet:

www.avm.de
www.netgear.de
www.linksys.de
www.d-link.de

Router-Firewall

Alle aktuellen DSL-Router haben eine Firewall (siehe Seite 71) installiert, die das eigene Netzwerk vor Angriffen von außen schützt. Dazu kontrolliert sie den gesamten Datenverkehr und prüft anhand festgelegter Regen, welche Daten zugelassen oder blockiert werden. Sie beschränkt sozusagen den gesamten Internetverkehr. Sie können außerdem bestimmte Regeln selbst definieren und festlegen, um den Datenverkehr von oder zu bestimmten Quellen zuzulassen. Eine Router-Firewall (auch Hardware-Firewall genannt) ist dabei immer sicherer als eine sogenannte Software-Firewall, die auf dem Computer installiert ist. Denn Angreifer kommen damit erst gar nicht auf dem PC an. Zudem lassen sich Router nicht so leicht von außen durch Malware (siehe Seite 124) manipulieren.

Heutzutage werden Sie durch das Internet mit aktuellen Nachrichten und Schlagzeilen aller Art überflutet. Das Dateiformat RSS-Feed hilft Ihnen, diese in kompakter Form, schnell und übersichtlich durchzusehen.

Routerkonfiguration

Die Konfiguration eines neuen Routers ist mittlerweile unkompliziert und mit einigen wenigen Mausklicks erledigt. Fast alle modernen Router bieten eine HTML-Oberfläche zur Konfiguration, die die wichtigsten Schritte nacheinander abfragt. Damit ist dieser Vorgang auch für Laien leicht durchzuführen. Sie starten die Konfiguration, indem Sie in einem Browserfenster die IP-Adresse (siehe Seite 98) des angeschlossenen Routers eingeben. Diese finden Sie entweder im Handbuch des Routers, oder auch direkt in Form eines Aufkleber, der sichtbar auf dem Gerät platziert ist. Die meisten Router haben in der Grundeinstellung im lokalen Netzwerk die Adresse 192.168.0.1, 192.168.1.1 oder 192.168.2.1. Bei einigen Routern brauchen Sie heutzutage auch schon gar keine Adressen mehr im Browser einzugeben. Die Konfiguration erfolgt jeweils nach den Angaben des Herstzellers entweder am PC, via Tablet oder Smartphone.

- FRITZ!Box: http://fritz.box
- Telekom-Router: http://speedport.ip
- Netgear-Router:http://routerlogin.net.

Routerpasswort

Wenn Sie einen neuen Router in Gebrauch nehmen, empfiehlt es sich, zuerst das Passwort für den Zugang zu den Routereinstellungen zu ändern. Damit verhindern Sie, dass Dritte ohne Ihr Wissen die Internetverbindungseinstellungen, wie zum Beispiel Ihren Internettarif, abändern, indem sie anstatt Ihrer günstigen Flatrate einen teuren Zeittarif einstellen. Daraus könnten für Sie erhebliche Nachteile entstehen, insbesondere was die Kosten angeht. Nach einem Urteil des Bundesgerichtshofes muss jedes kabellose Netzwerk vor dem Zugriff Unbefugter geschützt werden. Dazu zählt neben einer Verschlüsselung auch, dass das vom Hersteller vorgegebene Standardpasswort des Routers durch ein eigenes ersetzt werden muss. Neue Router verwenden kein Standardpasswort mehr, sondern ein individuelles, für jedes Gerät unterschiedliches. Dieses finden Sie meist auf einem Aufkleber direkt auf dem Router. Bei diesen Geräten müssten Sie das Passwort nicht ändern, es empfiehlt sich zur eigenen Sicherheit aber trotzdem. Damit gehen Sie kein Risiko ein, dass sich Dritte unbefugt an Ihren Daten zu schaffen machen.

RSS-Feed

RSS (**R**eally **S**imple **S**yndication) bedeutet so viel wie „echt einfache Verbreitung“ und ist ein plattformunabhängiges Format, mit dem sich Nachrichten und andere Webinhalte in kompakter Form austauschen lassen. Mit einem RSS-Feed können Sie bestimmte Inhalte einer Webseite abonnieren. Sie müssen also nicht eine Webseite nach Informationen durchsuchen, denn diese kommen automatisch direkt auf Ihren Rechner. Erkennbar ist dieser Service an einem auffälligen, rechteckigen, orangenfarbenen RSS-Logo.

Alle modernen Browser wie Internet Explorer, Firefox, Google Chrome und Opera bieten spezielle Unterstützung für RSS-Newsfeeds an. Hier legt jede Nachricht einen Link an, der wie ein Lesezeichen (siehe Seite 117) behandelt wird. In den E-Mail-Programmen Windows Live Mail und Thunderbird können Sie diese RSS-Feeds dann genau wie Nachrichten lesen.

Um im Internet Explorer 11 RSS-Feeds zu abonnieren, schalten Sie mit einem Rechtsklick auf die Titelleiste des Browserfensters die „Befehlsleiste" ein. Liefert eine besuchte Webseite einen RSS-Newsfeed, erscheint dort neben dem Haussymbol ein orangefarbenes RSS-Symbol. Wenn Sie dann auf dieses Symbol klicken, werden die Überschriften des RSS-Newsfeeds im Browserfenster angezeigt. Wenn Sie eine Nachricht näher interessiert und Sie diese lesen möchten, genügt ein Klick auf eine der Überschriften und das Fenster springt automatisch auf die entsprechende Nachrichtenseite. Firefox bindet RSS-Feeds als sogenannte dynamische Lesezeichen ein. Diese haben den Vorteil, dass sie sich beliebig in eine eigene Ordnung einsortieren lassen, zum Beispiel auf der Lesezeichen-Symbolleiste (siehe Seite 118).

Wenn Sie viel mit Text-Dokumenten arbeiten und Daten zwischen verschiedenen Office-Programmen austauschen, empfiehlt sich das RTF-Format zum Speichern.

- RSS-Verzeichnis:
www.rss-verzeichnis.de
www.rssverzeichnis.org
www.rss-world.de

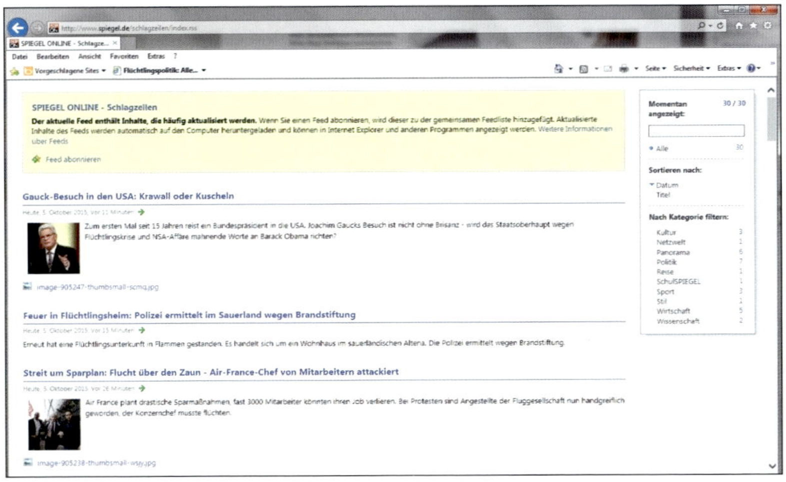

Das Dateiformat RSS-Feed im Internet Explorer sorgt dafür, dass Sie über die aktuellen Geschehnisse aus aller Welt auf dem Laufenden bleiben.

RTF-Format

Die Abkürzung RTF steht für **R**ich **T**ext **F**ormat, ein Dateiformat für sämtliche Textdokumente. Es wurde bereits im Jahr 1987 vom Unternehmen Microsoft eingeführt. Das RTF-Format unterstützt im Gegensatz zu reinen Textdokumenten Formatierungen und kann neben Text auch Grafiken enthalten. RTF-Dokumente können in Textverarbeitungen wie Word oder Writer (aus dem OpenOffice-Paket) geöffnet und bearbeitet werden.

PRAXIS-TIPP

Fast alle Textverarbeitungsprogramme bieten die Möglichkeit an, über „Datei" in der oberen Menüleiste und dann „Speichern unter", ein Dokument im RTF-Format auf Ihrem Computer abzuspeichern.

Rückgängig

Siehe dazu den Eintrag [Strg]+[Z]-Taste (siehe Seite 214).

S

Safe Mode

Siehe Abgesicherter Modus.

Scandisk

Scandisk ist ein von Microsoft entwickeltes Programm unter Windows, um Fehler auf einer Festplatte oder einer Partition (siehe Seite 158) zu entdecken und zu beheben. Ab Windows 7 wurde dieses Programm durch CHKDSK (siehe Seite 37) ersetzt.

Scanner

Ein Scanner ist ein Gerät zum Einlesen gedruckter Vorlagen wie Texte oder Bilder (man sagt auch: digitalisieren). Diese lassen sich dann in einem Bildbearbeitungsprogramm am Computer weiterverarbeiten. Der Begriff Scanner ist abgeleitet aus dem englischen Wort „to scan“, was so viel wie „einlesen“ bedeutet. Ein Scanner funktioniert ähnlich wie eine digitale Kamera, bei der ein Objekt erfasst und daraus eine Bilddatei erzeugt wird. Es gibt zwei verschiedene Bauarten: Auflicht- und Durchlicht-Scanner. Die Auflicht-Technik wird i.d.R. bei den klassischen Flachbettscannern (siehe Seite 72) verwendet. Hier legt man ein Bild oder Dokument auf eine Glasplatte. Es wird von unten beleuchtet und mit einem beweglichen, lichtempfindlichen Element abfotografiert. Die Durchlicht-Technik wiederum wird zum Scannen von Dias oder Filmnegativen verwendet. Hier befindet sich die Lichtquelle auf der einen Seite des zu scannenden Objekts, die Kamera auf der anderen. Das Objekt wird durchleuchtet, dazu muss es natürlich transparent sein. Windows 7, 8 und 10 unterstützen Scanner am USB-Anschluss standardmäßig mit einem eigenen Assistenten. Externe Scannersoftware ist in den meisten Fällen nicht mehr nötig.

Im Handel gibt es außerdem spezielle Barcode-Scanner, die den Strichcode auslesen und decodieren können. Barcode-Scanner arbeiten rein optisch. Mittels eines Lichtstrahls (meist Infrarot), das auf einen Fotosensor reflektiert wird, liest der Scanner die Daten aus und verarbeitet sie weiter. Supermarktkassen beispielsweise besitzen auch einen solchen Scanner, der den Barcode eines Produkts scannt und dann den Preis für ein Produkt im Display anzeigt. Für Smartphones gibt es eine spezielle App, mit der man Strichcodes im Supermarkt einlesen und so Produktinformationen anzeigen kann.

Mit einem Barcode-Scanner lässt sich der Strichcode auf einem Produkt oder einer Verpackung auslesen und weiterverarbeiten.

Schaltfläche

Eine Schaltfläche (englisch Button genannt) ist eine beschriftete Taste oder ein Knopf, der in Dialogfeldern in Windows auftaucht und bei Betätigung eine Aktion auslöst. Die bekannteste Schaltfläche, die in fast jedem Dialogfeld vorkommt, ist „OK“ oder auch „Abbrechen“.

Schieberegler

Schieberegler werden in Windows dazu verwendet, etwas einzustellen, wie beispielsweise die Lautstärke oder Bildschirmhelligkeit. Auch in Grafikprogrammen sind Schieberegler beliebt, mit denen sich ein Bild in puncto Helligkeit, Graustufen, Farbe etc. anpassen lässt. Man muss dabei keinen exakten Zahlenwert eingeben, sondern schiebt den Regler in die gewünschte Richtung. Wenn Sie einen Schieberegler betätigen, können Sie die Änderungen

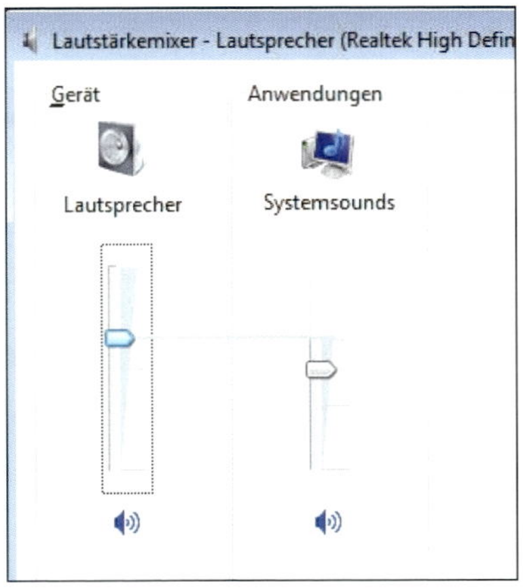

Die Lautstärke lässt sich mittels eines Schiebereglers festlegen.

unmittelbar am Bildschirm mitverfolgen.

Schlagwort

Um Internetseiten schneller aufrufen zu können, lassen sich Lesezeichen (siehe Seite 117) anlegen. Diese Lesezeichen werden standardmäßig mit Seitentitel und Webadresse hinterlegt. Viele Browser bieten außerdem die Möglichkeit, individuelle Schlagwörter zu vergeben, die beim Durchsuchen der Lesezeichenliste hilfreich sind. Denn damit lassen sich Lesezeichen nach verschiedenen Kriterien finden und filtern. Ein Schlagwort kann für mehrere Lesezeichen verwendet werden, und ein Lesezeichen kann mehrere Schlagwörter haben. Im Browser Mozilla Firefox z.B. können Sie gleich beim Anlegen eines Lesezeichens Schlagwörter vergeben. Diese tragen Sie in das vorgegebene Eingabefeld ein, das erscheint, sobald Sie im Menü die Option „Lesezeichen/Lesezeichen hinfügen“ auswählen. Einzelne Schlagwörter sind jeweils durch ein Komma zu trennen. Bereits vorhandene Lesezeichen können nachträglich mit Schlagwörtern versehen werden. Rufen Sie das Menü „Lesezeichen/Lesezeichen verwalten“ auf. In der Liste können Sie die einzelnen Einträge markieren, unten erscheinen dann die drei Felder „Name“, „Adresse” und „Schlagwörter”. Im Stichwortfeld geben Sie nun die gewünschten Wörter ein. Wenn Sie die Lesezeichensammlung durchsuchen möchten, rufen Sie die Lesezeichenbibliothek unter „Lesezeichen“ auf oder drücken die Tastenkombination [Strg]+[B]. Es öffnet sich ein Fenster mit Suchfeld. In dieses geben Sie die gesuchten Begriffe ein und bestätigen mit der [Enter]-Taste.

Schließen

Wenn Sie ein Programm oder ein Fenster schließen, beenden Sie es. Klicken Sie auf das kleine Kreuzsymbol in der rechten oberen Fensterecke. Sie können auch die Tastenkombination [Alt]+[F4] drücken.

Schnellinfo

Um die Informationen einer Webseite weiter zu verwenden, z.B. eine Textpassage per E-Mail zu versenden, musste man bisher immer den Text in die Zwischenablage (siehe Seite 285) kopieren, ein anderes

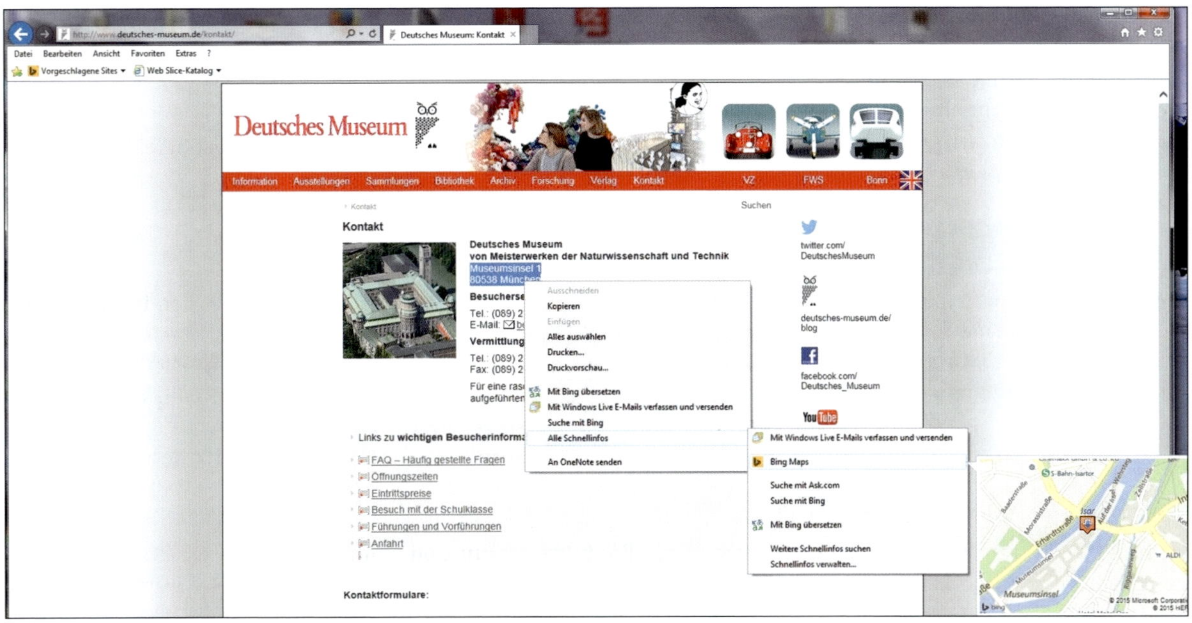

Mit Schnellinfos können Sie sich beispielsweise Adressen in einer Landkarte anzeigen lassen. Zudem können markierte Texte direkt in eine E-Mail übernommen werden.

Programm öffnen, den Text wieder einfügen und anschließend weiterverarbeiten. Einfacher geht das mit den Schnellinfos, die der Internet Explorer ab der Version 8 bietet. Sie markieren den gewünschten Text im Browserfenster, und öffnen mit der rechten Maustaste das Kontextmenü. Bei den Schnellinfos können Sie nun aus verschiedenen Optionen wählen: Es lassen sich nicht nur Begriffe übersetzen, sondern auch Inhalte per E-Mail versenden, eine Suche starten, Wegbeschreibungen abrufen und mehr. Standardmäßig bietet der Internet Explorer bereits einige dieser Schnellinfos. Weitere lassen sich im Handumdrehen hinzufügen. Klicken Sie auf die Schaltfläche „Schnellinfo/Alle Schnellinfos“, und anschließend auf „Weitere Schnellinfos suchen“.

Sie können aber auch die Add-on-Galerie (siehe Seite 11) des Internet Explorers aufrufen. Hier finden Sie Schnellinfos von Bing, eBay, Yahoo!, Wikipedia oder Facebook. Gehen Sie im Internet Explorer auf das Menü „Extras“ und auf „Add-Ons verwalten“. Klicken Sie unter „Add-On-Typen“ auf „Schnellinfos“, um eine Liste Ihrer aktuellen Schnellinfo anzuzeigen.

Mit Schnellregisterkarten lassen sich Webseiten schneller finden – beispielsweise, wenn Sie eine Reise buchen und verschiedene Angebote vergleichen möchten.

Gehen Sie auf „Weitere Schnellinfos suchen“. Auf der Webseite, die sich nun öffnet, sehen Sie eine Galerie der vorhandenen Schnellinfos. Wählen Sie eine Schnellinfo aus, die Sie installieren möchten und klicken Sie anschließend auf „Zum Internet Explorer Hinzufügen“.

- Internet Explorer-Galerie
www.iegallery.com

PRAXIS-TIPP

Sie können die Schnellinfos im Internet Explorer auch verwalten. Klicken Sie im Menü „Extras“ auf „Add-Ons verwalten/Add-On-Typen“ und anschließend auf „Schnellinfos“. Es wird eine Liste aller Schnellinfos angezeigt. Wenn Sie auf eine Schnellinfo klicken, stehen Ihnen diverse Möglichkeiten zur Verfügung. Sie können sie als Standard definieren, löschen oder auch deaktivieren. Klicken Sie zuletzt auf „Schließen“.

Die Add-on-Galerie des Internet Explorers stellt verschiedene Schnellinfos zur Verfügung, die sich im Browser installieren lassen.

Schnellregisterkarten

Wenn Sie mehrere Webseiten gleichzeitig geöffnet haben, wird in den meisten Browsern jede Webseite auf einer eigenen Registerkarte angezeigt. Mithilfe dieser Registerkarten können Sie auf einfache Weise zwischen den geöffneten Webseiten umschalten. Der Internet Explorer bietet obendrein die

Funktion der Schnellregisterkarten und zeigt damit eine Miniaturansicht aller geöffneten Registerkarten an. Damit können Sie Webseiten leichter finden. Sobald Sie auf eine Schnellregisterkarte klicken, wird die Webseite angezeigt. Sie öffnen die Schnellregisterkarten, indem Sie im Browser links neben den Registerkarten auf das kleine Symbol mit den vier Vierecken klicken. Sie können alternativ auch die Tastenkombination [Strg]+[Q] drücken.

PRAXIS-TIPP

Sollte die Funktion „Schnellregisterkarten" nicht verfügbar sein, müssen Sie sie im Browser aktivieren. Im Internet Explorer klicken Sie dazu unter „Extras/Internetoptionen" bei „Registerkarten" auf „Einstellungen". Setzen Sie ein Häkchen bei „Schnellregisterkarten aktivieren". Danach müssen Sie einen Neustart des Browsers vornehmen.

Schnellstartleiste

Die Schnellstartleiste (auch Quick Launch genannt) in Windows XP befindet sich auf der Taskleiste und erleichtert das Öffnen von Programmen. Sie können Programmsymbole von häufig verwendeten Programmen auf der Schnellstartleiste beliebig hinzufügen oder entfernen. In Windows 7, 8 (klassische Ansicht) und 10 wird die Schnellstartleiste nicht automatisch angezeigt, da man hier beliebige Programmsymbole einfach direkt in der Taskleiste ablegen kann. Um die Schnellstartleiste zu aktivieren, gehen Sie wie folgt vor: Klicken Sie mit der rechten Maustaste auf einen freien Bereich in der Taskleiste und wählen Sie aus dem Kontextmenü „Symbolleisten/Neue Symbolleiste". Klicken Sie sich im Fenster zum Ordner „C:\Benutzer\[Benutzername]\AppData\Roaming\Microsoft\Internet Explorer\Quick Launch" durch. Die neue Schnellstartleiste taucht nun in der Taskleiste auf. Um das Aussehen der Leiste zu ändern, rufen Sie per Rechtsklick das Kontextmenü der Quick-Launch-Leiste auf und entfernen das Häkchen bei „Text anzeigen" sowie „Titel anzeigen". Um die Schnellstartleiste zu verschieben, müssen Sie außerdem das Häkchen bei „Taskleiste fixieren" entfernen. Wenn Sie die Schnellstartleiste nicht mehr benötigen, klicken Sie sie mit der rechten Maustaste an und wählen aus dem Kontextmenü „Symbolleiste schließen". Um ein Programmsymbol der Schnellstartleiste hinzuzufügen, klicken Sie darauf und ziehen es mit gedrückter linker Maustaste auf die Schnellstartleiste. Um es wieder zu entfernen, klicken Sie mit der rechten Maustaste darauf und wählen aus dem „Kontextmenü" den Befehl „Löschen".

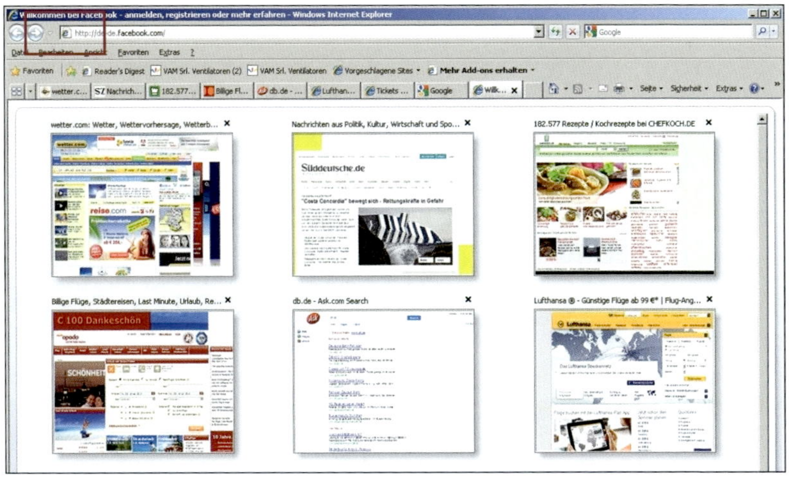

Mit den Schnellregisterkarten im Browser können Sie schnell zwischen geöffneten Webseiten wechseln.

Schnittstelle

Eine Schnittstelle, auch Interface genannt, dient zur Kommunikation zwischen verschiedenen Komponenten. Man unterscheidet mehrere Schnittstellenarten: Eine **Hardwareschnittstelle** (siehe Übersicht auf Seite 286/287) dient zur Verbindung externer Geräte wie Maus, Tastatur oder Monitor an den Computer. **Softwareschnittstellen** bilden den Übergang zwischen unterschiedlichen Programmen und ermöglichen dadurch den Datenaustausch zwischen diesen. Die **Benutzerschnittstelle** ist Verbindung zwischen einem Anwender und der Software bzw. dem Computersystem. Das kann beispielsweise die grafische Benutzeroberfläche von Windows sein.

Eine Vielzahl von Schnittstellen bzw. den Buchsen dafür finden Sie außen am Computer- oder Notebookgehäuse. Einige Anschlüsse benötigen Sie zwangsläufig, damit Sie den Computer bedienen können, bei PCs sind das unter anderem die Maus und Tastatur sowie der Monitor. Bei einem Notebook sind all diese Gerätschaften (Touchpad als Ersatz für die Maus) bereits integriert, sodass Sie sofort loslegen können. Die integrierten Schnittstellen bei einem Notebook sind in der Regel für den Anschluss von zusätzlichen externen Geräten gedacht, die die Arbeit erleichtern oder den Funktionsumfang des mobilen Rechners beim stationären Betrieb erweitern. Welche Anschlüsse PCs und Notebooks in der Regel ausweisen, sehen Sie in der Abbildung. Bei günstigeren Rechnern kann möglicherweise die eine oder andere Schnittstelle fehlen.

Hardwareschnittstellen gibt es am Computer unterschiedliche, je nachdem, welches Gerät angeschlossen werden soll. Für Eingabegeräte wie Maus und Tastatur stellt der PC zwei mögliche Anschlüsse zur Verfügung: den älteren PS/2-Anschluss (siehe Seite 174) oder einen USB-Anschluss (siehe Seite 245). Ein Monitor wiederum wird entweder über den digitalen DVI-Anschluss verbunden, oder via VGA (siehe Seite 252). Ältere Monitore mit VGA-Stecker können auch mittels eines Adapters über DVI angeschlossen werden. Ein weiterer wichtiger Anschluss für einen Rechner ist die Netzwerkbuchse. Über diese integrieren Sie per RJ45-Netzwerkkabel (siehe Seite 140) Ihren Rechner mit einem kabelgebundenen oder kabellosen Netzwerk über eine Netzwerkbuchse am Arbeitsplatz, einem Netzwerkverteiler (Switch, siehe Seite 218) oder einem Router (siehe Seite 183). Über USB-Schnittstellen lassen sich nahezu alle externen Zusatzgeräte wie Drucker, Scanner, USB-Sticks, Digitalkameras oder externe Festplatten anschließen. Seit 2014 ist der neue USB-Standard 3.1 eingeführt, der eine sehr schnelle Datenübertragung bietet. USB-3.1-Anschlüsse sind abwärtskompatibel zu den USB-Standards 2.0 und 1.0. Die USB-3.1-Stecker passen auch in USB-2.0-Buchsen. Allerdings verringert sich hierbei die Übertragungsgeschwindigkeit. Da der PC auch immer mehr für Multimedia-Anwendungen genutzt wird, stellen moderne Rechner weitere Schnittstellen zur Verfügung. Für die Datenübertragung kommen immer öfter Audio- und Video-Schnittstellen zum Einsatz. Aktuelle Rechner bieten schon oft in der Grundausstattung integrierte Kartenleser zum Auslesen von Kamera-Speicherkarten der gängigsten Typen SD, CF, Memory Stick oder xD-Card. Für Audio-Anwendungen stehen in der Regel verschiedene neben- oder übereinander angeordnete Buchsen für 3,5-mm-Stereo-Klinkenstecker zur Verfügung. Die wichtigsten Schnittstellen sind da-

USB-Schnittstellen sind an jedem modernen Computer zu finden. Hierüber lassen sich externe Geräte wie Drucker, Kamera oder USB-Stick anschließen.

Schnittstellen am Notebook

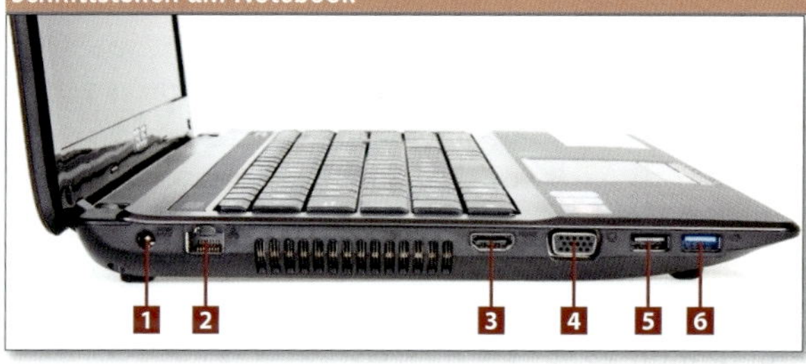

1 Anschluss für Stromnetzteil 2 Buchse für Netzwerkkabel (RJ45) 3 HDMI-Buchse für digitale Übertragung von Audio & Videodaten 4 VGA-Buchse für Monitor oder Beamer 5 USB-2.0/1.0-Buchse 6 USB-3.1/2.0/1.0-Buchse

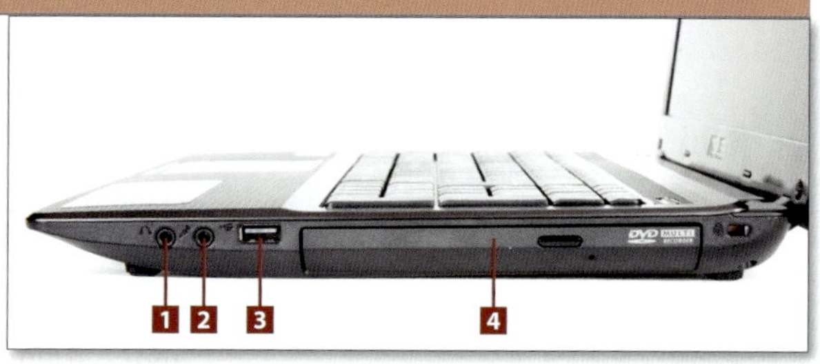

1 3,5-mm-Klinkenbuchse für Kopfhörereingang und 2 3,5-mm-Klinkenbuchse für Mikrofoneingang (z.B. Headset) 3 USB-2.0-Buchse (bei USB-3.1-Geräten mit USB-2.0-Geschwindigkeit) 4 CD/DVD/Blu-ray-Laufwerk

bei der Mikrofoneingang (rosa/pink), der Audio/Line-In-Eingang (blau) sowie die Audio/Line-Out-Buchse (grün).

Da IT- und Unterhaltungselektronik zudem mittlerweile immer stärker zusammenwachsen, ist es unerlässlich, beide Multimedia-Welten miteinander zu verknüpfen. Was schon seit langer Zeit mit den Audioverbindungen klappt, hat sich in jüngster Vergangenheit auch bei der Bild- und Filmübertragung auf höchstem Niveau (HD/3D-Qualität) etabliert. Mit der sogenannten HDMI-Schnittstelle lassen sich nahezu verlustfrei Bildsignale, Videos und Musikdaten vom PC auf kompatible Unterhaltungsgeräte übertragen. Weiterhin bieten beispielsweise aktuelle Fernseher und Musikanlagen sowie Audio/Video-Receiver Netzwerk- und USB-Anschlüsse, die es erlauben, Multimediainhalte direkt vom PC oder externen Speichermedien auf den jeweiligen Unterhaltungsgeräten wiederzugeben.

Schraubenschlüsselsymbol

Der Schraubenschlüssel bietet in Google Chrome und auch in einigen anderen Programmen Zugriff auf die Programm-Einstellungen. Ein Klick darauf öffnet einen Einstellungen-Dialog, in dem Sie Änderungen am Programm vornehmen können.

Schreibschutz

Sie können Dateien mit einem Schreibschutz versehen, um zu verhindern, dass diese verändert oder gelöscht werden. Das betrifft vor allem wichtige persönliche Daten wie Briefe, Rechnungen oder Fotos. Wenn Sie die Dateien mit einem Schreibschutz versehen, werden Sie beim Speichern von Windows 7, 8 und 10 darauf aufmerksam gemacht, dass sich anschließend keine Änderungen an der Datei mehr vornehmen lassen. Ein Verschieben einer schreibgeschützten Datei per Zwischenablage ist dennoch möglich.

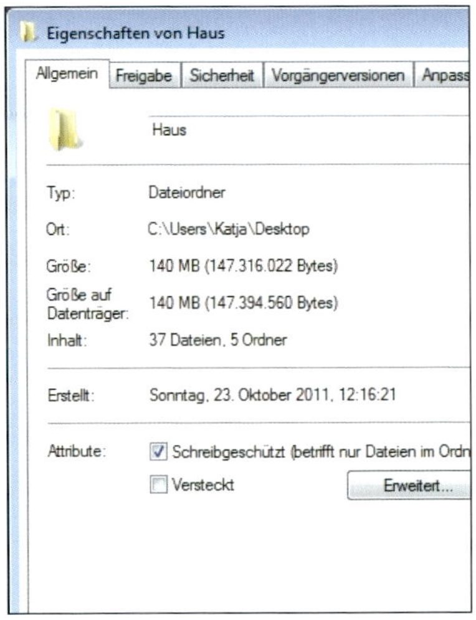

In Windows lässt sich jede Datei mit einem Schreibschutz versehen.

Und so geht es: Öffnen Sie den Windows-Explorer und klicken Sie anschließend mit der rechten Maustaste auf eine gewünschte Datei. Aus dem „Kontextmenü" wählen Sie „Eigenschaften" aus und dann die Registerkarte „Allgemein". Aktivieren Sie die Option „Schreibgeschützt" und bestätigen Sie die Einstellung mit „OK". Die Datei ist nun schreibgeschützt. Wenn Sie später beispielsweise ein Datum eines Briefes verändern wollen, müssen Sie die Datei unter einem neuen Namen sichern. Damit ist gewährleistet, dass die Originaldatei nicht verfälscht wird. Auch der Administrator bzw. Urheber der Datei selbst kann den Schreibschutz nicht wieder aufheben. Deshalb sollten Sie vorher genau überlegen, wie Sie mit diesen Dateien verfahren wollen.

Schnittstellen am PC

1 Optische digitale Audio-Buchse (Glasfaser)
2 Maus- oder Tastatur-Buchse (PS/2)
3 eSATA-Buchse für kompatible Laufwerke
4 Schnittstelle USB 2.0/1.0 (auch USB 3.1)
5 FireWire-Buchse für den schnellen Datenfluss von kompatiblen Geräten
6 Buchsen für Standard-Netzwerkkabel (RJ45)
7 Schnittstelle USB 2.0/1.0 (auch USB 3.1)
8 Schnittstelle USB 3.1 (auch USB 2.0/1.0)
9 DVI-Buchse für TFT-Monitor
10 HDMI-Buchse für die volldigitale Übertragung von Audio- und Videodaten
11 3,5-mm-Buchse für Mikrofon
12 3,5-mm-Buchse für Stereo-Audio-Ausgang oder Frontboxen bei einer 5.1/6.1/7.1-Anlage
13 3,5-mm-Klinkenbuchse für Stereo-Audio-Eingang von externen Wiedergabegeräten
14 Buchse für Seitenboxen bei 6.1/7.1-Anlagen
15 Buchse für den Center-Lautsprecher und/oder die Subwoofer-Box
16 Buchse für die hinteren Boxen (5.1/6.1/7.1)

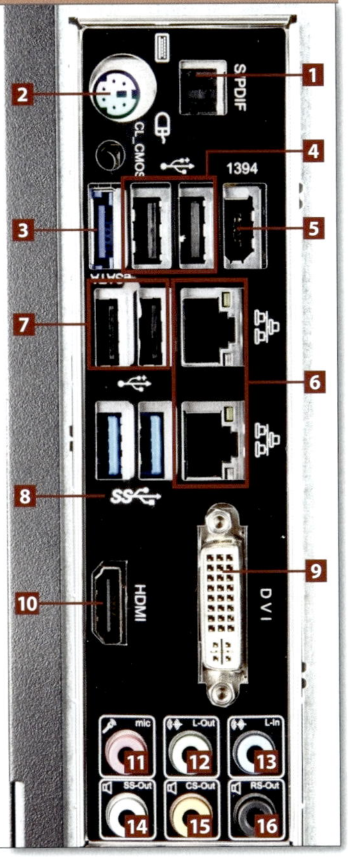

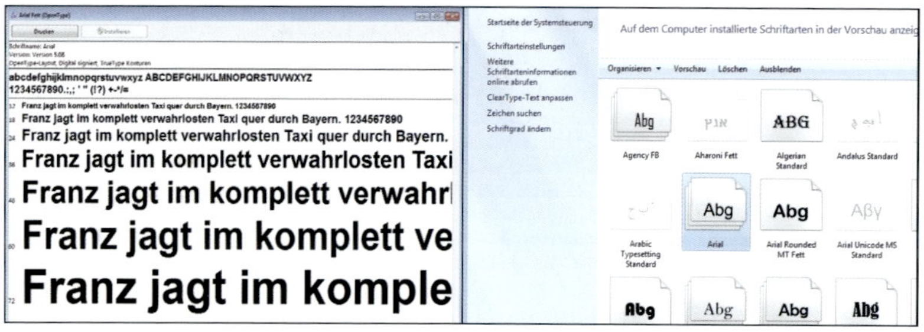

Mit Windows können Sie sich eine Schriftart mit allen Buchstaben des Alphabets anzeigen lassen, um so einen ersten Überblick zu erhalten.

Schriftart

Mit Schriftart bezeichnet man die grafische Gestaltung der Buchstaben (bzw. des Zeichensatzes) in einer bestimmten Weise. Zu den meistgenutzten und bekanntesten Schriftarten im Computerbereich zählen die Schriftarten Times, Helvetica und Arial. Windows liefert von Haus aus eine Vielzahl an Schriftarten mit. Jede besitzt zudem unterschiedliche Schriftschnitte, also ob sie beispielsweise fett oder kursiv ist. Möchten Sie sich einen ersten Eindruck von dem Aussehen und der Wirkung einer Schriftart verschaffen, können Sie diese mit einem kleinen Hilfsprogramm betrachten. Wählen Sie in der „Systemsteuerung“ die Option „Darstellung und Anpassung“ und klicken Sie danach auf „Schriftarten“. In einem Explorer-Fenster werden jetzt alle verfügbaren Schriften mit Namen und Vorschaugrafik angezeigt. Die installierten Schriftarten liegen standardmäßig im Ordner „Windows\Fonts“. Ein Doppelklick auf den Schriftnamen öffnet ein eigenständiges Fenster, in dem alle Zeichen der Schrift angezeigt werden. Einige Schriftarten, wie zum Beispiel Arial, sind sogenannte Schriftartfamilien, also Gruppen ähnlicher Schriften. Hier wird beim Doppelklick ein Fenster mit allen Schriftarten der Familie angezeigt. Erst im nächsten Schritt öffnet sich die Schriftartvorschau.

PRAXIS-TIPP

Textverarbeitungsprogramme wie z. B. Word besitzen in der oberen Symbolleiste eine Auswahlliste, mit der Sie per Mausklick die Schriftart für Ihren Text festlegen können. Auch den Schriftschnitt, also ob fett oder kursiv, können Sie hier einstellen.

Schriftgröße

Die Schriftgröße (auch Schriftgrad genannt) bezeichnet die Größe der Zeichen einer Schrift. Sie wird in typografischen Punkten angegeben: 1 Punkt entspricht dabei 1/72 Zoll, also 0,353 mm. Für normalen, gedruckten Text sollte die Schriftgröße zwischen 9 und 12 Punkten liegen. Textverarbeitungsprogramme wie Word enthalten oben in der Symbolleiste neben der Schriftartauswahl eine weitere Auswahlliste, mit der Sie die Schriftgröße für einen markierten Textabschnitt auswählen können.

Schwarze Liste

Dieser Begriff wird im Zusammenhang mit Spam (siehe Seite 205) verwendet. Die schwarze Liste (engl. Blacklist) ist in Spamfiltern, also Programmen zur Abwehr von Spam, integriert. Sie enthält alle E-Mail-Adressen, die immer blockiert werden sollen, unabhängig vom Inhalt der E-Mails. Auf diesen Listen stehen die typischen bekannten Spamversender. Viele E-Mail-Anbieter und auch Sicherheitssoftware für den Computer nutzen einen Spamfilter, um eingehende Nachrichten zu prüfen. Neben der schwarzen Liste gibt es noch die „Weiße Liste“ (Englisch Whitelist). Sie enthält E-Mail-Adressen, die nie blockiert werden, unabhängig vom Inhalt der E-Mails. Diese E-Mails kommen immer an. In diese Listen kann man beispielsweise seine Freunde eintragen oder auch bestimmte Anbieter aus dem Internet.

Schweizer Tastatur

Das Schweizer Tastaturlayout bietet eine Besonderheit: Hier sind auf den drei Tasten der Umlaute auf der deutschen Tastatur sowohl Umlaute als auch die französischen Zeichen è, é und à enthalten. Mit der [Umschalt]-Taste schaltet man zwischen diesen beiden Zeichen um. Großgeschriebene Umlaute müssen über eine Sondertaste eingegeben werden.

Screensaver

Siehe Bildschirmschoner.

Screenshot

Ein Screenshot wird auch Bildschirmfoto genannt und bezeichnet das Abbild des Bildschirminhalts (oder eines Teils davon). Sie fotografieren sozusagen das, was auf dem Bildschirm gerade zu sehen ist. In Windows 7, 8 und 10 ist das Snipping-Tool (siehe Eintrag auf Seite 203) integriert, mit dem Sie Screenshots erstellen können. Alternativ können Sie auch die Taste [Druck] rechts oben auf der Tastatur drücken. Der Screenshot befindet sich nun in der Zwischenablage (siehe Seite 285) und kann z.B. in ein Grafikprogramm eingefügt und weiterbearbeitet werden. Dazu öffnen Sie einfach das Programm und drücken die Tastenkombination [Strg]+[V].

Script

Ein Script ist eine Aneinanderreihung von (Programmier-)Befehlen, die automatisch abgearbeitet werden. Sie werden in einfachen Textdateien geschrieben und stellen damit die einfachste Form des Programmierens dar. Die bekannteste Scriptsprache ist JavaScript (siehe Seite 101), das auf vielen Webseiten verwendet wird.

Scrollbalken

Scrollbalken ist ein anderes Wort für Bildlaufleiste (siehe Seite 28).

SCSI

SCSI (**S**mall **C**omputer **S**ystem **I**nterface) war früher eine beliebte Anschlussart für Laufwerke aller Art wie Scanner, CD-Brenner oder Festplatten. In der Industrie wird die Schnitttstelle immer noch häufig genutzt, da sie höhere Übertragungsraten als beispielsweise USB bietet.

SD-Karten

Die SD-Karte (**S**ecure **D**igital Memory Card) ist ein digitales Speichermedium für Daten und wurde 2001 vom Hersteller Scandisk entwickelt. Sie wird in mobilen Geräten wie Digitalkameras, Mobiltelefonen, Navigationsgeräten, MP3-Playern oder Camcordern eingesetzt. Die SD-Karte arbeitet nach dem Prinzip der Flash-Speicherung: Die Speicher kommen ohne mechanisch bewegliche Teile aus, besitzen einen geringen Energiebedarf, arbeiten geräuschlos und sind weitgehend resistent gegen Erschütterungen. Die SDHC-Karte ist eine Erweiterung der SD-Karte und bietet eine größere Speicherkapazität. Bei der SDXC-Karte ist der Speicher noch größer. Für kleinere Geräte wurde die miniSD-Karte entwickelt. Sie ist etwa halb so groß wie die SD-Karte. Allerdings wurde die Produktion dieser Karten 2009 weitgehend eingestellt. Neue Geräte wie Smartphones nutzen den Nachfolger, die microSD-Karte. Sie ist noch kleiner als die miniSD und gilt als die kleinste Speicherkarte der Welt. Per passendem Adapter lassen sich sowohl miniSD-, als auch microSD-Karten auf ein normales SD-Format bringen und so in Kartenlesegeräten nutzen. Es gibt außerdem noch eine Sonderform von SD-Karten mit integriertem USB-Anschluss. Diese Karten können direkt mit dem USB-Anschluss des Computers verbunden werden. Der Anschluss an der Karte ist in der Regel mit einer Abdeckung geschützt, die entweder weggeklappt oder abgezogen werden kann.

SD-Karten kommen insbesondere bei Digitalkameras zum Einsatz. Sie bieten Platz für Hunderte von Fotos. Moderne PCs verfügen über einen SD-Speicherkartenleser.

Kartentyp	Kapazität	Abmessungen
SD	bis 4 GByte	32 × 24 × 2,1 mm
SDHC	bis 32 GByte	32 × 24 × 2,1 mm
SDXC	bis 2 TByte	32 × 24 × 2,1 mm
miniSD	bis 16 GByte	20 × 21,5 × 1,4 mm
microSD	bis 64 GByte	11 × 15 × 1 mm

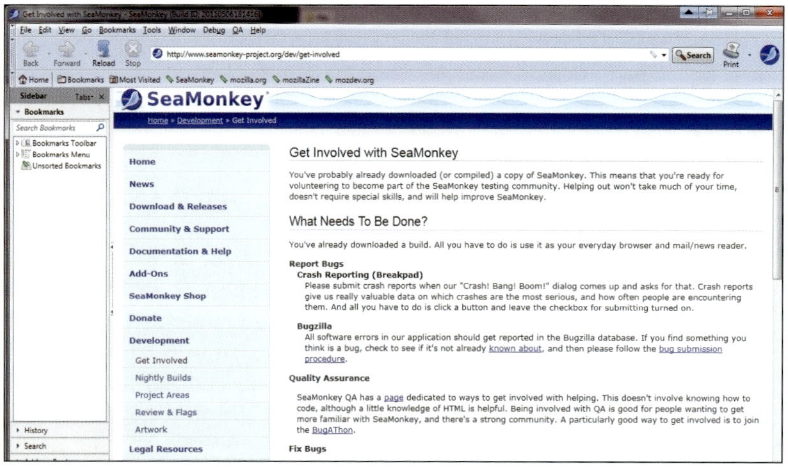

Die Programmsammlung SeaMonkey enthält auch einen Webbrowser, der vom Aussehen und den Funktionen her deutlich an Firefox erinnert.

SeaMonkey

Diese freie, kostenlose Programmsammlung unter einer gemeinsamen Oberfläche besteht u.a. aus Browser, E-Mail-Programm, Chatprogramm und HTML-Editor zur Erstellung von Webseiten. SeaMonkey basiert auf Entwicklungen von Mozilla und richtet sich aufgrund der Komplexität vorrangig an professionelle Nutzer. Früher war das Paket unter dem Namen „Mozilla Suite“ bekannt. Der Browser in SeaMonkey erinnert stark an Mozilla Firefox, das E-Mail-Programm wiederum an Thunderbird (siehe Seite 231).

▪ Download SeaMonkey in Deutsch
www.seamonkey.at

Security Essentials

Microsoft Security Essentials ist eine Software, die den Computer vor Viren, Spyware und anderer Art von Schadsoftware schützt. Die Software arbeitet zuverlässig gegen alle Arten von Schädlingen und lädt auch wichtige Updates automatisch aus dem Internet herunter. Allerdings ist in das Programm keine Firewall integriert. Wer also verhindern will, dass Unbefugte in den Rechner eindringen und Daten ausspionieren, sollte ein zusätzliches Programm wie beispielswese Norton Internet Security des Herstellers Symantec installieren.

Der integrierte Virenscanner der Microsoft Security Essentials schlägt sofort Alarm, wenn Sie eine Datei öffnen, herunterladen oder kopieren möchten, die einen Virus enthält. Wenn Sie im Programm auf „Computer bereinigen“ klicken, wird die infizierte Datei gelöscht. Mit einem Klick auf „Details anzeigen“ erhalten Sie weitere Informationen zum gefundenen Virus. Sollten Sie sich ganz sicher sein, dass es sich bei der Datei nicht um einen Virus handelt, können Sie die Einstellungen auch ändern, die Datei in Quarantäne verschieben oder die Verwendung der Datei zulassen. Security Essentials meldet in diesem Fall die gleiche Datei in Zukunft nicht mehr als gefährlich. Das Computersystem lässt sich mit Security Essentials auch manuell prüfen. Sollte dabei ein Virus gefunden werden, wird der Scannvorgang nicht unterbrochen. Stattdessen werden alle Ergebnisse auf der Registerkarte „Verlauf“ angezeigt. Gefährliche Viren werden automatisch vom Programm entfernt. Gefahrenmeldungen werden immer in Rot gekennzeichnet, Statusmeldungen erscheinen in Grün.

▪ Download Microsoft Security Essentials
www.microsoft.com/security_essentials

PRAXIS-TIPP

Da ständig neue Viren & Co. im Internet auftauchen, muss auch der Virenscanner regelmäßig aktualisiert werden. Oft reicht es, wenn Sie die aktuellen Virendefinitionsdateien, die vom jeweiligen Hersteller kostenlos zur Verfügung gestellt werden, installieren. Diese Virendefinitionen enthalten die typischen Erkennungsmerkmale der neuesten Schadsoftware, damit der Virenscanner diese auch finden kann. Microsoft Security Essentials lädt automatisch vor jeder geplanten Überprüfung aktuelle Virendefinitionen herunter. Die Aktualisierung können Sie auch jederzeit mit der Schaltfläche „Aktualisieren“ vornehmen.

Seitenleiste

Die Seitenleiste wird auch Sidebar genannt. Dabei handelt es sich um die lange, vertikale Leiste, die an einer Seite des Desktops angezeigt wird. In Windows Vista enthält sie Minianwendungen (siehe Seite 131), die Informationen auf einen Blick bereitstellen, wie z.B. das aktuelle Wetter oder das Datum. In Windows 8 und 10 existiert die Seitenleiste in der Form nicht mehr. Für Windows 7 öffnen Sie die Seitenleiste, indem Sie im Startmenü auf „Alle Programme/Zubehör/Windows-Sidebar“ klicken. Sie können die Seitenleiste auch immer sichtbar machen. Dazu müssen Sie sie so einstellen, dass sie nicht von anderen Fenstern verdeckt wird. Sie hat immer eine feste Breite, deshalb eignet

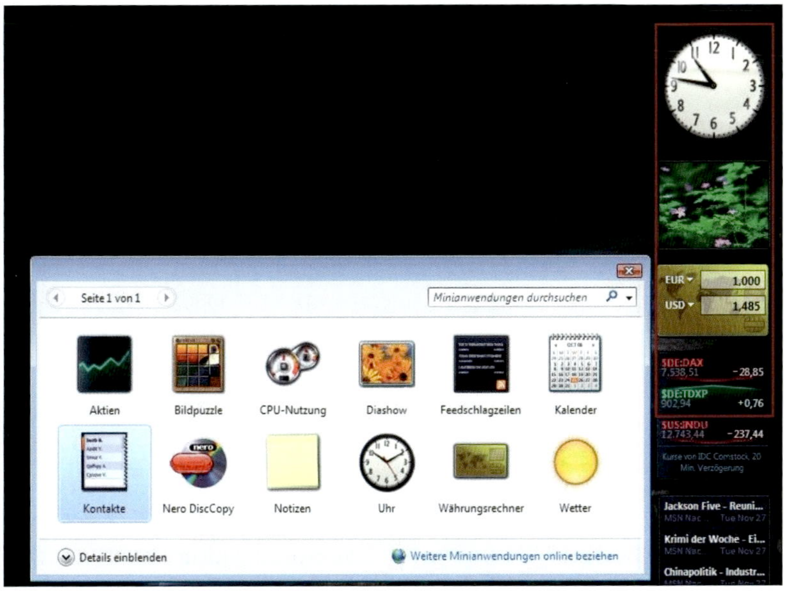

Die Seitenleiste in Windows Vista war eine Spezialität. Sie bot Platz für verschiedene Minianwendungen, um diverse Informationen auf einen Blick bereitzustellen.

sich diese Option vor allem für große Bildschirme und Breitbildmonitore. Öffnen Sie die Windows-Sidebar-Eigenschaften, indem Sie in der „Systemsteuerung“ auf „Darstellung und Anpassung“ klicken und dann auf „Windows-Sidebar-Eigenschaften“. Aktivieren Sie das Kontrollkästchen „Sidebar im Vordergrund anzeigen“, und klicken Sie auf „OK“. Um eine Minianwendung der Seitenleiste hinzuzufügen, klicken Sie auf das Pluszeichen, um die Minianwendungsgalerie zu öffnen. Klicken Sie doppelt auf eine gewünschte Minianwendung, und sie wird der Seitenleiste hinzugefügt. Um eine Minianwendung wieder zu entfernen, klicken Sie mit der rechten Maustaste auf die Minianwendung und dann auf „Minianwendung schließen“.

Seitenverhältnis

Das Seitenverhältnis ist im Zusammenhang mit Digitalbildern wichtig, denn es gibt das Verhältnis von Breite zu Höhe eines Bildes an. Wenn Sie ein Foto im Bildbearbeitungsprogramm vergrößern oder verkleinern, müssen Sie unbedingt das Seitenverhältnis beibehalten, da es sonst verzerrt wird. Auch bei Monitoren spielt das Seitenverhältnis eine Rolle. Während ältere Geräte oft ein Seitenverhältnis von 4:3 hatten, sind neuere Monitore im Verhältnis zur Höhe breiter und haben ein Seitenverhältnis von 16:9, also ein Breitbildformat.

Sempron-Prozessor

Dieser Prozessor des Herstellers AMD wird vorrangig in Computern mit geringeren Leistungsanforderungen eingebaut. Die Sempron-Serie basiert auf der Technik des AMD Athlon-Prozessors und ist der Nachfolger des AMD Duron-Prozessors.

Senden an

Der Befehl „Senden an“ ist ein Menüpunkt im Kontextmenü. Sobald Sie auf eine Datei im Windows-Explorer mit der rechten Maustaste klicken, öffnen Sie das Menü. Mit „Senden an“ können Sie die Datei wahlweise auf ein anderes Laufwerk kopieren, komprimieren (siehe Seite 107), per E-Mail verschicken oder eine Verknüpfung der Datei auf dem Desktop erstellen.

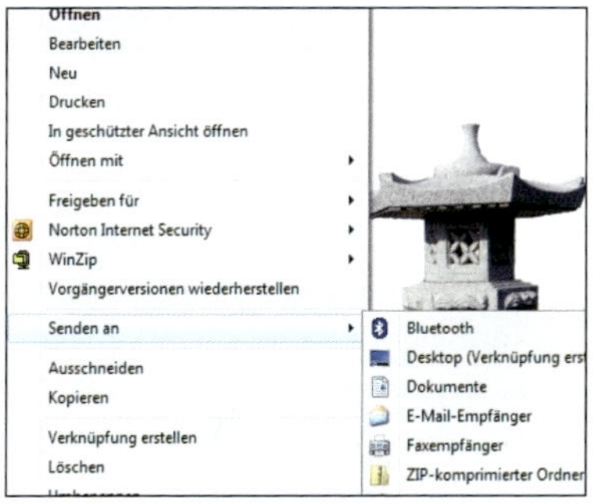

Bilder lassen sich im Windows-Explorer mit dem Befehl „Senden an“ verschicken.

Serielle Schnittstelle

Die serielle Schnittstelle dient dem Datenaustausch zwischen Peripheriegeräten und dem Computer. Früher (vor Einführung der USB-Technik) wurden an die serielle

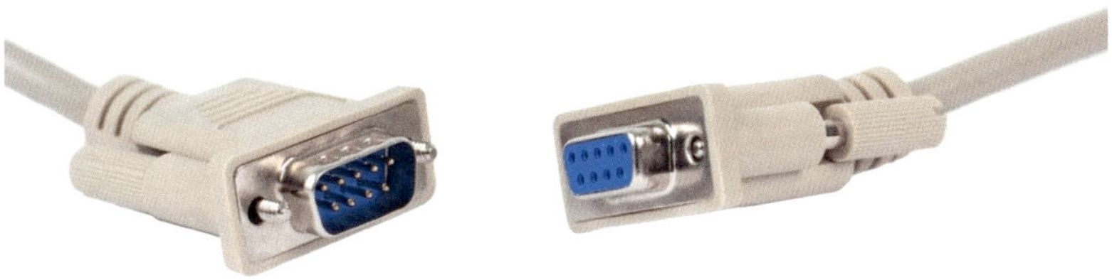
Eine serielle Schnittstelle war früher an jedem PC Standard. Hier wurden Maus und Modem angeschlossen.

Server dienen als zentraler Datenspeicher. Große Firmen oder auch Internetdienstleister verfügen meist über einen Serverraum, in dem mehrere Server miteinander verbunden sind.

Schnittstelle Mäuse und Modems angeschlossen. Die Daten werden in Form von Stromimpulsen Bit für Bit nacheinander, also seriell, übertragen. Die Übertragungsgeschwindigkeit der seriellen Schnittstelle ist daher mit 14 kByte/s begrenzt. Die serielle Schnittstelle ist erkennbar am 9-poligen Stecker, die nach heutigem ATX-Standard blau sind. Allerdings sind diese nicht mehr an jedem Computer zu finden.

Server

Ein Server ist ein Computer in einem lokalen Netzwerk, auf dem alle Daten wie Dokumente, Bilder oder Videos gespeichert sind und von mehreren Rechnern genutzt werden können. Man unterscheidet verschiedene Servertypen. Während der Home-Server ausschließlich zu Hause genutzt wird, liegen die Webseiten im Internet auf Webservern. Mailserver kümmern sich um die Zustellung und den Versand von E-Mails, FTP-Server stellen Daten oder Programme zum Download bereit. In Unternehmen kommen auch Druckserver zum Einsatz, die die Druckaufträge von verschiedenen Computern an bestimmte Drucker weiterleiten.

Service Pack

Ein Service Pack (zu Deutsch Wartungspaket) ist eine Zusammenstellung aller bisher veröffentlichten Updates (siehe Seite 243) zur Aktualisierung einer Software oder eines Betriebssystems. Das bekannteste

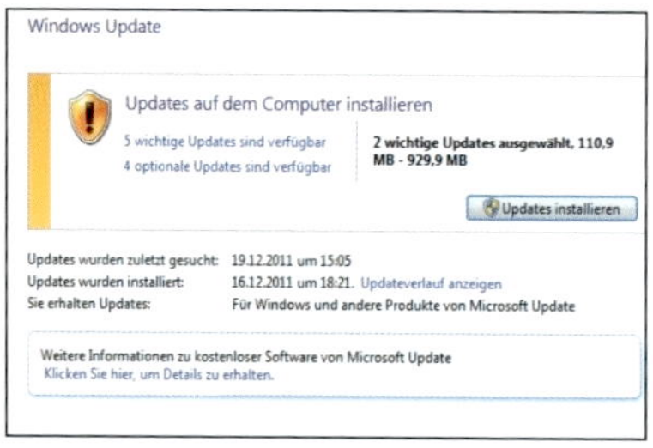

Die Systemsteuerung gibt einen Überblick über Updates und Service Packs.

Service Pack stammt von Microsoft für das Windows-Betriebssystem. Updates korrigieren in der Regel Fehler im Programm. Sie können auch neue Funktionen, Erweiterungen oder Verbesserungen liefern. Service Packs haben den Vorteil, dass sie mit einer einzigen Installation eingespielt werden können. Auch für Windows 7, 8 und 10 sind Service Packs (SP) erschienen. Das SP enthält alle bisher veröffentlichten Sicherheits-, Leistungs- und Stabilitätsupdates für Windows. Im ersten Update für Windows 8 ist etwa der Start-Button wieder enthalten. Die einfachste Methode zum Abrufen der SPs besteht darin, in der „Systemsteuerung" unter „Windows Update" die Option „automatische Updates" einzuschalten. Sie werden danach informiert, dass SPs installiert werden können. Ungefähr nach der Hälfte der Installation muss der Computer neu gestartet werden. Sie können Updates und Service Packs auch manuell installieren. Ihr Computer muss dazu mit dem Internet verbunden sein. Klicken Sie im Startmenü auf „Alle Programme" und auf „Windows Update". Im linken Bereich gehen Sie auf „Nach Updates suchen". Wurden wichtige Updates gefunden, klicken Sie auf den angezeigten Link. Wählen Sie aus der Liste das Update Service Pack für Windows aus und bestätigen mit „OK" und auf „Updates installieren". Möchten Sie prüfen, ob ein Service Pack bereits installiert ist, klicken Sie im Startmenü mit der rechten Maustaste auf „Computer/Eigenschaften". Wenn etwa das Service Pack 1 unter „Windows-Edition" aufgeführt ist, ist es installiert.

- Download Windows Service Pack
http://windows.microsoft.com/de-de/windows/service-packs-download

PRAXIS-TIPP

Für Windows 7, 8 und 10 gibt es zwei verschiedene Installationspakete, eine 32-Bit-Version und eine 64-Bit-Version – je nachdem, welche Windows-Version auf Ihrem Computer installiert ist. Wenn Sie sich nicht sicher sind, können Sie nachsehen: Drücken Sie die Tastenkombination [Win]+[Pause]. Alternativ können Sie auch in der „Systemsteuerung" die Option „System/Sicherheit/System" wählen. In der Zeile „Systemtyp" sehen Sie, welche Windows-Version Sie besitzen.

Setup.exe

Der Dateiname Setup.exe ist der am häufigsten genutzte Name für eine Installationsdatei, mit der sich ein Programm unter Windows installieren lässt. Wenn Sie doppelt auf die Datei klicken, wird die Programminstallation gestartet.

Shareware

Das Wort Shareware setzt sich a den beiden Begriffen Share un Software zusammen, was so w wie „geteilte Programme" be Bei Shareware handelt es si um ein Programm, das zei fristet getestet werden ka ware besitzt oft nicht de Funktionsumfang der V

Shift-Taste

Die Shift-Taste (auch: Umschalttaste) ist mit einem leeren, nach oben gerichteten Pfeil gekennzeichnet und jeweils links und rechts auf der Tastatur vorhanden. Sie dient dazu, die zweite Belegung einer Taste zu aktivieren. So lassen sich Großbuchstaben und Sonderzeichen eingeben.

Sic

Das Sicherheitscenter is dows XP Bestandteil der „Systen steuerung". Hier werden alle sicherheitsrelevanten Einstellungen zusammengefasst. Dazu gehören unter anderem Einstellungen zur Firewall und Internetsicherheit, zu automatischen Updates oder zur

Shortcut	Befehle
[F1]	Hilfe aufrufen
[F10]	Optionen der Menüleiste aktivieren
[Umschalt]+[F10]	Kontextmenü für ein Objekt öffnen
[Alt]+[F4]	Programm beenden
[Alt]+[Tab]	Zwischen geöffneten Programmen wechseln
[Alt]+[Druck]	Screenshot vom aktiven Fenster
[Alt]+[Leertaste]+[N]	Fenster minimieren
[Alt]+[Leertaste]+[X]	Fenster maximieren
[Strg]+[Esc]	Startmenü öffnen
[Strg]+[Alt]+[Entf]	Computer sperren
[Strg]+[C]	Kopieren
[Strg]+[V]	Einfügen
[Strg]+[X]	Ausschneiden
[Strg]+[Z]	Rückgängig
[Strg]+[B]	Fett
[Strg]+[U]	Unterstreichen
[Strg]+[I]	Kursiv
[Strg]+[A]	Text markieren
[Strg] + [S]	Speichern
[Strg] + [N]	Neues Fenster öffnen
[Strg] + [P]	Drucken
[Windows-Taste]	Startmenü öffnen
[Windows-Taste] + [E]	Explorer öffnen
[Windows-Taste] + [R]	Ausführen
[Windows-Taste] + [D]	Desktop anzeigen
[Windows-Taste] + [F]	Datei suchen
[Windows-Taste] + [M]	Alle Fenster minimieren

ung. Falls oblem mit ei- eitsfunktionen scheint ein ent- ymbol im Infobe- kleiste. Klicken Sie auf richtigung, oder doppel- ie auf das Sicherheitscen- bol, um das Sicherheitscen- u öffnen und Informationen Behebung des Problems zu er- alten. Befolgen Sie dann die Anweisungen auf dem Bildschirm.

Ab Windows 7 wurde das Sicherheitscenter durch das neue Wartungscenter (siehe Seite 256) abgelöst.

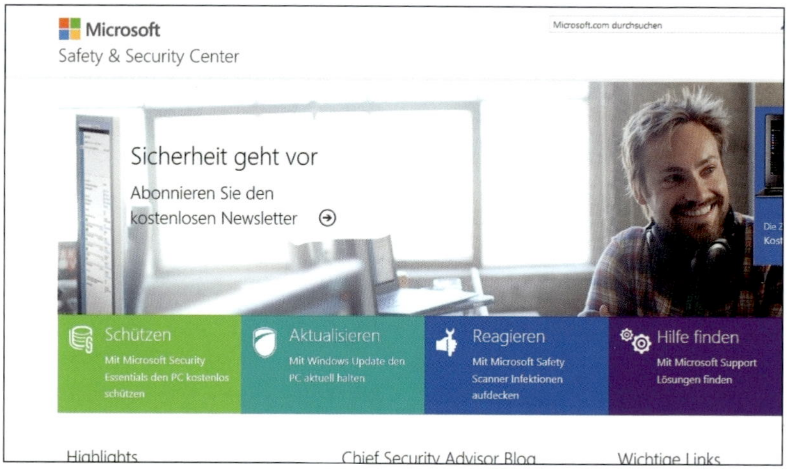

Das Microsoft Safety & Security Center gibt Tipps zur Sicherheit am PC und stellt wichtige Sicherheitsupdates zum Download bereit.

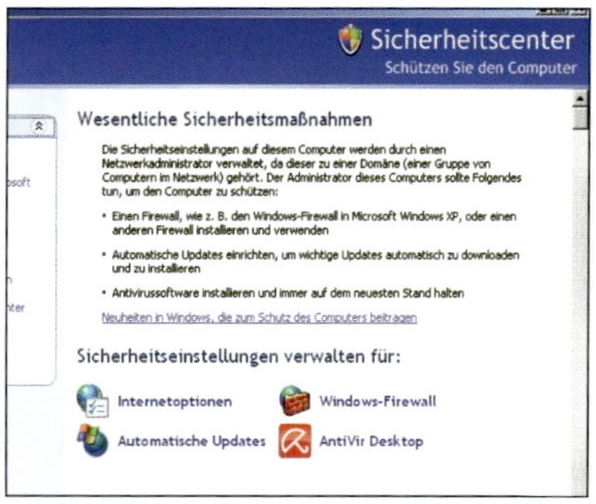

Im Sicherheitscenter lassen sich die Windows-Sicherheitsfunktionen verwalten.

Sicherheitsupdate

Nichts ist perfekt, das gilt auch für Programme und Betriebssysteme. Vor allem Windows macht immer wieder durch Sicherheitslücken auf sich aufmerksam, die sich erst durch ein Sicherheitsupdate beheben lassen.

Durch diese Sicherheitslücken können Hacker und Kriminelle in das Computersystem eindringen und dort Schaden anrichten, indem sie Dateien verändern, löschen oder neue einschleusen. Deshalb ist es wichtig, auch die scheinbar unbedeutenden Sicherheitsupdates regelmäßig zu installieren. Sicherheitsupdates oder Patches (siehe Seite 160) werden direkt vom Hersteller, also in diesem Falle Microsoft, über das Internet angeboten. Sie dürfen nicht verwechselt werden mit Updates auf eine höhere Programmversion.

Windows 7, 8 und 10 stellen die Sicherheitsupdates im Wartungscenter bereit. Um eine Überprüfung auf verfügbare, noch nicht installierte Updates auszuführen, klicken Sie auf der Taskleiste auf das Symbol für das Wartungscenter. Sie können das Wartungscenter auch über die „Systemsteuerung" unter „System und Sicherheit/Wartungscenter" erreichen. In der Regel bestehen Sicherheitsupdates aus kleinen Dateien. Windows Updates können direkt von der Microsoft Webseite heruntergeladen werden.

PRAXIS-TIPP

Besondere Vorsicht ist bei gefälschten E-Mails geboten, in dem angebliche Sicherheitsupdates zum Download angeboten werden. Klicken Sie nie auf eine solche E-Mail, denn sie kann einen Trojaner, Virus oder sonstige Schadprogramme enthalten. E-Mails von Microsoft enthalten nie einen Dateianhang oder einen direkten Downloadlink, sondern immer nur einen Hinweis auf das Microsoft Sicherheitscenter im Internet. Gefälschte E-Mails sind zudem meist in schlechtem Deutsch formuliert.

- Microsoft-Updateinformation
www.windowsupdate.com
- Microsoft Safety & Security Center
www.microsoft.com/de-de/security

Sicherheitswarnung

Windows 7, 8 und 10 blenden oberhalb der Taskleiste Sicherheitswarnungen ein, wenn sich das Betriebssystem in einem kritischen Zustand befindet, z.B. wenn der Virenscanner oder die Netzwerkfirewall deaktiviert ist. Zwar können Sie diese Meldung wegklicken,

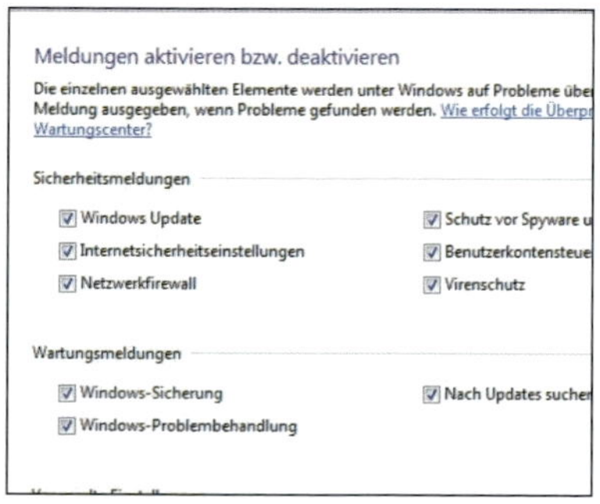

Man kann einstellen, welche Meldungen Windows automatisch anzeigen soll.

sie erscheint jedoch immer wieder, bis das Problem behoben ist. Im Wartungscenter von Windows 7, 8 und 10 können Sie einstellen, welche Meldungen automatisch angezeigt werden sollen. Klicken Sie dazu in der „Systemsteuerung" auf „System und Sicherheit/Wartungscenter/Wartungscentereinstellungen ändern". Standardmäßig sind alle Sicherheitsmeldungen aktiviert. Entfernen Sie das Häkchen an der gewünschten Stelle.

Sicherungslaufwerk

Mit Windows lassen sich Daten unter Windows komfortabel sichern. Der Speicherort, an dem diese Sicherungsdateien abgelegt werden, wird als Sicherungslaufwerk bezeichnet. Das kann entweder die Festplatte sein oder auch der CD-/DVD-Brenner, ein USB-Stick oder eine Speicherkarte. Sollte das Sicherungslaufwerk einmal nicht genügend Speicherkapazität bieten, weist Windows mit einer Meldung des Wartungscenters auf dieses Problem hin.

SICHERHEITS-TIPP

Wenn Sie eine Sicherung vornehmen, speichern Sie die Daten immer auf einem externen Datenträger oder externer Festplatte. Denn ist die Sicherung auf der internen Festplatte abgelegt (z.B. auf einer zweiten Partition) und diese geht kaputt, sind auch die Daten für immer verloren.

Silverlight

Silverlight ist eine Technik zur Darstellung animierter Grafiken und Videos in Webseiten, ähnlich der Flash-Technik. Silverlight wurde von Microsoft entwickelt und kann über kostenlose Plug-ins (siehe Seite 165) mit verschiedenen Browsern genutzt werden. Auch Handys mit dem Windows-Betriebssystem nutzen Silverlight für interaktive Anwendungen und Handyspiele.

- Download Microsoft Silverlight
www.microsoft.com/silverlight

SIM-Karte

Die SIM-Karte (Englisch: **S**ubscriber **I**dentity **M**odule) ist eine kleine Plastikkarte, die in Handys verwendet wird und zur Identifikation des Nutzers im Mobilfunknetz dient. Ohne die SIM-Karte kann man nicht mobil telefonieren. Man erhält sie direkt vom Mobilfunkanbieter. Die Karte besitzt einen integrierten Chip, auf dem bestimmte Sicherheitsmerkmale gespeichert sind, beispielsweise eine PIN, mit der sich der Benutzer am Netz anmeldet. Diese vorgegebene PIN kann durch eine eigene PIN verändert werden. Die SIM-Karte dient außerdem zur Speicherung von Telefonnummern, SMS-Mitteilungen oder auch der zuletzt angerufenen Telefonnummern. Üblicherweise wird die SIM-Karte aus einer ID-1-Karte herausgebrochen und in das Handy eingesetzt. Man spricht in diesem Fall von Mini-SIM-Karten (Format 15 x 25 mm). In den Anfangszeiten des Handys hatten die SIM-Karten noch die Größe einer Scheckkarte (Format 54 x 85,6 mm). Aufgrund der immer kleineren Mobilgeräte wurde die Micro-SIM-Karte eingeführt. Diese besitzt ein Format von 12 x 15 mm. Neueste Geräte wie das Apple iPhone 6 nutzen eine Nano-SIM-Karte, die mit 8,8 x 12,3 mm nochmals deutlich kleiner ist. Alle SIM-Karten lassen sich

PRAXIS-TIPP

Notrufe vom Handy konnte man früher ohne eingelegte SIM-Karte tätigen. Seit Anfang 2009 ist dies nicht mehr möglich. Denn der deutsche Bundesrat stimmte einer Verordnung des Bundesministeriums für Wirtschaft und Technologie zu, nach der Notrufe (110 und 112) nicht mehr ohne SIM-Karte gewählt werden können. Grund ist der immer häufigere Missbrauch der Notrufnummern. Wegen fehlender SIM-Karten konnten dabei die Anrufer nicht ermittelt werden.

Zum Telefonieren, SMS-Schreiben und Internetsurfen benötigt man im Handy oder Smartphone eine SIM-Karte.

mittels eines speziellen Kartenlesers auslesen und bearbeiten. Damit kann man zum Beispiel das Adressbuch der auf der SIM-Karte gespeicherten Telefonnummern bequem am PC bearbeiten. Moderne Handys besitzen dafür bereits einen USB-Anschluss. Sobald das Handy mit dem Computer verbunden wird, lassen sich Daten abrufen und austauschen.

SIM-Lock

Wenn ein Handy oder ein Surfstick (siehe Seite 217) nur mit einem bestimmten Mobilfunknetz funktioniert oder nur mit einer ganz bestimmten SIM-Karte nutzbar ist, spricht man von SIM-Lock. Das bedeutet, dass das Handy an genau festgelegte Eigenschaften der SIM-Karte gebunden ist, die durch den Mobilfunkanbieter festgelegt werden. Um den Kunden an das eigene Netz zu binden, werden sie also absichtlich beschränkt. Denn technisch gesehen kann jedes Handy mit jeder SIM-Karte genutzt werden.

Es gibt verschiedene Varianten, die Nutzung eines Mobiltelefons zu beschränken, die alle unter dem Begriff SIM-Lock zusammengefasst werden. Sind Handys oder Surfsticks an ein bestimmtes Netz gebunden, spricht man von „Netlock“. Beim SIM-Lock ist das Handy an eine bestimmte SIM-Karte mit einer festgelegten SIM-Kartennummer gebunden. Es kann also auch nicht mit einer anderen SIM-Karte des gleichen Netzbetreibers genutzt werden. Funktioniert die Karte nicht mehr, so muss man eine identische Ersatzkarte vom Netzbetreiber ausstellen lassen. Dieses Verfahren wurde in der Vergangenheit insbesondere bei Prepaid-Handys eingesetzt, preiswerten Geräten, die ohne Mobilfunkvertrag genutzt werden können. Mittlerweile wird häufiger die Net-Lock-Technik verwendet. Die an ein Netz oder eine SIM-Karte gebundenen Handys lassen sich auch entsperren und können danach ohne Einschränkungen genutzt werden. Nach 24 Monaten sind die deutschen Netzbetreiber rechtlich sogar verpflichtet, den SIM-Lock oder Net-Lock kostenlos von einem Gerät zu entfernen. Dazu muss der Handynutzer die sogenannte IMEI-Nummer des Gerätes an den Mobilfunkanbieter übermitteln und erhält dann einen für dieses Handy gültigen Entsperrcode. Die IMEI-Nummer ist die Seriennummer, die Kennung des Gerätes. Diese können Sie sich durch Eingabe der Tasten *#06# auf jedem Handy anzeigen lassen. In jüngster Zeit verzichten viele Anbieter jedoch aufgrund der Kundenbeschwerden schon auf ein SIM-Lock oder Net-Lock.

Skalieren

Skalieren bezeichnet eine Größen- und Maßstabsänderung eines Bildes (verkleinern, vergrößern). Dazu wird ein Bildbearbeitungsprogramm genutzt. Beim Skalieren wird die physische Größe des Bildes, also die Anzahl der Pixel, verändert. Der eigentliche Inhalt des Bilder wird danach an die neue Bildgröße angepasst. Wird ein Bild skaliert, wirken sich die Änderungen auf das gesamte Bild aus. Möchten Sie ein Bild nur kleiner ausdrucken, ohne die physische Größe zu verändern, können Sie das über den Befehl „Druckgröße“ im Bildbearbeitungsprogramm vornehmen.

SkyDrive

SkyDrive, jetzt auch OneDrive genannt, ist ein kostenloser Dienst von Microsoft Windows Live, mit dem sich eigene Dateien, Fotos und Videos auf einer virtuellen Festplatte im Internet speichern lassen. Sie können mittels eines Browsers von überall aus auf Ihre Daten zugreifen und diese verwalten. Es besteht außerdem die Möglichkeit,

PRAXIS-TIPP

Nutzer von iPhone oder Smartphone mit Windows Phone-Betriebssystem ab der Version 7 können sich im App Store die kostenlose Microsoft-App „OneDrive“ herunterladen. Damit ist es u.a. möglich, auf OneDrive gespeicherte Inhalte zuzugreifen, sie freizugeben, zu löschen oder auch neue Inhalte hinzuzufügen.

OneDrive kann kostenlos genutzt werden. Alles was Sie brauchen, ist eine Windows Live ID, die Sie direkt unter https://onedrive.live.com/about/de-de erhalten.

„Nur telefonieren" war gestern: Mit einem Smartphone und der passenden App können Sie ganz bequem zum gewünschten Ziel navigieren – auch in einer fremden Stadt.

Daten freizugeben und diese anderen Benutzern zugänglich zu machen. SkyDrive stellt Ihnen 15 GB kostenfreien Speicher zur Verfügung. Mit Windows 7, 8 und 10 lässt sich SkyDrive als Netzlaufwerk (siehe Seite 140) ins System einbinden.

- SkyDrive im Internet
http://windows.microsoft.com/de-de/onedrive/skydrive-to-onedrive

Skype

Mit Telefongesprächen über das Internet wurde Skype bekannt und ist einer der bekanntesten Anbieter von VoIP (siehe Seite 254). Bei Skype sind Gespräche innerhalb des Skype-Netzes kostenlos, Gespräche ins Festnetz oder Handynetz sowie ins Ausland sind kostenpflichtig. Für die Nutzung von Skype müssen Sie eine Software auf Ihrem Computer installieren. Diese ist kostenlos für verschiedene Betriebssysteme und sogar für Handys und Smartphones zu haben. Skype lässt sich nicht nur zum Telefonieren nutzen, sondern auch für Chats (siehe Seite 36) oder den Versand von Textnachrichten. Dabei funktioniert Skype wie ein Messenger. Man registriert sich bei Skype mit Benutzername und Passwort und kann danach Freunde und Bekannte, die ebenfalls bei Skype gemeldet sind, kontaktieren. Sobald diese online sind, wird dies im Skype-Programm angezeigt. Ein Gespräch wird hergestellt, indem man auf den Name des Freundes klickt. Wenn Sie eine Webcam an Ihren Computer angeschlossen haben, können Sie auch Videotelefonate führen, also den Gesprächspartner live sehen.

Mit Skype und Webcam lassen sich weltweit auch Videotelefonate führen.

Beachten Sie bei der Telefonie über Skype: Wie bei jedem Voice-over-IP-Dienst werden auch bei Skype die Datenpakete von einem Computer zum anderen geschickt. Im schlimmsten Fall können diese von Unbefugten abgefangen und so die Gespräche abgehört werden.

- Kostenloser Download Skype
www.skype.com

Slot

Siehe Steckplatz.

Smartphone

Ein Smartphone ist ein mobiles „Telefon", das deutlich mehr kann, als nur telefonieren. Es dient zum Surfen im Internet, zum Schreiben und Empfangen von E-Mails, zum Fotografieren und vieles mehr. Auf jedem Smartphone ist ein Betriebssystem installiert, das fest zum Gerät gehört. Es gibt verschiedene mobile Betriebssysteme wie Android, Symbian, Windows Phone, BlackBerry oder iOS. Auf dem Smartphone kann der Benutzer eigene Programme (Apps) installieren und nutzen, die kompatibel zum jeweiligen Betriebssystem sind. Die Programme sind in App Stores (siehe Seite 16) erhältlich. Smartphones besitzen in der Regel ein größeres Display als normale Handys und sind teilweise mit Touchscreen oder einer vollständigen Tastatur ausgestattet. Der bekannteste Vertreter des Smartphones ist das iPhone des Herstellers Apple.

Smiley

Smiley ist ein anderer Begriff für Emoticon (siehe Seite 61). Dabei handelt es um eine Kombination aus Satzzeichen und Klammern, die um 90° gedreht ein Gesicht ergeben. Man drückt damit seine Gefühle im Chat oder in Textnachrichten aus. Die meisten E-Mail-Programme erkennen diese Zeichenkombinationen automatisch als Smileys und zeigen sie als Grafik an. Der bekannteste Smiley ist derjenige, der für fröhlich und gut gelaunt steht.

Smileys drücken Gefühle aus und werden vor allem in Chats eingesetzt.

SMS-Nachrichten müssen sich mittlerweile mit Konkurrenten wie WhatsApp messen. Die erste SMS wurde am 3.12.1992 mit dem Text „Merry Christmas" in England versendet.

SMS

SMS ist die Abkürzung für **S**hort **M**essage **S**ervice, zu Deutsch Kurznachrichtendienst. Eine SMS wird meist von Handy zu Handy verschickt, es lassen sich jedoch auch SMS-Nachrichten vom PC aus auf ein Handy senden. Der Anbieter GMX beispielsweise hat mit dem GMX SMS-Manager einen solchen Service im Programm. Eine Übersicht über kostenlose SMS-Anbieter im Internet gibt der Dienst SMS-Lotse. Bei einer SMS ist die Textlänge beschränkt. Eine „normale" SMS kann bis zu 160 Zeichen lang sein (übertragen wird nur Text). Eine Erweiterung der SMS ist die MMS, mit der sich Texte, Bilder, Töne und Videos versenden lassen. In Deutschland ist die Zahl der versendeten SMS-Nachrichten in den letzten drei Jahren stark gesunken. Grund ist unter anderem der mobile Nachrichtendienst WhatsApp.

- GMX SMS-Manager
www.gmx.net/produkte/sms-manager
- SMS-Lotse
www.sms-lotse.de

SMTP

SMTP steht für **S**imple **M**ail **T**ransfer **P**rotocol, was so viel wie „einfaches Übertragungsprotokoll für E-Mails" bedeutet. Das SMT-Protokoll wird von E-Mail-Programmen für den Versand von E-Mails verwendet. Es gibt dazu die Informationen an den jeweiligen Mailserver (SMTP-Server) weiter, der sich um den nachfolgenden Versand der E-Mail kümmert.

Snipping Tool

Mit einem Snipping Tool (oder ganz deutsch: Schnappschuss-Werkzeug) lassen sich Bildschirmfotos (Screenshots) eines Dialogfeldes, Fensters oder des gesamten Bildschirms erstellen – dabei handelt es sich sozusagen um eine Kopie eines Elements in Form einer Momentaufnahme des Bildschirms. Windows 7 ab der Version Home Premium, Windows 8 und 10 bieten ein integriertes Snipping Tool, das Sie im Programmmenü unter „Zubehör" finden. Mit diesem kleinen Programm lassen sich Screenshots aller auf dem Desktop befindlicher Elemente erfassen, von denen sich komplette Fenster oder Teilbereiche ausschneiden, Anmerkungen anfügen oder per E-Mail verschicken lassen.

Um einen Screenshot zu erstellen, wählen Sie im Programm zuerst eine Ausschneidemethode. Dazu klicken Sie auf die Schaltfläche „Neu". Es stehen vier Varianten zur Verfügung: freies Ausschneiden, rechteckiges Ausschneiden, Fenster ausschneiden sowie Vollbild ausschneiden. Beim freien Ausschneiden können Sie mit der Maus eine Linie um ein Objekt ziehen. Der Bereich, der sich innerhalb dieser Linie befindet, wird als Screenshot erfasst. Beim rechteckigen Ausschneiden ziehen Sie den Mauszeiger um ein Objekt herum, um ein Rechteck zu formen.

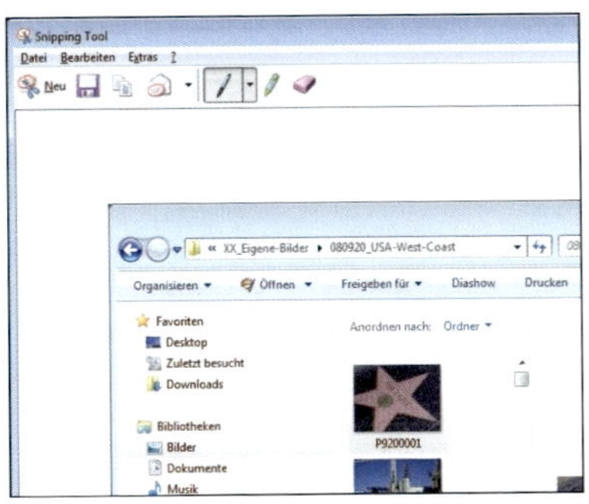

Mit dem Snipping Tool lassen sich Screenshots des Bildschirms erstellen.

Von diesem Bereich wird anschließend ein Screenshot erstellt. Bei der Option „Fenster ausschneiden" wählen Sie ein Fenster aus, das Sie erfassen möchten. Die Funktion „Vollbild ausschneiden" macht einen Screenshot des gesamten Bildschirms. Nach dem „Knipsen" wird der Screenshot im Fenster des Snipping Tools angezeigt und kann gespeichert werden. Dafür stehen die drei Grafikformate .png, .gif und .jpg zur Verfügung.

Software

Software ist der Gegenbegriff zu Hardware. Darunter werden alle ausführbaren Programme und die dazugehörigen Daten sowie Betriebssysteme zusammengefasst. Man unterteilt Software in Systemsoftware (Betriebssystem, BIOS, Treiber) sowie Anwendungssoftware (Standard- und Individualsoftware wie Textverarbeitung, Grafikprogramm etc.).

Solitär

Solitär ist ein Kartenspiel und ein Klassiker unter den PC-Spielen. Es ist in Windows enthalten und in Windows 7 im Startmenü unter „Spiele" zu finden. Im Spiel geht es darum, Karten nach Farben zu sortieren. Am Anfang liegen einige Karten auf verdeckten Stapeln, wobei jeweils die oberste Karte offenliegt. Oben links befindet sich ein Vorratsstapel, aus dem während des Spiels Karten gezogen und auf einen der sieben unteren Stapel abgelegt werden müssen – in abfallender Reihenfolge und abwechselnd von Schwarz zu Rot oder Rot zu Schwarz. Die Karte wird dazu mit gedrückter linker Maustaste an den gewünschten Platz gezogen. Sobald ein Ass erscheint, kann es auf einem der vier oberen leeren Felder abgelegt werden. Gewonnen

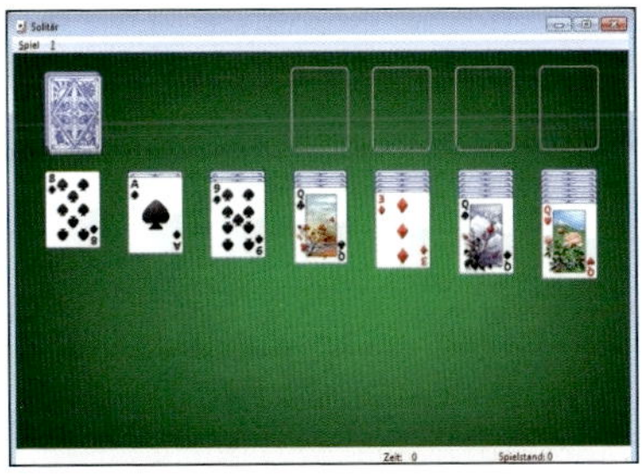

Das Kartenspiel Solitär ist auf allen Windows-PCs standardmäßig installiert.

haben Sie, wenn Sie alle Karten von den unteren Stapeln oben auf den Assen ablegen konnten.

PRAXIS-TIPP

Wenn Sie während des Spiels die Taste [T] drücken, erhalten Sie vom Programm einen Spieltipp, indem eine Karte und ein passendes Zielfeld markiert werden. Ein Rechtsklick auf die markierte Karte führt den empfohlenen Spielzug aus. Die Taste [F5] blendet ein Dialogfeld ein, das weitere Einstellungen bietet, z.B. ob vom Vorratstapel einzelne Karten aufgedeckt werden oder immer drei auf einmal. Mit der Taste [F7] können Sie ein anderes Design der Karten und das Motiv des Hintergrunds auswählen.

Sonderzeichen

Zeichen, die nicht auf der Tastatur vorhanden sind, werden als Sonderzeichen bezeichnet. Möchten Sie Sonderzeichen verwenden, können Sie die in Windows integrierte Zeichentabelle verwenden. Damit lassen sich Zeichen anzeigen, die in einer ausgewählten Schriftart zur Verfügung stehen. Mit der Zeichentabelle können Sie einzelne Zeichen oder eine Gruppe von Zeichen in die Zwischenablage (siehe Seite 285) kopieren und sie anschließend in ein Programm einfügen, z.B. eine Textverarbeitung. Sie finden die Zeichentabelle im Startmenü unter „Alle Programme/Zubehör/Systemprogramme/Zeichentabelle“. Öffnen Sie zudem auch gleich Ihre Textverarbeitung wie Word. Klicken Sie nun in der Zeichentabelle auf die Liste „Schriftart“ und anschließend auf die Schriftart, die Sie verwenden möchten. Wählen Sie anschließend das Sonderzeichen aus, das Sie in das Dokument einfügen wollen, klicken Sie auf „Auswählen“ und dann auf „Kopieren“: Klicken Sie nun auf die Stelle im Dokument, an der das Sonderzeichen eingefügt werden soll und im Menü „Bearbeiten“ auf „Einfügen“. Alternativ können Sie auch die Tastenkombination [Strg]+[V] drücken.

- Sonderzeichentabellen von Unicode www.unicode.org/charts

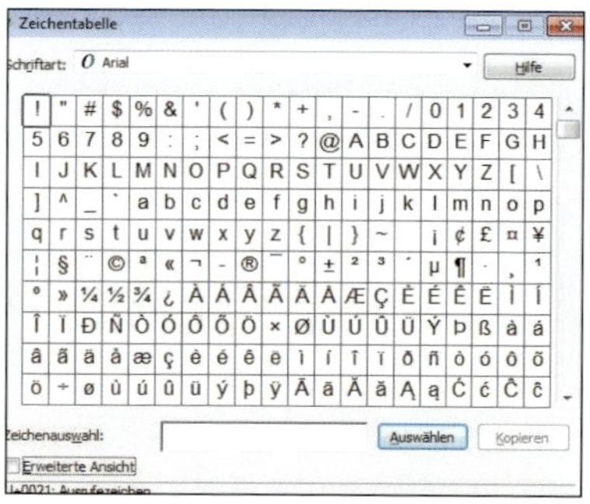

Windows bietet eine Zeichentabelle, aus der sich Sonderzeichen auswählen lassen.

PRAXIS-TIPP

Zeichen, die Sie häufig nutzen, können Sie mit dem Befehl „Auswählen“ in die Zeichenauswahl aufnehmen. Sie stehen Ihnen dort unabhängig von der gewählten Schriftart zur Verfügung. In der Zeichenauswahl können Sie dann ein Zeichen markieren und mit dem Befehl „Kopieren“ in die Zwischenablage legen.

Eine Soundkarte sitzt direkt auf dem Mainboard des Computers. Sie bietet verschiedene Anschlüsse für externe Geräte (siehe Tabelle unten).

Sortieren

Ob Fotos, Videos oder Dokumente: Alle Dateien können in Windows nach verschiedenen Kriterien sortiert werden, um sie später schneller zu finden oder einem bestimmten Thema zuordnen zu können. Am einfachsten geht das mit dem Windows-Explorer. Sobald Sie ganz oben im Explorer-Fenster auf einen Spaltentitel klicken, beispielsweise „Name“, „Änderungsdatum“ oder „Typ“ lassen sich alle angezeigten Dateien nach dem ausgewählten Kriterium sortieren.

Soundkarte

Die Soundkarte (auch Audiokarte genannt) ist Teil des Hardwaresystems des Computers. Früher wurde sie in der Regel als Steckkarte auf das Mainboard (siehe Seite 123) gesteckt, heutzutage ist die Soundkarte in der Regel auf dem Mainboard verbaut. Die Soundkarte dient zur Wiedergabe und Aufnahme von Tonsignalen. Während einfache Soundkarten meist nur zwei Anschlüsse besitzen – einen Ausgang für Lautsprecher und einen Eingang für das Mikrofon – bieten integrierte Soundkarten auf

Farbe	Bezeichnung	Funktion
Rosa	MIC	Mikrofon-Eingang
Blau	Line-In	Eingang für externe Audioquelle (AUX, Stereo)
Grün	Line-Out	Ausgang für Kopfhörer- oder (Front-)Lautsprecher (Stereo)
Schwarz	OUT/REAR	Ausgang für Rücklautsprecher (Stereo)
Grau	SIDE	Ausgang für Seitenlautsprecher (Stereo)
Orange	CENTER	Ausgang für Center- und Tiefbass-Lautsprecher

dem Mainboard meist noch einen dritten Anschluss. Dieser dient als Eingang für ein Audiosignal einer externen Audioquelle wie z.B. einer Stereoanlage. Die Anschlüsse der Soundkarte sind farbig gekennzeichnet, die Buchsen für Lautsprecher- und Mikrofonanschluss befinden sich bei neueren Computern meist an der Gehäusevorderseite.

PRAXIS-TIPP

Sollten Sie einmal keinen Ton hören, klicken Sie in der Taskleiste auf das Lautsprechersymbol unten rechts. Es wird der Lautstärkeregler eingeblendet. Schieben Sie den Regler nach oben. Ein Klick auf „Mixer" zeigt den Lautstärkemixer, mit dem Sie für jede Anwendung die Lautstärke anpassen können.

Soundschema

Wenn Sie den Computer hochfahren, ihn herunterfahren oder eine E-Mail empfangen, wird standardmäßig ein akustischer Sound vom Computer wiedergegeben. Diese akustischen Meldungen können mittels Soundschemas unter Windows individuell angepasst werden.

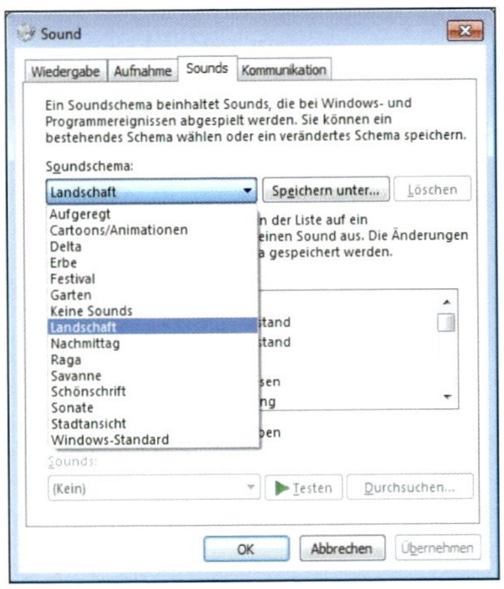

Mit einem Soundschema lassen sich akustische Meldungen des Computers anpassen.

Windows bietet standardmäßig verschiedene Soundschemas, mit denen Sie die Töne, die bei einer bestimmten Aktion wiedergeben werden, individuell wählen können.

Ein Soundschema kann mehrere Klänge umfassen, die bei bestimmten Programmereignissen abgespielt werden. Öffnen Sie per Rechtsklick das „Kontextmenü" des Desktops und wählen Sie die Option „Anpassen" und gehen Sie dann auf „Sounds". Wählen Sie nun unter „Soundschema" das Gewünschte aus, das Sie auch testen können. Klicken Sie dazu mit der Maus ein Schema an und drücken dann auf „Testen". Unter „Programmereignisse" werden Ihnen alle Ereignisse gezeigt, denen Sie ein akustisches Signal zuweisen können. Befindet sich vor dem Name des Ereignisses ein Lautsprechersymbol, ist diesem Ereignis bereits ein Ton zugewiesen. Ist noch kein Ton zugeordnet, können Sie ihn aus der Liste auswählen und mit einem Klick auf „Übernehmen" zuweisen.

Soziale Netze

Soziale Netzwerke sind Gemeinschaften im Internet, in denen man Freunde treffen, Informationen austauschen und Erlebnisse teilen kann. Das bekannteste und meist genutzte soziale Netzwerk weltweit ist wohl Facebook. Auch Google+ oder wer-kennt-wen sind in Deutschland sehr beliebte Netzwerke. Daneben gibt es Business-Netzwerke wie LinkedIn oder Xing.

- Soziale Netze im Internet

www.facebook.com
http://plus.google.com
www.seniorbook.de
www.linkedin.de

Spam

Als Spam werden Werbe-E-Mails bezeichnet, die unaufgefordert zugesandt werden. Sie preisen in der Regel vermeintlich günstige Kreditangebote oder gefälschte Markenprodukte an, fordern zum Glückspiel auf oder bieten diverse Viagra-Tabletten an. Auch elektronische Kettenbriefe werden als Spam bezeichnet. Dabei handelt es sich um E-Mails, die Aufforderungen enthalten, den Brief zu kopieren und an weitere Empfänger weiterzuleiten. Der Name „Spam“ ist dem Dosenfleisch SPAM (**S**piced **P**orc **a**nd Ha**m**) eines amerikanischen Lebensmittelherstellers entliehen. Zum Synonym für Massen-E-Mails wurde es durch einen Sketch der britischen Komikertruppe Monty Python. Dieser spielt in einem Restaurant, das seinen Gästen ausschließlich Gerichte mit „Spam“ serviert. Begleitet wird das Ganze durch Gesänge mit „Spam, Spam, Spam“.

Für den Versand von Spam sind sogenannte Spammer verantwortlich. Sie sammeln dazu mithilfe von speziellen Programmen Millionen von E-Mail-Adressen im Internet. Dazu durchforsten sie u.a. Foren, soziale Netzwerke und unzählige Webseiten. Der Versand der Nachrichten erfolgt dann meist vollautomatisch über spezielle Programme. Durch Spam fallen tagtäglich riesige Datenmengen an, den letztendlich die E-Mail-Anbieter und Sie selbst zahlen. Jedes Jahr entstehen Kosten in Millardenhöhe durch die Übertragungskosten für den Versand sowie für das Lesen und Löschen dieser E-Mails. Nach Aussage von Betreibern großer Mailserver sind bis zu 85 % aller E-Mails Spam.

Spam-Mails sollten Sie in keiner Weise ernst nehmen. Denn oft ist das beworbene Produkt praktisch wertlos oder aber sogar illegal. Löschen Sie deshalb alle Spam-Mails und nutzen Sie auch gängige Spam-

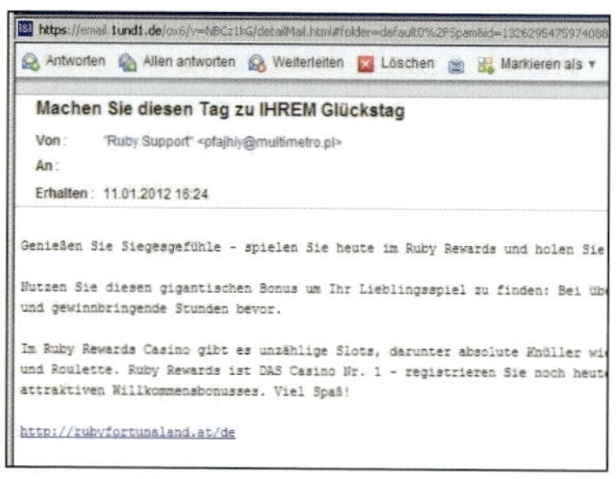

Eine typische Spam-E-Mail mit Werbung für ein Casino.

Spam-Nachrichten sind lästig, denn Sie verstopfen die E-Mail-Postfächer und nehmen so wertvollen Speicherplatz weg.

Filter, um die Nachrichten abzuwehren. E-Mail-Programme wie Windows Live Mail und Thunderbird verfügen über lernfähige Filter, die Spam aus dem eigenen E-Mail-Postfach herausfiltern. Markieren Sie jede Spam-E-Mail als Spam bzw. Junk, um den Spamfilter zu trainieren, damit er in Zukunft möglichst viel Spam automatisch erkennt. In einer persönlichen schwarzen Liste (siehe Seite 192) können Sie Absender oder ganze Domains speichern, von denen Sie keine E-Mails erhalten möchten. Umgekehrt werden alle E-Mails aus der Weißen Liste (siehe Seite 259) zugestellt, auch wenn sie deutliche Spamkriterien zeigen.

SICHERHEITS-TIPP

Wenn Sie in Foren oder sozialen Netzwerken Ihre E-Mail-Adresse veröffentlichen, ersetzen Sie immer das @-Zeichen durch folgende Kombination: (at), Beispiel: max.mustermann(at)gmx.de. Denn so können die Suchprogramme der Spammer Ihre E-Mail-Adresse nicht als solche erkennen.

Speichern

Im Zusammenhang mit dem Computer bedeutet Speichern, dass die Informationen (Daten) auf ein entsprechendes Medium (z.B. Festplatte oder USB-Stick) „geschrieben“ werden, wo sie dann für die weitere Verwendung zur Verfügung stehen. Schreibt man beispielsweise einen Brief in Word, muss man ihn (die Datei oder das Dokument) speichern, sonst geht er verloren. Dazu gibt man einen Namen und den Speicherort ein. Werden Änderungen an einer Datei vorgenommen und diese dann gespeichert, besitzt die Datei den jeweils letzten Stand. Alle alten Informationen werden dann überschrieben.

Speicherkarte

Eine Speicherkarte (auch Flash Card oder Memory Card genannt) ist ein Speichermedium, das wegen seines geringen Gewichtes und ge-

Speicherkarten gibt es in zahlreichen Formaten und Kapazitäten. Sie werden vor allem in Digitalkameras, aber auch immer mehr in Handys eingesetzt.

ringen Größe vor allem in portablen Geräten eingesetzt wird. Neben Digitalkameras und Camcordern können Speicherkarten auch in modernen Handys und Smartphones zur Datenspeicherung verwendet werden. Speicherkarten gibt es in diversen Formaten, von denen zwei am häufigsten genutzt werden: die klassische SD-Karte (Secure Digital, siehe Seite 193) und die microSD-Karte.

Speichermedium

Ein Speichermedium (auch Datenspeicher oder Datenträger genannt) dient zur elektronischen Speicherung von Daten bzw. Informationen. Neben der Festplatte sind auch CDs und DVDs, Speicherkarten und USB-Sticks Speichermedien. Zu Beginn des digitalen Zeitalters waren Diskette und Magnetbänder die wichtigsten Speichermedien, heute spielen sie keine Rolle mehr.

Spider Solitär

Spider Solitär ist eine schwierigere Variante des Kartenspiels Solitär und in Windows standardmäßig enthalten. Das Ziel ist es, in möglichst wenigen Spielzügen alle Karten zu sortieren. Dazu werden Kartenreihen einer Farbe gebildet, die mit dem König beginnen und dem Ass enden. In höheren Schwierigkeitsstufen können zudem Reihen gebildet werden, die abwechselnd rot und schwarz sind. Bei Spider Solitär können die Karten nur am unteren Ende einer Reihe weggenommen und müssen mit gleichen Farben an eine nächsthöhere, offenliegende Karte angelegt werden. Dabei können auch Reihen, die bereits in absteigender Reihenfolge mit gleichen Farben geordnet sind, komplett an einen anderen Ort bewegt werden. Nimmt man die letzte offene Karte einer Reihe weg, wird die oberste noch verdeckt liegende Karte aufgedeckt.

Spider-Solitär ist ein Kartenspiel für Profis und noch in Windows 7 integriert.

Spiele

Spiele (auch Games genannt) dienen zum kleinen Zeitvertreib für zwischendurch. In Windows 7 sind standardmäßig bereits eine Vielzahl von Spielen enthalten, darunter Brettspiele, Kartenspiele, Spiele für Kinder und Internetspiele, die es Ihnen ermöglichen, gegen andere Spieler im Internet anzutreten. Die Spiele finden Sie im Startmenü unter „Alle Programme/Spiele". Dort ist auch der Spieleexplorer. Er zeigt zu allen Spielen eine Voransicht sowie Informationen zur Altersbeschränkung sowie zu der für das Spiel notwendigen Systembewertung.

Speicherfamilie	Bezeichnung	Abkürzung	Speicherkapazität
CompactFlash	Compact Flash I	CF	bis 256 GByte
	Compact Flash II	CF	bis 128 GByte
Microdrive	Microdrive	MD	bis 8 GByte
Secure Digital	Secure Digital High Capacity	SDHC	bis 32 GByte
	Secure Digital	SD	bis 4 GByte
	Secure Digital XC	SDXC	bis 2 TByte
	Mini Secure Digital	miniSD	bis 16 GByte
	Micro Secure Digital	microSD	bis 64 GByte
Memory Stick	Memory Stick pro-HG Duo	MS Pro-HG Duo	bis 32 GByte
	Memory Stick pro Duo	MS Pro Duo	bis 32 GByte
	Memory Stick Pro	MS Pro	bis 5 GByte
Multimedia Card	Multimedia Card plus	MMCplus	bis 4 GByte
xD-Picture Card	xD-Picture Card (Typ H)	xD (H)	bis 1 GByte
	xD-Picture Card (Typ M)	xD (M)	bis 2 GByte
Smart Media	Smart Media	SM	bis 128 MByte

Diese entspricht dem Windows Leistungsindex (siehe Seite 115), der im Wesentlichen von der im PC eingebauten Grafikkarte abhängt. Bevor eine Bewertung des eigenen Computers angezeigt wird, müssen Sie einmal auf „Diesen Computer bewerten“ klicken. Die Bewertung bleibt gespeichert und muss erst wieder erneuert werden, wenn Hardwarekomponenten getauscht wurden. Der Spieleexplorer verfolgt zudem gewonnene und verlorene Spiele sowie andere unterhaltsame Statistiken. Zum Starten eines Spiels klicken Sie doppelt auf das Symbol des betreffenden Spiels. Windows 8 und 10 bieten ebenfalls kostenlose Spiele über den Windows Store, wo die Spiele heruntergeladen werden können.

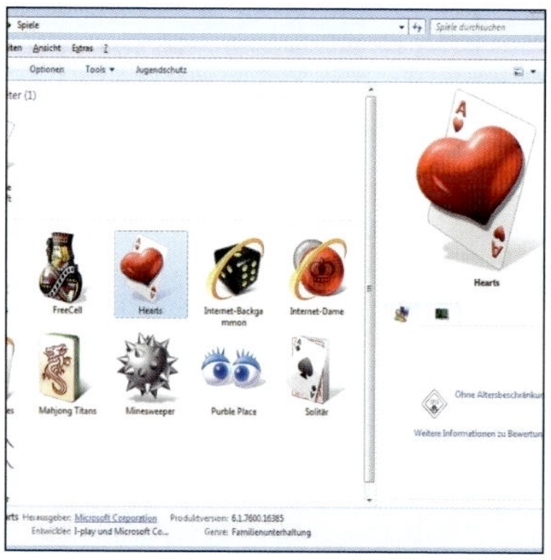

In Windows sind – je nach Version – standardmäßig einige Spiele integriert.

PRAXIS-TIPP

In einigen Windows-7-Versionen sind die Spiele standardmäßig deaktiviert. Um sie zu aktivieren, gehen Sie in die „Systemsteuerung“ und klicken bei „Programme“ unter „Programme und Funktionen“ auf „Windows Funktionen ein- oder ausschalten“. Aktivieren Sie das Kontrollkästchen „Spiele“, und bestätigen Sie mit „Ok“. Die Spiele werden nun im Programmmenü angezeigt.

Spielekonsolen lassen sich völlig unkompliziert an den Fernseher anschließen. Sie bieten Spaß für Jung und Alt.

Spielekonsole

Spielekonsolen sind kleine Computer, die ursprünglich für Videospiele entwickelt wurden. Mittlerweile bieten sie weitere Funktionen wie beispielsweise die Wiedergabe von DVDs und Audio-CDs oder einen Netzwerkanschluss. Es gibt verschiedene Arten von Spielekonsolen. Stationäre Geräte werden in der Regel an einen Fernseher angeschlossen. Die bekanntesten Vertreter hierfür sind die „Wii“ von Nintendo, die „Xbox One“ von Microsoft sowie die „PlayStation 4“ von Sony. Es gibt aber auch tragbare Spielekonsolen mit integriertem Monitor. Diese werden auch als Handheld-Konsolen bezeichnet und eignen sich insbesondere für unterwegs. Die „Nintendo DS“ ist beispielsweise eine solche Konsole. Spielekonsolen bieten in der Regel eine sehr gute Grafikleistung. Ihre Komponenten wie Speicher oder Prozessor sind ideal aufeinander abgestimmt, sodass sich in der Regel Spiele flüssiger spielen lassen als am PC. Zwischen den einzelnen Spielekonsolen bestehen Unterschiede im Einsatzbereich.

Die **Wii** bietet ein Spielkonzept mit viel Bewegung. Die Steuerung

Von links nach rechts: Xbox One von Microsoft, Wii U von Nintendo und PlayStation 4 von Sony.

erfolgt über ein kabelloses Eingabegerät (Controller). Dieses besitzt eingebaute Bewegungssensoren, die die Position und die Bewegung des Controllers im Raum registrieren und diese in entsprechende Bewegungen von Spielfiguren oder -elementen auf dem Bildschirm umsetzen. Der Controller kann entweder eine Fernbedienung sein, oder aber das sogenannte „2Wii Balance Board", das mit dem Sportspiel „Wii Fit" ausgeliefert wird. Zudem gibt es noch das Eingabegerät „uDraw Gametablet", ein Zeichentablett.

Die aktuelle Version **Wii U** verfügt über einen Controller mit Touchscreen, der als „Gamepad" bezeichnet wird. Dadurch kann das laufende Spiel nicht mehr nur am Fernseher, sondern auch auf dem Touchscreen angezeigt werden.

Mit der **PlayStation 4** können Sie nicht nur Spiele in hervorragender Qualität spielen, sondern auch Filme auf Blu-ray-Disc oder von der integrierten Festplatte ansehen, im Internet surfen, Fotos betrachten und Musik abspielen. Die PlayStation ist netzwerkfähig und kann in ein lokales Netzwerk eingebunden werden.

Die **Xbox One** dient nicht nur als Videospielplattform, sondern ermöglicht auch den Zugriff auf Filme, Musik und Fernsehen über einen personalisierten Startbildschirm. Darüber hinaus ist es mit der Xbox One möglich, Internetangebote und Apps am Fernseher zu nutzen. Über den externen, separaten Sensor Kinect, der mit einer HD-Kamera ausgestattet ist, kann die Spielekonsole per Sprach- und Gestensteuerung bedient werden.

- Spielekonsolenanbieter im Internet
www.xbox.com/de-DE
www.nintendo.de
www.playstation.de

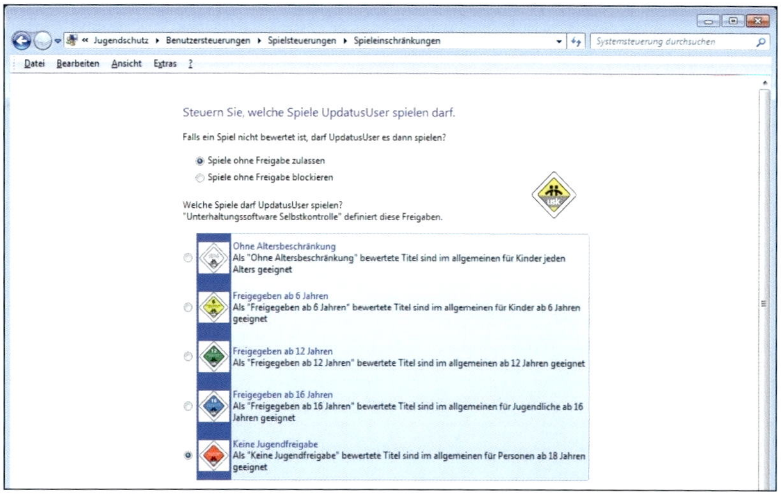

Mit den Jugendschutzeinstellungen kann man Spiele nach USK-Altersgruppen zulassen bzw. blockieren.

Spielfreigabe

Jedes Computerspiel, das in Deutschland verkauft oder bzw. angeboten wird, muss für eine bestimmte Altersgruppe von Jugendlichen freigegeben werden. Hierzulande regelt die USK (**U**nterhaltungssoftware-**S**elbst**k**ontrolle) diese Freigaben. Die Altergruppen werden unterteilt in 0, 6, 12, 16 und 18 Jahre. Spiele, die eine bestimmte Freigabe erhalten haben, werden mit dem jeweiligen Symbol gekennzeichnet. Die Jugendschutzeinstellungen in Windows ermöglichen Ihnen, Spiele nur bestimmten Benutzern zugänglich zu machen bzw. festzulegen, wie lange

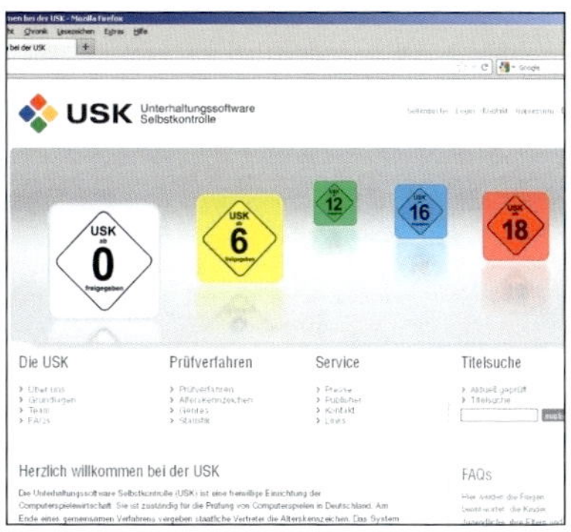

Die USK stuft Spiele in Deutschland in bestimmte Altersklassen ein.

oder ab welchem Alter gespielt werden darf. Wenn Sie mithilfe der Jugendschutzeinstellungen den Zugriff auf ein Spiel blockieren, wird eine entsprechende Benachrichtigung angezeigt. Der Nutzer kann dann auf einen Link klicken, um Ihre Erlaubnis für den Zugriff auf dieses Spiel anzufordern. Sie gewähren den Zugriff, indem Sie Ihre Kontoinformationen eingeben. Für die Einrichtung eines Jugendschutzes benötigen Sie ein eigenes Administratorenbenutzerkonto (siehe Seite 25). Der Nutzer wiederum muss über ein eigenes Benutzerkonto verfügen. Die Jugendschutzeinstellungen finden Sie in der „Systemsteuerung" unter „Benutzerkonten und Jugendschutz/Jugendschutz". Um den Jugendschutz für ein Standardbenutzerkonto zu aktivieren, klicken Sie auf das Konto und anschließend unter „Jugendschutz" auf „Ein/Einstellungen erzwingen". Ihnen stehen nun verschiedene Möglichkeiten zur Verfügung: Zeitlimits, Spiele, Zulassen oder Blockieren von bestimmten Programmen. Unter „Spiele" können Sie festlegen, welche Spiele ein Benutzer spielen darf und wie die Freigabe erfolgen

Das DSL-Modem wird an den Splitter (rechts im Bild) angeschlossen. Denn er trennt das DSL-Signal vom Telefonsignal.

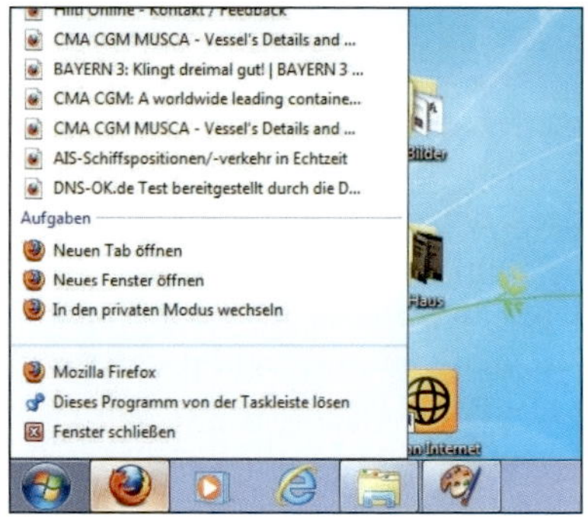

Sprunglisten bieten einen schnellen Zugriff auf häufig genutzte Dokumente.

soll. Hierbei stehen zwei Optionen zur Verfügung: Freigaben nach USK und manuelle Freigabe. Bei der Freigabe nach USK lässt sich für jeden Benutzer eine USK-Altersklasse vergeben. Spiele, die über dieser Altersfreigabe liegen, werden automatisch blockiert. Mit der manuellen Freigabe können auch Spiele gesperrt werden, die nicht durch die USK erfasst sind.

- USK im Internet
www.usk.de

Splitter

Ein Splitter ist eine kleine Box, die das Telefonsignal und das Signal für das Internet trennt, da beide Signale auf der gleichen Leitung laufen. Moderne Router übernehmen die Aufgabe des Splitters mittlerweile, so dass er nicht mehr benötigt wird.

Sprachpaket

Viele Programme und auch Windows wurden sprachunabhängig entwickelt. Das bedeutet, dass erst durch die Installation von Sprachpaketen die Sprache im Programm festgelegt wird. Nutzer der Windows Ultimate- und Enterprise-Version haben die Möglichkeit, zusätzliche Sprachpakete zu installieren, um die Sprache in der Benutzeroberfläche zu ändern bzw. in verschiedene Sprachen zu wechseln. Dabei muss das Betriebssystem nicht neu installiert werden. Einige Sprachen werden über das Microsoft Download Center, andere mithilfe von Windows Update installiert.

Sprungliste

Mit Windows 7 wurden Sprunglisten (Englisch: Jumplist) eingeführt, mit denen Sie direkt zu Dokumenten, Bildern, Musiktiteln oder Webseiten gelangen, die Sie häufig nutzen. Klicken Sie mit der rechten Maustaste auf ein Programmsymbol in der Taskleiste. Oder klicken Sie im Startmenü auf den Pfeil neben dem Programmnamen.

PRAXIS-TIPP

Besonders komfortabel ist die Möglichkeit, bestimmte Einträge an die Sprungliste fest anheften zu können. Diese bleiben dann erhalten und fallen nicht aus der Liste heraus. Klicken Sie dazu mit der rechten Maustaste auf die gewünschte Datei, und wählen Sie aus dem „Kontextmenü" den Eintrag „An diese Liste anheften".

Der Inhalt einer Sprungliste hängt vom Programm ab. Die Sprungliste für einen Browser wie Mozilla Firefox zeigt beispielsweise häufig aufgerufene Webseiten an. In anderen Programmen, zum Beispiel im Windows Media Player, werden programmspezifische Aufgaben in der Sprungliste oder die zuletzt verwendeten Dateien zum schnellen Zugriff angeboten. Die Einträge in der Sprungliste werden automatisch erneuert.

Spyware

Der Begriff Spyware setzt sich aus dem englischen Wort Spy (Spion) und Ware (Software) zusammen und bezeichnet Programme, die unbemerkt persönliche Daten eines Benutzers ausschnüffeln. Das können beispielsweise Passwörter, Login-Daten oder Kontodaten sein, mit denen sich die Gauner Zugang zu den Onlineportalen verschaffen. Spyware wird aber auch dazu eingesetzt, das Surfverhalten eines Nutzers zu analysieren und ihm zielgerichtet Werbung anzuzeigen. Dazu wird beispielsweise die Startseite des Browsers geändert. Spyware gelangt meist im Schlepptau kostenloser Software aus dem Internet auf die Festplatte des Rechners. Ist der Computer mit einer Spyware befallen, so wird das Schadprogramm in der Regel automatisch aktiviert, sobald der Rechner gestartet wird. Sobald eine Verbindung mit dem Internet hergestellt wird, werden die gesammelten Daten übermittelt. Die Spyware verändert dazu die Einstellungen am Computer. Folgende Symptome können Anzeichen auf eine Spyware sein:

- Der Computer reagiert ungewöhnlich langsam, besonders beim Surfen im Internet oder beim Online-Banking.
- Der Browser öffnet willkürlich Werbefenster.
- Bei den Favoriten oder Lesezeichen des Browsers tauchen Links auf, die nicht vom Benutzer gespeichert wurden.

SICHERHEITS-TIPP

Der in Windows 7, 8 und 10 integrierte Windows Defender schützt Ihren Computer vor Spyware, die mit Software installiert oder aus dem Internet heruntergeladen wurde. Das Programm läuft automatisch im Hintergrund – und parallel zu anderer Sicherheitssoftware. Im Wartungscenter können Sie nachsehen, ob der Windows Defender bereits aktiv ist und ihn gegebenenfalls aktivieren. Dazu klicken Sie in der „Systemsteuerung" auf „System und Sicherheit/Wartungscenter". Alternativ können Sie die Microsoft Security Essentials kostenlos im Microsoft Download-Center herunterladen. Diese finden Sie unter http://windows.microsoft.com/de-de/windows/security.essentials-download.

Mit Spyware werden persönliche Daten, die auf dem Computer sind, ausgespäht. Deshalb sollten Sie immer eine Sicherheitssoftware installieren.

- Es erscheint ein Hinweis, dass auf dem Computer eine Spyware gefunden wurde und es wird ein Antispywareprogramms beworben.
- Die Firewall meldet vermehrt Versuche von Programmen, die auf das Internet zugreifen wollen.
- Die Startseite des Browsers ist plötzlich eine andere.

SSD

Ein **S**olid **S**tate **D**rive (SSD) ist ein Flash-Speicher, der keine beweglichen mechanischen Teile wie beispielsweise eine Festplatte besitzt. Auch USB-Sticks verwenden diesen Speichertyp, ebenso wie Netbooks (siehe Seite 136) ohne eingebaute Festplatte verfügen. SSD-Speicher haben gegenüber Festplatten große Vorteile. Sie sind kleiner und leichter, arbeiten geräuschlos, verbrauchen im Schnitt nur 1,5 Watt Strom und entwickeln kaum Wärme. Nachteil ist ihr immer noch sehr hoher Preis.

SSDs wie die V+ 100 von Kingston sind mit bis zu 2 TByte Speicher erhältlich.

Standardbetriebssystem

Sind auf einem Computer mehrere Betriebssysteme installiert, können Sie im Bootmanager (siehe Seite 33) auswählen, welches Betriebssystem das Standardbetriebssystem sein soll. Dieses wird automatisch gestartet, wenn der Anwender beim Hochfahren des Rechners innerhalb einiger Sekunden kein anderes Betriebssystem auswählt. Der Windows Bootmanager startet dann automatisch z.B. Windows 7. Wie viel Zeit Ihnen bei der Auswahl des Betriebssystems bleibt, bevor das Standardbetriebssystem gestartet wird, können Sie in der „Systemsteuerung" unter „System und Sicherheit/System/Erweiterte Systemeinstellungen" festlegen. Klicken Sie bei „Starten und Wiederherstellen" auf „Einstellungen". Im folgenden Fenster können Sie das Standardbetriebssystem wählen und die Anzeigedauer der Betriebssystemliste einstellen.

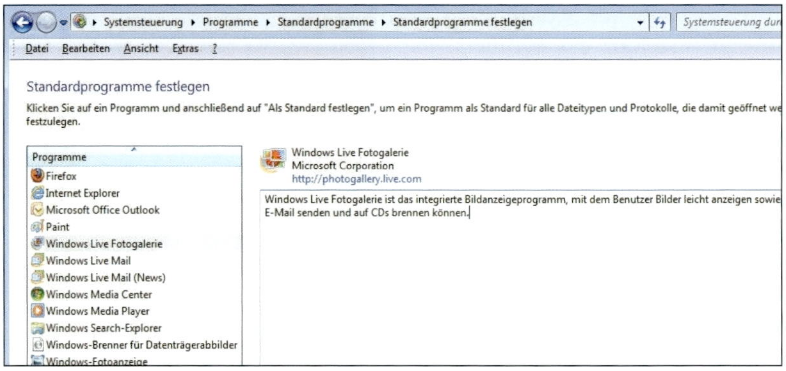

Dateien können in Windows automatisch mit einem vorher festgelegten Programm geöffnet werden.

Standardbrowser

Wenn auf einem Computer mehrere Browser installiert sind, muss immer ein Standardbrowser festgelegt werden. Dieser startet automatisch, sobald Sie einen Link in einem anderen Programm anklicken. Jeder Browser bietet eine Funktion, sich selbst zum Standardbrowser zu machen. Bei Mozilla Firefox gehen Sie dazu wie folgt vor: Öffnen Sie das Menü „Extras/Einstellungen/Allgemein". Aktivieren Sie das Kästchen „Beim Starten überprüfen, ob Firefox der Standardbrowser ist" und klicken Sie dann auf „Jetzt überprüfen". Ist Firefox bereits als Standardbrowser eingetragen, erscheint ein entsprechender Hinweis. Falls nicht, bestätigen Sie das Dialogfenster mit „Ja".

Standarddrucker

Wenn mehrere Drucker an einen Computer angeschlossen sind, können Sie einen als Standarddrucker definieren. Auf diese Weise müssen Sie nicht bei jedem Druckvorgang einen Drucker auswählen. Der Standarddrucker lässt sich jederzeit ändern und andere Drucker können für gelegentliche Druckaufträge ausgewählt werden. Gehen Sie in der „Systemsteuerung" auf „Hardware und Sound", dann auf „Drucker". Klicken Sie mit der rechten Maustaste auf den Drucker, den Sie verwenden möchten, und wählen Sie aus dem „Kontextmenü" die Option „Als Standarddrucker festlegen". In der Geräteübersicht von Windows ist der Drucker anschließend mit einem grünen Häkchen gekennzeichnet.

Standardprogramm

Für jeden Dateityp lässt sich in Windows ein Programm festlegen, mit dem die Datei standardmäßig geöffnet wird. Das kann beispielsweise für Bilder die Windows Fotogalerie sein, für Internetseiten der Browser Mozilla Firefox oder für Videos und Audiodateien der Windows Media Player. Per Doppelklick auf eine Datei öffnet sich automatisch das Standardprogramm. Um einer Datei ein Programm zuzuweisen, klicken Sie in der „Systemsteuerung" auf „Programme/Standardprogramme/Standardprogramme festlegen".

Stand-by

Windows bietet verschiedene Energiesparmodi an: den Stand-by-Modus, den Ruhezustand sowie den hybriden Stand-by-Modus. Alle drei Modi helfen dabei, Strom zu sparen und die Ressourcen zu schonen. Nähere Informationen dazu finden Sie beim Eintrag „Energiesparmodus" auf Seite 61.

PRAXIS-TIPP

Befindet sich der Computer im Stand-by-Modus und Sie möchten Ihre Arbeit wieder aufnehmen, drücken Sie in der Regel den Netzschalter des Computers. Einige Computer lassen sich auch reaktivieren, indem Sie eine beliebige Taste auf der Tastatur drücken, mit der Maustaste klicken oder den Deckel des Notebooks öffnen.

Startmenü

Das Startmenü dient dem Starten von Programmen und häufig benutzten Ordnern auf dem Computer. Es öffnet sich, wenn Sie links unten auf das runde Windows-Logo klicken. Sie können das Startmenü aber auch mit der Windows-Taste auf der Tastatur aufrufen. Das Startmenü ist in zwei Teile gegliedert. Der linke Teil enthält alle Programme, die auf dem Computer installiert sind. Häufig genutzte Programme werden direkt angezeigt und können mit einem Mausklick geöffnet werden. Alle anderen Programme sind unter der Schaltfläche „Alle Programme" zu

Der Stand-by-Modus hilft dabei, Strom zu sparen. Dabei wird der Computer nicht komplett heruntergefahren, sodass er auf Knopfdruck sofort wieder verfügbar ist.

finden. Sobald Sie mit der Maus darauf klicken, öffnet sich ein Untermenü, das alle Programme geordnet nach Namen anzeigt. Mithilfe eines Scrollbalkens (siehe Seite 193) können Sie den sichtbaren Ausschnitt vergrößern. Wenn Sie ein Programm regelmäßig verwenden, können Sie dafür eine Verknüpfung erstellen, indem Sie das Programmsymbol dem Startmenü dauerhaft hinzufügen. Und so geht's: Klicken Sie mit der rechten Maustaste auf das Programmsymbol, und wählen Sie dann aus dem „Kontextmenü" den Befehl „An Startmenü anheften". Um ein Programmsymbol aus dem Startmenü zu entfernen, klicken Sie mit der rechten Maustaste auf das Programmsymbol und anschließend auf „Aus Liste entfernen". Der rechte, durchsichtige Teil des Startmenüs bietet u.a. Zugriff auf die Systemsteuerung sowie häufig benutzte Dokumente, Bilder und Musik. Was im Einzelnen angezeigt wird, können Sie individuell festlegen. Gehen Sie dazu in die „Systemsteuerung", und klicken Sie dort auf „Darstellung und Anpassung/Taskleiste und Startmenü". Wählen Sie die Registerkarte „Startmenü" und gehen Sie auf „Anpassen". Im Dialogfeld „Startmenü anpassen" können Sie nun in der Liste die gewünschten Optionen auswählen. Bestätigen Sie zuletzt die Einstellungen mit „OK".

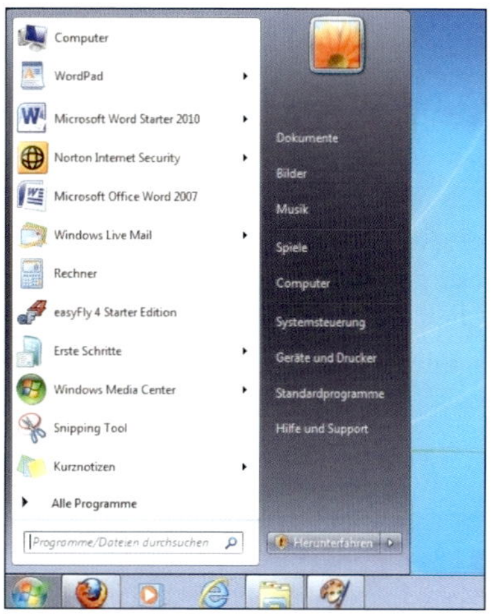

Das Startmenü bietet Zugriff auf alle Programme sowie häufig benutzte Dokumente.

PRAXIS-TIPP

In Windows 8 fehlt das klassische Startmenü. Bei dieser Version bedeckt die Startseite mit den Kacheln den gesamten Bildschirm. Im neuen Windows 10 ist das beliebte Startmenü wieder zurückgekehrt. Alle klassischen Funktionen aus Windows 7 wurden beibehalten und optisch überarbeitet. Zudem sind die Kacheln aus Windows 8 vorhanden. Das Startmenü lässt sich bezüglich Aussehen und Inhalt individuell anpassen. Und so geht's: Sie öffnen die Einstellungen mit den Tasten [Windows]+[i]. Klicken Sie dann auf „Personalisierung".

Startseite

Mit der Startseite wird die Internetseite bezeichnet, die beim Start des Browsers automatisch angezeigt wird. Als Startseite bieten sich Seiten an, die Sie häufig besuchen oder auf die Sie besonders schnell zugreifen möchten, beispielsweise eine Suchmaschine. Mit einem Klick auf das Haussymbol im Browser lässt sich die Startseite jederzeit anzeigen. Es kann aber auch einfach eine leere Seite gewählt werden. Um im Internet Explorer die Startseite festzulegen, gehen Sie auf das Menü „Extras/Internetoptionen". In der Registerkarte „Allgemein" tragen Sie unter „Startseite" die gewünschte Seite ein. Hierbei sind auch mehrere Registerkarten als gleichzeitig aufzurufende Startseiten möglich. Geben Sie dazu in jeder Zeile eine weitere Internetadresse ein. Sie können alternativ auch die gewünschten Webseiten in einzelnen Registerkarten öffnen und dann im Menü „Extras/Internetoptionen/

Ein Steckplatz dient dazu, den Computer um zusätzliche Bauteile wie eine Grafikkarte zu erweitern. Steckplätze sind in der Regel auf dem Mainboard des Rechners zu finden.

Allgemein" auf „Aktuelle Seite" klicken. Die geöffneten Registerkarten werden anschließend automatisch als Startseiten übernommen. Um eine Startseite später zu löschen, entfernen Sie sie aus der Liste. Um in Mozilla Firefox eine Startseite auszuwählen, klicken Sie im Menü „Extras" auf „Einstellungen". Unter dem Reiter „Allgemein" tragen Sie bei „Startseite" die gewünschte Internetadresse ein.

Die Startseite wird im Browser immer automatisch geladen, sobald Sie ihn starten.

Steckplatz

Ein Steckplatz (Englisch: Slot) ist eine mechanische und elektrische Schnittstelle, in die Bauteile passen, um die Hardware des Computers zu erweitern. Steckkarten können beispielsweise Netzwerkkarten, TV-Karten oder Grafikkarten sein. Steckplätze sind auf dem Mainboard (siehe Seite 123) des Computers zu finden. Aktuelle PCs weisen in der Regel mehrere Steckplätze eines der drei Systeme PCI, PCI-X oder PCI-Express (siehe Seite 161) auf.

[Strg]-Taste

Die Steuerungstaste [Strg] auf der Tastatur dient in Kombination mit einer Buchstabentaste zum Aufrufen von Zusatzfunktionen. Standard-PC-Tastaturen bieten zwei [Strg]-Tasten. Die eine befindet sich links unten neben der [Windows]-Taste, die andere direkt links neben dem Nummernbock. Kleine Netbooks besitzen in der Regel nur eine [Strg]-Taste. Auf englischen Tastaturen ist die Steuerungstaste mit [Ctrl] bezeichnet. Je nach Programm können die Tastenkombinationen unterschiedlich sein.

[Strg]+[Z]

Diese Tastenkombination macht eine Eingabe oder eine Änderung rückgängig. Sie funktioniert in fast allen Windows-Programmen. Um den letzten Schritt zurückzunehmen, halten Sie die [Strg]-Taste gedrückt und bestätigen dann die Taste [Z]. Viele Programme wie beispielsweise Word bieten im Menü ein Symbol für die Tastenkombination an, erkennbar am blauen Pfeil, der nach links unten zeigt. Je öfter Sie auf dieses Symbol klicken, desto mehr Schritte werden zurückgenommen. Haben Sie etwas versehentlich zurückgenommen, wollten es aber doch behalten, drücken Sie die Tastenkombination [Strg]+[Y], denn diese stellt einen versehentlich zurückgenommenen Arbeitsschritt wieder her.

▪ Windows-Tastenkombinationen
http://windows.microsoft.com/de-de/windows-8/keyboard-shortcuts

Die Taste [Strg] ist bei normalen PC-Tastaturen gleich zweimal zu finden. Mit der Taste lassen sich Zusatzfunktionen aufrufen.

Streaming

Der Begriff Streaming bezeichnet die kontinuierliche Datenübertragung von Audio- und Videodaten über das Internet an ein Endgerät. Damit können Musik und Filme bereits während der Übertragung genutzt werden. Man bezeichnet dieses Verfahren deshalb auch als Echtzeitübertragung.

Strichcode

Siehe Barcode.

Stromsparmodus

Siehe Energiesparmodus.

Suche

Fast alle Programme bieten die Möglichkeit, nach Funktionen oder Begriffen zu suchen. Auch Windows 7, 8 und 10 bieten eine Suchfunktion, mit der sich Dateien leichter finden lassen. Das Suchfeld finden Sie direkt im Startmenü. Sie müssen dort nur den Suchbegriff eingeben und schon werden Ihnen automatisch die dazu passenden Suchergebnisse angezeigt. Wenn Sie ein Suchergebnis in dieser Liste anklicken, öffnen Sie direkt die entsprechende Datei. Ein Klick auf „Weitere Ergebnisse anzeigen" öffnet ein Explorer-Fenster mit den Suchergebnissen.

Suchfeld

In dieses Feld wird der Begriff eingegeben, nach dem man sucht. Im Internet Explorer 9 diente erstmals die Adresszeile gleichzeitig als Suchfeld. Standardmäßig wird für die Suche dazu Microsofts Suchmaschine Bing genutzt. Sobald Sie einen Suchbegriff eingeben und mit der [Enter]-Taste bestätigen, werden die Ergebnisse im aktuellen Browserfenster gezeigt. Noch während der Eingabe können Sie sich beliebte Suchbegriffe vorschlagen lassen. Das hat den Vorteil, dass Sie den Suchbegriff nicht mehr vollständig eingeben müssen und ein Ergebnis direkt anwählen können. Auch andere Programme bieten Suchfelder, um Themen oder Funktionen leichter finden zu können. Die Funktion ist in allen neuen Versionen enthalten.

Suchmaschine

Eine Suchmaschine erlaubt dem Benutzer, nach Themen und Dokumenten im Internet zu suchen. Grundlage der Suchmaschine ist eine Datenbank, in der Webseiten nach Suchkriterien katalogisiert sind. Jede Suchmaschine bietet ein Suchfeld, in das der Suchbegriff eingegeben wird. Das Suchergebnis wird anschließend im Browser angezeigt. Sobald Sie auf ein Ergebnis klicken, wird die entsprechende Webseite geöffnet. Die meist genutzte Suchmaschine ist Google, gefolgt von Bing.

▪ Suchmaschinen im Internet
www.google.de
www.bing.com
www.yahoo.de
www.ask.com

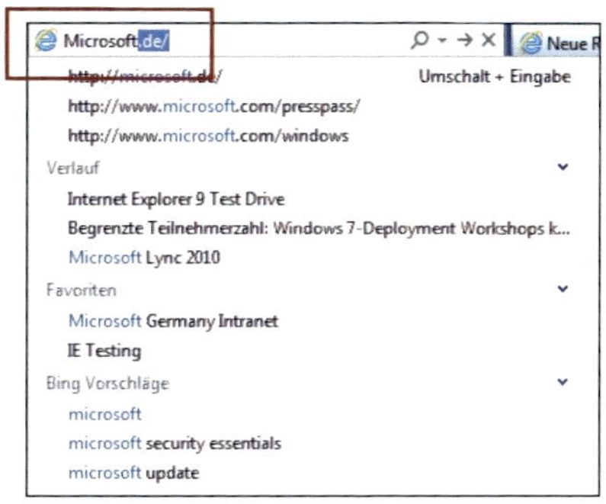

Die Adresszeile dient im Internet Explorer gleichzeitig als Suchfeld.

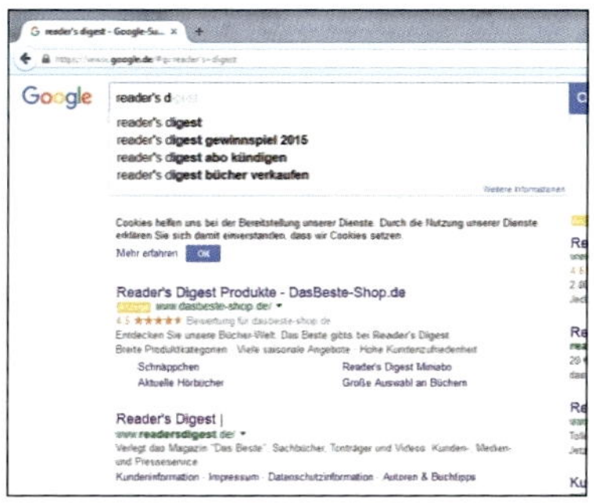

Passende Suchvorschläge werden bereits bei der Eingabe des Begriffs angezeigt.

Wenn Sie im Internet mehrere Webseiten aufrufen, bezeichnet man das umgangssprachlich als surfen.

Suchvorschläge

Die meisten Suchmaschinen bieten bereits bei der Eingabe eines Suchbegriffs passende Vorschläge an. Sobald Sie auf einen dieser Vorschläge klicken, wird die Suche gestartet.

Suffix

Suffix ist das englische Wort für Dateierweiterung (siehe Seite 42).

Supportdatenbank

Jedes Update, das von Microsoft veröffentlicht wird, besitzt eine sechsstellige Nummer. Unter dieser Nummer ist es in der Microsoft-Supportdatenbank zu finden. Diese ist in Windows hinterlegt. Sie rufen die Supportdatenbank auf, indem Sie in der „Systemsteuerung" auf „Programme/Programme und Funktionen/Installierte Updates" klicken. Die Datenbank ist hilfreich, denn Sie erhalten hier einen Überblick über alle bereits erschienenen Updates und müssen diese nicht mühsam einzeln auf der Microsoft-Webseite suchen.

Surfen

Wer im Internet, d.h. dem World Wide Web, von einer Webseite zur anderen klickt, verbringt seine Zeit mit „Internetsurfen". Der Begriff tauchte erstmals im Sommer 1992 in einem gleichnamigen Artikel der US-Bibiliothekarin Jean Armour Polly auf. Sie kam auf den Begriff „Surfing the Internet" (zu Deutsch: Internetsurfen), als sie auf ihr Mauspad sah, auf dem ein Wellensurfer abgebildet war und assoziierte dies mit dem Internet. Beim Surfen ist es zunächst unerheblich, ob man etwas Bestimmtes sucht (eine neue Handtasche) oder Ernsthaftes verfolgt (Infos für die nächste Präsentation, Hausarbeit), oder ob man sich sozusagen „treiben" lässt.

Surfspuren

Wenn Sie im Internet surfen, hinterlassen Sie Spuren auf der Festplatte des Computers. Das heißt, dass jeder Nutzer, der Zugang zu Ihrem PC hat, sehen kann, welche Webseiten Sie in den letzten Tagen besucht haben, welche Dateien Sie heruntergeladen oder welche Bilder Sie angesehen haben. Die Daten kann man aber im Browser löschen, auf Wunsch automatisch, sobald das Programm geschlossen wird. Folgende Daten lassen sich entfernen:

- Temporäre Internetdateien: Dabei handelt es sich um Grafiken, kleine Mediendateien und ganze Webseiten, die in einem temporären Speicher vom Browser abgelegt werden. Bei einem erneuten Besuch der Webseite können diese Daten schneller aufgerufen werden, da sie ja sozusagen noch vorhanden sind. Temporäre Internetdateien können folgenlos gelöscht werden.

- Cookies: Die sogenannten Cookies sind kleine Textdateien, die ein Server im Internet auf Ihrem Rechner in einem genau festgelegten Verzeichnis anlegen kann. Weitere Infos hierzu finden Sie auf der Seite 40.

- Verlauf: Die Verlaufsliste zeigt im Browser alle zuletzt besuch-

SICHERHEITS-TIPP

Wenn Sie nicht wollen, dass Surfspuren auf Ihrem Rechner gespeichert werden, können Sie den sogenannten „InPrivate"-Modus des Browsers nutzen. Dabei sind Cookies, temporäre Internetdateien, Verläufe und andere Daten standardmäßig deaktiviert. Im Internet Explorer rufen Sie den Modus über das Menü „Extras/InPrivate-Browsen" auf. In Mozilla Firefox erreichen sie ihn über „Extras/Privaten Modus starten". Um den InPrivate-Modus wieder zu deaktivieren, schließen Sie einfach das Browserfenster.

ten Webseiten an. Wird sie gelöscht, müssen Sie die Webadresse von häufig besuchten Seiten erneut eingeben.

- Downloadverlauf: Dieser listet die zuletzt heruntergeladenen Dateien aus dem Internet auf.
- Kennwörter: Das sind alle Passwörter, die beim Besuch von Webseiten gespeichert wurden, deren Zugang durch ein Benutzerkonto geregelt ist. Das sind beispielsweise Foren, soziale Netzwerke oder auch Online-Shops. Beachten Sie: Speichern Sie am besten gar keine Kennwörter. Denn sollten auch andere Nutzer Zugang zu Ihrem Computer haben, können diese sich in Ihre Benutzerkonten einloggen.
- Formulardaten: Dabei handelt es sich um alle Daten, die in Anmeldeformularen eingegeben wurden und beim erneuten Anklicken dieser Formulare automatisch vorgeschlagen werden. In der Regel ist dies der Benutzername.

Je nachdem, welchen Browser Sie verwenden, können Sie entweder alle Daten auf einmal löschen, oder auch einzelne auswählen. In Mozilla Firefox gehen Sie wie folgt vor: Im Menü „Einstellungen" klicken Sie auf „Datenschutz" und dann auf den Link „kürzlich angelegte Chronik löschen". Aus dem Menü

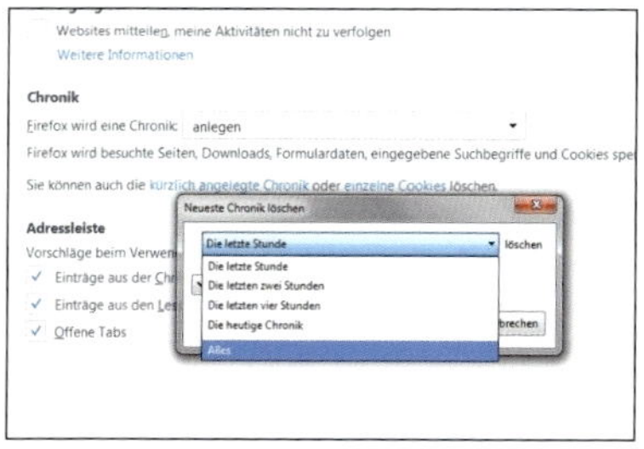

Surfspuren lassen sich iin Mozilla Firefox per Mausklick löschen.

Beim Surfen im Internet hinterlässt man automatisch Surfspuren auf dem Computer. Mit ein paar Klicks können diese jedoch gelöscht werden.

ganz oben wählen Sie nun „Alles". Im neuen Fenster können Sie die Elemente auswählen, die Sie löschen möchten. Standardmäßig sind unter „Details" bereits Elemente wie Cache oder Cookies ausgewählt. Bestätigen Sie mit „Jetzt löschen". Beachten Sie, dass sich diese Aktion nicht rückgängig machen lässt. Auch das Löschen einzelner Cookies ist möglich. Gehen Sie dazu im Fenster „Datenschutz" auf den Link „einzelne Cookies" und wählen Sie im neuen Fenster die gewünschten Daten aus.

Um in Internet Explorer die Surfspuren zu beseitigen, klicken Sie rechts oben auf das Menü „Sicherheit" und dann auf „Browserverlauf löschen". Im neuen Fenster sind automatisch alle markiert. Sie können einzelne Elemente deaktivieren, indem Sie das Häkchen vor der Beschreibung entfernen. Klicken Sie zuletzt auf „Löschen".

Surfstick

Ein Surfstick ist ein USB-Stick mit integrierter SIM-Karte (siehe Seite 199). Er verbindet den Computer mit dem Internet. Surfsticks lassen sich leicht konfigurieren, da sie nur in einen freien USB-Anschluss des Rechners gesteckt werden müssen. Der größte Vorteil von Surfsticks ist, dass sie nahezu überall eingesetzt werden können, sodass Sie unabhängig von Ort und Zeit mobil ins Internet gelangen. Mit einem Surfstick sind – je nach Anbieter - Internetgeschwindigkeiten von bis zu 150 MBit/s möglich. Surfsticks sind bei nahezu jedem Telekommunikationsanbieter erhältlich und unterscheiden sich jeweils durch die angebotenen Tarife.

Der Surfstick wird in einen freien USB-Anschluss des Computers gesteckt.

Ein Switch verbindet mehrere kabelgebundene Geräte (wie Computer) in einem lokalen Netzwerk miteinander.

Je nach Anbieter können neben einer monatlichen Grundgebühr ein Festpreis, ein Volumen- oder Minutenpreis sowie eine einmalige Bereitstellungsgebühr erhoben werden. Daher lohnt ein Preisvergleich. Der Surfstick wird gleich beim ersten Anschließen an den Computer automatisch als Laufwerk erkannt, dann erfolgt die einmalige Durchführung der Installationssoftware. Anschließend muss man den Netzbetreiber wählen, um die Konfiguration für den Surfstick zu starten. Anhand des gewählten Netzbetreibers werden die Verbindungsparameter automatisch eingerichtet. Schließlich gibt man die PIN der SIM-Karte ein. Wird diese gespeichert, können ab sofort Verbindungen automatisch aufgebaut werden.

- Surfstick-Anbieter im Internet:
www.o2online.de
www.telekom.de
www.blau.de
www.base.de
www.fonic.de
www.simyo.de
www.1und1.de

Switch

Ein Switch (Abkürzung für „Switching Hub“) dient dazu, den Netzwerkverkehr zwischen Computern zu regeln. Er delegiert sozusagen Datenpakete vom Sender direkt zum Empfänger. Dazu kann er anhand der MAC-Adresse (eindeutige Adresse, die jede Netzwerkkarte besitzt) die Daten dem Empfänger genau zuordnen. Dabei sind derzeit Geschwindigkeiten von 100 Mbit/s bzw. 1000 Mbit/s – das sogenannte „Gigabit-Ethernet“ – möglich. In einem lokalen Netzwerk wird dafür in der Regel ein DSL-Router mit integriertem Switch verwendet.

Symbian

Symbian ist ein Betriebssystem, das in Smartphones und PDAs eingesetzt wird. Das Betriebssystem wurde früher vor allem von Nokia verwendet. Mittlerweile setzt das Unternehmen mit seinen neuen Smartphone-Modellen hauptsächlich auf die Plattform Windows Phone 7.

Symbian OS weist viele Gemeinsamkeiten mit einem Desktop-Betriebssystem wie Windows auf und ist sehr benutzerfreundlich. Die Plattform bietet nicht nur Möglichkeiten für Multimedia-Anwendungen, sondern auch zur Verwaltung von Musik- und Videodateien. Die vorläufig letzten Symbian-Varianten tragen die Namen Anna und Belle.

Symbolleiste

Bei einer Symbolleiste (auch Werkzeugleiste oder Toolbar genannt) handelt es sich um eine spezielle Menüleiste, die vor allem in Grafikprogrammen und anderen Anwendungsprogrammen wie Word oder Excel vorhanden ist. Sie zeigt Symbole an, die per Mausklick bestimmte Aktionen und Funktionen im Programm aufrufen. Die Symbolleiste befindet sich entweder am oberen Rand des Programmfensters oder an der Seite. Es gibt auch Programme, die eine kombinierte Menü- und Symbolleiste besitzen. Auch Browser bieten Symbolleisten, die den Zugriff auf meist genutzte Funktionen wie „Aktualisieren“ oder „Zurück zur Startseite“ erlauben.

PRAXIS-TIPP

Wenn Sie sich nicht sicher sind, was das eine oder andere Symbol bedeutet bzw. welche Funktion es erfüllt, gehen Sie mit dem Mauszeiger auf das Symbol, ohne es anzuklicken. Die Bedeutung des Symbols wird dann automatisch in einem kleinen Hinweisfenster gezeigt.

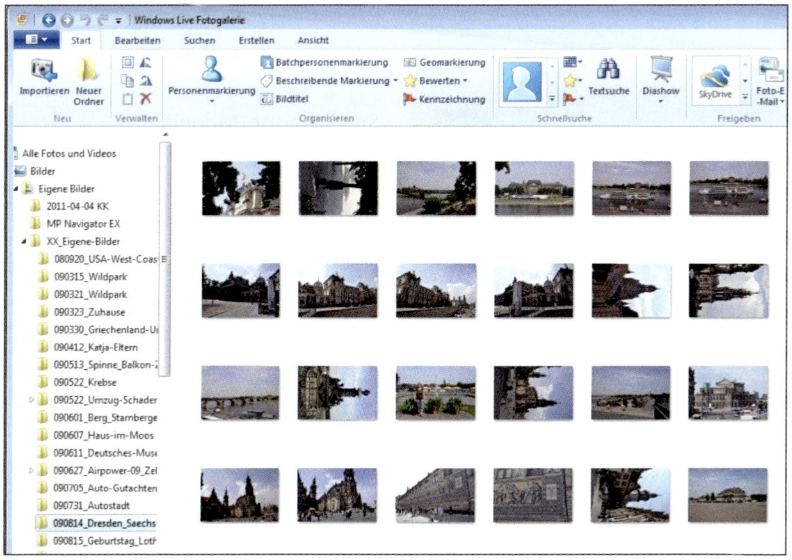

Die Symbolleiste in der Windows Fotogalerie bietet Zugriff auf die wichtigsten Programmfunktionen.

Systembewertung

Die Systembewertung ist ein von Microsoft entwickeltes Verfahren, die Leistung eines Computers zu messen. Es wurde mit Windows Vista eingeführt und in Windows 7, 8 und 10 weiterentwickelt. Microsoft bezeichnet das Verfahren als Leistungsindex (siehe Seite 115). Damit soll der Anwender erkennen, ob der Computer für eine bestimmte Software oder ein Spiel geeignet ist. Das Problem dabei ist, dass sich die meisten Softwarehersteller nicht auf den Windows-Leistungsindex beziehen, sondern Systemvoraussetzungen angeben, wie zum Beispiel eine bestimmte Taktfrequenz des Prozessors, die Größe des Arbeitsspeichers und der Festplatte sowie die Leistung der Grafikkarte.

Der Windows-Leistungsindex bewertet das System nach verschiedenen Kriterien.

Systemdatei

Als Systemdatei wird jede Datei auf dem Computer bezeichnet, die für eine exakte Ausführung eines Betriebssystems wie Windows benötigt wird. Systemdateien sind in der Regel im Ordner „Windows“ oder „Programme“ zu finden. Diese Dateien sollten nicht verändert, umbenannt oder gar gelöscht werden, denn hierdurch kann die Funktionsweise des Computers beeinträchtigt werden. Einige Systemdateien sind in Windows auch versteckt, das heißt, dass sie im Windows-Explorer nicht angezeigt werden. Um diese zu sehen, klicken Sie Explorer-Fenster im Menü „Extras“ auf „Ordneroptionen“. Wechseln Sie dann in die Registerkarte „Ansicht“ und entfernen dort das Häkchen bei „Geschützte Systemdateien ausblenden“. Bestätigen Sie danach noch den angezeigten Warnhinweis.

Systemdatum

Dieses Datum ist intern im Computer gespeichert. Windows bezieht das aktuelle Datum und die Uhrzeit aus dem Systemdatum des BIOS (siehe Seite 31). Sie können beides aber unter Windows manuell einstellen. Klicken Sie in der Taskleiste rechts unten auf die Uhrzeit, und wählen Sie aus dem Menü die Option „Datum/Uhrzeit ändern“. Im neuen Fenster gehen Sie auf die Registerkarte „Datum und Uhrzeit/Datum und Uhrzeit ändern“. Nehmen Sie Ihre Einstellungen vor und bestätigen Sie zuletzt mit „OK“. Ab sofort wird das neue Datum angezeigt.

Systemeigenschaften

Die charakteristischen Angaben zu einem Computersystem finden Sie in den Systemeigenschaften. Klicken Sie im Startmenü mit der rechten Maustaste auf „Computer“. Wählen Sie aus dem Kontextmenü die Option „Eigenschaften“ und klicken Sie im nächsten Dialogfeld links oben auf „Erweiterte Systemeinstellungen“. Mit den Systemeigenschaften können allgemeine Informationen des Computers abgerufen werden. Weitere Möglichkeiten sind zum Beispiel das Anzeigen oder Ändern des Computernamens oder das Über-

SICHERHEITS-TIPP

Wenn Sie die Einstellungen der Systemeigenschaften verändern, kann dies unter Umständen unerwünschten Effekte – wie ein instabiles Computersystem – haben. Schreiben Sie sich daher am besten alle vorgenommenen Einstellungen auf, um diese bei Bedarf wieder rückgängig machen zu können.

Auch wenn das Foto zum Schmunzeln anregt – ein System-Error ist eine erste Sache und sollte schnellstmöglich behoben werden.

prüfen oder Ändern der Einstellungen für die Hardware.

System Error

Liegen Systemfehler vor, zeigt Windows einen entsprechenden Warnhinweis mit der Bezeichnung „System Error" an. Oft passiert das, wenn man Programme installiert hat, die nicht mit Windows harmonieren. Sollte dies der Fall sein, kann man Windows mit der Reparatur beauftragen. Alles was man dazu braucht, ist die Installations-CD von Windows und ein Konsolenfenster, das man unter Windows als Administrator ausführen muss. Legen Sie zuerst die Installations-CD in das Laufwerk ein und öffnen dann das Konsolenfenster, in dem Sie bei Windows 7 auf „Start" klicken und in das Suchfeld den Begriff „cmd" eingeben. Das Suchergebnis „cmd.exe" klicken Sie mit der rechten Maustaste an, und wählen aus dem Kontextmenü die Option „Als Administrator ausführen". In dem geöffneten Konsolenfenster geben Sie den folgenden Befehl ein: „sfc/scannow" und bestätigen diesen danach mit der [Enter]-Taste. Die Überprüfung des Systems startet nun automatisch und die Systemdateien werden mit denen von der Installations-CD verglichen. Werden defekte Systemdateien gefunden, werden diese repariert. Sobald der Scanvorgang abgeschlossen ist, können Sie das Fenster schließen. Windows 8 und 10 bieten hier neben einer Neuinstallation die Option „PC ohne Auswirkungen auf Dateien auffrischen" unter „PC Einstellungen".

Systemlaufwerk

Das Systemlaufwerk ist unter Windows das Laufwerk, auf dem das Betriebssystem installiert ist. In der Regel ist das die Festplatte mit dem Laufwerksbuchstaben C. Es ist im Windows Explorer mit einem Windows-Logo auf dem Festplattensymbol gekennzeichnet.

Systemprogramme

Die Systemprogramme gehören standardmäßig zu jedem Windows-Betriebssystem. Sie sind für die Wartung des Computers gedacht und im Startmenü unter „Alle Programme/Zubehör/Systemprogramme" zu finden.

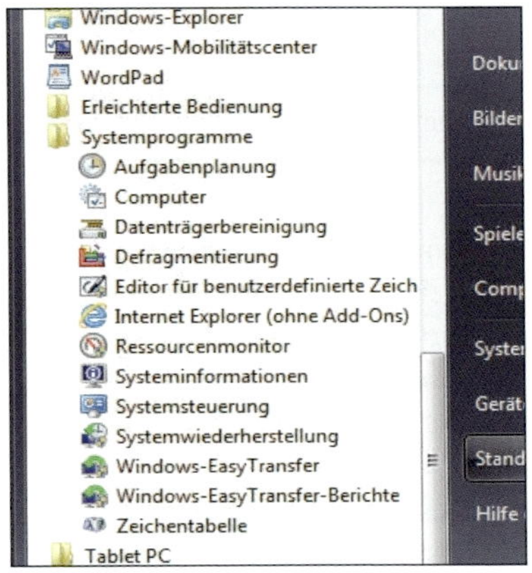

Die Systemprogramme lassen sich im Windows-Startmenü aufrufen.

Systemreparaturdatenträger

Dabei handelt es sich um eine bootfähige Notfall-CD, die den Computer startet, wenn Windows nicht mehr reibungslos funktioniert. Diese CD können Sie selbst unter Windows erstellen. Gehen Sie dazu in die „Systemsteuerung" und dort auf „System und Wartung/Sichern und Wiederherstellen". Klicken Sie im linken Bereich auf „Systemreparaturdatenträger erstellen", legen Sie einen CD-

SICHERHEITS-TIPP

Sie sollten die Notfall-CD rechtzeitig erstellen, am besten gleich nach dem Kauf des Computers. Denn sollte der Computer eines Tages nicht mehr starten, können Sie ihn von dieser CD booten.

oder DVD-Rohling in Ihr Laufwerk ein und folgen Sie den Anweisungen auf dem Bildschirm.

Systemsteuerung

Die Systemsteuerung ist ein Teil des Windows-Betriebssystems. Sie verwaltet wichtige Einstellungen zum Betriebssystem und bietet dazu eine Sammlung von Dienstprogrammen. Mithilfe derer lassen sich beispielsweise Programme und Treiber installieren und deinstallieren sowie Hardware verwalten. Bei Windows 10 erreichen Sie die Systemsteuerung mit der Tastenkombination [Windows] + [X]. Außerdem steht eine erweiterte Systemsteuerung zur Verfügung, mit der sich die neuen Apps verwalten und auch alle wichtigen System-Einstellungen vornehmen lassen. Klicken Sie auf das Windows-Logo in der Taskleiste und gehen Sie auf „Einstellungen“. Alternativ drücken Sie die Tastenkombination [Windows] + [I].

Systemverzeichnis

Systemverzeichnisse enthalten alle Dateien des Betriebssystems. Dazu gehören vor allem alle Verzeichnisse unterhalb von „C:\Windows“. In diesen Verzeichnissen sollten Sie nie etwas ändern und auch keine eigenen Dateien speichern. Wenn Sie mit der Windows-eigenen Suchfunktion im Windows Explorer Dateien suchen, werden diese Systemverzeichnisse normalerweise nicht mit durchsucht.

Systemwiederherstellung

Mithilfe der Systemwiederherstellung lässt sich das Computersystem auf einen früheren Zeitpunkt zurücksetzen. Sie kommt insbesondere dann zum Einsatz, wenn das System nicht mehr richtig funktioniert.

Die Startseite der Systemsteuerung bietet Zugriff auf alle Windows-Einstellungen und ist ein zentrales Element im Betriebssystem.

Beispielsweise wenn ein Programm oder ein Treiber auf dem Computer installiert wurde und Windows verhält sich danach eigenartig. Normalerweise kann durch Deinstallation des betreffenden Programms oder Treibers das Problem behoben werden. Allerdings funktioniert das nicht immer, sodass ein Zurücksetzen des Computers in den Zustand eines früheren Datums oft die einzige Lösung ist.

Mithilfe eines Programms mit dem Namen „Computerschutz“ erstellt die Systemwiederherstellung in regelmäßigen Abständen automatisch Wiederherstellungspunkte auf dem Computer. Diese enthalten unter anderem die Systeminformationen und Registrierungseinstellungen, jedoch keine persönlichen Daten wie Dokumente oder Fotos. Sie können diese Wiederherstellungspunkte aber auch manuell erstellen.

SICHERHEITS-TIPP

Die Systemwiederherstellung sichert keine persönlichen Daten wie Dokumente oder Fotos, deshalb können mit der Systemwiederherstellung auch keine persönlichen Dateien wiederhergestellt werden, die gelöscht oder beschädigt wurden. Ihre eigenen Daten sollten Sie daher unbedingt regelmäßig separat mit einem Sicherungsprogramm sichern.

Gehen Sie dazu in die „Systemsteuerung“ und dort auf „System und Wartung/System“. Klicken Sie im linken Bereich auf „Computerschutz“ und danach auf „Erstellen“. Geben Sie im Dialogfeld „Computerschutz“ eine Beschreibung ein, und klicken Sie dann auf „Erstellen.“ Die Systemwiederherstellung finden Sie im Startmenü unter „Alle Programme/Zubehör/Systemprogramme/Systemwiederherstellung“. Es wird vom Programm automatisch der letzte Wiederherstellungspunkt vorgeschlagen, der vor einer wesentlichen Änderung, beispielsweise der Installation eines Programms, erstellt wurde. Sie können aber auch einen Wiederherstellungspunkt aus einer Liste auswählen. Wählen Sie nach Möglichkeit immer einen Wiederherstellungspunkt unmittelbar vor dem Datum und der Uhrzeit aus, an dem Sie zum ersten Mal Probleme bemerkt haben. Nach einer Warnmeldung wird der Computer heruntergefahren und mit den alten wiederhergestellten Systemeinstellungen neu gestartet, was etwas länger dauert als ein normaler Neustart.

T

Tab

Der Begriff Tab kann in zwei verschiedenen Bedeutungen vorkommen. Zum einen wird Tab heute häufig als Abkürzung für den Tabulator verwendet. Nähere Infos hierzu siehe unter „Tabulator“. Daneben sind Tabs auch sogenannte Registerkarten. Diese dienen dazu, Informationen, die entweder aus Programmen oder Webseiten im Internet bestehen können, so anzuordnen, dass sie auf mehreren, hintereinanderliegenden Dialogfeldern übersichtlich für den Anwender zur Verfügung stehen. Dabei befindet sich immer ein Dialogfeld im Vordergrund, während die anderen klein dahinterliegen oder unten in der Taskleiste abgelegt sind. Wenn Sie eine andere Registerkarte in den Vordergrund holen möchten, müssen Sie diese mit der Maus anklicken. Gleichzeitig bleiben aber die Informationen und ggf. getätigten Einstellungen auf der Registerkarte, die Sie vorher benutzt haben, bestehen.

Tabbed Browsing

Als Tabbed Browsing bezeichnet man die Nutzung eines Webbrowsers mithilfe von Tabs. Hierbei handelt es sich um Registerkarten, die es ermöglichen, in einem einzigen Fenster verschiedene Internetseiten anzuzeigen und zwischen diesen flexibel zu wechseln. Die

Mit Excel kann man auch Haushaltspläne erstellen. Die Tabellenkalkulation hilft Ihnen dabei mit einer Übersicht zu allen Ein- und Ausgaben.

einfachste Möglichkeit zum Öffnen eines neuen Tabs ist das Klicken auf einen Link mit dem mittleren Mausbutton bzw. dem Mausrad. Das Öffnen eines Tabs im Hintergrund bedeutet, dass die aktuelle Seite noch weiter angezeigt wird, bis zum neuen Tab gewechselt wird, zum Beispiel mit einem Klick des linken Mausbuttons auf diesen Tab.

Dies ist die Standardeinstellung in Firefox. Sie bietet zum Beispiel den Vorteil, dass Sie noch die aktuelle Seite weiterlesen können, während sich im Hintergrund eine neue Seite aufbaut, oder dass Sie von einer Suchergebnisseite gleich mehrere Ergebnisse öffnen können, ohne die Suchergebnisleiste zu verlassen. Das Öffnen eines Tabs im Vordergrund bedeutet umgekehrt, dass der neue Tab sofort angezeigt wird.

Der Begriff „Tabbed Browsing“ stammt aus dem Englischen. Im Zuge der Weiterentwicklung des In-

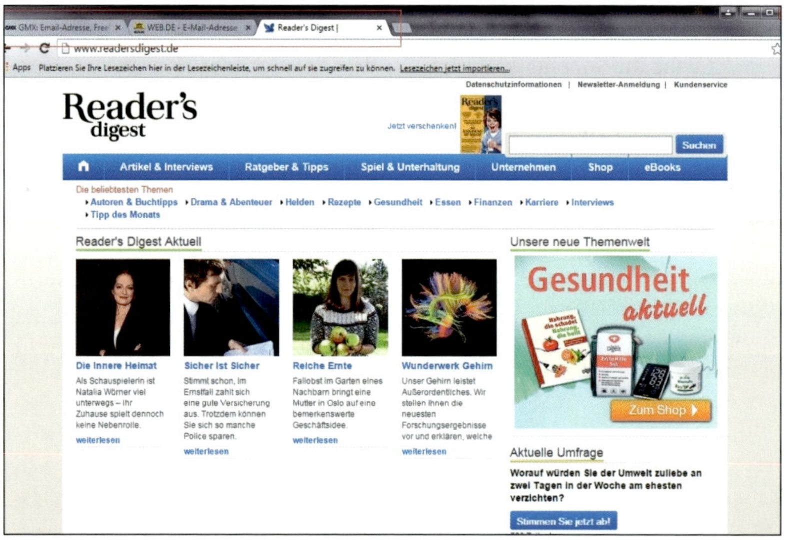

Beim Tabbed Browsing können Sie in mehreren Registerkarten hin- und herwechseln und trotzdem eine gute Übersicht aller geöffneten Seiten behalten.

ternet Explorers führte Microsoft mit der Version 7 die deutsche Bezeichnung „Registerkarte" ein, die heute gebräuchlicher ist als Tabbed Browsing.

Tabellenkalkulation

Eine Tabellenkalkulation dient zur besseren Übersicht von sämtlichen Daten, die in Tabellenform dargestellt werden können. Meistens ist hierbei zusätzlich zur eigentlichen Berechnung die grafische Darstellung der Ergebnisse in verschiedenen Formen möglich. So erkennt man Zusammenhänge, Entwicklungen und Schwankungen auf einen Blick, was die Auswertung vereinfacht. Im Allgemeinen besteht die Tabellenkalkulation aus Zeilen und Spalten, in denen Sie Ihre Daten eingeben können. Die Gesamtzahl der Spalten wird in der Regel als „Arbeitsblatt" bezeichnet, ab und zu werden sie aber auch „Worksheet" oder „Spreadsheet" genannt. In die Zeilen kann man verschiedene Werte eingeben, dies kann zum Beispiel eine Zahl, ein Datum, die Uhrzeit, aber auch ein ganzer Text sein. Je nach Anwendungsbereich kann es sich hierbei aber auch um ganze Formeln handeln, für die die Tabellenkalkulation automatisch zahlreiche Funktionen zur Verfügung stellt.

Hauptsächlich wird die Tabellenkalkulation für die Berechnung bzw. Auswertung finanzieller Modelle eingesetzt oder für die Erstellung mehrerer Planbeispiele. Denn die Software zeigt bei geänderten Eingaben sofort das Ergebnis, auch wenn im Hintergrund Formeln und Berechnungen notwendig sind. Aber auch für den Einsatz sämtlicher Datenbanktabellen ist die Tabellenkalkulation geeignet. So findet die Tabellenkalkulation zum Beispiel auch Anwendung bei der Übersicht der Haushaltskasse oder bei Zins- und Darlehensberechnungen. Mit der „Zielwertsuche" lässt sich zum Beispiel schnell ermitteln, wie hoch der Zinssatz für einen bestimmten Zweck sein muss. Wenn Sie also eine bestimte Vorgabe oder einen festgelegten Plan haben, wie viel Geld Sie in einer bestimmen Zeit erwirtschaftet haben möchten, hilft Ihnen die Tabellenkalkulation dabei, den dafür notwenigen Zinssatz zu ermitteln.

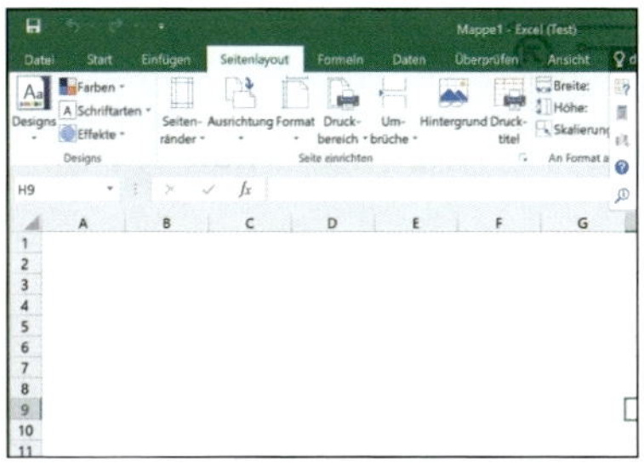

Die Tabellenkalkulation besteht aus mehreren Zeilen und Spalten.

Tablet-PCs sind eine neue Entwicklung handlicher Computer: intuitiv per Touchscreen zu bedienen und trotz geringer Größe sehr leistungsstark – ideal für unterwegs.

Tablet-PC

Tablet-PCs, meistens auch nur kurz Tablet genannt, haben sich am Markt erst in jüngster Vergangenheit durchgesetzt. Es handelt sich um besonders flache und handliche Computer, die sich allein über Touchscreens bedienen lassen. Das bedeutet, Sie brauchen hierfür weder eine externe Tastatur noch eine Maus. Grundsätzlich handelt es sich bei Tablet-PCs um Geräte, die einen Mittelweg zwischen Laptops und Notebooks bzw. Smartphones suchen. So sind sie einerseits den Notebooks in seinen Funktionen sehr ähnlich. Der Unterschied zu klassischen Laptops liegt hauptsächlich in der Form des Gerätes und in der Bedienung per Touchscreen, die bei Notebooks nicht üblich ist. Daneben entsprechen weitere Komponenten, wie Festplatte, Prozessor und Arbeitsspeicher, dem üblichen Stand-PC.

Im Hinblick auf Größe und Format orientieren sich Tablet-PCs eher an den Smartphones.

Ganz so neu sind die Tablet-PCs gar nicht, nur führten sie in den vergangenen Jahren ein Nischendasein. Gründe hierfür waren lan-

Durch einfache Wischbewegungen mit Ihren Fingern können Sie den intuitiven Touchscreen der Tablets bequem bedienen.

ge Zeit der hohe Akkuverbrauch und die Tatsache, dass das Betriebssystem sehr viel Leistung des PCs in Anspruch genommen hat. Erst der amerikanische Hersteller

PRAXIS-TIPP

Durch sogenannte Apps können Sie den Funktionsumfang erweitern. Apps müssen einmalig auf dem Gerät installiert werden und können dann von Ihnen uneingeschränkt benutzt werden. Beachten Sie dabei, dass Apps immer nur auf einem bestimmten Betriebssystem wie Android oder Apples iOS laufen. So können Sie Apps von Android auch ausschließlich auf Geräten, die mit Android laufen, verwenden. Das WeTab ist das erste Tablet, für das ein Android-Starter lieferbar ist, um zusätzlich zu WeTab-Apps auch Android-Apps nutzen zu können.

SICHERHEITS-TIPP

Wichtige Tipps für die Nutzung eines Tablet-PCs:

- vor schweren Erschütterungen schützen
- nichts daraufstellen
- mit Transporthülle schützen
- vor Diebstahl schützen
- private Daten mit Passwörtern schützen

Apple hat dafür gesorgt, dass die eigentlich geniale Idee der Tablets wieder neu auflebt. Mit der Erfindung des iPads hat Apple einen Boom verursacht, der bis heute anhält und sicherlich noch lange nicht am Ende angekommen ist.

Apples iPad verfügt über eine Oberfläche, die ganz gezielt für die Steuerung mit den Fingern entwickelt wurde. Diese Entwicklung nutzen auch zahlreiche andere Hersteller, die auf den Zug aufgesprungen sind, zum Beispiel das WeTab aus deutscher Produktion. Sicherlich wird der neue Trend, die „Oberflächen" von Handys auf große, leicht lesbare Bildschirme zu bringen, den Tablets zum Durchbruch auf dem Markt verhelfen.

- Das iPad von Apple:
www.ipad.de
- Das WeTab:
www.wetab.mobi
- Tablet-Club:
www.tabletclub.de

Tabulator

Wenn Sie einen Text an einer bestimmten Position innerhalb einer Zeile ausrichten möchten, müssen Sie ein sogenanntes Tabulatorzeichen an diese Position setzen. Damit können Sie Ihren Text dann an gewünschter Position linksbündig, rechtsbündig oder zentriert ausrichten. Alle Programme zur Textverarbeitung, wie zum Beispiel Word, bieten diese Tabulatorfunktion automatisch an. Hierzu können Sie in der oberen Zeile Ihres Dokumentes den Tab mit der Maus beliebig in eine Richtung

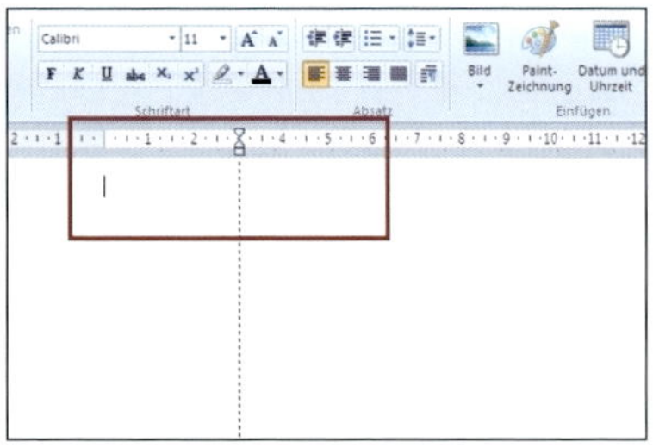

Mit der Maus können Sie den Tabulator an gewünschter Stelle platzieren.

hin- und herschieben. Nachdem Sie einen Tabulator an eine bestimmte Position gesetzt haben, kann dieser mit der [Tab]-Taste bei der Texteingabe angesprungen werden, das bedeutet, dass Ihr Text an die gewünschte Position eingezogen wird. Diese Taste befindet sich bei einer deutschen PC-Tastatur am linken Rand, direkt unter den Zahlen. Sie ist entweder mit zwei nach links und rechts zeigenden Pfeilen gekennzeichnet oder mit der Bezeichnung „Tab“.

Der Tabulator befindet sich am linken Rand der PC-Tastatur.

An Ihrem Computer können Sie sämtliche Textdateien individuell bearbeiten. Ein Hilfsmittel hierfür ist unter anderem der sogenannte Tabulator.

TAE-Dose

TAE steht als Abkürzung für **T**elekommunikations-**A**nschluss-**E**inheit. Diese Dose dient als Verbindung zwischen dem öffentlichen Telefon- und DSL-Netz und dem eigenen Hausanschluss. Dabei hat die TAE-Dose in der Regel Platz für drei Anschlüsse, wobei sich hier die einzelnen Stecker unterscheiden. So wurden früher Modems und Faxgeräte an die N-codierte Dose angeschlossen, während das Telefon in der F-codierten Dose steckte. Dies war mithilfe einer leichten Regel gut zu merken:

Die TAE-Dose stellt eine Verbindung zwischen DSL-Netz und dem Hausanschluss her.

PRAXIS-TIPP

Merkregel zur Codierung von TAE-Dosen: N-Codierung – „Nabel“ – Codiermarke in der Mitte, F-Codierung – „Fuß“ – Codiermarke am unteren Ende.

N wie „Nebengeräte“ und F wie „Fernsprecher“. Obendrein waren auch die Stecker selbst mit einer entsprechenden Kennzeichnung markiert. Heute müssen Sie den Splitter (siehe Seite 210) in die mittlere der drei Anschlussbuchsen stecken. Die meisten Splitter haben breite Stecker, um zu verhindern, dass an den anderen Anschlüssen weitere Geräte angeschlossen werden. Denn die Splitter regeln die Frequenzen zwischen Telefon und DSL. Sollten weitere Geräte gleichzeitig angeschlossen sein, kommt es hier zu einer Störung der Funktion.

TAN

TAN steht als Abkürzung für die **T**ransaktions**n**ummer beim Onlinebanking. Jede Buchung, die Sie vollziehen, wird mit einer bestimmten TAN sozusagen „unterschrieben“. Dabei wird jede TAN nur einmal verwendet, was zu Ihrer Sicherheit dient, damit sich keine Fremden Zugang zu Ihrem Konto verschaffen und Transaktionen mit Ihren Daten durchführen können. Früher hat man diese TANs in Form von ausgedruckten Listen von der Bank bekommen, heute werden sie für jede Buchung per SMS zugestellt oder mit einem kleinen ChipTAN-Gerät generiert.

Damit ist mehr Sicherheit gewährleistet, da die individuelle TAN-Nummer von Ihnen manuell eingegeben werden muss, bevor Sie die Transaktion am PC durchführen können. Nähere Informationen hierzu finden Sie beim unter Onlinebanking (Seite 149).

Taschenrechner

Früher hatte fast jeder mindestens einen Taschenrechner in seinem Haushalt oder im Büro. Wie so vieles ist auch dieses Gerät mittlerweile „digitalisiert“ worden: Auf Ihrem Computer finden Sie im

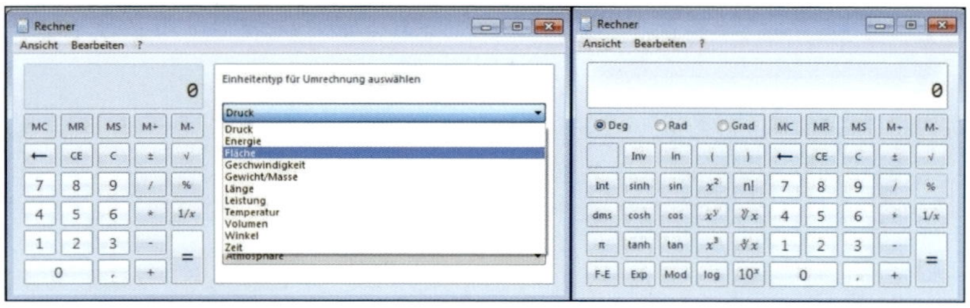

Der Taschenrechner unter Windows ist nicht nur im Büro, sondern auch im alltäglichen Gebrauch sehr hilfreich.

„Startmenü" unter „Zubehör" und „Rechner" einen Taschenrechner. Auf den ersten Blick sieht dieser aus wie ein einfaches Gerät, aber der Eindruck täuscht, denn der Taschenrechner unter Windows bietet viele nützliche und sehr hilfreiche Funktionen – auch für den alltäglichen Gebrauch. Sie können die Tasten mit der Maus bedienen oder aber für die Ziffern und die Grundrechenarten die Tastatur benutzen. Dabei fungiert die [Enter]-Taste als Ergebnistaste. Wenn Sie Daten aus einem anderen Programm im Taschenrechner verwenden möchten, geht das problemlos über die Zwischenablage (siehe Seite 285). Genauso funktioniert das auch umgekehrt: Sie haben die Möglichkeit, sämtliche Ergebnisse des Rechners in ein anderes Programm, wie zum Beispiel WordPad, zu übertragen, indem Sie die Tastenkombination [Strg]+[C] bzw. [Strg]+[V] verwenden. Weitere Funktionen werden sichtbar, wenn Sie im Menü „Ansicht" von „Standard" auf „Wissenschaftlich" oder „Programmierer" umschalten. Dadurch erhält man viele mathematische, statistische und logische Funktionen, wie zum Beispiel das Umwandeln Ihrer Eingaben in andere Zahlensysteme.

Weitere Möglichkeiten des Taschenrechners finden Sie im Menü „Optionen". Hier bietet das Programm Umrechnungsformeln für zahlreiche physikalische Einheiten sowie zur Berechnung von Zeiträumen im Kalender.

Taskleiste

Die Taskleiste befindet sich am unteren Rand des Bildschirms. Ganz links auf der Taskleiste befindet sich das Windows-Logo. Mit einem Klick darauf können Sie das Startmenü aufrufen, von wo aus weitere Untermenüs zu erreichen sind. Daneben sind einige Symbole für verschiedene Programme, wie zum Beispiel dem Internet Explorer, platziert. Hier werden in der Regel die Programme abgelegt, die Sie häufiger verwenden.

Mit einem Klick auf diese Symbole können Sie die jeweiligen Programme schnell öffnen, ohne erst in das Startmenü zum Punkt „Alle Programme" wechseln zu müssen. So haben Sie einen schnellen Zugriff auf alle wichtigen Programme. Rechts auf der Taskleiste sind allgemeine Informationen zu finden, wie zum Beispiel eventuelle Updates, die Uhrzeit und die Lautstärkenregelung für Ihren PC. Doch die Taskleiste bietet auch einen guten Überblick über alle Programme und Fenster, die Sie gerade geöffnet haben, bzw. in denen Sie aktuell arbeiten. Wenn Sie ein Programm öffnen, erscheint automatisch in der Taskleiste das entsprechende Symbol dafür. Dabei ist das Symbol des Programmfensters, mit

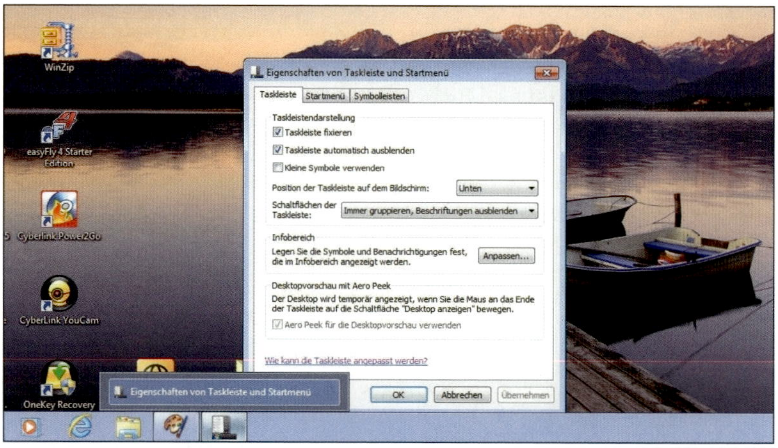

Unten am Bildschirm finden Sie die Taskleiste. Dabei können Sie sämtliche Einstellungen selbst wählen und festlegen, was auf der Taskleiste alles angezeigt werden soll.

PRAXIS-TIPP

Wenn Sie mit der Maus über ein beliebiges Taskleistensymbol fahren, sehen Sie automatisch alle darin enthaltenen Fenster als Vorschau. Mit einem Klick auf ein Taskleistensymbol können Sie das angezeigte Fenster minimieren oder es wieder in ursprünglicher Größe herstellen, wenn es zuvor minimiert war. Werden mehrere Fenster unter einem Symbol angezeigt, so können Sie über die Vorschaubilder mit der Maus das gewünschte Fenster wählen. Alle anderen Fenster werden auf die Taskleiste gelegt, sodass nur noch die Ränder zu sehen sind.

dem Sie gerade aktiv arbeiten, in der Taskleiste hervorgehoben dargestellt. Bei allen anderen Programmen, die zwar offen sind, aber unten in der Taskleiste abgelegt wurden, sehen Sie einen Rand um das Symbol. Symbole ohne Rand bedeuten, dass das entsprechende Programm noch nicht geöffnet ist. Wenn Sie ein Programm häufiger verwenden wollen, ziehen Sie es aus dem Startmenü mit gedrückter Maustaste auf die Taskleiste. Das Programm steht dann mit einem Klick zur Verfügung.

Wenn Sie mit mehreren Programmen gleichzeitig arbeiten, hilft Ihnen die Taskleiste am unteren Bildschirmrand zu einer besseren Übersicht.

Task-Manager

Der Task-Manager hilft Ihnen, wenn Sie Informationen zur aktuellen Computerleistung brauchen. Daneben zeigt er Ihnen sämtliche Einzelheiten zu den Programmen und Prozessen an, die Sie gerade ausführen, bzw. in Bearbeitung haben. Wenn Sie den Task-Manager öffnen wollen, klicken Sie mit der rechten Maustaste auf eine leere Stelle der Taskleiste und wählen den Menüpunkt „Task-Manager starten“. Es öffnet sich ein Fenster mit mehreren Registerkarten. Es gibt noch einen zweiten Weg, um den Task-Manager zu öffnen: Mit der allgemeinen Tastenkombination [Strg]+[Alt]+[Entf], die Ihnen vielleicht noch aus früheren Windows-Versionen bekannt ist, öffnet sich ein Menü, von dem aus Sie ebenfalls den Task-Manager starten können.

Im Task-Manager finden Sie mehrere Registerkarten: Unter „Anwendungen“ sehen Sie beispielsweise alle Programme, die Sie als momentan angemeldeter Benutzer auf Ihrem Computer gerade verwenden. Informationen zu dem jeweiligen Programmstatus finden Sie schließlich unter der Registerkarte „Status“. Ist ein Programm geöffnet, hat es also den Status „Wird ausgeführt“. Wird ein eigentlich geöffnetes Programm nicht aufgeführt, kann es sein, dass es für den Moment überlastet oder komplett abgestürzt ist. In diesem Fall empfiehlt es sich, das Programm zu beenden, was Sie direkt im Task-Manager tun können.

Auf der Registerkarte „Prozesse“ sehen Sie für alle laufenden Prozesse die jeweilige momentane

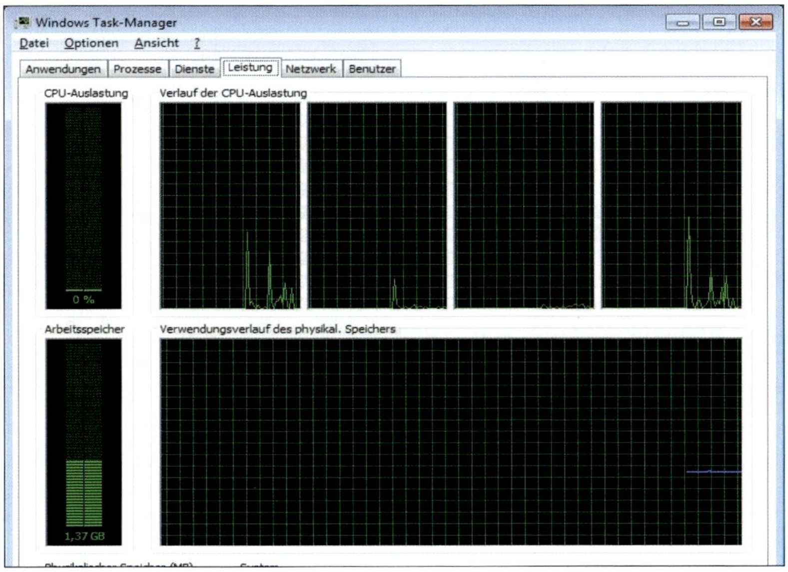

Der Task-Manager gibt Auskunft über die gesamte Rechenleistung und den derzeit belegten Speicher Ihres Computers.

Sie können Ihren Computer über die Tastatur problemlos steuern. Dabei unterscheidet man zwischen den üblichen PC-Tastaturen und den Multimedia-Tastaturen.

PRAXIS-TIPP

Über die Schaltfläche „Ressourcenmonitor“ (siehe Seite 181) finden Sie eine noch deutlich genauere Anzeige über die aktuelle Auslastung der Systemressourcen.

Auslastung und den dafür benötigten Speicherplatz. Wenn Sie das Gefühl haben, auf Ihrem Computer geht gar nichts mehr voran, oder er ist einfach generell sehr langsam, könnten Sie den Grund hierfür im Task-Manager finden. Suchen Sie nach einem Prozess, der allen anderen „Zeit und Leistung stiehlt“, und beenden Sie diesen über den Task-Manager. Aber seien Sie mit Systemprozessen vorsichtig. Sie können damit den laufenden Betrieb des PCs empfindlich stören.

Auf der Registerkarte „Leistung“ werden zwei weitere wichtige Diagramme angezeigt: Die aktuelle Auslastung und der belegte Speicher an Ihrem Computer. Dabei wandert die Anzeige von rechts nach links. Der rechte Rand entspricht also immer dem aktuellen Zustand. Hier können Sie sofort auf einen Blick sehen, wenn ein bestimmtes Programm nicht mehr ordnungsgemäß läuft und der PC sich deshalb extrem langsam verhält. In solchen Fällen steht die Auslastung meistens konstant auf 100 %. Hier empfiehlt es sich immer, die betroffenen Programme über den Task-Manager sofort zu beenden und im Bedarfsfall neu zu starten.

Tastatur

Bei der Tastatur üblicher PCs gibt es keine großen Unterschiede. Die normale Tastatur verfügt über 102 Tasten. Daneben existieren auch sogenannte Multimedia-Tastaturen mit mehr Tasten, die zur Steuerung eines Media Players und zum Öffnen verschiedener Webbrowser und E-Mail-Programme geeignet sind. Um eine Tastatur zu verwenden, müssen Sie diese lediglich an Ihrem PC anschließen. Windows ab Version 7 enthält bereits alle notwendigen Treiber automatisch. Eine Ausnahme bilden die Multimedia-Tastaturen, da diese aufgrund der speziellen Tasten weitere Treiber benötigen. Früher wurden Tastaturen in der Regel über den PS/2-Anschluss (siehe Seite 174) angeschlossen. Seit aber USB immer weiter auf dem Vormarsch ist, wurde dieser Standard abgelöst. Zur Verwendung einer USB-Tastatur muss bei vielen Computern im BIOS (siehe Seite 31) eine entsprechende Option eingeschaltet werden.

Des Weiteren gibt es noch sogenannte Funktastaturen, bei denen keine Kabelverbindung notwendig ist, was bei sehr beengten Platzverhältnissen auf dem Schreibtisch von Vorteil ist. Notebook-Tastaturen haben im Gegensatz zu den externen Tastaturen deutlich weniger Tasten. Auch die Anordnung der Tasten ist bei Weitem nicht so standardisiert.

PRAXIS-TIPP

Achten Sie beim Kauf einer Tastatur auf das deutsche Layout mit der Buchstabenfolge QWERTZ (siehe Seite 175) in der oberen Reihe. Die tatsächliche Belegung der Tasten wird von Windows gesteuert, sollte aber mit den aufgedruckten Buchstaben übereinstimmen.

Tastenkombinationen

Für die Ausführung bestimmter Funktionen reichen bei den meisten Programmen die Tasten einer normalen Tastatur nicht mehr aus. Deshalb werden sehr oft sogenannte Tastenkombinationen verwendet. In der Regel können Sie zwar jede Funktion auch mithilfe

Neben den „normalen“ Tastaturen gibt es auch noch sogenannte ergonomische Tastaturen, die das Arbeiten am PC gelenkschonender machen sollen.

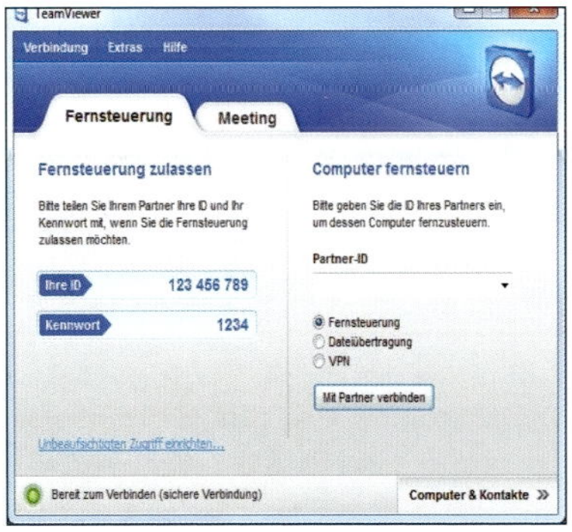

Über TeamViewer kann man den Bildschirm aus der Ferne beliebig steuern.

der Maus ausführen, aber bei der normalen Arbeit sind die Tastenkombinationen oft schneller zu erreichen, da mit der Maus mehrere Klicks durch eine Navigation notwendig sind. Bei den Tastenkombinationen müssen meistens eine oder auch zwei Tasten festgehalten werden, während eine weitere Taste gedrückt wird. Dabei gibt es ein paar bestimmte Tasten, die sehr oft zur Anwendung kommen: beispielsweise die [Strg]-, [Win]-, [Alt]- oder ab und zu auch die [Umschalt]-Taste. Die wichtigsten Tastenkombinationen finden Sie unter dem Begriff „Shortcut“ (Seite 197).

TCP/IP

Das TCP/IP-Protokoll wird bei Windows standardmäßig zur Übertragung sämtlicher Daten im Netzwerk verwendet. Daneben akzeptiert Windows ab Version 7 keine anderen Protokolle mehr, auch nicht solche, die noch in älteren Windows-Versionen zum Einsatz gekommen sind.

Das TCP/IP-Protokoll heißt ausgeschrieben Transmission Control Protocol/Internet Protocol. Um das aktuelle TCP/IP-Protokoll anwenden zu können, braucht jeder Computer eine eindeutige IP-Adresse, über die der PC identifiziert werden kann. Anhand dieser Adresse, die in der Regel aus vier aufeinanderfolgenden Zahlen besteht, kann der jeweilige Computer sowohl im eigenen Netzwerk als auch im Internet eindeutig erkannt werden. Es gibt zwei Möglichkeiten, an eine solche IP-Adresse zu gelangen: Entweder sind sie bereits am PC fest eingestellt oder sie werden von einem DHCP-Server (siehe Seite 48) im Netzwerk automatisch vergeben. Die meisten Router enthalten bereits standardmäßig einen solchen DHCP-Server. Im Internet werden die IP-Adressen in leichter zu merkende Domainnamen umgesetzt.

TeamViewer

Wenn es ein Problem am Computer gibt, hilft Kennern oft schon ein Blick auf den Bildschirm oder eine Meldung, um eine Lösung zu finden. Leider sind die Experten meistens nicht vor Ort. Genau in solchen Fällen ist die Software TeamViewer hilfreich. Hierbei handelt es sich um eine Software, mit der man auf den Bildschirm eines anderen sehen und dessen Computer „fernsteuern“ kann, um damit ein Problem zu lösen. Um diese Software nutzen zu können, muss derjenige, der um Hilfe bittet, die TeamViewer-Anwendung auf seinem PC starten. Daraufhin wird eine ID und ein Passwort angezeigt, welche er dem Helfer mitteilen muss. Mithilfe dieser Daten kann sich der Experte auf dem PC des anderen einloggen und diesen von der Ferne aus steuern. Diese Verbindung kann jederzeit wieder getrennt werden.

SICHERHEITS-TIPP

Aber Achtung: Die Methode birgt auch gewisse Risiken. So sollten Sie zum Beispiel immer nur vertrauenswürdige Personen mit der Lösung Ihrer PC-Probleme beauftragen. Obendrein empfiehlt es sich, vorab immer private Dateien durch ein Passwort zu schützen.

- TeamViewer: www.teamviewer.de

Telnet

Unter Telnet versteht man ein veraltetes Protokoll, bei dem sämtliche Daten per Textzeichen übertragen wurden. Dies kam vor allem bei den ersten GPS-Empfängern und auch bei Routern zum Einsatz. Da dieses Protokoll heute nicht mehr verwendet wird, ist das dafür erforderliche Programm namens

So stellt sich ein kreativer Illustrator die Datenübertragung bildlich vor, die auch bei Telnet nur aus digitalen Daten besteht.

Hyperterminal unter Windows 7, 8 und 10 gänzlich verschwunden.

Heute wird das Protokoll Telnet hauptsächlich noch zur „Fernsteuerung" von Computern eingesetzt. Allerdings kann es sein, dass nicht nur komplette externe Geräte, wie zum Beispiel ein weiterer PC, gesteuert werden müssen, sondern auch einzelne Programme. Dabei ist der Austausch in beide Richtungen möglich, sowohl vom Steuergerät zum anderen Computer als auch umgekehrt. Beispiele hierfür sind: der Zugriff auf öffentliche Bibliotheken, das Abfragen von diversen Datenbanken, Einstellungen für verschiedene Software, die von extern eingegeben werden können, aber auch das Einloggen auf einen eigenen E-Mail-Account von einem anderen Computer. Ein weiterer Einsatzbereich von Telnet ist nach wie vor das Pflegen von Webseiten. Telnet macht diesen Vorgang einfach, schnell und von überall aus durchführbar. Denn ohne Telnet müsste man die Datei, die man auf einer Webseite ändern möchte, erst auf den Computer laden, diese abändern und schließlich wieder zurück auf den Webserver übertragen.

Temporäre Datei

Wenn Sie mit einem bestimmten Programm arbeiten, werden gleichzeitig temporäre Dateien von Ihrem gerade bearbeiteten Dokument abgespeichert, und zwar im selben Ordner wie das Dokument selbst. Wenn Sie mit Ihrer Arbeit an dem Dokument fertig sind, alle Daten gespeichert und das Programm beendet haben, werden diese temporären Dateien nicht mehr benötigt. Da diese aber leider ab und zu nicht automatisch vom System gelöscht werden, empfiehlt es sich, diese in regelmäßigen Abständen selbst zu löschen, um nicht unnötig Speicherplatz zu blockieren.

Üblicherweise wird für temporäre Dateien der Ordner „C:\Benutzer\Benutzername\Local\Temp" verwendet. Am einfachsten erfolgt das Löschen mit der Datenträgerbereinigung von Windows. Dazu öffnen Sie das Startmenü und klicken auf „Zubehör/Systemprogramme/Datenträgerbereinigung". Im Dialogfeld „Datenträgerbereinigungsoptionen" wählen Sie aus, ob Sie nur Ihre eigenen Dateien oder alle Dateien auf dem Computer bereinigen wollen. Wählen Sie im Dialogfeld „Datenträgerbereinigung: Laufwerksauswahl" die Festplatte aus, die Sie bereinigen möchten, und klicken Sie auf „Ok". Auf der Registerkarte „Datenträger bereinigen" aktivieren Sie nun mit dem Kontrollkästchen die Dateien, die gelöscht werden sollen.

Temporäre Internetdateien

Bei Microsoft sind temporäre Internetdateien der Cache (siehe Seite 36) des Internet Explorers. Diese sind allerdings im System gut verborgen und schwer zu finden.

PRAXIS-TIPP

Mithilfe der Datenträgerbereinigung können Sie temporäre Internetdateien löschen. Dabei wird nur der Cache des Internet Explorers berücksichtigt, der Cache bei anderen Browsern wie Firefox bleibt bestehen und muss separat gelöscht werden. Da der Cache aus vielen kleinen Dateien besteht, ist der effektiv frei werdende Speicherplatz meistens groß. Inhalte, die Sie offline abgespeichert haben, sind von der Bereinigung nicht betroffen.

Terabyte

Terabyte (TByte/TB) ist nach Gigabyte die nächstgrößere Einheit, mit der die Größe der Festplatte angegeben wird. Dabei sind heute Festplatten mit einer Größe von 1 bis 2 TByte schon lange keine Seltenheit mehr. Diese Speichermedien sind dafür geeignet, viele und große Daten sicher abzuspeichern.

Einheiten für Festplattengrößen	
1 KByte (Kilobyte)	1.024 Byte
1 MByte (Megabyte)	1.024 KByte
1 GByte (Gigabyte)	1.024 MByte
1 TByte (Terabyte)	1.024 GByte
1 PByte (Petabyte)	1.024 TByte

Tethering

Da es heutzutage in den meisten Städten eine sehr gute HSDPA-Versorgung (siehe Seite 89) gibt, ist eine schnelle und gute Datenübertragung auch per Handy gesichert, sodass moderne Smartphones mit dem DSL konkurrieren können. Aus diesem Grund bietet es sich an, das Handy unterwegs als mobilen Internetzugang für das Notebook zu nutzen – das sogenannte Tethering. Der Begriff stammt aus dem Englischen und wird von dem Wort „anbinden" abgeleitet.

Um eine Verbindung vom Handy zum Notebook zu erstellen, gibt es verschiedene Möglichkeiten: ein USB-Kabel, via Bluetooth oder über WLAN. Dabei ist letztere Variante der einfachste Weg, da hierfür keine zusätzliche Hardware benötigt wird. Das Smartphone kann dabei nicht nur eingesetzt werden, um ein Notebook mit dem Internet zu verbinden, sondern auch Tablet-PCs, iPods und sonstige Geräte, die mit WLAN ausgestattet sind. Wie viele Geräte über das Smartphone eine Internetverbindung bekommen können, hängt von dem jeweiligen Modell ab.

Textdatei

Eine Textdatei enthält nur normalen, unformatierten Text. Sie wird mit einem Editor erstellt und besitzt die Dateiendung „.txt".

Textverarbeitung

Wenn Sie Texte erstellen oder bearbeiten, spricht man im Allgemeinen von Textverarbeitung. Dies geschieht in der Regel an einem Computer oder einem ähnlichen Gerät, wie zum Beispiel einem Smartphone oder einem Tablet-PC. Um einen Text zu erstellen, gibt es verschiedene Möglichkeiten: Entweder Sie tippen in ein leeres Dokument eines entsprechenden Textprogramms wie MS Word, oder aber Sie kopieren bereits bestehenden Text aus einer anderen Quelle in Ihr neues Dokument. Wenn Sie dann Ihren Text kontrollieren und auf Rechtschreibung und Grammatik korrigieren, spricht man vom Bearbeiten des Textes. Auch das Formatieren gehört zur Textverarbeitung dazu. Hier wird dafür gesorgt, dass Ihr Textdokument eine übersichtliche Form annimmt. Dazu zählen die Gliederung in Kapitel und Abschnitte mit Überschriften, die Schriftart, die Schriftgröße sowie die Schriftauszeichnung. Elemente wie Inhalte, Bilder und Tabellen können in Verzeichnissen (Inhaltsverzeichnis, Bildernachweise) angeordnet werden, damit diese auf den ersten Blick zu finden sind. Auch Bilder können in das Dokument eingefügt werden. Windows liefert zwei verschiedene Textverarbeitungsprogramme automatisch mit: den Editor und das deutlich komfortablere WordPad. Hiermit können Sie Texte erstellen und schließlich bearbeiten. Diese Programme finden Sie unter „Alle Programme" und „Zubehör". Daneben

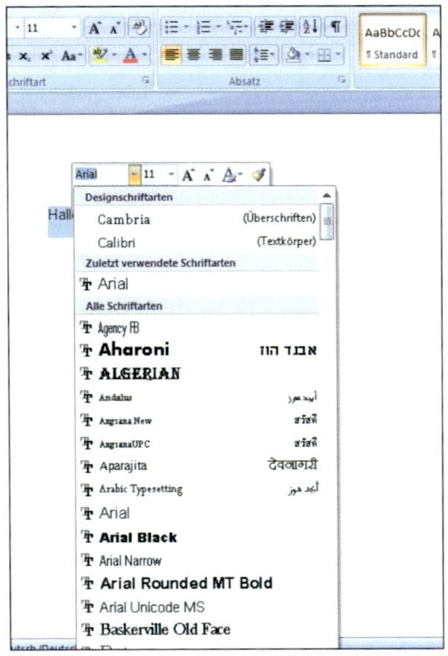

Die Schriftart gehört zu einem der wichtigsten Elemente in der Textverarbeitung.

gibt es auch noch etwas anspruchsvollere Textverarbeitungsprogramme, die allerdings zum Teil kostenpflichtig sind.

- AbiWord: http://abisource.com
- LibreOffice: http://de.libreoffice.org
- Microsoft Word: http://office.microsoft.com/de-at/word
- OpenOffice.org: www.openoffice.org/de

Thunderbird

Thunderbird ist ein kostenloses E-Mail-Programm von Mozilla. Die Vorteile sind hier die mögliche Erweiterung durch Plug-ins (siehe

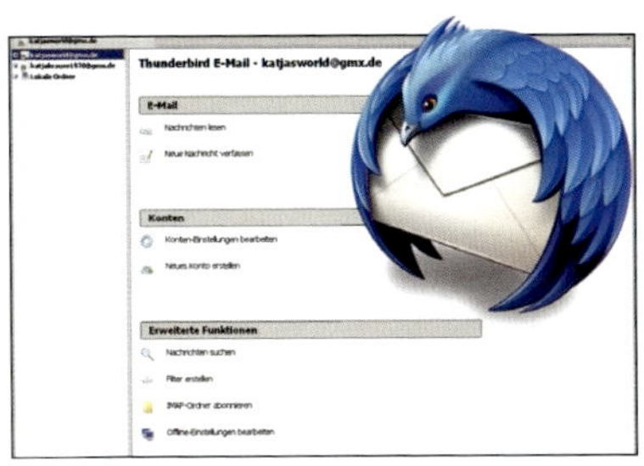

Thunderbird hilft Ihnen, Ihre E-Mails übersichtlich zu verwalten.

Seite 165) und mehr Komfort, als die meisten anderen E-Mail-Programme anbieten. So gibt es hier unter anderem einen hilfreichen Assistenten zum Einrichten von E-Mail-Konten, eine Anhang-Erinnerung, die Ihre Mail auf den Begriff „Anhang“ durchsucht: So vergessen Sie nicht, den im Text erwähnten Anhang auch tatsächlich einzufügen. Ein integrierter Schnellfilter unterstützt Sie beim Filtern all Ihrer Nachrichten.

- Thunderbird: www.tmozilla.org/de/thunderbird
- Thunderbird-Erweiterungen: http://addons.mozilla.org/de/thunderbird

TIF-Format

Um Bilder auf dem PC abzuspeichern, gibt es verschiedene Formate. Das sogenannte TIF-Format ist eines davon und bietet im Vergleich zu anderen Formaten eine gute Druckqualität. Denn hier sind keine störenden Artefakte im Bild zu sehen. Dies führt allerdings auch dazu, dass sie größer sind und mehr Speicher benötigen.

Tintenstrahldrucker

Druckergeräte arbeiten mit unterschiedlichen Techniken. Eine davon ist die sogenannte Tintenstrahltechnik, welche im Vergleich zu anderen eher preiswert ist. Hierbei wird die farbige Tinte mit feinen Düsen auf das Papier gespritzt. Nachteil dieser Technik ist, dass Bilder und auch Text leichter verwischen können.

Bei der Anschaffung eines Druckers sollten Sie auch immer die Preise der Druckerpatronen mitberücksichtigen. Denn bei in der Anschaffung günstigen Geräten können die Verbrauchskosten sehr hoch werden. Man kann zwar nicht sagen, dass teurere Drucker immer sparsamer sind, aber Nachfüllpatronen hochwertiger Geräte halten in der Regel auch länger. Es gibt auch die Möglichkeit, No-Name-Patronen zu kaufen. Hier ist die Qualität aber sehr unterschiedlich und meistens erlischt die Herstellergarantie für den Drucker, wenn man solche Patronen verwendet.

Beim Drucken gibt es heutzutage verschiedene Methoden. Dabei wird die Tintenstrahltechnik hauptsächlich bei günstigeren Druckergeräten eingesetzt.

Tippfehler

Es kann natürlich immer mal vorkommen, dass man sich beim Erstellen eines Textes vertippt und Fehler einbaut. Je nachdem, wofür der Text gedacht ist, sollte man auf korrekte Schreibung achten: Ist es ein offizieller Brief oder nur eine private Gedankenstütze? Die meisten Programme bieten hier eine Hilfe: Textverarbeitungsprogramme wie Word, OpenOffice oder LibreOffice haben eine automatische Rechtschreibprüfung integriert, die Ihnen helfen soll, Tippfehler zu vermeiden. Bei dieser Funktion werden in Echtzeit, also direkt beim Schreiben des Textes, Ihre Wörter überprüft und unbekannte oder schlichtweg falsch geschriebene Wörter mit einer roten Wellenlinie gekennzeichnet. Hier können

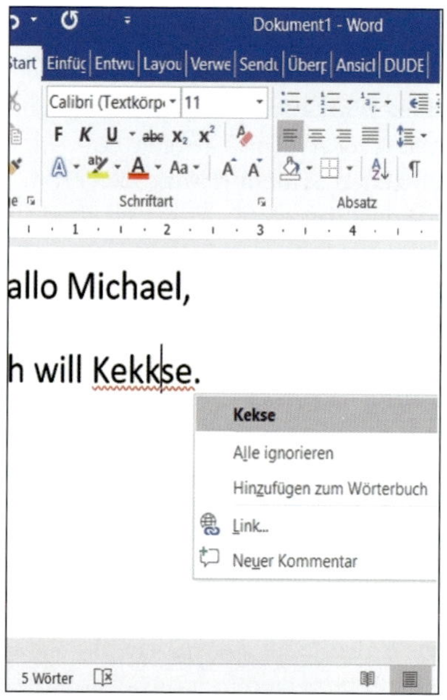

Word bietet bei falschen Wörtern entsprechende Alternativen an.

Sie dann mit der rechten Maustaste auf das unterstrichene Wort klicken und es werden mögliche Verbesserungsvorschläge dazu angezeigt, aus denen Sie direkt das richtige Wort auswählen können. Dieses wird dann in Ihrem Dokument gleich ersetzt. Weitere Informationen finden Sie unter „Rechtschreibprüfung“ (Seite 178).

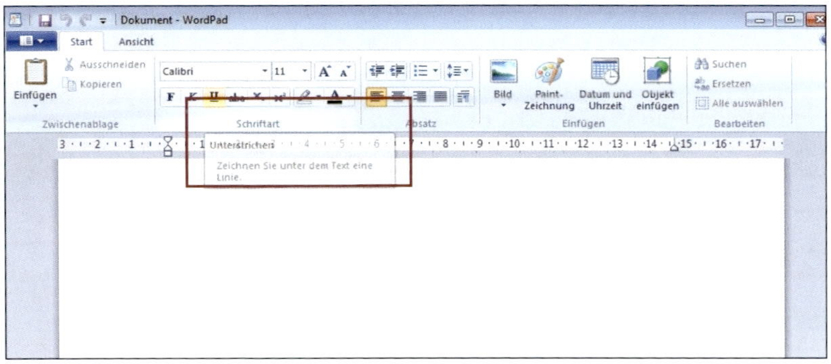

In der Toolbar, oder auch Symbolleiste genannt, finden Sie die verschiedensten Werkzeuge, Tools, um Ihre Dokumente beliebig zu bearbeiten.

Titelleiste

Auf der sogenannten Titelleiste ist links neben dem jeweiligen Namen des Programms, welches gerade geöffnet ist, auch der Dokumentenname sichtbar. Somit sehen Sie immer auf einen Blick, wo Sie sich gerade befinden.

Rechts in der Titelleiste sind drei weitere Symbole abgebildet. Mit dem linken lassen sich Dokumente oder auch Webseiten minimieren, sprich unten in die Taskleiste ablegen. Mit dem mittleren Symbol können Sie die Größe des aktuellen Dialogfensters bestimmen. Mit einem Klick wird die gesamte Bildschirmgröße verkleinert und umgekehrt. Das Symbol ganz rechts schließt das jeweilige Fenster komplett. Letzteres ist auch mit der Tastenkombination [Alt]+[F4] möglich. Wenn Sie Ihr Fenster mit dem mittleren Symbol etwas reduziert haben, können Sie dieses an eine beliebige Stelle des Bildschirms verschieben. Hierfür gehen Sie mit dem Mauszeiger auf die Titelleiste, drücken die linke Maustaste und verschieben das Fenster an die gewünschte Stelle. Hinter dem Programmsymbol ganz links verbirgt sich ein kleines Menü. Sie erreichen dieses mit einem Klick auf das Symbol.

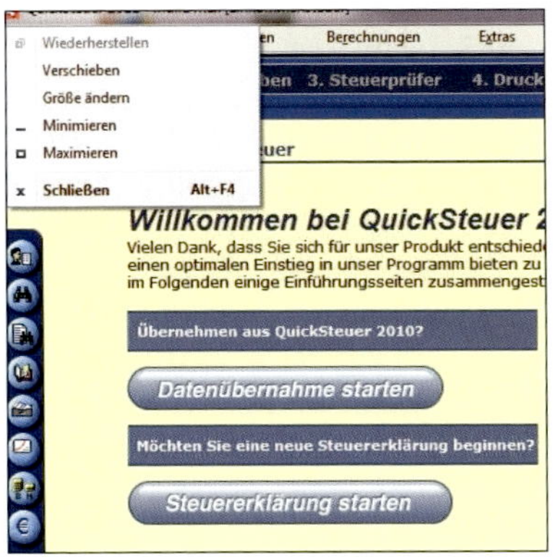

Auf der Titelleiste sind einige nützliche Informationen platziert.

Titelliste

Wenn Sie eine Audio-CD in Ihren Computer einlegen, baut der bereits installierte Windows Media Player automatisch eine Internetverbindung auf, übermittelt die Daten der CD und lädt die Titelliste sowie das dazugehörige Cover des Albums herunter. Das funktioniert aber nur, wenn die Audio-CD in der Onlinedatenbank auch verfügbar ist. Wenn Sie aber nicht möchten, dass das Programm jedesmal, wenn Sie eine Audio-CD in Ihr Laufwerk einlegen, die notwendigen Daten versendet, um Cover und entsprechende Titelliste bereitzustellen, können Sie diesen Vorgang auch ganz einfach abschalten. Gehen Sie dazu auf das Menü „Organisieren/Optionen“ des Windows Media Players, und schalten Sie bei der Registerkarte „Datenschutz“ den Punkt „Medieninformationen aus dem Internet anzeigen“ aus.

Tool

Tool kommt aus dem Englischen und bedeutet übersetzt „Werkzeug“. In der Computersprache wird das Wort für kleine nützliche Programme oder erweiterte Funktionen innerhalb eines Programms verwendet.

Toolbar

Unter der Toolbar versteht man eine Leiste, in der verschiedene Werkzeuge für das Bearbeiten der Objekte platziert sind. Allerdings ist hierfür der Begriff „Symbolleiste“ weiter verbreitet. Diese Toolbar befindet sich in der Regel am oberen Fensterrand eines Programms und kann mit einem Rechtsklick beliebig angepasst werden. Eine bekannte Toolbar ist die sogenannte Google-Toolbar.

Tooltipp

Wenn in Programmen automatisch ein kleines Fenster mit Erklärungen auftaucht, spricht man hierbei von einem Tooltipp. Dieser erscheint, wenn Sie mit der Maus einen kurzen Moment über einer Schaltfläche oder einem Menüpunkt stehen bleiben. Diese Tooltipps erklären kurz und knapp die Funktion des Elements und sind oft sehr hilfreich.

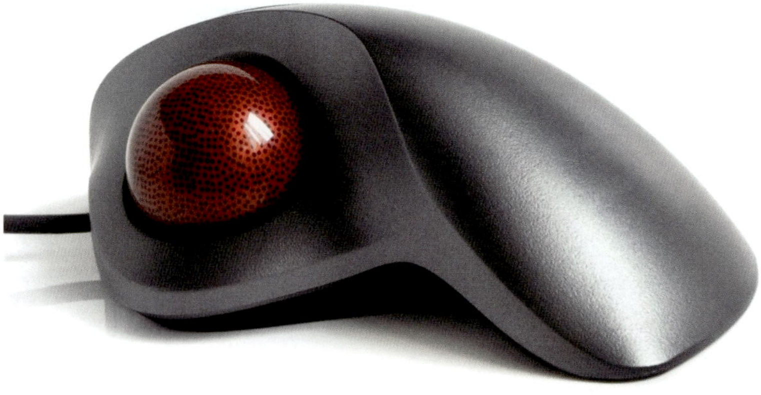

Trackballs funktionieren im Grunde wie eine herkömmliche Computermaus, sind aber aus gesundheitlichen Gesichtspunkten unter Umständen empfehlenswerter.

Touchpad

Das Touchpad ist eine berührungssensitive Fläche, die zur Steuerung des Mauszeigers dient, ohne dass eine PC-Maus erforderlich ist. Da das Notebook hauptsächlich zum Arbeiten für unterwegs eingesetzt wird, verfügen fast alle Notebooks über ein solches Touchpad. Dieses befindet sich in der Regel direkt unter der Tastatur. Diese Funktion ist sehr sinnvoll, da nicht immer ausreichend Platz ist, um mit einer Maus zu hantieren.

Die meisten Touchpads haben zwei zusätzliche Tasten, die den beiden Maustasten links und rechts entsprechen. Unter „Systemsteuerung/Hardware und Sound/Geräte und Drucker/Maus“ können Sie diese Tasten entsprechend konfigurieren. In der Regel zeigen die Touchpads auch ein Symbol im Infobereich der Taskleiste rechts unten neben der Uhr an. Wenn Sie auf dieses Symbol klicken, kommen Sie ebenfalls in den Einstellungsdialog und können verschiedene Konfigurationen für die Maus vornehmen. Die Maus hat zwischen linker und rechter Maustaste ein Rad, mit dem Sie auf dem Bildschirm beliebig scrollen können. Hierfür besitzen die meisten Touchpads eine eingebaute Fläche am rechten Rand, auf der Sie mit Bewegungen nach oben oder unten das Gleiche erzielen wie mit dem Mausrad.

Dabei ist die Bedienung des Touchpads sehr einfach, wenn auch am Anfang vielleicht etwas gewöhnungsbedürftig. So wird zum Beispiel ein kurzes Antippen als Mausklick erkannt, sodass die linke Maustaste überflüssig ist. Das Gleiche gilt auch für einen Doppelklick. Manche Touchpads werten dreifaches Antippen als Rechtsklick.

Das Touchpad bei Notebooks ersetzt die Maus mit all ihren Funktionen.

Touchscreen

Touchscreen nennt man die Technik, wenn der Monitor eines PCs oder eines ähnlichen Gerätes zum kombinierten Ein- und Ausgabegerät wird, d.h., wenn Sie sowohl auf diesem arbeiten, als auch die Infos, Bilder, Texte, Webseiten etc. sehen und lesen können. Statt mit der Maus und dem Cursor wird auf einem Touchscreen direkt mit dem Finger oder einem Stift gearbeitet bzw. werden sämtliche Bewegungen ausgeführt. Bei Touchscreens unterscheidet man grundsätzlich zwischen zwei Arten: einmal moderne kapazitive Modelle, die sich mit einem sanften Fingerstrich bedienen lassen, und auf der anderen Seite der resistive Touchscreen, der auf Druck reagiert und sich auch mit einem Stift bedienen lässt. Während Smartphones und PDAs schon längere Zeit auf eine Tastatur verzichten und mit Touchscreens arbeiten, ist mit der Einführung der Tablet-PCs auch der erste Schritt in diese Richtung bei PCs gemacht worden. Allerdings eignen sich Touchscreens nur für Bildschirme, die flach auf dem Tisch oder in der Hand aufliegen.

Trackball

Ein Trackball ist eine Art Maus. Der Unterschied zu herkömmlichen Computermäusen ist seine Bauart, auffällig ist die große Kugel, die am Gehäuse angebracht ist. Wenn die Kugel bewegt wird, steuert sie den Mauszeiger auf dem Bildschirm. Dabei gibt es verschiedene Varianten, wo diese Kugel am Gehäuse platziert ist. Am weitesten verbreitet sind die Trackballs, bei denen die Kugel am oberen Ende des Gehäuses angebracht ist. Die beiden Maustasten befinden sich links und rechts neben der Kugel. Dieses Gerät kann sowohl von Links- als auch von Rechtshändern benutzt werden. Bei einer anderen Variante des Trackballs legt man die Handfläche auf einer angepassten, konvexen Fläche ab. An der Stelle, an der Ihr Daumen liegt, befindet sich die Kugel. So können Sie diese leicht, ohne große Verrenkungen, bedienen. Dort, wo Ihr Zeige- und Mittelfinger aufliegen, sind je nach Bauweise zwei bis vier Maustasten und ein Mausrad platziert. Der große Vorteil von Trackballs liegt darin, dass nur wenige Finger bewegt werden müssen und Ihre Hand relativ ruhig liegen bleibt. Dies ist vor allem für Menschen interessant, die anfällig für Sehnenscheidenentzündung sind. Auch für Menschen mit körperlichen Einschränkungen sind diese Geräte eine große Hilfe. Denn hierfür können Trackballs individuell auf die Bedürfnisse angepasst werden, zum Beispiel gibt es Trackballs mit besonders großen Kugeln und die Möglichkeit, die Empfindlichkeit individuell einzustellen. Schließlich kann ein Trackball präziser geführt werden als eine herkömmliche Maus.

Tracking-Schutz

Wenn Sie im Internet surfen, hinterlassen Sie Spuren auf Ihrem PC, es ist für Dritte nachvollziehbar,

Im Internet können Sie sämtliche Tracking-Schutz-Listen einsehen.

Wenn Sie im Internet unterwegs sind, hinterlassen Sie automatisch Spuren. Mit einem geeigneten Schutz können Sie verhindern, dass Dritte Sie ausspionieren.

SICHERHEITS-TIPP

Um eigene Listen für den Tracking-Schutz zu erstellen, gehen Sie auf „Sicherheit/Tracking-Schutz“. Hier können Sie individuelle Einstellungen vornehmen. Aber dies ist kein Muss, denn normalerweise reicht die Liste, die standardmäßig voreingestellt ist, bestens aus. Wenn Sie in der Standardliste auf „Einstellungen“ klicken, können Sie selbst bestimmen, welche Anbieter blockiert oder zugelassen werden. Auch können Sie festlegen, ab wann ein Anbieter mit aufgenommen wird.

welche Webseiten Sie besucht haben. Durch das Löschen des Verlaufs können Sie diese gespeicherten Daten entfernen. Aber auch die Werbeseitenbetreiber speichern Daten über Ihren „Besuch“. Wenn Sie also nicht nur auf Ihrem PC Ihre Spuren verwischen möchten, sondern auch für Anbieter von Webseiten unerkannt bleiben möchten, gibt es den Tracking-Schutz im Internet Explorer und anderen Browsern. Hierbei sinkt das Risiko, dass es Dritten ermöglicht wird, Ihre persönlichen Daten auszuspionieren oder aus Ihrem Surfverhalten Schlüsse zu ziehen, um dann unerwünschte Werbung an Sie zu richten.

Transferrate

Wenn Daten übertragen werden, geschieht dies in einer gewissen Zeit. Der Begriff Transfer- oder Datenübertragungsrate bezeichnet die digitale Datenmenge, die innerhalb einer bestimmten Zeiteinheit übertragen wird. Hieran kann man sehen, wie gut und schnell eine Verbindung zustande kommt. Dabei wird die maximale Datenmenge, die überhaupt übertragen werden kann, als sogenannte Kanalkapazität bezeichnet. Je nach Leistungsfähigkeit des Übertragungskanals variiert die tatsäch-

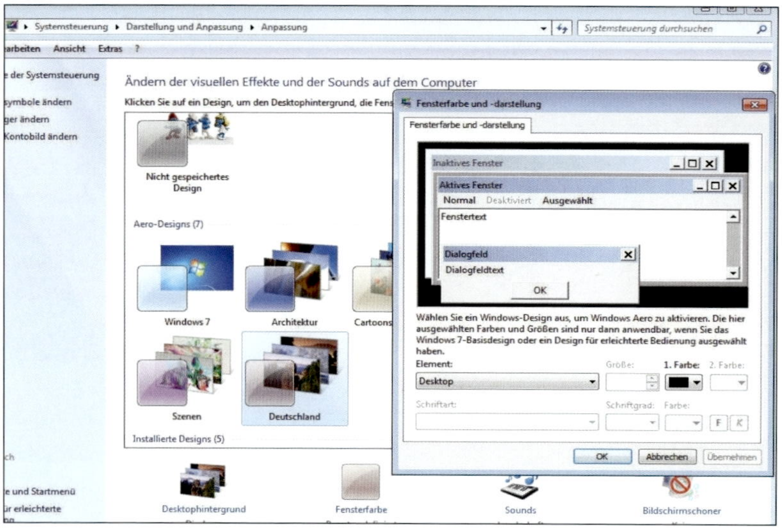

Sie können die Dialogfenster individuell farbig und transparent gestalten und so das optische Erscheinungsbild Ihres PCs selbst bestimmen.

liche Transferrate aber erheblich. Mögliche Kanäle können zum Beispiel eine Verbindung zu einem Internetdienstanbieter sein, die Verbindung zu einem beliebigen Speichermedium, wie zum Beispiel einem USB-Stick oder aber eine Verbindung im Netzwerk. Hierbei ist die Transferrate von mehreren Faktoren abhängig: zum einen von den Netzwerkkarten, die unterschiedliche Raten ermöglichen, zum anderen auch von den Netzwerkkabeln, welche in verschiedenen Kategorien am Markt erhältlich sind. Ganz allgemein gilt: Ein Netzwerk kann nur so schnell sein, wie dessen langsamste Komponente ist.

Transparenz

Wenn Sie die Aero-Oberfläche im Betriebssystem Windows 7 verwenden, haben Sie mehrere Möglichkeiten, Ihre Fenster zu gestalten. Windows bietet hier unter anderem eine Auswahl an verschiedenen Farbschemata zur Auswahl an. Diese können Sie auswählen, wenn Sie mit der rechten Maustaste auf den Desktop klicken, den Menüpunkt „Anpassen“ wählen und schließlich auf die „Fensterfarbe“ klicken. Hier haben Sie eine große Auswahl an unterschiedlichen Farbtönen, die man über Sättigung und Helligkeit feiner und individuell nach eigenem Geschmack einstellen kann. Ist unter diesen Einstellungen das Kontrollkästchen „Transparenz aktivieren“ eingeschaltet, erscheinen die Titelleiste und die Ränder jedes Fensters durchscheinend, sodass man das darunterliegende Fenster oder den Desktop noch leicht verschwommen erkennen kann. Mit dem Regler „Farbintensität“ können Sie die Transparenz beliebig verstärken, also die transparente Fläche noch durchscheinender machen, oder die Transparenz reduzieren.

Treiber

Wenn Sie Geräte in Ihren PC einbauen oder von außen mit einer Verbindung an den Computer schließen, sind in der Regel sogenannte Treiber, eine Art Software, notwendig, damit die Geräte mit dem PC interagieren können und mit anderen Geräten kompatibel sind, also „zusammenpassen“. Windows übernimmt dabei die Steuerung der Treiber bzw. deren Installation. Denn in der Regel müssen Sie nichts weiter tun, als die Geräte anzuschließen. Windows 7 bis 10 liefern für alle gängigen Hardwarekomponenten die nötigen Treiber automatisch mit. In älteren Windows-Versionen musste man noch die Original-CD des neuen Gerätes in das Laufwerk legen, damit die Installation des Treibers gestartet werden konnte.

Unter „Startmenü/Geräte und Drucker“ finden Sie die Geräteübersicht (in Windows 7, 8 und 10). Hier sind die wichtigsten Komponenten wie PC und Monitor sowie alle eingerichteten Drucker aufgelistet. Wenn Sie weitere Geräte anschließen, erscheinen auch diese automatisch in der Geräteübersicht – immer vorausgesetzt, die Treiber von Windows sind dafür ausreichend und keine zusätzlichen erforderlich. Im Bereich „Nicht angegeben“ finden Sie auch virtuelle Geräte und Dienste, die dem Betriebssystem gegenüber wie ein Gerät erscheinen. Mit einem Doppelklick auf ein Gerät öffnet sich ein Fenster, in dem

PRAXIS-TIPP

Wenn Sie in der Geräteübersicht mit der rechten Maustaste auf ein Gerät klicken, erscheint automatisch ein Menü, welches Ihnen auf einen Blick diverse Aufgaben und Module dieses Gerätes liefert. Hier gibt es unter anderem auch den Punkt „Verknüpfung erstellen“. Damit lässt sich eine Verknüpfung auf dem Desktop anlegen, um noch schneller auf das Gerät zugreifen zu können, ohne dass Sie die Geräteübersicht öffnen müssen.

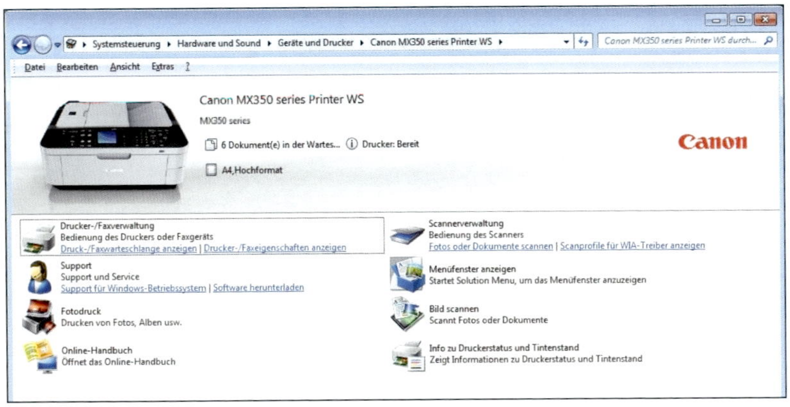

In Windows haben Sie eine Übersicht über alle Geräte und Drucker. Wenn Sie neue Geräte anschließen, erscheinen diese automatisch in der Geräteübersicht.

alle Eigenschaften aufgeführt sind. Auch mögliche Fehler werden gemeldet, beispielsweise ein alter Treiber. Wenn Sie neue Treiber benötigen, laden Sie diese nur aus vertrauenswürdigen Quellen herunter, etwa von der offiziellen Webseite des Herstellers oder über Windows Update – aber nie über eine Suchmaschine im Internet.

- Umfangreiches Treiberarchiv: www.treiber.de
- Treiberupdate: www.treiberupdate.de

Trojaner

Das Wort Trojaner ist vielen aus der griechischen Mythologie ein Begriff. Bezogen auf Computer und Internet versteht man darunter ein Programm, welches auf den ersten Blick wie eine ganz normale Datei aussieht, aber eigentlich eine schädliche Software ist. Trojaner werden unter anderem eingesetzt, um Spionageprogramme auf einen fremden Computer zu bringen oder die Kontrolle über den PC zu erlangen, um ihn „fernzusteuern“. Wie beim ursprünglichen Trojanischen Pferd ist auch der schädliche Anteil des Programms meist gut getarnt, weil der Dateiname auf etwas anderes verweist oder die Software zum Teil auch nützliche Funktionen ausführt. Trojaner sind nicht dasselbe wie Viren, auch wenn dies umgangssprachlich oft miteinander vermischt wird.

Es existieren verschiedene Arten von Trojanern. So können sie zum einen gezielt auf fremde Computer gebracht werden, beispielsweise durch zwei eigenständige Programme: Während Sie das eine Programm nutzen, installiert sich im Hintergrund der Trojaner. Eine weitere Möglichkeit besteht darin, dass Trojaner über bereits installierte Programme auf Ihren PC gelangen, zum Beispiel durch Plugins oder erweiterte Funktionen, die einem Programm hinzugefügt werden. Diese Trojaner können entfernt werden, indem man das Programm beendet oder am besten ganz vom PC löscht. Mögliche Schadfunktionen sind:

- Überwachung Ihrer Daten
- Ausspionieren von persönlichen Daten, wie Passwörter, Kreditkarten- oder Kontonummern
- Fernsteuerung Ihres PCs

Um sich vor Trojanern bestmöglich zu schützen, empfiehlt es sich, nur Programme, auch Updates und Upgrades, aus bekannten und vertrauenswürdige Quellen herunterzuladen. Auch das Verwenden von Antiviren- oder Firewall-Software kann helfen, unerwünschtes Eingreifen auf Ihrem PC durch Dritte zu verhindern. Allerdings bietet eine solche Software nicht hundertprozentigen Schutz, denn es existieren Trojaner, die von den Schutzprogrammen nicht erkannt werden.

Wenn Sie einen Trojaner auf Ihrem Computer haben, kann dieser erheblichen Schaden anrichten, ohne dass Sie es zunächst bemerken können.

Wenn Sie sogenannte TV-Karten an Ihren Computer anschließen, haben Sie die Möglichkeit, über Ihren Bildschirm Fernsehsignale zu empfangen und sogar Fernsehsendungen auf Ihrer Festplatte aufzuzeichnen.

TrueType-Schrift

Das Betriebssystem Windows liefert eine bestimmte Palette an integrierten Schriftarten automatisch mit. Diese sind in der Regel sogenannte TrueType-Schriftarten, die oftmals auch als Vektorgrafikschriften bezeichnet werden. Ein besonderes Merkmal dieser Schriften ist, dass sie durch Linien und Kurven geformt werden. Dies hat den Vorteil, dass bei TrueType-Schriften, im Gegensatz zu Bitmapschriften (siehe Seite 31), auch bei einer großen Schriftgröße die Kanten sehr sauber bleiben. TrueType-Schriften werden als Dateien mit der Endung „.ttf“ geliefert.

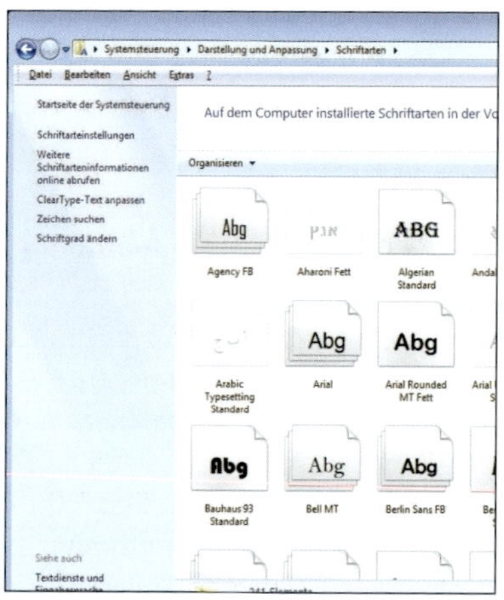

Die bei Windows mitgelieferten Schriften sind in der Regel TrueType-Schriften.

TV-Karte

Unter einer TV- oder Fernsehkarte versteht man eine Erweiterungskarte für Ihren Computer, mit der Sie an Ihrem Bildschirm TV-Inhalte sehen oder auf Ihre Festplatte aufzeichnen können. Neben solchen TV-Karten gibt es auch die Möglichkeit, über USB-Verbindung Fernsehsignale auf den PC zu bekommen. Doch diese Variante ist anstatt für übliche PCs besser für Notebooks geeignet.

Wenn Sie eine TV-Sendung aufnehmen möchten, müssen die Daten aus einer digitalen TV-Karte auf einem Datenträger gespeichert werden. Da hierfür allerdings eine enorme Speicherkapazität erforderlich ist, kommen eigentlich nur Festplatten in Frage. Auch mit einer analogen TV-Karte können Sie aufzeichnen. Allerdings müssen hierfür die Bild- und Tonsignale zunächst vom PC digitalisiert und komprimiert werden, damit sie auf einem Datenträger abgespeichert werden. Im Gegensatz zum Aufnehmen mit digitalen TV-Karten leidet hierbei die Qualität enorm.

TV-Tuner

Mithilfe von sogenannten TV-Tunern kann Ihr Bildschirm über eine spezielle Software die Fernsehinhalte darstellen. Damit erfüllen sie die gleiche Funktion wie eine „TV-Karte“. Es gibt verschiedene Arten von TV-Tunern – je nachdem ob Sie über Kabel, Satellit oder Digitalfernsehen verfügen. Bevor Sie solche TV-Tuner verwenden können, müssen Sie in der Regel notwendige Treiber installieren.

TweakUI

TweakUI war in früheren Windows-Versionen ein beliebtes Programm, um die Windows-Oberfläche individuell anzupassen. Für die aktuellen Windows-Versionen gibt es TweakUI nicht mehr, da diese Funktionen durch andere Features ersetzt wurden, die Windows 7, 8 und 10 bereits integriert haben.

Twitter

Über soziale Netzwerke kann man immer und überall mit der ganzen Welt in Kontakt bleiben. Ein bekannter Nachrichtendienst ist hier die Plattform Twitter.

Bei Twitter handelt es sich um einen Kurznachrichtendienst, der weltweit immer beliebter und vor allem bekannter wird. Schon lange wird Twitter nicht mehr allein von Privatpersonen verwendet, sondern auch vermehrt von Firmen zu Geschäftszwecken. Die Nachrichten, die mit nur 140 Zeichen kürzer als eine SMS auf dem Handy oder dem Smartphone sein müssen, gehen schneller um die Welt als jede sonstige Tickermeldung. Dabei handelt es ich nicht nur um private Meldungen, sondern auch um tägliche Nachrichten aus aller Welt. So nutzt mittlerweile fast jeder dieses Portal. Die schnelle Verbreitung hat auch damit zu tun, dass man heutzutage nicht mehr auf den heimischen PC beschränkt ist, um auf Twitter zu gelangen, sondern dies auch vom Smartphone unterwegs problemlos möglich ist. Dabei kann jeder Nutzer, der Nachrichten veröffentlicht, selbst entscheiden, ob diese für alle öffentlich oder nur für bestimmte Personen zu sehen sein sollen. Mittlerweile ist Twitter schon so populär, dass der englische Begriff „twittern“ Eingang in den Duden und den allgemeinen Sprachgebrauch gefunden hat.

Über Twitter können Sie mit der ganzen Welt kommunizieren, Nachrichten verfassen, Tweets ins Netz stellen und sich mit Interessierten austauschen.

- Twitter:
www.twitter.com

TXT-Format

Bei Dateien im TXT-Format handelt es sich um reine Textdaten ohne jede Formatierung. Diese können von jedem Textprogramm geschrieben und gelesen werden. Der Editor in Windows verwendet automatisch dieses Format. In anderen Textverarbeitungsprogrammen muss es evtl. eingestellt werden.

U/V

Bei Textdateien kommt es immer wieder mal vor, dass man bestimmte Passagen überschreiben muss. Hierbei wird der alte Text durch einen neuen ersetzt.

Übergangseffekt

Wenn Sie aus Ihren Bildern, zum Beispiel aus dem letzten Urlaub oder Ihrer Geburtstagsfeier, eine Diashow machen möchten, können Sie den Übergang von einem zum nächsten angezeigten Bild auf verschiedene Art und Weise gestalten. Dabei haben Sie mehrere Möglichkeiten: Neben dem abrupten Bildwechsel, der automatisch eingestellt ist, ist hier ein „Verschieben" in alle Richtungen möglich, ein langsames Aus- und Einblenden der Bilder, gerasterte Überblendungen, kreisförmiges, dreieckiges oder rechteckiges Überblenden und vieles mehr.

Diese Techniken können Sie heutzutage nicht nur bei Ihren selbst gemachten Diashows, wie zum Beispiel bei Picasa anwenden, sondern auch bei Ihren individuellen Bildschirmschonern und bei eigenen Präsentationen, die Sie mit dem Programm PowerPoint auf beliebige Art und Weise erstellen können.

Überschreiben

Überschreiben ist ein Begriff, der hauptsächlich in der Textverarbeitung am Computer verwendet wird: Man ersetzt einen bereits geschriebenen Text. Dabei hat der neue Text, den Sie mit der Tastatur eingeben, in der Regel die gleiche Zeichenanzahl wie der überschriebene Text hatte. Wenn Sie den neuen Text einfügen und den anderen damit überschreiben, wird der rechts von der aktuellen Position stehende Text automatisch nach rechts verschoben, sodass der Aufbau der Seite trotz des Überschreibens erhalten bleibt. Diese Funktion sorgt dafür, dass Ihre Formatierung durch das Überschreiben nicht verloren geht.

Übersetzung

Der Begriff „Übersetzung" hat im Zusammenhang mit Computer und Internet zwei verschiedene Bedeutungen. Zum einen ist damit das Übersetzen von fremdsprachigen Texten in die eigene Muttersprache gemeint. Dies kann unter anderem hilfreich sein, wenn Sie bei der Suchmaschine Google nach einem Begriff suchen, aber als Antwort hauptsächlich fremdsprachige Artikel bzw. Webseiten erscheinen.

Wenn Sie in solchen Fällen die Google Toolbar eingeschaltet haben, erscheint bei den Suchergebnissen automatisch der Dienst „Diese Seite übersetzen". Der Nachteil ist, dass die Qualität der übersetzten Seite zwar nicht immer die beste ist, aber

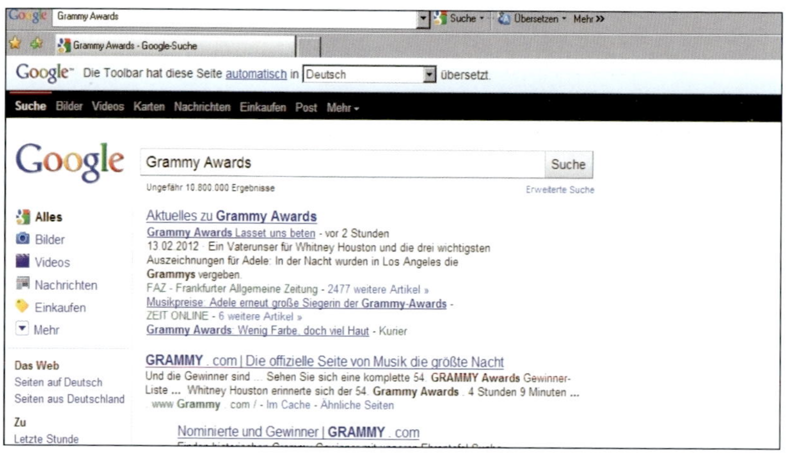

Die Google-Toolbar hilft Ihnen, fremdsprachige Texte in die Muttersprache zu übersetzen. Dies ist besonders bei internationalen Suchergebnissen sehr hilfreich.

für einen schnellen Überblick reicht es meistens aus, sodass Sie den Sinn und den Inhalt des Textes verstehen können.

Wenn es in der Computertechnik um das Thema Übersetzung geht, steht hierbei in der Regel der Begriff „Kompilierung". Dabei wird mithilfe eines Übersetzungsprogramms, dem sogenannten Compiler, ein in der Quellsprache geschriebenes Computerprogramm in ein Maschinenprogramm übersetzt, sodass der Computer dies lesen und ausführen kann.

UDF-Dateisystem

Um CDs oder DVDs zu brennen, gibt es verschiedene Formate, in denen dies möglich ist. Eines davon ist das sogenannte UDF-Dateisystem, auch Livedateisystem (siehe Seite 119) genannt.

Das Besondere hier ist, dass die Daten, die Sie brennen möchten, nicht zuerst auf Ihrer Festplatte zwischengelagert werden, sondern direkt auf das externe Medium, sprich auf CD oder DVD, gebrannt werden können. Wenn Sie also in Ihrem Laufwerk von Haus aus immer eine CD als Datenspeicher eingelegt haben, ist dieses Brennformat sehr vorteilhaft. Mithilfe des UDF-Dateisystems müssen Sie für das Brennen Ihrer Daten dann nämlich keinen speziellen Brennvorgang mehr starten. Ein Nachteil ist allerdings, dass die CDs, die mit dem UDF-Dateisystem erstellt wurden, weder kompatibel zu CD- und DVD-Playern noch zu Linux und Mac OS oder zu allen älteren Windows-Versionen sind. Nähere Informationen dazu, wie Sie eine CD oder eine DVD im UDF-Dateisystem bzw. im Livedateisystem brennen, finden Sie unter dem Begriff „Livedateisystem".

Umschalttaste

Siehe Shift-Taste.

Das Arbeiten mit dem Computer – und vermehrt mit dem Laptop – ist heute zum Standard geworden. Mit UMTS kann man auch von unterwegs aus surfen.

UMTS

UMTS steht für **U**niversal **M**obile **T**elecommunications **S**ystem und bezeichnet den modernen Mobilfunkstandard. Mit diesem System sind Datenübertragungsraten möglich, die lange Zeit nur Wunschdenken waren. Dies ist besonders hilfreich für all diejenigen, die das Internet auch viel unterwegs nutzen. Dieses System wird kontinuierlich optimiert: Der Nachfolgestandard HSDPA (siehe Seite 89) ist schon jetzt mit den Leistungen von DSL vergleichbar. Alle aktuellen Smartphones und Handys unterstützen bereits UMTS zur Datenübertragung.

Unicode

Aufgrund des geringen Zeichenumfangs der ASCII- und ANSI-Codes (siehe Seiten 16, 17) konnte der internationale Datenaustausch in den 1990er-Jahren nicht weiter vorangetrieben werden. Abhilfe schaffte schließlich der sogenannte Unicode. Dieser beinhaltet für jedes Schriftzeichen oder Textelement aller bekannten Sprachen und Sonderzeichensysteme einen digitalen Code, der als internationaler Standard festgelegt wurde. Ziel hierbei ist es, unterschiedliche Codierungen aus den verschiedensten Ländern oder Kulturkreisen untereinander kompatibel zu machen. Unicode wird ständig um Zeichen weiterer Schriftsysteme ergänzt und damit stetig weiterentwickelt und optimiert. Er stellt mit 16 Bit insgesamt 65.536 Zeichen dar, darunter zum Beispiel auch das weitverbreitete Euro-Symbol. Diese Anzahl der Zeichen reicht aus, um die Schriftzeichen aller zurzeit geschriebenen Sprachen und noch eine Vielzahl von Sonderzeichen darzustellen. Die Zeichentabelle, die im Internet zu finden ist, zeigt einen Überblick der mit Unicode darstellbaren Sonderzeichen.

- Offizielle Sonderzeichentabellen: www.unicode.org/charts

Uninstaller

Mit einem solchen Programm kann man eine auf dem Rechner installierte Software komplett löschen, also „deinstallieren“. Ein Uninstaller hat dabei die Aufgabe, alle Dateien, die mit dem entsprechenden Programm in Verbindung stehen, auf dem Computer ausfindig zu machen und schließlich komplett zu löschen. Wichtig dabei ist, dass trotz dieses Löschvorgangs keine anderen Programme, Dateien oder bestimmte Einstellungen, die Sie an Ihrem Computer bis dato vorgenommen haben, beschädigt oder gar zurückgesetzt werden.

Zu den meisten Programmen gehört schon ein Uninstaller als Bestandteil automatisch dazu, sodass Sie jedes beliebige Programm wieder deinstallieren können. Entscheidend ist hier der Unterschied zwischen „löschen“ und „deinstallieren“. Um ein Programm zu entfernen, reicht ein einfaches Löschen nicht aus, denn hier würden die Dateien nur von Ihrer Festplatte entfernt werden, aber es gäbe weiterhin bestimmte Dateien im System.

Zum Deinstallieren eines Programms muss der Uninstaller auch sämtliche Einträge bezüglich des jeweiligen Programms aus der Windows Registry (siehe Seite 180) entfernen. Denn in der Registry unnötig gespeicherte Daten verlangsamen den Rechner und können zu Fehlern im Betriebssystem führen.

UNIX

UNIX ist ein veraltetes Betriebssystem. Allerdings basieren heute noch manche Betriebssysteme auf UNIX. Ein Beispiel hierfür ist Linux (siehe Seite 119), welches auf vielen Webservern und auch auf einigen Computern Anwendung findet.

Notebooks sind von plötzlichen Stromausfällen in der Regel nicht betroffen. Bei einer unvorhergesehenen Unterbrechung arbeitet das Notebook über seinen Akku weiter.

Unterbrechungsfreie Stromversorgung

Ein Szenario, das viele fürchten: Der Strom ist weg und die letzte Speicherung Ihrer Daten liegt schon länger zurück. In so einem Fall gehen die letzten Änderungen und Einträge, die Sie in geöffneten Dateien gemacht haben, verloren. Noch schwerwiegender ist, dass bei einem plötzlichen Stromausfall die Struktur der Festplatte beschädigt werden kann, wenn Sie zum Zeitpunkt des Stromausfalls gerade dabei waren, neue Daten zu schreiben. Im schlimmsten Fall ist der Schaden sogar so groß, dass selbst nach einem Neustart des Computers auf bestimmte Dateien, einzelne Verzeichnisse oder gar auf die komplette Festplatte nicht mehr zugegriffen werden kann, da diese beschädigt sind.

Das Hauptelement einer unterbrechungsfreien Stromversorgung, kurz USV, ist ein sehr starker Akku, der dauerhaft geladen wird. Bei einem Stromausfall können damit sämtliche angeschlossenen Geräte noch einige Minuten weiter versorgt werden. Ein lauter Sirenenton weist die Anwender auf einen plötzlichen Stromausfall hin. Dies ist das Signal, sämtliche Daten zu speichern, alle Programme zu schließen und den Computer am besten sofort herunterzufahren. Sollte ein Anwender dieses Signal überhören, sendet die USV automatisch ein Signal an den PC und sorgt dafür, dass dieser von selbst herunterfährt, rechtzeitig bevor der Akku der USV leer ist.

Um die USV an den Computer anzuschließen, müssen Sie das Gerät nach Bedienungsanleitung auf Ihrem PC installieren. Einmal richtig installiert, ist die zukünftige Anwendung sichergestellt. Da ein solches USV-Gerät mehrere Hundert Euro kostet, lohnt sich dieses allerdings nur für Anwender, die regelmäßig wichtige Arbeiten am PC erledigen.

Der Akku der USV sichert Ihre Daten bei einem plötzlichen Stromausfall.

Untermenü

Wenn Sie ein Menü öffnen, ist es möglich, dass Sie von hier aus weitere Menüs öffnen können – die Untermenüs. Mithilfe dieser Struktur sind Menüs übersichtlich geordnet.

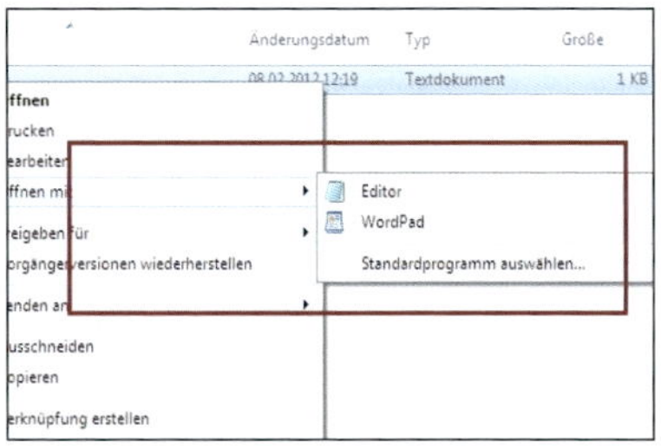

Der Punkt „Öffnen mit" im Windows Explorer ist ein Beispiel für ein Untermenü.

Unterstrichen

Diese Funktion können Sie in diversen Textverarbeitungsprogrammen wie Word wählen, um einen Text oder auch einzelne Wörter mit einer Linie zu unterstreichen. Der englische Begriff hierfür lautet „underline".

Um diese Funktion in Word oder ähnlichen Programmen anzuwenden, gibt es in der Regel in der Symbolleiste rechts oben ein eigenes Symbol. In Word kann für das Unterstreichen eines oder mehrerer Wörter auch die Tastenkombination [Strg]+[Umschalt]+[U] verwendet werden.

PRAXIS-TIPP

In manchen Menüs sieht man immer wieder, dass einzelne Buchstaben unterstrichen sind. Das bedeutet, dass Sie diese Menüpunkte auch ohne Maus, nur mit der Tastatur aufrufen können. Drücken Sie hierfür einfach die entsprechenden Buchstaben und gleichzeitig die [Alt]-Taste.

Unterverzeichnis

Wenn in einem Verzeichnis weitere Verzeichnisse abgespeichert sind, so spricht man hier von Unterverzeichnissen. Dabei ist die Anzahl der Ebenen, in denen Unterverzeichnisse geschachtelt sind, unbegrenzt. Um zu sehen, welche Struktur die Unterverzeichnisse haben, gehen Sie im Explorer in den Navigationsbereich. Hier können Sie auf der linken Seite die einzelnen Strukturen sehen.

Update/Upgrade

Die Abgrenzung zwischen den Begriffen Update und Upgrade ist selbst bei Windows-Experten nicht immer ganz klar. Wenn man von einem Update spricht, meint man in der Regel kleine Aktualisierungen einer Software, die meistens kostenlos im Internet zum Download für die Benutzer angeboten werden. Upgrades dagegen sind Erweiterungen bzw. eine Aufstufung auf eine bessere Version, wie zum Beispiel die Umstellung von Windows 7 oder 8 auf Windows 10. Upgrades sind in der Regel kostenpflichtig. Verwenden Sie aber bereits eine Vorgängerversion des jeweiligen Systems, bekommen Sie das Upgrade meistens vergünstigt. Im „Startmenü" finden Sie unter „Windows Update" einen integrierten Onlinedienst von Microsoft, über den Sie immer die neuesten Updates erhalten. Da auch Komponenten, wie der Internet Explorer oder der Windows Media Player in regelmäßigen Abständen Updates anbieten, erhalten Sie auch diese von Microsoft direkt unter „Windows Update". Diese Funktion ist bereits seit der Version Windows 98 vorhanden, aber erst seit Windows XP fest ins System integriert. In Windows 7, 8 und 10 ist die Update-

PRAXIS-TIPP

Generell sollte man mit Updates umsichtig vorgehen. Zwar können Sie Windows-Sicherheitsupdates immer installieren, bei Updates anderer Software sollten Sie vorsichtig sein. Denn nicht immer bringen neue Versionen auch wichtige Neuerungen mit sich, benötigen aber viel mehr Computerleistung oder unterstützen ältere Betriebssysteme nur noch eingeschränkt. Überlegen Sie sich also immer vorher, ob Sie die neueste Version eines Programms wirklich benötigen.

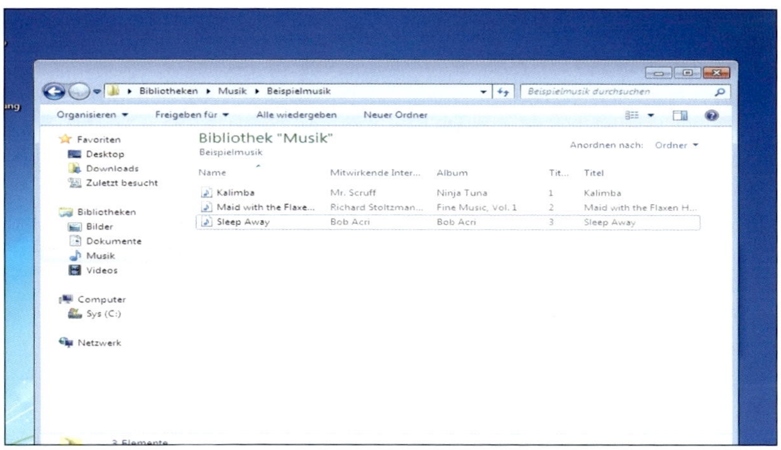

Unterverzeichnisse dienen in der Regel der besseren Übersicht Ihrer Daten. Sie helfen Ihnen, Ihre Daten besser zu strukturieren.

Wenn Sie immer dafür sorgen, dass sämtliche Programme aktuell und auf dem neuesten Stand sind, haben Sie deutlich weniger Probleme beim Arbeiten. Hierbei hilft Ihnen „Windows Update“, das Sie regelmäßig über neue Updates informiert.

Funktion automatisch eingestellt. Da über die Updates auch Sicherheitslücken geschlossen werden, ist ein regelmäßiges Update sehr sinnvoll. Laden Sie sich sämtliche Windows Updates nur von der offiziellen Downloadseite von Microsoft oder über „Windows Update“ im Startmenü herunter. Heute kommt es leider immer wieder vor, dass schädliche Software, als Windows Update getarnt, auf dubiosen Internetseiten angeboten wird.

- Windows Update:
www.windowsupdate.com
- Windows Upgrade Center:
windows.microsoft.com/de-de/windows/service-packs-download

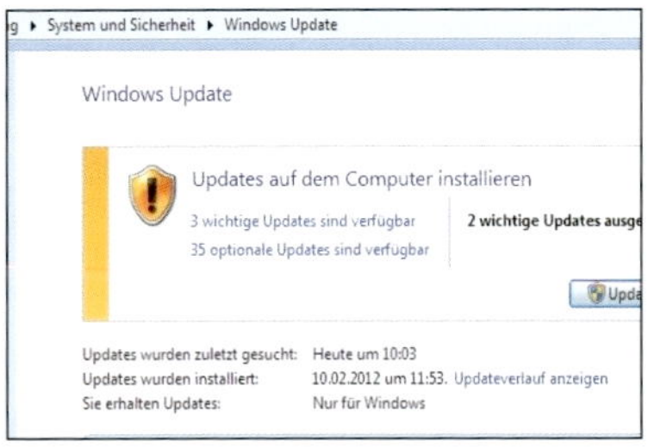

Das „Windows Update“ meldet zwei wichtige Updates.

Upgrade Advisor

Für die Installation des Betriebssystems müssen in der Regel bestimmte, von Microsoft vorgegebene Voraussetzungen erfüllt sein. Dabei ist Windows 7 weniger „anspruchsvoll“ als die Vorgängerversion. Wenn Sie bisher noch mit einem älteren Betriebssystem arbeiten und herausfinden möchten, ob Windows 7 auf Ihrem PC laufen würde, bietet Microsoft ein Tool an: Im Internet finden Sie den Windows 7 Upgrade Advisor zum kostenlosen Download. Schließen Sie für den Test am besten vor dem Start des Upgrade Advisors alle externen Geräte an, die Sie unter Windows 7 zukünftig verwenden wollen, damit diese gleich mit überprüft werden können. Um auch gleich herauszufinden, wie sich die Geschwindigkeit Ihres DVD-Laufwerks unter dem neuen Betriebssystem Windows 7 darstellt, legen Sie für den Test eine DVD in das Laufwerk ein. Mit einem Klick auf den Menüpunkt „Prüfung starten“ beginnt die automatische Überprüfung. Nach einer Testphase erscheint automatisch ein Bericht am Bildschirm, der Hinweise auf mögliche Probleme enthält. Die Überprüfung der Software bezieht sich nur auf Programme, die auf Ihrem lokalen Laufwerk installiert sind, nicht auf solche, die vom Laufwerk des gesamten Netzwerkes ihre Befehle erhalten.

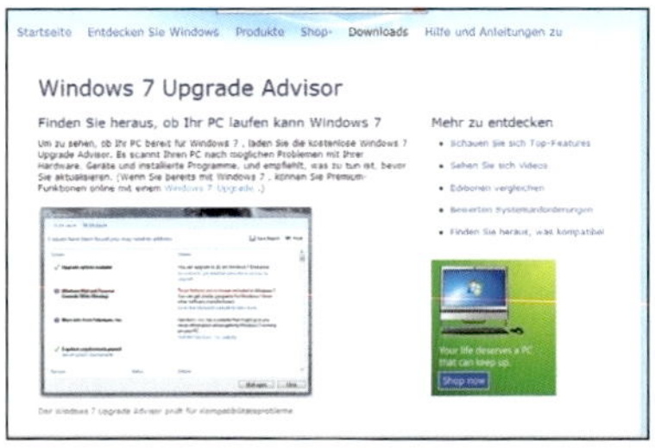

Der Upgrade Advisor überprüft, ob Ihr PC für Windows 7 bereit ist.

Auch für Windows 10 ist eine Upgrade-Hilfe verfügbar. Dabei handelt es sich um ein Tool, das die für Ihr System optimale Upgrade-Version downloadet. Auch hier wird das System auf die Voraussetzungen getestet. das Tool ermöglicht es außerdem, die Daten auf DVD oder USB-Stick abzuspeichern oder die Daten ins ISO-Dateiformat zu konvertieren, mit dem das Brennen einer Installations-DVD ermöglicht wird. Für das Upgrade auf Windows 10 benötigen Sie die 16-stellige Seriennummer Ihrer aktuellen Windows-Version, da diese während des Upgrade-Vorgangs abgefragt wird.

Upload

Wenn Sie Daten von Ihrem Computer auf einen anderen Server laden möchten, spricht man von einem Upload. Dies können zum Beispiel Bilder sein, die Sie mit Freunden oder Verwandten austauschen möchten, beispielsweise über ein Onlinefotoalbum wie Picasa (siehe Seite 150). Aber auch Texte und Dokumente anderer Art können problemlos auf einen externen Server geladen werden. Das Gegenteil zu Upload ist der sogenannte Download.

Upstream

Als Upstream wird der Datenfluss vom eigenen Rechner ins Internet (siehe „Upload") bezeichnet, während Downstream der Datenfluss in umgekehrter Richtung ist, also vom Internet zum eigenen Rechner (siehe „Download" auf Seite 51).

URL

Eine URL – **U**niform **R**esource **L**ocator – ist eine eindeutige Adresse, mit der man Webseiten oder Dateien eindeutig finden und identifizieren kann. Am häufigsten findet dieser Begriff Verwendung bei Dateien im Internet. Denn wenn man in diesem Zusammenhang von einer URL spricht, ist in der Regel die Kennung gemeint, die Sie im Browser oben in die Adresszeile eingeben müssen, um an eine bestimmte Datei oder Webseite zu kommen und dort surfen zu können. Eine URL ist also die jeweilige Internetadresse einer gewünschten Webseite.

USB

USB ist die Abkürzung für **U**niversal **S**erial **B**us und ist ein weltweit verbreiteter Standard zur Datenübertragung. Dieser wurde vom USB-Forum, an dem viele erfahrene Hardwarehersteller beteiligt sind, definiert und festgesetzt. Die Handhabung ist relativ einfach, da USB zwei verschiedene Steckertypen auf der externen Geräteseite und auf der Computerseite verwendet. So ist gleich ersichtlich, welchen Stecker Sie wo hineinstecken müssen, um Daten auszutauschen oder zu übertragen.

Bei Handys, Digitalkameras und anderen elektrischen Kleingeräten gibt es eine weitere Variante, die sogenannten Mini-USB- und Micro-USB-Stecker, die aufgrund der Gerätegröße kleiner sind. Mit dem verbreiteten USB-System können Sie insgesamt bis zu 127 Geräte über ein einheitliches Stecksystem anschließen: von externen Laufwerken, über Digitalkameras, Scanner, Webcams, Handys und Drucker, bis hin zu kleinen Spielzeugen wie LED-Lampen, die neben dem Computer stehen und per USB mit Strom versorgt werden. Dabei können Sie den Bus über zusätzlich angeschlossene USB-Hubs erweitern. Manche USB-Geräte haben solche USB-Hubs bereits fest integriert, um von Haus aus weitere Anschlussmöglichkeiten für externe Geräte zu schaffen. Allerdings ist hierbei die Zahl der hintereinandergeschalteten USB-Hubs auf fünf Stück begrenzt.

Auch das USB-System wird regelmäßig weiterentwickelt und optimiert. Mittlerweile gibt es die USB-Version 3.0 auf dem Markt, die eine theoretische Übertragungsrate der Daten von bis zu 5 Gbit/s aufweist. Doch das bedeutet noch nicht, dass jedes USB-Gerät diese hohe Übertragungsrate tatsächlich schafft, denn das hängt von mehreren Faktoren ab. Nicht nur das externe USB-Gerät, sondern auch Ihr Computer müsste in der Lage sein,

USB dient heute als weltweiter Standard zur Datenübertragung.

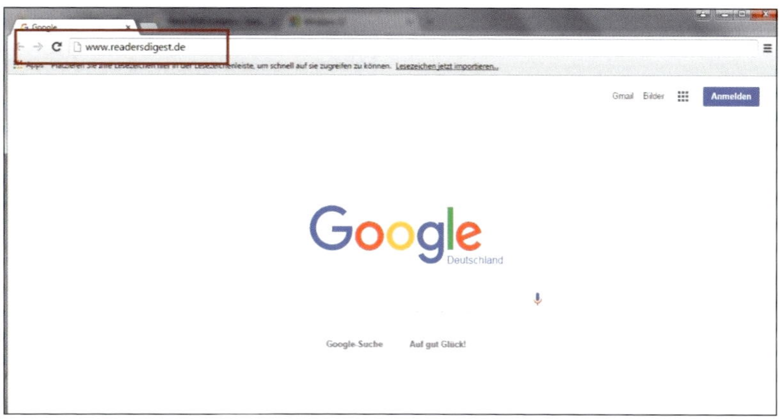

Wenn Sie im Internet auf einer bestimmten Seite surfen möchten, müssen Sie die Adresse, die sogenannte URL, dieser Seite in die Adresszeile eingeben, um diese zu finden.

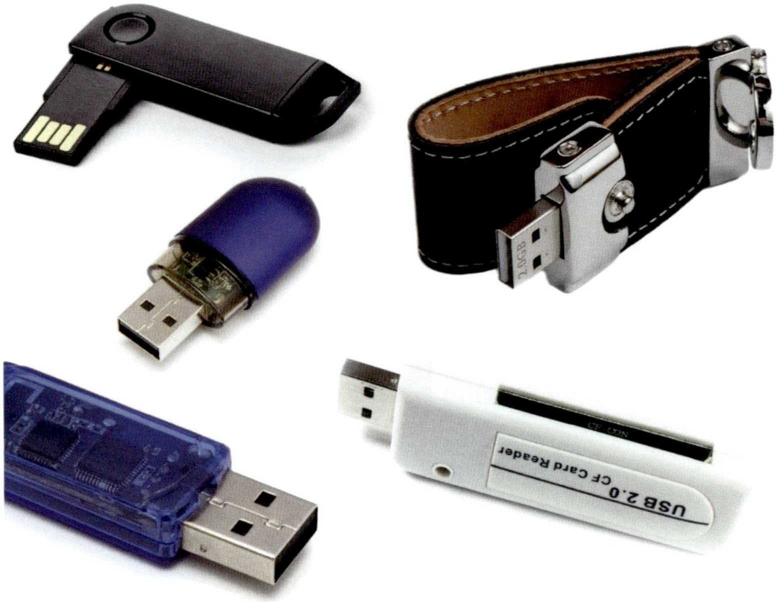

USB-Sticks sind aufgrund ihrer handlichen Größe und einfacher Bedienbarkeit zum idealen Austauschmedium geworden – in den verschiedensten Varianten.

diese Geschwindigkeiten zu unterstützen. Da dies aber oft nicht der Fall ist, ist die Übertragungsrate selbst bei der USB-Version 3.0 meist nicht so hoch, wie theoretisch möglich. Wenn Sie also ein Hochgeschwindigkeits-USB-Gerät an einen Anschluss mit niedriger USB-Geschwindigkeit anschließen, kann diese maximale Übertragungsrate nicht erzielt werden. Zu Ihrer Info erscheint in so einem Fall automatisch eine Meldung auf Ihrem Bildschirm. Die Geräte können dennoch verwendet werden, aber eben mit niedriger Geschwindigkeit.

PRAXIS-TIPP

USB-Geräte sind Hot-Plug-fähig, das heißt, sie können während des Betriebs an- und abgesteckt werden, ohne dass Daten verloren gehen oder Programme gestört werden. Sollte Windows bestimmte USB-Geräte nicht unterstützen, werden Sie automatisch aufgefordert, die nötigen Treiber zu installieren. Diese bleiben installiert, werden aber automatisch deaktiviert, wenn das Gerät vom Computer getrennt wird.

- USB-Forum: www.usb.org

USB-Hub

Wenn mehrere Geräte per USB angeschlossen werden, muss ein sogenannter USB-Hub dazwischengeschaltet werden. Dieser sorgt dafür, dass das USB-Signal an die einzelnen Ports (siehe Seite 167) der angeschlossenen Geräte verteilt wird. In der Regel haben die USB-Hubs bis zu sieben Anschlussmöglichkeiten, über die Daten fließen können. Hubs erhalten ihren Strom entweder über den Bus (siehe Seite 35) selbst, oder sie verfügen über eine eigene Stromversorgung. Heute gibt es auch schon Monitore, die einen USB-Hub fest integriert haben, der dann über die Stromversorgung des Monitors mitläuft. USB-Hubs gibt es im Handel zu kaufen, sodass Sie Ihre USB-Steckplätze beliebig erweitern können. An vielen PCs sind heute aber schon einige USB-Anschlüsse vorhanden, sodass man nicht unbedingt einen USB-Hub braucht.

USB-Stick

Mithilfe von sogenannten USB-Sticks können Sie große Datenmengen ganz einfach transportieren. Diese Sticks sind in Größen bis zu einigen Gigabyte am Markt erhältlich. Wenn Sie einen USB-Stick in einen der USB-Ausgänge des Computers stecken, wird er vom Betriebssystem Windows als Laufwerk erkannt.

Beim ersten Anschluss eines USB-Sticks installiert der PC automatisch einen Treiber. Dies kann einige Sekunden dauern. Bei zukünftigen Anwendungen des USB-Sticks steht Ihnen dieser dann sofort, ohne Zeitverzögerung zur Verfügung. Bei älteren Windows-Versionen war ab und zu noch ein spezieller Treiber des jeweiligen Herstellers nötig. Doch Windows ab Version 7 hat die Standardtreiber für externe Speichermedien über USB fest integriert. Kabel sind für den Gebrauch von USB-Sticks nicht notwendig. Wegen ihrer handlichen Größe und einfachen Bedienbarkeit sind die USB-Sticks zu beliebten Speichermedien geworden. Mit Umhängeband und elegantem Design in den unterschiedlichsten Formen und Farben gelten sie inzwischen als modische Accessoires. Die Formvielfalt der USB-Sticks reicht heute von Schlüssel über Flaschenöffner bis hin zu Armreifen.

User

User kommt aus dem Englischen und bedeutet ins Deutsche übersetzt so viel wie „Benutzer“. Der

Im Usenet, einer Art elektronischem Netzwerk, kann jeder zu Themen, die ihn interessieren, Nachrichten verfassen, Meinungen austauschen und an verschiedenen Diskussionsrunden teilnehmen.

Begriff taucht oft bei der Anmeldung auf Webseiten auf, hier müssen Sie sich dann in der Regel als Benutzer identifizieren. Windows verwendet allerdings durchgängig den deutschen Begriff.

Usenet

Das Usenet ist ein Netzwerk, in dem man in verschiedenen Diskussionsforen teilnehmen kann. Um sich hier mit anderen Menschen auszutauschen, benötigt man in der Regel den sogenannten Newsreader, ein Programm, welches Sie vorab auf Ihrem Computer installieren müssen. Im Grunde ist das Usenet vergleichbar mit den uns bekannten Schwarzen Brettern: Jemand verfasst eine Nachricht und macht sie für alle öffentlich. Jeder, der Interesse an diesem Thema oder an dieser Nachricht hat, kann darauf antworten oder eine weitere Nachricht zu diesem Thema verfassen. Genauso funktioniert auch das Usenet. Im Vergleich zu den bekannten Schwarzen Brettern hat das Usenet zwei ganz entscheidende Vorteile: zum einen die hohe Geschwindigkeit, da Nachrichten über den Computer nahezu in Echtzeit ausgetauscht werden können. Und zum anderen die hohe Teilnehmerzahl, denn es spielt keine Rolle, wo man sich auf der Welt befindet, solange es einen PC- und Internetanschluss gibt. So können innerhalb weniger Stunden umfangreiche Diskussionsrunden zu kontroversen Themen entstehen.

User Agent

Wenn Sie im Internet auf verschiedenen Webseiten surfen, muss irgendjemand dafür sorgen, dass die Inhalte und Daten aus dem Netz bei Ihnen als Anwender richtig ankommen. Hier kommt der sogenannte User Agent zum Einsatz, durch den ein Webserver erkennt, mit welchem Browser Sie als Besucher arbeiten. Der User Agent ist sozusagen die Schnittstelle zwischen Webserver und Ihnen, der sämtliche Inhalte und Befehle weitergibt – sowohl die Befehle, die Sie an das Internet geben als auch die Inhalte, die der Browser an Sie weitergeben möchte, sobald Sie zum Beispiel eine Webseite, ein E-Mail-Programm oder den Newsreader aufrufen. Einige Browser, wie zum Beispiel Opera, bieten die Möglichkeit, den User Agent beleibig umzuschalten. Damit haben sich Webentwickler eine hilfreiche Option offengelassen. Denn sie können auf diese Art und Weise das Ver-

PRAXIS-TIPP

Besonders bei Tablets ist die Umstellung des User Agents sehr nützlich. Denn obwohl der Bildschirm eines Tablets groß genug wäre, um Webseiten auf normaler Größe darzustellen, werden diese ursprünglich als Handybrowser behandelt.

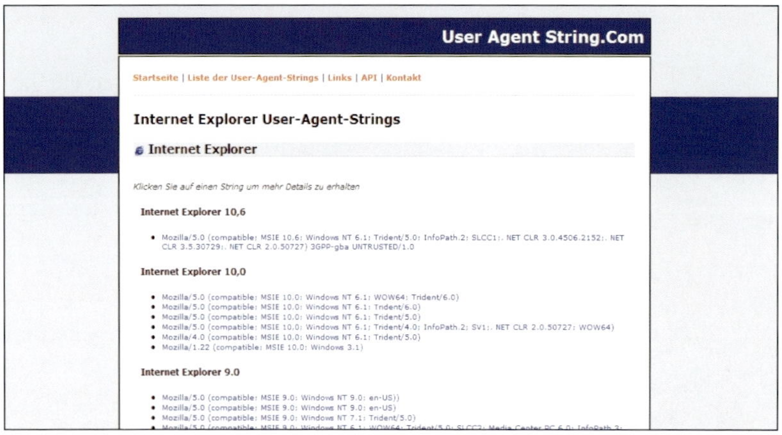

Im Internet finden Sie bei Bedarf unter www.useragentstring.com eine Liste mit sämtlichen User Agents zu Ihrer Übersicht.

halten der Webseite für verschiedene Browser einfacher testen.

- User Agent des eigenen Browsers: www.useragentstring.com
- Add-on zum Umschalten des User Agents: http://addons.mozilla.org/de/firefox/addon/user-agent-switcher

UTC

UTC steht für Universal Time Coordinated. Es handelt sich hierbei um die weltweit gültige Zeit, nach der die meisten Server im Internet laufen. Diese Zeitzone entspricht der Greenwich Mean Time (GMT), die über den Nullmeridian in London definiert ist. Sie können auf Ihrem PC eine beliebige Zeitzone einstellen. Klicken Sie mit der rechten Maustaste in der Taskleiste unten rechts auf die Uhr und dort auf den

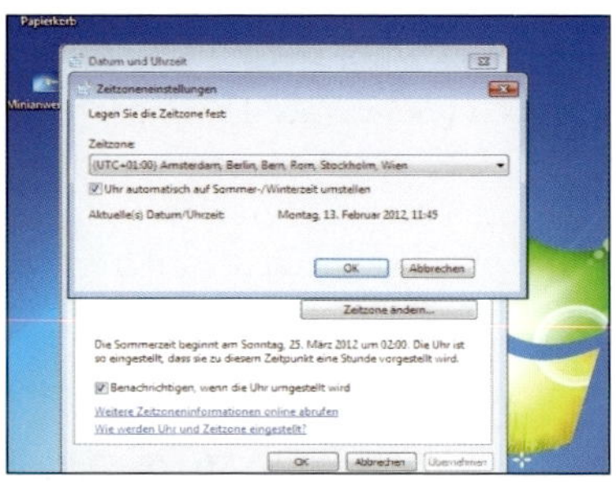

Sie können an Ihrem PC eine beliebige Zeitzone (UTC) festlegen.

Link „Datum und Uhrzeiteinstellungen ändern“. Es erscheint ein Dialogfeld, in dem Sie auf „Zeitzone ändern“ klicken und eine Zeitzone auswählen können. Die internationale Weltzeit UTC gilt nicht nur im Internet, sondern findet auch Verwendung in der Schifffahrt, der Luftfahrt, in der Antarktis und auf der internat. Raumstation ISS.

- Physikalisch-Technische-Bundesanstalt: www.ptb.de
- Weltzeitzonenkarte: www.weltzeit.de

Utility

Der Begriff Utility kommt aus dem Englischen und bedeutet übersetzt „Dienstprogramm“. Dieses muss allgemeine Aufgaben, die in der Regel das Betriebssystem betreffen, in regelmäßigen Abständen durchführen. Daher gehören bestimmte Dienstprogramme zum Lieferumfang jedes Betriebssystems dazu und laufen automatisch ab. Zu den Funktionen, die solche Dienstprogramme ausführen, gehören z.B.

- Konfigurieren der Hardware und des Betriebssystems
- Verwaltung von sämtlichen Benutzern, die am Computer arbeiten
- Anzeige und Bearbeitung aller wichtigen Dateien
- Konvertieren von Dateiformaten
- Kopieren, Sortieren, Sichern und Wiederherstellen von Dateien
- Verwalten der Festplatte

Verbindungsfreigabe

Früher, als die Verbindung ins Internet noch nicht über einen zentralen Router für das gesamte Netzwerk gesteuert wurde, hatte die Funktion „Verbindungsfreigabe“ an Ihrem PC noch eine wichtige Bedeutung. Denn diese hat in Windows dafür gesorgt, dass man an jedem beliebigen Computer in einem Netzwerk eine funktionierende Internetverbindung hatte. Doch seit immer mehr zentrale Router im Einsatz sind, die heute diese Aufgabe automatisch übernehmen, hat diese Funktion an Bedeutung verloren.

Verknüpfung

Wenn Sie von einem Ordner auf eine beliebige Datei, sei es ein Textdokument, ein Bild oder eine Tabelle, die in einem anderen Ordner abgespeichert ist, verweisen möchten, spricht man von einer sogenannten Verknüpfung. Hierzu

PRAXIS-TIPP

Um eine Verknüpfung zu erstellen, markieren Sie die Datei, auf die Sie von einem anderen Ordner verweisen möchten, und ziehen sie mit gedrückter rechter Maustaste an den Ort, an dem Sie die Verknüpfung erstellen wollen. Wenn Sie die Maustaste wieder loslassen, erscheint automatisch ein Menü, in dem Sie die Verknüpfung mit dem Punkt „Verknüpfung hier erstellen“ bestätigen.

ein Beispiel: Sie haben eine Übersicht über Ihre monatlichen Ausgaben angelegt und hier jeweils einen Ordner für „Ausgaben gesamt“ und „Reparaturen“ erstellt, dann kann die Funktion der Verknüpfung sehr hilfreich sein. Angenommen, Sie haben im Monat XY unvorhergesehene Kosten für die Reparatur Ihrer Spülmaschine, so macht es Sinn, dass Sie dies sowohl in dem Ordner „Ausgaben gesamt“ als auch in Ihrem Ordner „Reparaturen“ ablegen. Daher legen Sie die Rechnung im Ordner „Reparaturen“ ab und erstellen gleichzeitig im Ordner „Ausgaben gesamt“ eine Verknüpfung zu der Rechnung. Der Vorteil einer Verknüpfung ist, dass die eine Datei, in diesem Fall die Rechnung für die Spülmaschine, insgesamt nur einmal auf Ihrem Computer vorhanden ist. Sollten Sie also nachträglich Veränderungen in diesem Dokument machen, sehen Sie diese nach dem Speichern sowohl im „Ausgaben gesamt“-Ordner als auch bei den „Reparaturen“.

Verlaufsliste

In der Verlaufsliste wird festgehalten, welche Webseiten Sie zuletzt besucht haben. Dies kann unter anderem hilfreich sein, wenn Sie erst vor Kurzem auf einer interessanten Webseite waren, Sie heute genau dort nochmal etwas nachschauen möchten, aber die exakte Internetadresse nicht mehr wissen. In solchen Fällen schauen Sie in der Verlaufsliste im Internet Explorer und klicken auf den entsprechenden Eintrag bzw. die Adresse, dann wird die Webseite aufgerufen. Auch bei Firefox gibt es diese Funktion, hier wird sie allgemein als „Chronik“ bezeichnet.

Die Verlaufsliste finden Sie, indem Sie mit der linken Maustaste auf das kleine Dreieck neben den Pfeilsymbolen oben in der Adresszeile klicken. Hier wird dann automatisch eine Liste eingeblendet, die Ihre zuletzt besuchten Webseiten anzeigt. Je nachdem, wie viele Seiten Sie in letzter Zeit aufgerufen haben, werden die Adressen ein paar Tage oder auch Wochen dokumentiert.

Wenn Sie Einträge aus der Verlaufsliste entfernen möchten, zum Beispiel um Ihre Spuren im Internet zu verwischen, fahren Sie mit der Maus darüber. Dann erscheint ein rotes Löschsymbol. Mit einem Klick darauf wird die Seite aus der Verlaufsliste gelöscht.

In der aktuellen Version 11 des Internet Explorers ist die Verlaufsliste, die in Version 9 und 10 überarbeitet und optimiert wurde, auch im Favoritencenter integriert, das mit einem gelben Stern links oben gekennzeichnet ist. Mit einem Klick auf dieses Symbol öffnet sich das Favoritencenter, wo Sie unter dem Punkt „Verlauf“ all ihre zuletzt besuchten Seiten einsehen können. Hier haben Sie auch die Möglichkeit, diese nach bestimmten Kriterien, wie zum Beispiel nach Datum, zu sortieren. Wenn Sie mit der linken Maustaste auf eine Seite klicken, öffnet sich ein Untermenü mit allen Seiten, die Sie innerhalb dieser Webseite angesehen haben.

Mithilfe der Verlaufsliste macht Surfen richtig Spaß.

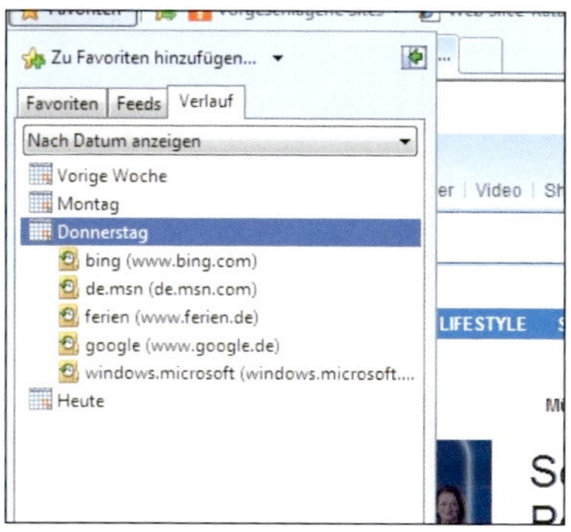

Unter „Verlauf“ sehen Sie genau, wann Sie welche Seiten besucht haben.

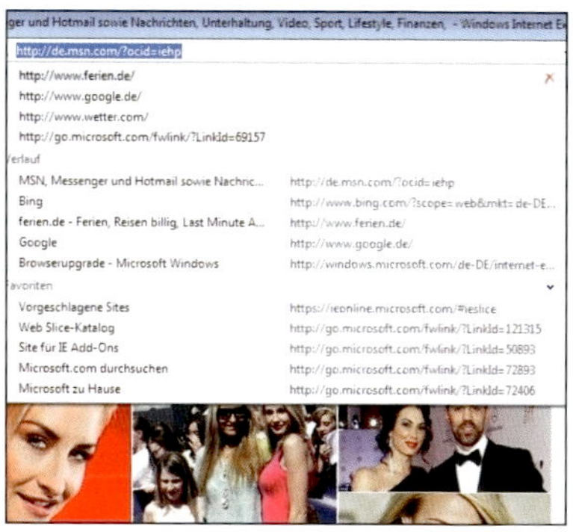

Mit einem Klick auf das rote Symbol ganz rechts können Sie Seiten löschen.

Verschieben

Wenn Sie eine Datei in einen anderen Ordner als den momentanen Speicherplatz ablegen möchten, können Sie dies ganz einfach durch Kopieren (siehe Seite 111) oder Verschieben der Datei machen. Dabei gibt es einen wichtigen Unterschied zwischen diesen beiden Funktionen: Wenn Sie eine Datei von einem in den anderen Ordner kopieren, existieren danach zwei Dateien. Beim Verschieben entfernen Sie die Datei aus dem einen Ordner und legen diese in dem neuen Ordner neu ab.

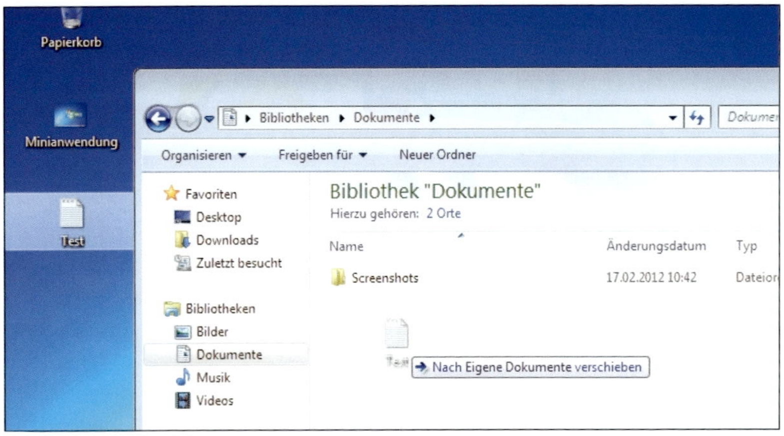

Wenn Sie eine Datei von einem Speicherort an einen anderen verschieben möchten, erscheint am Mauszeiger das Textfeld „Nach ... verschieben“.

PRAXIS-TIPP

Wenn Sie die gewünschten Dateien statt mit der linken mit der rechten Maustaste über den Bildschirm ziehen, erscheint beim Loslassen automatisch ein Menü, in dem Sie zwischen Kopieren und Verschieben wählen können.

Hier existiert also nach wie vor nur eine Datei, die nach dem Verschieben einfach nur einen anderen Speicherort hat. Sie können Dateien verschieben, indem Sie die gewünschte Datei zunächst mit der Maus markieren und mit gedrückter linker Maustaste an den gewünschten Ort bewegen. Hier sehen Sie dann am Mauszeiger ein kleines Textfeld mit „Nach ... verschieben“. Aber Achtung: Dies ist nur innerhalb desselben Laufwerks möglich. Wenn Sie eine Datei auf ein anderes Laufwerk auf diese Art und Weise verschieben, wird die Datei kopiert – und nicht verschoben.

Verschlüsselung

Wenn Sie sichergehen wollen, dass keine Dritten an die Daten, die Sie auf Ihrem PC abgespeichert haben, gelangen, empfiehlt es sich, Ihre Daten zu verschlüsseln und damit für Unbefugte unlesbar zu machen. Dabei können nicht nur einzelne Dateien verschlüsselt werden, sondern auch der gesamte Netzwerkverkehr. Verschlüsselte Daten erkennen Sie daran, dass diese in grüner Farbe angezeigt werden. Grundsätzlich unterscheiden sich verschlüsselte und nicht verschlüsselte Dateien nicht. An beide können Sie nur gelangen, wenn Sie sich mit Ihrem Passwort an Ihrem Computer anmelden. Doch in der heutigen Zeit der drahtlosen Netzwerke können sich auch Dritte unbemerkt in Ihr Netzwerk einloggen. Haben Sie in einem solchen Fall Ihre Daten unverschlüsselt, ist es für Unberechtigte kein Problem mehr, Ihre Daten einzusehen. Daher sollte die Bedeutung einer Datenverschlüsselung nicht unterschätzt werden. Um die Verschlüsselung für ein bestimmtes Verzeichnis zu aktivieren, gehen Sie mit der rechten Maustaste auf das entsprechende Verzeichnis, und wählen Sie im Kontextmenü „Eigenschaften“. Es erscheint ein weiteres Dialogfeld. Wenn Sie hier auf den Button „Erweitert“ klicken, können Sie die Verschlüsselung der Daten vornehmen.

Zu Ihrer eigenen Sicherheit sollten Sie in einem drahtlosen Netzwerk ebenso die sogenannte WPA2-Verschlüsselung (siehe Seite 278) aktivieren. Dazu müssen Sie am Router und auf jedem PC, der an diesem Netzwerk angeschlossen ist, einmalig einen Schlüssel eingeben, der dann auf allen Geräten gleich ist. Wenn „fremde“ Geräte, die diesen Schlüssel nicht haben, versuchen, sich in Ihr Netzwerk einzuwählen, erhalten diese automatisch keinen WLAN-Zugang.

Versionsnummer

Da sämtliche Programme stetig weiterentwickelt und an die Be-

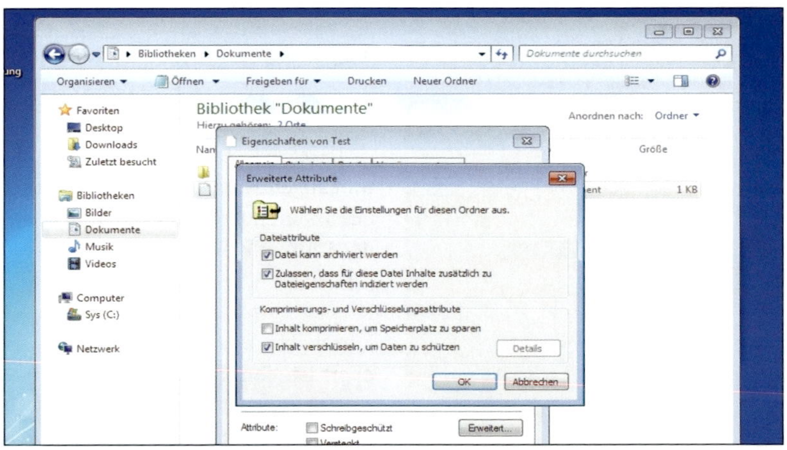

Durch das Verschlüsseln von Dateien sichern Sie Ihre Daten vor Zugriffen unberechtigter Personen auf Ihr Netzwerk – in der Zeit des drahtlosen Netzwerks unerlässlich.

dürfnisse der Benutzer angepasst werden, kommen in regelmäßigen Abständen immer wieder neue Versionen der einzelnen Programme auf den Markt. Für den besseren Überblick werden die Versionen durchnummeriert. Dabei hat jede neue Version eine höhere Nummer als die vorige Version. Zwischen großen und kleinen Programmänderungen wird grundsätzlich unterschieden: Große Entwicklungsschritte werden üblicherweise mit einer ganz neuen Versionsnummer gekennzeichnet, wie zum Beispiel von Version 2 auf Version 3. Dagegen werden etwas kleinere Veränderungen mit einer Zahl hinter dem Punkt versehen, wie zum Beispiel Version 2.0 und 2.1.

Software wird ständig weiterentwickelt. Deshalb tragen die Programme Versionsnummern, um sie voneinander unterscheiden zu können.

Versteckte Datei

Es kann passieren, dass Sie auf Ihrem Computer in einem bestimmten Ordner nicht alle Dateien sehen, die dort auch wirklich abgespeichert sind. Windows sorgt aus Sicherheitsgründen dafür, dass zum Beispiel besonders systemkritische Dateien versteckt werden und somit für den Anwender auf den ersten Blick nicht sichtbar sind. Damit soll in erster Linie verhindert werden, dass bestimmte Dateien aus Versehen verändert, beschädigt oder gelöscht werden.

PRAXIS-TIPP

Wenn Sie auch Ihre versteckte Dateien sehen möchten, können Sie dies einstellen unter „Organisieren/Ordner- und Suchoptionen/Ansicht/Versteckte Dateien und Ordner/Ausgeblendete Dateien, Ordner und Laufwerke anzeigen". Doch auch dann sind diese versteckten Dateien nicht sofort sichtbar, sondern erst, wenn Sie das entsprechende Verzeichnis noch einmal verlassen und neu öffnen.

Versteckte Freigabe

Wenn Sie in Ihrem Netzwerk die Laufwerke freigeben, sind diese in der Regel auf allen anderen Computern im selben Netzwerk für den Benutzer zu sehen. Aber auch hier hat Windows eine Sicherheitsfunktion: Das Betriebssystem legt automatisch für jedes Laufwerk zusätzlich noch eine versteckte Freigabe an. Ob dies bei einem Laufwerk der Fall ist, erkennen Sie am jeweiligen Freigabenamen. Ist dort am Ende ein Dollarzeichen platziert, wird diese Freigabe im Windows Explorer der anderen Computer nicht angezeigt.

Diese Schutzfunktion kann nur umgangen werden, wenn der Nutzer des anderen Computers den Namen des Laufwerkes kennt. Wenn er diesen in die Adresszeile des Explorers eingibt, kann auf das Laufwerk, das durch eine versteckte Freigabe gesichert ist, dennoch zugegriffen werden. So können Sie sich sicher sein, dass wirklich nur Personen an dieses Laufwerk kommen, denen dies gestattet ist.

PRAXIS-TIPP

Da diese versteckten Freigaben auch auf Ihrem eigenen Computer nicht sichtbar sind, gibt es eine Möglichkeit, diese dennoch zu finden. Öffnen Sie dazu ein Eingabeaufforderungsfenster und geben Sie dort den Befehl „net share" ein. Hier werden alle Freigaben mit Freigabenamen und dem entsprechenden Verzeichnis oder Laufwerk angezeigt.

Verwaltung

Unter der Systemverwaltung befindet sich ein Menüpunkt namens „Verwaltung". Hier sind diverse Funktionen, die zur Verwaltung des Systems nötig sind, abgelegt. Da der „normale" Benutzer mit diesem Teil aber eigentlich nichts zu tun hat, kommt es immer häufiger vor, dass dieser Menüpunkt im Startmenü gar nicht mehr vorhanden ist. Sollte dies auch auf Ihrem PC schon der Fall sein, gibt es dennoch eine Möglichkeit, den Punkt „Verwalten" einzuschalten. Klicken Sie dazu mit der rechten Maustaste auf das Windows-Logo links unten in der Taskleiste, und wählen Sie im Kontextmenü den Punkt „Eigenschaften" aus. Wenn Sie dann im nächsten Dialogfeld auf den Unterpunkt „Anpassen" klicken, können Sie sich den Menüpunkt „Systemverwaltung" unter „Alle Programme" in der rechten Spalte des Startmenüs zur besseren Übersicht anzeigen lassen.

Verzeichnis

Wenn man heute von einem Ordner und einem Verzeichnis spricht, ist in der Regel von derselben Sache die Rede. Dabei findet der Begriff „Verzeichnis" eher in der Technik Anwendung, da dieser die wörtliche Übersetzung des üblichen englischen Begriffs „Directory" ist. PC-Anwender dagegen sprechen im alltäglichen Gebrauch eher von „Ordnern".

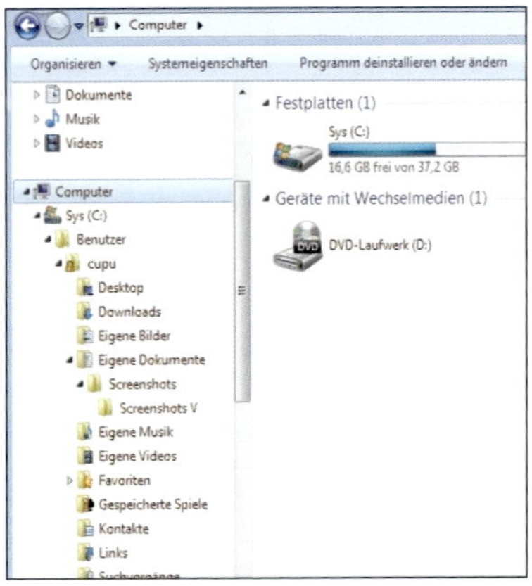

Ganz links sehen Sie auf einen Blick, in welchem Verzeichnis Sie sich befinden.

Verzeichnisbaum

Oft enthalten Verzeichnisse selbst wieder Verzeichnisse, also Unterverzeichnisse, sodass ein verschachteltes, aber dennoch übersichtliches System entsteht – der sogenannte Verzeichnisbaum. Der Name spielt auf die Verästelungen eines Baumes an. Wenn Sie wissen möchten, in welchem Verzeichnis bzw. in welchem Verzeichnisbaum Sie sich gerade befinden, schauen Sie in das linke Teilfenster des Windows Explorers. Hier sehen Sie im Navigationsbereich unter dem Punkt „Computer" die jeweilige Baumstruktur.

Auch auf Ihrem PC können Sie verschiedene Video-Dateien abspielen. Hierfür liefert Windows bis Version 7 den Media Player automatisch mit.

VGA

Unter VGA (**V**ideo **G**raphics **A**rray) versteht man einen mittlerweile veralteten Grafikstandard mit 640 x 480 Pixeln. Heute wird dieses Format aufgrund seiner eher geringeren Auflösung hauptsächlich nur noch für Webcams genutzt. Da moderne Monitore eine wesentlich höhere Auflösung haben, unterstützt Windows 7 diese alte VGA-Auflösung nicht mehr. Trotzdem existiert der VGA-Anschluss auch heute noch und dient als 15-polige Steckbuchse zum Anschluss des Monitors. Sie erkennen diesen Anschluss, der sich entweder auf der Grafikkarte oder auf dem Motherboard befindet, an seiner blauen Farbe.

Video

Der Begriff „Video" stammt aus dem Lateinischen und heißt übersetzt „ich sehe" – daher auch die Bezeichnung für einen Film. Demgegenüber steht der Begriff „Audio", der sich mit „ich höre" übersetzen lässt. Hierbei handelt es sich dementsprechend zum Beispiel um Musikdateien, welche Sie sich am PC oder anderen Abspielgeräten anhören können. Die wichtigsten Dateiformate für eine Videodatei auf dem Rechner sind AVI (siehe Seite 21) und WMV (siehe Seite 278). Im Internet gibt es noch eine weitere Form, das sogenannte Flash-Format. Vor allem Beiträge im beliebten Video-Portal YouTube liegen in diesem Format vor. Waren Filme früher vor allem auf den typischen, altbewährten VHS-Kassetten erhältlich, kauft man heute DVDs, die man nicht nur auf DVD-Playern, sondern auch an einem modernen PC abspielen kann. Daneben existieren auch Daten-DVDs, die sogenannten DVD-ROMs, die allein vom Computer gelesen werden können. Windows 7 (aber nicht Windows 8 und 10) liefert zum Abspielen solcher Videos ein eigenes Programm automatisch mit, den Windows Media Player oder das Windows Media Center.

Video-CD

Video-CD, kurz VCD genannt, ist ein Standardformat, mit dem Videodateien auf CDs abgespeichert werden. Diese Dateien haben die Endung .dat.

Virenscanner

Ein Virenscanner, oder auch Antivirenprogramm genannt, hilft Ihnen, sich vor einem Virus zu schützen. Daher empfiehlt es sich, auf jedem PC einen solchen Schutz zu installieren und diesen vor allem regelmäßig zu aktualisieren. Ein Antivirenprogramm hat nicht nur die Aufgabe, Ihren Computer vor dem Befall solcher Viren zu bewahren, sondern tritt auch dann ein, wenn Ihr PC bereits von einer bösartigen Software befallen ist und diese wieder beseitigt werden muss. Im Internet finden Sie eine Vielzahl an bewährten Virenscannern zum Download – manche sind kostenlos, andere nicht. Gerade im Fall eines Virenscanners sollte man nicht nur auf den Preis schauen. Zwar sind auch kostenlose Versionen gut, bieten aber grundsätzlich dennoch nicht den gleichen Schutz und Leistungsumfang wie kostenpflichtige Produkte. Wenn Sie also großen Wert auf die Sicherheit am PC legen, sollte Ihnen 20-30 Euro im Jahr als Investition nicht zu viel sein. Denn für diesen Betrag erhalten Sie schon ein sehr gutes, leistungsstarkes Antivirenprogramm.

- Norton Security: http://de.norton.com
- Avira Security: www.avira.de
- Kaspersky Anti-Virus: www.kaspersky.de
- Microsoft Security Essentials: www.microsoft.com/security_essentials

Virus

Bei einem Virus handelt es sich um eine Art Programm, welches sich auf Ihrem Computer installiert, ohne dass Sie es zunächst bemerken. Zweck dieses bösartigen Programms ist es in der Regel, Ihre persönlichen Daten auszuspionieren, den PC lahmzulegen oder Ihren Rechner zu benutzen, um unerwünschte Werbung an andere Nutzer zu schicken. Hier spricht man dann von sogenanntem Spam (siehe Seite 205). Die Verbreitung von Viren war früher an den Austausch von Daten per Diskette gebunden und daher eher langsam vorangeschritten. Im Zeitalter von Internet und allgegenwärtigem Online-Datenaustausch verbreitet sich ein Virus ungleich schneller.

Visuelle Effekte

Egal, ob es um das Ein- und Ausblenden von Menüs geht, um kleine Animationen oder verschiedene Schatteneffekte – Windows 7 bietet für fast alles visuelle Effekte. Doch dabei sollten Sie eines beachten: Auch wenn diese optischen Effekte schön aussehen, kosten sie erhebliche Systemleistung und können dazu führen, dass Ihr Rechner dementsprechend langsamer wird. Wenn Sie also sagen, die Leistung Ihres PCs ist für Sie wichtiger als die visuellen Effekte, empfiehlt es sich, diese auszuschalten. Gehen Sie hierfür unter „Systemsteuerung/System und Sicherheit/System/Erweiterte Systemeinstellungen“. Im nächsten Dialogfeld klicken Sie auf der Registerkarte „Erweitert“ auf die obere der drei „Einstellungen“-Schaltflächen. Wenn Sie nun unter „Visuelle Effekte“ auf den Modus

SICHERHEITS-TIPP

Antivirenprogramme können nur vollwertigen Schutz bieten, wenn Sie diese in regelmäßigen Abständen aktualisieren – am besten sogar jeden Tag einmal. Hierfür bieten alle Programme ein automatisches Update an, welches im Hintergrund läuft, sodass Sie quasi nichts davon merken.

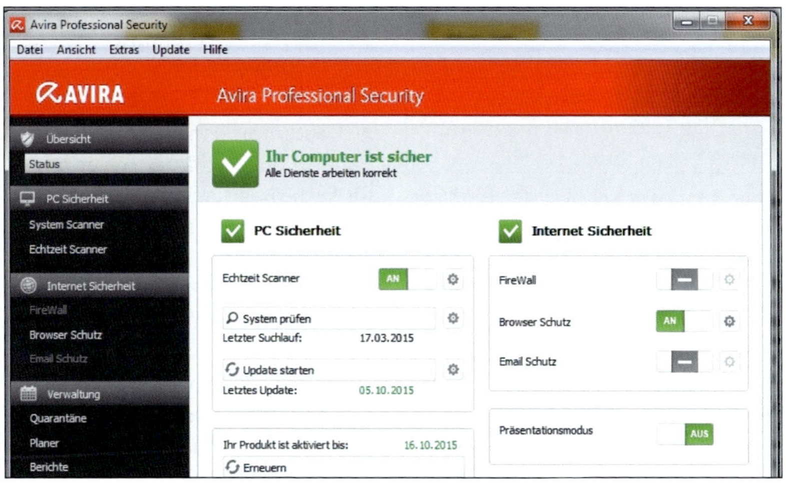

Ein Virenscanner wie Avira AntiVir Professional überwacht den Computer, sobald er online geht. Auch E-Mails werden vom Programm gescannt.

„Benutzerdefiniert“ umschalten, haben Sie die Möglichkeit, sämtliche visuellen Effekte auszuschalten, ohne dass es zu Funktionseinschränkungen kommt. Allerdings gibt es hier zwei Einstellungen, die Sie belassen sollten: „Visuelle Stile für Fenster und Schaltflächen verwenden“ und „Miniaturansichten anstelle von Symbolen anzeigen“. Diese beiden Funktionen haben den großen Vorteil, dass sie eine bessere Übersicht am PC bieten.

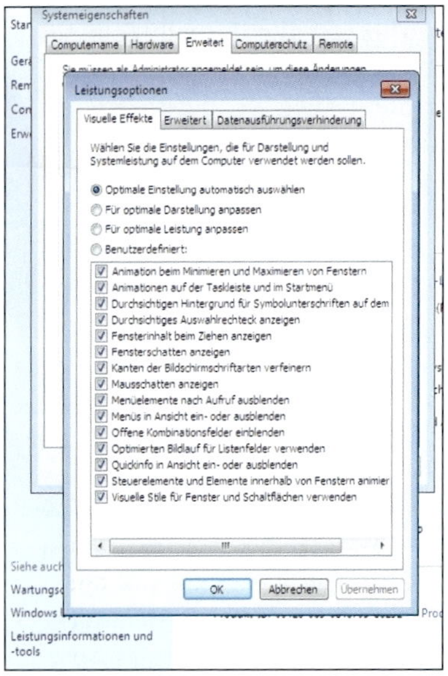

Sie können selbst entscheiden, welche visuellen Effekte eingeschaltet werden.

VoIP

Als Voice over IP, kurz VoIP, wird heute das Telefonieren über das Internet bezeichnet. Hierbei ist keine klassische Telefonverbindung mehr notwendig, sondern sämtliche Sprachsignale werden über das Internet übertragen. Man braucht zwei Computer, die eine geeignete Software für Internettelefonie installiert haben, wie zum Beispiel Skype. Dabei werden Telefonnummern ähnlich wie im klassischen Festnetz vergeben, sodass es beim Gebrauch von VoIP im Grunde für den Anwender keinen Unterschied gibt, ob er nun über das Festnetz oder mit einem VoIP-Anschluss telefoniert.

Voice-Mail

Die Zeit der üblichen Anrufbeantworter ist längst vorbei. Heute haben Telefone, egal, ob Handys, Smartphones oder klassische Festnetztelefone, eine Art Anrufbeantworter bereits integriert. Dabei spricht man von Voice-Mail, bei Handys ist der Begriff Mobilbox oder Mailbox mehr verbreitet. Hier können Anrufer eine Nachricht hinterlassen, die dann direkt am Telefon abgehört werden kann. Bei Mobilfunkgeräten müssen Sie Ihre Voice-Mail über eine separate Zusatznummer anrufen, um die Sprachnachricht abzuhören. Genauso, wie Sie früher auf den Anrufbeantwortern einen individuellen Text daraufsprechen konnten, können Sie auch im System der Voice-Mail einen eigenen Text einspeichern. Es gibt aber auch die Möglichkeit, aus Vorgaben, die von der Telefongesellschaft bereitgestellt werden, auszuwählen.

Vollbildmodus

Sie können selbst entscheiden, ob Sie ein Dokument, ein Bild oder eine Webseite in kleiner oder großer Ansicht auf Ihrem Bildschirm anzeigen lassen. Eine Variante davon ist der Vollbildmodus, bei dem die jeweiligen Fenster den kompletten Bildschirm ausfüllen. Sämtliche Bedienelemente rücken dabei entweder in den Hintergrund oder verschwinden ganz vom Bildschirm. Mit einem Klick können Sie jederzeit das Bild verkleinern und so die gewünschten Elemente wieder sichtbar machen, zum Beispiel wenn Sie ein Bild bearbeiten möchten. Der Vollbildmodus ist vor allem bei Diashows

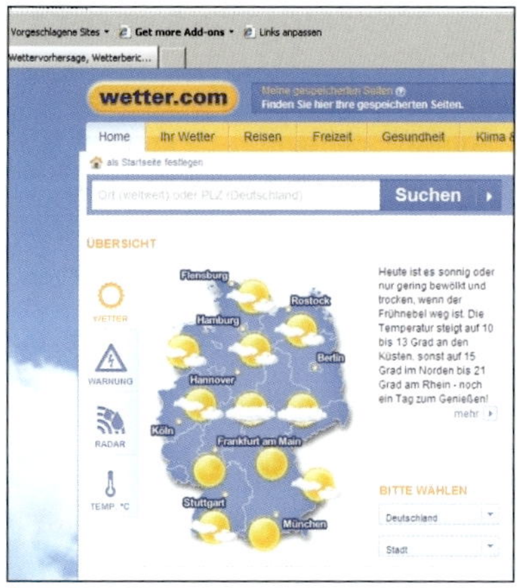

Der Vollbildmodus im Internet Explorer sorgt für eine große Darstellung.

oder beim Surfen im Internet empfehlenswert, da hierbei sämtliche Bilder oder Webseiten detailreicher dargestellt werden können.

> **PRAXIS-TIPP**
>
> Neben dem beschriebenen Vollbildmodus können Sie im Internet Explorer Webseiten auch ohne sämtliche Symbolleisten und Fensterränder darstellen. Drücken Sie hierfür die Tastenkombination [F11]. Anfangs sehen Sie am oberen Rand noch eine Symbolleiste mit der Adresszeile, Registerkarten und den wichtigsten Funktionen, diese verschwindet aber kurz nach dem Umstellen auf den kompletten Bildschirm automatisch. Um diese bei Bedarf wieder aufzurufen, fahren Sie mit der Maus an den oberen Bildrand. Neben der Symbolleiste oben steht Ihnen im Vollbildmodus auch die Navigation über die rechte Maustaste zur Verfügung.

Volume

Der Begriff „Volume“ hat in der Computersprache zwei Bedeutungen: Zum einen wird in englischsprachigen Programmen die Regelung der Lautstärke mit „Volume“ bezeichnet. Daneben verwenden manche Programme diesen Begriff auch für diverse Festplatten. So meint zum Beispiel „Volume C:“ die Festplatte mit dem Laufwerkbuchstaben C:.

Vorgängerversion

Da Programme immer weiterentwickelt und an die Bedürfnisse der Nutzer angepasst werden, existieren von ein und demselben Programm in der Regel mehrere Versionen gleichzeitig am Markt. Diese sind zur besseren Übersicht mit Versionsnummern versehen. Sobald also eine neue Version eines Programms entwickelt wird, wird die davor veröffentlichte als sogenannte Vorgängerversion bezeichnet. So ist zum Beispiel die Version 3.0 die Vorgängerversion von 3.1.

Mithilfe eines Bildschirms und entsprechenden Zuspielgeräten, wie einer 3D-Brille, wird es den Anwendern ermöglicht, sich in eine virtuelle Realität versetzen zu lassen.

Vorschaubild

Viele Programme bieten die Möglichkeit, Bilder in verkleinerter Größe anzuzeigen, ohne dass die jeweilige Datei geöffnet werden muss. Hier spricht man von sogenannten Vorschaubildern.

Vorschaufenster

Wenn Sie zum Beispiel aus den abgespeicherten Bildern Ihres letzten Urlaubes ein bestimmtes suchen,

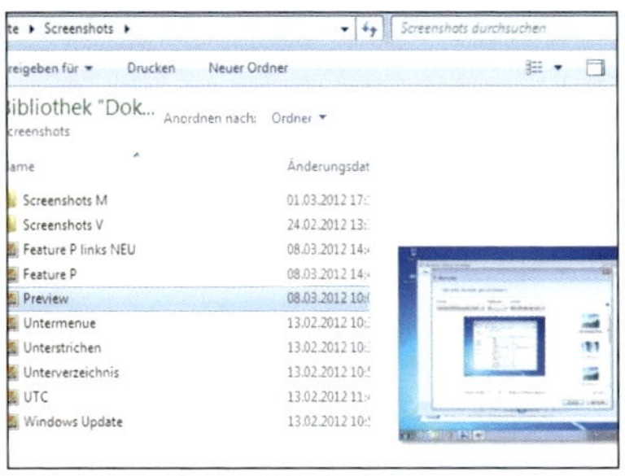

Das Vorschaufenster hilft beim Durchsuchen vieler Dateien.

helfen Ihnen die sogenannten Vorschaufenster. Mit dieser Funktion müssen Sie nicht sämtliche Bilder öffnen, um das gewünschte schließlich zu finden.

Mit einem Klick auf das zweite Symbol in der Symbolleiste oben rechts können Sie die Vorschau einer markierten Bilddatei einblenden. So sehen Sie, welches Bild sich hinter dieser Datei verbirgt, ohne diese öffnen zu müssen. Die Vorschau wird solange angezeigt, bis Sie die nächste Datei anklicken. Allerdings ist die Funktion nur für bestimmte Dateitypen, wie beispielsweise bei Fotos und XPS-Dateien, anwendbar.

VR

Im Computerbereich steht die Abkürzung „VR“ für „**V**irtuelle **R**ealität“. Diese beschreibt eine Technik, mit der Anwender mithilfe bestimmter Geräte interaktiv in eine von Computern generierte Welt eintauchen können. Dies ist unter anderem in der Spielewelt oder auch bei Simulationen verschiedener Art der Fall, so zum Beispiel bei der Pilotenausbildung, wo mit einem Flugsimulator gearbeitet wird. Weitere Einsatzgebiete der virtuellen Realität sind aber auch Visualisierungen in Architektur und Medizin.

Um sich in die virtuelle Realität zu begeben, benötigt der Anwender neben einem Computer und einem Display auch eine entsprechende Software und bestimmte Zusatzgeräte, die das dreidimensionale Bild der virtuellen Realität übertragen. Diese Geräte können zum Beispiel eine 3D-Brille oder ein Datenhelm sein. Um in der virtuellen Realität aber auch zu interagieren, wird ein Datenhandschuh benötigt. Dieser besteht aus Sensoren, um die Bewegung der Finger zu erfassen.

W

Wartungscenter

Im Wartungscenter von Windows 7, 8 und 10 werden auf einen Blick Probleme des Computers angezeigt. Sobald das System ein Problem findet, weist es im Infobereich der Taskleiste durch ein kleines Fähnchen, das verschieden farblich eingefärbt sein kann, darauf hin. Wenn Sie mit der Maus daraufklicken, wird eine Kurzübersicht der Meldungen eingeblendet. Ein weiterer Klick öffnet das Wartungscenter. Sie können es aber auch über die „Systemsteuerung" nach Klick auf „System und Sicherheit/Wartungscenter" erreichen. Wichtige Meldungen werden im Wartungscenter rot gekennzeichnet, z.B. ein nicht aktuelles Antivirenprogramm, weniger systemkritische Probleme in gelb. Bei beiden wird jeweils automatisch von Windows eine Lösung angeboten.

Wenn der Computer Probleme im System findet, lassen sich diese mit dem Wartungscenter von Windows 7 leicht beheben.

WAV-Format

WAV (Windows Audio Format) ist ein Dateiformat, das zur Speicherung von Audiodaten genutzt wird. Wenn Sie den Inhalt einer Audio-CD auf den Computer kopieren (fachsprachlich „rippen"), werden diese Daten als WAV abgespeichert und sind dann in der Regel nicht komprimiert, wie dies beispielsweise beim MP3-Format der Fall ist. Dateien im WAV-Format sind meist sehr groß, sodass sie eher ungeeignet für mobile Audioplayer oder andere tragbare Geräte sind.

Wearable

Mit dem Begriff „Wearable" werden Fitness- und Sportbänder und Uhren bezeichnet, die bestimmte Daten wie etwa Puls oder auch verbrauchte Kalorien, Schritte und anderes während der Bewegung aufzeichnen und diese direkt auf Abruf anzeigen oder an eine App auf dem Smartphone oder Tablet übertragen. Von kleinen Schrittzähler, Schlafüberwachern bis hin zu multifunktionalen Sportbändern reicht die Palette der Wearables mittlerweile. Sie sind nicht gleichzusetzen mit Smartwatches, die etwa E-Mails anzeigen.

Webbrowser

Siehe Browser.

Web.de

Web.de ist ein Internetportal, das verschiedene – meist kostenlose – Dienste bereitstellt. Der am häufigsten genutzte Service ist der E-Mail-Dienst. Web.de gehört zum Internetkonzern United Internet.

Um E-Mails über Web.de zu empfangen und zu versenden, lassen sich auch E-Mail-Programme wie Windows Live Mail oder Thunderbird nutzen. Einen Überblick über die Einrichtungsdaten gibt die unten stehende Tabelle.

E-Mail-Einrichtung bei Web.de	
POP3-Server	pop3.web.de
IMAP-Server	imap.web.de
SMTP-Server	smtp.web.de
POP3-Benutzername	Web.de-Benutzername
Autorisierung	SMTP-Auth oder POP3 vor SMTP

- Web.de im Internet: www.web.de

Web.de wurde vor allem durch seinen kostenlosen E-Mail-Service bekannt.

Webcam

Eine Webcam ist eine kleine Kamera, die in kurzen Abständen digitale Bilder aufnimmt und diese über das Internet überträgt. Man unterscheidet öffentliche Webcams und Webcams, die für die Videotelefonie genutzt werden. Öffentliche Webcams befinden sich meist außerhalb von Gebäuden. Sie zeichnen das aktuelle Wetter, die Verkehrslage oder einfach den Ort, an dem Sie sich befinden auf, und stellen die Bilder öffentlich auf der Webseite eines Anbieters zur Verfügung. Viele touristische Orte bieten einen solchen Service an.

Webcams für die Videotelefonie sind dagegen nicht öffentlich, denn Sie werden direkt am eigenen Computer – meist über USB – angeschlossen. Ein Notebook hat in der Regel eine einfache Webcam bereits eingebaut. Damit ist es möglich, Videobilder für einen Videochat oder Videotelefonie zu übertragen und sein Gegenüber live zu sehen. Die Programme Skype und der Windows Live Messenger unterstützen das Telefonieren bzw. Chatten mit Bild.

Wie ist das Wetter in Miami? Die Webcam auf www.miamiandbeaches.com zeigt es.

- Webcam-Übersicht für Deutschland www.city-webcams.de
- 30.000 Webcams aus aller Welt www.globocam.de

Weblog

Siehe Blog.

Webmail

Unter dem Begriff Webmail versteht man die Möglichkeit, seine E-Mails mit einem Browser direkt auf dem Webserver (siehe Seite 258) abzurufen, ohne ein E-Mail-Programm wie Windows Live Mail oder Thunderbird zu nutzen. Die E-Mails bleiben also auf dem Server des Anbieters. Bei der Nutzung von Webmail wird die Webseite des E-Mail-Anbieters geöffnet und man wählt sich in sein E-Mail-Postfach durch Eingabe der Zugangsdaten ein. Dort kann man seine E-Mails lesen, neue E-Mails verfassen und auch Nachrichten direkt löschen. Das ist insbesondere bei Spam-E-Mails sinnvoll, da diese so erst gar nicht auf den eigenen Computer gelangen. Der große Vorteil von Webmail ist, dass man von überall aus und von jedem Computer mit Internetzugang auf sein Postfach zugreifen kann. Alle großen E-Mail-Anbieter wie beispielsweise GMX, Web.de oder Freenet unterstützen Webmail.

- Webmail-Anbieter im Internet:
Freemail: https://mail.de
Google Mail: www.gmail.de
GMX: www.gmx.de, www.gmx.net
Hotmail: www.hotmail.de
Freenet: http://email.freenet.de
T-Online: http://email.t-online.de
Web.de: www.web.de

SICHERHEITS-TIPP

Wenn Sie im Urlaub oder von unterwegs aus Ihre E-Mails per Webmail lesen, vergessen Sie nicht, sich am Ende der Sitzung wieder abzumelden. Denn nur so bleiben Ihre Daten geschützt. Nutzen Sie zusätzlich den privaten Modus des Browsers. Diesen erreichen Sie in der Regel über das Menü „Extras".

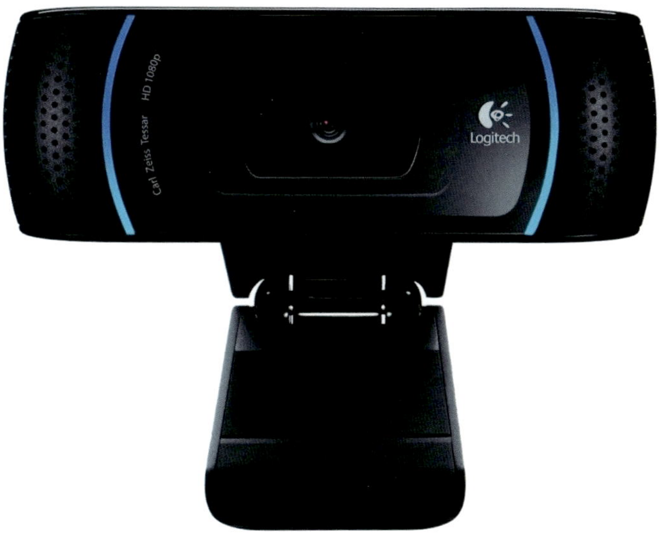

Mit der Webcam HD Pro C910 von Logitech können Sie Videogespräche über Skype führen und auch an einem Videochat teilnehmen.

Webseite

Eine Webseite (oder auch Internetseite genannt) ist ein Dokument, das Bestandteil eines Webangebots

Jedes Angebot im Internet besteht aus vielen einzelnen Webseiten, die miteinander verlinkt sind, sodass Sie von jeder Seite aus auf eine andere Seite kommen und umgekehrt.

ist. Eine Webseite besteht in der Regel aus Text, Bildern und Links, die zu anderen Webseiten führen. Jede Webseite hat eine eigene Adresse, unter der sie mittels Browser aufgerufen werden kann. Die Gesamtheit aller Webseiten in einem Webangebot wird als Webauftritt, Webpräsenz oder Website bezeichnet.

Webserver

Ein Webserver ist ein Computer, der Webseiten im Internet zur Verfügung stellt, indem er sie an den Browser überträgt. Als Übertragungsmethoden dienen die standardisierten Übertragungsprotokolle HTTP, HTTPS (für verschlüsselte Verbindungen) sowie Netzwerkprotokolle wie IP und TCP.

Während private Webseiten meist einen Webserver nutzen, sind große Webauftritte wie Onlineshops auf mehrere Webserver verteilt. DieWebserver stehen in der Regel in Rechenzentren bei Spezialanbietern.

Web-TV

Bei Web-TV kommen Videos oder das Fernsehprogramm über das Internet auf den Bildschirm. Zum Betrachten der Inhalte braucht man einen Browser und eventuell Spezialsoftware. Web-TV wird als Konkurrenz zum kostenpflichtigen IPTV (Internetfernsehen) angesehen, denn Web-TV-Angebote sind

Die „Tagesschau in 100 Sekunden" ist kostenlos im Internet abrufbar.

in der Regel kostenlos. Die Übertragung der Audio- und Videodaten erfolgt mittels Streaming (siehe Seite 215). Voraussetzung für den Empfang ist eine Breitbandinternetverbindung wie DSL. Das Web-TV-Angebot ist riesig. Neben den öffentlich-rechtlichen Sendern ARD und ZDF bieten immer mehr Privatsender ausgesuchte Inhalte ihres Programms kostenlos im Internet an. Auch die Tagesschau zeigt alle Sendungen in voller Länge online.

Website

Siehe Webseite.

Wechselmedium

Als Wechselmedium oder Wechseldatenträger werden alle Speichermedien bezeichnet, die nicht fest im Computer eingebaut sind. Das sind mobile Speicher wie USB-Sticks, externe Festplatten, CDs, DVDs oder Speicherkarten.

Weiße Liste

Der Begriff „Weiße Liste“ spielt im Zusammenhang mit Spam und Spamfiltern eine Rolle. Die Spamfilter arbeiten mit zwei Listen, in die E-Mail-Adressen sortiert werden. Die Schwarze Liste (Englisch: Blacklist) enthält alle E-Mail-Adressen sowie Begriffe, die immer automatisch blockiert werden. Alle bekannten Spamversender stehen beispielsweise auf dieser Liste. Die Weiße Liste (Englisch: Whitelist) hingegen enthält alle E-Mail-Adressen, deren Nachrichten immer ankommen. Sie können der Weißen Liste auch E-Mail-Adressen von Freunden hinzufügen, sodass von diesen Kontakten Nachrichten immer zugestellt werden.

Weiterleiten

Wenn Sie eine E-Mail erhalten, können Sie diese an ein oder mehrere Personen weiterleiten. Dabei wird der gesamte Inhalt inklusive E-Mail-Anhängen wie Bilder oder Dokumente in eine neue E-Mail übernommen. Weitergeleitete E-Mails erkennt man meist an der Kennung „Fw:“, die in der Betreffzeile vor dem eigentlichen Titel der E-Mail steht. Das Kürzel steht für das englische Wort „forward“, was übersetzt „weiterleiten“ heißt.

WEP-Verschlüsselung

Bei einer kabellosen Verbindung per WLAN wird das Funksignal verschlüsselt übertragen, damit nicht Fremde unerlaubt diese Verbindung nutzen können. WEP ist ein solches Verschlüsselungsverfahren, bei dem in jedem WLAN-Endgerät (z.B. WLAN-Router) ein Schlüssel bzw. Passwort hinterlegt wird. Dieser identische Schlüssel wird im Computer eingetragen, sodass nur dieser Rechner mit dem WLAN-Router kommunizieren kann. Allerdings gilt WEP als veraltet, denn der Schlüssel lässt sich leicht knacken. WEP wurde weitgehend von der noch sicheren WPA2-Verschlüsselung (siehe Seite 278) abgelöst.

Werbung blockieren

Viele Webseiten blenden in sogenannten Pop-up-Fenstern Werbung ein, die den eigentlichen Inhalt einer Seite verdecken. Das ist nicht nur lästig, sondern kostet – vor allem bei Mobilfunkverbindungen – Geld. Diese Werbung lässt sich schnell und einfach blockieren. Browser wie Internet Explorer und Mozilla Firefox bieten dazu integrierte Pop-up-Blocker an. Sind diese eingeschaltet, blockieren diese jegliche Pop-up-Fenster. Im Internet Explorer finden Sie den Pop-up-Blocker unter dem Menü „Extras“, bei Mozilla Firefox unter „Extras/Einstellungen“. Gehen Sie in die Registerkarte „Inhalt“ und setzen Sie ein Häkchen bei „Pop-up-Fenster blockieren“.

PRAXIS-TIPP

Sie können bei Ihrem Browser auch Ausnahmen definieren, indem Sie die Internetadresse der Webseite eingeben, bei denen Pop-up-Fenster gezeigt werden sollen. Beim Internet Explorer gehen Sie dazu auf „Extras/Popupblocker/Popupblockereinstellungen“ und tragen dann im oberen Feld die Webseite ein, die zugelassen werden soll. Bei Mozilla Firefox finden Sie die gleiche Option unter „Extras/Einstellungen/Inhalt/Ausnahmen“.

WGA

Siehe Gültigkeitsprüfung.

WhatsApp

WhatsApp ist ein Messenger-Programm für Smartphones. Anders als bei einer SMS, bei der eventuelle Gebühren für das Versenden anfallen, nutzt WhatsApp die Internetverbindung des Smartphones und versendet die Nachricht über das im Mobilvertrag des Anwenders enthaltene Datenvolumen kostenfrei. Auch das Versenden an ganze Gruppen von Kontakten ist möglich. Die Unterhaltung, „Chat“ genannt, funktioniert genauso wie bei einem Messenger (siehe Seite 130).

Wiedergabe

Der Begriff Wiedergabe bezeichnet das Abspielen von Musik oder Videos in einem Programm wie dem Windows Media Player. Sobald Sie die „Play-Taste“ mit der Maus drücken, beginnt die Wiedergabe. Sie

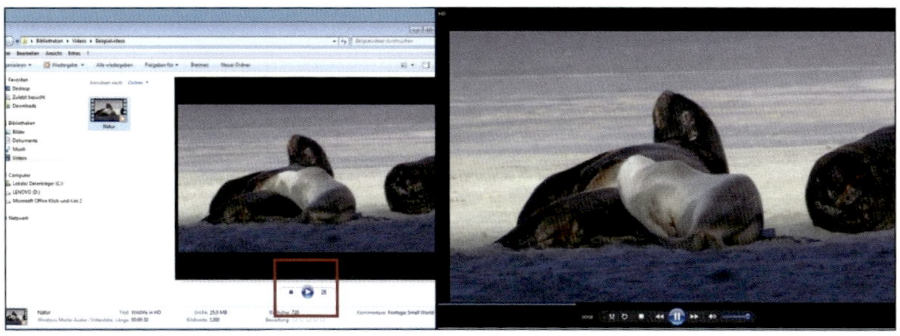

Die Schaltfläche Wiedergabe im Windows Media Player ist durch ein kleines Dreieck gekennzeichnet. Sobald Sie daraufklicken, wird das Video abgespielt.

lässt sich anhalten, indem Sie entweder die Pause- oder die Stop-Taste drücken.

Wiedergabeliste

Der Windows Media Player bietet die Möglichkeit, Wiedergabelisten zu erstellen. In diese lassen sich Musiktitel einordnen, die Sie häufig anhören oder die zu einer bestimmten Band oder Musikrichtung gehören. Neben Musiktiteln lassen sich auch Video und Bilder einer Wiedergabeliste zuordnen. Wiedergabelisten werden standardmäßig im Ordner „Eigene Wiedergabelisten“ in der Bibliothek Musik gespeichert. Der Windows Media Player bietet zwei Möglichkeiten, Wiedergabelisten anzulegen: als reguläre Wiedergabeliste und automatische Wiedergabeliste.

Um eine reguläre Wiedergabeliste anzulegen, gehen Sie im Windows Media Player in den Modus „Aktuelle Wiedergabe“ und klicken dort in der oberen rechten Ecke auf die Schaltfläche „Zur Bibliothek wechseln“. In der Medienbibilothek klicken Sie auf „Wiedergabelisten“ und dann auf die Registerkarte „Wiedergeben“, um den Listenbereich zu öffnen. Ziehen Sie nun die gewünschten Elemente mit gedrückter linker Maustaste in den Listenbereich, um sie der neuen Wiedergabeliste hinzuzufügen. Um mehrere Elemente auszuwählen,

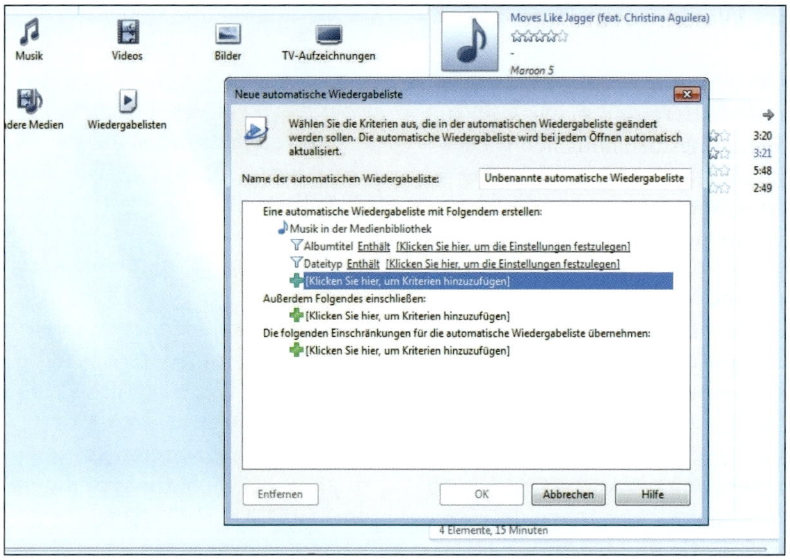

Automatische Wiedergabelisten werden anhand bestimmter Kriterien erstellt und automatisch vom Windows Media Player aktualisiert.

halten Sie dabei die Taste [Strg] gedrückt. Um die Elemente zu ordnen, ziehen Sie sie im Listenbereich nach oben oder unten. Speichern Sie zuletzt die Liste, indem Sie am unteren Rand des Listenbereichs auf „Wiedergabeliste speichern“ klicken, und geben Sie einen Namen für die Wiedergabeliste ein. Um die Wiedergabeliste später zu öffnen, klicken Sie im Navigationsbereich des Windows Media Players auf die Ansicht „Wiedergabelisten“. Um die Liste zu bearbeiten, gehen Sie auf „Im Listenbereich bearbeiten“. Zum Entfernen eines Elements klicken Sie mit der rechten Maustaste darauf und wählen aus dem „Kontextmenü“ den Befehl „Aus Liste entfernen“. Um Elemente hinzuzufügen, wählen Sie diese im Navigations- und Detailbereich aus, und ziehen Sie sie dann mit gedrückter linker Maustaste in den Listenbereich.

Eine automatische Wiedergabeliste ändert sich, wie der Name schon sagt, automatisch je nach den von Ihnen angegebenen Kriterien. Das können zum Beispiel eine besonders gute Bewertung, Interpreten, Albumnamen oder die am häufigsten gespielten Titel sein. Um eine automatische Wiedergabeliste zu erstellen, klicken Sie auf den Pfeil unter der Registerkarte „Medienbibliothek“ und anschließend auf „Automatische Wiedergabeliste erstellen“. Geben Sie einen Namen für die Wiedergabeliste in das Feld „Name der automatischen Wiedergabeliste“ ein. Wählen Sie die Kriterien aus, die Sie für die automatische Wiedergabeliste verwenden möchten. Speichern Sie zuletzt die Einstellungen. Die automatischen Wiedergabelisten werden nun bei jedem Öffnen automatisch anhand der Kriterien aktualisiert.

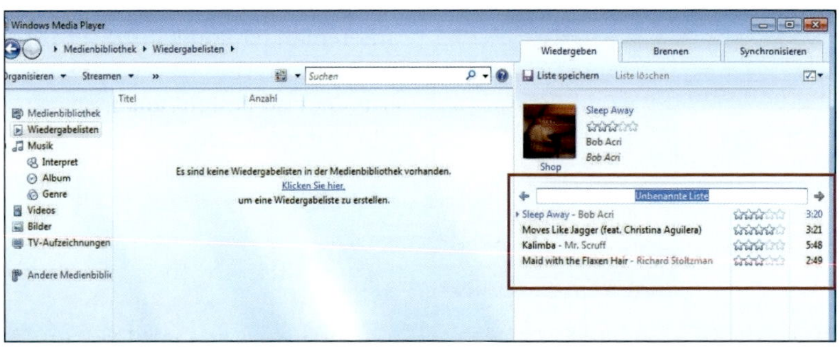

Eine reguläre Wiedergabeliste enthält vorher festgelegte Elemente wie den Titel eines bestimmten Sängers oder einer Gruppe.

Wiederherstellen

Gelöschte oder verloren gegangene Daten lassen sich in der Regel mit Sicherungsmechanismen wiederherstellen. Auch Windows bietet eine Möglichkeit, Daten zu retten. Wenn Sie eine Datei versehentlich gelöscht haben, liegt diese normalerweise im Papierkorb. Das Symbol für den Papierkorb finden Sie auf dem Windows-Desktop. Wenn Sie doppelt darauf klicken, sehen Sie dort alle in der letzten Zeit gelöschten Daten. Um eine Datei an ihren ursprünglichen Platz wiederherzustellen, markieren Sie sie und klicken Sie im Menü „Datei" auf „Wiederherstellen". Daten, die nicht mehr im Papierkorb liegen oder die verloren gegangen oder beschädigt sind, lassen sich auch mithilfe von dem in Windows 7, 8 und 10 integrierten Sicherungsprogramm wiederherstellen – vorausgesetzt, Sie haben damit zu einem früheren Zeitpunkt auch eine Datensicherung angelegt. Das Windows Sicherungsprogramm finden Sie in der „Systemsteuerung" unter „Sichern und Wiederherstellen". Klicken Sie dort auf „Eigene Dateien wiederherstellen". Standardmäßig werden Daten aus der letzten Sicherung wiederhergestellt. Sie können aber auch eine ältere Sicherung auswählen. Wählen Sie nun die Dateien aus, die wiederhergestellt werden sollen. In das Feld „Sichern" können Sie auch den Namen der Datei eingeben. In der Liste der gefundenen Dateien und Ordner aktivieren Sie dann die gewünschten Dateien und klicken auf „Weiter". Im nächsten Schritt legen Sie fest, ob die Daten am Ursprungsort oder in einen bestimmten Ordner wiederhergestellt werden sollen.

Eine versehentlich gelöschte oder defekte Datei lässt sich mit dem in Windows 7, 8 und 10 integrierten Sicherungsprogramm mit wenigen Handgriffen wiederherstellen.

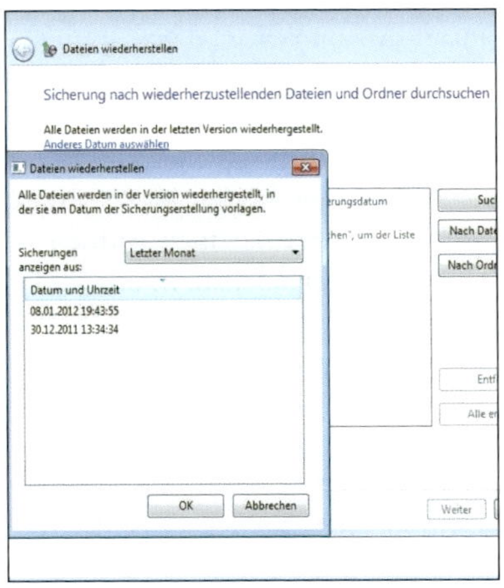

Mit dem Sicherungsprogramm lassen sich gelöschte Daten wiederherstellen.

PRAXIS-TIPP

Neben der Wiederherstellung von einzelnen Dateien und Ordnern bieten Windows 7, 8 und 10 die Möglichkeit, das gesamte System wiederherzustellen. Das ist insbesondere dann sinnvoll, wenn das System nicht mehr richtig läuft. Mehr Informationen finden Sie unter „Systemwiederherstellung".

WiFi

WiFi (**Wi**reless **Fi**delity) ist ein Standard für die drahtlose Vernetzung und wird auch mit dem Kürzel IEEE 802.11 bezeichnet. In Deutschland und einigen anderen Ländern wird der Begriff WLAN verwendet. Mit WiFi lassen sich Computer und andere Geräten im Umkreis von mehreren Hundert Metern ohne Kabel vernetzen. Die WiFi-Alliance zertifiziert Produkte verschiedener Hersteller auf der Basis des IEEE 802.11-Standards und sorgt so dafür, dass diese untereinander kompatibel sind. Die Organisation wurde 1999 gegründet und besteht aus mehr als 300 Unternehmen.

Wikipedia

Wikipedia ist eine freie Enzyklopädie im Internet, die stetig durch freiwillige Autoren mit Daten und Wissen gefüllt wird. Das Wort setzt sich zusammen aus Wiki

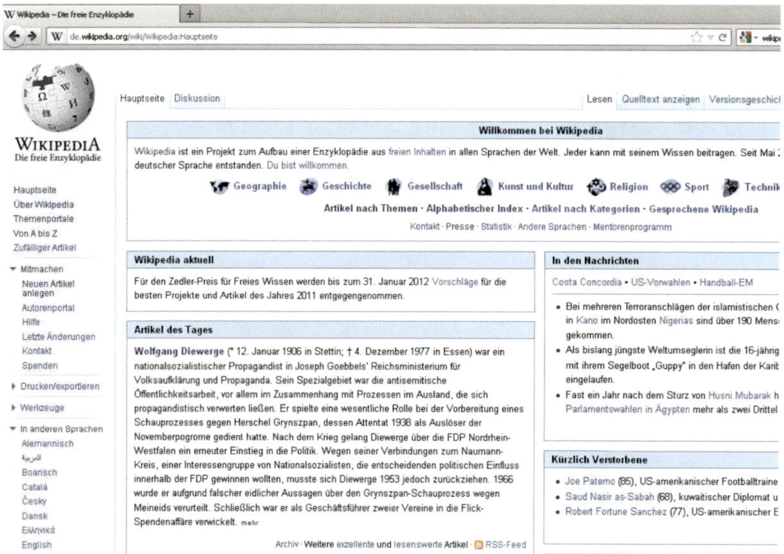

Die Korrektheit der Artikel in Wikipedia wird von kritischen Benutzern geprüft, dennoch sollte man im Zweifel auch andere Quellen zum Vergleich heranziehen.

(hawaiisch für schnell) und encyclopedia (Englisch: Enzyklopädie). Die Besonderheit von Wikipedia ist, dass sie nicht nur kostenlos genutzt werden kann, sondern jeder darf die Inhalte unter Angabe der Quelle frei verwenden. Zudem besteht die Möglichkeit, eigene Artikel zu verfassen. Bei Wikipedia kann man entweder über das Suchfeld direkt nach einem bestimmten Begriff suchen oder die Stichwörter alphabetisch von A bis Z sowie die Themenportale durchsuchen. Neben Geografie gibt es die folgenden Themenbereiche: Geschichte, Religion, Gesellschaft, Sport, Technik, Kunst & Kultur sowie Wissenschaft. Wikipedia lässt sich direkt im Browser aufrufen und ist in mehreren Sprachen nutzbar. Im März 2001 wurde die deutsche Ausgabe gegründet. Jeder Artikel ist immer nach dem gleichen Schema gegliedert und gewährleistet so die schnelle Übersicht. Er beginnt immer mit einer kurzen und allgemeinen Erklärung zum Thema, dann folgt das Inhaltsverzeichnis und am Ende werden weiterführende Links und meist auch Literatur zum Nachlesen angeboten.

Das Markenzeichen von Wikipedia ist eine Weltkugel mit Buchstaben.

Dennoch sollte man bei Wikipedia nicht alle Angaben für bare Münze nehmen und im Zweifelsfall lieber noch bei einer anderen Quelle recherchieren. Da jeder bei dem Portal mitmachen kann, lassen sich Falschinformationen leider nicht vermeiden. Allerdings prüfen die Wikipedia-Mitarbeiter die Artikel und stellen die korrekte Fassung in der Regel zeitnah zur Verfügung.

- Wikipedia in Deutsch
http://de.wikipedia.org
- Wikipedia in Englisch
www.wikipedia.org

WinAmp

WinAmp ist – ähnlich wie der Windows Media Player – ein Programm zum Abspielen von Musik und Videos. Darüber hinaus bietet die Software die Möglichkeit, lokal gespeicherte Mediendateien zu verwalten und eigene Wiedergabelisten zu erstellen. Audio-CDs lassen sich auf den Computer kopieren und brennen sowie Musik auf tragbare Abspielgeräte übertragen. Für WinAmp gibt es im Internet zudem eine große Anzahl von Plug-ins (siehe Seite 165) sowie sogenannte Skins. Mit diesen lässt sich das Aussehen des Multimediaplayers individuell verändern. WinAmp war sehr lange Zeit nur in englischer Sprache zu haben. Mittlerweile gibt es eine deutsche Version.

- Kostenloser Download WinAmp:
www.winamp.com

Windows

Mit Windows werden die Betriebssysteme des amerikanischen Unternehmens Microsoft bezeichnet. Das englische Wort Windows heißt übersetzt „Fenster" und spiegelt sich auch in der Oberfläche wieder: Anwendungen und Programme werden als rechteckige Darstellungen – Fenster genannt – angezeigt. Vor allem PCs laufen mit dem Windows-Betriebssystem, es gibt außerdem mobile Versionen für Smartphones.

Ursprünglich wurde Windows als grafische Oberfläche für das Betriebssystem MS-DOS entwickelt und kam schließlich 1985 unter dem Namen **Windows 1.0** auf den

Markt. Gegenüber MS-DOS war diese Windows-Version bereits ein technischer Fortschritt. Als Oberfläche diente ein einfacher Dateimanager, bei dem die einzelnen Programme anhand ihres Dateinamens ausgewählt werden mussten. Der Erfolg des Betriebssystems blieb allerdings zuerst aus, da es fast keine Anwendungen dafür gab. Als schließlich die ersten Windows-Programme auf den Markt kamen, wurden die Zwischenablage (siehe Seite 285) und ein einfacher Vorläufer des Multitaskings eingeführt. Damit konnte ein Programm angehalten und ein neues gestartet werden, und man konnte zwischen diesen umschalten. 1987 erschien die Weiterentwicklung **Windows 2.0**, mit der es erstmals möglich war, Fenster in der Größe zu verändern, zu verschieben und zu überlappen. Beide Windows-Versionen liefen noch auf Computern ohne Festplatte von Diskette aus. Mit dem Nachfolger **Windows 3.0** gelang dem Betriebssystem der Durchbruch. Neben einer Verbesserung der grafischen Oberfläche wurden der VGA-Standard (siehe Seite 252) unterstützt und der Programm-Manager eingeführt. Mit diesem konnte man Programme über Symbole starten und zwar unabhängig vom Dateinamen und Verzeichnisstrukturen.

Ende 1992 wurde **Windows für Workgroups** mit der Versionsnummer 3.11 eingeführt. Dabei handelte es sich um das erste Windows mit integrierten Netzwerkfunktionen, mit dem man Daten zwischen Computern austauschen konnte. 1993 kam schließlich **Windows NT 3.1** auf den Markt. Diese Version war vollständig von MS-DOS losgelöst und war ein Komplett eigenständiges Betriebssystem inklusive Treiber und Startdateien. Es folgten die Versionen **NT 3.5** und **NT 3.51**.

Der technisch größte Sprung in der Geschichte von Windows war **Windows 95**, das 1995 auf den Markt kam. Es besaß eine völlig neue Benutzeroberfläche mit Startmenü und Taskleiste, die rechte Maustaste bekam zudem die Funktion des Kontextmenüs. Der alte Dateimanager wurde durch den Windows-Explorer ersetzt. Außerdem wurden die Windows-Tasten auf der Tastatur eingeführt. Windows 95 war die letzte Version, die noch auf Disketten verkauft wurde. 1996 folgte **Windows NT 4.0**, das fast die gleiche Oberfläche wie Windows 95 bietet, allerdings auf

DOS-Basis	NT-Basis
Windows 1.0x	NT 3.1
Windows 2.xx	NT 3.5, NT 3.51
Windows 3.0	NT 4.0
Windows 3.1	Windows 2000
Windows 95	Windows XP
Windows 98	Windows Vista
Windows 98 SE	Windows 7
Windows ME	Windows 8
	Windows 10

Eine der zahlreichen Neuerungen in Windows Vista ist die Flip-3D-Oberfläche. Damit werden alle geöffneten Fenster in einem Stapel angezeigt.

der NT-Oberfläche basiert. Es wurden verschiedene Versionen des Betriebssystems veröffentlicht.

Windows 98 war eine Fortführung von Windows 95 und enthielt hauptsächlich Internet-Erweiterungen für den integrierten Internet Explorer. Neu war auch die standardmäßige Unterstützung von mehreren Bildschirmen sowie einige Assistenten für Systemaufgaben. Zudem wurden Twain-kompatible Scanner unterstützt und ein einfaches Bildbearbeitungsprogramm mitgeliefert.

Das nächste Update war **Windows Me** (Windows Millenium), das Ende 1999 herauskam. Neue Funktionen waren der Systemdateischutz, der die leichte Wiederherstellung beschädigter oder überschriebener Systemdateien ermöglichte, sowie die Unterstützung von ZIP-Archiven ohne zusätzliches Komprimierungsprogramm. Es wurde 2001 von Windows XP abgelöst.

Im Jahr 2000 kam schließlich **Windows 2000** heraus, das auf der NT-Plattform basiert und Microsoft-intern deshalb auch NT 5.0 genannt wird. Gegenüber NT 4.0 bot es erweiterte Netzwerkfunktionen und eine bessere Hardwarekompatibilität, sodass ab sofort auch USB-Geräte unterstützt wurden.

Nachfolger von Windows 2000 war **Windows XP** (NT-Version 5.1) und erschien im Jahr 2001. Das Betriebssystem brachte die zwei unabhängig voneinander entwickelten Versionen Windows 95/98/ME und Windows NT/2000 erstmals zusammen. Gegenüber früheren Versionen bietet Windows XP eine neue Benutzeroberfläche sowie zusätzliche Funktionen. Es ist das erste Windows-Betriebssystem, das eine Aktivierung erforderte und damit das Verwenden von Raubkopien eindämmen wollte. Für Windows XP sind drei große Service Packs erschienen, die gefährliche Sicherheitslücken beseitigten und zusätzliche Funktionen wie die Unterstützung für WLAN und Bluetooth sowie ein neues Sicherheitscenter lieferten.

Im Januar 2007 erschien dann **Windows Vista** für Privatanwender, das erstmals die neue Oberfläche Aero und die neue Systemsteuerung mitbrachte. Windows Vista basiert wie Windows XP ebenfalls auf Windows NT und ist in sechs Versionen erschienen. Windows Vista setzt vor allem auf Sicherheit. Nicht nur die Firewall wurde verbessert, auch das kleine Antispywareprogramm Windows Defender wurde integriert. Abgelöst wurde Windows Vista 2009 durch **Windows 7**. Es bietet zahlreiche technische Raffinessen wie umfassende Businessfunktionalität (für Unternehmen) sowie komplexe Unter-

Minianwendungen lassen sich bei Windows 7 an einen beliebigen Ort auf dem Desktop platzieren. Bei Windows Vista diente dazu noch die Seitenleiste.

Windows 8 wurde auch für Geräte mit Touchscreen entwickelt. Die neue Start-Oberfläche ändert die Bedienung von Windows für Anwender enorm.

haltungsfunktionen für Zuhause. Größter Vorteil von Windows 7 sind die einfache Bedienung und der geringe Ressourcenverbrauch. Auf Standard-PCs läuft es deutlich flüssiger als sein Vorgänger Windows Vista. Im Februar 2011 wurde das erste Service Pack für Windows 7 veröffentlicht.

Windows 7 Starter enthält nur die wichtigsten Grundfunktionen. Es wird nur vorinstalliert auf neuen Computern angeboten wie z.B. auf Netbooks (siehe Seite 136). Windows 7 Home Premium ist die Standardversion mit allen Funktionen für Heimanwender. Die Unterstützung für Touchscreens ist integriert. Windows 7 Professional richtet sich insbesondere an Profianwender. Es bietet alle Funktionen, die für die Arbeit im Netzwerk erforderlich sind sowie erweiterte Sicherheitsfunktionen.

Windows 8 schlägt einen neuen Kurs ein, denn die klassische Fensteroberfläche, die Windows (engl. für Fenster) den Namen gab, steht nicht im Vordergrund. Das Betriebssystem besitzt eine Startseite, über deren Kacheln man in die einzelnen Programme und Bereiche gelangt. So fehlen in dieser Ansicht beispielsweise Desktop und Startleiste. Jedoch finden sich diese Elemente in optimierter Form in der klassischen Ansicht, auf die man umstellen kann Die Kachel-Oberfläche ist für neue Multimedia-PCs mit Fingersteuerung optimiert. Neu seit Windows 8 ist die Möglichkeit, Software als Apps im Windows Store zu laden. Dies funktioniert genauso wie etwa auf einem Smartphone im Android Market oder App Store von Apple. Alle neuen Windows-8-Anwendungen laufen in der modernen Bildschirmansicht im Vollbildmodus.

Die aktuelle Version **Windows 10** ist in verschiedenen Versionen für die private Nutzung und für Unternehmen seit Juli 2015 erhältlich. Eine Neuerung ist das kostenlose Upgrade für Windows 7- und 8-Nutzer, das bis Ende Juli 2016 kostenfrei bleibt. Das Betriebssystem ähnelt optisch Windows 8, bietet jedoch ein überarbeitetes und vor allem für Anwender von Windows 7 vertrautes Startmenü und kommt erstmals mit dem neuen Browser Microsoft Edge. Der Desktop wurde deutlich übersichtlicher als bei Windows 8 gestaltet, und erstmals lassen sich Xbox-Spiele auch unter Windows 10 spielen. Auch neu ist Cortana, eine persönliche, sprachgesteuerte Assistentin mit Erinnerungsfunktion, die auf Sprachbefehle reagiert und bei regelmäßigem Einsatz sich individuell auf den jeweiligen Nutzer einstellt. Auch in Windows 10 arbeitet man mit Apps, die im Internet heruntergeladen werden.

Der Desktop von Windows 10 vereint die Kacheln und die gewohnte Startleiste und bietet dem Anwender eine übersichtliche Anordnung aller Anwendungen.

Windows 7	Windows 8	Windows 10
Versionen und Zielgruppe		
Starter (stark eingeschränkte Version in Verbindung mit neuen PCs für Privatanwender)	**Windows 8** (für Privatanwender) **Windows 8 Pro** (ambitionierte Privatanwender)	**Home** (Privatanwender) **Pro** (Privatanwender, Unternehmen)
Home Premium (Standardversion für Privatanwender)		**Enterprise** (Unternehmen) **Education** (Schüler, Universitäten)
Ultimate (Privatanwender) **Professional** (Unternehmen, Profis)	**RT** (Spezielle Version für Tablet-PCs, in der die klassische Oberflächendarstellung nicht enthalten ist)	**IoT** (Spezielle Version zur Steuerung von Haustechnik und anderen Geräten über Tablets und Smartphones) **Mobile** (Privatanwender, für Smartphone und Tablet)
Enterprise (für große Unternehmen)	**Windows 8 Enterprise** (für große Unternehmen)	**Mobile Enterprise** (große Unternehmen, für Smartphone und Tablet)
Außerdem: **Home Basic**		
Funktionen		
Neue Oberfläche mit überarbeitetem Design der Systemsteuerung Aero	Neue Oberfläche „Modern UI" mit überarbeitetem Design, Bedienung per Kacheln über Startbildschirm	Vollwertiges Startmenü inklusive Kacheln, Apps in Fenstern ausführbar, Suchfunktion in der Taskleiste, sprachgesteuerter Suchassistent Cortana, überarbeiteter Dateimanager
Startmenü ist in mehrere Kategorien unterteilt und bietet eine Suchfunktion	Geeignet für die Bedienung per Maus und Tastatur sowie Touchscreen, auch in Kombination.	Geeignet für die Bedienung per Maus und Tastatur sowie Touchscreen, auch in Kombination, sowie Smartphones.
Flip: zeigt Vorschaubilder der geöffneten Anwendungen Flip 3D: In 3D werden alle geöffneten Fenster hintereinandergelegt	Flip 3D ist standardmässig deaktiviert und muss, wenn gewünscht, wieder aktiviert werden	Virtuelle Desktops genannt „Taskansicht", in denen sich geöffnete Programme nebeneinander anzeigen lassen, für bessere Übersichtlichkeit
Windows Mail, Fotogalerie und Moviemaker sind separat als Programme der Windows Live Serie erhältlich und nicht mehr in Windows 7 integriert	Neue Diagnosefunktionen im Geräte-Manager Integrierter Windows 8-Messenger	Neue Diagnosefunktionen im Geräte-Manager Integrierter Windows 10-Messenger als App
Internet Explorer 8	Internet Explorer 11	Microsoft Edge Browser
Überarbeiteter Windows Explorer	Überarbeiteter Windows Explorer	Überarbeiteter Windows Explorer
Windows Media Player 12	Windows Media Player und Media Center sind separat erhältlich und nicht mehr automatisch in Windows 8 integriert	Kein Media Center. Anwender müssen auf alternative Software zur DVD- und TV-Wiedergabe zurückgreifen.
Windows Defender: Schutz gegen Spyware, Firewall, Jugendschutz	Windows Defender: Schutz gegen Spyware, Firewall, Jugendschutz	Windows Defender: Schutz gegen Spyware, Firewall, Jugendschutz; Windows Hello für Unternehmen
Minianwendungen: lassen sich frei auf dem Desktop platzieren	Neue Art der Anmeldung per Nachzeichnen eines selbst festgelegten Bildes mit dem Finger auf dem Touchscreen	Anmeldung per Passwort oder per Authentifizierung über Windows Hello anhand des persönlichen Aussehens.
Benutzerkonten einschränken und kontrollieren durch Jugendschutzeinstellungen	Benutzerkonten einschränken und kontrollieren durch Jugendschutzeinstellungen	Benutzerkonten einschränken und kontrollieren durch Jugendschutzeinstellungen
Bibliotheken: Alle Dateien einer Gruppe (z.B. Musik, Fotos, Videos) lassen sich in einer Bibliothek zusammenfassen	Bibliotheken: Alle Dateien einer Gruppe (z.B. Musik, Fotos, Videos) lassen sich in einer Bibliothek zusammenfassen	Datei-Manager: Dateien und Ordner lassen sich an den im Explorer immer sichtbaren Schnellzugriff anheften.

Windows-10-Systemvoraussetzungen

Für die Installation von Windows 10 muss der Computer bestimmte Systemvoraussetzungen erfüllen (siehe unten), die den Voraussetzungen für Windows 7 und 8 entsprechen. In der Regel lässt sich das Betriebssystem auf allen gängigen PCs installieren. Wer herausfinden will, ob der eigene PC für Windows 10 geeignet ist, kann den kostenlosen Windows Upgrade Assistenten bei Microsoft starten. Er überprüft die Hardware, Geräte sowie Programme und gibt eine Empfehlung ab.

- 1 GHz-Prozessor oder höher mit Unterstützung für PAE, NX oder SSE2
- 1 GB RAM (32-Bit-Version) oder 2 GB RAM (64-Bit-Version)
- 16 GB verfügbarer Festplattenspeicher (32-Bit-Version) oder 20 GB (64-Bit-Version)
- Microsoft DirectX 9-Grafikkarte mit WDDM-Treiber
- Tablet PC oder Monitor mit Touch-Funktion für Bedienung per Hand
- Internetzugang

Informationen:
www.microsoft.com/de-de/windows/windows-10-specifications#sysreqs

Windows 10 Standard-Programme

Apps lösen die klassischen Desktop-Installationen früherer Windows-Versionen ab. Folgende Apps für Standardaufgaben hat Microsoft für Sie vorinstalliert:

PRAXIS-TIPP

Wer eine Hardware für seinen Computer kauft, beispielsweise einen Monitor oder einen Drucker etc., sollte auf das Windows-8- bzw. 10-Logo achten. Dieses steht für zertifizierte Hardware, die mit Windows kompatibel ist, und wird von Microsoft vergeben.

Mail: Microsoft-Konto und andere E-Mail-Konten lassen sich nutzen. Die einfachen Aufräumfunktionen der Windows 8.1 App fehlen.

Kontakte: Die App verwaltet die Kontakte im Microsoft-Konto, ähnlich outlook.com.

Kalender: Hierbei handelt es sich um einen Kalender für alle Termine im Microsoft-Konto, ähnlich outlook.com, welcher auch offline funktioniert. Kalender aus Exchange- und Google-Konten lassen sich einbinden.

Die installierten Apps sind direkt beim Aufrufen des Startmenüs zu sehen.

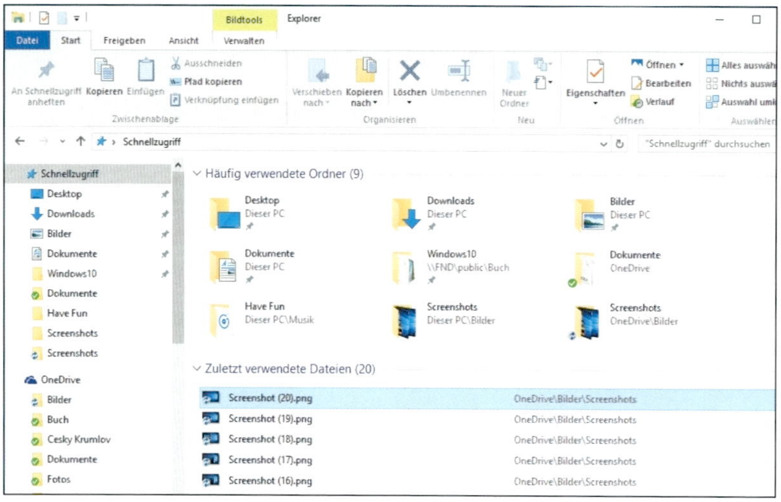

Die Startansicht des Windows 10 Explorers zeigt häufig verwendete Ordner und die zuletzt verwendeten Dateien an.

Alarm & Uhr: Die Uhr enthält Wecker, Stoppuhr und Countdown sowie eine Weltzeituhr.

OneNote: Das Notizenmodul aus Microsoft Office kommt in Windows 10 kostenlos vorinstalliert mit und synchronisiert Notizbücher über das Microsoft-Konto.

Rechner: Die Bedienung des wissenschaftlichen Taschenrechners mit Einheitenkonverter ist praktisch für alle schnellen Berechnungen.

Wetter: Die App bietet ausführliche Vorhersagen mit historischem Wetter, Sonnenauf- und -untergangszeiten sowie animierten Wetterkarten.

Windows 10 Desktop

Gegenüber Windows 8.1 nimmt in Windows 10 der Desktop wieder eine zentrale Rolle ein. Alle Programme, auch die im modernen Design, laufen in Fenstern, die sich frei auf dem Desktop verschieben lassen. Einige moderne Apps zeigen oben rechts im Fenster ein Doppelpfeilsymbol, das sie in einem Vollbildmodus darstellt. Alle klassischen Bedienelemente sind dann verschwunden. Wie in frühen Windows-Versionen legen Sie Programmsymbole, Dateien und Ordner zum Schnellstart auf dem Desktop oder in die Taskleiste ab. Wer mit vielen offenen Fenstern auf dem Desktop arbeitet, verliert schnell die Übersicht. Windows 10 bietet deshalb mehrere Desktops an, zwischen denen Sie hin und her springen. Jeder Desktop enthält jeweils nur einen Teil der geöffneten Fenster. Ein neues Taskleistensymbol zeigt einen Übersichtsbildschirm aller geöffneten Fenster. Hier legen Sie auch neue Desktops an und verschieben die Fenster darauf.

PRAXIS-TIPP

Mit den praktischen Tastenkombinationen [Win]+[Strg]+[-->] und [Win]+[Strg]+[<--] wechseln Sie zwischen den Desktops in Windows 10 hin und her. Beim Schließen eines der Desktops werden noch offene Fenster auf einen noch vorhandenen Desktop verschoben.

Windows 10 Explorer

Der Windows 10 Explorer zeigt klassische Symbolleisten und Menüs nicht mehr an, sondern hat jetzt sogenannte Menübänder. Da diese auf kleinen Bildschirmen einen großen Teil des Fensters belegen, sind sie in Windows 10 standardmäßig minimiert und werden erst mit einem Klick auf einen Fenstertitel eingeblendet. In der neuen Oberfläche wurden auch ein paar interessante neue Funktionen eingebaut, etwa die Buttons „Verschieben nach" und „Kopieren nach", mit denen Dateien einfach an einen beliebigen Ort innerhalb der Verzeichnisstruktur kopiert werden. Da man oft immer wieder die gleichen Verzeichnisse braucht, ist der Explorer an dieser Stelle lernfähig und schlägt diese beim nächsten Mal wieder vor. Die Bibliotheken werden in Windows 10 standardmäßig nicht mehr angezeigt. Sie können sie im Startmenü unter Ansicht unter dem Symbol Navigationsbereich einschalten.

Windows Defender

Seit Windows Vista ist der „Windows Defender" ein Bestandteil von Windows, steht in den Microsoft Security Essentials aber auch für andere Windows-Versionen kostenlos zum Download zur

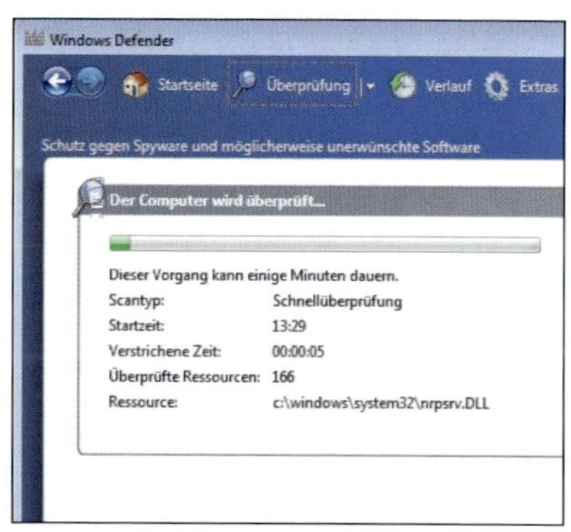

Mit dem Windows Defender können Sie den Computer nach Spyware durchsuchen.

Verfügung. Dabei handelt es sich um eine Software, die den Computer vor Spyware (siehe Seite 210) schützt, die aus dem Internet heruntergeladen wurde oder die sich auf Datenträgern wie CDs oder DVDs befindet. Das Programm selbst läuft in der Regel automatisch im Hintergrund, sodass es nicht manuell gestartet werden muss. Wenn nicht, können Sie den Windows Defender auch aktivieren. Dazu gehen Sie in die „Systemsteuerung" auf „System und Sicherheit/Wartungscenter" und klicken dort auf „Sicherheit". Unter „Schutz vor Spyware und unerwünschter Software" gehen Sie auf „Antispywareprogramme auf dem Computer anzeigen" und dann auf „Einschalten". Der Windows Defender aktualisiert sich automatisch, sobald eine Verbindung zum Internet besteht. Denn auch hier sind, ähnlich wie bei einem Virenscanner, ständige Definitionsupdates nötig, um die neueste Spyware finden und beseitigen zu können. Er bietet zwei Möglichkeiten, eine Infizierung des Computers mit Spyware zu verhindern:

1. Echtzeitschutz: Hierbei wird eine Warnung angezeigt, sobald Spyware auf dem Computer installiert oder ausgeführt wird. Sie erhalten ebenfalls eine Warnung, wenn Programme versuchen, wichtige Windows-Einstellungen zu ändern.

SICHERHEITS-TIPP

Wenn Sie auf Ihrem Computer ein separates Sicherheitsprogramm oder auch die Microsoft Security Essentials installiert haben, übernehmen diese Programme auch den Spywareschutz und deaktivieren automatisch den Windows Defender.

Digital macht's möglich: Kleine Kamera für einfache Schnappschüsse, die ohne Aufwand weiterverarbeitet oder verschickt werden können.

2. Überprüfungsoptionen: Sie können selbst überprüfen, ob auf dem Rechner Spyware installiert ist. Öffnen Sie Windows Defender, indem Sie im Startmenü im Suchfeld den Begriff „Defender" eingeben und anschließend in der Ergebnisliste auf „Windows Defender" klicken. Im Programmfenster gehen Sie auf „Überprüfung". Sie haben die Wahl, ob Sie eine Schnellüberprüfung oder eine vollständige Überprüfung ausführen wollen. Wenn Sie den Verdacht haben, dass ein bestimmter Bereich des Computers mit Spyware infiziert ist, können Sie eine benutzerdefinierte Überprüfung veranlassen, indem Sie nur die Laufwerke und Ordner auswählen, die Sie überprüfen möchten. Bei einer Schnellüberprüfung werden die Bereiche auf der Festplatte des Computers überprüft, die am ehesten von Spyware infiziert werden. Bei einer vollständigen Überprüfung werden alle Dateien auf der Festplatte und alle derzeit ausgeführten Programme überprüft. Wurde eine Spyware gefunden, können Sie es mit Klick auf „System bereinigen" löschen.

- Kostenloser Download Microsoft Security Essentials: www.microsoft.com/de-de/windows/security-essentials-download

Windows-Fotoanzeige

Die Windows-Fotoanzeige ist ein in Windows integrierter Bildbetrachter, mit dem sich digitale Bilder anzeigen lassen. Die Windows-Fotoanzeige bietet eine Drehfunktion für Fotos. So lassen sich Bilder die mit einer quer gehaltenen Kamera aufgenommen wurden, automatisch in die Vorderansicht drehen. Ab Windows 10 ersetzt eine Foto-App die Fotoanzeige. Mit die-

Die Windows Fotoanzeige ist Bestandteil von Windows bis Version 8.

Die Startseite von OneDrive, dem Clouddienst für alle Essentials-Anwendungen. Hier werden Dateien und Bilder abgelegt und sind so mit jedem Gerät abrufbar.

ser lassen sich eigene Bilder anzeigen, verwalten und bearbeiten.

Windows Live Essentials

Sehr beliebt bei Windows-Nutzern sind die **Windows Live Essentials**. Dabei handelt es sich um eine kostenlose Programmsammlung, mit der sich nicht nur E-Mails verwalten, sondern auch Filme erstellen oder Bilder bearbeiten lassen. Der Download enthält nur einen kleinen Installer, der anschließend auf dem PC gestartet werden muss. Erst jetzt werden die eigentlichen Windows Live Essentials heruntergeladen und installiert. Vor der Installation können Sie wählen, welche Anwendungen Sie installieren möchten und welche nicht.

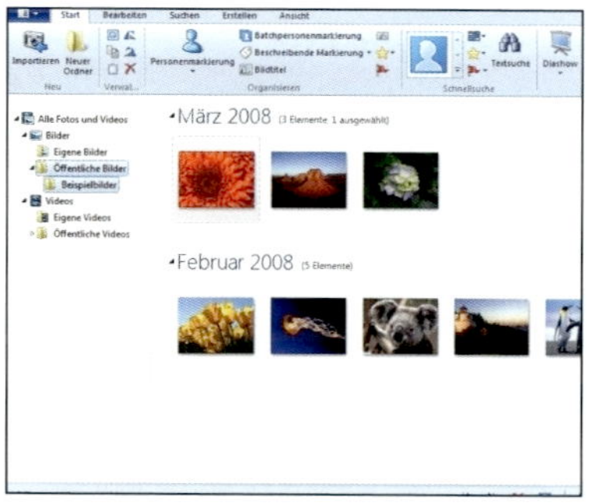

Die Windows Live Fotogalerie zeigt in der Galerieansicht alle Bilder als Vorschau.

- **Windows Live Fotogalerie:** Damit lassen sich Digitalfotos komfortabel bearbeiten und verwalten. Obendrein gibt es die Möglichkeit, aus mehreren Einzelbildern Panoramabilder bzw. Gruppenfotos zu erstellen. Alle Bilder können entweder als Diashow präsentiert oder auch im Internet auf Portalen wie Facebook oder Flickr veröffentlicht sowie im Online-Speicher abgelegt werden. Die Windows Live Fotogalerie bietet eine nach Datum sortierte Galerieansicht, in der alle Fotos gezeigt werden. Wenn Sie mit dem Mauszeiger über ein Vorschaubild gehen, wird es vergrößert dargestellt. Mit dem Schieberegler links unten vergrößern oder verkleinern Sie die Ansicht der Vorschaubilder. Wenn Sie doppelt auf ein Vorschaubild klicken, öffnet sich die Großansicht in einem separaten. Von hier aus können Sie auf die integrierten Bildbearbeitungsfunktionen zugreifen.

- **Windows Live Movie Maker:** Mit diesem Programm können Sie aus Ihren Fotos und Videos Filme erstellen. Es lassen sich Spezialeffekte, Übergänge, Musik und Bildtitel hinzufügen. Alle Filme lassen sich jeweils für Internet, Computer, TV, Handy und DVD optimieren.

- **Windows Live Mesh:** Damit synchronisieren Sie Daten zwischen verschiedenen Rechnern.

- **Windows Live Writer:** Hiermit können Sie Texte, Fotos und Videos in Blogs veröffentlichen.

- **Windows Live Mail:** Mit diesem kostenlosen E-Mail-Programm können Sie Ihre E-Mails, Kontakte und den Kalender verwalten. Das ist auch für mehrere Konten möglich. Wenn Sie Windows Live Mail zum ersten Mal starten, müssen Sie mithilfe eines Assistenten ein Konto einrichten. Es enthält u.a. die eigene E-Mail-Adresse sowie Zugangsdaten für den Mailserver. Wenn Sie später weitere Konten anlegen möchten, können Sie den Assistenten über die Option „E-Mail-Konto hinzufügen“ in der linken Spalte des Programmfensters starten. Geben Sie zuerst Ihre E-Mail-Adresse und das Kennwort ein sowie Ihren Namen. Dieser wird beim Empfänger der E-Mail angezeigt. Der nächste Punkt sind die Servereinstellungen: Wenn Sie eine E-Mail-Adresse bei einem der Anbieter aus der Liste nutzen, lassen Sie den Schalter „Servereinstellungen manuell konfigurieren“ deaktiviert. Denn so versucht Windows Live Mail, die Einstellungen selbstständig zu finden und zu konfigurieren. Wenn dieser Vor-

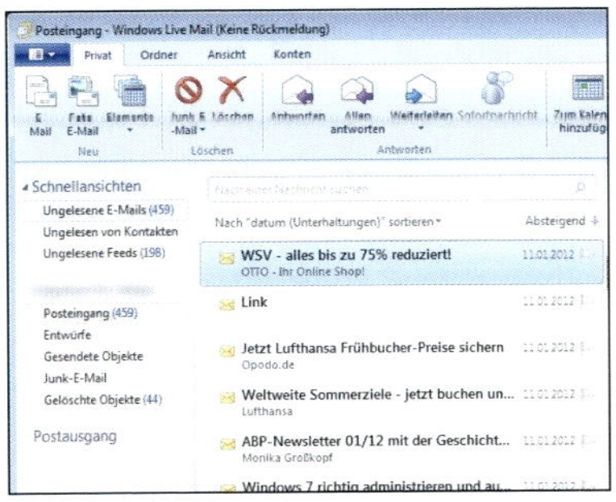

Mit Windows Live Mail lassen sich E-Mails empfangen, senden und verwalten.

gang erfolgreich war, wird sofort eine Verbindung zum Posteingangsserver herstellt und die dort gespeicherten E-Mails werden abgerufen und anschließend im Posteingang von Windows Live Mail angezeigt.

- **Windows Live Family Safety:** Siehe Seite 66.

Um die Windows Essentials-Dienste nutzen zu können, benötigen Sie eine Nutzerkennung, die sogenannte **Windows Live ID**. Mit dieser können Sie sich persönlich identifizieren und den Zugang zu den eigenen Daten für andere Benutzer freigeben oder sperren. Der Benutzername dient gleichzeitig als E-Mail. Um eine Windows Live ID einzurichten, gehen Sie auf https://signup.live.com. Geben Sie in das obere Feld den Wunschnamen ein und prüfen Sie, ob dieser noch verfügbar ist. Sie können das Feld auch ändern, wenn Sie eine bereits bestehende E-Mail-Adresse nutzen möchten. Klicken Sie dazu „Stattdessen eine vorhandene E-Mail-Adresse verwenden" an. Geben Sie nun die angeforderten Informationen ein, und wählen Sie ein Kennwort. Dieses sollte sicher sein und aus Buchstaben und Zahlen bestehen. Das können Sie anhand des eingeblendeten Sicherheitsbalkens überprüfen. Klicken Sie zuletzt auf „Ich stimme zu", um die Windows Live ID einzurichten.

Der **Kalender** ist ebenfalls Bestandteil von Windows Live Mail. Damit lassen sich komfortabel Termine online verwalten – egal ob privat oder beruflich. Sie können von jedem PC mit Internetanschluss auf den Kalender zugreifen, ohne eine Software installieren zu müssen. Auch vom Handy aus kann man auf den Kalender zugreifen. Der Kalender ist in verschiedene Bereiche gegliedert. Oben links erhalten Sie eine Übersicht des aktuellen Monats. Hier können Sie schnell zu einem beliebigen Tag springen. Tage, an denen Termine eingetragen sind, erscheinen in Fettschrift. Mit dem Link „Heute" in der Symbolleiste gelangen Sie auf den heutigen Tag. Mithilfe der Registerkarten können Sie zwischen Tages-, Wochen- und Monatsansicht, Agenda sowie Auf-

PRAXIS-TIPP

Der Kalender erinnert Sie auch an Termine. Dafür wählen Sie in der Liste „Erinnerung senden" einen Zeitraum aus. Dieser legt fest, zu welcher Zeit die Erinnerung auf dem Bildschirm erscheinen soll – Minuten, Stunden, Tage oder auch Wochen vor dem eigentlichen Termin stehen zur Verfügung.

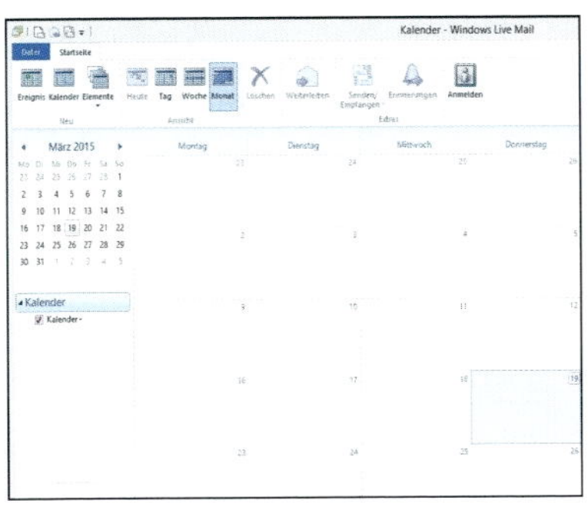

Der Windows Live Kalender organisiert Ihre Termine komfortabel online.

Die Dienste von Windows Live erweitern den Funktionsumfang von Windows und sind darüber hinaus noch kostenlos.

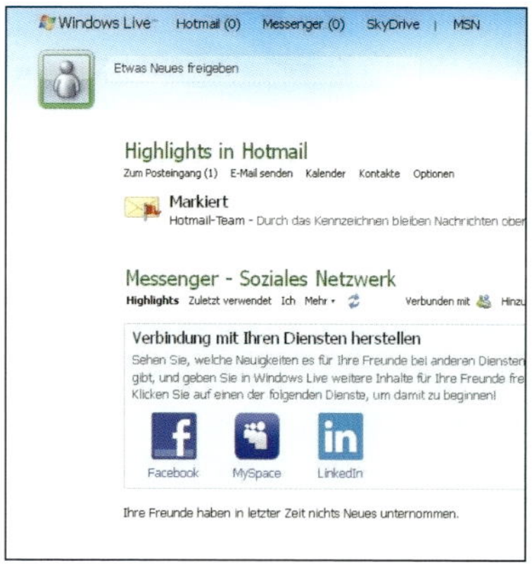

Mit dem Windows Live Messenger können Sie im Internet chatten.

gabenliste hin- und herschalten. Um einen neuen Termin einzutragen, klicken Sie mit der Maus auf das gewünschte Datum oder in der Tagesansicht auf die Uhrzeit des Termins. Geben Sie anschließend Name und Ort sowie weitere Details zum Termin ein. Die Uhrzeit kann schnell aus einer Liste ausgewählt oder auch minutengenau festgelegt werden. Über den Link „Weitere Details hinzufügen" können Sie für einen Termin eine Wiederholung einrichten, wenn er in einem bestimmten Rhythmus wiederkehrt.

Auch der **Windows Live Messenger** gehört zum Windows-Live-Essentials-Angebot. Dabei handelt es sich um ein Programm, mit dem man im Internet kommunizieren kann. Sie können mit Freunden chatten, Dateien online tauschen oder Videos und Bilder veröffentlichen. Auch Videochats sind mithilfe einer Webcam möglich. Wenn Windows Live gestartet wird und Sie sich mit Ihrer Windows Live ID in Ihr Profil einwählen, erscheint eine private Startseite, die alle von Ihnen getätigten Einstellungen enthält. Neben dieser Seite bietet Windows Live noch ein öffentliches Profil, das für jedermann zu sehen ist.

Beim **Windows-Live-Profil** entscheiden Sie selbst, welche Daten im Internet der Öffentlichkeit zugänglich gemacht werden sollen. Sie können ein eigenes Foto hochladen, Ihren Beruf und Interessen angeben und weitere Personen zu Ihrem persönlichen Netzwerk einladen, die dann ebenfalls auf der Profilseite erscheinen. Obendrein können Sie das Windows-Live-Profil mit sozialen Netzwerken wie Facebook verbinden, um von zentraler Stelle aus Fotos freizugeben oder Nachrichten zu veröffentlichen. Sie erreichen das Windows-Live-Profil, wenn Sie nach der Anmeldung bei Windows Live oben links auf Ihr Profilbild oder oben rechts auf den Link „Profil" klicken.

- Download Windows Live Essentials
http://windows.microsoft.com/de-de/windows-live/essentials
- Anmelden OneDrive online
https://onedrive.live.com
- Download OneDrive für Windows
https://onedrive.live.com/about/de-at/download/
- Eigenes Windows Live-Profil
http://profile.live.com
- Registrierung Windows Live ID
www.signup.live.com

Windows Logo

Das Windows-Logo besitzt ein vierteiltes farbiges Fenster, und wurde im Laufe der Windows-Geschichte immer wieder verändert.

Das bekannte Windows-Logo früher und heute.

Windows Media Center

Das Windows Media Center ist ein Programm, das erstmals als Windows XP Media Center Edition auf den Markt kam. Inzwischen ist es in vielen Windows-Versionen standardmäßig enthalten, wie z.B. in den Windows-7-Editionen Home Premium, Professional und Ultimate (nicht Windows 8, nicht mehr für Windows 10 erhältlich). Mit dem Windows Media Center können Sie Ihren Computer in ein Unterhaltungscenter verwandeln und Fotos, Videos oder Musik auf

Das Windows Media Center stellt digitale Medien wie Fotos, Musik oder Filme direkt auf Ihrem Fernsehgerät zur Verfügung.

dem Fernseher präsentieren. Dazu bietet das Windows Media Center eine für den Fernseher optimierte Oberfläche. Das Programm lässt sich wahlweise per Maus und Tastatur oder spezieller Windows-Media-Fernbedienung steuern. Dabei handelt es sich um eine Fernbedienung, die zusätzliche Tasten besitzt, wie beispielsweise eine grüne Taste mit Windows-Logo. Die Fernbedienungen besitzen ein USB-Empfangsteil, das an den Computer angeschlossen wird und so die Signale der Fernbedienung an den Rechner weitergibt. Um digitale Medien im Wohnzimmer zu genießen, wird der Fernseher über den TV-Ausgang der Grafikkarte an den Computer angeschlossen. Das Windows Media Center finden Sie im Startmenü unter „Alle Programme/Windows Media Center“. Sie können alternativ auch die grüne Start-Taste auf der Windows-Media-Center-Fernbedienung drücken.

Mit dem Windows Media Center können Sie nicht nur Fernsehsendungen ansehen, anhalten und aufnehmen, sondern auch Musik hören und Ihre Fotosammlung anzeigen. Allerdings funktioniert die Anzeige des TV-Programms nur, wenn der Computer über eine TV-Karte verfügt. Unterstützt werden nicht nur DVB-T, sondern auch DVB-S. Über den EPG (Elektronische Programmzeitschrift) erhalten Sie das aktuelle Fernsehprogramm und können hierüber Ihre TV-Aufnahmen planen.

Windows Media Player

Der Windows Media Player ist standardmäßig in Windows bis Version 8 integriert. Er dient zum Abspielen von Audio- und Videodaten. Mit dem Programm lassen sich CDs und DVDs wiedergeben, Musik und Videos an andere PCs unter Windows 7 oder andere kompatible Geräte streamen und

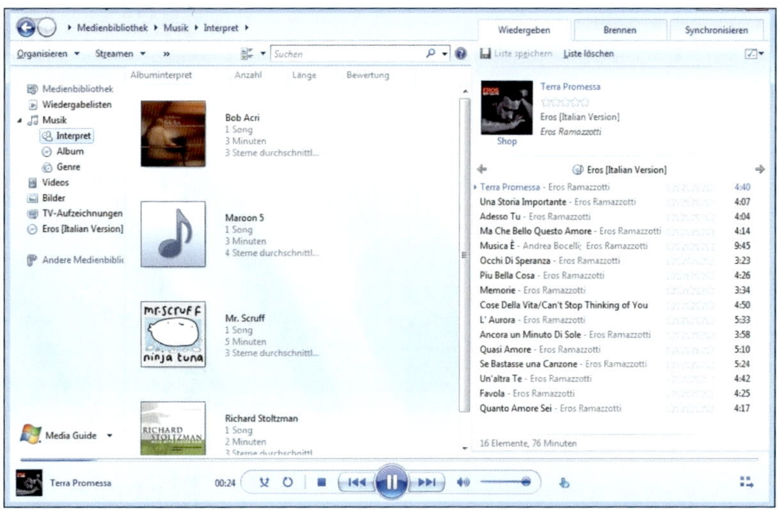

Musik, Videos, Fotos: Der Windows Media Player gibt digitale Dateien auf dem Computer wieder.

Der Windows Media Player startet automatisch, sobald Sie eine Musik-CD oder Film-DVD in Ihr Laufwerk einlegen.

Internetradio empfangen. In Windows 7 ist der Windows Media Player direkt auf der Taskleiste verankert, in Windows 8 muss der Player separat heruntergeladen und installiert werden. Ein Klick auf das orange Symbol mit dem weißen Pfeil startet ihn. Wenn Sie den Windows Media Player zum ersten Mal starten, müssen Sie das Programm konfigurieren. Dabei hilft Ihnen ein Assistent. Die Konfiguration lässt sich nicht umgehen, d.h. ohne diesen Vorgang können Sie den Windows Media Player nicht nutzen. Im Windows Media Player können Sie zwischen zwei verschiedenen Modi/Ansichten wechseln: der Player-Bibliothek und dem Modus „Aktuelle Wiedergabe“, indem Sie in der unteren rechten Fensterecke auf die Schaltfläche „Zur aktuellen Wiedergabe“ (und umgekehrt „Zur Bibliothek wechseln“) klicken. Mit dem Windows Media Player können Sie auch Audio-CDs brennen. Gehen Sie dazu in die Player-Bibliothek und klicken Sie auf die Registerkarte „Brennen“ und danach auf „Brennoptionen/Audio-CD“. Legen Sie einen CD- oder DVD-Rohling in Ihr Laufwerk ein. Suchen Sie in der Player-Bibliothek die Elemente, die Sie auf die Audio-CD brennen möchten. Sie können hierbei nach bestimmten Alben, einzelnen Musiktiteln oder nach einer Wiedergabeliste suchen. Um die Brennliste zu erstellen, ziehen Sie die gewünschten Elemente aus dem Detailbereich in den Listenbereich. Um die Reihenfolge der Titel zu ändern, verschieben Sie den Titel mit gedrückter linker Maustaste. Um einen Musiktitel aus der Brennliste wieder zu entfernen, klicken Sie mit der rechten Maustaste auf den Titel und wählen aus dem Kontextmenü den Befehl „Aus Liste entfernen“. Gehen Sie anschließend auf „Brennen starten“.

- Webradios im Überblick
www.windowsmedia.com
- Download Windows Media Player
http://windows.microsoft.com/de-de/windows/download-windows-media-player

PRAXIS-TIPP

Sie können den Player auch dann steuern, wenn er minimiert ist. Mithilfe der Steuerelemente in der Miniaturansichtenvorschau können Sie das aktuelle Element wiedergeben, die Wiedergabe anhalten oder zum nächsten oder zum vorherigen Element wechseln. Die Miniaturansichtenvorschau wird angezeigt, wenn Sie mit der Maus über das Windows-Media-Player-Symbol in der Taskleiste fahren.

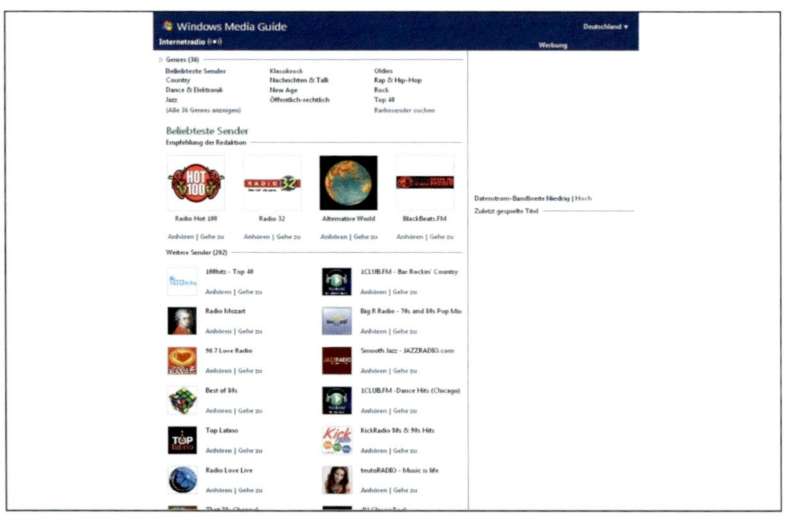

Mit dem Windows Media Player können Sie auch Internetradio empfangen – aus allen erdenklichen Genres und Musikrichtungen.

Windows Mobile-Gerätecenter

Das Windows Mobile-Gerätecenter dient zur Synchronisation von Adressen, E-Mails und Terminen zwischen dem Computer und Windows Mobile-Handys bzw. Pocket PCs, auf denen ebenfalls ein Windows-Betriebssystem läuft. Bei der Synchronisation werden Daten verglichen und der aktuelle Stand auf beide Geräte übertragen. Das Windows Mobile-Gerätecenter ist nur mit Windows Vista und Windows 7 kompatibel. Es wird bei Windows 7 bei der ersten Verbindung des Handys mit dem Computer automatisch aus dem Internet heruntergeladen und installiert. Bei Windows Vista muss es manuell heruntergeladen werden. Zur Synchronisierung selbst benötigen Sie auf dem Computer Microsoft Outlook 2002, Outlook 2003, Outlook 2007, 2010, Outlook 2013 oder 2016. Das Windows Mobile-Gerätecenter funktioniert nicht mit Smartphones, die Windows Phone-7 und 8- sowie 10 benutzen. Windows 7 benötigt die Zune-Software. Bei Windows 8 und 10 wird die Windows-Phone-Anwendung geladen.

PRAXIS-TIPP

Das Windows Mobile-Gerätecenter erkennt ein angeschlossenes Handy automatisch und bietet zum Gerät passende Synchronisationsoptionen an.

Windows Update

Das Windows Update ist ein Dienst von Microsoft, über den Sie die neuesten Updates und Patches für das Windows-Betriebssystem und andere Microsoft-Produkte wie den Internet Explorer oder den Windows Media Player erhalten. Seit

Der Startbildschirm des Windows Mobile-Gerätecenters erscheint, sobald Sie Ihr Handy oder Smartphone mit dem Computer verbinden.

Windows XP ist das Windows Update fest in das System integriert. In Windows 7 wurde es noch weiter verbessert, denn es lädt die notwendigen Updates automatisch aus dem Internet herunter. Diese werden dann in der „Systemsteuerung" unter „System und Sicherheit/Windows Update" angezeigt. Windows unterscheidet zwischen wichtigen Updates und optionalen Updates. Optionale Updates werden standardmäßig nicht automatisch installiert. Hier können Sie aus einer Liste auswählen, welche installiert werden sollen und welche nicht. Mit Klick auf „Einstellungen ändern" können Sie die automatischen Updates an Ihre Bedürfnisse anpassen. Alle bisher erhaltenen und verfügbaren Updates lassen sich auch in der Microsoft Supportdatenbank abrufen, die Sie in der „Systemsteuerung" unter „Programme/Programme und Funktionen/Installierte Updates" finden.

Windows-Taste

Die meisten Tastaturen besitzen unten links und unten rechts eine Taste, auf der ein Windows-Logo abgebildet ist. Wenn Sie diese Taste drücken, wird das Windows-Start-

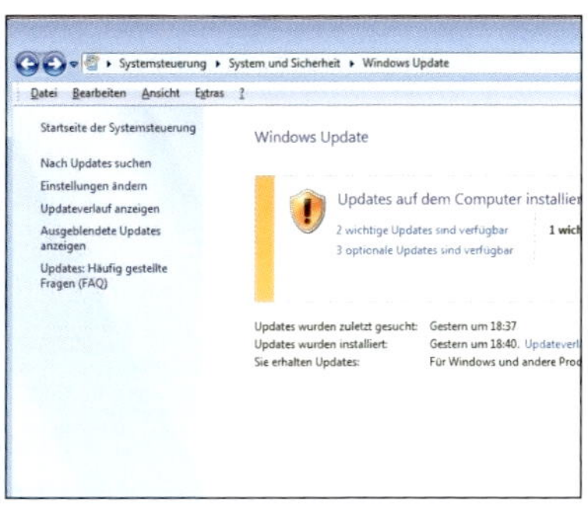

Über das Windows Update erhalten Sie automatisch die neuesten Updates.

Die Windows-Taste ist auf Tastaturen rechts und links unten zu finden.

menü angezeigt. Die Windows-Taste lässt sich weiterhin für Tastenkürzel (Shortcuts) nutzen. Die Tabelle rechts zeigt eine kleine Zusammenfassung.

Wireless

Das englische Wort Wireless bedeutet übersetzt „drahtlos“. Damit wird jegliche Art der kabellosen Datenübertragung/Funktechnik bezeichnet.

WLAN

WLAN (**W**ireless **L**ocal **A**rea **N**etwork) – auch Wireless LAN genannt – ist eine Funktechnik, die Computer oder andere Geräte kabellos miteinander vernetzt. Dabei nutzt WLAN die Funknetzwerktechnologie IEEE 802.11.

WLAN Access Point

Ein WLAN Access Point ist ein zentraler Punkt im Netzwerk. Zuhause ist er in der Regel direkt im Router integriert. Der Router übernimmt die Steuerung des lokalen Netzwerkes, verbindet zwei oder mehrere Computer miteinander und stellt einen Internetzugang zur Verfügung. Ein Access Point als Einzelgerät wird vor allem in großen Netzwerken eingesetzt. Dabei handelt es sich um eine Sende- und Empfangsstation, die per Netzwerkkabel an einem Router angeschlossen wird. Jeder PC, der eine drahtlose Verbindung zum Netzwerk herstellen will, benötigt eine WLAN-Karte. Diese ist entweder direkt in den Computer integriert oder kann nachgerüstet werden. Auch Smartphones und Tablets können als Access Points verwendet werden, wenn die Funktion in den Einstellungen aktiviert wird. So ist es möglich, mit dem Notebook eine Internetverbindung

Tastenkombination	Aktion unter Windows 7, 8 und 10
[Win]	Öffnet das Windows-Startmenü.
[Win]+[D]	Zeigt den leeren Desktop an. Alle Programme werden automatisch minimiert.
[Win]+[E]	Öffnet den Windows-Explorer.
[Win]+[F]	Öffnet den Suchen-Dialog zum Suchen nach Dateien und Ordnern.
[Win]+[G]	Schaltet zwischen den Minianwendungen auf dem Desktop hin und her.
[Win]+[Leertaste]	Schaltet die Fenster auf dem Bildschirm temporär aus, sodass nur noch die Ränder zu sehen sind. Dadurch wird der Blick auf den Desktop und die Minianwendungen frei.
[Win]+[↑]	Maximiert das aktuelle Fenster auf Bildschirmgröße.
[Win]+[↓]	Minimiert das aktuelle Fenster in die Taskleiste.
[Win]+[Pos1]	Minimiert alle Fenster außer dem aktuellen in die Taskleiste.
[Win]+[Umschalt]+[←]	Verschiebt ein Fenster vom rechten auf den linken Monitorand, ohne Position und Größe zu verändern.
[Win]+[Umschalt]+[→]	Verschiebt ein Fenster vom linken auf den rechten Monitor, ohne Position und Größe zu verändern.
[Win]+[←]	Heftet das aktuelle Fenster an den linken Bildschirmrand an.
[Win]+[→]	Heftet das aktuelle Fenster an den rechten Bildschirmrand an.
[Win]+[Umschalt]+[↑]	Vergrößert das aktuelle Fenster auf Bildschirmhöhe, die Fensterbreite bleibt bestehen.
[Win]+[Umschalt]+[↓]	Stellt die ursprüngliche Fenstergröße wieder her.
[Win]+[1]	Startet die erste Anwendung (von links) in der Taskleiste, üblicherweise den Internet Explorer. [Win]+[2] und folgende Zahlen starten weitere Anwendungen.
[Win]+[+]	Aktiviert die Bildschirmlupe und vergrößert die Ansicht.
[Win]+[-]	Schaltet auf Normalgröße zurück. Die Bildschirmlupe bleibt aktiv.
[Win]+[Pause]	Öffnet die Systemsteuerung und zeigt die Basisinformationen über den Computer an.
[Win]+[R]	Öffnet den Ausführen-Dialog mit der Option zum Start des Registrierungs-Editors.
[Win]+[U]	Öffnet das Center für erleichterte Bedienung.
[Strg]+[Win]+[F]	Sucht nach Computern im Netzwerk.
[Win]+[X]	Öffnet das Windows-Mobilitätscenter.
[Win]+[Tab]	Programmumschaltung mittels Flip 3D.
[Alt]+[Tab]	Klassische Programmumschaltung.
[Win]+[T]	Schaltet zwischen geöffneten Programmen in der Taskleiste hin und her.
[Win]+[P]	Blendet die Steuerung für den Projektionsmodus ein.

Auf Reisen im Internet surfen: Die Bahn und T-Mobile machen das auf vielen Strecken Deutschlands möglich. Mit den WLAN Access Points, die sich direkt im Zug befinden, kann man sich bequem kabellos verbinden.

über den Access Point des eigenen Smartphones herzustellen. Es gibt auch Lösungen für den externen Anschluss, meist in Form eines USB-Sticks. Auch in den meisten ICE-Zügen der Deutschen Bahn sind WLAN Access Points vorhanden. Sie ermöglichen einen drahtlosen Internetzugang per WLAN direkt vom Sitzplatz aus. Auf großen Teilen des Streckennetzes können Fahrgäste drahtlos surfen. Wer das Internet im Zug nutzen möchte, muss sich wie an einem stationären Telekom-HotSpot anmelden. Es gelten die gleichen Zugangsdaten und Tarife. Die jeweiligen ICE-Züge sind mit einem HotSpot-Logo gekennzeichnet.

SICHERHEITS-TIPP

Die Daten-Verschlüsselung ist bei WLANs besonders wichtig. Denn nur so ist sichergestellt, dass kein Fremder Zugriff auf persönliche Daten erlangt. Aktivieren Sie unbedingt im Router die WPA2-Verschlüsselung. Dazu muss am Router und auf jedem PC einmalig ein Schlüssel eingegeben werden, der auf allen Geräten gleich ist. Geräte ohne diesen Schlüssel haben keinen Zugang zum WLAN. Schalten Sie zudem das WLAN-Modul im Router ab, wenn Sie es längere Zeit nicht benutzen. Das verringert das Risiko eines unbemerkten Angriffs, wenn Sie nicht zu Hause sind.

WLAN im ICE findet man auf zahlreichen Strecken in ganz Deutschland.

▪ WLAN im ICE : www.bahn.de/services

WMA-Format

WMA (**W**indows **M**edia **A**udio) ist ein Dateiformat für Musik, das von Microsoft entwickelt wurde. Der Windows Media Player nutzt beispielsweise dieses Format, wenn Sie Musikstücke von einer CD auf die Festplatte übertragen. WMA-Dateien lassen sich aber auch in tragbaren Playern oder Handys abspielen. Das WMA-Format soll, wenn es nach Microsoft geht, das beliebte MP3-Format ersetzen. Denn Musik im WMA-Format lässt sich im Gegensatz zu MP3 mit Kopierschutz, dem sogenannten **D**igital **R**ights **M**anagement (DRM) versehen. Dateien lassen sich so begrenzen, dass sie sich nur auf einem einzigen Computer abspielen oder auch nicht mehr kopieren lassen.

WMV-Format

WMV (**W**indows **M**edia **V**ideo) ist ein von Microsoft entwickeltes Dateiformat für Videos. WMV-Dateien lassen sich im Windows Media Player, auf tragbaren Mediaplayern, Smartphones oder Handys abspielen. Viele Videodateien, die aus dem Internet heruntergeladen werden, tragen diese Dateiendung.

Word

Microsoft Word ist das am häufigsten verwendete Textverarbeitungsprogramm. Es ist Bestandteil von Microsoft Office und nicht auf dem Computer vorinstalliert, d.h. es muss zusätzlich käuflich erworben werden. Eine im Funktionsumfang leicht eingeschränkte Version Word Starter ist auf manchen PCs vorinstalliert. Word ermöglicht eine umfangreiche Textgestaltung. So lassen sich z.B. auch Einladungen, Geburtstagskarten, Briefe und Verträge erstellen.

Word-Dokumente tragen standardmäßig die Dateiendung .doc oder (ab Word 2010) .docx. Sie können auch in anderen Textverarbeitungsprogrammen wie z.B. WordPad, OpenOffice oder LibreOffice verarbeitet werden. Zudem kann Word auch Dokumente im .rtf-Format öffnen.

PRAXIS-TIPP

Wenn Sie in Word oder auch WordPad in der oberen Symbolleiste auf die Registerkarte „Start" klicken, finden Sie dort verschiedene Werkzeuge für die Formatierung Ihrer Dokumente. Sie können sich auch die Bedeutungen der Werkzeuge anzeigen lassen, in dem Sie mit dem Cursor einen Moment auf einem Symbol verweilen.

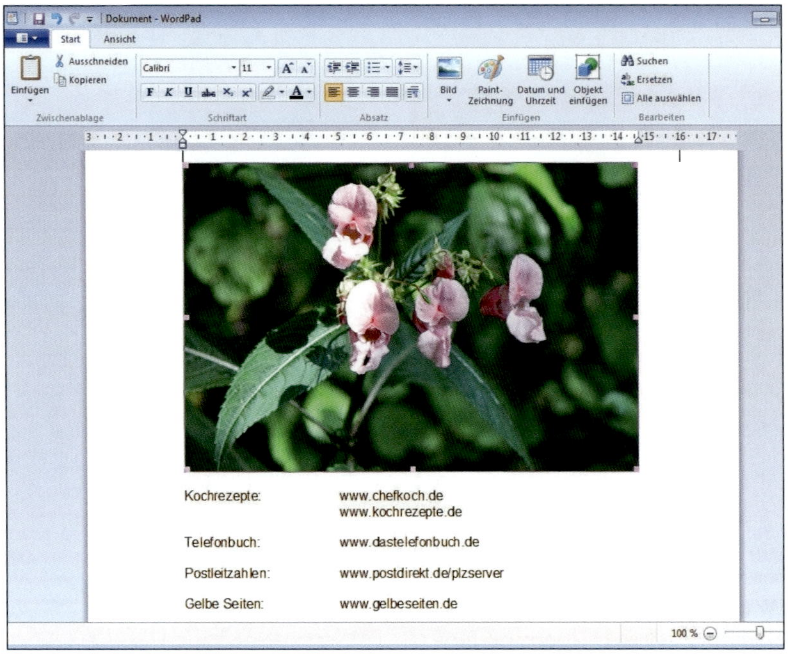

Die Textverarbeitung WordPad ist in Windows enthalten. Mit ihr lassen sich Texte schreiben und formatieren.

WordPad

WordPad ist ein Textverarbeitungsprogramm, das in Windows standardmäßig installiert ist. Es bietet alle gängigen Bearbeitungsfunktionen und geht damit über die Möglichkeiten eines einfachen Texteditors hinaus. Das Programm finden Sie im Startmenü unter „Alle Programme/Zubehör/WordPad". In Windows 7 wurde WordPad grundlegend überarbeitet und mit neuer Benutzeroberfläche versehen. Es besitzt das Design von Office 2007. Beim Öffnen und Speichern eines Dokumentes können Sie nun unter mehreren Dateitypen auswählen – auch das .docx-Format aus Office (ab Version 2010) wird unterstützt.

WordPro

WordPro ist ein Bestandteil von Lotus Notes (siehe Seite 121). Dabei handelt es sich um eine Textverarbeitung, ähnlich Word aus dem Office-Paket. Die Software stammt von IBM, steht dort nicht mehr zum Download bereit, kann jedoch kostenlos aus dem Internet von verschiedenen Downloadportalen noch geladen werden.

WPA- & WPA2-Verschlüsselung

Die Abkürzung WPA steht für **W**i-Fi **P**rotected **A**ccess (Englisch für „geschützter Zugang") und bezeichnet eine Methode zur Verschlüsselung von WLANs. WPA basiert auf dem Vorgänger WEP, wurde aber durch sogenannte dynamische Schlüssel erweitert, die die Sicherheit der Drahtlosverbindungen erhöhen. Der Schlüssel wird generiert aus einem im WLAN-Router festgelegten Passwort und muss dann auf jedem Gerät, das drahtlos eine Verbindung zum Netzwerk aufbauen will, eingetragen werden. Um die Verschlüsselung einzurichten, gehen Sie mit einem Browser auf das Konfigurationsportal Ihres Routers, legen dort

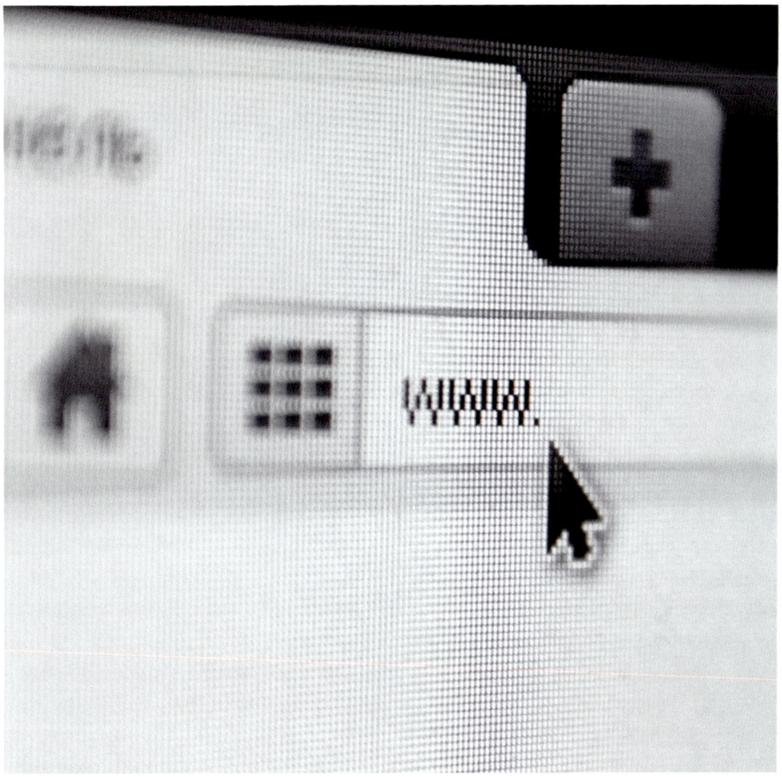

PRAXIS-TIPP

Führen Sie die Konfiguration des Routers nur per LAN-Kabel durch, nicht kabellos. Wählen Sie ein sicheres Kennwort, das aus einer Kombination aus Zahlen und Zeichen in Groß- und Kleinbuchstaben besteht. Auch ein regelmäßiger Wechsel des Kennworts kann der Sicherheit dienen.

die Art der Verschlüsselung fest und geben den gewünschten Schlüssel ein. Viele moderne Router haben bereits eigene Schlüssel vordefiniert. Wenn Sie sich mit einem PC oder Notebook mit dem Router verbinden, erscheint beim ersten Verbindungsaufbau ein Eingabefeld für den Schlüssel. Der Nachfolger von WPA heißt WPA2 und gilt derzeit als sehr sicher.

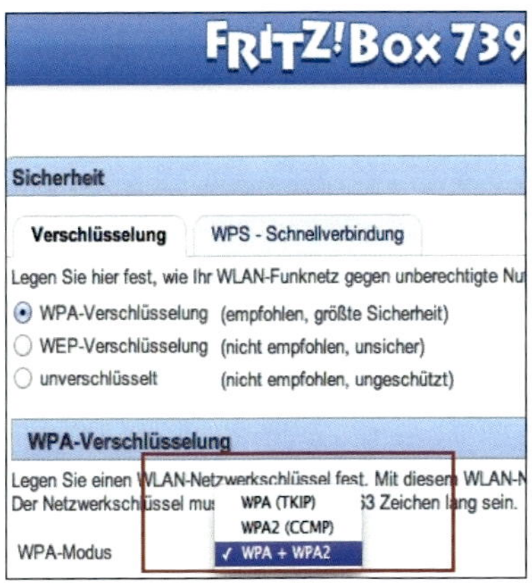

Bei der Einrichtung des Routers stehen mehrere Verschlüsselungstypen zur Wahl.

Wurm

Ein Wurm (englisch: Worm) ist eine schädliche Software und gehört im weiteren Sinn zu den Computerviren. Würmer verbreiten sich im Gegensatz zu Viren vollautomatisch von einem Rechner zum nächsten – sie kopieren sich sozusagen selbst und zwar ohne jegliche Benutzeraktionen. Durch das eigene Kopieren verbrauchen Würmer Systemressourcen (Festplattenspeicher). Dabei genügt es, wenn der Rechner eingeschaltet und mit dem Internet verbunden ist. Würmer befallen Computer, die Sicherheitslücken besitzen und werden meist über den Anhang von E-Mails verbreitet. Deshalb sollten Sie Ihren Rechner immer mit einem aktuellen Antivirenprogramm schützen und dubiose E-Mails von unbekannten Absendern sofort löschen.

WWW

WWW ist die Abkürzung für **W**orld **W**ide **W**eb und ein „Teilbereich“ des Internet. Es entstand 1989 als Projekt von CERN, dem europäischen Labor für Teilchenphysik in Genf, an dem Physiker Tim Berners-Lee ein Hypertextsystem aufbaute. Ursprünglich wollte er damit Forschungsergebnisse zwischen Kollegen austauschen. Die erste Webseite der Welt lautete http://info.cern.ch und ist in ihrer damaligen Form heute nicht mehr vorhanden. Sie existiert aber noch als Kopie auf dem Server des W3-Konsortiums. Diese Organisation entwickelt Standards und Richtlinien für Webseiten und Datenformate im Internet. Das WWW besteht auch heute aus Hypertext-Dokumenten, die über Links miteinander verknüpft sind und die Protokolle HTTP und HTTPs zur Datenübertragung nutzen. Zum Betrachten dieser Dokumente ist ein Webbrowser nötig. Dieser holt die Daten vom Webserver ab und zeigt Sie dem Betrachter grafisch auf dem Bildschirm an.

Unter dem Überbegriff Internet werden neben dem WWW auch die Dienste E-Mail, Usenet und FTP-Server zusammengefasst.

X/Y/Z

XING

Xing, früher unter dem Namen OpenBC bekannt, war eines der ersten sozialen Netzwerke in Deutschland. Xing ist – im Gegensatz zu Facebook oder Google+ – speziell auf geschäftliche Kontakte sowie die Vermittlung von Jobs ausgerichtet.

- Xing im Internet
www.xing.com

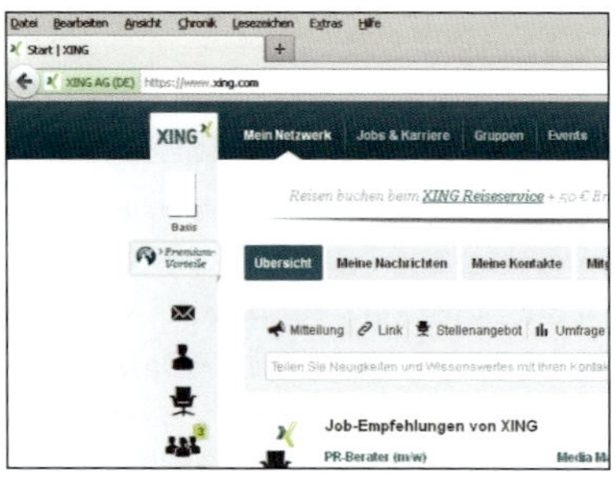

Xing ist ein soziales Netzwerk im Internet für Geschäftsleute.

XLS-Format

XLS ist ein Dateiformat, das vom Tabellenkalkulationsprogramm Excel genutzt wird. Die XLS-Dateien lassen sich auch mit anderen Programmen wie Calc aus dem OpenOffice-Paket oder LibreOffice öffnen und bearbeiten. Seit Office 2007 verwendet Excel standardmäßig das XLSX-Dateiformat, bietet aber immer noch die Möglichkeit, Dateien im XLS-Format zu speichern, damit sie mit älteren Programmversionen kompatibel sind.

XP-Modus

Einige Programme sind nicht kompatibel mit Windows Vista sowie Windows 7, 8 und 10, sondern laufen nur auf Windows-XP-Systemen. Für Windows-7-Anwender (nicht für Windows 8 und 10), die die Programme dennoch gerne nutzen möchten, bietet Microsoft den sogenannten XP-Modus an. Dabei wird Windows XP in einem separaten Fenster innerhalb der Oberfläche von Windows 7 ausgeführt – also im Grunde genommen wie ein normales Programm. Im XP-Modus können Sie sogar auf das CD-/DVD-Laufwerk des Computers zugreifen, Programme installieren, Dateien speichern, so als würden Sie einen Computer mit Windows-XP-Betriebssystem vor sich haben. Installierte Programme werden sowohl in der Liste der Programme im Windows XP als auch in Windows 7 angezeigt, sodass sie sich in beiden Betriebssystemen öffnen lassen.

SICHERHEITS-TIPP

Im Windows-XP-Modus ist standardmäßig keine Antivirensoftware enthalten. Auch wenn Sie unter Windows 7 ein solches Programm installiert haben, schützt es den Rechner nicht vor Bedrohungen, wenn Sie sich im XP-Modus befinden. Deshalb sollten Sie unter Windows XP in jedem Fall eine zusätzliche Sicherheitssoftware nutzen.

Der XP-Modus setzt eine Virtualisierungssoftware voraus, die bei Microsoft kostenlos heruntergeladen werden kann. Der XP-Modus wurde von Microsoft für kleine Unternehmen entwickelt, damit diese ihre Geschäftssoftware auch weiterhin nutzen können. Er kann mit den Windows-7-Versionen Professional, Ultimate und Enterprise genutzt werden. Für die Installation des XP-Modus muss der Computer bestimmte Vo-

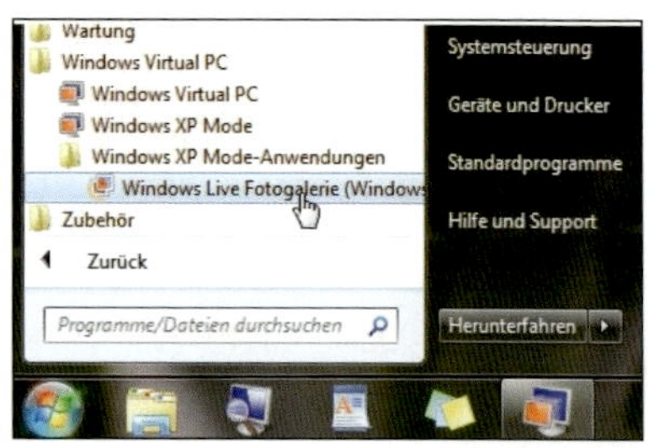

Der Windows-XP-Modus ist ein virtuelles Betriebssystem.

Das XPS-Format ist – ähnlich wie PDF – ein plattformübergreifendes Format. Dokumente, die als XPS abgespeichert werden, behalten ihr Layout und ihre Formatierungen.

raussetzungen erfüllen. Ansonsten kann es passieren, dass der Modus nicht ordnungsgemäß ausgeführt wird. Microsoft stellt dazu ein kleines Programm zur Verfügung, das sogenannte Hardware-Assisted Virtualization Detection Tool. Laden Sie es herunter und führen Sie es aus. Erscheint auf dem Bildschirm eine Fehlermeldung, unterstützt Ihr System keine hardwaregestützte Virtualisierung. Die Installation des XP-Modus läuft automatisch ab. Am Schluss müssen Sie ein Passwort vergeben. Der Benutzername ist standardmäßig vorgegeben.

PRAXIS-TIPP

Es kann passieren, dass einige Hardwaregeräte zwar unter Windows 7, aber nicht im XP-Modus funktionieren. Der Grund: Sie werden im XP-Modus nicht erkannt. Um einen Defekt auszuschließen, wechseln Sie einfach in die Windows-7-Oberfläche und wiederholen den Vorgang.

- Download XP-Modus für Windows 7 www.microsoft.com/de-DE/download/details.aspx?id=8002
- Download Hardware-Assisted Virtualization Detection Tool www.microsoft.com/en-us/download/details.aspx?id=592

XPS-Format

XPS (**X**ML **P**aper **S**pecification) ist ein Dateiformat, das von Microsoft mit Windows Vista eingeführt wurde. Das Format wird für Dokumente genutzt und ist plattformübergreifend, ähnlich dem PDF-Format von Adobe. XPS-Dateien besitzen ein festes Layout, in dem die Formatierungen eines Dokumentes beibehalten werden. So wird sichergestellt, dass eine Datei immer so angezeigt oder gedruckt wird, wie sie ursprünglich aufgebaut wurde. Für die Anzeige von XPS-Dateien liefern Windows 7 und 8 standardmäßig ein kleines Programm namens XPS-Viewer mit. Auch der Internet Explorer ab der Version 7 kann diese Dateien anzeigen. Windows 10 beinhaltet ein kleines Tool, um PDFs zu erstellen. Hier ist XPS nicht mehr nötig.

Nutzen Sie etwa die Textverarbeitung Word, klicken Sie auf die Microsoft-Office-Schaltfläche ganz links und wählen bei „Speichern unter“ das Format „XPS“ aus. Geben Sie einen Dateinamen ein, und klicken Sie dann bei „Dateityp“ auf „XPS“. Bei „optimieren für“ führen Sie eine der beiden Aktionen aus: „Standard“ nutzen Sie, wenn Sie das Dokument drucken möchten und dazu eine hohe

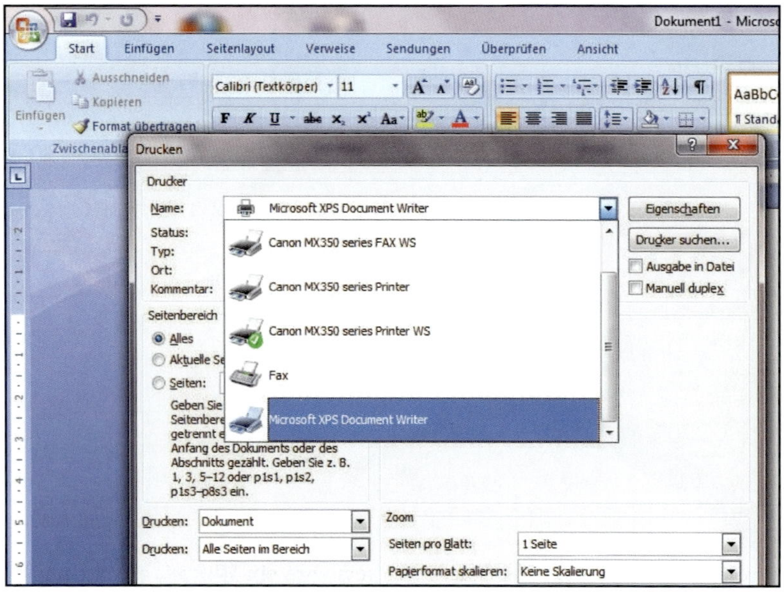

Das XPS-Format kann in Windows-Programmen wie Microsoft Word für Dokumente verwendet werden.

Qualität von Schrift und Bildern benötigen. „Mindestgröße" wählen Sie, wenn die Dateigröße möglichst klein sein soll, weil es im Internet veröffentlicht wird. Bestätigen Sie zuletzt mit einem Klick auf „Veröffentlichen".

Yahoo!

Yahoo! ist ein Internetportal mit verschiedenen Angeboten. Neben einer eigenen Suchmaschine bietet Yahoo einen E-Mail-Dienst und auch einen Messenger an. Auch Flickr gehört zu Yahoo!. Die Startseite bietet Infos zu einer breiten Themenpalette.

- Yahoo! im Internet
www.yahoo.de

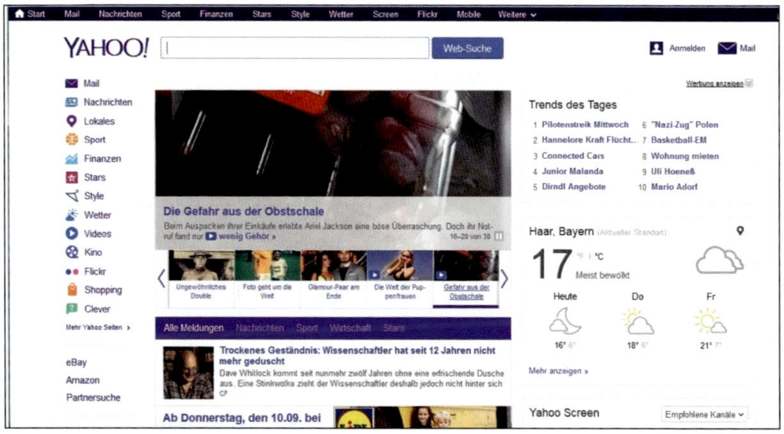

Das Internetportal Yahoo! bietet nicht nur aktuelle Nachrichten, sondern auch einen E-Mail-Dienst und einen Messenger.

YouTube

YouTube ist ein Internetportal, bei dem Nutzer Videos aus allen Möglichen Bereichen ansehen und bewerten sowie eigene Filme hochladen können. Die Nutzung von YouTube ist kostenlos, zur Veröffentlichung von Videos benötigt man ein eigenes Nutzerkonto, für das man sich registrieren muss. Ist das Konto erstellt, lassen sich eigene Videos hochladen und veröffentlichen. YouTube wurde 2005 als eigenständige Plattform gegründet und gehört mittlerweile zum Google-Konzern.

Zeichensatz

Ein Zeichensatz ist eine Zusammenfassung von Buchstaben, Zahlen und Symbolen einer Schriftart, mit denen sich Texte darstellen lassen. Die verschiedenen Schriftschnitte (fett, kursiv etc.) sind wiederum jeweils ein eigener Zeichensatz. Alle Zeichensätze sind international genormt. Die wichtigsten sind ASCII, ANSI und Unicode.

Zeichentabelle

Die Zeichentabelle zeigt alle Zeichen an, die in einer Schriftart zur Verfügung stehen. Auch, wenn Sie Sonderzeichen in einen Text einfügen wollen, können Sie die Zeichentabelle nutzen. Aus dieser lassen sich Zeichen in die Zwischenablage kopieren und dann in ein Programm wie Word einbinden. Sie finden die Zeichentabelle im Startmenü unter „Zubehör/Systemprogramme/Zeichentabelle".

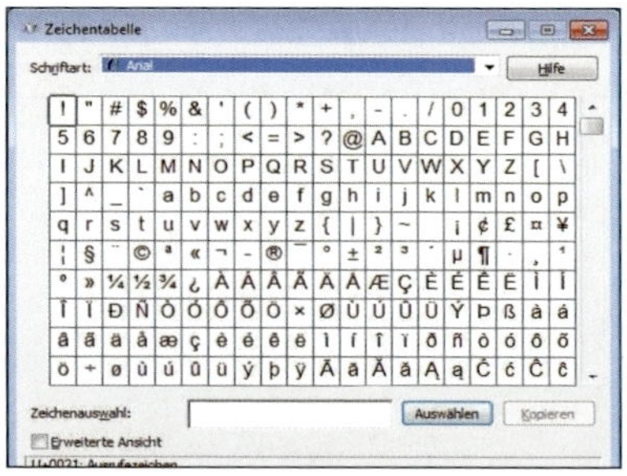

Mit der Zeichentabelle lassen sich Sonderzeichen in Texte einfügen.

PRAXIS-TIPP

In vielen Programmen können Sie Sonderzeichen einfach in die Dokumente ziehen. Klicken Sie dazu auf das Zeichen, das Sie kopieren möchten. Wenn das Zeichen vergrößert angezeigt wird, ziehen Sie es mit gedrückter linker Maustaste in das geöffnete Dokument.

Zeilenumbruch

Wenn Sie einen Text schreiben und einen Absatz einfügen möchten, beispielsweise weil ein neues Thema beginnt, bezeichnet man das als manuellen Zeilenumbruch. Dabei wird eine neue Zeile begonnen, auch wenn die andere Zeile noch nicht komplett gefüllt wird. Der manuelle Zeilenumbruch wird durch Drücken der [Enter]-Taste oder der Tastenkombination [Umschalt]+[Enter] erzeugt. Textverarbeitungsprogramme führen wiederum einen automatischen Zeilenumbruch durch, sobald eine Zeile gefüllt ist. Falls ein Wort nicht mehr komplett in diese Zeile passt, wird es vom Programm automatisch getrennt.

In Word 2007, 2010, 2013 und 2016 können Sie einstellen, wie die Trennung vorgenommen werden soll. Das kann entweder silbenweise oder auch nach den gültigen Trennungsrichtlinien des Dudens

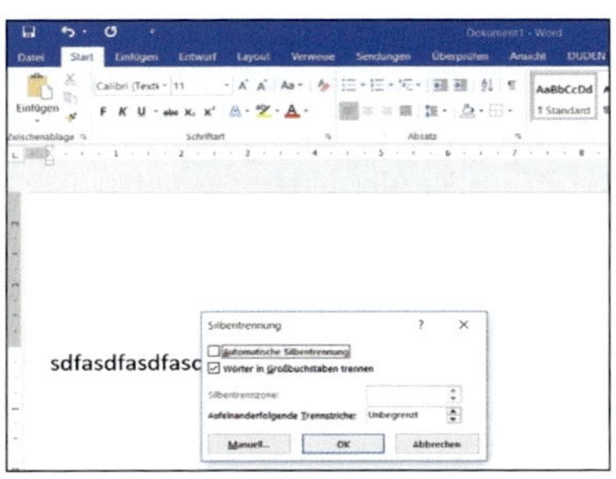

In Word lässt sich einstellen, wie ein Wort am Zeilenende getrennt werden soll.

Mit den Zeitlimits des integrierten Jugendschutzes von Windows können Sie regeln, in welchem Zeitraum der Computer genutzt werden darf.

geschehen. Öffnen Sie das Dokument und klicken Sie auf den Reiter „Seitenlayout“ und danach auf „Silbentrennung“. Wählen Sie nun die gewünschte Option aus. Voreingestellt sind „Automatisch“, „Keine“ und „Manuell“. Bei „Automatisch“ wird die Silbentrennung aktiviert und nach den Rechtschreibregeln durchgeführt.

Zeitlimit

In den Jugendschutzeinstellungen von Windows 7, 8 und 10 lassen sich Zeitlimits festlegen. Diese regeln, wann und wie lange ein Benutzer den Computer verwenden darf. Der Benutzer kann sich nur während den festgelegten Zeiten am System anmelden. Eine Viertelstunde vor dem Ende des Zeitfensters wird ein Hinweis angezeigt. Der Benutzer kann seine geöffneten Dateien speichern und die Arbeit beenden. Ist die Zeit vorbei, wird er automatisch abgemeldet.

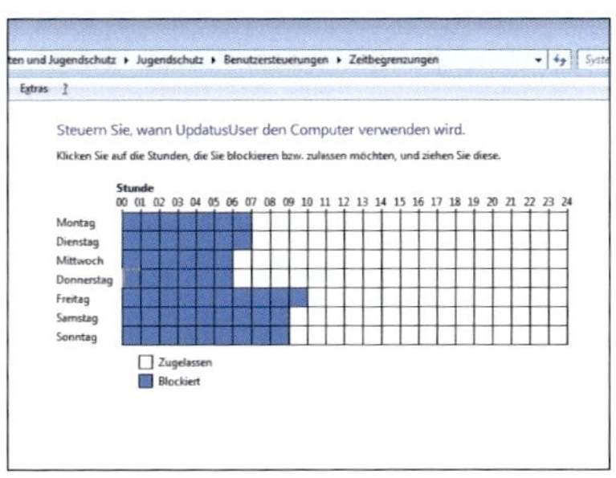

Für jeden Wochentag lassen sich individuelle Zeitlimits festlegen.

Als Administrator kann man für jeden Wochentag verschiedene Zeiten festlegen. Öffnen Sie die „Systemsteuerung“, und gehen Sie bei „Benutzerkonten und Jugendschutz“ auf „Jugendschutz“ und danach auf „Ein“. Wählen Sie anschließend das Konto aus, und klicken Sie auf „Zeitlimits“. Markieren Sie mit der Maus nun einfach die Raster unter den einzelnen Wochentagen, und bestätigen Sie die Einstellungen mit „OK“. Die blauen Raster sind die blockierten, die weißen die zugelassenen Zeitbereiche.

Zeitzone

Damit der Computer die für Ihr Land richtige Zeit anzeigen kann oder auch E-Mails mit der passenden Zeitangabe verschickt werden, müssen Sie die passende Zeitzone auswählen. Dazu können Sie in der Taskleiste ganz rechts entweder auf die Uhrzeitanzeige klicken oder in die „Systemsteuerung“ gehen und dort „Zeit, Sprache und Region/Datum und Uhrzeit“ wählen. Klicken

Ist die richtige Zeitzone eingestellt, zeigt der Computer stets die aktuelle Uhrzeit.

Sie dann auf „Zeitzone ändern". Eine Liste zeigt Ihnen nun alle Zeitzonen der Welt an. Für Deutschland gilt die Zeitzone UTC+01.00 (Universal Time Coordinated). Setzen Sie außerdem ein Häkchen bei „Uhr automatisch auf Sommer-/Winterzeit umstellen. Bestätigen Sie das Fenster mit „OK".

Zelle

Ein einzelnes Feld in einer Tabelle wird auch als Zelle bezeichnet. In der Tabellenkalkulation besitzt die Zelle jeweils einen Buchstaben und eine Zahl, wodurch sie eindeutig identifizierbar ist. Ein Beispiel: Die Zelle „B10" ist in der Spalte B und der Zeile 10 zu finden.

Ziehen

Wenn Sie ein Objekt auf dem Bildschirm mit gedrückter linker Maustaste bewegen, wird das als Ziehen bezeichnet. In einigen Programmen wie dem Windows Explorer lassen sich Objekte auch mit der rechten Maustaste ziehen. Sobald Sie die Taste loslassen, öffnet sich ein Kontextmenü, aus dem sich verschiedene Aktionen auswählen lassen.

Ziffernblock

Siehe Nummernblock.

ZIP-Datei

Mit dem ZIP-Format lassen sich Dateien komprimieren, d.h. die Datengröße wird verringert. Das ist besonders dann nützlich, wenn Sie mehrere Bilder oder große Dokumente per E-Mail versenden möchten. Durch Komprimierung können Sie diese auf bis zu zehn Prozent ihrer ursprünglichen Größe reduzieren (Ausnahme: Fotos im JPG-Format, diese lassen sich nicht verkleinern). Für die Erstellung (das sogenannte „Packen") eines Dokumentes in diesem Format sowie das „Entpacken", also das Extrahieren in Originalgröße, benötigen Sie ein spezielles ZIP-Programm wie Winzip. Dieses müssen Sie käuflich erwerben. Allerdings ist auch in Windows 7 und 8 eine solche Funktion bereits von Haus aus integriert. Die Programme erstellen ein ZIP-Archiv von den gepackten Daten. Das sind spezielle Ordner, die sich als eine Art Datencontainer verhalten. Darin lassen sich einzelne oder auch mehrere Dateien zusammenfassen.

Wenn Sie eine Datei zippen möchten, gehen Sie wie folgt vor: Klicken Sie mit der rechten Maustaste darauf und wählen aus dem Kontextmenü „Senden an/ZIP-komprimierten Ordner". Anschließend wird ein neuer Ordner erstellt, der den Name der Datei sowie die Dateiendung „.zip" trägt. Wenn Sie mehrere Dateien zippen wollen, markieren Sie diese, indem Sie die [Alt]-Taste gedrückt halten. Diese Dateien werden dann in einen Ordner gepackt. Dieser wird als Ordnersymbol mit einem Reißverschluss angezeigt. Um die Dateien aus dem Ordner wieder zu entpacken, klicken Sie doppelt darauf. In einem Fenster werden alle Dateien angezeigt, die sich in diesem Ordner befinden. Sie können mit

WinZip ist das am meisten eingesetzte ZIP-Programm.

der Maus nun einzelne oder alle Ordner auswählen und diese auf den Desktop oder einen anderen Ordner ziehen. Die Dateien werden automatisch entpackt. Der ZIP-Ordner selbst bleibt unverändert. Um einen kompletten Ordner zu extrahieren, klicken Sie mit der rechten Maustaste darauf und wählen aus dem Kontextmenü den Befehl „Alle extrahieren".

Zoom

Einige Webseiten verwenden sehr kleine Schriftarten, wodurch es beim Lesen oft Probleme gibt. Daher bieten gängige Browser die Möglichkeit, den Seiteninhalt zu zoomen. Wenn Sie bei Firefox im Menü „Ansicht" auf „Zoom" klicken, können Sie verschiedene Zoomstufen wählen. Beim Internet Explorer klicken Sie unten rechts im Fenster auf die kleine Lupe. Zoomstufen von 50 bis 400 Prozent sind automatisch vorgegeben, Sie können aber nach Klick auf „Benutzerdefiniert" individuelle Zoomwerte wählen. Noch schneller geht es, wenn Sie bei bei-

Mit der Zoomfunktion lassen sich Webseiten vergrößert darstellen.

den Browsern die Tastenkombination [Strg]+[+] für Vergrößern und [Strg]+[-] für Verkleinern drücken oder mit gedrückter [Strg]-Taste das Mausrad scrollen. Mit der Tastenkombination [Strg]+[0] stellen Sie die Originalgröße wieder her.

Zubehör

Windows bietet im Startmenü unter „Alle Programme“ den Menüpunkt „Zubehör“ bzw. „Windows Verwaltungsprogramme“ bei Windows 10. Darin finden Sie nützliche Anwendungen, die standardmäßig in Windows integriert sind, wie beispielsweise den Taschenrechner, das Programm Paint, die Textverarbeitung WordPad, aber auch die Systemverwaltungsprogramme. Einige Programme von Microsoft werden nach ihrer Installation ebenfalls dort angezeigt.

Die vorinstallierten „Zubehör“-Apps finden Sie in Windows 10 bei „Alle Apps“ .

Zuletzt verwendet

Die Funktion „Zuletzt verwendet“ erleichtert das Suchen nach häufig benutzten Dateien wie Dokumenten oder Bildern. Wenn Sie im Startmenü auf „Zuletzt verwendet“ klicken, werden alle Dateien angezeigt, die Sie in letzter Zeit geöffnet hatten. Mit einem Klick lässt es sich im jeweiligen Programm öffnen.

So stellt sich ein Illustrator die Windows-Zwischenablage vor: Sie dient beim Kopiervorgang zum Zwischenspeichern von Dateien, Texten oder Bildern.

Zwischenablage

Die Zwischenablage dient in Windows dazu, Dateien oder Text zu kopieren und an einer anderen Stelle oder in einem anderen Programm zu verwenden. Dazu wird die Datei zuerst in die Windows-Zwischenablage verschoben und kopiert und erst dann am Zielort eingefügt. Wählen Sie eine gewünschte Datei aus, und klicken Sie mit der rechten Maustaste darauf.

Aus dem Kontextmenü wählen Sie „Kopieren“ oder „Ausschneiden“. Suchen Sie sich anschließend ein Ziel aus und drücken dort wiederum die rechte Maustaste. Das Kontextmenü zeigt Ihnen nun diverse Möglichkeiten wie beispielsweise „Einfügen“. Noch schneller geht das Ganze per Tastatur.

PRAXIS-TIPP

Wenn Sie die Funktion nicht im Startmenü finden, müssen Sie sie erst aktivieren. Klicken Sie mit der rechten Maustaste auf das Windows-Logo im Startmenü und wählen Sie aus dem Kontextmenü „Eigenschaften“. Im Dialogfeld klicken Sie anschließend auf „Anpassen“. Setzen Sie ein Häkchen bei „Zuletzt verwendet“.

Tastenkombination	Befehl
[Strg]+[C]	Kopiert ein Element in die Zwischenablage
[Strg]+[X]	Verschiebt ein Element in die Zwischenablage
[Strg]+[V]	Fügt ein Element aus der Zwischenlage ein

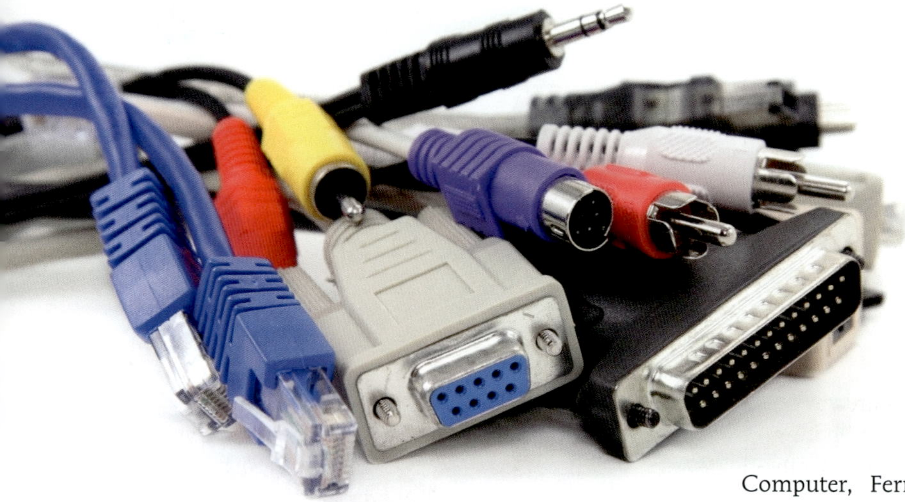

Adapter & Schnittstellen

Computer, Fernseher, Receiver oder MP3-Player: Die meisten Elektronikgeräte besitzen eine Vielzahl an Schnittstellen (umgangssprachlich: Stecker und Buchsen), damit sie mit anderen Geräten verbunden werden können. Doch in der Vielzahl der Steckertypen verliert man leicht den Überblick. Folgende Übersicht hilft Ihnen deshalb dabei, den richtigen Stecker zur passenden Buchse zu finden. Und wenn einmal ein gesuchter Anschluss am Gerät fehlen sollte, helfen garantiert verschiedene Adapter weiter.

Typ / Stecker	Beschreibung	Typ / Stecker	Beschreibung
	**S-Video** Zur Übertragung von Helligkeits- und Farbinformationen eines Bilds, etwa von Computer zu Beamer		**Telefon /TAE** Schnittstelle zum Anschluss eines Telefons, Fax, Modems oder Routers an das Telefonnetz
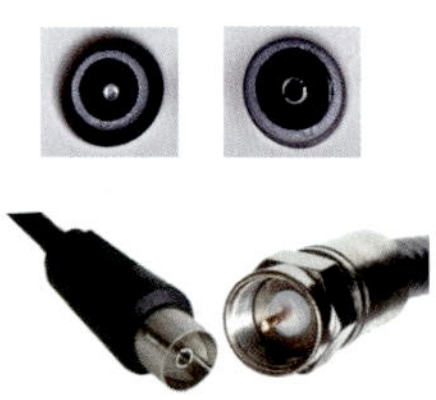	**Antenne** Schnittstelle zur Übertragung von Audio- und Videosignalen per zweipoligem Antennenkabel		**Seriell/USB-Adapter** Adapter für den Anschluss serieller Geräten wie Maus und Tastatur an USB-Schnittstellen
	**Thunderbolt** Schnittstelle zur gleichzeitigen schnellen Übertragung von Bild, Ton und Daten, z.B. bei Macbook		**Composite/Video-Adapter** Adapter zur Übertragung der S-Video-Signale (z.B. vom TV) zu Composite-Video-Geräten (z.B. Notebook)

Typ / Stecker	Beschreibung	Typ / Stecker	Beschreibung
	**FireWire** (IEEE1294 / i.Link) Serielle Schnittstelle zum Anschluss externer Geräte und der Übertragung von digitalen Daten (Bild und Ton)		**Cinch Audio** Dient zur Übertragung von Audiosignalen, zum Beispiel vom Fernsehgerät an eine HiFi-Anlage
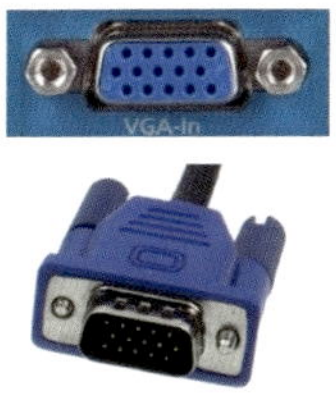	**VGA** Analoger Standard zur Übertragung von Bildinformationen zwischen Grafikkarte und Anzeigegerät	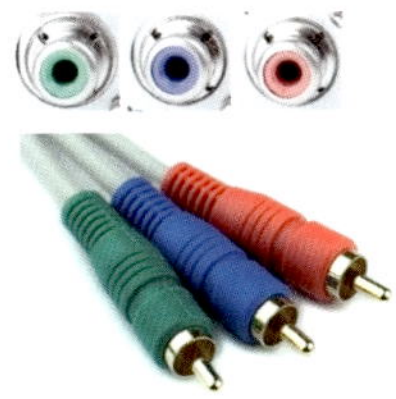	**Component Video** Zur Übertragung analoger Videosignale zwischen zwei Heimelektronikgeräten über drei Signalkabel
	**PS/2** Serielle Schnittstelle zum Anschluss von Eingabegeräten wie Maus und Tastatur am Computer		**Composite Video** Zur Übertragung analoger Videosignale zwischen zwei Heimelektronikgeräten über ein einziges Kabel

Typ / Stecker	Beschreibung	Typ / Stecker	Beschreibung
	**USB** Anschluss zur Verbindung von externen digitalen Geräten und zur Übertragung von Daten		**Netzwerk (RJ45) / Ethernet** Verbindung eines Geräts mit dem Netzwerk, zum Beispiel eines Computers mit dem Modem
	**DVI** Schnittstelle zur Übertragung von digitalen und analogen Bildsignalen, etwa zwischen Monitor und Computer		**Video/Audio** Kombi-Anschluss für die gleichzeitige Übertragung von Video- und Audiosignalen
	**HDMI** Schnittstelle zur hochauflösenden und volldigitalen Übertragung von Audio- und Videodaten		**SCART** Schnittstelle zur Übertragung von Stereo-Audio- und Videodaten etwa zwischen TV und DVD-Player

Bildnachweis

Buchumschlag: Illustrationen: xivet; bubaone: istock.com

Innenseiten: 144 Abbyy; 106 Amazon; 84 AMD; 242 APC; 98/99 Apple; 77/99 AVM; 215 Cherry; 116 Toshiba; 279 Deutsche Bahn; 89/17 Devolo; 116 Digital Publishing; 83 Garmin; 104 Hama; 112 HP; 15 HTC; 211 Kingston; 170 Logilink; 257 Logitech; 145/147/208/264/265/266/274 Microsoft; 183 Netgear; 208 Nintendo; 217 O_2; 156/162 Palm; 55 Pearl; 31 RIM; 129/208 Sony; 149 Sparkasse; 121 Telekom; 142 Toshiba; 65 Verbatim; 262 Wikipedia; 6/7/8/9/10/17/19/21/22/26/29/32/35/36/39/40/41/46/49/50/53 /54/57/58/59/60/62/63/65/66/69/70/72/74/78/85/86/90/91/92/95/97/101/103/105/106/107/108/1 10/112/113/114/115/116/118/120/122/123/125/126/127/128/130/132/133/135/136/138/140/143/1 45/146/148/151/152/154/157/158/159/160/161/162/163/164/166/169/170/173/174/175/176/178/1 80/181/182/183/184/185/186/188/190/191/193/195/196/199/201/202/204/205/206/207/208/210/2 11/213/214/216/218/220/222/223/224/225/227/228/229/232/234/237/238/239/240/241/242/244/2 45/246/249/251/252/255/256/258/261/263/269/271/273/275/276/277/279/281/282/284/ 286/287 Shutterstock Images